W0053549

Siedler

Buch

Seit der Koalition ganz Europas gegen Napoleon hatte es das nicht gegeben: daß sich die Großmächte gegen einen Mann zusammenfanden. Gegen Adolf Hitler verbündeten sich die Sowjetunion, das britische Weltreich und die kommende Supermacht USA, die führenden Mächte dreier Kontinente, die sich eigentlich zutiefst mißtrauten. In den entscheidenden vier Jahren, da Deutschland und Japan bezwungen und die Nachkriegsordnung beschlossen wurde, hielten Churchill, Roosevelt und Stalin das Schicksal der Welt in ihren Händen. Was mit einer Zweckgemeinschaft gegen den gemeinsamen Feind begann, endete nur wenige Jahre später mit dem Beginn des Kalten Krieges, der die kurzfristige Illusion einer friedlichen Zusammenarbeit zunichte machte. Robin Edmonds fesselndes Buch über die Großen Drei ist mittlerweile zum Standardwerk geworden: Es ist nicht nur die Geschichte einer ungewöhnlichen Allianz, sondern zugleich ein historisches Panorama des Zweiten Weltkriegs, seiner Vorgeschichte und seiner Auswirkungen.

Autor

Robin Edmonds ist Historiker und Diplomat, der unter anderem als britischer Gesandter in Moskau, Kairo, Rom, Warschau und später im britischen Foreign Office in der Amerika-Abteilung tätig war. Seit 1986 gehört er dem Rat des Royal Institute of International Affairs an. Robin Edmonds ist Autor zahlreicher historischer Bücher, vor allem über die Sowjetunion.

Robin Edmonds

Die Großen Drei

Churchill, Roosevelt und Stalin in Frieden und Krieg

Aus dem Englischen von Helmut Ettinger

Siedler

Die Originalausgabe erschien 1991 unter dem Titel »The Big Three. Churchill, Roosevelt and Stalin in Peace and War« bei W.W.Norton & Company, Inc., New York, London.

Für Enid

Umwelthinweis:
Alle bedruckten Materialien dieses Taschenbuchs sind chlorfrei und umweltschonend.

Siedler Taschenbücher erscheinen im Goldmann Verlag, einem Unternehmen der Verlagsgruppe Bertelsmann.

1. Auflage
Vollständige Taschenbuchausgabe August 1999

Satz: Bongé + Partner, Berlin
Umschlaggestaltung: Design Team München
Umschlagabbildung: Ullstein Bilderdienst, Berlin
Made in Germany 1999
ISBN 3-442-75566-2

Marcus Antonius:
…Deshalb laßt uns unsere Verbündeten zusammenfassen,
Uns unserer besten Freunde versichern und unsere Möglichkeiten voll ausnützen
Und laßt uns auf der Stelle gehen und beraten,
Wie verborgene Vorgänge am besten enthüllt
Und offene Gefahren am sichersten abgewendet werden können.

Octavius Caesar:
Das wollen wir tun. Denn wir sind umstellt
Und werden von vielen Feinden angebellt.
Und manche, die lächeln, hegen im Herzen, fürchte ich,
Eine Unmenge unheilvoller Pläne.

– Shakespeare, *Julius Caesar, Akt IV, Szene 1*
(Ende der Szene der Triumvirn) –

Inhalt

Teil III: Krieg und Frieden

Teil IV: Der letzte Akt

Anhang

Vorwort zur deutschen Ausgabe

Mit großer Freude komme ich der Aufforderung nach, ein Vorwort zur deutschen Ausgabe von Robin Edmonds' bemerkenswertem neuen Buch zu schreiben. Es hätte zu keinem günstigeren Zeitpunkt erscheinen können. Die revolutionären Ereignisse, die die Völker Europas seit 1989 erlebt hatten, haben naturgemäß zu einer anderen Sicht auch der Vergangenheit geführt. Die erste Hälfte des 20. Jahrhunderts, die Ära Hitlers und Stalins, der zweite Weltkrieg und dessen Folge, der kalte Krieg, stellen sich heute in neuem Licht dar. Ich möchte ein einziges offensichtliches Beispiel nennen: Die Tatsache, daß die Teilung Europas und Deutschlands nicht zu einem Dauerzustand wurde, sondern sich lediglich als zeitweilige Erscheinung erwiesen hat, wirft die Frage auf: War die Teilung überhaupt notwendig? Konnte sie nicht vermieden werden?

Der Wandel der historischen Perspektive wird durch zwei weitere Entwicklungen noch verstärkt. Dies ist zunächst die ständige Zunahme der dokumentarischen Belege in den vergangenen 50 Jahren, nicht nur deutscher, amerikanischer und britischer, sondern auch russischer Dokumente. Zugleich bedeuten der Bankrott der offiziellen kommunistischen Geschichtsversion und das Ende der repressiven Zensur, daß neue Stimmen aus Rußland und Osteuropa sich nun in einer Debatte Gehör verschaffen können, die bisher weitgehend auf den Westen beschränkt war. Robin Edmonds' Buch ist ein Beitrag zu dieser neuen Debatte, ein Beitrag, der sich allerdings von anderen unterscheidet.

Zunächst kennen wir heute zwar zahlreiche Biographien jedes einzelnen der drei Führer der Großen Allianz, die Hitler zu Fall brachte, DIE GROSSEN DREI sind jedoch das erste Buch, das Churchill, Roosevelt und Stalin in einer vergleichenden Untersuchung vereint. Wie so oft ist auch hier der Vergleich - von Unterschieden wie Ähnlichkeiten - eine der besten Methoden, die dem Historiker zur Verfügung stehen. Erstaunlich ist nur, daß niemand früher auf diesen Gedanken kam.

Der Autor betrachtet das Verhältnis von Churchill und Roosevelt zur Zeit des Krieges mit einem neuen Blick und hat zugleich seine exzellenten russischen Sprachkenntnisse genutzt, um Gebrauch von den neuerschlossenen sowjetischen Quellen zu machen. Hier sind die offiziellen Enthüllungen der späten achtziger Jahre zu nennen, vor allem aber das schrittweise Eingeständnis, daß der Wortlaut des deutsch-sowjetischen Geheimprotokolls vom August 1939 authentisch sei. Über 50 Jahre danach erklärte der Kongreß der Volksdeputierten der UdSSR schließlich, das Protokoll sei »vom Augenblick seiner Unterzeichnung an juristisch null und nichtig« gewesen.

Daneben steht eine wahre Flut von Memoiren sowjetischer Persönlichkeiten, die eines der charakteristischen Merkmale von *Glasnost* ist. Neben seiner Vertrautheit mit allen wichtigen europäischen Sprachen hat Robin Edmonds außerdem den Vorzug, fünf Jahre als Soldat im Kriege (in Nordafrika und Italien) gekämpft und später als Diplomat im britischen Foreign Service gedient zu haben. Nach seinen Jahren als britischer Gesandter in Moskau von 1969 bis 1971 wurde er zum Assistant Under-Secretary für den Bereich Amerika im Foreign Office ernannt. Diese Lehrjahre, die unter akademisch gebildeten Historikern so selten sind, haben ihm ein Gespür dafür gegeben, wie sich Beziehungen zwischen Staaten in der Praxis gestalten, insbesondere ein Verhältnis zwischen Verbündeten so unterschiedlicher Art.

Sowohl DIE GROSSEN DREI wie auch Robin Edmonds' früheres Buch SETTING THE MOULD (1986) legen Zeugnis davon ab, daß er stets danach strebt, allseits akzeptierte Auffassungen mit unbefangenem Blick zu betrachten und, wenn notwendig, zu revidieren oder zu bestreiten. Dabei unterscheidet er sich in einem wichtigen Punkt von Historikern der jüngeren Generation. Für sie sind die Jahre von 1936 bis 1945 einfach Vergangenheit, niemals (wie für Robin Edmonds und meine Generation) auch Gegenwart, etwas, was man durch die Erinnerung entweder zurückholen oder auch zerstören kann. Wenn man die Dinge zugleich als Historiker und als Zeitgenosse sieht, muß man jedoch einer Gefahr entgehen: Man muß einen inneren Widerwillen überwinden, der sich gegen neue Tatsachen und neue Bewertungen der Ereignisse richtet. Andererseits hat man jedoch einen großen Vorteil - die Möglichkeit zu zeigen, wie sich die Dinge den damals Lebenden darstellten, wie die Menschen damals fühlten. Dies muß man dem heutigen Bild der Vergangenheit gegenüberstellen, um so eine Art stereoskopischen Effekt zu erzielen.

Es ist diese Kombination von wissenschaftlichem Erkenntnisdrang und persönlichem Erleben, wie Robin Edmonds selbst es sagt, »ein lebender Augenzeuge der Worte und Taten der Riesen und Zwerge jener außergewöhnlichen Zeit« zu sein, die diesem Buch seinen ganz eigenen Charakter verleiht. Der Verfasser hat die Zwänge und Nöte des Verhältnisses zwischen den drei Führern der Alliierten der Kriegszeit eingefangen. Er fesselt das Interesse des Lesers durch mehr als nur einen Disput mit anderen Historikern; ihm gelingt die Zwiesprache von Vergangenheit und Gegenwart - das Geheimnis, wie man Geschichte zum Leben erweckt.

Alan Bullock Oxford, März 1992

Vorwort

Dieses Buch erzählt eine Geschichte von Erfolg und Mißerfolg, die wohl jeden Menschen in der zweiten Hälfte des 20. Jahrhunderts zutiefst betrifft, ob er nun den zweiten Weltkrieg erlebt hat oder nicht. Auch die internationale politische[1] Struktur der modernen Welt steht in einem direkten Zusammenhang damit, wie sich das Verhältnis zwischen Churchill, Roosevelt und Stalin entwickelte, wie sie persönlich aufeinander reagierten, welch hohe Ziele sie für eine Welt der Nachkriegszeit setzten und wie auf den Sieg im weltweiten Kampf der drei Männer gegen den gemeinsamen Feind Widersprüche und Spannungen folgten, vergleichbar nur jenen, die das Triumvirat des alten Rom zu Fall brachten.

Früher oder später kommt der Augenblick, da große Ereignisse der Geschichte optimal eingeschätzt werden können - nicht zu früh, wenn die Beteiligten noch keinen Abstand von den Ereignissen haben und noch nicht alle Tatsachen vorliegen, aber auch nicht zu spät, wenn diejenigen nicht mehr am Leben sind, deren persönliche (wenn auch vielleicht verklärte) Erinnerungen eine zusätzliche Dimension einbringen können. In diesem besonderen Fall - der Beziehung zwischen den »Großen Drei«, wie sie während des zweiten Weltkrieges genannt wurden - scheinen fünfzig Jahre nach Kriegsausbruch der richtige Abstand zu sein. Auf dem Höhepunkt des kalten Krieges und noch viele Jahre danach konnte der Blick auf die Geschichte leicht verschwimmen. Westliche Historiker waren geneigt, die Defekte der Nachkriegswelt westlicher Naivität oder sowjetischer Verschlagenheit in den vierziger Jahren oder einer Mischung aus beidem zuzuschreiben; für östliche Historiker galt das gleiche im umgekehrten Sinne. Solche vereinfachten Auffassungen sind heute, da sich das politische Klima verändert hat, kaum noch aufrechtzuerhalten. Am 20. Januar 1989 widmete die *Prawda* sechs Spalten einer Würdigung Ronald Reagans. Präsident Bush sprach in seiner Antrittsrede auf dem Capitol Hill von einer »neuen Nähe zur Sowjetunion«, nachdem Präsident Gorbatschow sechs Wochen zuvor - in New York - den Vereinigten Staaten eine Partnerschaft »zur Fortsetzung des Dialogs« angeboten hatte. Schließlich brachte dieses *Jahr der Wunder* uns eine Flut politischer Veränderungen in Ost- und Mitteleuropa. Heute, da die Ära der »Megaphon-Diplomatie«[2] entschwindet und lange Zeit akzeptierte Prämissen der Ost-West-Beziehungen neu bewertet werden, können wir vielleicht ohne die Phrasen auskommen, die so manches Werk der Historiker auf beiden Seiten zieren - diese ausgewählten Zitate der Vergangenheit, die so zurechtgestutzt sind, daß sie in jedes beliebige politische Vorurteil der Gegenwart passen. Außerdem könnte die sowjetische Bereitschaft, den *belyje pjatna* (weißen Flecken) in der sowjetischen Geschichte mit *Glasnost* zu Leibe zu rücken, ebenfalls Anlaß sein, einige der Mythen, die sich so tief in das politische Bewußtsein des Westens eingegraben haben, einer erneuten Prüfung zu unterziehen.

Einige meiner verehrten Vorgänger[3] haben das Jahr 1941 zu ihrem Ausgangspunkt gewählt. Am Ende jenes Jahres standen sowohl Großbritannien als auch die Sowjetunion und die USA im Krieg mit Deutschland (Großbritannien und die USA auch mit Japan). Auf den ersten Blick scheint dies eine logische Wahl zu sein, da sich hier eine Verbindung zwischen den verschiedenen - asymmetrischen - Zeitpunkten des Eintritts der drei Länder in den Krieg herstellt. Zugleich könnte dadurch die Tatsache in den Hintergrund gedrängt werden, daß sie aus sehr unterschiedlichen Gründen zu den Waffen greifen mußten. Das vorliegende Buch geht einen anderen Weg: Es übersieht diese Unterschiede nicht, sondern versucht das Blickfeld bis zu einem Zeitpunkt zu erweitern, der zehn Jahre vor der Teheraner Konferenz liegt. Die Entwicklung des Verhältnisses zwischen Churchill, Roosevelt und Stalin in der Kriegszeit wird besser verständlich, wenn der Historiker auf das Jahr 1933 zurückgeht - das Jahr, in dem die Weltwirtschaftskrise ihren Höhepunkt erreichte und Adolf Hitler in Deutschland zur Macht gelangte -, wenn er untersucht, welchen Standpunkt jeder der drei damals einnahm und wie verschieden sie auf das tragische Blendwerk der Jahre 1933 bis 1939 reagierten. Die ersten Kapitel dieses Buches berichten deshalb von den Ideen und der Politik der drei Männer auf ihren sehr unterschiedlichen Wegen zu diesem Krieg, den keiner der drei Staaten wollte und dem ihre Regierungen auszuweichen versuchten, solange sie nur konnten.

Bei dieser Behandlung des Themas hat sich der Historiker mit einer weiteren Asymmetrie auseinanderzusetzen - der Position Churchills, der von 1929 bis zum Ausbruch des zweiten Weltkrieges kein Ministeramt innehatte. Diese Schwierigkeit wird allerdings dadurch gemildert, daß Churchill auch im politischen Abseits kein politisches Eremitendasein führte. Eine dritte Asymmetrie in diesem Dreiecksverhältnis ergibt sich daraus, daß das jüngste Mitglied des Triumvirats zuerst starb -

einen Monat, bevor der zweite Weltkrieg in Europa zu Ende ging. So endete die persönliche Beziehung dieser drei Männer strenggenommen am 12. April 1945. Da jedoch die Konferenz von Jalta unmöglich isoliert von der Potsdamer Konferenz betrachtet werden kann, die fünf Monate später stattfand, und da Harry Truman in den ersten Monaten seiner Präsidentschaft im wesentlichen der Politik Roosevelts folgte (die sich nicht nur aus den Beschlüssen der Jaltaer, sondern auch der Teheraner Konferenz von 1943 herleitete), wurde der zeitliche Rahmen dieser Untersuchung bis zur Kapitulation Japans gespannt, des letzten Staates, der sich bis August 1945 mit den Alliierten im Kriegszustand befand.

Während vor vierzig Jahren die größte Schwierigkeit für den Historiker darin bestand, zwischen den Zeilen der Dokumente zu lesen, die damals über die frühen vierziger Jahre bekannt waren, so liegt sie heute darin, die Entwicklung jener Zeit in ihrem Zusammenhang zu begreifen. Die vorliegende Analyse bietet keine dramatischen Enthüllungen, denn das Drama liegt bereits offen zutage, sie kann aber unseren Blickwinkel etwas verschieben und damit unsere Sicht auf das ganze Zeitgemälde modifizieren. So war zum Beispiel eine ausgewogene Darstellung der Geschichte nicht möglich, solange die nukleare Dimension noch als untergeordnetes Thema behandelt wurde, während diese, wie wir heute wissen, bei Kriegsende doch unangenehm nahe daran war, die ganze Entwicklung zu bestimmen.[4] Das Thema der nuklearen Waffen blieb nach dem Kriege fast zwanzig Jahre lang aus der Geschichtsschreibung ausgespart. Auch das Geheimnis von *Ultra* (das Entschlüsseln des deutschen Geheimcodes *Enigma*) wurde ein Vierteljahrhundert lang streng gehütet.

Während der Überfluß an veröffentlichten Dokumenten der amerikanischen und der britischen Regierung über diese gesamte Periode[5] seit langem als selbstverständlich gilt, ist noch nicht allgemein bekannt, wieviel sowjetisches Quellenmaterial (zum Beispiel die Korrespondenzbände der Sowjetregierung mit den Regierungen Großbritanniens, Frankreichs und der Vereinigten Staaten, die erst in den achtziger Jahren erschienen) heute bereits zugänglich ist. Viele dieser sowjetischen Dokumente waren zu der Zeit, als diese Arbeit entstand, noch nicht aus dem Russischen übersetzt.[6] Diese Geschichte zu schreiben, ohne das genannte Material und die gegenwärtig in der Sowjetunion vor sich gehende Neubewertung der Geschichte (wofür die kürzlich erschienene Stalin-Biographie von Generaloberst Dmitri Wolkogonow ein Beispiel ist) zur Kenntnis zu nehmen, hieße, etwas von der Art eines anglo-amerikanischen Films mit gelegentlichen russischen Untertiteln zu produzieren.[7]

Das Labyrinth der historischen Primär- und Sekundärquellen über Churchill, Roosevelt und Stalin hat inzwischen so gewaltige Ausmaße angenommen, daß derjenige, der dieses Dreiecksverhältnis untersucht, nur sicher ans Ziel gelangen kann, wenn er diesen drei Führungsgestalten auf dem Fuße folgt, wohin ihn dies auch führen mag. Wenn er sich entschließt, diesem Ariadnefaden zu folgen, dann muß er sich auf all das konzentrieren, was für das Verhältnis der Großen Drei von Bedeutung war, auch wenn es ihn dazu zwingt, auf seinem Weg durch das Labyrinth andere wichtige Figuren nur mit seinem Blick zu streifen, Ereignisse zusammenzufassen oder ganz auszulassen, die, wie bedeutend sie in einem anderen Kontext auch sein mögen, aus diesem oder jenem Grunde nicht unmittelbar mit dem Thema der Großen Drei zusammenhängen. Ein Beispiel für eine solche Auslassung in Teil I dieses Buches ist die exakte Abfolge der Ereignisse in London in der zweiten Märzhälfte 1939 und wiederum in London sowie in anderen Hauptstädten in den letzten zehn Tagen[8] vor der britischen und französischen Kriegserklärung an Deutschland sechs Monate später. Diese Ereignisse sind für eine Untersuchung der Ursachen des zweiten Weltkrieges zwar äußerst bedeutungsvoll, berühren jedoch nur indirekt das Dreiecksverhältnis, das Thema dieses Buches ist. Noch mehr trifft dies auf Teil II und III zu. Obwohl die rein militärische Geschichte des Krieges hier den stets gegenwärtigen Hintergrund bildet, wird sie meist nur grob skizziert, und auch dabei stehen die Kriegsschauplätze im Westen im Vordergrund, denn der Kriegsverlauf im Pazifischen Raum und in Südostasien berührte das Dreiecksverhältnis auch nicht annähernd in gleicher Weise. (An bestimmten Punkten werden allerdings Ausnahmen gemacht. Dort ist die exakte Abfolge der militärischen Ereignisse so mit dem Handeln der Hauptpersonen verwoben, daß diese getrennt dargestellt werden, so zum Beispiel in Kapitel 6 und 7, denen eine Beschreibung der militärischen Lage vorangestellt ist.) Diese bewußte Entscheidung für das Präzisionsgewehr und nicht die Schrotflinte, die allerdings auch einige Nachteile mit sich bringt, wird im Buch nicht ausführlicher begründet werden.

Wenn ein Mann meiner Generation über diese Zeit schreibt, dann kann er zweifellos eine gewisse Befangenheit nie ganz ablegen. Er kann jedoch versuchen, die Klischees aus seinem Kopf zu verbannen und so leidenschaftslos wie möglich über diese Jahre zu berichten. Aber er hat auch einen Vorteil: Er ist ein lebender Augenzeuge der Worte und Taten der Riesen und Zwerge jener außergewöhnlichen Zeit. Nicht allein, daß er sich daran erinnern kann, wie die Stimmen Churchills, Roosevelts,

Stalins und anderer im Radio klangen, obwohl auch das nicht unwichtig ist. Ich will ein Beispiel aus eigenem Erleben schildern: Ich saß unter den Zuhörern, als Neville Chamberlain im April 1940 seine Rede hielt, deren Devise lautete: »Hitler missed the bus.« Niemand, der diese unglückselige Ansprache hörte, konnte daran zweifeln, daß Chamberlain früher oder später aus Downing Street Nr. 10 gehen mußte. Während er noch sprach, waren deutsche Truppen, wie sich später herausstellte, bereits auf dem Wege nach Norwegen, wovon er natürlich nichts wußte. Keiner aus meiner Generation, der den darauffolgenden Monat bewußt verfolgte (ich war damals Präsident des Oxforder Studentenverbandes), konnte davon überrascht sein, wie es einigen Historikern seitdem geschah, daß in den kritischen Tagen am 9. und 10. Mai die Entscheidung vieler, vielleicht sogar der meisten konservativen Parlamentsabgeordneten für Halifax und nicht für Churchill als Nachfolger Chamberlains von den Ereignissen einfach überrollt wurde.

Welchen Sinn macht es also, das Verhältnis zwischen Churchill, Roosevelt und Stalin während der Schlußphase des zweiten »Dreißigjährigen Krieges« in Europa zu untersuchen, wenn die Triebkraft der Geschichte nicht Entscheidungen oder Ideen von Persönlichkeiten sind, sondern »Zaumzeug ohne Pferde«[9], wie der strukturelle Funktionalist sagt, oder die *»longue durée«*, wie der Sozialhistoriker meint, oder gar die fundamentale Dynamik »der tieferen Transformationen in den Grundlagen der Weltmacht«, wie in einem jüngst erschienenen Bestseller der Geschichtsliteratur behauptet wird?[10] Der Streit um das »Mysterium der letzten Entscheidung«[11], von dem Präsident Kennedy einst sprach, hat eine lange Geschichte. Alexis de Tocqueville, dem eine glänzende Zusammenfassung dieses Streits gelang, setzt sowohl auf »allgemeine Ursachen« als auch auf »besondere Anlässe«.[12] In demselben Jahrhundert ist aber auch ebenso gut gesagt worden:

»Menschliche Dinge kennenzulernen, gibt es eben zwei Wege: den der Erkenntnis des einzelnen und den der Abstraktion; der eine ist der Weg der Philosophie, der andere der der Geschichte. Einen anderen Weg gibt es nicht... Indessen ist es damit nicht getan; es ist notwendig, daß der Historiker sein Auge für das Allgemeine offen habe. Er wird es sich nicht vorher ausdenken wie der Philosoph; sondern während der Betrachtung des einzelnen wird sich ihm der Gang zeigen, den die Entwicklung der Welt im allgemeinen genommen.«[13]

Niemand, der über Churchill, Roosevelt und Stalin in der zweiten Hälfte des zwanzigsten Jahrhunderts schreibt, kann daran vorbeigehen, daß der Lauf der Geschichte von dem sozialen, ökonomischen und wissenschaftlichen Umfeld entscheidend beeinflußt wurde, in dem das Dreiecksverhältnis zwischen den Führern der Großen Allianz in den vierziger Jahren entstand. Ich behaupte, daß die großen Entscheidungen und Entdeckungen der Geschichte, die das Leben der Menschen am tiefsten beeinflußt haben, in der Regel in Grenzbereichen liegen - der Kriegskunst (die Haaresbreite, die über Sieg oder Niederlage in einer Schlacht entscheidet), der Politik (die Handvoll Stimmen für die eine oder andere Seite in einer Wahl, einer Kabinettssitzung, einer Parlamentsdebatte) oder der Wissenschaft (die auf den ersten Blick kleine Veränderung in der Betrachtung der Dinge, die zu einer Neubestimmung führt, welche letztendlich eine ganze Weltanschauung umwälzen kann). Die meisten bedeutenden Entscheidungen in der Geschichte der Nationen und im Leben des Individuums sind zunächst marginal im ursprünglichen Sinne dieses Wortes (was bedeutet, »sich auf eine Grenze oder einen Randbereich beziehend«, nicht im modernen Sinne »von geringer Bedeutung sein«). Wohin unsichtbare Kräfte die Entwicklung auch immer treiben mögen, die Persönlichkeit kann sie durch ihre Entscheidungen oder ihre Ideen verzögern, in neue Bahnen lenken, beschleunigen oder sogar zu neuen Horizonten führen. Letzteres ist die Ausnahme in der Geschichte, und obwohl Churchill, Roosevelt und Stalin außergewöhnliche Männer waren, ist wohl keiner von ihnen in diese seltene historische Kategorie einzuordnen. Jedoch manche Entscheidung, die zunächst in dem hier definierten Sinne am Rande gefaßt wird, gewinnt in der Folgezeit immer mehr an Bedeutung und erfaßt schließlich gewaltige Bereiche menschlicher Tätigkeit. Derartige Entscheidungen können besonders in Kriegszeiten kritische Bedeutung erlangen, wofür das Verhältnis zwischen Churchill, Roosevelt und Stalin eine Fülle von Beispielen bietet.

Ramsbury, Wiltshire　　　　Mai 1990

Danksagungen

Die vorliegende Arbeit ist ein Blick auf die Geschichte aus einem einzigen Paar Augen.[14] Viele andere Menschen haben jedoch mein Blickfeld erweitert, denen ich für ihre Hilfe zu tiefem Dank verpflichtet bin. Zunächst sind dies drei, ohne die dieses Buch niemals geschrieben worden wäre: Mr. Donald Lamm, der Präsident von W. W. Norton, der mich aufforderte, es zu schreiben; Lord Bullock, der mich davon überzeugte, ohne sich dessen bei der ersten Diskussion vielleicht bewußt zu sein, daß ich den Versuch wagen sollte; und schließlich meine Frau, die, nachdem der Entschluß gefaßt war, mehr als jemand sonst dafür gesorgt hat, daß das Buch zustande kam. Sie alle drei haben das Manuskript mit Geduld und kritischem Blick gelesen, desgleichen General Sir David Fraser, Mr. Thomas C. Sorensen und Prof. Stephen White. Die Hinweise General Frasers zur Militärgeschichte sowie Mr. Sorensens und Dr. Whites zur politischen Geschichte der USA bzw. der Sowjetunion waren für mich von unschätzbarem Wert.

Einige Kapitel lasen Air Chief Marshal Sir John Aiken, Dr. David Gillard, Mr. Joseph C. Harsch, Sir William Hayter, Mr. Kym Isolani, Generalleutnant Sir Ian Jacob, Sir Curtis Keeble, Professor Roger Louis, Sir Brooks Richards, Professor Arthur M. Schlesinger Jr., Professor Gaddis Smith und Professor Christopher Thorne. Mr. Austen Albu, Sir Richard Bayliss, Professor John Erickson, Dr. Martin Rossdale und Mr. Anthony Verrier lasen besondere Passagen des Manuskripts. Zu einzelnen Punkten habe ich konsultiert: Mr. René Beerman, Lord Beloff, Lord Bridges, Sir Ashley und Lady Clarke, Mr. Robert Cooper, Mr. Ian Davies, den verstorbenen Mr. Ivo Forde, Lord Franks, Dr. Terry Garrett, Dr. Martin Gilbert, Sir John Graham, Professor Sir Michael Howard, Konteradmiral Sir Edmund Irving, Dr. Sergej Karaganow, den verstorbenen Mr. Henryk Krzeczkowski, Lord Landsdowne, Mr. Peter Mackay, Dr. Evan Mawdsley, Mr. Geoffrey Murrell, Professor Alec Nove, Professor Robert O'Neill, Mr. John Pinder, Sir Frank Roberts, Professor Keith Robbins, Dr. Oleg Rscheschewski, Oberstleutnant Alan Shepperd, Dr. Harold Shukman, Professor Spiros Simitis, Professor Vilnis J. Sipols, Professor Wladimir Truchanowski, Generaloberst Dmitri Wolkogonow, Professor Donald Watt und Mr. Samuel Wells Jr. Daneben war der Rat von Mr. Andrew Franklin (dem Verlagsdirektor von Hamish Hamilton) für mich eine große Hilfe.

Wenn auf dieser langen Liste jemand versehentlich vergessen wurde, dann hoffe ich, daß meine Entschuldigung Gehör findet. Alle ihre Ratschläge waren sehr wertvoll für mich, verbliebene Unzulänglichkeiten schreibe ich mir selbst zu. Es wäre vermessen, einen einzelnen Namen besonders hervorzuheben. Allerdings möchte ich nicht unerwähnt lassen, daß ich das große Glück hatte, einige Stunden des Gesprächs mit dem einzigen noch lebenden persönlichen Mitarbeiter Churchills während des zweiten Weltkrieges, Generalleutnant Sir Ian Jacob, zu genießen, der bei allen wichtigen Beratungen Churchills während des Krieges zugegen war. Sein phänomenales Gedächtnis und scharfes Urteil (unterstützt durch sein Kriegstagebuch) machen die Unterhaltung mit ihm für den Historiker zu einem faszinierenden Erlebnis.

Sir Curtis Keeble und Mr. Anthony Verrier haben es mir freundlicherweise gestattet, die Manuskripte ihrer Bücher über die britisch-sowjetischen Beziehungen bzw. über die Ermordung Admiral Darlans vor ihrem Erscheinen zu lesen. Mein besonderer Dank gebührt auch vier Institutionen, ohne die die Arbeit an diesem Buch nicht möglich gewesen wäre. Dies ist zunächst der Leverhulme Trust, der mir so großzügig ein Leverhulme-Forschungsstipendium gewährte. Zweitens hatte ich als Ehrenmitglied des Instituts für sowjetische und osteuropäische Studien der Universität Glasgow die Möglichkeit, die Sammlung sowjetischer Dokumente des Instituts zu nutzen und in den vergangenen zwei Jahren sowohl mit Professor William Wallace und seinen Kollegen am Institut als auch mit den Mitarbeitern der Universitätsabteilungen für Geschichte und Politik den Gedankenaustausch zu pflegen. Drittens haben Dr. William Emerson und seine Mitarbeiter an der Präsident Franklin-D.-Roosevelt-Bibliothek in Hyde Park, New York, meine Aufgabe dadurch wesentlich erleichtert, daß ich die Möglichkeit hatte, diese hervorragende Sammlung zu benutzen. Und nicht zuletzt haben es die Bibliothekarinnen des Chatham House, Mrs. Nicole Gallimore und Miss Susan Boyde und ihre Kollegen, mit ihrer großzügigen Hilfe erreicht, daß mir die Arbeit zu einem Vergnügen wurde, die leicht in arge Plackerei hätte ausarten können. Des weiteren möchte ich den Mitarbeitern des Public Record Office in Kew und des Nationalarchivs in Washington D. C. meinen Dank sagen, außerdem Dr. Juan Pablo Fusi, Direktor der Nationalbibliothek Spaniens, Dr. Benedict K. Zobrist, Direktor der Harry-Truman-Bibliothek in Independence, Missouri, den Mitarbeitern der Sterling-Gedächtnisbibliothek an der Universität Yale sowie dem Goethe-Institut und dem Spanien-Institut in London. Sehr verbunden bin ich dem britischen Botschafter in Moskau, Sir Rodric

Braithwaite, und dem Direktor des Europa-Instituts der Akademie der Wissenschaften der UdSSR, Dr. Witali Schurkin, die mich einluden, in Moskau über mein Buch Seminare abzuhalten. Bei diesen Besuchen hatte ich Gelegenheit, zahlreiche sowjetische Historiker zu treffen, die an der gleichen Geschichtsperiode interessiert sind, was wesentlich zur Vertiefung meines Verständnisses der sowjetischen Dimension beitrug.

Mrs. Danese Dyer war es vor allem, die in den ersten achtzehn Monaten meine Handschrift entzifferte. Miss Laura Tatham sprang in manch kritischer Situation in die Bresche, und Mrs. Carol Smith schrieb die ganze zweite Hälfte des Buches in die Maschine. Die Druckfahnen las neben anderen freundlicherweise Sir Edgar Williams mit gewohnter Akkuratesse. Ihnen allen bin ich außerordentlich dankbar.

Mein Dank gilt Generalleutnant Sir Ian Jacob, der es mir gestattete, zwei Passagen aus seinem Tagebuch zu zitieren; ebenso dem Borthwick-Institut für Historische Forschungen in York für die Genehmigung, Eintragungen in Lord Halifax' Geheimtagebuch vom 1. und 2. Dezember 1941 zu benutzen; der Bibliothek der Universität Yale für ihre Zustimmung, Teile von Henry L. Stimsons Tagebüchern aus den Papieren, Manuskripten und Archiven Henry L. Stimsons in der Bibliothek der Universität abzudrucken; schließlich den Besitzern der Rechte für die Fotografien, die dieses Buch enthält. Alle Zitate aus Dokumenten des Public Record Office in Kew, deren Copyright die britische Krone hält, erscheinen mit Genehmigung des Kontrolleurs des Stationery Office Ihrer Majestät.

Schließlich sind meine eigenen Erinnerungen an die dreißiger und vierziger Jahre eingeflossen.

DIE GROSSEN DREI

Winston Leonard Spencer Churchill
geboren in Blenheim Palace, Oxfordshire, am 30. November 1874
gestorben in London am 24. Januar 1965

Franklin Delano Roosevelt
geboren in Hyde Park, New York, am 30. Januar 1882
gestorben in Warm Springs, Georgia, am 12. April 1945

Jossif Wissarionowitsch Stalin
geboren in Gori, Georgien, am 21. Dezember 1879
gestorben in Moskau am 5. März 1953

1
DIE GROSSEN DREI: Erste Begegnung

Zum ersten Mal können wir am Himmel das traditionelle Symbol der Hoffnung, den Regenbogen, sehen.
– Franklin Roosevelt am 30. November 1943 –

Am letzten Novemberabend des Jahres 1943 saßen drei bedeutende Männer bei einem Abendessen in einem prächtigen Haus im viktorianischen Stil beisammen, das auf einem Grundstück von sechzehn Morgen im Zentrum Teherans stand und von einer Abteilung britischer und indischer Soldaten bewacht wurde. Nach drei Tagen zermürbender Debatten feierten sie in der britischen Gesandtschaft Winston Churchills 69. Geburtstag. Franklin Roosevelt saß Churchill zur Rechten, Jossif Stalin zu seiner Linken. Das Foto der drei Männer, das entstand, als die Kerzen auf der Geburtstagstorte gerade angezündet worden waren, zeigt Churchill in lebhaftem Gespräch mit Stalin, während Roosevelt gelangweilt vor sich hin blickt. Im Unterschied zu Churchill und Stalin ging er normalerweise nicht spät zu Bett; dieses Abendessen dauerte jedoch bis zwei Uhr morgens. Trotzdem war es Roosevelt, der auf eigene Bitte den Toast auf den König ausbrachte und am Ende des Abends die letzten Worte sprach:

»Wir haben hier in Teheran bewiesen, daß die verschiedenen Ideale unserer Staaten zu einem harmonischen Ganzen zusammengeführt werden und wir vereint für unser gemeinsames Wohl und das der Welt wirken können…«[1]

Churchill brachte einen Toast auf »den großen Stalin« aus. Stalin prostete Churchill als seinem »großen Freund« zu. Vorher hatte er das Schwert geküßt, das Churchill ihm im Auftrage von König George VI. zu Ehren der Bevölkerung Stalingrads überreicht hatte, einer Stadt, deren deutsche Belagerer sich im Februar 1943 der Roten Armee ergeben mußten.[2] Das war nicht nur Ausdruck einer flüchtigen Euphorie. Nach den Worten der Deklaration der Drei Mächte, die am nächsten Tage unterzeichnet wurde, trennten sich die drei Führer der Großen Allianz als »Freunde in der Tat, im Geist und in den Zielen«.[3] Nachdem sie diese wohlklingende Erklärung vereinbart hatten, verließen sie Teheran auf dem Luftwege: Churchill und Roosevelt flogen zurück nach Kairo, wo sie sich bereits vor der Konferenz von Teheran getroffen hatten und nun ihre Gespräche fortsetzen wollten, Stalin, der nicht gern ein Flugzeug bestieg, landete bereits in Baku.[4]

Roosevelt und Stalin waren beide jünger als Churchill, Roosevelt um etwas mehr als sieben und Stalin um fünf Jahre. Als die drei Führer sich zum ersten Mal begegneten, war Churchill nach der Beschreibung, die einer seiner Kollegen Frontberichterstatter auf einer Seereise nach Südafrika 44 Jahre früher abgegeben hatte[5] (mit der wichtigen Ausnahme seiner Taille), noch zu erkennen: »schlank, leicht rothaarig, blaß, lebendig und häufig mit vorgestrecktem Kopf über das Deck stapfend, wie sich Browning Napoleon vorstellte«. Mit siebzig Jahren war aus dem »vorgestreckten Kopf« Churchills eine herausfordernde Bulldoggenmiene geworden, obwohl er in ruhigen Augenblicken auch nachdenklich und gütig wirken konnte - so z. B. auf einem Foto in einem historischen Augenblick achtzehn Monate nach der Teheraner Konferenz. Er aß und trank stets ausgiebig und war selten ohne seine Zigarre zu sehen. Er sog den Rauch jedoch nicht tief ein, war ständig mit dem Anzünden beschäftigt und warf die Zigarren weg, wenn sie kaum halb geraucht waren. Heute kennt seine Zigarre und sein Siegeszeichen die ganze Welt.[6]

Roosevelt war ein schöner Mann. Wenn er, was nur selten vorkam, aufrecht stand, war er mit seinen 1,88 Meter über einen Kopf größer als Churchill und überragte Stalin wie ein Turm. Anders als Churchill[7] war Roosevelt konventionell gekleidet. Eine Ausnahme bildete sein Marine-Cape, das wie seine Zigarettenspitze zu seinen Insignien gehörte. Nachdem ihn die Kinderlähmung im Jahre 1921 zum Invaliden gemacht hatte, trainierte er seine Schulter- und Brustmuskulatur, bis sie, wie er damals sagte, der von Jack Dempsey in nichts nachstand. Seine Behinderung zwang ihn dazu, strenge Diät zu halten; er mixte sich Wermutcocktails und schwamm regelmäßig. Drei Jahre vor der Teheraner Konferenz hatte ihm sein Arzt, Admiral Ross McIntire, die beste Kondition seit vielen Jahren bescheinigt.[8] Als Roosevelt nach Teheran reiste, stand jedoch eine dramatische Veränderung unmittelbar bevor.

Die beste Beschreibung Stalins mit Anfang sechzig stammt von einer Begegnung kurz nach der Teheraner Konferenz:

»Stalin trug Marschallsuniform, weiche Stiefel und keinerlei Auszeichnungen außer einem goldenen Stern - dem Orden eines Helden der Sowjetunion - auf der linken Brust... Er spielte mit seiner Pfeife, die den weißen Punkt der englischen Firma Dunhill trug...[9]

Er war von sehr kleiner und plumper Statur. Sein Oberkörper war kurz und schmal, während seine Beine und Arme zu lang waren. Der linke Arm und die linke Schulter wirkten ziemlich steif. Er hatte einen dicken Bauch und spärliches Kopfhaar, wenn auch noch keine vollständige Glatze. Sein Gesicht war weiß, mit rötlichen Wangen... Seine Zähne waren schwarz und unregelmäßig, nach innen gestellt. Nicht einmal sein Schnurrbart war dicht oder straff. Dennoch wirkte der Kopf nicht unangenehm... mit den gelben Augen und einer Mischung von Strenge und Schalkhaftigkeit.«[10]

Wie Churchill trieb auch Stalin in diesem Lebensabschnitt keinerlei Sport. Anders als Churchill trank er hauptsächlich Wein aus Georgien.

Der zweite Weltkrieg machte sie alle drei, zunächst Churchill, dann Stalin und schließlich auch Roosevelt zu militärischen und politischen Führern. Jedem von ihnen waren 1941 enorme strategische Fehler unterlaufen. 1942 zeigten alle drei unglaubliche Widerstandskraft. Am Ende des Jahres 1943 hatten ihre Staaten große Siege errungen, die es den Großen Drei ermöglichten, vier Tage lang in Teheran den weiteren Kriegsverlauf zu planen und das Gespräch über die Gestaltung der Nachkriegswelt aufzunehmen. Zwei Wochen nach dieser ersten Begegnung erkrankte Churchill an einer Lungenentzündung und erlitt einen Herzanfall. Im März 1944 stellten Roosevelts Ärzte die Krankheit fest, die ihn noch vor Kriegsende das Leben kostete. Im Frühjahr 1944 fand man Stalin einmal bewußtlos an seinem Schreibtisch.[11] Jedoch alle drei waren physisch und politisch unverwüstliche Charaktere. Sie sollten sich mitten im Winter des Jahres 1945 noch einmal treffen, diesmal an einem noch unwahrscheinlicheren Ort - auf der Krim.

Alle drei waren das Produkt des ausgehenden 19. Jahrhunderts. Jeder von ihnen stellte eine herausragende Erscheinung im politischen Leben seines Landes in der ersten Hälfte des 20. Jahrhunderts dar. Niemand in der britischen Politik jener Zeit konnte sich mit Churchill vergleichen, niemand im Amerika nach 1933 Roosevelt das Wasser reichen, und Stalin stand bereits früh in der Geschichte der Sowjetunion auf einsamer Höhe. Wenn auch Churchills und Roosevelts Machtbefugnisse in der Kriegszeit (als Premier und Verteidigungsminister bzw. Präsident und Oberkommandierender) andersgeartet waren als die Macht, die Stalin in seinen Händen hielt, so hatten sie doch Möglichkeiten, bei ihren Treffen während des zweiten Weltkrieges globale Entscheidungen zu fällen, wie man sie sich im Zeitalter regelmäßiger Gipfeltreffen kaum noch vorstellen kann, die vorher von hohen Bürokraten sorgfältig vorbereitet werden, den modernen »Sherpa-Teams«, die es in jenen Tagen noch nicht gab. Auch Churchill, Roosevelt und Stalin hatten Beratergruppen, denen einige hervorragende Männer angehörten. Sie bildeten aber in einem sehr realen Sinne das Triumvirat der Großen Allianz – drei harte Unterhändler, die in Teheran nach Churchills Worten über die größte Konzentration internationaler Kräfte verfügten, die es in der Geschichte der Menschheit je gegeben hatte.[12] Sie waren die Großen Drei.

Ihr gegenseitiger Briefwechsel begann bereits im Sommer 1941. Churchill besuchte Stalin 1942 in Moskau und war mit Roosevelt seit ihrer ersten Konferenz im August 1941 mehrmals zusammengetroffen. Als jedoch die Eröffnungssitzung der Teheraner Konferenz am 28. November 1943 stattfand, war dies die erste Zusammenkunft aller drei Führer. In Teheran begegneten sich vor allem Roosevelt und Stalin zum ersten Mal, und da Stalin sich geweigert hatte, noch weiter zu reisen, wurde diese Konferenz in der Hauptstadt Irans einberufen, das traditionell einer der Hauptpreise im »Großen Spiel«[13] zwischen Großbritannien und Rußland war und seit zwei Jahren unter britisch-sowjetischer militärischer Besetzung stand. Daß drei so ungleiche Männer wie Churchill, Roosevelt und Stalin 1943 in Teheran wie auch später in Jalta übereinkommen würden, »wie verborgene Vorgänge am besten enthüllt und offene Gefahren am sichersten abgewendet werden können«, – dies wäre zehn Jahre früher, Anfang 1933, eine Prophezeiung gewesen, mit der man sich nur lächerlich gemacht hätte. Der erste der drei war damals politisch noch in der Wüste, den zweiten hatte man gerade zum Präsidenten der USA gewählt, und der dritte war noch damit befaßt, die Bauernschaft der Sowjetunion zu kollektivieren und sein Land zu einer industriellen Großmacht aufzubauen. Fast bis zum Ende des Jahres 1933 hatten die amerikanische und die sowjetische Regierung noch nicht einmal diplomatische Beziehungen zueinander hergestellt. Die Kontakte zwischen der britischen und der sowjetischen Regierung waren nach einer Pause von zwei Jahren erst 1929 wieder aufgenommen worden. Und Churchill selbst betrachtete man aus gutem Grund weithin als den Hauptbefürworter der erfolglosen militärischen Intervention der Alliierten in der Sowjetunion im Jahre 1919.[14] Wie wir heute wissen, erhielt das Gesamtbild eine völlig neue Dimension, als man Adolf Hitler am 30. Januar 1933 zum deutschen Reichskanzler ernannte. Von nun an wurde die Zeit knapp. Während der sechs nun folgenden mageren Jahre versuchten sowohl Großbritannien als auch die Sowjetunion und die USA Zeit zu gewinnen - in verschiedenem Maße und meist auf Kosten des jeweils anderen. Großbritannien und die Sowjetunion mußten dafür sehr teuer, beinahe mit ihrer Selbstzerstörung bezahlen. Ende 1941 hatte sich die Lage jedoch vollständig verändert. Das Überleben aller drei Staaten hing nun davon ab, ob es ihnen gelingen würde, eine Allianz in dem Sinne zu schließen, wie sie Shakespeare aus dem Munde von Marcus Antonius am Ende der Szene der Triumvirn in seinem Drama *Julius Caesar* verkündete.

Es ist wahr, das Verhältnis der Großen Drei war von Anfang an so paradox wie das der Triumvirn im alten Rom, die sich nach Shakespeares Worten »umstellt und ... von vielen Feinden angebellt« sahen. Da aber die Blütenträume der Großen Drei für die Nachkriegszeit letzten Endes nicht in Erfüllung gingen, erscheint vielen Historikern dieses Scheitern und die gleichzeitige Desillusionierung als von Anfang an programmiert.[15] Andererseits besteht jedoch kein Zweifel daran, daß Churchill, Roosevelt und Stalin, die einander im Laufe des Krieges sehr genau beobachteten, selbst zu dem Schluß kamen, aus ihrem Bündnis könnte mehr erwachsen. Dieses entwickelte sich von einer flüchtigen Beziehung unter dem Druck militärischer Notwendigkeit immer mehr zu einem politischen Verhältnis, zum Vorspiel für die Errichtung einer neuen Weltordnung. Diese Auffassung war damals so weit verbreitet, daß ein angesehener amerikanischer Publizist (der später selbst das Wort vom »kalten Krieg« prägte) wenige Monate nach dieser ersten Begegnung der Großen Drei in Teheran schreiben konnte, ohne damit viel Widerspruch zu riskieren, daß es, »seit die eine Welt des Altertums zerbrach, niemals so gute Aussichten auf einen gesicherten Frieden« gab.[16]

Teil I

Frieden und Krieg

2
Rückblick: Drei Wege zur Macht

Das einzige, das wir zu fürchten haben, ist die Furcht selbst…
– Roosevelt im März 1933 –

Ich habe nichts anzubieten als Blut, Mühsal, Tränen und Schweiß.
– Winston Churchill im Mai 1940 –

Brüder und Schwestern, an Euch wende ich mich, meine Freunde.
– Jossif Stalin im Juli 1941 –

»Hervorragender Männer Grabmal ist die ganze Erde.« Dies schrieb der Chronist eines anderen Dreißigjährigen Krieges, in dem die Welt der Griechen vor zweieinhalb Jahrtausenden zerbrach.[1] Als die Großen Drei in Teheran zum ersten Mal zusammentrafen, waren sie bereits legendäre Gestalten. Ihr Ruhm beruhte durchaus nicht nur auf ihrer Rolle im zweiten Weltkrieg. Lange vor Kriegsausbruch lauschte man überall in der Welt jedem ihrer Worte, das sie öffentlich äußerten. Denn sie lebten im Goldenen Zeitalter der politischen Redekunst; ihre ausgefeilten Referate wurden mit größter Sorgfalt geschrieben und überarbeitet. Stalins Reden waren von enormer Länge und meist an Mitglieder der Kommunistischen Partei gerichtet. Diejenigen Churchills können keinesfalls kurz genannt werden; er hielt sie vor dem Unterhaus und – dank seines hervorragenden Gedächtnisses – auswendig. Roosevelts Reden standen der Gegenwart am nächsten.[2] Er benutzte als erster den Rundfunk als politisches Medium in seinen Kamingesprächen mit dem amerikanischen Volk, die er in der ersten Woche seiner ersten Amtszeit als Präsident aufnahm. Churchill folgte während des Krieges seinem Beispiel.

Obwohl die drei einen sehr unterschiedlichen Redestil pflegten, besaß jeder die einzigartige Fähigkeit, das Volk in Augenblicken größter Herausforderung um sich zu scharen und die Führung zu übernehmen. In den drei Zitaten, die diesem Kapitel vorangestellt sind, findet diese Eigenschaft ihren stärksten Ausdruck. Roosevelt sprach in der feierlichen Rede anläßlich seiner Amtseinführung auf dem Capitol Hill am 4. März 1933 eingangs von »einem Tag der nationalen Weihe« und verkündete dann sein Credo:

»Das einzige, das wir zu fürchten haben, ist die Furcht selbst[3] – der namenlose, gedankenlose und durch nichts gerechtfertigte Schrecken, der unsere Kraft lähmt, die wir brauchen, um Rückzug in Vormarsch zu verwandeln. In jeder dunklen Stunde des Lebens unserer Nation hat eine Führung, die offen und kraftvoll handelte, das Verständnis und die Unterstützung ihres Volkes gefunden, die letztlich über den Sieg entscheidet. Ich bin überzeugt, daß Sie der Führung in diesen kritischen Tagen wiederum diese Unterstützung geben werden...«[4]

Churchill hielt eine ungewöhnlich kurze Rede vor dem Unterhaus, das am 13. Mai 1940 einberufen worden war, um seiner gerade gebildeten Regierung das Vertrauen auszusprechen. Dabei empfingen die Mitglieder der Konservativen Partei immer noch Chamberlain, der drei Tage zuvor als Premierminister zurückgetreten war, und nicht Churchill mit stehendem Beifall, als ersterer den Sitzungssaal betrat. Churchill schickte seiner Politischen Erklärung folgenden Satz voraus: »Ich habe nichts anzubieten als Blut, Mühsal, Tränen und Schweiß.« Und er definierte seine Regierungspolitik als Krieg bis zum »Sieg... weil es ohne Sieg kein Überleben geben wird«.[5]

Stalin hielt die hier zitierte Rede über den Rundfunk in einem Augenblick, als er und das gesamte Sowjetvolk zwölf Tage nach dem deutschen Überfall auf die Sowjetunion mit dem Rücken zur Wand standen. Er begann nicht mit der üblichen kommunistischen Anrede, sondern mit den Worten: »Brüder und Schwestern, an Euch wende ich mich, meine Freunde.« Dann richtete er einen persönlichen Appell an das gesamte Sowjetvolk, den Feind erbarmungslos zu bekämpfen. Jeder Fußbreit sowjetischen Bodens, den man den Invasoren überlassen müsse, solle zu verbrannter Erde werden.[6] Sein Appell von 1941 fand wie der Churchills 1940 und der Roosevelts 1933 im ganzen Lande einen überwältigenden Widerhall.

Wie grundverschieden Bildung und Weltanschauung dieser drei Führungsgestalten auch waren, jeder von ihnen verfügte über reiche politische Erfahrungen und Spürsinn, die sie in ihre gemeinsame Aufgabe im zweiten Weltkrieg einbrachten. Als sie sich in Teheran trafen, war Roosevelt bereits über ein Jahrzehnt im Amt, Stalin noch länger. (Anders als Churchill waren die beiden anderen nicht weit in der Welt herumgekommen. Was Roosevelt betrifft, so hatte er zwar seit 1918 keinen Fuß mehr nach Europa gesetzt, hatte es aber früher öfter besucht.

Die Großen Drei entstammten verschiedenen Welten. Churchill war ein Nachkomme des Herzogs von Marlborough, in dessen palastartigen Blenheim House er geboren wurde. Roosevelt war ein Großbürger des Ostküsten-Establishments, und sein Elternhaus hatte in Hyde Park in New York gestanden. Der Georgier Dschugaschwili, der sich in der Zeit der Illegalität Stalin genannt hatte, kam aus einer Hütte in Gori, die noch zu seinen Lebzeiten mit einem Marmortempel überbaut wurde.

Stalin war seit dem Ausbruch des ersten Weltkrieges nicht mehr im Ausland gewesen und hatte während des zweiten Weltkrieges Moskau kaum noch verlassen. Ihm stand aber, wie wir heute aus veröffentlichten Dokumenten wissen, ein Netz von Auslandsvertretungen zur Verfügung, dessen kompetente Einschätzungen meist zutrafen und in der Regel auch frei von ideologischem Beiwerk waren.) Churchills internationale Erfahrungen umspannten das ganze Jahrhundert.

Winston Churchill

Churchills Charakter läßt sich - wie der Roosevelts und Stalins - nicht mit einem Satz beschreiben. Es sollte nicht überbewertet werden, daß seine Mutter Amerikanerin war. Er war »halb Amerikaner, aber ein ganzer Brite«.[7] Viel wichtiger ist die Tatsache, daß er die Vereinigten Staaten häufig besuchte: Schon 1900 ging er mit 26 Jahren zum ersten Mal auf Vortragsreise durch die USA. Es war eine mörderische Tour - zehn Städte, darunter New York, Washington und Boston in den ersten zwei Wochen. Er scheint nicht viel Freude an seinen Vorträgen gehabt zu haben, begegnete jedoch dem damaligen Präsidenten, William McKinley, und dinierte in Albany, New York, mit Theodore Roosevelt (der nach McKinleys Ermordung bald darauf selbst Präsident wurde).[8] Churchill war einer der wenigen europäischen Politiker jener Zeit, die die USA gut kannten.

Was Churchills Haltung zur Sowjetunion betraf, so war seine Abneigung gegen den Kommunismus nicht größer als die vieler seiner politischen Zeitgenossen beiderseits des Atlantiks; er gab ihr höchstens als hervorragender Redner stärkeren Ausdruck. So sprach er zum Beispiel von »einer Pest, die mehr Leben zerstört als der Schwarze Tod oder der Flecktyphus«. Churchill kannte jedoch auch die Stärke der sowjetischen Militärmacht. Wie nur wenigen seiner Zeitgenossen war ihm wohl bewußt, welch gewaltige Kräfte Deutschlands und Österreich-Ungarns notwendig gewesen waren, um der russischen Armee 1916 die Stirn zu bieten - wesentlich mehr als an der Westfront. Im Vorwort zu dem Band *Die Ostfront* aus seinem Werk *Weltkrisis*, der 1931 erschien, berichtet er, daß er daran gedacht habe, diesen Band *Die vergessene Front* zu nennen, bei Abschluß des Buches jedoch zu der Schlußfolgerung gelangt sei, daß »diese schrecklichen Schlachten (1914-1916 an der russischen Front) ... ebenso ungeheuer und erstaunlich waren wie der spätere Zusammenbruch dieser Front«.[9] Die Rote Armee wurde im Westen bis etwa Ende

1941 unterschätzt. Im Unterschied dazu war die Lücke zwischen Churchills Meinung von der sowjetischen Militärmacht und seiner Charakterisierung der sowjetischen Außenpolitik acht Jahre später - »ein Rätsel, ein undurchdringliches Geheimnis« - nicht sehr groß.[10] Aus einem seiner Briefe, den er im Alter von 22 Jahren schrieb, spricht ein ungewöhnliches Verständnis für eines der traditionellen Ziele der Außenpolitik des russischen Reiches, die Meerengen am Ausgang des Schwarzen Meeres: »Rußland muß Konstantinopel haben... 70 Millionen Menschen ohne einen eisfreien Hafen. Ist das vernünftig?«[11]

Oberflächliche Karikaturen - insbesondere der Feinde seines Landes im zweiten Weltkrieg - stellen Churchill als vom Luxus verwöhnten Granden dar, hineingeboren in eine Welt der Privilegien, die weit mehr dem Jahrhundert seines großen Vorfahren, des Duke of Marlborough, angehörte als seinem eigenen. Über seine Kindheit und Jugend gibt es zahlreiche Berichte, darunter auch von ihm selbst.[12] Churchill wurde in Blenheim Palace (dem Familiensitz der Marlboroughs in Oxfordshire) geboren. Seine Eltern gewährten ihm nur ein Minimum an Zuwendung, bewiesen jedoch eine außerordentlich glückliche Hand bei der Wahl von Mrs. Elizabeth Everest zu seiner Kinderfrau, die ihm bis zum Alter von 18 Jahren eine enge Vertraute war. Die offizielle Ausbildung, die er genoß, war nicht sehr beeindruckend: Nach schwachen Leistungen an der Harrow School schickte ihn sein Vater auf das Royal Military College in Sandhurst[13], nicht weil der junge Winston besonders gern mit seiner riesigen Sammlung Zinnsoldaten spielte, sondern weil der Vater ihm ein Jurastudium nicht zutraute. (Wie wäre wohl ein Fall ausgegangen, den Mr. Winston Churchill als Kronanwalt in die Hand genommen hätte?) Das Military College von Sandhurst absolvierte er schließlich als Zwanzigster in einer Klasse von 130 Schülern, obwohl er die Aufnahmeprüfung erst beim dritten Anlauf bestanden hatte.

Kurz gesagt, er war ein geistiger Spätentwickler. Erst als er in Bangalore als kleiner Kavallerieoffizier fast zur Untätigkeit verurteilt war, begann er gierig zu lesen und verschlang neben anderen Büchern auch die Bände von Gibbon und Macaulay, die ihm seine Mutter schickte.

Seinen Hang zum Luxus, das gastfreie Haus, das er zwischen den Kriegen in Chartwell Manor führte, finanzierte er vor allem durch unermüdliche schriftstellerische Arbeit. Bereits im Januar 1901 konnte er Gesamteinnahmen von 10 000 Pfund in den zurückliegenden beiden Jahren verbuchen. Von seinem ersten Buch *The Story of the Malakand Field Force* wurden mindestens 8500 Exemplare verkauft. Viele weitere folgten in den nächsten fünfzig Jahren, so Biographien seines Vaters,

Randolph Churchill, und Marlboroughs, seine Geschichte des ersten und des zweiten Weltkrieges, seine *History of the English Speaking Peoples* (die er nach dem zweiten Weltkrieg abschloß) sowie eine Flut von Zeitungsartikeln. Churchill war in bestimmter Hinsicht ein *Selfmademan*, der sich sein Wissen weitgehend selbst aneignete und besonders in der Jugend Gelegenheiten für sich selbst suchte und schuf. Daß er überhaupt am Sudan-Feldzug[14] teilnahm und sogar beim letzten großen Einsatz der britischen Kavallerie in der Schlacht von Omdurman 1898 mitkämpfte, war allein auf seine Initiative zurückzuführen (sein Regiment stand damals in Indien). In einem seiner Briefe aus Indien findet sich das folgende Bekenntnis: »Da ich in vieler Hinsicht - besonders in der Schule - ein Feigling war, wünsche ich nichts so sehr, als den Ruf persönlichen Mutes zu erwerben...«[15]

Im Jahr darauf nahm Churchill seinen Abschied aus der Armee. Im Juli 1899 stellte er sich erfolglos den Parlamentswahlen. Im September desselben Jahres sandte ihn die *Morning Post* als Sonderkorrespondenten nach Südafrika, wo am 12. Oktober der Burenkrieg begann. Am 15. November wurde er gefangengenommen, als Einheiten der Buren den Panzerzug zum Entgleisen brachten, in dem er sich befand. Vier Wochen später gelang ihm die Flucht aus dem Gefängnis in Pretoria. Er kehrte im Juli 1900 nach Großbritannien zurück und wurde am 1. Oktober als Abgeordneter für Oldham ins Parlament gewählt. In seiner Jungfernrede im Unterhaus erklärte er, wenn er ein Bure wäre, würde er jetzt sicher »im Felde kämpfen«.[16]

Im Unterschied zu Roosevelt und Stalin erreichte Churchills politische Laufbahn in den dreißiger Jahren ihren tiefsten Punkt. Zwar war er seit 1900 mit einer Pause von nur zwei Jahren ununterbrochen Mitglied des Parlaments und hatte, abgesehen vom Amt des Premierministers und des Außenministers fast alle hohen Regierungsämter ausgeübt - war Chef des Handelsministeriums, des Innenministeriums, der Admiralität, des Kriegsministeriums, des Kolonialministeriums und erst kürzlich, von 1924 bis 1929, auch Finanzminister gewesen. 1933 jedoch galt Churchill, dessen reiche Regierungserfahrung, unermüdliche Energie, persönlicher Mut und brillante Feder unbestritten waren, allgemein als politisch »unzuverlässig«. Dieses Wort wird hier absichtlich als Zitat gebraucht, weil es in der Konservativen Partei lange Zeit die Kurzformel für einen Mann war und blieb, dem man zutrauen konnte, daß er das politische Boot zum Kentern brachte. In den Augen seiner Kritiker hatte Churchill diese Charakterisierung in den vergangenen dreißig Jahren mehr als einmal verdient, besonders als er im Jahre 1904 im Unterhaus die Seiten wechselte, die Konservative Partei verließ und sich den Liberalen anschloß. Ein anderer Markstein in Churchills früher Laufbahn, den weder er noch seine Gegner jemals vergaßen, war sein Eintreten für den glücklosen Dardanellenfeldzug im ersten Weltkrieg.[17]

Im Jahre 1924 kehrte Churchill zur Konservativen Partei zurück. Als er 1931 das Äquivalent des Schattenkabinetts der Konservativen verließ - sie waren damals in der Opposition - lieferte Churchill seinen Kritikern inner- und außerhalb der Partei neue Munition. Im Jahre 1935 bekämpfte er den Gesetzentwurf seiner Partei für eine Reform der Regierung Indiens heftig bis zum letzten Tag, und 1936 setzte er allein sich unmittelbar vor der Abdankung König Edwards VIII. für dessen verlorene Sache ein.[18] Nicht nur Ramsay MacDonald, sondern auch beide konservativen Premierminister[19] lehnten es in den dreißiger Jahren ab, Churchill in ihre Regierungen aufzunehmen; lediglich Neville Chamberlain ließ sich schließlich dazu herbei, aber auch dies erst unmittelbar vor Ausbruch des Krieges. Inzwischen hatte Churchill viel schwerere Rückschläge erleiden müssen als nach dem mißglückten Dardanellenfeldzug im Jahre 1915. Als dann im Sommer 1940 Churchills Stunde endlich schlug, sollte sich die Tatsache, daß er wegen seiner langen Abwesenheit aus der Regierung und dem inneren Führungskreis der Partei nicht für die Vorgänge dort verantwortlich gemacht werden konnte, als seine größte Stärke erweisen. Später beschrieb er seinen Verdruß über einen seiner vielen Rückschläge einmal mit den Worten, dies sei nicht das erste Mal, daß eine gütige Schicksalsfügung über ihm waltete, die anfänglich nicht zu durchschauen war.[20]

Eines der wichtigsten Daten in Churchills Leben war der 12. September 1908, der Tag, an dem er Clementine Hozier heiratete. Die Treue zu ihrem Mann hinderte sie, die ihr Leben lang liberal dachte, während ihrer langen Ehe nicht daran, ihm wohldurchdachte Ratschläge zu erteilen, wenn er sie auch an einigen kritischen Punkten seiner Laufbahn mißachtete. Mehr noch, einer der treffendsten Aussprüche zu Churchills Lebzeiten über ihn stammt aus einem Brief seiner Frau: »Er hat den Charakter..., die Energie, die Phantasie und den Todesmut, gegen Deutschland zu kämpfen.«[21] Diese Worte, die bereits 1915 geschrieben wurden, trafen zwanzig Jahre später noch in vollem Maße zu. Dasselbe konnte auch von seinen beiden künftigen Partnern in der Großen Allianz gesagt werden. Andererseits unterschied sich Churchill, abgesehen von seinem Alter, in zwei wichtigen Aspekten von ihnen. Er war der einzige der drei, der (im Unterschied zu den ganz anders gearteten Erfahrungen in der Militärverwaltung) persönlich Soldaten in einer Schlacht kommandiert hatte, und dies nicht nur als kleiner Offizier zur Jahrhundertwende, sondern auch in den sechs Monaten zwischen 1915 und 1916, als er die politische Bühne zeitweilig verließ, um ein Bataillon an der Westfront zu befehligen.[22] Anders als Roosevelt, der Inbegriff des Pragmatismus, und Stalin, der marxistische Revolutionär, die beide aus verschiedenen Gründen den Veränderungen entgegensahen, die die zweite Hälfte des 20. Jahrhunderts bringen sollte, glaubte Churchill daran, daß eine bestimmte Weltordnung aufrechterhalten werden müsse. Wie er es in seiner Biographie Marlboroughs (mit dem ihn mehr als nur Blutsverwandtschaft verband) beschrieb, ruhte diese Überzeugung in dem Glauben an »die natürliche Vernunft und Lebenskraft der politischen Konzeptionen, die der Genius der englischen Rasse hervorgebracht hat«.[23]

Franklin Roosevelt

Roosevelt war das jüngste Mitglied des künftigen Triumvirats. Er war gerade 51 geworden, als er am 4. März 1933 seine erste Antrittsrede im Capitol hielt. Bis zum Alter von 28 Jahren führte er ein ganz unauffälliges Leben. Anders als Churchill und Stalin stürzte er sich nicht bei der ersten Gelegenheit Hals über Kopf in die Politik; man konnte fast sagen, daß das politische Leben ihn Schritt für Schritt einholte. Nach ruhiger Kindheit als einziger Sohn auf dem Familiengut in Hyde Park am Hudson River trat er relativ spät (mit 14 Jahren) in die kleine exklusive Privatschule in Groton, Massachusetts, ein, deren Direktor Bildungsprinzipien verfolgte, die nach britischen Vorstellungen denen der Direktoren der Anfang des Jahrhunderts berühmten Rugby School (Endicott Peabody bzw. Thomas Arnold) nahekamen. Roosevelts schulische Leistungen waren wesentlich besser als die Churchills in Harrow (er erreichte das B-Niveau). Er selbst wollte sich eigentlich in Annapolis einschreiben, aber seinen Eltern zu Gefallen ging er nach Harvard, wo er ein Studium der Geisteswissenschaften aufnahm und einen Durchschnitt von C erreichte. Er erwarb nur den Grad eines Bakkalaureus der Philosophischen Fakultät und nicht den eines Magisters. Eigentlich tat er sich nur dadurch hervor, daß er die Studententageszeitung *Crimson* herausgab, weshalb er noch ein viertes Jahr in Harvard blieb.

Dieser konventionelle Start, verbunden mit einem beruhigenden ererbten Vermögen, gab Roosevelt das Selbstvertrauen eines Patrizier, gepaart mit dem altmodischen Sinn eines Landedelmannes für seine Verpflichtungen gegenüber den Minderprivilegierten. Diese Haltung verleitete jedoch seine Kritiker zu der Behauptung, er behandle andere Menschen von oben herab (er konnte es sich tatsächlich viele Jahre lang nicht abgewöhnen, von seiner körperlichen Höhe herab über seinen Kneifer und über die Köpfe der Menschen hinwegzublicken). Er selbst sagte es viele Jahre später so: »Ich war ein ganz niederträchtiger Kerl, als ich in die Politik kam.«[24] Dies geschah im Jahre 1910 - nicht auf der nationalen, sondern auf der lokalen Ebene. In jenem Jahr wurde er zum Senator im Dutchess County, einem Bezirk in seinem Wahlkreis im Staate New York gewählt, in dem die Demokratische Partei seit dem Bürgerkrieg nur ein einziges Mal Wahlen gewonnen hatte.

In den drei Jahren, die Roosevelt im Anschluß an Harvard die Columbia Law School in New York besuchte, tat er sich durch nichts Besonders hervor. Seine Heirat mit seiner entfernten Cousine Eleanor im Jahre 1905, der Nichte Theodore Roosevelts (der seine zweite Amtszeit als Präsident im März 1909 beendete), sollte sich erst viele Jahre später als wichtiger politischer Faktor erweisen. Als Roosevelt Eleanor heiratete, bewunderte er den republikanischen Onkel seiner Frau, obwohl sein eigener Vater Demokrat war. Bis 1910 hätte Roosevelt durchaus für jede der beiden Parteien kandidieren können. Jedoch die Demokratische Partei forderte ihn auf, ihr Kandidat für Dutchess County zu werden, und er stimmte zu. In seiner Wahlkampagne waren bereits Anklänge an den »Präsidenten des ganzen Volkes« zu spüren, der er ein Vierteljahrhundert später wurde.

Drei Jahre später bot man Roosevelt ein Amt in der Bundesregierung an - das des stellvertretenden Marineministers, das er später nicht ganz exakt mit Churchills Position im ersten Weltkrieg verglich.[25] Daß er dieses Amt bekleidete, sagt einiges, wenn auch noch nicht allzuviel über den künftigen Präsidenten aus - seine Liebe zur See, sein Wissen um die Bedeutung einer Seemacht und auch sein Bedauern, daß man ihn nicht Offizier werden ließ, bis der Krieg beinahe vorüber war. Später versuchte er den Vertreter seiner Schule in Grotonian, der eine Gedenktafel für die Kriegsteilnehmer der Schule vorbereitete, davon zu überzeugen, daß sein Besuch als stellvertretender Marineminister an der Westfront im Jahre 1918 ihn dazu berechtige, zu denen gezählt zu werden, die aktiven Dienst getan hatten. Der genannte Besuch führte ihn auch nach London, wo er auf einem Abendessen in Gray's Inn, bei dem auch Churchill anwesend war, eine kurze Rede hielt. Obwohl Churchill in seinen Memoiren erwähnt, er erinnere sich an Roosevelt »in seiner ganzen Jugend und Kraft«, sagen andere Zeitzeugen aus, daß er sich an diese Begegnung eigentlich gar nicht erinnerte und auch seinerseits keinen besonderen Eindruck auf Roosevelt machte.[26] Was ihn selbst betraf, so war Roosevelt mit seiner Energie und seinem Charme als stellvertretender Marineminister zwar erfolgreich tätig und machte sich während dieser Jahre in Washington[27] mit der Funktionsweise der Regierung der Vereinigten Staaten vertraut; für viele intime Beobachter war er jedoch »ein guter Kerl mit ziemlich weichen Kanten«.[28] 1920 war Roosevelts Position in seiner Partei bereits so gefestigt, daß man ihn zum Kandidaten der Demokratischen Partei für das Amt des Vizepräsidenten nominierte. Ein zentrales Thema dieser Wahlkampagne war die Unterstützung für den Völkerbund. Die Wahlen brachten der Demokratischen Partei eine Niederlage und Amerika Jahre des Isolationismus - eine Lektion, die Roosevelt niemals vergessen sollte. Im August 1921 machte ihn die Kinderlähmung zum Invaliden. Im Alter von 39 Jahren begann nun die große Zeit seines Lebens.

Der Facharzt, der Roosevelt in New York sechs Wochen lang unter Beobachtung hatte, schrieb: »Er ist so kühn und ehrgeizig, zugleich jedoch emotional außerordentlich empfindsam.«[29] In den folgenden Jahren kämpfte er gegen die Krankheit mit der gleichen Entschlossenheit an, mit der er sich darum bemühte, in der Politik zu bleiben - gegen den Widerstand seiner resoluten Mutter, aber mit starker Unterstützung seiner Frau. Für die Außenwelt konnte Roosevelt lange Zeit den Schein einer normalen ehelichen Beziehung wahren, jedoch Eleanor wurde mehr und mehr zu seinem politischen Auge und Ohr. Nur sehr langsam fand er sich mit der Tatsache ab, daß er nie wieder würde gehen können.[30] Die Regel, ihn niemals in der Öffentlichkeit zu tragen, wurde strikt eingehalten. Als er sich 1928 entschloß, an den Wahlen um den Posten des Gouverneurs des Staates New York teilzunehmen, tat er dies mit der Bemerkung, er zähle auf die Hilfe seiner Freunde, in das Amt zu schreiten, wenn er schon nicht dafür »um die Wette laufen« könne. (Zu diesen Freunden gehörte damals auch der bisherige Gouverneur und demokratische Präsidentschaftskandidat Al Smith - ein Bündnis, das 1931 wieder zusammenbrach.) Roosevelt wurde mit der knappen Mehrheit von nur 25 000 Stimmen zum Gouverneur von New York gewählt. In den darauffolgenden Gouverneurswahlen errang er jedoch einen so überwältigenden Sieg, daß das Weiße Haus bereits in Sichtweite kam. Im kleinen Kreis sagte er damals: »Ich glaube jetzt, daß ich 1932 als Präsidentschaftskandidat nominiert werden kann.«[31] Damals hatte (unter einem republikanischen Präsidenten) die Große Depression gerade begonnen, und 1932 schlug in der Tat Roosevelts Stunde.

Die notwendige Zweidrittelmehrheit der Delegierten des Parteikon-

Dieselbe Krise brachte die beiden großen weltgeschichtlichen Gegenspieler an die Macht; am 30.1.1933 wurde Adolf Hitler zum Reichskanzler berufen, nur wenige Monate zuvor war Franklin D. Roosevelt zum Präsidenten der Vereinigten Staaten gewählt worden. Beide Male hatten, wenn auch auf verschiedene Weise, die Wähler entschieden; es waren demokratische, zum Teil plebiszitäre, nicht revolutionäre Prozesse, die die beiden Männer nach oben trugen.

vents, der am 27. Juni 1932 in Chicago zusammentrat, fiel ihm nicht in den Schoß. Roosevelt wurde lediglich Anwärter für die Präsidentschaftskandidatur der Demokraten. Churchill bemerkte dazu sehr treffend in seinem Essay »Roosevelt aus der Ferne gesehen«, den er in seinen Band *Große Zeitgenossen* aufnahm: »Es gab einen Augenblick, da seine Nominierung vom Wurf einer Münze abhing. Als sie fiel, gab es keinen Zweifel mehr, wessen Kopf darauf geprägt war.«[32]

Statt, wie üblich, die Nominierung später anzunehmen, flog Roosevelt von Albany nach Chicago und akzeptierte in seiner Rede an den Parteikonvent sofort. Der »New Deal«, ein Wort, das er hier zum ersten Mal verwandte, bedeutete zunächst noch wenig. Seine Wahlkampagne war alles andere als radikal. Aber sie prägte Roosevelts Kopf unübersehbar auf Amerikas Münze. Nur sechs Staaten stimmten für seinen republikanischen Gegner (Hoover), und die Demokratische Partei gewann die Mehrheit in beiden Häusern des Kongresses. Bis Roosevelt im März 1933 ins Weiße Haus einzog, konnten sich viele kluge Köpfe Amerikas aber noch kein Bild davon machen, welche Art Präsident er sein werde. Herbert Hoover nannte ihn ein »Chamäleon im Plaid«; für Walter Lippmann war er ein »liebenswerter Mann mit vielen philanthropischen Interessen«, der allen »zu sehr gefallen« wolle.[33] Und noch 1934 kam Oliver Wendell Holmes zu dem Schluß, er sei »ein zweitklassiger Geist, aber ein erstklassiges Temperament«.[34]

Was Churchill betrifft, so schrieb er in das Exemplar seines Buches »Marlborough - Der Weg zum Feldherrn«, das er Roosevelt sechs Monate nach dessen ersten hundert Tagen sandte, die ihn bereits als einen der großen Präsidenten in der amerikanischen Geschichte ausgewiesen hatten: »Mit aufrichtigen guten Wünschen für Erfolg im größten Kreuzzug unserer Zeit.«[35] Die erste bekannte Meinungsäußerung Churchills über Roosevelt ist der bereits erwähnte Essay. Er stammt aus dem zweiten Jahr seiner ersten Amtsperiode und enthält durchaus kein pauschales Lob. So äußerte Churchill zum Beispiel die Befürchtung, daß »sich in seinem Schutze Kräfte sammeln, die ihn in einem bestimmten Stadium in den Hintergrund drängen und selbst die Führung übernehmen könnten.« Sein abschließendes Urteil ließ alles offen:

»Wird er gewinnen oder wird er verlieren? Gewinnen oder verlieren - er hat einen Drang ..., der sowohl die grellen Flammen deutscher nordischer nationaler Überheblichkeit als auch das unheimliche, unnatürliche Licht, das von Sowjetrußland ausgeht, in den Schatten stellen kann.«

Daß Churchill seit Anfang der dreißiger Jahre Achtung für Roosevelt empfand, ist sicher, wenn auch damals kaum etwas darauf hindeutete, welch enge Beziehung sich zwischen den beiden Führern der Kriegszeit zehn Jahre später entwickeln sollte. (So gibt es zum Beispiel keinen Hinweis darauf, daß Roosevelt Churchill für wert hielt, ihn während einer Vortragsreise duch die Vereinigten Staaten im Jahre 1932 zu sich einzuladen.) Andererseits gab es bereits damals zwei interessante Parallelen zwischen ihnen. Beide hatten viel von einem Grandseigneur - Roosevelts Haltung eines Patriziers entsprach Churchills Großmut. Beide litten aber auch an einem Handicap. Dasjenige Roosevelts war körperlicher Natur. Seine Art, mit seinem Leiden wie auch mit politischen Problemen umzugehen, für die keine rasche Lösung in Sicht war, bestand darin, sie soweit als möglich zu ignorieren. Seine Frau sagte es so: »Ich sah ihn nie dem Leben oder irgendeinem auftauchenden Problem ängstlich gegenüberstehen.«[36] Erst in seinen letzten Lebenswochen, als er bereits ein sehr kranker Mann war, hielt er seine Reden im Kongreß im Sitzen. Dabei bemerkte er, es sei für ihn wesentlich leichter, nicht zehn Pfund Stahl an seinen Beinen mit sich herumschleppen zu müssen – einer der sehr seltenen Hinweise auf seine Behinderung. Zwölf Jahre zuvor hatte er sich dazu gezwungen, die vierzig Meter bis zum Mikrofon außerhalb des Senatsgebäudes zu stelzen, wo er seine Amtseinführungsrede im Stehen hielt, die Hände an das Rednerpult geklammert.

Churchills Handicap, das er bis in die letzten Jahre seines Lebens verbergen konnte (und über das sogar sein seltsamer Arzt in dem sofort nach seinem Tode erschienenen Buch einen Schleier breitete), waren regelmäßig wiederkehrende Depressionen. Daß er unter Anfällen litt, die er selbst als »schwarze Hunde« bezeichnete, ist vielfach belegt. Ein solcher Anfall mag der Grund für die bedauerliche Zerstörung des Churchill-Porträts von Graham Sutherland sein. Dieses »lag ihm in den Monaten nach der Übergabe durch beide Häuser des Parlaments anläßlich seines 80. Geburtstages im November 1954 mehr und mehr auf der Seele«. Im Jahre 1978 wurde bekannt, daß seine Frau es ein Jahr später verbrannte. Eine Fotografie in der Londoner Nationalen Porträtgalerie gibt uns einen Eindruck davon, was verlorenging.[37] Da wir hier keine Psycho-Geschichte schreiben, wollen wir nicht versuchen, die Phasen dieser Krankheit mit Churchills politischer Laufbahn in einen Zusammenhang zu bringen. Eine viel wichtigere Frage ist, ob, in welchem Ausmaß und seit welcher Zeit die politischen Entscheidungen des dritten Mannes im kommenden Triumvirat – Stalins – von einer Art Geisteskrankheit beeinflußt wurden. Hier sind wir immer noch weitgehend auf Vermutungen angewiesen. Der Verfasser der jüngsten sowjetischen Arbeit über Stalin betont vor allem dessen moralische Verantwortung für alles, was dieser in seinem Leben tat, aber an einer Stelle benutzt er einen anderen Begriff – er spricht von »pathologischer Grausamkeit«.[38]

1933 übte Stalin bereits elf Jahre lang die Funktion des Generalsekretärs der Kommunistischen Partei der Sowjetunion aus, die in seinen Händen zum Schlüsselposten in diesem Lande wurde und es für lange Zeit blieb.[39] Sechs Wochen nach Stalins Ernennung zum Generalsekretär, am 3. April 1922, erlitt Lenin seinen ersten Schlaganfall. Noch bevor das Jahr zu Ende ging, schrieb er einen Brief an den Parteitag, in dem er warnte: »Stalin hat... eine unermeßliche Macht in seinen Händen konzentriert, und ich bin nicht überzeugt, daß er es immer verstehen wird, von dieser Macht vorsichtig genug Gebrauch zu machen.« Am 4. Januar 1923 fügte er seine prophetische Ergänzung hinzu: »Stalin ist zu grob, und dieser Mangel... kann in der Funktion des Generalsekretärs nicht geduldet werden.«[40] Lenin selbst hatte das Zentralkomitee seiner Partei im Januar 1912 überzeugt, Stalin als Mitglied zu kooptieren. In jenem Jahr wurde dieser auch Mitglied des inneren Kreises der Parteiführung in Rußland, was ihn später in die Lage versetzte, als ältestes Mitglied dieses Gremiums in Petrograd im Jahre 1917 vor Lenins Rückkehr aus dem Exil die Führung der Partei zu übernehmen. 1912 erschien die erste Ausgabe der *Prawda*. Den Leitartikel schrieb Stalin (unter seinem georgischen Parteinamen »Koba«, was im Türkischen »der Furchtlose« bedeutet).Er war damals 32 Jahre alt. Das Jahr 1912 wurde so zu einer Wasserscheide in Stalins politischer Laufbahn. Als dieses Jahr zu Ende ging, übernahm Roosevelt sein erstes Amt auf Bundesebene. Churchill war bereits seit vier Jahren Mitglied des britischen Kabinetts.

Aus Stalins frühen Jahren sind nur wenig belegte Tatsachen bekannt. Es besteht kaum ein Zweifel, daß er seinen eigenen Vater im Sinne

Auch Lenin, der sich als Erbe und Vollstrecker von Marx verstand, trug einen Namen aus der illegalen Zeit; eigentlich hieß er Wladimir Iljitsch Uljanow. Er hatte das Glück, schon wenige Jahre nach der Revolution zu sterben, und so blieb er der Heilige der Sowjetunion, während alle seine Mitstreiter einer nach dem anderen liquidiert wurden. An der aufgebahrten Leiche Lenins im Sterbehaus in Gorkij, einem Vorort von Moskau, stehen hier seine Frau Nadeschda Krupskaja und seine Schwester Marija Iljitschna. Nahezu unbekannt ist die Aufnahme, die den späteren Generalsekretär der KPdSU Jossif Stalin vor seinem aufgebahrten Leichnam zeigt – der Berufsrevolutionär aus dem Kaukasus vor dem Intellektuellen aus Simbirsk, der in der Philosophie Westeuropas zu Hause war und mehrere Sprachen beherrschte.

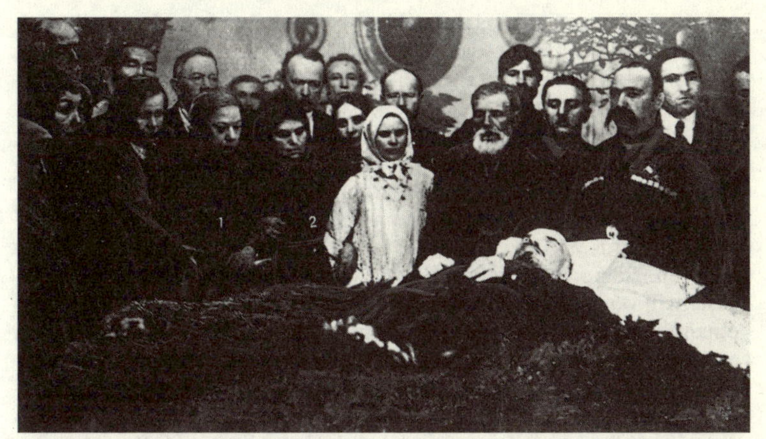
1
2

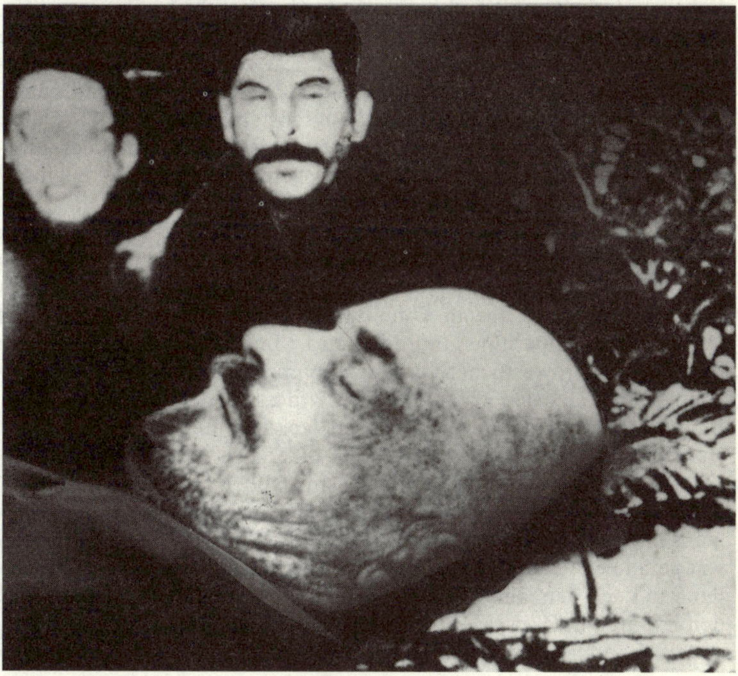

hatte, als er ein halbes Jahrhundert später schrieb: »Man stelle sich einen Schuhmacher vor, der eine winzige Werkstätte besessen hat, aber nicht mit den großen Unternehmern konkurrieren konnte, seine Werkstätte zugemacht und sich, sagen wir, in die Schuhfabrik von Adelchanow in Tiflis verdingt hat. Er ist in Adelchanows Fabrik eingetreten, aber nicht, um zu einem ständigen Lohnarbeiter zu werden, sondern um zu Geld zu kommen, sich ein kleines Kapital zusammenzusparen und dann seine Werkstätte wieder aufzumachen...«[41]

Jossif wurde im Dezember 1879 in der Nähe von Tiflis (heute Tbilissi) geboren. Seine georgischen Eltern Wissarion und Jekaterina Dschugaschwili waren beide noch als Leibeigene geboren worden. Jossif, das einzige von vier Kindern, das überlebte, litt an Krankheiten, die für sein ganzes Leben sichtbare Spuren hinterließen - Pocken und eine Infektion des linken Arms, wodurch dieser so steif wurde, daß man den jungen Mann im ersten Weltkrieg für militäruntauglich erklärte. Jossifs Vater[42] mußte sein Kleingewerbe aufgeben. Seine Mutter, die den Lebensunterhalt mit Wäschewaschen verdiente, schickte ihn in die Kirchenschule in Gori. Nachdem Jossif diese Schule fünf Jahre besucht hatte, erhielt er ein Stipendium für das Priesterseminar in Tiflis (im selben Jahr absolvierte Churchill Sandhurst). Dies war damals im Grunde genommen die einzige höhere Bildungsanstalt in Georgien und eine Brutstätte des georgischen Patriotismus. Es ist paradox, daß der künftige marxistische Herrscher Rußlands ausgerechnet von einer religiösen Einrichtung in die Politik eingeführt wurde.

Dies war die Politik Georgiens. Dieses Land, in dessen Zentrum Dschugaschwili geboren wurde, war eine äußerst sensible Region des Russischen Reiches. Seine wilde Natur, seine turbulente Geschichte und geographische Lage am Schnittpunkt des Russischen Reiches, des Osmanischen Imperiums und des Iran ist im militärischen Sinne nur mit Indiens nordwestlicher Grenzregion im 19. Jahrhundert zu vergleichen. Dabei sind jedoch zwei große Unterschiede zu beachten: der Reichtum des Kaukasus an Bodenschätzen und die Tatsache, daß die Russen hier in zwei alten christlichen Völkern, den Armeniern und den Georgiern, Verbündete gegen den Islam fanden. Als Dschugaschwili geboren wurde, war die Erinnerung an die russische Eroberung Georgiens im Jahre 1801 noch lebendig, die Befriedung der Kaukasusregion war gerade erst beendet, und erst vier Jahre nach seiner Geburt wurde der Bau der Eisenbahn zwischen Baku und Batumi abgeschlossen, was den Export von Öl in rasch wachsenden Mengen gestattete.

Auf Georgisch veröffentlichte die liberale Zeitschrift *Iberia* 1895

Wie aus einer anderen Welt wirkt dagegen die Gruppenaufnahme der Zaren-Familie aus der Zeit kurz vor der Revolution. Nikolaus II. hat das Unheil, das sich mit dem Krieg über seinem Land und seinem Haus zusammenzog, so wenig gespürt wie die Kaiser von Österreich-Ungarn und Deutschland, Franz Joseph und Wilhelm II. Zar Nikolaus II. wurde von seiner Frau Alexandra Feodorowa aus dem Hause Hessen in Liebe und Härte beherrscht, die aber selber ganz unter dem Einfluß Rasputins stand. Die ganze Zärtlichkeit der Eltern gehörte den wegen ihrer Schönheit gerühmten Töchtern Maria, Tatjana, Olga und Anastasia und vor allem dem an der Bluterkrankheit leidenden Zarewitsch Alexej. Die gesamte Familie wurde von den Bolschewisten im Keller des Hauses, wohin sie im Zeichen des Bürgerkriegs gebracht worden war, auf Befehl der Moskauer Führung liquidiert.

Dschugaschwilis erstes Gedicht. Er las viel und hatte ein enormes Gedächtnis. Hier ergibt sich erneut eine Parallele zu Churchill, aber anders als dessen Vorgesetzte in der Indien-Armee bestraften diejenigen Dschugaschwilis ihn mit dem Karzer, weil er aus der örtlichen Bibliothek Victor Hugos Romane und Thackerays *Jahrmarkt der Eitel-*

keit ausgeliehen hatte, die er in russischer Übersetzung las. (Später nahm er oft und gern Bücher von Tschechow, Gogol und Saltykow-Schtschedrin zur Hand und soll auch Shakespeare, Heine, Balzac und Maupassant gelesen haben.)

Die erste politische Bewegung, der sich Dschugaschwili mit neunzehn Jahren anschloß, war ebenfalls eine georgische Organisation - *Messame Dassi*, eine Gruppe gemäßigter Sozialisten. Als Dschugaschwili 1899 vom Priesterseminar relegiert wurde, weil er nicht an den Prüfungen teilgenommen hatte, gelang es ihm, eine Anstellung am Tifliser Observatorium zu erhalten. Eine polizeiliche Durchsuchung seines Zimmers im März 1901 war der Beginn seiner sechzehn Jahre im Untergrund. Im November desselben Jahres wurde »Koba«, wie seine Genossen ihn von nun an nannten, zum Mitglied des Tifliser Komitees der Sozialdemokraten gewählt. Im April des darauffolgenden Jahres wurde er zum ersten Mal verhaftet, ins Gefängnis geworfen und danach zu drei Jahren Verbannung in Sibirien verurteilt. Jedoch schon Anfang 1904 gelang ihm die Flucht, und er kehrte nach Tiflis zurück. Am Ende jenes Jahres entschied er sich bei der ersten Spaltung der neuen Sozialdemokratischen Arbeiterpartei Rußlands, dem berühmten Streit zwischen den Bolschewiki (der »Mehrheit«) und den Menschewiki (der »Minderheit«)[43], für Lenin und wurde aktiver Bolschewik. Auf der Konferenz der Bolschewiki in Tammerfors in Finnland im Dezember 1905 begegneten die beiden Männer einander zum ersten Mal. Nach dem V. Parteitag in London im Jahre 1907, an dem Stalin ebenfalls teilnahm und wo er zum ersten Mal auf Lew Trotzki traf, wählte man ihn zum Mitglied des Parteikomitees von Baku. Dies war am Beginn des 19. Jahrhunderts noch der befestigte Hauptsitz eines kleinen türkischen Khanats gewesen, hatte sich nun aber zu einer Industriestadt mit über 100 000 Einwohnern entwickelt. Von nun an schrieb Stalin in Russisch, sprach aber bis zum Ende seines Lebens mit einem starken georgischen Akzent.[44]

Die Tatsache, daß die Bolschewiki 1905 und 1906 Konferenzen in Tammerfors abhalten konnten, das damals russisches Territorium war, zeugt von der Veränderung des politischen Klimas im Russischen Reich nach der ersten Revolution im Januar 1905, auf die im August nach einem verheerenden Krieg der Friedensschluß mit Japan folgte. Im Oktober verkündete der bedrängte Zar Nikolaus II. ein Manifest, das in der Verfassung verbürgte Freiheiten und ein gewähltes Parlament (die *Duma*) versprach, womit er eine der seltenen liberalen Episoden in der Geschichte Rußlands einleitete.[45] Als der V. Parteitag in London zusammentrat, waren bereits 65 sozialistische Abgeordnete in die *Duma* gewählt worden. Während der zehn Jahre vom Londoner Parteitag bis zur Zweiten (der Oktober-)Revolution wurde aus Koba zunächst Koba-Stalin und schließlich Stalin.

Dies waren Jahre, in denen Kerkerhaft, Verbannung und Flucht im Wechsel aufeinanderfolgten, eine Zeit, in der die Illegalität den künftigen Generalsekretär prägte. Das betraf nicht nur Eigenschaften, für die er später berühmt wurde - Verschlossenheit, Beharrlichkeit und die Fähigkeit, sich nur auf sich selbst zu verlassen. Stalin hatte auch den Vorteil, daß er 1917 einer der wenigen führenden Revolutionäre war, die das Land von innen gut kannten. Und schließlich gab ihm seine Flucht aus der Verbannung auch die Möglichkeit, ins Ausland zu reisen. 1912 bis 1913 ging er nach Krakau und Wien, wo er seine Broschüre *Marxismus und nationale Frage* schrieb, die in Rußland unter dem Namen K. Stalin erschien. Sie brachte ihm unverzüglich Lenins Lob als der »prächtige Georgier«[46] und nach der Revolution seine Ernennung zum Minister für Nationalitätenfragen ein.[47] Während seines kurzen Aufenthalts in Südpolen, damals die österreichisch-ungarische Provinz Galizien, lernte er die Lage in dem Land kennen, das im zweiten Weltkrieg eine so wichtige Rolle spielen sollte.

Im Februar 1913 wurde Stalin endgültig zur Verbannung nach Sibirien verurteilt. Das Leben der politischen Gefangenen jener Zeit unterschied sich sehr von dem unter Stalins eigenem Regime - die Härte der Beamten wurde durch Unfähigkeit und zuweilen auch Nachsicht gemildert. Stalin erhielt zum Beispiel Pakete - vor allem mit Büchern - vom Vater seiner künftigen Frau, dem Bolschewiken Sergej Allilujew, dessen Tochter Nadeschda er 1918 heiratete. (Stalins erste Frau, Jekaterina Swanidse, eine Georgierin, mit der er 1905 eine kirchliche Ehe geschlossen hatte, war 1907 gestorben.)[48] Stalin konnte Sibirien erst verlassen, als Ende Februar 1917 das Zarenregime stürzte, Nikolaus II. abdankte und gemäßigte progressive Mitglieder der Duma eine Provisorische Regierung bildeten.

Als Stalin im März 1917 nach Petrograd zurückkehrte, nahm er für drei Wochen die Zügel der Partei in die Hand, bis Lenin selbst am 3. April die Hauptstadt erreichte. Stalin trat nun in die zweite Reihe zurück. Obwohl er in der Parteiführung einen hohen Rang einnahm und die Stadt Zarizyn ihm zu Ehren in Stalingrad umbenannt wurde, spielte er in den frühen Jahren der Revolution keine besonders glanzvolle Rolle. Der erstaunliche Prozeß, in dem eine Handvoll Bolschewiki, die Anfang 1917 noch kaum jemand beachtet hatte, am 25. Oktober in Petrograd mit Waffengewalt die Macht übernahm, war das Werk Lenins und Trotzkis, nicht Stalins. Dieser hatte zunächst für Zusammenarbeit mit der Provisorischen Regierung und später für Vorsicht plädiert. Er war weder Mitglied des Revolutionären Militärkomitees, das der Petrograder Sowjet unter Trotzkis Führung gebildet hatte, noch von August bis Oktober 1917 in der militärischen Führung der Bolschewiki tätig.

Neben den persönlichen Eigenschaften, die Lenin zu seiner berühmt gewordenen Warnung am Ende seines Lebens bewegten, zeigte Stalin auch eine weitere Facette seines komplizierten Charakters - ein bestimmtes Maß an gesundem Menschenverstand, zumindest in der Außenpolitik. Als Politkommissar der Südwestfront im Bürgerkrieg[49] entschied er zum Beispiel, Michail Tuchatschewski[50], der damals auf Warschau marschierte, keine Verstärkung von der Lwower-Front zu senden. Der Feldzug endete mit einer erfolgreichen polnischen Gegenoffensive, die schließlich 1921 zum Vertrag von Riga führte, in dem die Sowjetunion Polen den Westteil der Ukraine und Belorußlands abtreten mußte. Die Rückgewinnung dieser Gebiete sollte ein wichtiger Faktor in der europäischen Politik von 1939 bis 1945 werden. Weder Stalin noch Tuchatschewski konnten dieses Zerwürfnis jemals vergessen. Unter den konkreten Umständen jener Zeit kann Stalins Entscheidung durchaus als weise betrachtet werden. Es war unklug, gegen eine polnische Armee in einem von Polen besiedelten Gebiet zu kämpfen, und außerdem hatte die Südwestfront andere Aufgaben zu erfüllen.

Bald nach Lenins Tod schlug Stalin den Kurs des »Sozialismus in einem Lande« ein - eine Art sowjetische offizielle Isolationspolitik, die durch die Aktivitäten der Komintern etwas abgemildert wurde. Auch dies kann als Anerkennung praktischer Erfordernisse angesehen werden, in diesem Falle der Notwendigkeit, von der »permanenten Revolution«, der ursprünglichen Linie der Bolschewiki, abzugehen. Stalin war 1917 tatsächlich der Meinung gewesen, Rußland könnte den Weg zum Sozialismus freisprengen, 1924 war er jedoch umsichtig genug, diese Lenin zuzuschreiben. Stalin und Trotzki, dessen persönlicher Beitrag zum Marxismus vor 1917 die Idee der permanenten Revolution in der ganzen Welt gewesen war, standen auf diametral entgegengesetzten Positionen. Niemand konnte sich vorstellen, daß im engsten sowjetischen Führungskreis zwei Männer Platz finden konnten, die in fast jeder Hinsicht so unterschiedlich waren. Nach Lenins Tod mußte es zwischen ihnen unweigerlich zum Streit kommen, wie dieser selbst in seinem Brief an den Parteitag vom Dezember 1922 vorausgesagt hatte. Im Januar 1925 legte Stalins Hauptgegner in der Partei das Amt des

Wie die meisten Revolutionen entwickelte sich auch die russische aus eher geringfügigen Ereignissen, und der Mythos der Großen Russischen Revolution ist ein Produkt der späteren Legendenbildung. Die meisten Bastionen der Zarenherrschaft wurden kampflos geräumt, wie ja auch die Bastille in Paris zur Zeit ihrer Erstürmung ein leerstehendes Gebäude gewesen war. Der Sturm auf den Winterpalast fand nahezu unspektakulär statt, es war weit mehr Überdruß am Krieg als revolutionärer Elan, der die Massen beflügelte. Allerdings kam es in den entscheidenden Wochen hier und da zu Schießereien, die wenige photographische Aufnahmen für die Nachwelt festgehalten haben. Im Grunde war es aber die Entschlossenheit einer Handvoll Berufsrevolutionäre, die den demokratischen Umsturz in die Machtergreifung der Bolschewisten verwandelte.

Ministers für Heer und Flotte nieder, im Oktober des folgenden Jahres wurde er aus dem Politbüro und im November 1927 aus der Partei ausgeschlossen. Im Januar 1929 erhielt Trotzki die Ausweisung aus der Sowjetunion.[51] Seine Niederlage öffnete Stalin den Weg zum höchsten Gipfel der Macht.

Ende der zwanziger Jahre leitete Stalin ein Vierteljahrhundert sowjetischer Geschichte ein, vor dessen Tragik Lenins Warnung verblaßte. Im Jahre 1927, am Vorabend dieser schrecklichen Ereignisse, hatte sich die sowjetische Wirtschaft so weit von den Zerstörungen des Krieges erholt, daß das Produktionsniveau von 1913 wieder erreicht werden konnte. Niemand bestritt damals, daß eine neue Politik erforderlich war, um die sowjetische Industrie zu entwickeln und die Landwirtschaft zu modernisieren. Im Januar 1930 wurde die Partei jedoch auf eine Politik der Zwangskollektivierung der Landwirtschaft festgelegt. Da etwa drei Viertel der Bevölkerung der Sowjetunion damals auf dem Lande lebten, beschrieb Nikolai Bucharin, einer ihrer Hauptgegner, diese Kampagne treffend als eine dritte Revolution. Die erschreckenden Ergebnisse dieses überstürzten Kollektivierungsprogramms, das in einer Zeit in Angriff genommen wurde, da der Getreidepreis auf dem Weltmarkt gefallen war, die Sowjetunion aber weiterhin große Mengen Getreide exportierte, beschrieb Stalin zwölf Jahre später in seinem ersten Gespräch mit Churchill nachdenklich als »sehr schlimm und schwierig, aber notwendig«.[52] Als 1933 der XVII. Parteitag vorbereitet wurde, kam Hoffnung auf, daß vernünftigere Auffassungen sich durchsetzen könnten. Im zweiten Halbjahr war der schlimmste Hunger überwunden. Die folgenden Wellen des Stalinschen Terrors lagen noch jenseits des politischen Horizonts der Sowjetunion.

Der Winter 1932/33 war auch ein Wendepunkt in Stalins persönlichem Leben. Am 8. November 1932 erschoß sich seine Frau in ihrem Schlafzimmer im Kreml nach einem banalen Streit mit Stalin während eines Banketts zum 15. Jahrestag der Revolution, wie ihre Tochter Swetlana es später beschrieb.[53] Es wird vermutet, daß der Selbstmord Nadeschda Allilujewas politisch motiviert war. Als Studentin der Industrieakademie können ihr durchaus realistische Berichte über die schrecklichen Leiden der sowjetischen Bauernschaft zu Ohren gekommen sein.[54] Das ist durchaus anzunehmen, aber ihre Tochter berichtet auch, daß die Familie von »Schizophrenie gequält war.«[55] Es kann kein Zweifel daran bestehen, daß Stalin vom Tode seiner jungen Frau zutiefst betroffen war. Was dies für ihn bedeutete, kann niemand genau sagen. Doch der Bericht seiner Tochter muß zur Kenntnis genommen werden, auch wenn sie erst 1926 geboren wurde:

»Ich glaube, daß Mamas Tod ihm einen schrecklichen Schlag versetzte; er hat seinen Glauben an die Menschen und an die Freunde vernichtet, ausgelöscht. Er hat Mama stets für seinen ersten und besten Freund gehalten, er betrachtete ihren Tod als Dolchstoß in den Rücken. Er wurde verbittert...«[56]

St. Petersburg wurde im Verlauf der Revolution immer wieder umbenannt; 1914 wurde aus der Gründung Peters des Großen, die aber nach dem Heiligen St. Peter ihren Namen trug, Petrograd, und 1924 dann zu Ehren des verstorbenen Führers der Revolution Leningrad. Wie vergleichsweise friedlich und ruhig der Sturz der Zarenherrschaft vor sich ging, zeigt eine der seltenen Aufnahmen aus den Tagen des Umsturzes; Soldaten und Bürger lesen die Sonderblätter, in denen von den revolutionären Ereignissen berichtet wird. Erst Wochen, zum Teil sogar Monate später, kam es zu wirklichen Massenkundgebungen, und wie immer wurden die Denkmäler erst geschleift, als die alte Macht gebrochen war. Das Standbild des letzten Zaren fiel als Besiegelung, nicht als Signal der Revolution; das Photodokument gibt seinen künstlichen Charakter schon darin zu erkennen, daß eigens angefertigte Spruchbänder die Szene festhalten, Soldaten demonstrativ die Fahne schwenken und eine Handvoll Jugendlicher wie auf Befehl die Arme streckt. So findet keine Revolution statt, so wird sie dargestellt.

3
Das internationale Umfeld 1933 - 1938

Unsere früheren Feinde sind gemeinsam mit ihren Anhängern dem Völkerbund beigetreten. Die früheren Verbündeten haben sich gespalten. Die Vereinigten Staaten nehmen mit dem unverkennbaren Ziel an der Konferenz (für weltweite Abrüstung) teil, Europa zu entwaffnen, selbst aber alle Vorrechte zu behalten. Der Turmbau zu Babel... das ist mein erster Eindruck... Nur in der Abstraktion können so unterschiedliche Elemente vereinigt werden. Jegliche Realität trennt sie wieder.

– Edouard Herriot, Premierminister Frankreichs, am Vorabend der in Kapitel 3 beschriebenen Ereignisse –

Der Völkerbund

Zu Beginn dieses Jahrzehnts beruhte die Außenpolitik aller drei Staaten, die in den vierziger Jahren Verbündete werden sollten, nach wie vor auf der zerbrechlichen Struktur, die zwei von ihnen gemeinsam mit Frankreich im Jahre 1919 in Versailles aus den Trümmern des ersten Weltkrieges zusammengekittet hatten. Diese Struktur sollte einer Friedenslösung Dauerhaftigkeit verleihen, deren Bedingungen bei den Besiegten tiefen Widerwillen und auch bei einigen scharfsinnigen Kritikern in den Siegerländern Zweifel hervorriefen. (John Maynard Keynes setzte sich mit dem Versailler Vertrag in seinen *Ökonomischen Folgen des Friedens* auseinander, einem Buch, das im Jahr der Unterzeichnung des Vertrages erschien und bald in viele Sprachen, darunter auch ins Russische, übersetzt wurde.) Der Versailler Vertrag war zugleich ein künstliches Gebilde. Die Sowjetunion, wo der Bürgerkrieg tobte, wurde von Anfang an nicht daran beteiligt. Schlimmer noch: Am 19. März 1920 lehnte es der amerikanische Senat nach monatelangen Debatten mit zehn Stimmen Mehrheit ab, den am 28. Juni 1919 in Versailles unterzeichneten Vertrag zu ratifizieren, dessen erste 26 Artikel die Satzung des Völkerbundes darstellten. Woodrow Wilson, der Präsident, der die Ausarbeitung der Satzung angeregt hatte, konnte seine Landsleute nicht davon überzeugen, daß es für die Vereinigten Staaten zweckmäßig sei, dieser Organisation beizutreten. Wenn ihm dies gelungen wäre, wäre die erste Sitzung der Versammlung und des Rates satzungsgemäß vom Präsidenten der Vereinigten Staaten einberufen worden. Die amerikanische Regierung wäre nicht nur an die Bestimmungen der Satzung, sondern auch an das außerordentlich wichtige Abkommen zwischen den Vereinigten Staaten und Frankreich rechtlich gebunden gewesen. Zusammen mit dem Vertrag zwischen dem Britischen Empire und Frankreich stellte es den Stützpfeiler der militärischen Nachkriegsordnung, eine Garantie Großbritanniens und Frankreichs für die französisch-deutsche Grenze dar.[1] Dieser Stützpfeiler war durch nichts zu ersetzen. In den folgenden zwanzig Jahren tauchten die Vereinigten Staaten nur in der Weltarena auf, wenn sie der Meinung waren, amerikanische Interessen seien unmittelbar betroffen.

So war der Völkerbund, als Hüter des Weltfriedens gedacht, von Anfang an ein totgeborenes Kind. Da sowohl die größte Industriemacht der Welt (die inzwischen auch ihr größter internationaler Kreditgeber geworden war) und die stärkste Militärmacht des europäischen Kontinents nicht im Rat der Organisation saßen, waren die in Genf gefällten Entscheidungen langfristig zur Wirkungslosigkeit verurteilt. Zunächst jedoch stellte der Völkerbund ein wesentliches Instrument der Außenpolitik der beiden wichtigsten Siegermächte, Großbritanniens und Frankreichs, dar, die ihn fest im Griff hatten.

Trotz all seiner Mängel war der Völkerbund jedoch mehr als das. Ungeachtet des Wortbruchs der Amerikaner hatte er auch weiterhin eine starke geistige und emotionale Ausstrahlung. Diese wirkte am stärksten in Großbritannien, wo die Liga des Völkerbundes unter der engagierten Führung der beiden »Laienmönche der angelsächsischen Welt«[2], Robert Cecil und Gilbert Murray, sowie mit zwei ehemaligen Premierministern als Ehrenpräsidenten im Jahre 1933 fast eine Million Mitglieder zählte. Diese starke Ausstrahlung, die durchaus nicht nur auf die Linke in Großbritannien wirkte, war zum Teil auf die Abneigung gegen das europäische System schwerbewaffneter Bündnisse zurückzuführen, das viele als die Ursache für den Ausbruch des zweiten Weltkrieges betrachteten, teilweise aber auch auf den Glauben an die Wirksamkeit von Wirtschaftssanktionen, Gegenstand von Artikel 16 der Satzung des Völkerbundes, wofür die Wirtschaftsblockade Deutschlands während des Krieges (und danach) ein Präzedenzfall gewesen war. Diesen beiden Motiven lag der Glaube zugrunde, daß eine Aggression letzten Endes allein durch das Gewicht der Weltöffentlichkeit aufgehalten werden konnte. Cecil, einer der Hauptbefürworter des Völkerbundes, formulierte es in der Debatte des Unterhauses über den Versailler Vertrag 1919 so:

»Wir stützen uns auf die öffentliche Meinung, und wenn das falsch ist, dann ist die ganze Sache falsch. Ich glaube aber, wir haben recht. Wenn man nicht die Unterstützung der öffentlichen Meinung hat, dann verlieren die Beschlüsse der Versammlung ihre Bedeutung.«[3] Cecil vertrat ein weites Spektrum der öffentlichen Meinung nicht nur seines Landes, als er zwölf Jahre später vor der Versammlung des Völkerbundes erklärte:

»Ich glaube nicht, daß es auch nur die geringsten Anzeichen für einen Krieg gibt. Ich weiß… wie schnell man mit Prophezeiungen über die Zukunft der internationalen Beziehungen bei der Hand ist; trotzdem glaube ich, niemand in diesem Raum wird mir widersprechen, wenn ich sage, daß es kaum eine Zeit in der Weltgeschichte gegeben hat, da ein Krieg weniger wahrscheinlich erschien als gegenwärtig.«[4]

Andere neigten weniger zu derartiger Selbsttäuschung, insbesondere in Frankreich, dem Land, das (neben der Sowjetunion) am meisten unter dem Krieg gelitten hatte. Ein Jahr nach Cecils Rede vor der Versammlung des Völkerbundes legte der französische Premierminister Edouard Herriot die nüchterne Analyse des wirklichen Zustandes der internationalen Beziehungen vor, die diesem Kapitel als Epigraph vorangestellt ist. Herriot beschrieb Genf als den Turmbau zu Babel und wies darauf hin, daß »alle Realitäten« auf Trennung hinwiesen.[5] Jedoch nicht nur die Europäer, die noch unter den Folgen des ersten Weltkrieges[6] litten, taten sich schwer damit, Anfang der dreißiger Jahre die Realitäten zur Kenntnis zu nehmen. (In den Vereinigten Staaten gehörte Präsident Herbert Hoover zu den vielen, die sich zunächst weigerten anzuerkennen, daß die Große Depression nicht einfach das Ende des Jazz-Zeitalters bedeutete, sondern eine nationale und internationale Katastrophe größten Ausmaßes.) Selbst nach Hitlers Machtantritt flüchteten sich viele, vielleicht die meisten Menschen auf beiden Seiten des Atlantiks aus der Realität Europas in die »Abstraktion«, wie Herriot es nannte. Daß nach dem 30. Januar 1933 nichts mehr so war wie vorher, ist heute offenkundig. Nur wenige erkannten das zu jener Zeit. Dies lag zum Teil daran, daß die am meisten betroffenen Länder tief in einem wirtschaftlichen Morast steckten. Aber da war noch ein weiterer verwirrender Faktor. Die erste große Herausforderung des Völkerbundes kam nicht von Deutschland, sondern von Japan in einer Region, wo Großbritannien, die Sowjetunion und die Vereinigten Staaten wichtige Interessen hatten, aber – zumindest was Großbritannien und die USA betraf – nur wenig Streitkräfte, um diese an Ort und Stelle zu schützen.

In der Nacht des 18. September 1931 benutzte die japanische Kwantung-Armee, die auf dem chinesischen Festland stationiert war, einen inszenierten Zwischenfall in Mukden (heute Shenyang), um ihren Einmarsch in die Mandschurei zu rechtfertigen.[7] Die japanischen Truppen hatten keinerlei Schwierigkeiten, dieses riesige Territorium zu überrennen und zu besetzen, wo die chinesische Zentralregierung auch vor der Invasion wenig Macht hatte und die Japaner seit 1905 militärische Rechte besaßen. An der Jahreswende 1932/33 trat die Versammlung des Völkerbundes zu einer Sondersitzung zusammen, um den Bericht einer in die Mandschurei entsandten Untersuchungskommission entgegenzunehmen. In diesem Bericht wurde vermieden, ausdrücklich zu erklären, daß Japan mit seiner Invasion der Mandschurei die Satzung des Völkerbundes gebrochen hatte. Man empfahl weitgehende Autonomie für die Mandschurei im Rahmen der Souveränität Chinas, einen Nichtangriffspakt zwischen China und Japan sowie die Anerkennung der japanischen Rechte in der Mandschurei. Zugleich wurde dem Staat Mandschukuo, den die Japaner im März 1932 mit einer Mandschu-Marionette als Regenten an der Spitze geschaffen hatten, die Anerkennung verwehrt. Die Versammlung des Völkerbundes bestätigte diese Empfehlungen. Daraufhin trat Japan im März 1933 aus dem Völkerbund aus.

Zwei ganz verschiedenen Männern – der eine Mitglied des britischen Tory-Establishments und der andere ein Republikaner von der amerikanischen Ostküste, die beide von den damaligen Geschehnissen unmittelbar betroffen waren – erschien Japans Mißachtung der Position des Völkerbundes aus dem Abstand mehrerer Jahre als der Anfang aller in diesem Jahrzehnt noch folgenden Entwicklungen. Cecil schrieb 1941, dies »hat uns Schritt für Schritt in die heutige ernste Lage gebracht«. Für Henry Stimson war »der Weg in den zweiten Weltkrieg... von den Eisenbahngleisen bei Mukden bis zu den Bombereinsätzen über Hiroshima und Nagasaki... klar zu erkennen«.[8] Keine dieser Ansichten ist heute noch haltbar. Cecil ließ sich in seinem Glauben an den Völkerbund auch durch dessen späteres Versagen nicht beirren. Stimson, ein integrer Mann, hatte persönliche Gründe, bei seinem Standpunkt zu bleiben: Er war amerikanischer Außenminister während der mandschurischen Krise und Kriegsminister, als die beiden Atombomben auf Japan abgeworfen wurden. Mehr noch, er betrachtete die Tatsache, daß seine Regierung entschieden hatte, dem von Japan eingesetzten Regime in der Mandschurei die diplomatische Anerkennung zu verwehren, und es ihm gelungen war, den Völkerbund zu derselben Haltung zu bewegen, als »vielleicht den größten konstruktiven Erfolg seines öffentlichen Lebens«.[9]

Die Linke sah die Ereignisse in China in den Jahren 1931-1933 ebenfalls als das erste Glied einer ganzen Kette faschistischer Aggressionsakte in diesem Jahrzehnt. Das schien dadurch bestätigt zu werden, daß Japan schließlich der Verbündete Deutschlands und Italiens wurde. Zur Zeit der mandschurischen Krise aber lag diese Entwicklung noch in weiter Ferne. Hitler begann erst 1938, Japan zu umwerben, und Deutschland erkannte Mandschukuo im Mai desselben Jahres an. Der Einfluß der Militärs im Regierungsapparat Japans bewirkte in den dreißiger Jahren gewisse militaristische Affinitäten zum europäischen Faschismus. Dies war jedoch nicht mehr als eine Parallele. Die Wurzeln des japanischen Nationalismus sind viel älter. Die heute zugänglichen umfangreichen dokumentarischen Beweise aus verschiedensten Quellen ergeben ein anderes, viel komplizierteres Bild von der Evolution der japanischen Politik in den zehn Jahren nach 1931.[10]

Die Episode in der Mandschurei fand ihren Abschluß[11] in einem Waffenstillstand, den China und Japan im Mai 1933 unterzeichneten.[12] Der Streit über die Lehren, die aus der erwiesenen Untauglichkeit des Völkerbundes als Instrument der Friedenserhaltung - insbesondere für Europa - zu ziehen waren, dauerte fast bis zum Ende des Jahrzehnts. Abgesehen von neuer Aufrüstung boten sich drei grundsätzliche Optionen an: erstens die Versöhnung. Wenn die Japaner gewisse berechtigte Gründe für ihr Verhalten hatten, dann hatten sie die Deutschen in den Augen mancher Leute auch. (Aus dieser Gedankenkette sollte Chamberlain später seine Politik des »appeasement« in Europa ableiten.) Im Unterschied dazu argumentierten andere, daß man gegen Japan Artikel 16 der Satzung des Völkerbundes hätte anwenden müssen - diese Politik der Wirtschaftssanktionen sollte drei Jahre später halbherzig gegen Italien versucht werden. Schließlich gab es, drittens, nach wie vor einen weitverbreiteten Glauben an die Macht der globalen Ermahnung - symbolisiert in Stimsons Pose der moralischen Mißbilligung, an der man auch dann noch festhielt, als die Ereignisse in der Mandschurei ihre Grenzen klar gezeigt hatten. Insgesamt schwankte die Außenpolitik auf beiden Seiten des Atlantiks (die Sowjetunion eingeschlossen) in den folgenden Jahren zwischen diesen drei Optionen. Während aber Japan im ersten Weltkrieg ein enttäuschter Sieger gewesen war, stellten Deutschlands Ambitionen nach 1933 eine viel größere Gefahr dar, denn sie speisten sich aus der Verbitterung der Niederlage.[13]

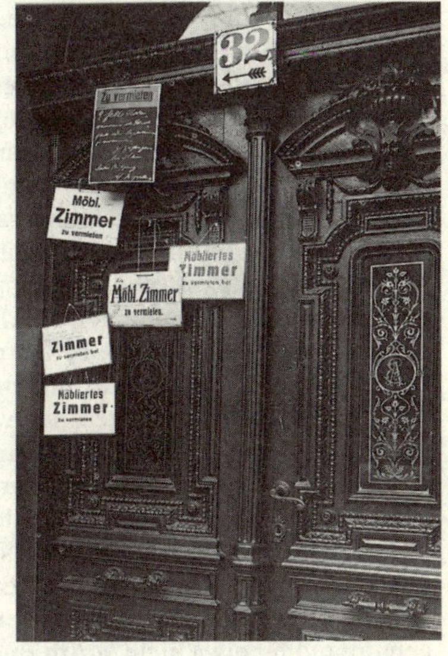

Die Wirtschaftskrise der zu Ende gehenden zwanziger und beginnenden dreißiger Jahre erfaßte die gesamte westliche Welt; Heere von Arbeitslosen, Notküchen und leerstehende Wohnungen kannte ganz Europa. Aber nur in Deutschland sollte aus dem sozialen ein politischer Sprengstoff werden, denn hier traf diese wirtschaftliche Not ein Volk, das ohnehin durch den verlorenen Krieg das Gefühl hatte, an den Rand der Geschichte gedrängt zu sein. – Szenen wie die eines zusammengebrochenen Bettlers neben soignierten Geschäftsleuten waren seit 1928 so allgemein geworden, daß sie ganz offensichtlich niemand mehr zur Kenntnis nahm. In den Hausfluren füllten die Wohnungs- und Zimmerangebote die Wände.

Am Morgen des 30. Januar 1933 (Roosevelts 55. Geburtstag) bestellte Reichspräsident Paul von Hindenburg den Mann zu sich, den er bei ihrer ersten Begegnung einige Monate früher als einen merkwürdigen Menschen bezeichnet hatte, der bestenfalls einen Postminister abgeben könnte[14], um ihn zum Reichskanzler von Deutschland zu ernennen. Adolf Hitler war damals noch keine 44 Jahre alt. Er war auch nicht Mitglied des Reichstages, denn der »böhmische Gefreite« hatte 1925 die österreichische Staatsbürgerschaft abgelegt und war erst 1932 deutscher Staatsbürger geworden. Von den insgesamt elf Ressorts im Kabinett, die er einrichtete, gingen nur drei, einschließlich seines eigenen, an Mitglieder der Nazipartei. Wenn Hitler in den ersten Wochen des Jahres 1933 selbst von der Mehrheit der Deutschen unterschätzt wurde, die keine Nazis waren[15], dann kann es kaum überraschen, daß Deutschlands Gegner aus dem ersten Weltkrieg die volle Bedeutung dessen, was da in Berlin vor sich ging, noch wesentlich langsamer erfaßten. Zudem waren dies die Wochen, in denen das Wüten der Großen Depression in den Köpfen der Menschen und den politischen Debatten alles andere in den Hintergrund drängte. In den Vereinigten Staaten gab es 15 Millionen und in Großbritannien drei Millionen Arbeitslose, um nur die offiziellen statistischen Daten zu nennen (zum Vergleich: in Deutschland betrug diese Zahl sechs Millionen). Selbst die autarke Wirtschaft der Sowjetunion war gegen den Zusammenbruch der Rohstoffpreise auf den Weltmärkten (sie stürzten von 1929 bis 1934 um 60 Prozent) nicht immun; allerdings war die Hungersnot im Winter 1932/33 eine Wunde, die sich die Sowjetunion selbst beibrachte.

Wenn die Aufgabe, die eigenen Wirtschaftsprobleme in den Griff zu bekommen, den Regierungen überhaupt noch Spielraum für internationale Angelegenheiten ließ, dann konzentrierte sich ihre Aufmerksamkeit auf zwei multilaterale Konferenzen – die Abrüstungs- und die Weltwirtschaftskonferenz. Abgesehen von den Fragen, die diese Konferenzen zu behandeln versuchten, waren die Beziehungen zwischen den Regierungen Großbritanniens, Frankreichs und der Vereinigten Staaten immer noch von den Problemen der Nachkriegsschulden und -reparationen belastet. Das Problem der Nachkriegsschulden bildete den Hintergrund für die allgemeine Wirtschaftsmisere. Zunächst war unbestreitbar, was Calvin Coolidge so formulierte: »Sie haben doch das Geld gepumpt, oder etwa nicht?« Am Ende des ersten Weltkrieges war Großbritannien mit über vier Milliarden Dollar der größte Schuldner der Ver-

Der Völkerbund, 1919/20 im Jubel des Sieges, der für die andere Hälfte Europas das Chaos des Untergangs gewesen war, gegründet, hatte die Hoffnungen der Völker symbolisiert, zu einer friedlichen Instanz zu kommen, die die Konflikte der Zukunft beilegen würde. Im Reformationssaal von Genf trat er am 15.11.1920 zum ersten Mal zusammen. Der Völkerbund sollte aber keine der in ihn gesetzten Erwartungen erfüllen, er konnte weder den russisch-polnischen Krieg von 1920, noch die Eroberung Abessiniens durch Italien, noch den spanischen Bürgerkrieg verhindern. – Als die Weltwirtschaftskrise auf ihren Höhepunkt gekommen war, trat im Geologischen Museum in London am 12.6.1933 eine Weltwirtschaftskonferenz zusammen, die einen Ausweg aus der permanenten Krise zu finden suchte. König Georg von England eröffnete die erste Sitzung, die folgenlos blieb; Deutschland hatte wenige Monate zuvor unter seinem neuen Kanzler Hitler einen eigenen Weg beschritten, der wirtschaftlichen Misere zu begegnen und die Arbeitslosigkeit zu beseitigen.

einigten Staaten, ein Land, das 1914 noch der größte Kreditgeber der Welt gewesen war. Etwa die Hälfte der Gesamtsumme der Liberty Loans, die im Krieg das wichtigste Instrument der Geldströme von den Amerikanern zu den Alliierten gewesen war, hielten noch 1918 die Briten.[16] Als Europa 1931 von der internationalen Finanzkrise überrollt wurde, setzte sich Präsident Hoover für ein einjähriges Moratorium des Schuldendienstes ein. Die britische Regierung zahlte 1932 die volle Rate an die USA, bezeichnete diese Zahlung jedoch als Ausnahme. Ein Versuch der französischen Regierung, eine ähnliche bedingte Zahlung vorzunehmen, brachte diese im Dezember 1932 in der Abgeordnetenkammer zu Fall. Schließlich tätigten die Briten Mitte 1933 eine Notzahlung. Danach stellten sowohl die Briten als auch die Franzosen ihre Zahlungen ein. Ihre Quelle, die deutschen Kriegsreparationen, war versiegt. In Amerikas Augen aber waren die Europäer, die sich teure Waffen leisten konnten, auch in der Lage, ihre Schulden zu bezahlen.

Vor diesem unglückseligen Hintergrund, jedoch mit großer Hoffnung wurden die Abrüstungskonferenz in Genf und ein Jahr später die Weltwirtschaftskonferenz in London einberufen. Beide endeten 1933 mit einem Fiasko. Die Abrüstungskonferenz tagte effektiv nur bis zum Herbst jenes Jahres, obwohl sie formal bis April 1934 existierte. Diese Konferenz, die Erzbischof William Temple mit einer Predigt eröffnete, wurde Herriots Bild vom »Turmbau zu Babel« durchaus gerecht. Die Sowjetunion schlug die totale Abrüstung vor. Die Vereinigten Staaten sprachen sich für die Reduzierung der Landstreitkräfte um ein Drittel einschließlich der Abschaffung von Panzern und Bombern sowie für eine substantielle Reduzierung der Seestreitkräfte aus. Großbritannien konterte den amerikanischen Vorschlag mit einem komplizierten Kompromiß, der lediglich die Tatsache widerspiegelte, daß die Verteidigungspolitik der britischen Regierung zu dieser Zeit in sich widersprüchlich war. Insgeheim hatte das Kabinett die Empfehlung der Stabschefs akzeptiert, daß der »Zehnjahresbeschluß« nicht länger galt. Das Kabinett hatte die Stabschefs sogar beauftragt, Empfehlungen auszuarbeiten, um die empfindlichsten Lücken in Großbritanniens heruntergekommener Verteidigung zu schließen.[17] Öffentlich trat Premierminister Ramsay Macdonald jedoch für die Abrüstung ein, und sein Schatzmeister Neville Chamberlain hatte gerade das niedrigste Verteidigungsbudget Großbritanniens in der ganzen Zwischenkriegszeit vorgelegt. Die deutsche Delegation erklärte nach fünfmonatiger Debatte, sie werde die Konferenz verlassen, bis man die deutsche Forderung nach gleichen Rechten mit anderen Ländern – vor allem Frankreich – erfülle.

Die Franzosen, die von den Briten zur Abrüstung gedrängt wurden, versuchten vergeblich, eine britische Garantie für ihre Sicherheit zu erhalten. Das Problem löste sich im folgenden Jahr auf seine Weise, als Deutschland das Angebot Frankreichs ablehnte, die Gleichheit der Rüstungen nach einer Probezeit von vier Jahren herzustellen, die Abrüstungskonferenz verließ und im Oktober 1933 schließlich aus dem Völkerbund austrat.

Die Weltwirtschaftskonferenz in London verlief noch chaotischer. Heute ist klar, daß der Versuch der Konferenz, zu einem Zeitpunkt, da im Gefolge der Finanzkrise von 1931 die Hauptwährungen der Welt völlig durcheinandergeraten waren, eine Währungsstabilisierung zu erreichen, von vornherein zum Scheitern verurteilt war. Großbritannien, Frankreich und die Vereinigten Staaten erzielten schließlich 1936 eine Übereinkunft über eine Art Goldstandard, die bis zum Ausbruch des Krieges hielt. Eine konzertierte Behandlung der gesamten Probleme der internationalen Wirtschaftsordnung aber mußte weitere zehn Jahre warten, bis im Jahre 1944 das System von Bretton Woods vereinbart wurde. Das Scheitern der Weltwirtschaftskonferenz, die im August 1933 abrupt endete, nachdem eine Botschaft Roosevelts dort wie eine Bombe eingeschlagen war, ließ bei den meisten Briten einen bitteren Nachgeschmack zurück.[18]

Adolf Hitler

Während sich diese multilateralen Bemühungen, eine solidere Grundlage für die internationale politische und ökonomische Ordnung zu finden, allmählich festfuhren, konsolidierte Hitler mit erstaunlichem Tempo seine Machtbasis, von der er alsbald seinen Angriff gegen die Beschlüsse von Versailles vortragen sollte. Seit seiner Ernennung zum Kanzler war weniger als ein Monat vergangen, als der Reichstag in Berlin in der Nacht des 27. Februar 1933 unter mysteriösen Umständen niederbrannte. Hitler wählte den Tag nach dem Brand zur Verkündung des Dekrets »Zum Schutze des deutschen Volkes«, das u. a. die in der Weimarer Republik eingeführten Garantien der individuellen Freiheiten aufhob. Nach den Parlamentswahlen im März verfügte die Nationalsozialistische Partei im Bündnis mit den Deutschnationalen im Reichstag über eine einfache Mehrheit. Es bedurfte nur der Verhaftung oder des Verbots der Kommunisten und ihrer Abgeordneten, um daraus eine klare Mehrheit der Nazis werden zu lassen. Für Verfassungsänderungen war jedoch eine Zweidrittelmehrheit vonnöten. Diese wurde am 23.

März erreicht, als die Abgeordneten mit 441 gegen 94 Stimmen Hitler ermächtigten, vier Jahre ohne den Reichstag zu regieren.

Im Juli 1933 wurde die Nazipartei zur einzigen politischen Partei in Deutschland erklärt. Im März 1934 verkündete man eine wesentliche Aufstockung des deutschen Rüstungsbudgets. Ein Jahr später wurde die Existenz der Luftwaffe öffentlich zugegeben und Hitlers Absicht verkündet, die Wehrpflicht wieder einzuführen und eine Armee von 36 Divisionen aufzubauen. In der Nacht vom 29. zum 30. Juni 1934 ließ Hitler Ernst Röhm, den Stabschef der SA-Braunhemden, und 400 weitere Naziaktivisten ermorden - die meisten, wenn auch nicht alle, waren Mitglieder der Sturmabteilungen, die damals die deutsche Armee an Zahl um das Mehrfache übertrafen. Schließlich verkündete man kaum eine Stunde nach Hindenburgs Tod am 2. August 1934 die Zusammenlegung der Ämter des Reichspräsidenten und des Reichskanzlers. Hitler war nun Präsident Deutschlands und Oberkommandierender der Streitkräfte des Reichs. In gut 18 Monaten hatte er das Spiel gewonnen.

Die Zahl der in Deutschland am letzten Juni-Wochenende 1934 Getöteten fiel im Vergleich zu dem Genozid, der in den nächsten Jahren folgen sollte, überhaupt nicht ins Gewicht. Allein Hitlers Verantwortung für diese Verbrechen sollte ihm auf ewig einen Platz in der Geschichte des Schreckens sichern. Wenn man Hitlers Judenhaß bedenkt - »vielleicht das einzige echte Gefühl, dessen er fähig war«[19] - dann fällt es schwer, seine rassistischen Ideen von seinen politischen Überzeugungen zu trennen, einem eklektischen Gemisch, das er im Wien der Vorkriegszeit aufgelesen hatte. Wenn dabei wie durch ein Wunder der Antisemitismus gefehlt hätte, wie wäre das Urteil der Geschichte über Hitler als politischen Führer dann wohl ausgefallen? Die Antwort auf diese Frage muß paradox erscheinen.

Die Mischung von Ignoranz und Arroganz, wie sie in Hitlers *Tischgesprächen* zum Ausdruck kommt, weist ihn in geistiger Hinsicht als einen der langweiligsten Gesprächspartner des 20. Jahrhunderts aus. Er wußte kaum etwas über Länder außerhalb Europas. Asien war für ihn ein Buch mit sieben Siegeln, und die Vereinigten Staaten sah er als »halb von Judentum und halb von der schwarzen Rasse durchsetzt«.[20] Andererseits war sein taktisches Geschick beachtlich. Für einen Mann, der so wenig aus seinem Lande herausgekommen war und keine Fremdsprache beherrschte, besaß er einen außerordentlich scharfen politischen Instinkt, allerdings nur, wenn es sich um europäische Angelegenheiten handelte. Seine Überzeugungskraft im kleinen Kreise wie auch vor großem Publikum war außerordentlich. Nach 1936 versuchten seine Bera-

Der 30. Januar 1933 ist als »Machtergreifung« in die Geschichte eingegangen, obwohl doch ein ganz normaler Regierungswechsel stattgefunden hatte. Aber Hitler verstand ihn vom ersten Moment an als den entscheidenden Sieg und den Anbruch einer neuen Zeit. So feierten ihn auch seine Anhänger: mit jubelnden Massen, Fackelmärschen und nächtlichen Huldigungen vor der Reichskanzlei. Schon auf der Fahrt zur Reichskanzlei glich Hitler nicht einem der vielen Reichskanzler der Republik am Tage seiner Ernennung, sondern einem Triumphator; im Fenster der Reichskanzlei am Wilhelmplatz – der »historische« Balkon wurde erst später angebaut – präsentierte er sich dann immer wieder zusammen mit Göring den jubelnden Menschen.

ter, die einen wesentlich weiteren Horizont besaßen als er selbst, wieder und wieder, ihn zurückzuhalten, meist behielt er jedoch recht. Seine Einschätzung der inneren Schwäche Frankreichs traf zu; und man kann kaum bestreiten, daß seine Verachtung für die Mitglieder der britischen Regierungen der dreißiger Jahre begründet war. Selbst sein großes Abenteuer gegen die Sowjetunion, das ihn schließlich ins Verderben führte, hätte um Haaresbreite ein Erfolg werden können. In den dreißiger Jahren tanzte die Welt zunehmend nach seiner Pfeife. Auch die USA konnten sich der Wirkung seiner Politik nicht ganz entziehen. In bestimmter Hinsicht war diese unglückselige Zeit das Jahrzehnt Hitlers.[21]

In die höchste Machtposition Deutschlands war nun ein Mann gelangt, der kaum zehn Jahre früher bereits schriftlich kundgetan hatte: »Das Schicksal selbst scheint uns hier einen Fingerzeig geben zu wollen... Rußland und die ihm untertanen Randstaaten... das Riesenreich im Osten ist reif zum Zusammenbruch.«[22] Dies bedeutete, daß die Sowjetunion früher oder später in die politische Arena Europas zurückgeholt werden würde, wo ihre bisherige Außenpolitik gescheitert war. Im nächsten Kapitel wird untersucht werden, unter welchen Umständen Stalin im Dezember 1933 beschloß, zu einer Politik der kollektiven Sicherheit überzugehen. Im September 1934 erhielt die Sowjetunion einen ständigen Sitz im Rat des Völkerbundes, und im Mai des darauffolgenden Jahres reiste der französische Außenminister nach Moskau. Der französisch-sowjetische Vertrag, der bei dieser Gelegenheit unterzeichnet wurde, verpflichtete die beiden Länder, einander Beistand zu leisten, falls eines von ihnen einem nichtprovozierten Angriff ausgesetzt sein sollte. Der Kreis schloß sich mit dem gleichzeitigen Abschluß eines ähnlichen Abkommens zwischen der Sowjetunion und der Tschechoslowakei, die bereits Verbündeter Frankreichs war. Im April 1935 schlossen darüber hinaus Großbritannien, Frankreich und Italien ihre Reihen. Bei einem Treffen ihrer Premierminister in Stresa bekräftigten sie in einer Deklaration ihre Unterstützung der Unabhängigkeit Österreichs, dessen Kanzler Engelbert Dollfuß im Juli 1934 von österreichischen Nazis - möglicherweise ohne Hitlers Wissen - ermordet worden war.

Theoretisch hätten diese Entwicklungen Hitler eigentlich zum Innehalten bewegen müssen. Er gab die Initiative jedoch nicht aus der Hand. Sowohl in Großbritannien als auch in Frankreich herrschte immer noch weitverbreitetes Mißtrauen gegen die Sowjetunion. Der französisch-sowjetische Vertrag wurde niemals durch ein Militärabkommen ergänzt,

Das Reichstagsgebäude in Berlin brannte im Februar 1933 aus, durch kommunistische Brandstiftung, als Signal zum Staatsstreich, wie die Regierung sagte, durch einen nationalsozialistischen Coup, wie die Gegner sagten, um eine Handhabe zu haben, die Parteien der Linken zu verbieten. So wurde der neue Reichstag in Potsdam eröffnet, wozu Hitler die Traditionskirche des Preußentums, die Garnisonkirche, bestimmt hatte. Hier sollten vor historischer Kulisse »die alte Größe und die neue Kraft« sich verbinden. Hitler präsentierte sich in Zivil betont bescheiden und verbeugte sich tief vor Hindenburg, dem Feldmarschall des Ersten Weltkrieges; aber zwischen die Uniformen des Ersten Weltkrieges und der neuen Armee mischten sich bereits die der nationalsozialistischen Verbände, SA und SS. Es zeichnete sich ab, daß hier tatsächlich eine neue Epoche begonnen hatte.

und der französische Senat ratifizierte ihn erst im März 1936. Nach Osten hatte sich Hitler im Januar 1934 durch einen Nichtangriffspakt mit Polen für zehn Jahre klug abgesichert. Das Schlimmste war jedoch, daß es Joachim von Ribbentrop (damals noch nicht Außenminister), den Hitler im Juni 1935 nach London sandte, gelang, die britische Regierung zum Abschluß eines Flottenabkommens mit Deutschland zu bewegen,

Mussolini träumte von der Wiederherstellung des Imperium Romanum, das die ganze Mittelmeerwelt umfaßt hatte; so sprach er von dem Mittelmeer als dem »mare nostrum«. Der erste Schritt zur Wiedergewinnung des antiken Reiches sollte die Eroberung Abessiniens sein, dessen archaisch bewaffnete Truppen in einem blutigen Krieg von der hochmodernen italienischen Armee niedergeworfen wurden. Auf dem Photo marschiert eine Einheit abessinischer Infanterie durch die Hauptstadt Addis Abeba, die seit den ersten Jahrhunderten unserer Zeitrechnung christlich gewesen war; das Schild »Bible Society« führt vor Augen, wie hier ein urchristliches Land von dem christlichen Italien unterworfen wird. – Daheim in Rom verfolgte man mit zwiespältigen Gefühlen die Nachrichten vom fernen Krieg, obwohl man sich die Sonderausgaben der Zeitungen mit der Nachricht von der Flucht des Negus aus der Hand riß. – In einem pathetischen Staatsakt ließ Mussolini den italienischen König Viktor Emanuel zum »Kaiser von Äthiopien« proklamieren; er selber zog es vor, nur der »Duce« zu bleiben.

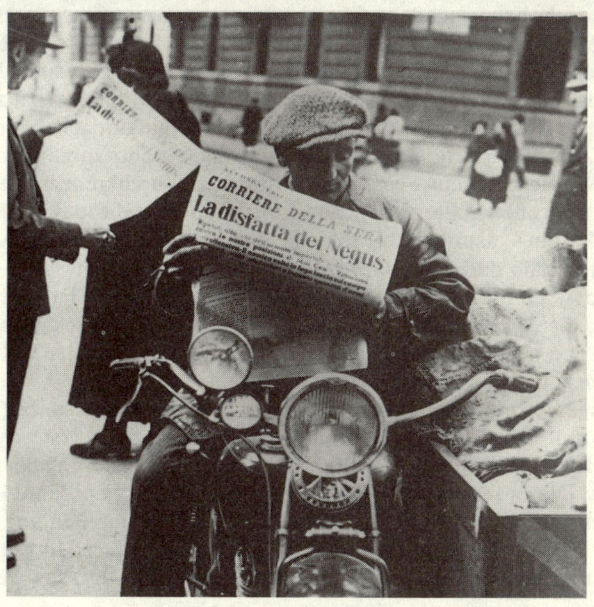
CORRIERE DELLA SERA
La disfatta del Negus

ohne daß Frankreich oder Italien vorher konsultiert wurden. Dies war für beide vor aller Augen ein Schlag ins Gesicht. Deutschland wurde nach diesem Abkommen unter anderem das Recht gewährt, U-Boote von der Stärke der gesamten U-Boot-Flotte des britischen Commonwealth zu bauen. Kaum hatte die britische Regierung, die damals von Stanley Baldwin geführt wurde, für dieses Geschäft eine Lücke in den Festlegungen des Versailler Vertrages über die Seestreitkräfte gefunden, kündigte sie ihn bedenkenlos auf.

Seit Mitte März 1935 lag auf dem Tisch des Völkerbundes eine Klage Abessiniens gegen Italien, wo Benito Mussolini (seit 1922 der Duce von Italien) eine Position ähnlich der der Briten in Ägypten anstrebte. Am 11. September setzte sich der britische Außenminister in Genf an die Spitze der Bewegung gegen Italien, und als italienische Streitkräfte drei Wochen später Abessinien angriffen, verhängte der Völkerbund Sanktionen. Erdöl war davon allerdings ausgenommen. Es gab eine Reihe Versuche, einen politischen Kompromiß zu erzielen (vor allem den sogenannten Hoare-Laval-Pakt vom Dezember 1935, den man rasch wieder fallenließ, als er in Großbritannien einen Sturm öffentlicher Entrüstung auslöste). Die Sanktionen wurden im Juni 1936 schließlich wieder aufgehoben, nachdem Chamberlain ihre Weiterführung als »den Gipfel des Wahnsinns« verspottet hatte. Dieses Hin und Her hatte einen doppelten Effekt. Der Völkerbund erwies sich zum zweiten Mal als unfähig, einen Konflikt zwischen zweien seiner Mitglieder zu schlichten; sein Ansehen erlitt dadurch nicht wiedergutzumachenden Schaden. Zum zweiten endete der unter Führung Großbritanniens vorgetragene Versuch, Italiens Pläne in Abessinien zu durchkreuzen – eine der wenigen großen außenpolitischen Initiativen Westeuropas in den dreißiger Jahren –, damit, daß Hitler eine goldene Gelegenheit für Aktivitäten außerhalb der engen Grenzen Mitteleuropas erhielt. Ohne sich in die Abessinien-Frage hineinziehen zu lassen, gelang es Hitler ein Jahr später, die Achse Rom-Berlin zu etablieren, ein Ausdruck Mussolinis, der in den nächsten sieben Jahren ein geflügeltes Wort der Weltpolitik werden sollte.[23]

Lange bevor die italienisch-deutschen Protokolle im Oktober 1936 in Berlin unterzeichnet wurden, hatte Hitler bereits sein erstes Meisterstück in der Außenpolitik vollbracht: die Remilitarisierung des Rheinlandes. Dies war nach dem Vertrag von Locarno aus dem Jahre 1925 ein Bündnisfall sowohl für Italien als auch für Großbritannien und Frankreich. Artikel 44 des Versailler Vertrages war in dieser Hinsicht noch kategorischer: Falls Deutschland den Bestimmungen des Vertrages über die Demilitarisierung des Rheinlandes zuwiderhandeln sollte, würde dies »als feindliche Handlung gegenüber den Signatarmächten dieses Vertrages und als Versuch der Störung des Weltfriedens betrachtet werden«. Dieses riskante Manöver wurde unternommen, obwohl Deutschlands Kräfte nicht ausreichten, sich zur Wehr zu setzen, wenn die Briten und die Franzosen gewillt gewesen wären, ihre Verpflichtungen nach den Verträgen von Versailles und Locarno zu erfüllen. Waren sie nicht gewillt oder nicht dazu in der Lage? Darüber kann man streiten. Unbestritten ist dagegen die Stärke der deutschen Streitkräfte, die am 7. März 1936 im Rheinland mit Jubel und Blumen begrüßt wurden: etwa eine Division auf der Ostseite und nur drei Bataillone auf der Westseite des Flusses. Hitler hatte recht, als er später behauptete, an diesem Wendepunkt seiner Laufbahn habe ihn einzig seine Sturheit und seine Frechheit gerettet.[24] Die *Times* erschien mit der Schlagzeile »Eine Chance für den Wiederaufbau«. Da die britische und die französische Regierung sich nicht engagierten, kamen die kritischsten Reaktionen aus dem Osten - von Polen und der Sowjetunion. Polen bot am 9. März an, den Bündnisfall mit Frankreich eintreten zu lassen. Die Sowjetunion schlug vor, der Völkerbund solle Sanktionen verhängen. Keiner dieser Vorschläge hatte Erfolg.

Der Weg nach unten

Vom März 1936 bis zum Abschluß des Münchener Abkommens in der letzten Nacht des September 1938 ging es ständig weiter bergab. Im Unterschied zur verwirrenden Vielfalt der Ansichten über diese Zeit ist man sich über diesen Abstieg heute einig. Eine offene Frage ist nur, welche der Durchgangsetappen dieser zweieinhalb Jahre als die bedeutendsten betrachtet werden sollten. In chronologischer Reihenfolge bieten sich vier an: der Ausbruch des spanischen Bürgerkrieges, der Abschluß des Antikominternpaktes, Edward Halifax' Besuch in Berchtesgaden und der Anschluß Österreichs.

Das erste dieser Ereignisse kam am 16. Juli 1936 unerwartet, und niemand vermutete damals, daß der spanische Bürgerkrieg fast drei Jahre dauern sollte. Zwar wurde der Kampf, der in Spanien tobte und auf allen Seiten mindestens eine halbe Million Opfer forderte, bald vom zweiten Weltkrieg in den Schatten gestellt, zu jener Zeit aber entflammte und teilte er Europa, insbesondere Großbritannien, wo die deutsche Besetzung des Rheinlands kaum vier Monate früher die Öffentlichkeit fast

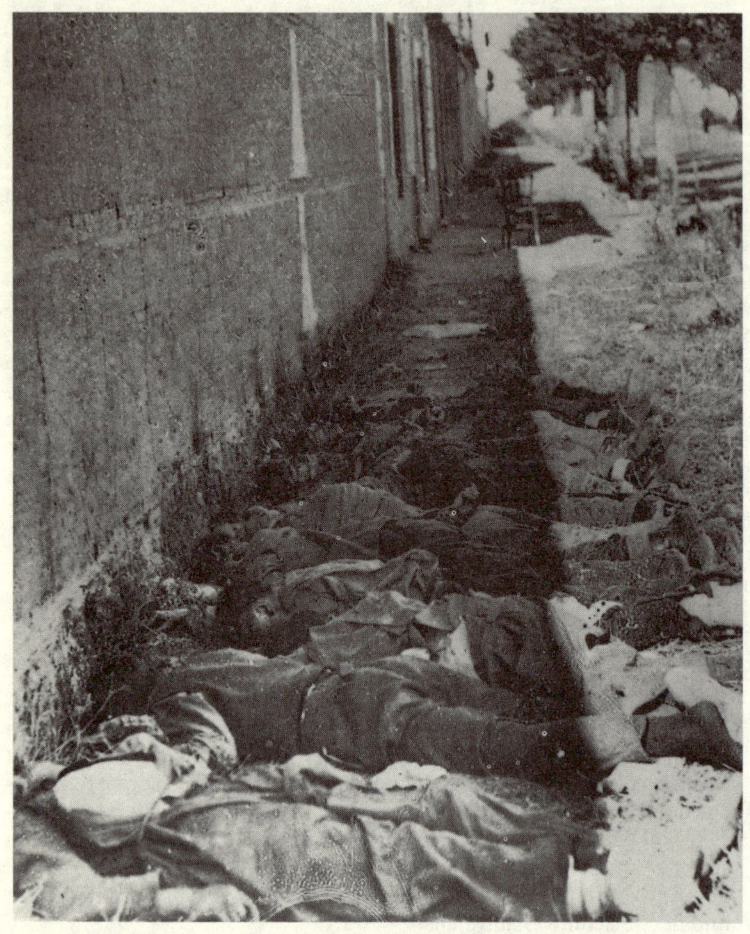

Der Spanische Bürgerkrieg brachte mit dem Sieg General Francos nicht nur die Etablierung einer faschistischen Macht im Süden Europas; er zeigte in seiner unvorstellbaren Grausamkeit bereits Fronten des zukünftigen Weltkrieges. In den eroberten oder geräumten Städten zeugten Massengräber von den liquidierten »Faschisten« oder »Roten«.

Auf beiden Seiten kämpften Angehörige vieler Nationen; auf der Seite der Republik, in der zunehmend Anarchisten und Kommunisten die Oberhand gewannen, spielten Internationale Brigaden eine gewisse Rolle (auf dem Photo in der Mitte Richard Steiner, der nach dem Krieg in der sowjetischen Besatzungszone Chef der Polizei in Brandenburg werden sollte), und auf seiten der Nationalisten reguläre italienische und deutsche Truppen, die hier ihr modernstes Kriegsgerät ausprobierten (hier Bomber vom Typ He-111 an der Ebro-Front).

völlig kaltgelassen hatte. Für die Rechte insgesamt und insbesondere für die römisch-katholische Kirche stritt der Rebellengeneral Francisco Franco gegen die Extreme von Sozialismus, Anarchismus und Kommunismus. Für die Linke insgesamt und insbesondere für den größten Teil der Öffentlichkeit links von der Mitte auf beiden Seiten des Atlantiks sowie für die Freiwilligen, die in den Internationalen Brigaden an der Seite der Republikaner kämpften, war dies ein Kreuzzug, ein Vorläufer des weltweiten Widerstandes gegen den Faschismus.[25] Kein anderes Ereignis zwischen den beiden Weltkriegen löste in der Öffentlichkeit des Westens solche emotionalen Erschütterungen aus. Dichter (Garcia Lorca, Auden), Schriftsteller (Hemingway, Malraux) und Maler haben ihm Denkmäler gesetzt. Das ergreifendste von ihnen hat nun endlich seinen Platz in der Casón del Buen Retiro in Madrid gefunden: Picassos Wandgemälde über die Bombardierung der baskischen Stadt Guernica durch die Deutschen.[26] Der Meister übereignete dieses grandiose Bild in seinem Testament dem spanischen Volk.

Heute, da die umfangreichen spanischen Archive endlich geöffnet sind, entstehen neue Kontroversen über diesen Krieg, werden aber auch manche Mythen zerstört.[27] Einer dieser Mythen besagt, daß die Revolte von außen inspiriert oder organisiert worden sei. In der Tat ging es hier um Fragen, deren Bedeutung weit über die Grenzen der Spanischen Republik hinausreichte; und zu den Ergebnissen dieses Krieges gehörte auch, daß Spanien fast vierzig Jahre lang nicht in den Kreis der demokratischen Staaten zurückkehrte. Aber es gilt heute als bewiesen, daß dieser Konflikt nach seinen Ursprüngen durchaus zutreffend als spanischer Bürgerkrieg bezeichnet wurde. Freilich wird kaum jemand die Tatsache bestreiten, daß Franco nur mit Hilfe der Luftbrücke deutscher Junkers-Flugzeuge, die auf Hitlers persönliche Entscheidung zustande kam[28], seine Truppen Ende Juli 1936 aus Marokko nach Spanien werfen konnte. Zweifellos kam die größte ausländische Streitmacht, die in Spanien kämpfte, aus Italien[29], und fraglos führte auch die sowjetische Entscheidung zum Eingreifen zu umfangreichen Waffenlieferungen für die Republikaner, wenn sie auch erst nach den Beschlüssen der beiden faschistischen Diktatoren fiel.[30]

Welche genauen Auswirkungen das deutsche, italienische und sowjetische Eingreifen auf die Auseinandersetzungen zwischen den beiden Seiten im Bürgerkrieg hatte, wenn man es im Zusammenhang mit den Internationalen Brigaden und den Waffenkäufen beider Seiten in anderen Ländern (darunter in Frankreich) sieht und vor dem Hintergrund der Farce einer Nichteinmischungspolitik unter Führung der britischen

Nach dem schnellen Sieg über Frankreich gedachte Hitler auch Spanien auf seine Seite zu ziehen; General Franco verdankte seinen Sieg im Bürgerkrieg ja deutscher Unterstützung, und nun beabsichtigte der deutsche Diktator, den Lohn dafür einzustreichen. Am 23.10.1940 traf er sich mit Franco in dem Grenzort Hendaye in den Pyrenäen, aber es erwies sich sehr bald schon, daß der skeptisch-realistische spanische Staatschef den Krieg noch nicht für entschieden hielt. Auch das Angebot deutscher Unterstützung bei einer Eroberung des englischen Gibraltar verführte ihn nicht; er verlangte solche Mengen an Treibstoff, Stahl und Waffen als Voraussetzung eines spanischen Kriegseintritts, daß Hitler nach dem ergebnislosen Treffen aufgebracht sagte, er wolle sich lieber mehrere Zähne ziehen lassen, als sich noch einmal mit einem Mann zu treffen, der doch nur den Geist eines Feldwebels besitze.

und französischen Regierung betrachtet - dies wird noch lange Zeit umstritten sein.[31] Sicher ist jedoch, daß die in den dreißiger Jahren weitverbreitete Annahme, Franco werde sein Land aus ideologischen Gründen unweigerlich der Achse anschließen, sobald seine Herrschaft über Spanien gesichert sei, im zweiten Weltkrieg nicht zum Tragen kam. Zwar kämpften spanische Soldaten im Rußlandfeldzug an der Seite der deutschen Wehrmacht. Vorher aber, an einem kritischen Punkt des Krieges, endete am 23. Oktober 1940 ein neun Stunden dauerndes Treffen Francos mit Hitler in der französisch-spanischen Grenzstadt Hendaye in einer Sackgasse. Bei dieser Begegnung beharrte Franco mit einer Sturheit auf den nationalen Interessen Spaniens, die Hitler zu der Bemerkung veranlaßte, er würde sich »lieber drei oder vier Zähne ziehen lassen«, als ein solches Gespräch mit Franco noch einmal zu führen.[32] So paradox dies klingen mag, hatte das Münchener Abkommen von 1938 die unbeabsichtigte Nebenwirkung, daß die Möglichkeit zunichte gemacht wurde, der spanische Bürgerkrieg könnte in einen größeren europäischen Konflikt aufgehen, wie die Führer der Republikaner dies hofften. Wären Großbritannien und Frankreich ein Jahr früher in den Krieg eingetreten, hätte dies tatsächlich geschehen können. Aus heutiger Sicht bestand die bedenklichste Wirkung des spanischen Bürgerkrieges damals jedoch darin, daß er die öffentliche Meinung des Westens von der faschistischen Gefahr ablenkte, die bereits an die Tür pochte - von Nazideutschland.[33]

Der Antikominternpakt, den Deutschland und Japan im Oktober 1936 in Tokio unterzeichneten, war Ribbentrops zweiter persönlicher diplomatischer Erfolg - er hatte ihn ohne Mitwirkung des deutschen Außenministeriums ausgehandelt. Die Japaner schlossen diesen Vertrag vor allem aus Furcht vor der sowjetischen Militärmacht in Sibirien und vor dem sowjetischen Einfluß in China. Ribbentrop ließ seinerseits keinen Zweifel daran, daß seine Regierung weitere Unterzeichner gewinnen wollte. Mussolini leistete seine Unterschrift während seines Staatsbesuchs in Deutschland im November 1937. Der Vertragstext war jedoch vage gehalten. Selbst in dem geheimen Zusatzabkommen verpflichteten sich die Seiten nur dazu, im Falle eines nichtprovozierten Angriffs durch die Sowjetunion »keinerlei Maßnahmen zu treffen, die in ihrer Wirkung die Lage der Union der Sozialistischen Sowjet-Republiken zu entlasten geeignet sein würden«.[34] Das Abkommen trug jedoch bereits den Keim des zwischen Deutschland, Japan und Italien fast drei Jahre später unterzeichneten Dreimächtepakts in sich, der für den Verlauf des zweiten Weltkrieges grundlegende Bedeutung erlangen sollte.

Die Erfolge des Dritten Reiches waren zuerst einmal solche diplomatischer Natur; die Waffen begannen erst zu sprechen, als das politische Terrain vorbereitet war. Das begann mit dem deutsch-polnischen Abkommen gleich nach der Machtergreifung und setzte sich mit dem überraschenden Coup des Konkordats mit dem Vatikan fort, das die Republik von Weimar immer verweigert hatte. Ende der dreißiger Jahre waren es offenkundig aggressivere Pläne, die man verfolgte, auch wenn man da noch immer von der Bewahrung, ja Festigung des Friedens sprach. Am 25.11.1936 unterzeichneten Ribbentrop und Botschafter Graf Mushakoji den Antikomintern-Pakt gegen die kommunistische Internationale, womit die Dreierallianz Deutschland-Italien-Japan befestigt wurde. Auch unter diesem Eindruck suchte Großbritannien einen Ausgleich mit Deutschland; der britische Geheimsiegelbewahrer, Lord Halifax, besuchte genau ein Jahr später Göring in seinem luxuriösen Landsitz in der Schorfheide; damit schien Hitlers Wunsch in Erfüllung zu gehen, zu einem Arrangement mit England zu kommen.

Die Geschichte ist mit Edward Halifax sehr nachsichtig umgegangen, vielleicht wegen seiner früheren Verdienste als Vizekönig von Indien und seiner späteren als Botschafter in Washington, vielleicht aber auch, weil Achtung verdient, wie er mit seiner körperlichen Behinderung umging.[35] Im Amte des Außenministers, das er – wenn auch gegen seinen Willen – im Februar 1938 von Anthony Eden übernahm, bedeckte er sich nicht mit Ruhm; und was er während seines Besuchs in Deutschland im November 1937 zu Hitler sagte, war unverzeihlich, selbst wenn man bedenkt, daß er dort als Sprecher eines Premierministers auftrat, der sich der Appeasement-Politik verschrieben hatte. Der Besuch stand von Anfang an unter einem schlechten Stern. Hermann Göring hatte Halifax (damals Minister ohne Geschäftsbereich im britischen Kabinett) zum Besuch einer Jagdausstellung nach Berlin eingeladen. Chamberlain beauftragte ihn, mit Hitler zusammenzutreffen, um die Pläne des deutschen Reichskanzlers zu sondieren. Dieser wollte nicht nach Berlin kommen, sondern empfing Halifax in Berchtesgaden. Aus allen drei Berichten über dieses unglückselige Gespräch[36] ist ersichtlich, daß Halifax es dabei nicht beließ. Selbst aus seinem eigenen Bericht geht hervor, daß er eigenmächtig Danzig, Österreich und die Tschechoslowakei als Beispiele für Fragen nannte, »die sich aus den Versailler Beschlüssen ergeben und uns (der britischen Regierung) geeignet erscheinen, Schwierigkeiten zu verursachen, wenn sie nicht klug behandelt werden«. In all diesen Fragen sei die britische Regierung »nicht unbedingt geneigt, sich für den heutigen Status quo einzusetzen«. Sie sei bemüht, »einen solchen Umgang damit zu vermeiden, der zu Unannehmlichkeiten führen könnte«. »Falls mit der Zustimmung und dem guten Willen der unmittelbar Betroffenen vernünftige Regelungen gefunden werden könnten«, so habe die Regierung »natürlich nicht die Absicht, diese zu blockieren...« Der deutsche Bericht ist weniger verschwommen formuliert. Danzig, Österreich und die Tschechoslowakei werden in Halifax' Worten als Beispiele für »Veränderungen der europäischen Ordnung« charakterisiert, »die wahrscheinlich früher oder später eintreten« werden. Großbritannien sei nur daran interessiert, »daß diese Änderungen im Wege friedlicher Evolution zustande gebracht... und daß Methoden vermieden (werden), die weitergehende Störungen... verursachen könnten«. Was die Tschechoslowakei und Österreich betreffe, so müßte »eine notwendig gewordene Änderung bestehender Zustände ins Auge gefaßt werden«; diese dürfe jedoch nur »aufgrund einer vernünftigen Regelung erfolgen«.

Die Art und Weise, wie Halifax nach seiner Rückkehr nach London seinen Kollegen über den Besuch berichtete, und der Verlauf der Diskussion im Kabinett lassen den Schluß zu, daß seine erste Sorge nicht der Zukunft Mitteleuropas galt, über die er offenbar sehr zuversichtlich gestimmt aus Deutschland zurückkehrte, sondern den Chancen für ein britisch-deutsches Kolonialabkommen. Wie dem auch sei, London konnte kaum deutlicher demonstrieren, daß es Hitler zu diesem Zeitpunkt grünes Licht gab. In sein Tagebuch schrieb Chamberlain, er glaube, Halifax' Besuch sei »ein großer Erfolg, weil er das Ziel erreichte, eine Atmosphäre zu schaffen, in der es möglich ist, mit Deutschland die praktischen Fragen einer europäischen Regelung zu diskutieren«.[37]

Das erste der von Halifax im November 1937 genannten drei Territorien, dessen Zustand vier Monate später »verändert« wurde, war Österreich. Kanzler Kurt von Schuschnigg, der von Hitler bei einer Zusammenkunft in Berchtesgaden am 11. Februar 1938 unter Druck gesetzt worden war, hatte bereits weitgehenden deutschen Forderungen nachgegeben, kündigte dann aber am 9. März für vier Tage später ein Referendum an, das über Österreichs Zukunft entscheiden sollte. Hitler reagierte mit Vorbereitungen auf den Einmarsch, sandte jedoch vorsichtshalber einen persönlichen Botschafter nach Rom, um Mussolini zu beruhigen.[38] Weder die Absetzung des Referendums noch Schuschniggs Rücktritt reichten aus, um die militärische Besetzung noch abzuwenden. Am Morgen des 13. März überschritten deutsche Truppen die Grenze, ohne auf Widerstand zu stoßen. Hitler selbst kam am Nachmittag. Am nächsten Tag legte er am Grabe seiner Eltern einen Kranz nieder. Es gibt keinen Grund, an seinen Worten zu zweifeln, der Anschluß sei die stolzeste Stunde seines Lebens gewesen. Großdeutschland war in der Tat ein Ziel, das nicht einmal Bismarck angestrebt hatte. Obwohl der Anschluß Österreichs an Deutschland nach dem Versailler Vertrag ausdrücklich verboten war, fand sich die britische Regierung damit ab. Als Grund gab Chamberlain am 14. März im Unterhaus an, »nichts hätte das, was geschehen ist, aufhalten können«, es sei denn die Anwendung von Gewalt.

Als die Sowjetregierung die unverzügliche Einberufung einer Konferenz der friedliebenden Staaten (Großbritanniens, der Tschechoslowakei, Frankreichs und der Sowjetunion) vorschlug, um Wege zur Verhinderung weiterer Aggressionen und »zur Beseitigung der wachsenden Gefahr eines neuen Weltkrieges« zu diskutieren, lehnte der Premierminister mit der Begründung ab, dies könnte die Spaltung Europas in zwei Blöcke vertiefen.[39]

Die Tatsache, daß nach dem Versailler Vertrag nunmehr über drei Millionen Deutsche im tschechoslowakischen Staat in den alten Grenzen Böhmens lebten, aber auch das strategische Erfordernis, Deutschlands Südflanke zu decken, bevor Schritte nach Osten ins Auge gefaßt werden konnten - all das ließ kaum einen Zweifel daran, daß die Tschechoslowakei das nächste Ziel von Hitlers »Veränderungen« sein würde. Diesmal versuchten die britische und die französische Regierung, Hitler sogar noch vorauszueilen, indem sie die tschechoslowakische Regierung zu einer nachgiebigen Haltung drängten. Im Juli 1938 entsandte man einen damals nicht näher genannten britischen Minister[40] nach Prag, der zwischen Präsident Edvard Beneš und den Sudetendeutschen vermitteln sollte. Die schleppenden Verhandlungen erreichten Mitte September ihren Höhepunkt. Zu diesem Zeitpunkt verhängte die tschechoslowakische Regierung den Ausnahmezustand, der Führer der Sudetendeutschen floh nach Deutschland, und die in sich gespaltene französische Regierung verlor die Nerven. In dieser Situation flog Chamberlain nach Berchtesgaden zum ersten seiner drei Besuche in Deutschland. Bei dieser Zusammenkunft bot er Hitler als persönlichen Vorschlag den Anschluß der Sudetendeutschen ans Reich mit friedlichen Mitteln an. Bei seiner zweiten Begegnung mit Hitler in Godesberg am 22. September offerierte er nicht nur dieses Zugeständnis, zu dem er sich in der Zwischenzeit die Zustimmung der Franzosen und der Tschechoslowaken gesichert hatte, sondern als Zugabe auch noch die Auflösung der Bündnisverträge der Tschechoslowakei mit Frankreich und der Sowjetunion. Es kam wie bereits im Falle Österreichs: Hitlers Forderungen an die Tschechoslowakei wurden allesamt erfüllt, er aber gab sich damit nicht mehr zufrieden. Chamberlain kehrte mit leeren Händen nach London zurück, und Hitler setzte den 1. Oktober als Ultimatum für die Besetzung des Sudetenlandes durch deutsche Truppen fest.

Das war aber selbst dem britischen Kabinett zuviel. Sechs heiße Tage lang schien der Krieg unvermeidlich zu sein. Als Chamberlain jedoch am 28. September im Unterhaus mitteilte, er habe gerade in diesem Augenblick - eine Botschaft Mussolinis war ihm über die Regierungsbank gereicht worden - eine Einladung zu einer Viermächtekonferenz nach München erhalten, spendete ihm nahezu das ganze Haus stehend Beifall.[41] Chamberlain ließ sich nur von Horace Wilson begleiten, offiziell sein Chefberater für Industrieangelegenheiten.[42] Chamberlain, Edouard Daladier (der französische Ministerpräsident), Hitler und

Mit dem Einmarsch deutscher Truppen in das seit dem Friedensvertrag von Versailles entmilitarisierte Rheinland und der Rückkehr des Saarlandes durch eine Volksabstimmung begann die Serie der unblutigen Triumphe Hitlers, die neben der Beseitigung der Arbeitslosigkeit seinen Nimbus in Deutschland begründeten. Mit der Remilitarisierung des Rheinlandes unter Bruch der Verträge von Versailles und Locarno begann aber auch die Kette der papierenen Proteste; die Siegermächte des Ersten Weltkrieges unternahmen nichts gegen die Verletzung internationaler Verträge.

Mussolini trafen sich am nächsten Tag und unterzeichneten das Münchener Abkommen in den frühen Morgenstunden des 30. September.[43] Der tschechoslowakische Außenminister wurde über das Abkommen um 6.15 Uhr durch den deutschen Geschäftsträger in Prag informiert, der den Münchener Beschluß überbrachte, die tschechoslowakischen Vertreter »einlud«, sich um 17.00 Uhr des gleichen Tages in Berlin einzufinden, und dabei die persönliche Meinung äußerte, es gebe »keinen Unterschied zwischen Berchtesgaden und Godesberg«.[44] (Die Tschechen erhielten später ihr Exemplar der neuen Landkarte vom britischen

Gesandten in Prag.) Hitlers Ultimatum war abgelaufen, deutsche Truppen marschierten am nächsten Tag im Sudetenland ein. Als Zugeständnis an Chamberlain wurde vereinbart, daß die Besetzung des Sudetenlandes etappenweise im Oktober erfolgen sollte.

Das Münchener Treffen ging im Grunde genommen nicht auf einen Vorschlag der Italiener, sondern der Briten zurück. (Hitlers Entscheidung, daran teilzunehmen, könnte jedoch von Mussolini beeinflußt worden sein. Dieser spielte eine praktische, wenn auch nicht sehr bedeutende Rolle während der Konferenz, weil er der einzige der vier Prominenten war, der Fremdsprachen beherrschte.) Offenbar wurde kein offizielles Protokoll geführt.[45] In einer kurzen Gedächtnisnotiz sprach Wilson von »dem Chaos, das in den letzten fünf Stunden herrschte«. Nach dem Krieg konnten offizielle britische Historiker in den Archiven des Foreign Office kein unterzeichnetes Exemplar des Münchener Abkommens finden.[46] Die Festlegungen des Abkommens wichen allerdings nicht wesentlich von den Godesberger Vorschlägen ab. Die neuen Grenzen wurden eher nach strategischen als nach ethnischen Gesichtspunkten gezogen. Auch danach lebten über eine Viertelmillion Deutsche in der Tschechoslowakei und 800 000 Tschechen in Deutschland. Die Polen und die Ungarn verloren keine Zeit und sicherten sich ihr Stück vom tschechoslowakischen Kuchen. Einen Monat später befand sich Beneš bereits im Londoner Exil, und das Bündnis mit der Sowjetunion war aufgekündigt. Der tschechische Botschafter in London, Jan Masaryk, brach beim sowjetischen Botschafter Iwan Maiski zusammen und rief unter Tränen: »Sie haben uns in die deutsche Sklaverei verkauft, wie sie Negersklaven nach Amerika verkauften!«[47]

Die Reaktionen Churchills, Roosevelts und Stalins auf dieses vielleicht dramatischste Ereignis zwischen den beiden Weltkriegen werden im nächsten Kapitel beschrieben. Am bemerkenswertesten reagierte auf das Münchener Abkommen jedoch Hitler. Seine Freude an diesem Erfolg war nicht ungetrübt. Er wollte, wie die Amerikaner sagen, auch noch »Sahne auf seine Erdbeertorte« haben. Aber darauf - die Besetzung Prags - mußte er noch sechs Monate lang warten. Chamberlain dagegen kehrte im Triumph zurück und verglich seine Heimkehr aus München mit der Disraelis vom Berliner Kongreß im Jahre 1878. Er schmückte sogar Disraelis Ausspruch, er bringe einen »ehrenhaften Frieden«, mit den Worten aus: »Ich glaube, wir haben nun Frieden in unserer Zeit.«[48] Zum Beweis wedelte er auf dem Flugplatz bei seiner Rückkehr mit einem seltsamen Dokument, das er und Hitler in München unterzeichnet hatten. Es verband das Münchener Abkommen und

Die »Heimkehr Österreichs ins Reich« war wieder eine Nervenprobe für den deutschen Diktator. Hitler hatte ursprünglich die Eingliederung ins Reich für nicht erreichbar gehalten und die Alpenrepublik bei Aufrechterhaltung ihrer Selbständigkeit in Personalunion übernehmen wollen. Der Jubel der Bevölkerung, der ihn in jeder Stadt empfing und in Wien eine Million Menschen auf die Beine brachte, brachte ihn jedoch dazu, noch beim Einmarsch in Linz seine Planung zu ändern und den »Anschluß« Österreichs zu proklamieren. In Braunau besuchte er das Grab seiner Mutter und seines Vaters, der dort als kleiner Zolloffizial gearbeitet hatte.

das britisch-deutsche Flottenabkommen (das drei Jahre früher unterzeichnet worden war) als »Symbol des Wunsches unserer beiden Völker, nie wieder gegeneinander Krieg zu führen«. Darin war von der Entschlossenheit der beiden führenden Repräsentanten die Rede, »Konsultationen als Methode zur Behandlung aller anderen Fragen anzuwenden, die unsere beiden Länder betreffen.« Die *Times* widmete dieser Gemeinsamen Erklärung, die auf einen britischen Entwurf zurückging, ihre Schlagzeile am 1. Oktober. Ihr Leitartikel unter der Überschrift »Ein neuer Morgen« begann mit den Worten: »Kein Eroberer kehrte jemals vom Schlachtfeld mit edlerem Lorbeer zurück als Mr. Chamberlain gestern aus München.« Am darauffolgenden Sonntag wurden in britischen Kirchen Dankgebete dafür gesprochen, »daß die Wolke unverhofft abgezogen ist, die unser Leben in den letzten Wochen verdunkelte und bedrückte«.[49]

4
Churchill, Roosevelt und Stalin im heraufziehenden Sturm

Ich glaube, wir haben nun Frieden in unserer Zeit.
– Neville Chamberlain im Oktober 1938 –

Das nationalsozialistische Deutschland wird niemals nach Canossa gehen ... Wenn eine andere Welt sich beharrlich gegen den Versuch verschließt, auf dem Verhandlungswege Recht Recht werden zu lassen, dann soll man sich nicht wundern, daß wir uns das Recht auf einem anderen Wege sichern.
– Adolf Hitler im November 1938[1] –

Europa: Churchill

Von den drei Männern, die der zweite Weltkrieg im nachfolgenden Jahrzehnt zusammenbringen sollte, bestand Churchill, der die dreißiger Jahre mit dem Bild vom heraufziehenden Sturm beschrieb, die Prüfung der Zeit am besten. Und dennoch müssen auch in seinem Falle einige wichtige Einschränkungen gemacht werden. Da er bei seiner Einschätzung der Weltpolitik in den dreißiger Jahren öfter recht behielt als seine Zeitgenossen, werden seine Fehler leicht übersehen. Beispiele dafür sind seine Angriffe auf die Reformen in Indien, die das Parlament 1935 beschloß (und die bereits erwähnt wurden), seine zunächst falsche Einschätzung des spanischen Bürgerkrieges und vor allem seine ständige Unterschätzung Japans. Seine militärischen Auffassungen waren eine Mischung aus Alt und Neu. So hatte er sich z. B. spät zu dem neuen Konzept des Panzerkrieges bekehren lassen; und was die Marine betraf, so hing er der altmodischen Denkschule an, die die Kriegsschiffe in den Mittelpunkt stellte (eine seltsame Verirrung Churchills, wenn man bedenkt, daß er bereits ein Vierteljahrhundert früher die Pioniere des Luftkrieges auf See unterstützt hatte).[2] Sein Ruhm als guter Redner brachte es in den dreißiger Jahren mit sich, daß die Öffentlichkeit, die die überspannten Phrasen seiner Anklagerede gegen das Indien-Gesetz (Sätze wie »großangelegte Plünderung eines herrenlosen Imperiums«)

noch im Ohr hatte, seinen eindringlichen Warnungen vor der Gefahr in Europa kaum Gehör schenkte, bis das Jahrzehnt fast vorüber war. Einer der Gründe, weshalb Churchills leidenschaftliche Reden jener Jahre, die heute auf dem Papier so zwingend erscheinen, damals die meisten seiner Landsleute nicht überzeugen konnten, bestand darin, daß er selbst die Münze der Warnung abgewertet hatte. All das ändert jedoch nichts an der entscheidenden Tatsache: In der zentralen Frage der dreißiger Jahre hatte Churchill - um ein Wort zu gebrauchen, das in einem anderen Zusammenhang auf Roosevelt bezogen wurde[3] - tausendmal recht (was jedoch bestimmte Historiker nicht von ihrem Bemühen abbringen kann zu beweisen, daß er unrecht hatte).[4]

Churchill hat selbst darüber berichtet, wie er die erste Hälfte der dreißiger Jahre verbrachte: Er war nicht sehr oft im Unterhaus, sondern hielt sich meist in Chartwell Manor in Kent auf. Dort »gab es für mich keinen leeren oder langweiligen Augenblick vom Morgen bis Mitternacht. Ich schrieb, oder besser, diktierte Tausende von Wörtern, beschäftigte mich mit Maurerarbeiten und malte. Ich lebte friedlich in meinem Heim.«[5] Dieses Idyll war aber nicht von langer Dauer. Nach seiner Einschätzung waren - abgesehen von seinen offiziellen Sorgen (auf die in dieser Passage seiner Memoiren ebenfalls Bezug genommen wird) die ersten Monate des Jahres 1932 »die härtesten seines Lebens«.[6] Kurz vor Vollendung seines 57. Lebensjahres wurde er in der Fifth Avenue in New York von einem Auto angefahren. Er hatte Glück, daß er dabei nicht getötet wurde. Es ist typisch für ihn, daß er nach nur sechs Wochen Krankenlager sofort 40 öffentliche Auftritte überall in den USA zusagte. Tagsüber wurde er, in einem Eisenbahnabteil liegend, durchs Land gefahren, und am Abend hielt er Vorträge.

Als Hinterbänkler im Parlament hatte Churchill außerhalb des Unterhauses die Unterstützung eines großen Freundeskreises. Sie lieferten ihm die Informationen, die er als Hintergrund für seine Reden und Artikel brauchte. Für Fragen der Wissenschaft war dies Frederick Lindemann, für Informationen aus dem Geheimdienst Desmond Morton und aus dem Foreign Office der Leiter des Central Department Ralph Wigram bis zu seinem Tode im Dezember 1936. Von April 1935 an waren Churchill und Lindemann außerdem Mitglieder des Unterausschusses für Luftkriegsforschung im Verteidigungsausschuß des Empire. Churchill hielt außerdem ständig engen Kontakt mit den verschiedenen französischen Regierungen und von 1936 an auch mit dem sowjetischen Botschafter in London, Iwan Maiski.

Im vorangegangenen Kapitel war davon die Rede, daß die britische

Regierung Anfang 1933 die Franzosen noch zu einem Abkommen mit der deutschen Delegation auf der Abrüstungskonferenz in Genf drängte. Es ist eine Ironie des Schicksals, daß am selben Tag, als der Reichstag Hitler für vier Jahre in das höchste Staatsamt wählte, Ramsay MacDonald im Unterhaus seine umfassenden Abrüstungsvorschläge verteidigte. Churchill attackierte sowohl diese Vorschläge als auch die Konferenz selbst (»eine feierliche und langatmige Farce«). Seine Bemerkung »Gott sei Dank für die französische Armee« löste »Blicke voller Bedauern und Widerwillen« aus. Von der Regierungsbank erwiderte Eden, damals stellvertretender Außenminister, daß Großbritannien ohne die Beteiligung Frankreichs an der Abrüstung die notwendige Zeit der Beruhigung »für Europa nicht sichern könne«.[7]

Drei Wochen später erinnerte Churchill das Unterhaus daran, daß Frankreich »den ganzen Halbkreis von kleinen Staaten garantiert und beschützt, die sich von Belgien bis Jugoslawien und Rumänien erstrekken«. »Wenn Deutschland die militärische Gleichheit mit seinen Nachbarn erlangt«, sagte er, »...so werden wir unzweifelhaft wieder in greifbare Nähe vor einem neuen Ausbruch des Krieges in Europa gerückt sein.« Am 28. November 1934 feuerte er im Unterhaus eine Breitseite ab, als er Baldwin aufforderte, drei Erklärungen über die Stärke der deutschen Luftwaffe »zu bestätigen, zu widerlegen oder zu dementieren«, deren erste besagte, die Deutschen seien drauf und dran, mit der Royal Air Force gleichzuziehen.[8] Baldwin verneinte dies. Die Zahlen über die Stärke der deutschen Luftwaffe, die der Premierminister dem Unterhaus in dieser Debatte vorlegte, wurden erst sechs Monate später zurückgezogen[9], als die britische Regierung ein Weißbuch unter dem Titel »Erklärung zur Landesverteidigung« veröffentlichte. In diesem Dokument wurde Großbritannien endlich zu weiterer Aufrüstung verpflichtet.

Die Kontroverse über die Kampfstärke und die Reserven der Luftwaffe wurde in Whitehall noch Jahre nach diesem öffentlichen Auftakt fortgesetzt und erst geklärt, nachdem Churchill bereits einige Zeit Premierminister war.[10] Selbst wenn Churchill (wie die britischen Stabschefs) den Umfang der deutschen Rüstungsausgaben zunächst übertrieben haben sollte, setzte die britische Aufrüstung, der Jahre der Vernachlässigung der Streitkräfte vorausgegangen waren, gefährlich spät ein und schritt im Vergleich zu Deutschland in sehr behäbigem Tempo voran – so langsam, daß sich dadurch nicht einmal die Arbeitslosigkeit verringerte, von der im Mai 1940 immer noch über eine Million Menschen betroffen waren. Der Löwenanteil der nur sehr träge ansteigenden britischen Verteidigungsausgaben in der zweiten Hälfte der dreißiger Jahre ging an die Air Force und die Luftverteidigung gegen die Bombardements (vor allem Londons und anderer großer Städte); denn dies wurde allgemein als die Hauptgefahr für das Land im Kriegsfalle angesehen - der sogenannte K.o.-Schlag, der Großbritannien bereits bei Beginn der Feindseligkeiten kampfunfähig machen konnte. Churchill leistete mit seinen eindrucksvollen Schilderungen der Stärke der Luftwaffe einen besonderen Beitrag dazu, daß die ebenso lebensnotwendige Modernisierung sowohl des kleinen Heeres als auch der winzigen Seefliegerkräfte sträflich vernachlässigt wurde. Zumindest aber erlag er nicht der Täuschung wie die meisten Kabinettsmitglieder (und allen voran Chamberlain, der fünfeinhalb Jahre lang Schatzkanzler war, bevor er Premierminister wurde), daß es für Großbritannien mit einer starken Luftwaffe ein leichtes sein werde, die Teilnahme an anderen militärischen Aktionen des Westens zu umgehen. Damit wurde die stiefmütterliche Behandlung der Landstreitkräfte gerechtfertigt. Diese blieben bis unmittelbar vor Ausbruch des zweiten Weltkrieges das Aschenputtel der britischen Streitkräfte, was sich in allen Bodenkämpfen, an denen britische Truppen in den ersten drei Kriegsjahren beteiligt waren, bitter rächte.

Nachdem Großbritannien und Frankreich bei Hitlers Wiederbesetzung des Rheinlandes im März 1936 jämmerliche Unentschlossenheit gezeigt hatten, war es allein Churchill, der am 26. März vor dem Unterhaus voraussagte: Falls es Deutschland gelingen sollte, seine Westgrenze zu befestigen, dann »wird diese Linie Deutschlands Haustür durch starke Riegel sichern, so daß es freie Hand hat, durch die anderen Türen nach Osten und Süden vorzudringen.«

In den folgenden Monaten schien sich um Churchill etwas wie ein Konsens zur nationalen Verteidigung herauszubilden. Diese Bewegung, die innerhalb und außerhalb des Parlaments breite Unterstützung fand, wandte sich gegen Baldwins zögerliche Haltung; sie trat für großangelegte Rüstungsanstrengungen und einen Kurs der kollektiven Sicherheit im Völkerbund ein. Churchill gab ihr den Namen »Waffen- und Völkerbundpakt«. Aber es war auch Churchill selbst, der dieser Bewegung jegliche Erfolgschance nahm, als er am 7. Dezember 1936 am Vorabend der Abdankung König Edwards VIII. im Unterhaus eine romantische, aber selbstzerstörerische Geste zu dessen Gunsten machte. Der König dankte nach einer Herrschaftszeit von weniger als elf Monaten ab, um die Amerikanerin Wallis Simpson zu heiraten, deren (zweite) Scheidung am 27. Oktober 1936 rechtskräftig geworden war. In der Zwischenzeit hatten sich die britische und alle anderen Regierungen der Dominien gegen diese Heirat zusammengeschlossen. Als Churchill im Unterhaus für Aufschub plädierte, wurde er niedergeschrien – das erste und einzige Mal in seiner ganzen parlamentarischen Laufbahn.[11]

Churchill berichtete später in seinen Memoiren, daß 1937 fast jeder glaubte, mit seiner politischen Karriere sei es nun endgültig vorbei. Er selbst schrieb damals (in einem Brief an seine Frau), sein Leben sei nun »wahrscheinlich in sein letztes Jahrzehnt eingetreten«. Seine Tochter berichtet, er habe unter einer »nahezu fatalistischen Depression« gelitten.[12] Es ist deshalb kein Wunder, daß das Jahr 1937, politisch gesehen, für Churchill unbedeutend war. Dies betrifft nicht nur seine Isolierung im Parlament, wo man seine Anhänger an den Fingern einer Hand abzählen konnte. Die Dezemberereignisse hatten offenbar seine politische Urteilsfähigkeit insgesamt erschüttert. In der alles beherrschenden außenpolitischen Frage jener Zeit, dem spanischen Bürgerkrieg, begnügte er sich damit, die Nichteinmischungspolitik der britischen Regierung zu unterstützen (erst im April des folgenden Jahres schlug er wegen der möglichen Folgen eines Sieges Francos mit deutscher Unterstützung Alarm). Er sagte von sich selbst, er sei in den Anfangsjahren dieses Jahrzehnts ein Angstmacher gewesen. Selbst Hitlers Erfolgen konnte er einige lobenswerte Aspekte abgewinnen.[13] Die Beschreibung der schlaflosen Nacht, die er nach Edens Rücktritt als Außenminister im Februar 1938 verbrachte, läßt etwas von Churchills damaligem Gemütszustand erahnen: »Ich sah den Morgen langsam durch die Fenster dringen, und vor meinem geistigen Auge stand die Gestalt des Todes.«[14] Im Frühjahr, als es in den USA erneut zu einer Rezession kam, wurde er durch eine Krise seiner persönlichen Finanzen sogar gezwungen, Chartwell (kurzzeitig) zum Verkauf anzubieten.[15]

Die zwei entscheidenden Ereignisse von 1938, des Jahres der Appeasement-Politik, der Anschluß Österreichs im März und das Münchener Abkommen im September, markierten eine Wende in Churchills politischem Schicksal. Chamberlain, der Baldwin im Mai des vorausgegangenen Jahres als Premierminister abgelöst hatte, identifizierte sich mehr und mehr persönlich mit dem Appeasement-Kurs, dessen Gegenpol nach wie vor Churchill war. Hätte sich Chamberlain damit begnügt, das Appeasement lediglich als praktische Anerkennung einer Notwendigkeit darzustellen, um für eine beschleunigte britische Rüstung Zeit zu gewinnen, dann hätte er seine Politik sicherlich wirksamer verteidigen können. Er ging jedoch bereits öffentlich viel weiter. Was er im kleinen Kreise sagte, entlarvte ihn noch mehr: Er hätte von

Hitler den Eindruck, dies sei »ein Mann, auf den man bauen kann, wenn er einmal sein Wort gegeben hat«.[16] Nach Churchills Auffassung hingegen sah sich Europa »vor einem Angriffsplan, der sorgfältig ausgedacht, zeitlich berechnet ist und sich von Stufe zu Stufe entwickelt... Die Tschechoslowakei ist jetzt isoliert... Es ist ein Keil in das Herz der sogenannten kleinen Entente gestoßen worden.«[17] Um die Tschechoslowakei zu schützen, schlug Churchill die Bildung einer Großen Allianz derselben drei Staaten - Großbritanniens, Frankreichs und Rußlands - vor, die sich bereits 1914 den Mittelmächten entgegengestellt hatten. Diesen Vorschlag übermittelte er Maiski bei einem Mittagessen am 23. März 1938. In diesem Gespräch, über das Maiski unverzüglich in einem Telegramm am nächsten Tag berichtete, erklärte Churchill, für die Sowjetregierung sei nun der Augenblick gekommen, »die feierliche und absolut verläßliche Erklärung abzugeben, daß sie der Tschechoslowakei im Falle einer Aggression spürbare Hilfe leisten wird.« Maiski antwortete, die Sowjetregierung habe »ihre Versprechen immer gehalten«. Dieses lange Gespräch ist auch wegen der Offenheit bemerkenswert, mit der Churchill nach Maiskis Bericht seine persönliche Haltung zur Sowjetunion formulierte:

»Zwanzig Jahre lang habe ich mit aller mir zur Verfügung stehenden Energie den Kommunismus bekämpft, weil ich ihn mit seiner Idee der Weltrevolution als größte Gefahr für das britische Weltreich ansah. Heute bedroht der Kommunismus unser Empire nicht in dieser Weise. Im Gegenteil, heute geht die größte Gefahr für das britische Weltreich vom deutschen Nazismus mit seiner Idee der Welthegemonie Berlins aus. Deswegen bekämpfe ich gegenwärtig Hitler mit aller mir zu Gebote stehenden Kraft. Sollte die Gefahr des Faschismus für das britische Weltreich verschwinden und erneut eine Bedrohung seitens des Kommunismus entstehen, dann würde ich - das sage ich absolut offen - erneut gegen Sie kämpfen. Aber in der absehbaren Zukunft und sicherlich bis zum Ende meines Lebens (Churchill ist jetzt 63 Jahre alt) kann ich eine solche Situation nicht erkennen. Für diese Zeit haben wir und Sie den gleichen Weg. Das ist der Grund, weshalb ich für eine enge Zusammenarbeit zwischen Großbritannien, Frankreich und der UdSSR eintrete.«[18]

In den langen Wochen der Münchener Krise, die dem Anschluß Österreichs folgte, handelte die britische Regierung so, als ob die Sowjetunion nicht existierte und der französisch-sowjetische Vertrag nichts anderes als eine zeitweilige Verirrung der französischen Regierung gewesen sei. Auf dem Höhepunkt der Krise ging Churchill am 21.

Die Münchener Konferenz vom 29. September 1938 kam in Hitlers Sicht durch ein Mißgeschick zustande. Er hatte es auf einen Krieg ankommen lassen und ursprünglich die Besetzung der vollständigen Tschechoslowakei vorgehabt. Sein Partner Mussolini brachte aber eine Konferenz der Großen Vier – Deutschland, Italien, England und Frankreich – zustande, die wider Erwarten der Abtretung der Sudetengebiete zustimmte. Der Krieg war für ein Jahr vermieden, aber noch in den Wochen vor seinem Selbstmord sollte Hitler sagen, daß ihn dieses Jahr, als er stark und seine Gegner noch nicht gerüstet waren, den Sieg gekostet hätte. – Mussolini spielte in München die Hauptrolle, schon weil er als einziger die Sprachen aller vier Beteiligten verstand und sprach. Hier im Gespräch mit Chamberlain, der nach seiner Rückkehr voller Illusionen die Abmachung mit Hitler vor der Presse schwenkte, da er den Frieden für seine Generation gerettet zu haben glaubte.

September so weit, in einer Presseerklärung in vernichtenden Worten vor den Folgen zu warnen, die eine Teilung der Tschechoslowakei unter britisch-französischem Druck haben würde. Er veröffentlichte diese Erklärung, nachdem er drei Wochen zuvor den ungewöhnlichen Schritt gegangen war, Halifax einen langen Brief zu schreiben, in dem er die Position der Sowjetunion darlegte, die ihm von Maiski übermittelt worden war (und zwar vollkommen akkurat, wie wir aus einem Telegramm Litwinows an den sowjetischen Botschafter in Prag vom 2. September wissen). Er erhielt eine höfliche Zurückweisung als Antwort.

Auf das Münchener Abkommen antwortete er mit einer Rede im Unterhaus, die schneidend scharf, witzig und prophetisch zugleich war. Das Abkommen bezeichnete er als Katastrophe erster Ordnung, als totale und vollständige Niederlage. Chamberlains Reisediplomatie faßte er mit folgenden Worten zusammen: »Es wurde von jemand ein Pfund mit vorgehaltenem Revolver gefordert. Als er es hergab, wurden zwei Pfund mit vorgehaltenem Revolver gefordert. Endlich fand sich der Diktator bereit, ein Pfund, siebzehn Schilling und sechs Pence anzunehmen und den Rest in Form von Versprechungen künftigen Wohlwollens.« Dies sei jedoch »nur der erste Schluck, der erste Vorgeschmack des bitteren Kelches«. Die Tschechoslowakei werde »in den Machtkreis und unter den Einfluß des nationalsozialistischen Deutschlands fallen«.[19] Obwohl es Churchill mit seiner Redekunst wiederum nicht gelang, die Phalanx der Konservativen im Unterhaus zu erschüttern[20], hatte er damit außerhalb des Parlaments eine Saite angeschlagen, die nicht mehr verstummen sollte.

Chamberlain hielt Churchill von der Regierung fern, solange er dies vermochte. Aber die Worte Maiskis, eines intimen Kenners der britischen Szene, vom Frühjahr 1938 sollten sich als prophetisch erweisen:

»... Churchill ist eine bedeutende und kraftvolle Figur, gegenüber der die anderen Kabinettsmitglieder farblos und mittelmäßig erscheinen. Sie haben Angst, den Wolf in die Schafherde zu lassen. Churchill würde sie alle erdrücken, insbesondere wenn es zu einer Krise käme. Churchill wird zur Macht gelangen, wenn der kritische Punkt in Englands Schicksal erreicht ist. Hält die Führung der Konservativen Partei, hält insbesondere Chamberlain diesen Moment bereits für gekommen? Ich habe meine Zweifel... Wir werden sehen.«[21]

Einmal im Kabinett »zurück«[22], wurde Churchill aufgrund seiner in den dreißiger Jahren eingenommenen Haltung, die ihren Höhepunkt 1938 erreicht hatte, zum einzig möglichen Premierminister in der Notlage, in die die Nation 1940 geriet. Man kann also sagen, daß der Aus-

Der Einmarsch in die sudetendeutschen Gebiete der Tschechoslowakei gestaltete sich für die deutschen Truppen zu einem Triumphzug, denn seit fast einem Jahrtausend waren diese Randgebiete des Böhmer Beckens deutsch besiedelt und erst beim Zerfall der Habsburger Monarchie von den Siegermächten dem neuen tschechoslowakischen Staat zugeschlagen worden. – Da die Tschechoslowakei ihre Grenzbefestigungen gegen Deutschland in dem gebirgigen Sudetenland angelegt hatte, war Prag in Zukunft nahezu wehrlos einem deutschen Angriff ausgesetzt. Wenn auch Parlamentäre der tschechoslowakischen Armee die zu räumenden Gebiete in aller Ordnung den einrükkenden deutschen Truppen übergaben, besiegelte das Ergebnis des Münchener Abkommens praktisch den Untergang des Staates.

bruch des Krieges Churchills politische Laufbahn rettete. Nahezu dasselbe, wenn auch aus ganz anderen Gründen, kann von Roosevelt gesagt werden. Wenn im Jahre 1940 nicht Krieg in Europa gewesen wäre, hätte man ihn kaum für eine dritte Amtszeit zum Präsidenten der Vereinigten Staaten gewählt. Als der Krieg dagegen im Sommer 1941 schließlich auch die Sowjetunion erreichte, geriet Stalin (und sein Land) an den Rand des Untergangs.

Roosevelt

Internationale Angelegenheiten hatten in der Wahlkampagne, die Roosevelt Anfang 1933 ins Weiße Haus brachte, nur eine geringe oder gar keine Rolle gespielt. Er hatte die kalte Dusche nicht vergessen, die er in der Wahlkampagne von 1920 hinnehmen mußte, weil er sich für den Völkerbund eingesetzt hatte. Als zwölf Jahre später William Randolph Hearst (der Roosevelts Kandidatur unterstützte) ihn drängte, sich zu dieser Frage klar zu äußern, fiel es Roosevelt nicht schwer zu erklären, der Völkerbund sei nicht mehr das, was sich Wilson darunter vorgestellt hatte; deshalb plädiere er nicht für Amerikas Beitritt. Damit sollten nicht nur Roosevelts Anhänger in der Wahlkampagne zufriedengestellt werden. In den dreißiger Jahren gewannen Meinungsumfragen allmählich politische Bedeutung. Als diese gegen Ende des Jahrzehnts mehr und mehr mit wissenschaftlichen Methoden betrieben wurden, zeigte die erste Roper-Umfrage nach Ausbruch des Krieges, deren Ergebnisse das Magazin *Fortune* veröffentlichte, daß fast jeder dritte Amerikaner »mit den kriegführenden Ländern nichts zu tun haben... nicht einmal Handel... nach dem Prinzip *cash and carry* (Barzahlung und Eigentransport) treiben« wollte. Dieser Prozentsatz blieb während der ersten Monate des zweiten Weltkrieges nahezu konstant.[23] Derartige Umfrageergebnisse nahm Roosevelt sehr ernst.

Der amerikanische Isolationismus war keine Politik, sondern eher eine Geisteshaltung, die mehrere unterschiedliche Denkrichtungen umfaßte. Historisch gesehen, verlief die Hauptgrenze der Vereinigten Staaten fast drei Jahrhunderte lang im Inneren des Landes und wurde allmählich immer weiter nach Westen vorgeschoben. Es kann durchaus sein, daß Roosevelt in Harvard Vorlesungen von Frederick Jackson Turner hörte, der mit Recht der erste Wissenschaftler genannt werden kann, der eine weltpolitische Ausrichtung Amerikas begründete. Turner hatte das Wesen seiner Auffassung in einem zur Jahrhundertwende geschriebenen Artikel dargelegt: »Nachdem wir die Bezwingung der Wildnis vollendet und unsere Interessen gefestigt haben, fangen wir an, den Beziehungen zwischen Demokratie und Weltreich Beachtung zu schenken.« »Nachdem die Nation den fernen Westen kolonisiert... hatte, wandte sie sich... dem Fernen Osten zu und schaltete sich in die Weltpolitik des Pazifischen Ozeans ein.« In diesem Prozeß sei Amerika zu einer imperialen Republik mit eigenen Kolonien und Protektoraten geworden.[24] Mit anderen Worten, die Westgrenze der Vereinigten Staaten war noch weiter westlich über den Pazifik verlegt worden, während die Ostgrenze an der Atlantikküste fixiert blieb. Gegenüber Europa, das so viele Amerikaner verlassen hatten, um der Armut und vor allem der Unterdrückung zu entfliehen, herrschte ein atavistisches Mißtrauen, das in den Jahren 1917-1918 nur zeitweilig verdrängt worden war und nach dem Sieg im ersten Weltkrieg bald wieder zurückkehrte. Der Sinneswandel in Amerika gegen den Versailler Vertrag, der doch vor allem Wilsons geistiges Kind gewesen war, vestärkte sich in den dreißiger Jahren noch, als die Europäer ihre Schulden an die USA nicht zurückzahlten.

Die Skala isolationistischer Ressentiments war in den dreißiger Jahren außerordentlich breit. Selbst extreme Randgruppen, deren berühmtester Vertreter der »Rundfunkpfarrer« Charles Coughlin war, hatten noch so viel innenpolitisches Gewicht, daß das Weiße Haus gezwungen war, auch auf sie gewisse Rücksichten zu nehmen. Wie in Großbritannien gab es auch hier eine pazifistische Bewegung, der Männer und Frauen angehörten, die von ihren Erlebnissen im ersten Weltkrieg zutiefst angewidert waren. Es gab ethnische Gruppen, insbesondere die Iren, die eigene Gründe für ihre Einstellung gegen Staaten hatten, die einst über ihre Vorfahren geherrscht hatten. Die Mitglieder des progressiven Flügels der Republikanischen Partei, die die Isolationisten im Kongreß anführten, traten dafür ein, daß die Lösung der innenpolitischen Probleme Amerikas Vorrang haben müsse. Und schließlich waren da die vielen Amerikaner, für die, wiederum mit Turners Worten, »das Zeitalter des Pazifischen Ozeans« angebrochen war, »geheimnisvoll und unverständlich für unsere eigene Zukunft«.[25] Wenn die Außenpolitik der Vereinigten Staaten einen Schwerpunkt haben sollte, dann mußte es der Ferne Osten und nicht Europa sein. Deshalb ist es auch bedeutsam, daß die Vereinigten Staaten ihre Neutralität erst aufgaben, als sie Ende 1941 durch einen schweren Schlag im Pazifik dazu gezwungen wurden.

In keinem Lande der Welt waren die Auswirkungen der Großen

Depression dramatischer als in den Vereinigten Staaten, wo sie ihren Ausgang nahm. Das erste Signal einer bevorstehenden Wirtschaftskatastrophe, das monatelang von fast allen bedeutenden Politikern, einschließlich Präsident Hoover, heftig bestritten wurde, war der Zusammenbruch der New Yorker Börse im Herbst 1929. In weniger als zwei Monaten stürzte der Dow-Jones-Index von 386 Punkten Ende September auf 196 im November. Obwohl er sich zeitweilig wieder erholte, fiel er weiter bis Juni 1932. Als er schließlich auf dem niedrigsten Stand von 41 Punkten ankam, war dies gegenüber dem Höhepunkt von 1929 ein Sturz von 89 Prozent. In der Anfangsphase des Börsenkrachs hatten die Rockefeller, Morgan und Mellon die Bildung eines gemeinsamen Geldfonds angekündigt, um den Markt zu stützen. Einen Augenblick lang war die Aktienbörse wie erstarrt, dann jedoch brüllte einer der führenden Baissespekulanten, Michael Meaghan:

»Alles Geld der Rockefeller, Mellons, Morgans und der anderen Millionäre wird die Flut von Aktien nicht aufhalten, die die einfachen Amerikaner auf den Markt schütten werden. Verkauft 5000 Stahlaktien!«[26]

In der Depression, die dann folgte, gab es für 15 Millionen Amerikaner keine Arbeit mehr, jedoch nur ein Viertel konnte auf Unterstützung in irgendeiner Art hoffen. Aber das war es nicht allein. Der weltweite Preisverfall für Rohstoffe ließ das Nettoeinkommen der amerikanischen Farmer von 1929 bis 1932 um über zwei Drittel schrumpfen. Die Farmer griffen zum Gewehr, um Zwangsvollstreckungen zu verhindern. In den Städten wuchsen die Schlangen der Arbeitslosen, und an den Straßenecken von New York gingen Männer mit Äpfeln hausieren.

Auch der internationale Kapitalmarkt brach zusammen, als der Strom amerikanischen Geldes versiegte, der die Weltwirtschaft in den zwanziger Jahren finanziert hatte. Das wirtschaftliche Erdbeben, das von den Vereinigten Staaten ausging, erreichte nicht nur Europa, das 1931 einen Finanzkrach erlebte, sondern auch Japan, wo die Bauern an den Rand des Hungers getrieben wurden (und ihre Töchter in die Prostitution verkaufen mußten), weil der amerikanische Markt für Seide verschwunden und der Preis für Reis zusammengebrochen war. Präsident Hoover sah in den letzten Tagen seiner Amtszeit die Lösung all dieser Probleme, einschließlich der der amerikanischen Wirtschaft, vor allem auf internationaler Ebene (daher die Einberufung der bereits erwähnten Weltwirtschaftskonferenz Anfang 1933).

Es war Roosevelts großes Verdienst gegenüber seinem Lande und sicherlich auch der ganzen Welt, daß er die Notwendigkeit erkannte, in der amerikanischen Wirtschaft selbst drastische Maßnahmen zu ergreifen. Als er am 4. März 1933 sein Amt übernahm, machte der Notstand des amerikanischen Bankensystems dies zwingend erforderlich. An jenem Morgen hatte in den USA nicht eine einzige Bank geöffnet. Roosevelt gab unverzüglich die Ausarbeitung eines Notstands-Bankgesetzes in Auftrag und verfügte bis zu dessen Annahme eine viertägige Schließung aller Banken. Der Kongreß nahm dieses Gesetz in einer Sondersitzung am 9. März an. Von seiner ersten Lesung bis zur Unterzeichnung durch den Präsidenten waren nur neun Stunden vergangen. Dies war das erste von fünfzehn Gesetzen, die der 73. Kongreß in nur einhundert Tagen annahm. Damit wurde der New Deal auf den Weg gebracht. Churchill drückte dies in typischer Übertreibung mit den Worten aus:

»Roosevelt ist ein Forscher, der sich zu einer Reise aufgemacht hat, so unsicher wie die des Kolumbus, mit einem Ziel, das sicher so bedeutend sein wird wie die Entdeckung der Neuen Welt.«[27]

Zwei Sätze in Roosevelts Antrittsrede steckten den Rahmen für die amerikanische Politik im Jahre 1933 ab: »In der praktischen Politik ziehe ich es vor, das zuerst Notwendige als erstes zu tun. Ich werde keine Mühe scheuen, um den Welthandel durch internationale ökonomische Regulierung wiederzubeleben, aber die Notlage in unserem Lande kann nicht warten, bis das vollbracht ist.«[28] Und wenn die Außenwirtschaftspolitik auf den zweiten Platz verwiesen wurde, so mußte dies logischerweise erst recht für die Außenpolitik gelten. In der Praxis folgte allerdings die amerikanische Außenpolitik im Jahre 1933 und auch in den weiteren Jahren dieses Jahrzehnts bei weitem nicht dieser strengen Logik. Eine von Roosevelts bemerkenswertesten Eigenschaften - oft seine Stärke, zuweilen aber auch seine Schwäche - war die Fähigkeit, zwei einander widersprechende politische Linien zu gleicher Zeit zu verfolgen. So gab er einmal zwei Beratern, die zur Zollpolitik diametral entgegengesetzte Auffassungen vertraten, bei der Ausarbeitung einer Rede zu dieser Frage während seiner Wahlkampagne im Jahre 1932 die Weisung: »Verwebt sie miteinander.«[29] Dies erklärt manches, was Ausländer als Zweigleisigkeit seiner Außenpolitik zu Beginn seiner Präsidentschaftszeit sahen. Diese kam darin zum Ausdruck, daß Roosevelt den Internationalisten Cordell Hull als Außenminister einsetzte und ihm als Stellvertreter den Nationalisten Raymond Moley zur Seite stellte, der unter anderem für die Weltwirtschaftskonferenz verantwortlich war.

Die Führer anderer Staaten setzten unrealistisch hohe Erwartungen in den neuen Präsidenten. Roosevelt selbst hatte allerdings zunächst

Die Weltwirtschaftskrise ergriff ab 1929 zuerst Amerika und wenig später auch alle europäischen Staaten; auf ihrem Höhepunkt waren in den USA 14 bis 15 Millionen Menschen arbeitslos, fast ein Drittel der Berufstätigen. In Detroit brachte sie sich durch die Stillegung der Automobilwerke besonders krass zur Erscheinung; die Ford-Werke wurden vollständig geschlossen, und die Fließbänder standen von einem Tag auf den anderen still. – Aber die Arbeitslosigkeit ergriff auch die anderen Industriezentren der Vereinigten Staaten, wo überall Notküchen eröffnet und – wie hier in New York – Riesenschlafsäle für Obdachlose eingerichtet werden mußten. – Kinderarbeit war schon vorher in Amerika gang und gäbe geworden; nun aber, wo man angesichts der allgemeinen Not Arbeitskräfte nicht mehr bezahlen konnte, griff sie immer weiter um sich. Zehnjährige wurden zur Kartoffelernte eingesetzt.

Hoffnungen geweckt. Ursprünglich hatte er die Idee, in der Zeit zwischen der Wahl und seiner Amtseinführung Europa zu besuchen. Dies sagte er dem britischen Premierminister. Als er dann den Plan fallenließ, lud er ihn (und andere politische Führer) zu einem Besuch der Vereinigten Staaten nach seiner Amtseinführung ein. Er schien sogar geglaubt zu haben, daß er während MacDonalds Besuch das Problem der britischen Kriegsschulden lösen könnte. Er bot für MacDonalds Vorschläge auf der Genfer Abrüstungskonferenz Unterstützung und Ermutigung an. Am 16. Mai 1933 rief er 54 Staatsoberhäupter zu »Frieden durch Abrüstung« auf und forderte »ein Ende des Wirtschaftschaos«. Zuvor hatte er im gleichen Monat in seinem zweiten Kamingespräch, das im Rundfunk übertragen wurde, dem amerikanischen Volk seine Auffassung mitgeteilt, daß die Weltwirtschaftskonferenz »ein Erfolg werden« müsse.[30] Gegenüber Henry Morgenthau jr. (seinem Finanzminister und Nachbarn in Hyde Park) äußerte er sogar, er glaube, er habe einen Krieg abgewendet.[31]

In Washington gaben ausländische Besucher einander die Klinke in die Hand und hinterließen höfliche Kommuniqués. Am 12. Juni 1933 eröffnete König George V. die Weltwirtschaftkonferenz in London mit MacDonald als Vorsitzendem. Tagungsort war - ohne vordergründige Ironie - das Geologische Museum. Hull leitete die amerikanische Delegation, eine Koalition widerstreitender Auffassungen, die, wie der Chronist des New Deal es ausdrückte, »Washington in dichterem Nebel verließ, als man auf dem Atlantik je erleben könnte«.[32] Der Nebel verdichtete sich noch, als Moley am 28. Juni frisch von einer Beratung mit Roosevelt auf dessen Jacht vor der kanadischen Küste zur Delegation stieß. Moley unterstützte die auf der Konferenz vorgeschlagene Deklaration zur Währungsstabilisierung, wurde aber unvermittelt von Roosevelt desavouiert. Dieser torpedierte die Konferenz mit einer scharf formulierten Botschaft, die auf seiner Jacht ausgearbeitet und mit der Hand geschrieben worden war. Darin bedachte er »alte Fetische internationaler Banker« mit Hohn und Spott.[33] Dank Hulls Bemühungen wurde die Konferenz nicht sofort abgebrochen. Sie schleppte sich noch drei Wochen hin, endete aber schließlich ergebnislos.

Roosevelt hatte für seine Erklärung vom 3. Juli 1933 an die Konferenz, die als »Bomben-Botschaft« in die Geschichte eingegangen ist, durchaus ein plausibles Motiv: Er war entschlossen, sich auf nichts einzulassen, wodurch der Dollar, den er im April gerade abgewertet hatte, auf den internationalen Märkten im Wert wieder steigen könnte. Die Art und Weise jedoch, mit der er dieses Ziel durchsetzte, und die schlechte

Führung der amerikanischen Delegation in London hinterließ in Westeuropa einen Eindruck, der sich erst nach vielen Jahren wieder verwischte. MacDonald erholte sich niemals von diesem Schlag (er hielt als Premierminister noch bis zum Sommer 1935 aus), und auch die Wirkung auf Chamberlain und Baldwin sollte nicht unterschätzt werden. Im Unterhaus verlachte Churchill »jeden, der geglaubt hatte, Mr. Roosevelt werde sich aus Liebe zu Frankreich ans Gold binden lassen«[34]. Keynes schrieb in einem Zeitungsartikel, Roosevelt habe »tausendmal recht«.[35]

Im August 1933 - zwei Monate, bevor Deutschland die Abrüstungskonferenz verließ und aus dem Völkerbund austrat - sandte Roosevelt MacDonald eine Botschaft mit der nicht sehr hilfreichen Meinung, daß »ein ungesunder Wettlauf um weitere Rüstungen in Mitteleuropa viel gefährlicher« sei als »jeder Streit über Gold, Währungsstabilisierung oder Zölle«.[36] Das ökonomische Hickhack wurde noch schlimmer, als Roosevelt am 19. Oktober die Reconstruction Finance Corporation beauftragte, frisch in den USA gefördertes Gold aufzukaufen[37]. Damit trat der internationale Währungskrieg in eine Phase ein, die bis Ende Januar 1934 andauerte, als der Dollar schließlich bei einem Kurs zum Stillstand kam, der 59,06 Prozent seines Wertes von vor 1933 entsprach. Das Schuldenproblem der europäischen Staaten blieb jedoch ungelöst. Im April 1934 unterzeichnete Roosevelt ein Gesetz, das den Kauf von Wertpapieren oder die Gewährung von Krediten an Regierungen verbot, die ihre Zahlungsverpflichtungen gegenüber den USA nicht erfüllten, eine Maßnahme, die sich nach Ausbruch des zweiten Weltkrieges zu einem großen Problem auswachsen sollte.[38]

So hatte Roosevelt also - was Westeuropa betraf - keinen glücklichen Start. Einerseits bekräftigte er in einer Rede zum Jahreswechsel vor der Woodrow-Wilson-Stiftung, daß seine Regierung gewillt sei, auch weiterhin mit dem Völkerbund zusammenzuarbeiten, den er für seine Verdienste bei der Abrüstung und der Verhütung eines Krieges lobte, wenn diese Zusammenarbeit auch von außerhalb der Organisation erfolge. Andererseits war ihm durchaus klar: Wie sehr sich in den USA auch Gegnerschaft zum Hitlerregime ausbreiten mochte, bedeutete dies doch keine größere Bereitschaft des amerikanischen Volkes, sich zum zweiten Mal in die politischen Entwicklungen in Europa hineinziehen zu lassen. Erfolge konnte Roosevelt in anderen Bereichen verbuchen - durch seine Politik der »guten Nachbarschaft« gegenüber Lateinamerika (die drei Jahre später zu einem Triumphzug des Präsidenten durch den Subkontinent führte) und die Aufnahme diplomatischer Beziehungen zur Sowjetunion im November 1933, erstmalig seit der Oktoberrevolution. Kurzfristig brachte die Aufnahme der Beziehungen zwischen den USA und der Sowjetunion kaum Ergebnisse, vor allem konnte die Sowjetunion sich nicht die Unterstützung der USA gegen Japan sichern. Die Vereinigten Staaten ihrerseits taten jedoch eine Investition, die später eine hübsche Dividende einbringen sollte: Sie bauten im Auswärtigen Dienst eine Gruppe russischsprechender Fachleute auf, der mehrere später berühmte Männer angehörten, allen voran George Kennan.[39]

So weit war Roosevelt in der Lage zu gehen. An der Jahreswende 1934/35 war der Präsident jedoch nicht einmal mehr imstande, im Senat die notwendige Zweidrittelmehrheit für die Mitgliedschaft im Weltgerichtshof zusammenzubringen, dem die USA noch nicht angehörten. Er ersuchte den Senat am 16. Januar 1935 um seine Zustimmung. Dreizehn Tage später - nach einer Flut von Telegrammen, die die Coughlin-Hearst-Lobby ausgelöst hatte - stimmten nur 52 Senatoren für und 36 gegen den Beitritt. Dies war ein klares Signal dafür, daß die US-Regierung keine Außenpolitik gegen den isolationistischen Hauptstrom in der öffentlichen Meinung der USA betreiben konnte. Sieben Monate nach diesem Rückschlag nahm der Kongreß ein Gesetz an, das diese Politik mehr als jeder andere legislative Akt der dreißiger Jahre bestimmte: das Neutralitätsgesetz. Am 21. August 1935 bestätigte der Senat ein Gesetz, das ein generelles Embargo über die Lieferung von »Waffen, Munition oder Kriegsbedarf« an alle kriegführenden Staaten verhängte und es amerikanischen Schiffen untersagte, Munition nach solchen Staaten zu befördern. Roosevelt versuchte mit Hulls Hilfe durch monatelanges Manövrieren bis zum letzten Moment Unterstützung für ein flexibleres Embargo zu erhalten, das dem Präsidenten wesentlich größere Vollmachten gewährt hätte. Als jedoch isolationistisch eingestellte Senatoren am 20. August auch noch zur Obstruktion übergingen, wurde dem Präsidenten nach dem Gesetz lediglich zugestanden zu bestimmen, was Kriegsbedarf war, und zu entscheiden, wann ein solches Embargo wirksam werden sollte. Dieses Gesetz, das am Vorabend der italienischen Invasion in Abessinien angenommen wurde, war als zeitweilige Maßnahme gedacht. Obwohl es später mehrfach ergänzt wurde, blieben seine wesentlichen Bestimmungen entgegen Roosevelts Hoffnungen aber unverändert.

Der New Deal entfaltete seine volle Wirkung um die Jahreswende 1935/36. Obwohl die amerikanische Wirtschaft zu diesem Zeitpunkt das Niveau von 1929 bei weitem noch nicht erreicht hatte, lagen alle ökonomischen Kennziffern im Vergleich zum letzten Wahljahr (1932-1933) im Aufwärtstrend: sechs Millionen neue Arbeitsplätze, eine Verdoppelung der Aktienkurse, eine Steigerung der Reineinkommen der Farmer um fast hundert Prozent und eine Verdoppelung der Industrieproduktion. Wohlfahrtsorganisationen des Bundes und andere Träger hatten über fünf Milliarden Dollar für die Schaffung von Arbeitsplätzen und soziale Projekte bereitgestellt. Mit über vier Milliarden Dollar wurden öffentliche Arbeiten finanziert, mit denen der Aufbau der Infrastruktur des modernen Amerika einsetzte.[40] Hinter diesen Zahlen stand die überragende Figur des Präsidenten. Ein Unterschied, der in diesen Jahren zwischen der Regierung der USA und - mit wenigen Ausnahmen - den Regierungen der europäischen Staaten bestand, war die Tatsache, daß sich Roosevelt zumeist mit außerordentlich fähigen und jungen Menschen umgab. Obwohl die Mitarbeiter seines Teams häufig untereinander im Streit lagen, gewährte ihnen Roosevelt weitgehende Vollmachten. Deren Grenzen wurden absichtlich unklar gehalten, die Ressorts überlappten einander. Die Grundsatzentscheidungen traf deshalb in der Regel Roosevelt, der sie häufig bis zum letzten Moment hinauszögerte. Der legendäre Charme des »ewig Lächelnden« war hemmend und fördernd zugleich. Manche verließen das Weiße Haus in dem Glauben, der Präsident stimme allem zu, was sie in seinem Arbeitszimmer dargelegt hatten. Charles de Gaulle, der Roosevelt aus gutem Grund nicht mochte, beschrieb ihn zehn Jahre nach seinem ersten Besuch in den USA mit den Worten »dieser Künstler, dieser Charmeur« und traf damit exakt das Urteil eines von Roosevelts engsten Mitarbeitern, »daß er im Regieren in Wirklichkeit ein Künstler war.«[41]

Roosevelt selbst beschrieb die Wahlkampagne von 1936 durchaus exakt mit den Worten: »Es geht um mich.« Im November hätte das Volk nach William Allen Whites Worten »ihn fast gekrönt«.[42] Er erhielt 523 Stimmen der 531 Wahlmänner, die eindruckvollste Mehrheit seit 1821. Er gewann die Wahlen in allen Bundesstaaten außer Maine und Vermont. Seine Antrittsrede im Januar 1937 enthielt jedoch nicht ein einziges Wort über Außenpolitik. Was diese betraf, so hatte der Kongreß ihm eine Zwangsjacke angelegt. Allerdings nahm der Kongreß bei der nächsten Ergänzung des Neutralitätsgesetzes im Mai die Klausel über das Prinzip *cash and carry* auf, eine Avance an künftige kriegführende Staaten, deren Marine den Atlantik beherrschte. Unter diesen Bedingungen war Roosevelts Außenpolitik nach 1935 ohne Glanz; nur gelegentlich blitzte ein Funke auf. Im Krieg gegen Abessinien profitierte Italien von der Wirkung des Neutralitätsgesetzes: Ende 1935 lagen die amerikanischen Ölexporte nach Italien um 300 Prozent über dem Normalwert. Im spanischen Bürgerkrieg schloß sich die amerikanische Regierung der Nichteinmischungspolitik Großbritanniens und Frankreichs an. Unter dieser Politik Roosevelts litten die spanischen Republikaner, nicht ihre Gegner. Obwohl der Präsident persönlich mit den Republikanern sympathisierte, scheute er davor zurück, das Waffenembargo auf Francos Hintermänner Deutschland und Italien auszudehnen, was wiederum den amerikanischen Ölgesellschaften zugute kam. Als ein Schlag ins Wasser erwies sich Roosevelts Vorschlag, ein System internationaler »Quarantäne« einzuführen, den er in einer Rede in Chicago am 5. Oktober 1937 darlegte. Er versuchte nicht zu erklären, was er unter Quarantäne verstand, und der Idee wurde nicht weiter nachgegangen.[43]

Am Anfang des folgenden Jahres blitzte ein weiterer Funke auf - eine Initiative des Präsidenten, die Churchill zehn Jahre später als »die letzte Chance« beschrieb, »die Welt auf andere Weise als durch einen Krieg vor der Tyrannei zu retten«.[44] Roosevelts Geheimvorschlag vom 11. Januar 1938, der eine frühere Idee - die Einberufung einer internationalen Konferenz - wiederaufnahm, war in der Tat sein letzter realer außenpolitischer Schritt vor Ausbruch des Krieges. Der nach den Worten Alexander Cadogans, damals Permanent Under-Secretary im Foreign Office, »erstaunliche« Telegrammwechsel zwischen dem Präsidenten der USA und der britischen Regierung wurde erst 1982 in vollem Wortlaut veröffentlicht.[45] Diese Papiere beleuchten nicht so sehr, was damals geschah - es ist seit langem bekannt, daß die Initiative niemals wirklich in Gang kam -, sondern eher die transatlantischen Folgen, die ihr Fehlschlag mit sich brachte.

Unter »größter« Geheimhaltung, die von Sumner Welles wiederholt betont wurde, bat Roosevelt die britische Regierung um ihre »geneigte Zustimmung und volle Unterstützung« für seinen Vorschlag, die Vertreter von neun Regierungen nach Washington einzuladen, um dort ein Abkommen über vier Grundprinzipien auszuhandeln, das diese Regierungen dann unterzeichnen sollten. Der Präsident wollte nicht handeln, ohne die britische Antwort abzuwarten, die er spätestens für den 17. Januar erbat. In Edens Abwesenheit, der sich zum Urlaub in Frankreich aufhielt, und ohne ihn zu konsultieren, antwortete Chamberlain zwei Tage nach Eingang des Telegramms aus Washington. Sein Telegramm, das in öliger Whitehall-Prosa abgefaßt war, enthielt zur Sache eine abweisende Antwort. Am 17. Januar stellte Roosevelt, dessen Enttäuschung der britische Botschafter Ronald Lindsay »deutlich spürte«, seine Initiative »für eine Weile« zurück. Ein weiteres Telegramm aus

London, diesmal von Eden (der seinen Urlaub abgebrochen hatte), sollte den angerichteten Schaden begrenzen. Am 21. Januar telegrafierte Chamberlain selbst nach Washington, er könne es nicht auf sich nehmen, den Präsidenten zu veranlassen, die Ankündigung seines Planes weiter aufzuschieben. Obwohl Roosevelt Mitte Februar immer noch von seiner Absicht sprach, »seinen Plan im wesentlichen in der gegenwärtigen Form zu verkünden«, entschied er am 25. Februar, das Projekt weiterhin in der Schwebe zu halten. Chamberlain schrieb auf das Telegramm aus Washington, das über diese Entscheidung informierte: »Das ist ausgezeichnet.«

Roosevelt hatte von Anfang an klargestellt, daß sein Vorschlag »darauf abzielte«, »parallel zu den Bemühungen Seiner Majestät Regierung des Vereinigten Königreichs gegenüber den Mittelmächten« zu wirken und diesen »kraftvolle Unterstützung« zu geben. Im Unterschied dazu glaubte Chamberlain, diese Initiative werde »in Deutschland und Italien nur Hohn und Spott ernten«. Zweifellos wären Hitler und Mussolini wenig beeindruckt von der Nachricht gewesen, daß die Regierungen Schwedens, der Niederlande, Belgiens, der Schweiz, Ungarns, Jugoslawiens und der drei südamerikanischen Republiken aufgefordert worden seien, Vertreter nach Washington zu entsenden, um ein Abkommen zu entwerfen, das Roosevelts vier Punkte (wie sie später in die Geschichte eingegangen wären) enthielt.[46] Sein Vorschlag hätte sicherlich bei gründlicher diplomatischer Prüfung keinen allzu guten Eindruck hinterlassen. Zudem hatte der Präsident insgesamt bei internationalen Konferenzen in den dreißiger Jahren keine glückliche Hand. Deshalb hielten es Chamberlain und auch Baldwin »immer für das beste und sicherste, von den Amerikanern nichts anderes zu erwarten als Worte«.[47] Andere erkannten jedoch das Wesen der Sache im Januar 1938 sofort. Lindsay empfahl von Anfang dieser Episode an eine »schnelle und sehr herzliche Annahme« des Vorschlages. Cadogan stimmte ebenfalls zu, und Eden (den Cadogan in Frankreich alarmierte) legte in einem Brief an Chamberlain bei seiner Rückkehr seine Auffassung dar, daß die Nachteile in Roosevelts Botschaft »von geringem Gewicht angesichts der Bedeutung der Tatsache sind, daß Präsident Roosevelt mit der ganzen Autorität seiner in der Welt einzigartigen Position dazu beitragen will, einen allgemeinen Krieg abzuwenden«.

»Wer schnell gibt, gibt doppelt«, lautet ein altes lateinisches Sprichwort. In diesem Falle hatte der, der schnell ablehnte, auch doppelt abgelehnt. Chamberlains Reaktion entsprach seinem beschränkten Blick auf die Vereinigten Staaten und die Sowjetunion. Eden erkannte zwar, daß es »der größte Fehler« wäre, Präsident Roosevelt von seinem Vorschlag abzubringen, hatte jedoch nicht genügend politischen Willen, um seine Auffassung durchzusetzen. Als er einen Monat später zurücktrat, geschah dies aus anderem Anlaß (den Modalitäten von Chamberlains Versuch einer Annäherung an Italien). Unter all diesen Umständen ist Roosevelts Entscheidung verständlich, seine Initiative auf Eis zu legen. Es bleibt die Frage, ob Churchill in seinem Glauben recht hatte, die Initiative habe eine, wenn auch geringe Chance geboten, die Katastrophe von 1939 noch abzuwenden. Aber wer auch immer Anfang 1938 in der Downing Street Nr. 10 residierte, der Kongreß hätte jeden Amtsinhaber im Weißen Haus daran gehindert, für die USA wirksame internationale Verpflichtungen einzugehen. Roosevelts Vorschlag war zwar durchaus keine Phantasterei (dies schrieb Chamberlain in seinem privaten Tagebuch), aber auch nicht klar umrissen, und Welles' Memorandum an Roosevelt vom 10. Januar, in dem das Vorgehen Schritt für Schritt genauestens abgesteckt war, liest sich wie der Alptraum eines Berufsdiplomaten.[48]

Hätte die britische Regierung allerdings mit etwas mehr politischem Fingerspitzengefühl auf Roosevelts Initiative reagiert, dann hätte dies möglicherweise die Eröffnung eines transatlantischen Dialogs bedeutet. Wohin dieser geführt hätte, darüber kann heute nur spekuliert werden. Statt dessen zog es Chamberlain vor, dem Präsidenten der Vereinigten Staaten eine Absage zu erteilen, um nicht zu riskieren, seinen eigenen Versuch »zunichte zu machen, ein gewisses Maß an Appeasement zu erreichen«. In den Monaten der Krise, die 1938 folgte, behielt Roosevelt seine Zweifel über Chamberlains Aktionen für sich. Er war in dieser Zeit meist ein schweigender Beobachter. Seine öffentlichen Gesten in letzter Minute, mit denen er zu Frieden durch Verhandlungen aufrief, hatten keinerlei Wirkung. Und als Chamberlain die Einladung annahm, Ende September nach München zu kommen, enthielt das Telegramm nach London (das Roosevelt eigenhändig entworfen hatte) lediglich zwei Worte: »Guter Mann.«[49]

In dieser Zeit steuerte Roosevelt in seiner zweiten Präsidentschaftszeit, die zunächst unter so günstigen Vorzeichen begonnen hatte, seinen innenpolitischen Kurs mit wechselndem Erfolg. Dafür war Roosevelt zum Teil selbst verantwortlich, da er es liebte, ein politisches Ziel zunächst verdeckt und indirekt anzugehen, um plötzlich einen dramatischen Schlag zu führen (eine Vorliebe, die er mit Stalin teilte). Am 5. Februar 1937 legte er unvermittelt einen Gesetzentwurf vor, der dem Präsidenten die Vollmacht geben sollte, die Zusammensetzung des

Obersten Gerichts zu erweitern, dessen konservative Entscheidungen 1935 bereits die Institutionen des New Deal bedrohten. Wenn der Entwurf angenommen worden wäre, hätte Roosevelt die Vollmacht erhalten, sechs neue Richter zu ernennen, die zum New Deal positiv standen. In dem politischen Konflikt, der sich daraufhin entwickelte, standen sich nicht mehr der Präsident und das Oberste Gericht, sondern das Weiße Haus und der Kongreß gegenüber. Bei Sommeranfang war klar, daß Roosevelt kaum ein Jahr nach dem größten Wahlsieg eines Präsidenten seit über hundert Jahren nicht in der Lage war, eine Mehrheit zustande zu bringen. Es ist paradox, daß das Oberste Gericht auch ohne die vom Präsidenten angestrebte Ergänzung in den Jahren der zweiten Amtszeit Roosevelts wichtige Entscheidungen zugunsten des New Deal fällte. Er hatte jedoch 1937 den ersten großen Fehler begangen und die erste bedeutende Schlacht seiner Präsidentschaft verloren.

Der Kongreß verabschiedete die letzte wichtige Maßnahme zum New Deal im April 1938. Bei den Zwischenwahlen im Herbst erzielte die Republikanische Partei bedeutende Gewinne. Von nun an sah sich Roosevelt im Kongreß einer konservativen Koalition von republikanischen und demokratischen Gegnern des New Deal gegenüber. Im Winter 1937/38 kam außerdem eine schwere Rezession in den USA hinzu; die wichtigsten ökonomischen Kennziffern sanken um ein Drittel. Die Reflationsmaßnahmen, die Roosevelt nach sechsmonatigem Zögern dem Kongreß im April 1938 vorlegte, hatten nur teilweise Erfolg. Obwohl die Geschäftstätigkeit sich wieder belebte, stand die Zahl der Arbeitslosen zwei Jahre später nach wie vor bei über sieben Millionen. Am Ende des Jahrzehnts - eigentlich noch einige Monate darüber hinaus - war Roosevelts Stern so weit gesunken, daß es überhaupt nicht sicher war, er könnte auf dem Kongreß seiner eigenen Partei das eindeutige Votum erhalten, von dem ein Wahlsieg bei den Präsidentschaftswahlen und eine dritte Amtsperiode abhingen. Selbst George Washington hatte sich mit zwei Amtsperioden begnügt, und der Widerwille gegen eine dritte war durchaus nicht nur auf die Republikanische Partei beschränkt.[50] »Lahme Ente« war zwar nicht gerade ein poetischer Ausdruck, der einem Präsidenten von Roosevelts Statur gut stand; er paßte jedoch bis in die letzten Stunden seiner zweiten Amtszeit hinein besser zu ihm als »Doktor Kriegsgewinner«, auf den er, wie sich herausstellte, in seinen nächsten vier Jahren im Weißen Haus durchaus Anspruch erheben konnte.[51]

Der Mann, der am Anfang seiner Präsidentschaft die Bewunderung seines Landes und der ganzen demokratischen Welt genossen hatte, lag nun im eigenen Lande mit dem Kongreß im Streit und war im Ausland kaum mehr als ein Beobachter der Ereignisse, dessen Haltung oft unklar erschien. Über seine politische Zukunft schwieg er sich aus und verbarg sein rätselhaftes Inneres hinter seinem Lächeln, seinen gelegentlichen Temperamentsausbrüchen und seiner Schlagfertigkeit. Selbst diejenigen, die ihm in Washington am nächsten standen, fanden, er sei verschlossen.[52] Wie verwirrend er Ausländern in den dreißiger Jahren erschien, zeigen die Äußerungen dreier sehr unterschiedlicher Europäer über ihn. In den Augen des Marxisten Lew Trotzki konnte man Roosevelt als einen Mann abtun, der »›Systeme‹ und ›Allgemeinplätze‹ verabscheut«; die amerikanische »philosophische Methode« sei »noch antiquierter« als das »Wirtschaftssystem«, das Roosevelt zu beleben suchte. In Keynes' Augen erinnerte Roosevelt an einen »amerikanisierten Sir Edward Grey«.[53] Von allen dreien kam nur Carl Jung der Wahrheit nahe. Er beschrieb Roosevelt als »einen Mann von überlegenem, aber undurchdringlichem Intellekt und vollkommen skrupellos, einen sehr beweglichen Geist, der unberechenbar ist« - Worte, die durchaus auch auf Stalin gemünzt sein könnten.[54]

Stalin

Stalin war 1933 als der nationale *Woschd*, der Führer, wie ihn die *Prawda* in ihrem Leitartikel anläßlich seines 50. Geburtstages am 21. Dezember 1929 genannt hatte, allgemein anerkannt. Die von ihm in Gang gesetzte »Dritte Revolution« war nahezu abgeschlossen. Die gleichzeitige Durchführung des Industrialisierungsprozesses in den Städten, der rücksichtslos im Eilzugtempo vorangetrieben wurde, sowie der chaotischen und mörderischen Kollektivierung des Dorfes - all das zusammengenommen führte zu noch größeren Umwälzungen in der Sowjetunion, als die Oktoberrevolution in Rußland ein Jahrzehnt früher vollbracht hatte. Um diese grundlegenden Veränderungen der sowjetischen Gesellschaft zu erreichen, war beinahe ein zweiter Bürgerkrieg geführt worden - diesmal zwischen der Kommunistischen Partei einerseits und der Masse des Sowjetvolkes, der Bauernschaft, andererseits. Die Partei siegte durch Gewalt. (Aus diesem Grunde wurde der XVII. Parteitag im Januar 1934 als Parteitag der Sieger bezeichnet.) Wie bereits erwähnt, gab es 1933 zumindest Anzeichen für eine Atempause. Die Wirtschaftsentwicklung machte Fortschritte, und 1933 wurde eine gute Ernte eingebracht. Auf dem Parteitag und bis weit ins Jahr 1934 hinein schienen die

Anhänger einer Politik der Kompromisse im Politbüro die Oberhand zu gewinnen. Jetzt aber wandte sich Stalin gegen die Partei selbst, zerstörte sie systematisch und formte sie zu einem Werkzeug seiner persönlichen Macht. Von nun an kannte Stalin - wie ein weitsichtiger britischer Arzt und Quäker (der im Bürgerkrieg in russischen Dörfern im Einsatz gewesen war) fünfzehn Jahre früher vorausgesagt hatte - »nur noch eine Art Sünde: den Unglauben an die absolute Richtigkeit seines (des Kremls) Systems«.[55]

Der erste Funke des Feuers, das die Kommunistische Partei der Sowjetunion verschlingen sollte, war der Mord an Sergej Kirow, der am 1. Dezember 1934 in Leningrad hinterrücks erschossen wurde. Es gibt starke Indizien dafür, daß Stalin den Mord an dem ihm nahestehenden Genossen des Politbüros zumindest duldete, der möglicherweise für eine gemäßigtere Politik eingetreten war. So liegt in diesem Falle bis heute im wesentlichen nur die Erklärung Chruschtschows vor, die er in seiner Rede vor dem XXII. Parteitag 1961 fast ein Vierteljahrhundert später und drei Jahre vor seinem Sturz abgab. Er teilte mit, daß eine gründliche Untersuchung durchgeführt werde, um die wirklichen Schuldigen zu finden. Die *Prawda* ging 1964 einen Schritt weiter und behauptete, Kirow habe Stalins Ambitionen im Wege gestanden. Die Ergebnisse der von Chruschtschow angeordneten Untersuchung wurden niemals veröffentlicht, und gegenwärtig ist eine weitere Untersuchung im Gange.[56] Wie dem auch sei, Kirows Tod gab Stalin die Gelegenheit, die großen Säuberungen zu beginnen, die zunächst von Genrich Jagoda und danach von Nikolai Jeschow ausgeführt wurden. Letzterer war ein abstoßender Beamter von kleinem Wuchs, dessen Name im Zusammenhang mit den Säuberungen, der *Jeschowschtschina*, in die Geschichte der Sowjetunion eingegangen ist. Jeschow wurde im September 1936 als Innenminister mit Verantwortung für die Geheimpolizei eingesetzt, nachdem Stalin aus seinem Ferienhaus in Sotschi am Schwarzen Meer ein Telegramm folgenden Inhalts nach Moskau gesandt hatte:

»Wir erachten als absolut notwendig und dringend, Genossen Jeschow mit dem Posten des Volkskommissars für Innere Angelegenheiten zu betrauen. Jagoda stand deutlich nicht auf der Höhe der Aufgaben bei der Entlarvung des trotzkistisch-sinowjewschen Blocks. Die OGPU ist in dieser Frage um vier Jahre in Verzug...«[57]

Der Terror begann jedoch, lange bevor Jeschow das NKWD übernahm. Mitte Januar 1935 wurden Lew Kamenew und Grigori Sinowjew, Mitglieder des Politbüros seit 1919 bzw. 1921, krimineller Verbrechen

Nach der bürgerlichen Revolution Kerenskijs ergriffen mit Lenin die Berufsrevolutionäre die Macht, fast ausschließlich Intellektuelle der bürgerlichen Mittelschicht - der aristokratischen alten Führungsschicht so fremd wie dem Proletariat. Nach Lenin wurde Stalin Generalsekretär, dessen Bedenkenlosigkeit es gelang, im Lauf der Jahre alle alten Mitstreiter Lenins an die Wand zu spielen, aus dem Land zu drängen oder zu liquidieren (hier mit Leo Trotzki und Lunatscharski). - Verfochten die alten Revolutionäre die Idee des Exports der Weltrevolution in die anderen industrialisierten Länder des Westens, so setzte Stalin auf die »Revolution in einem Lande«, was wohl dafür spricht, daß er an die Zukunft des revolutionären Elans in Berlin, Paris und London nicht glaubte. Rücksichtslos trieb er ab 1929 die Industrialisierung und die Kollektivierung der Landwirtschaft voran, die nach neueren Schätzungen zumindest zehn Millionen Opfer gefordert hat.

TROTZKIJ

angeklagt. Dies war das erste Mal, daß man politische Opposition in der Partei öffentlich als Verbrechen brandmarkte. Kamenew und Sinowjew wurden 1936 erschossen. Bucharin, der seit 1924 Mitglied des Politbüros gewesen war, ereilte die Kugel 1938. Zuvor hatte er seine Frau angewiesen, sein politisches Vermächtnis auswendig zu lernen, das an »die künftige Generation politischer Führer« gerichtet war. Es verging ein halbes Jahrhundert, bevor seine Witwe imstande war, seinen an das sowjetische Volk gerichteten letzten Willen zu erfüllen.[58]

Zwischen diesen politischen Prozessen verhaftete man den Ersten Stellvertreter des Verteidigungsministers, Marschall Tuchatschewski, auf Grund einer Beschuldigung, die mit Hilfe des deutschen Geheimdienstes zusammengezimmert worden war. Er gehörte der ersten Gruppe von Opfern unter den Militärs an, die im Juni 1937 in einem Geheimprozeß abgeurteilt und danach erschossen wurden. Bis zum Vorabend des Krieges wurde auf diese Weise etwa die Hälfte des sowjetischen Offizierskorps hingerichtet oder eingekerkert. Die folgenden Wellen des Terrors erfaßten - besonders während der zwei Jahre, in denen Jeschow an der Spitze des höchsten Unterdrückungsorgans stand - so viele Menschen, daß die Gesamtzahl der hingerichteten Sowjetbürger aller Schichten selbst heute nicht mit Sicherheit festgestellt werden kann. Es waren nicht weniger als eine halbe Million, vielleicht aber auch eine Million. Dazu befanden sich Ende 1938 zehnmal so viele Häftlinge in Gefängnissen oder Lagern. An einem einzigen Tag gegen Ende dieses Jahres bestätigte Stalin die Erschießung von über 3000 seiner Landsleute. Unter den vielen Statistiken des roten Terrors ist die Liste, in der das Schicksal von zehn Angehörigen (Frauen und Männern) seiner ersten und zweiten Frau verzeichnet ist, eine besonders schaurige Lektüre.[59] Welche exakte Zahl für die Opfer der Säuberungen auch immer gefunden werden mag, in den Jahren der Zwangskollektivierung verloren noch weit mehr Menschen das Leben. Schätzungen der Gesamtzahl der Bauern, die in diesen Jahren Hungers starben oder in dem schrecklichen Prozeß der Enteignungen und Deportationen umkamen, schwanken gewaltig, laufen jedoch alle darauf hinaus, daß die Opfer nach Millionen zu zählen sind.[60] Ein sowjetischer Demograph behauptet heute öffentlich sogar, die Gesamtbevölkerung der Sowjetunion, die bei der Volkszählung von 1937 mit 170 Millionen angegeben wurde (zwei Millionen mehr als die Zahl, die Stalin auf dem XVII. Parteitag verkündete), sei in den vier Jahren zuvor real gesunken.[61]

Der Terror endete so abrupt, wie er begonnen hatte. Im Dezember 1938 löste Lawrenti Beria[62] Jeschow ab, der wahrscheinlich 1939 oder

1940 hingerichtet wurde. Stalin selbst urteilte über die Säuberungen mit den Worten: »Obwohl mehr Fehler gemacht wurden als erwartet..., waren die Ergebnisse insgesamt positiv.«[63] Ähnlich war auch seine Einschätzung der Politik der Kollektivierung ausgefallen. Auf diese Weise hatte er am Ende des Jahrzehnts das Land unter seine absolute Kontrolle gebracht. Jedes einzelne Mitglied der höchsten politischen Führungsgremien schuldete ihm persönlich seinen Posten. Die eingeschüchterte Kommunistische Partei der Sowjetunion war nun seine Partei.[64] Seine neun Kollegen im Politbüro, die auf dem XVIII. Parteitag im März 1939 gewählt wurden, sollten mit einer Ausnahme in den Jahren des zweiten Weltkrieges an seiner Seite bleiben.[65] Zwar hatte Stalin sich durch die Säuberungen die absolute Gefolgschaft der Kommunistischen Partei und der Streitkräfte gesichert, das Trauma, das sie verursacht hatten, machte es jedoch notwendig, der sowjetischen Gesellschaft eine Zeit der Genesung zu gönnen und, vor allem, einem Krieg aus dem Wege zu gehen. Diese Situation trug wesentlich zu der Verwirrung über die Sowjetunion bei, die in den dreißiger Jahren im Westen herrschte.

Diese Verwirrung war zugleich rationaler und emotionaler Natur. Die Atmosphäre der Geheimhaltung, die die Sowjetgesellschaft umgab, und die Art der sowjetischen Statistiken jener Zeit entschuldigen zu einem gewissen Grade die Unwissenheit des Westens über dieses Land. (Wie wir gesehen haben, war Churchill zum Teil eine Ausnahme.) Noch größer war die Verwirrung der Gefühle. Für die harte Linke blieb der Kreml auch nach dem August 1939 das Allerheiligste. Für die öffentliche Meinung links von der Mitte in Großbritannien und Amerika war es dagegen bis zu diesem Zeitpunkt unangenehm gewesen, als antikommunistisch zu gelten. Der »Anti-Antikommunismus« ist als eine Mentalität beschrieben worden, die »der leidenschaftlichen Sehnsucht nach Glauben entsprang«.[66] Keynes, ein Liberaler, glaubte 1931 daran, daß hinter der Grausamkeit und dem Stumpfsinn des neuen Rußland der Funke eines Ideals verborgen sein könnte. Selbst Henry Luce schien es damals, die Russen dächten wie die Amerikaner. Der amerikanische Besucher der Sowjetunion, der nach der Revolution bemerkte, er habe »die Zukunft gesehen, und sie funktioniert«, brachte es 1929 fertig, die Anstrengungen in den Vereinigten Staaten mit denen Sowjetrußlands gleichzusetzen.[67] Viele westliche Beobachter waren bewußt oder unbewußt blind und taub gegenüber den Vorgängen in diesem Lande (die Webbs sind ein typisches britisches Beispiel und der Botschafter der USA in Moskau, Joseph Davies, ein amerikanisches). Oder sie sahen, was vorging, und zogen die falschen Schlußfolgerungen. Nach ihrer Meinung war die Sowjetunion von den endlosen inneren Konflikten, die in den großen Säuberungen gipfelten, so zerrüttet, daß man ihr die für einen Krieg notwendige gemeinschaftliche Anstrengung nicht mehr zutraute.

Für viele Menschen beiderseits des Atlantiks war nicht die Tschechoslowakei »ein weit entferntes Land... von dem wir nichts wissen« (wie Chamberlain es in seiner berüchtigten Rede an das britische Volk auf dem Höhepunkt der Krise von München formulierte), sondern die Sowjetunion. Von dieser Ignoranz waren selbst Emigranten aus Rußland befallen: So enthielt eine russischsprachige Fibel, die eine in Großbritannien lebende Weißrussin geschrieben und unmittelbar nach der großen Hungersnot in der Sowjetunion herausgegeben hatte, folgenden grotesken Dialog, der sich bei einem Abendessen in Moskau für zwei Besucher aus London abgespielt haben sollte:

»*Gast*: Champagner! Da hätten wir ja im Frack erscheinen müssen! Gott sei Dank gibt es solche Zeremonien heute nicht mehr. Ich habe es immer gehaßt, mich zum Essen umziehen zu müssen.

Dame rechts von Mr. Stuart: Wenn wir genügend Traktoren und Mähdrescher produziert haben, werden wir alle Abendkleider besitzen.

Mr. Stuart: Ich habe gestern mit einem Mann gesprochen, der mit mir um fünf Pfund wetten wollte, daß in fünf Jahren jeder Bauer einen Anzug haben wird, in dem er ins Theater geht. Ich wette gewöhnlich nicht, aber für eine gute Sache würde ich auch gern verlieren.

Mrs. Stuart: Wenn er gewinnt, wäre ich so überglücklich,daß ich den Verlust mit Dir teilen wollte!«[68]

Im Unterschied zu Großbritannien und Frankreich, wo die Außenminister in den dreißiger Jahren kamen und gingen, hatte die Sowjetunion nur zwei: Maxim Litwinow, der bis zum faktischen Rücktritt Georgi Tschitscherins im Jahre 1928 dessen Stellvertreter am Kusnezki Most, dem damaligen Sitz des sowjetischen Außenministeriums, war und zwei Jahre später dieses Amt offiziell übernahm, und Wjatscheslaw Molotow, Vorsitzender des Rates der Volkskommissare, der Litwinow im Jahre 1939 als Außenminister ablöste. Der Unterschied zwischen diesen beiden Männern sagt viel über die Veränderungen in der sowjetischen Außenpolitik aus, die in diesem Jahrzehnt vor sich gingen. Litwinow, von jüdischer Herkunft, humorvoll, englischsprechend (wie Tschitscherin) und mit einer Engländerin verheiratet, wurde erst 1934 Mitglied des Zentralkomitees der Kommunistischen Partei. Molotow dagegen war bereits seit 1926 Mitglied des Politbüros. Er beherrschte keine Fremdsprache, hatte zwar (als Neffe des Komponisten Alexander Skrjabin) eine gute Bildung genossen, trat aber so starrköpfig auf, daß er es im kommenden Jahrzehnt fertigbrachte, das russische Wort »Njet« in die englische Sprache einzuführen. Churchill gelang es nur ein einziges Mal, ihn zu einer »natürlichen menschlichen Reaktion« zu bewegen.[69] Dabei muß jedoch beachtet werden, daß beide Außenminister eine Außenpolitik vollzogen, die vom Politbüro der Partei, das heißt, in den dreißiger Jahren von Stalin selbst vorgegeben wurde. Das Wesen des stalinistischen Herrschaftssystems bestand gerade darin, daß durchaus beträchtliche Befugnisse für die Tagespolitik delegiert werden konnten, die letzte Entscheidung jedoch stets »von oben« kam. Der bedeutendste Unterschied zwischen Molotow und Litwinow bestand wahrscheinlich darin (und Djilas bemerkte dies sofort bei seinem ersten Besuch im Kreml), daß Molotow und Stalin per du waren.

Stalin brauchte länger als Churchill und Roosevelt, um die Bedeutung dessen zu erfassen, was am 30. Januar 1933 in Berlin geschehen war.

Das liegt nicht nur daran, daß Hitler in Moskau wie auch in anderen Hauptstädten unterschätzt wurde. Tatsächlich interessierte sich der Kreml mehr für die deutschnationalen Verbündeten der Nazipartei wie z. B. Vizekanzler Franz von Papen. Ein weiterer Grund lag darin, daß die Sowjetunion und Deutschland als die beiden großen Verlierer der Versailler Beschlüsse recht gut miteinander auskamen, seit sie am Ostersonntag des Jahres 1922 in einer dramatischen Aktion den Vertrag von Rapallo unterzeichnet hatten (dem vier Jahre später der Neutralitäts- und Nichtangriffsvertrag von Berlin folgte, der wiederum vier Monate nach Hitlers Machtantritt verlängert wurde). Deutschland wurde nicht nur wie vor dem ersten Weltkrieg Rußlands wichtigster Handelspartner. Der Rapallo-Vertrag, der unter Bruch des Versailler Vertrages zustande kam, führte zu einer Periode enger Zusammenarbeit der beiden Länder auf dem Gebiet der Militärtechnologie, der Militärausbildung und der Beschaffung von Rüstungsgütern. Die deutsche Armee war auf diese Weise in der Lage, die ihr in Versailles auferlegten Restriktionen zu umgehen, und beide Armeen lernten einander in den nächsten zehn Jahren immer besser kennen.[70] Im August 1933 sagte Molotow dem deutschen Botschafter in Moskau, wenn Deutschland seine bisherige Politik fortsetze, sehe die Sowjetunion keinen Grund, ihren Kurs zu ändern. In seinem Bericht an das Zentralexekutivkomitee der UdSSR zum Jahresende sagte Litwinow: »Wir unterhalten gute Beziehungen zu kapitalistischen Staaten mit verschiedenen Regimen, darunter faschistischen.« Auch Stalin äußerte sich in seiner Rede vor dem XVII. Parteitag im Januar 1934 in nahezu den gleichen Worten über faschistische Regime.[71]

Die sowjetische Deutschlandpolitik der frühen dreißiger Jahre war eine eigenartige Mixtur. Einerseits waren die staatlichen Beziehungen relativ gut, in der sowjetischen Diplomatensprache »sachlich«. Andererseits trug die von der Komintern seit 1928 verkündete vehemente Gegnerschaft zu allen sozialdemokratischen Parteien (die als »Sozialfaschisten« verurteilt wurden) dazu bei, Hitler den Aufstieg zur Macht zu erleichtern, da die kommunistische und die sozialdemokratische Opposition im Reichstag gespalten waren. Die Politik der Komintern beruhte auf dem Glauben, daß der Faschismus nach der gültigen Doktrin die Endphase des Kapitalismus war und deshalb auf den Sieg der Nazis in Deutschland als logische Konsequenz eine proletarische Revolution folgen mußte. Moskau tat sich 1933 noch schwer, diesen Glauben aufzugeben.

Als – in der Sprache der Marxisten – »das Leben selbst« die Haltlosigkeit dieser Theorien demonstrierte, nahmen einige hohe Funktionäre in Moskau (wie auch in anderen Ländern) zu der Hoffnung Zuflucht, Hitler könnte der Gefangene anderer konservativer Kräfte in der deutschen Gesellschaft werden. So deutete z. B. der sowjetische stellvertretende Außenminister Nikolai Krestinski Mitte 1934 in einem Gespräch mit dem italienischen Botschafter Bernardo Attolico an, Hitler könne nach der Säuberung (der SA-Führung) im Juni nur an der Macht bleiben, wenn er »zu einer Art MacDonald« werde.[72] Erst Ende 1933 bestätigte der Kreml eine der beiden grundsätzlichen Veränderungen der sowjetischen Außenpolitik in diesem Jahrzehnt mit dem Entschluß, »unter bestimmten Bedingungen« dem Völkerbund beizutreten und einen Kurs der kollektiven Sicherheit in Europa einzuschlagen. Auf dem VII. Weltkongreß der Komintern, der 18 Monate später stattfand[73], gab Stalin seine Zustimmung zu einer radikal neuen Politik der kommunistischen Parteien in der ganzen Welt. An die Stelle des Kampfes gegen den »Sozialfaschismus« sollte eine Einheitsfront vor allem mit den Sozialisten (dem bisherigen Feind) gegen den Faschismus (den neuen Feind) treten.[74] Lange bevor dieser letzte Kongreß der Komintern stattfand, hatte Stalin auf der staatlichen Ebene die Wende bereits vollzogen. Eine neue Ära der sowjetischen Außenpolitik schien am 18. September 1934 anzubrechen, als die Sowjetunion ihren Sitz im Rat des Völkerbundes in Genf einnahm. Im April 1935 unterzeichnete sie in Moskau Verträge mit Frankreich und der Tschechoslowakei.

Ein Jahr später schlug die Sowjetunion im Unterschied zur gleichgültigen Reaktion Großbritanniens und Frankreichs auf die deutsche Besetzung des Rheinlandes zumindest vor, nach Artikel 16 der Satzung des Völkerbundes Sanktionen zu verhängen. Und obwohl sich Stalin mit öffentlicher Unterstützung für die republikanische Regierung im spanischen Bürgerkrieg zurückhielt, gelangten in den Jahren 1936-1937 beträchtliche Waffenlieferungen in die Hände der Republikaner in Spanien, standen ihnen zahlreiche sowjetische Berater zur Seite.[75] Halifax' unglückselige Reise nach Berchtesgaden 1937 ging natürlich nicht unbemerkt vorüber. Litwinow erklärte in einer Wahlrede in Leningrad (wo er im November 1937 für den Obersten Sowjet kandidierte) sarkastisch, es gebe »in der internationalen Arena eine Arbeitsteilung, bei der manche Staaten angreifen, andere aber Erkundigungen einziehen und auf Bestätigung und Klarstellung warten«.[76]

Wie bereits beschrieben, legte die Sowjetregierung nach Litwinows Bericht an das Politbüro über den Anschluß Österreichs, den er - ganz nach Churchills Art - als das wichtigste Ereignis »seit dem Weltkrieg, voller Gefahren nicht zuletzt für unsere Union« charakterisierte, ihren Vorschlag dar, unverzüglich eine Konferenz einzuberufen, um die Aggression aufzuhalten.[77] Diesen lehnte die britische Regierung ab, wie sie auch einen späteren sowjetischen Vorschlag (den Churchill unterstützte) zurückwies, zur Frage der Tschechoslowakei eine Erklärung der vier Mächte abzugeben. Nicht besser erging es dem sowjetischen Vorschlag vom September, Gespräche zwischen Militärvertretern Frankreichs, der Sowjetunion und der Tschechoslowakei aufzunehmen. In den sechs Monaten zwischen der deutschen Besetzung Österreichs und dem Münchener Abkommen bekräftigte die Sowjetunion mehrmals ihre prinzipielle Haltung mit denselben Worten, wie sie der sowjetische Botschafter in Prag auftragsgemäß am 20. Dezember Beneš dargelegt und wie sie Litwinow am 21. September 1938 öffentlich in Genf erklärt hatte: Es war das feste Versprechen, ihre in den Verträgen nur dann mit Frankreich und der Tschechoslowakei eingegangenen Verpflichtungen zu erfüllen.[78]

Die Erfüllung der sowjetischen Versprechen hing allerdings von zwei Bedingungen ab, deren eine offen genannt, die andere aber stillschweigend vorausgesetzt wurde. Erstens war die Sowjetunion zur Hilfe für die Tschechoslowakei nach den Verträgen nur dann bereit, wenn auch Frankreich seine Verpflichtungen gegenüber diesem Lande erfüllte. Zweitens mußte für die sowjetischen Truppen ein Weg in die Tschechoslowakei gefunden werden. Obwohl sowjetische Flugzeuge hätten eingesetzt werden können (wie es in Einzelfällen auch geschah), war kaum zu erkennen, wie bei dem Haß der Polen gegen die Sowjetunion und angesichts der Entschlossenheit Polens, selbst ein Stück tschechoslowakischen Territoriums an sich zu reißen, die zweite Bedingung erfüllt werden konnte. In internen Gesprächen hob Litwinow jedoch stets gerade deren Bedeutung hervor. Außerdem sah die Sowjetregierung im Sommer 1938 ohne Illusionen die Wankelmütigkeit der Regierung Frankreichs.[79] Maiski war am 8. September davon überzeugt, daß die britische Regierung (von deren Haltung die Frankreichs abhing) »nicht willens war, etwas Wirksames zur Verteidigung der Tschechoslowakei zu unternehmen«. Von dieser Regierung seien »keinerlei energische Aktionen« zu erwarten, es sei denn, es tauchten »ganz neue gewichtige Faktoren auf, die die Lage grundlegend verändern«.[80] Als einige Tage später der Krieg unausweichlich schien, traf die Sowjetunion einige militärische Vorkehrungen.[81] Das Abkommen aber, das am 30. September in München unterzeichnet wurde, machte militärische Hilfe jeder Regierung für die Tschechoslowakei zu einer rein akademischen Frage. Die Sowjetunion war wie die Vereinigten Staaten von diesem Abkommen ausgeschlossen. Stalin mußte seine eigenen Schlüsse ziehen. Wie Maiski gegenüber Cadogan am 30. September äußerte, bahnte das Münchener Abkommen den Weg für die Entfesselung eines neuen Weltkrieges.[82]

Im Rückblick wird klar, daß sich Stalin in all diesen Jahren zwei Optionen offenhielt. Wenn die erste (ein Abkommen mit Großbritannien und Frankreich) ausschied, blieb ihm noch die zweite (ein Abkommen mit Deutschland) als Alternative. Zweifellos gab es in Moskau Anhänger sowohl des ersten Kurses, wie z. B. Litwinow, mit dem dieser vom Westen persönlich identifiziert wurde, aber auch der zweiten Linie, z. B. Molotow, der später den deutsch-sowjetischen Vertrag unterzeichnen sollte. Hinter beiden stand die Autorität des *Woschd* Stalin. In den Jahren, als die Sowjetunion die Politik der kollektiven Sicherheit und der Volksfronten betrieb – das war lange vor Chamberlains Einzug in Downing Street Nr. 10 –, hatte Stalin allen Grund, nicht nur auf eine Karte zu setzen. Der französisch-sowjetische Vertrag wurde zum Gegenstand des internen Streits zwischen Linken und Rechten in Frankreich, und die Ratifikationsurkunden konnten erst ausgetauscht werden, als der deutsche Einmarsch ins Rheinland das französische Parlament schließlich überzeugte. Edens Besuch in Moskau ein Jahr zuvor kann kaum dazu beigetragen haben, den Kreml zuversichtlicher zu stimmen. Der Grund, weshalb Eden nach Moskau reiste, bestand darin, daß Außenminister John Simon dies nicht tat. Beide hatten aber in Berlin stundenlang mit Hitler gesprochen, noch dazu unmittelbar vor Edens Moskau-Reise. Stalin schmeichelte Eden (damals ein junger Gesandter des Außenministeriums, der für Angelegenheiten des Völkerbundes zuständig war), indem er ihn im Kreml empfing und ihm dort darlegte, die Situation sei nun »grundlegend schlechter als 1913«. Ein Paktsystem sei unumgänglich. Es sei »verhängnisvoll, die Dinge treiben zu lassen, da keine Zeit zu verlieren« sei, »wenn der potentielle Aggressor noch in seine Schranken verwiesen werden soll«.

In Litwinows Worten bestand »der wirkliche Unterschied in der Haltung der Regierung Seiner Majestät und der Sowjetregierung darin, daß erstere nicht an den aggressiven Charakter der deutschen Politik glaubt«. Eden erhob Einwände, gab aber schließlich zu, daß seine Regierung »bisher nicht schlecht von den Absichten der Deutschen denken wollte«.[83]

Nach der Unterzeichnung des französisch-sowjetischen Vertrages im Mai 1935 hatte Litwinow ein freundliches Gespräch mit dem deutschen Botschafter, dem er andeutete, nun sei der Weg offen für »korrektere Beziehungen mit Deutschland«.[84] Gegen Ende jenes Jahres schwebte der sowjetischen Botschaft in Berlin sogar der Gedanke an einen Nichtangriffsvertrag vor, nachdem David Kandelaki, vorher Mitarbeiter in Stalins persönlichem Sekretariat, der nun in Berlin als Handelsrat tätig war, bei Wirtschaftsminister Hjalmar Schacht erfolglos Möglichkeiten für die Erweiterung der Handelsbeziehungen zwischen beiden Ländern sondiert hatte. Kandelaki kann durchaus auf Stalins direkte Weisung gehandelt haben, und auch später streckten die Sowjets über die Handelsvertretung in Berlin ihre Fühler aus.[85] Von diesen Geheimkontakten zwischen Moskau und Berlin war es kein weiter Weg zu Stalins zweiter Wende in der Außenpolitik, die im August 1939 eine Schockwelle auslösen und in der ganzen Welt ein lebhaftes Echo finden sollte.

Der Ferne Osten

Als die zweite Hälfte der dreißiger Jahre ihrem Ende entgegenging, richtete die Welt ihren Blick, der seit Anfang des Jahrzehnts vom Wüten der Großen Depression in den einzelnen Ländern gefesselt war, immer mehr auf einen entscheidenden Punkt des Globus, auf Mitteleuropa. Der Ferne Osten erschien den meisten Menschen im Vergleich zu Europa wie ein totes Gewässer. Einige Jahre früher waren eher die militärischen Absichten Tokios als die Berlins die Hauptursache für die gemeinsamen Sorgen Großbritanniens, der Sowjetunion und der USA im Bereich der Verteidigung gewesen. Jetzt aber fand Churchill für den Fernen Osten kaum noch Interesse; Roosevelt hielt die Beziehungen mit Japan auf kleiner Flamme; und von den drei künftigen Alliierten war lediglich Stalin in dieser Region aktiv.[86] Das hatte gute Gründe, denn im Jahre 1938 war es in der Äußeren Mongolei, damals de facto ein sowjetisches Protektorat, zunächst zu einem akuten Grenzzwischenfall und 1939 zu einer ausgedehnten Schlacht zwischen der Sowjetunion und Japan gekommen. In der Zwischenzeit hatte sich die gesamte politische Landschaft des Fernen Ostens grundlegend verändert.

Gegenstand von Kapitel 3 waren das Scheitern der Versuche des Völkerbundes, die Besetzung der Mandschurei durch die Kwantung-Armee zu verhindern, sowie die darauf folgende Gründung des Marionettenstaates Mandschukuo, den die japanische Regierung am 15. September 1932 offiziell anerkannte. Die Japaner hielten die Bedingungen des acht Monate später von den Militärkommandeuren an Ort und Stelle geschlossenen chinesisch-japanischen Waffenstillstandes ein und nutzten ihren militärischen Vorteil nicht dazu, um in das Gebiet jenseits der Großen Mauer vorzudringen. Der Waffenstillstand hielt über vier Jahre. In dieser Zeit konzentrierte der Führer der chinesischen Nationalisten, Tschiang Kaischek, seine Schläge nicht gegen die Japaner, sondern gegen die Kräfte der chinesischen Kommunisten, die im Oktober 1935 ihren Langen Marsch von Jiangxi nach Yenan in der Provinz Nordshaanxi vollendet hatten. Inzwischen warteten die Großmächte im Grunde genommen ab, was die Japaner weiter unternehmen würden. Das war von außen schwer vorauszusagen. Zum Teil lag dies am Wesen der japanischen Gesellschaft, zum Teil aber auch daran, daß in Tokio in den dreißiger Jahren insbesondere unter hohen Kommandeuren der japanischen Armee und Marine weit voneinander abweichende Denkschulen bestanden. Die meisten aktiven japanischen Politiker - ob Militärs oder Zivilisten - teilten jedoch die Ansicht, daß die zwanziger Jahre ein Jahrzehnt vergeblicher Versuche waren, durch internationale Kooperation - das sogenannte System der Washingtoner Konferenz[87] - eine friedliche Expansion zu erreichen.

Zu Beginn der Ereignisse in der Mandschurei herrschte in Washington zunächst eine zuversichtliche Haltung vor. General Douglas MacArthur, damals Stabschef der Armee (und ein eifriger Verfechter der Priorität des Pazifischen Raumes in der amerikanischen Politik) sah »militärische Entwicklungen, die die USA im Pazifik betreffen könnten,

Der chinesisch-japanische Krieg hatte Jahre vor dem Zweiten Weltkrieg begonnen, aber er ging auf einen Bürgerkrieg zurück, der seit den frühen dreißiger Jahren das Reich der Mitte erschütterte. Die erste »Sowjetrepublik« im Südosten Chinas wurde jedoch 1934 von den Truppen Tschiang Kai-scheks zerschlagen und die chinesische Rote Armee konnte sich nur durch den legendären Langen Marsch unter Führung Mao Zedongs retten. – 1937 benutzte Japan die Wirren in China und suchte sich das Land zu unterwerfen. Im November 1937 eroberten japanische Truppen die chinesische Stadt Nanking, die bis dahin als Bastion Chinas gegolten hatte.

als wenig wahrscheinlich« an. Stimson, damals Außenminister, war – wie wir bereits gesehen haben – davon überzeugt, daß sich mit moralischer Verurteilung politische Wirkungen erzielen lassen.[88] Und Joseph Grew, damals amerikanischer Botschafter in Tokio, hatte bereits Anfang 1933 privat die Ansicht geäußert, daß »Japan aller Wahrscheinlichkeit nach der Mandschurei eine Regierung des Friedens, der Stabilität und Sicherheit geben wird, die dieses unglückselige Land bisher nicht kannte... Wir müssen Japan zumindest zugestehen, daß es gegen den Kommunismus kämpft, der wie ein Waldbrand über China gekommen ist und sicherlich auch bald die Mandschurei erfaßt hätte, wenn Japan untätig geblieben wäre.«[89]

Eine der Folgen des Bündnisses Japans mit der Regierung von Mandschukuo bestand darin, daß eine japanisch-sowjetische Grenze entstand, die von dem lebenswichtigen sowjetischen Stützpunkt Wladiwostok westwärts durch Sibirien bis zur Äußeren Mongolei verlief. Viele Beobachter in Tokio glaubten damals, die Japaner würden nun den nächsten Schlag gegen die Sowjetunion führen. Stalin versuchte sich dagegen abzusichern, indem er 1933 erstmalig diplomatische Beziehungen mit den USA aufnahm. Zugleich hatte er eine Versöhnung im Auge, als er die sowjetischen Rechte an Grundstücken und Industrieobjekten der ostchinesischen Eisenbahn im Jahre 1935 zu einem Spottpreis an Mandschukuo verkaufte. Keine dieser sowjetischen Entscheidungen reichte jedoch aus, zu verhindern, daß Japan 1936 den Antikominternpakt unterzeichnete. Dieser Schritt Japans hatte jedoch wenig unmittelbare Folgen. Der Vertrag erlangte erst seine wirkliche Bedeutung, als er sich im September 1940 zu einem Bündnis entwickelte.

Stalin hatte jedoch in Japan eine Trumpfkarte von unschätzbarem Wert. Von 1933 bis 1941 waren der Korrespondent der *Frankfurter Zeitung* und der Chef der sowjetischen Militäraufklärung in Tokio ein und dieselbe Person: Richard Sorge, der brillanteste Geheimagent, den je ein Land im zweiten Weltkrieg und möglicherweise im ganzen Jahrhundert besaß. Er vollbrachte das Meisterstück, sich nahezu unmittelbaren Zugang zu Prinz Konoye Fumimaro, Premierminister Japans seit Juni 1937, zu verschaffen und zugleich mit dem deutschen Botschafter persönlich befreundet zu sein (er und Sorge hatten im ersten Weltkrieg in einer Division gedient). 22 Jahre nach seiner Hinrichtung durch die Japaner wurde Sorge als Held der Sowjetunion geehrt. Seine Berichte nach Moskau sprechen für sich selbst, und noch viele Jahre später sagte der japanische Untersuchungsrichter, der ihn vernommen hatte, über ihn: »Ich bin in meinem ganzen Leben niemandem begegnet, der ihm das Wasser hätte reichen können.«[90]

Immer weiter drangen die Japaner in dem zerfallenden China vor, oft auf abenteuerlichen Wegen, wie hier bei der Überquerung eines Flusses auf einer zerstörten Brücke mit zerlegten Waffen und Geschützen.

Die Ereignisse nahmen jedoch eine völlig unerwartete Wendung – und zwar nicht in Sibirien, sondern auf dem chinesischen Festland. Dort kam es zu dem seltsamen Zwischenfall von Sian im Dezember 1936 und einem zufälligen Feuerwechsel zwischen chinesischen und japanischen Truppen (die Nachtmanöver durchführten) an der Marco-Polo-Brücke in der Umgebung von Peking fast sieben Monate später. Vom 12. Dezember bis zum 1. Weihnachtsfeiertag 1936 wurde Tschiang Kaischek in Sian festgehalten. Die Gefangennahme hatte sein eigener Stellvertreter, der sogenannte Junge Marschall Zhang Xueliang, organisiert. Er legte seinem Oberkommandierenden acht Punkte vor, darunter die Forderung, seine Regierung umzubilden und Vertreter aller Parteien (also auch der Kommunistischen Partei) aufzunehmen sowie den Bürgerkrieg unverzüglich einzustellen und statt dessen den Kampf gegen die Japaner aufzunehmen.[91] Diese Forderungen wurden nur teilweise erfüllt, es kam jedoch zur Einstellung des Bürgerkrieges. Als dann der Zwischenfall an der Marco-Polo-Brücke folgte, begann zwischen China und Japan ein unerklärter Krieg. Einen Monat später besetzten japanische Truppen Peking und Tientsin, am 13. August begannen die Kämpfe um Schanghai, und Ende 1938 waren alle wichtigen chinesischen Städte in japanischer Hand. Die japanische Regierung verkündete nun auch offiziell ihr politisches Ziel, eine »neue Ordnung« zu errichten, um dauerhafte Stabilität in Ostasien zu sichern.

Die chinesische Regierung rief im November 1937 den Völkerbund an. In Brüssel trat eine Neunmächtekonferenz zusammen, die sich jedoch eine Woche später mit einer halbherzigen Unterstützungserklärung für China wieder vertagte, weil Roosevelt gegen den Vorschlag, Wirtschaftssanktionen gegen Japan zu verhängen, sein Veto eingelegt hatte. Der Nutznießer dieser Entwicklung war vor allem Stalin. Im August 1937 wurde ein chinesisch-sowjetischer Nichtangriffs- und Freundschaftsvertrag unterzeichnet, und der Strom sowjetischer Hilfe für Nanking (wo sich die chinesische Regierung befand) setzte wieder ein. Zwar blieb die potentielle Bedrohung Sibiriens bestehen, und die Strategie Japans ging selbst nach der Niederlage in der Äußeren Mongolei im Jahre 1939 von einem angenommenen Krieg gegen die Sowjetunion aus. Aber schon das Geheimprotokoll zum Antikominternpakt von 1936 hatte die Unterzeichnerstaaten von der Verpflichtung entbunden, einander in einem Krieg gegen die Sowjetunion beizustehen. Eine japanische Armee von fast einer Million Mann verlor sich nun in den Weiten des chinesischen Festlandes. Auf die kraftvollen Schläge der Japaner gegen die chinesische Küste folgte ein lange andauerndes Patt.

Tschiang Kaischeks Regierung zog sich Mitte 1938 in den Südwesten, nach Tschungking, zurück. Mao Zedong saß sicher in seinem Schlupfwinkel in Yenan. All das kam vor allem den sowjetischen Absichten im Fernen Osten zugute.

Was Großbritannien und die Vereinigten Staaten betraf, so war deren Konzept der »Offenen Tür« lange Zeit für die amerikanische Chinapolitik bestimmend gewesen. Ihr ökonomisches Hauptinteresse im Fernen Osten lag jedoch nicht in China, sondern in Japan als dem wichtigsten Handelspartner in der Region. Militärisch waren die USA vor allem Südostasien - dem Schutz der Philippinen - verpflichtet. Andererseits hielt Großbritannien den Löwenanteil der Investitionen in China: Es kontrollierte vor allem den Transithandel über Hongkong. Außerdem hatten die Valutaeinnahmen aus Malaya entscheidende Bedeutung für die britische Zahlungsbilanz. Militärisch gesehen, waren beide Staaten Japan im Fernen Osten unterlegen. Verstreute Truppeneinheiten waren in den chinesischen Vertragshäfen stationiert[92], in Hongkong stand eine kleine britische Garnison, und erst 1938 wurde die Befestigung der Marinebasis Singapur vollendet. Die amerikanische Marine hatte von ihren Ausgangsbasen in Kalifornien nach Guam und Manila (über Pearl Harbor) 6500 Seemeilen zurückzulegen.[93] Der Stützpunkt der Royal Navy in Singapur war 5000 Meilen von Alexandria entfernt. Der britische Stabschef hatte aus dieser Lage bereits 1933 den Schluß gezogen, es sei »so schlecht, wie es nur sein kann«.[94]

Das war es in der Tat. Großbritannien gab Ende 1933 die Zehnjahresplanung auf dem Gebiet der Verteidigung auf. In den folgenden fünf Jahren konnte das Schatzamt kaum das Geld für den Ausbau der Militärbasis Singapur zusammenkratzen. In Washington bastelten die Planer der US-Navy am sogenannten Plan *Orange* herum.[95] Als MacArthur auf die Philippinen abkommandiert wurde, zog er zwar den Schluß, daß dieses Territorium verteidigt werden könne, bis zum Ende des Jahrzehnts fuhren beide Regierungen im Fernen Osten jedoch im Grunde genommen einen von Zweckoptimismus bestimmten Kurs, und dies zuweilen zu erniedrigenden Bedingungen. So war Roosevelt nach der Versenkung des amerikanischen Kanonenboots *Panay* am 12. Dezember 1937 durch die Japaner zunächst geneigt, wirtschaftliche Vergeltung zu üben. Da jedoch in der öffentlichen Meinung Amerikas nach wie vor Antikriegsstimmung vorherrschte, reichte eine Entschuldigung der japanischen Regierung und ein Angebot für Schadenersatz, gekoppelt mit dem Versprechen, sich künftig derartiger Aktionen zu enthalten, aus, um diesen Zwischenfall ad acta zu legen. Als japanische Truppen 18

Monate später, am 24. Juli 1939, in das Territorium der britischen Konzession in Tientsin eindrangen, erkannte die britische Regierung die japanische Sonderstellung in China offiziell an, die die Verantwortung Japans für Recht und Ordnung in den besetzten Territorien Chinas einschloß.[96]

Gegen Ende des Jahrzehnts zeigte die Empörung der Öffentlichkeit über die Grausamkeiten der japanischen Truppen in China in beiden Hauptstädten allmählich Wirkung. Besonders in Meinungsumfragen in den USA sprach sich eine große Mehrheit für ein Waffenembargo gegen Japan und den Boykott japanischer Waren aus. Roosevelt vermied zunächst beides, aber im Juli 1939 teilte die amerikanische Regierung (die gerade China die erste Anleihe gewährt hatte) der japanischen Regierung ihre Absicht mit, den Handelsvertrag von 1911 zwischen beiden Ländern aufzukündigen. Dies war der erste zaghafte Schritt zur wirtschaftlichen Konfrontation zwischen den USA und Japan, die zwei Jahre später einsetzte, als in der Öffentlichkeit die Sympathien für den Widerstand chinesischer Demokraten gegen den Faschismus wuchsen. Die Tatsache, daß die Gegenwehr der Truppen Nationalchinas gegen die Japaner mehr in Erklärungen als in praktischen Kämpfen bestand, wurde der breiten Öffentlichkeit in den USA erst in einer sehr späten Phase des zweiten Weltkrieges bewußt. Was die Einschätzung der wirklichen Vorgänge in China betraf, so war Roosevelt gegenüber den Briten stark im Vorteil: Von 1937 an erhielt er Berichte von Captain Evans Carlson, einem amerikanischen Marineoffizier, der Zugang zum Hauptquartier Mao Zedongs in Yenan hatte.[97]

Von den drei Führern der Großen Allianz des kommenden Krieges faßte Ende der dreißiger Jahre allein Stalin die Möglichkeit eines Kampfes an zwei Fronten ins Auge. Churchill betrachtete die Möglichkeit, die Japaner könnten versuchen, Singapur einzunehmen, als »leere Drohung«[98] (eine Auffassung, die er auch mit seinem Eintritt in die Regierung im September 1939 nicht veränderte). In Washington hielt Stimson (den Roosevelt 1940 als Kriegsminister in die Regierung zurückholte) an seiner Meinung fest, die er bereits als Außenminister am Anfang des Jahrzehnts verkündet hatte. Er hielt es für möglich, Japan zum »Nachgeben« zu bringen, wenn die USA deutlich ihre Absicht erklärten, »im Fernen Osten eine klare und bestimmte Politik zu verfolgen«.[99]

Beide Auffassungen waren absurd, und das nicht erst aus heutiger Sicht. An der Jahreswende 1941/42 wurde das Problem des Fernen Ostens für die Führer aller drei Staaten akut. Für Churchill – weil die Japaner der britischen Armee im Februar 1942 die katastrophalste Niederlage der gesamten britischen Militärgeschichte zufügten. Für Roosevelt - weil der amerikanische Kongreß am 8. Dezember 1941 wohl kaum so rasch für eine Kriegserklärung der USA gegen Japan gestimmt hätte, wäre nicht der Überfall auf Pearl Harbor gewesen, bevor die Japaner die britischen und niederländischen Besitzungen in Südostasien angriffen. Für Stalin schließlich - weil seine eigene Entscheidung, sechs Monate nach Beginn der deutschen Invasion starke Kräfte vom Fernen Osten an die Front in Europa zu werfen, vor allem von der Entscheidung Japans darüber abhing, ob dessen Truppen gegen die Sowjetunion oder nach Süden gegen die Amerikaner, Briten und Holländer in Marsch gesetzt werden sollten, wie es im Dezember 1941 dann auch geschah (denn Japan konnte nicht in beiden Richtungen zugleich angreifen). Marschall Schukow bemerkt in seinen Memoiren außerordentlich zurückhaltend, daß »die Verbände, die 1939/40 in der Mongolei gewesen waren, im Kampf gegen die faschistischen Truppen über jedes Lob erhaben waren, als man sie bei Moskau einsetzte.«[100] Sie trugen hier dazu bei, Hitlers Wehrmacht die erste Niederlage zu bereiten, die sie je in einer Feldschlacht erlitten hatte.

Kehren wir jedoch in das Jahr 1938 zurück. Churchill, Roosevelt und Stalin bewegten sich, wenn auch noch nicht mit sichtbarer Wirkung, mehr oder weniger in der gleichen Richtung - gegen den Strom. Das Münchener Abkommen mit seinen Folgen hatte sie alle drei an den Rand der internationalen Entwicklung gedrängt: Churchill war zwar außerhalb des Parlaments geachtet, im Unterhaus jedoch nur einer von einer Handvoll konservativer Rebellen. Roosevelt bewunderte die ganze demokratische Welt, im Lande hatte er jedoch Schwierigkeiten und sah sich einem Kongreß gegenüber, der jedem Präsidenten die Zustimmung zu einer dynamischen Außenpolitik verweigert hätte. Stalin beherrschte zwar den Kreml, hatte sich aber noch nicht für eine seiner beiden außenpolitischen Optionen entschieden. Das Jahr 1938 war vor allem das Jahr Hitlers und Chamberlains. 1939 sollte das Jahr Hitlers und Stalins werden. In jenem schicksalhaften Sommer, als Churchill und Roosevelt ohnmächtig zusehen mußten, wie sich der Vorhang zum ersten Akt des Dramas zweiter Weltkrieg hob, trat Stalin zum ersten Mal ins internationale Rampenlicht.

5
Der Beginn des Krieges 1939

Mein armer Freund, was habt Ihr getan? Für uns kann ich keinen anderen Ausgang sehen als eine vierte Teilung Polens.
Der stellvertretende Außenminister der UdSSR zum französischen Botschafter in Moskau am 5. Oktober 1938

Zwischen Ostsee und Schwarzem Meer gibt es keine Frage, die nicht zur vollen Zufriedenheit beider Länder geregelt werden könnte.
Joachim von Ribbentrop an den sowjetischen Außenminister im August 1939

Zwischenspiel

So paradox dies auch erscheinen mag, in der ersten Hälfte der elf Monate, die die Oktoberereignisse des Jahres 1938 vom Ausbruch des zweiten Weltkrieges trennten, geschah mit einer infamen Ausnahme – der sogenannten *Reichskristallnacht*, dem Pogrom in der Nacht vom 9. zum 10. November 1938 – in Europa nur wenig. In Großbritannien war die öffentliche Meinung im Unterschied zum Parlament über München tief gespalten.[1] Einerseits verloren Großbritannien und Frankreich damit die Unterstützung von 35 tschechischen Divisionen und deren Befestigungen in Mitteleuropa, von der Waffenproduktion der Skoda-Werke ganz zu schweigen. Die Vereinigung der Sudetendeutschen mit Großdeutschland (die zu den fast sieben Millionen Menschen kamen, die der Anschluß Österreichs sechs Monate zuvor Deutschland gebracht hatte) verschlechterte das Zahlenverhältnis zwischen der deutschen und der französischen Armee weiter. Der Abschluß des Münchener Abkommens löste unter Hitlers Gegnern in seinem eigenen Lande tiefe Bestürzung aus. Andere meinten, das Abkommen habe ihnen eine Atempause verschafft, die sowohl für die Aufrüstung Großbritanniens genutzt werden sollte als auch, so hoffte man, in Deutschland vernünftigeren Auffassungen zum Durchbruch verhelfen würde. Die Aufrüstung hatte schließlich zweierlei Folgen: Der Konflikt zwischen den Linken und den Rechten in Frankreich vertiefte sich noch mehr, und die Hoffnung auf mehr Vernunft in Berlin beruhte entweder auf schlechter Berichterstattung der Geheimdienste, auf Wunschdenken oder auf beidem. Wenn man nicht bedenkt, daß Samuel Hoare (damals Innenminister, aber ehemaliger Außenminister mit einer Vergangenheit im Geheimdienst) noch am 10. März 1939 öffentlich seine Hoffnung auf einen Fünfjahresfriedensplan verkündete, der zu einem »goldenen Zeitalter« führen werde[2], dann könnte der folgende Auszug aus dem Roman *Wiedersehen mit Brideshead* einfach albern erscheinen:

»Sie werden nicht kämpfen.«
»Sie können nicht kämpfen. Sie haben nicht das Geld; sie haben nicht das Öl.«
»Sie haben nicht das Wolframerz; sie haben nicht die Soldaten.«
»Sie haben nicht den Mut.«
»Sie haben Angst...«
»Es ist ein Bluff.«
»Natürlich ist es ein Bluff. Wo haben sie Wolfram? Wo haben sie Mangan?«
»Wo haben sie Chrom?...«
»Sie haben nicht den Stahl.«
»Sie haben nicht die Werkzeuge. Sie haben nicht die Arbeitskräfte. Sie verhungern halb. Sie haben keine Fettstoffe. Die Kinder sind rachitisch.«
»Die Frauen sind unfruchtbar.«
»Die Männer sind impotent.«
»Sie haben keine Ärzte.«
»Die Ärzte waren alle Juden.«
»Jetzt haben sie die Schwindsucht.«
»Jetzt haben sie die Syphilis.«
»Göring hat einem Freund von mir gesagt...«
»Goebbels hat einem Freund von mir gesagt...«
»Ribbentrop hat mir gesagt, das Heer hält Hitler nur so lange an der Macht, wie er imstande ist, alles umsonst zu kriegen. Sowie sich jemand gegen ihn stellt, ist er erledigt. Das Heer erschießt ihn...«
»Er wird sich selber versenken.«
»Das täte er schon jetzt, wenn nicht Chamberlain da wäre.«
»Wenn nicht Halifax da wäre.«
»Wenn nicht Sir Samuel Hoare da wäre.«[3]

Dieses Gespräch wurde von Evelyn Waugh im nachhinein als Satire geschrieben, aber bis Mitte März 1939 dachten einige Leute wirklich so. Andere ließen sich selbst von den Ereignissen am 15. März nicht überzeugen.[4] Diesen Abend verbrachte Hitler auf dem Hradschin in Prag.

Die Besetzung Prags und Garantien für Polen

Am 15. März wurde endgültig zerstückelt, was von der Tschechoslowakei noch übriggeblieben war. Ohne auf Widerstand zu stoßen, besetzten deutsche Truppen in einem Prozeß, der später als »indirekte« Wiederherstellung beschrieben wurde, die tschechischen Länder Böhmen und Mähren, die man zum deutschen Protektorat erklärte. Ungarn riß die Karpato-Ukraine an sich, und die Slowakei erhielt nominelle Unabhängigkeit. Die britische Regierung nutzte die Unabhängigkeitserklärung der Slowakei als juristische Rechtfertigung dafür, am selben Tag im Unterhaus zu erklären, sie fühle sich nicht länger an die in München 1938 abgegebene Verpflichtung gebunden, die Grenzen des tschechoslowakischen Staates zu garantieren. »Aber wir dürfen uns dadurch nicht von unserem Kurs abbringen lassen«, sagte Chamberlain. 48 Stunden später vollzog er jedoch ein Manöver, das wie eine Wendung um 180 Grad aussah (und klang - denn es handelte sich um eine Live-Rundfunkübertragung). An eine vorbereitete Rede in Birmingham schloß er im letzten Moment eine unerwartete Kritik an Hitler an. Er erklärte, jeder Versuch, die Welt mit Gewalt zu beherrschen, müsse auf den Widerstand der Demokratien stoßen. Fast gleichzeitig wurde berichtet - was sich später als nicht zutreffend herausstellte -, die deutsche Regierung habe Rumänien ein Ultimatum gestellt.[5] Nun wurden in halsbrecherischem, fast panischem Tempo Beschlüsse gefaßt. Am 31. März gab Chamberlain im Unterhaus seine folgenschwere Erklärung ab, er habe der polnischen Regierung die Zusicherung gegeben, falls eine Bedrohung der polnischen Unabhängigkeit entstehe und die polnische Regierung sich entschließe, mit all ihren nationalen Kräften dagegen Widerstand zu leisten, werde sich die britische Regierung verpflichtet fühlen, Polen unverzüglich mit allen ihr zu Gebote stehenden Mitteln Beistand zu leisten.[6] Auf die Garantien der britischen Regierung für Polen folgten am 13. April Garantien für Rumänien und Griechenland.

Hitler reagierte vor allem auf die Garantie für Polen mit Überraschung und Wut. Am 3. April erließ er eine neue Direktive an seine Armeekommandeure: Der als *Fall Weiss* bekanntgewordene Operationsplan zur Zerschlagung der polnischen Streitkräfte war bis zum 1. September fertigzustellen. Am 28. April kündigte Hitler sowohl den deutsch-polnischen Nichtangriffsvertrag als auch das britisch-deutsche Flottenabkommen. Eine Woche später wurde die Absicht Deutschlands und Italiens bekanntgegeben, einen Bündnisvertrag zu schließen. Der sogenannte Stahlpakt wurde am 22. Mai 1939 in Berlin unterzeichnet.

Churchill bekannte öffentlich, daß er von den Garantien für Polen überrascht worden sei, sie allerdings unterstütze. Er hatte nicht ganz recht, als er bald darauf im Unterhaus erklärte, die Garantie Großbritanniens (der inzwischen eine Frankreichs gefolgt war) sei Polen ohne vorherige Beratung mit den Stabschefs gewährt worden.[7] Wie wir heute wissen, waren die Stabschefs konsultiert worden. Aber erst am 3. April lief eine militärische Einschätzung der »Konsequenzen der britisch-französischen Garantien für Polen und Rumänien« durch die Büros von Whitehall. Darin wurde auf die Tatsache hingewiesen, daß weder Großbritannien noch Frankreich »Polen wirksame direkte Unterstützung geben« könnten.[8] Dessenungeachtet war die Garantie für Polen der erste Schritt auf dem Marsch Großbritanniens in den zweiten Weltkrieg. Von nun an waren sich die Planer von Whitehall darin einig, daß es nicht mehr um Großbritanniens Beteiligung überhaupt ging, sondern nur noch um den richtigen Zeitpunkt.

Und doch wollte der innere Kreis der Minister des britischen Kabinetts bis zum letzten Augenblick und sogar noch darüber hinaus nicht von der Hoffnung lassen, der Frieden könnte irgendwie bewahrt werden. Dies ist aus der konfusen Mischung von Motiven zu erklären, die der Garantie für Polen zugrunde lagen. Diese wiederum erklärt z. T. das Schrittmaß *ma non troppo*, das die britische Regierung in den darauffolgenden fünf Monaten der diplomatischen Quadrille in den europäischen Hauptstädten auferlegte. Diese paradoxe Situation (die in den Berichten aus der deutschen Botschaft in London aus dem Jahre 1939, den Dirksen-Papieren, plastisch beschrieben wird)[9] ist von D. C. Watt mit bewundernswerter Präzision zusammengefaßt worden. Er nennt sie ein »weder… glückliches noch …erhebendes« Schauspiel »des britischen und des französischen Kabinetts, die in Garantien getrieben und gedrängt wurden, die sie nicht halten konnten noch wollten, in ein System der Abschreckung, das sie nicht verstanden, so daß ihnen in den letzten Augusttagen nichts übrigblieb, als verzweifelt die Erkenntnis zu verdrängen, daß ihre Politik niemanden hatte abschrecken können…«[10]

Die Verhandlungen mit der Sowjetunion

In früheren Kapiteln wurde bereits dargelegt, daß die britische Regierung im Jahre 1938 die Regierung der Sowjetunion weitgehend ignorierte. In den letzten Märztagen des Jahres 1939 trat jedoch eine Veränderung ein. Das angebliche Ultimatum Deutschlands an Rumänien veranlaßte die britische Regierung zu sondieren, ob die Sowjetunion diesem Lande im Falle einer deutschen Aggression zu Hilfe eilen würde. Litwinow beorderte daraufhin den britischen Botschafter in Moskau am 18. März zu sich und übergab ihm den Vorschlag seiner Regierung, unverzüglich eine Konferenz einzuberufen, an der Großbritannien, Frankreich, Polen, Rumänien, die Sowjetunion und die Türkei[11] teilnehmen sollten. Zwei Tage später schlug die britische Regierung, ohne das sowjetische Projekt abzulehnen, ihrerseits eine Viermächtedeklaration vor: Die Regierungen Großbritanniens, Frankreichs, Polens und der Sowjetunion sollten eine kurze gemeinsame Erklärung abgeben und sich darin verpflichten, einander unverzüglich zu konsultieren, falls Schritte notwendig werden sollten, gegen die Bedrohung der politischen Unabhängigkeit eines Staates vorzugehen. Die Antwort der Sowjetunion, in der diese zustimmte, die Deklaration zu unterschreiben, falls auch Frankreich und Polen dazu bereit seien, wurde dem britischen Botschafter am 22. März übergeben. Aus internen sowjetischen Dokumenten geht jedoch hervor, daß das sowjetische Außenministerium skeptisch blieb, ob die britische Außenpolitik sich wirklich verändert habe und ob Polen eine Übereinkunft, an der auch die Sowjetunion teilnehme, akzeptieren werde.[12]

Frankreich antwortete den Briten, daß eine Ostfront die Sowjetunion einschließen müsse, eine Auffassung, die von der französischen Delegation in den Gesprächen von Vertretern der britischen und französischen Stäbe einen Monat später bestätigt wurde (»der Eintritt Polens in den Krieg an der Seite Großbritanniens und Frankreichs kann nur dann zur vollen Wirkung gelangen, wenn dadurch im Osten eine lange, solide und dauerhafte Front entsteht«).[13] Die polnische Regierung lehnte es dagegen ab, etwas anderes als ein britisch-französisches Abkommen zu unterzeichnen. Obwohl der deutsche Druck nun bereits gegen Warschau gerichtet war[14], bestand der polnische Außenminister Josef Beck weiterhin darauf, daß »für Polen zwei Dinge völlig unmöglich sind, nämlich seine Politik in Abhängigkeit von Berlin oder Moskau zu bringen«[15] - ein Dilemma, aus dem die britisch-französische Garantie für die polnische Regierung einen Ausweg zu weisen schien. Wie die Ereignisse vom September 1939 beweisen sollten, war der militärische Wert dieser Garantie, sollte sie einmal eingefordert werden, allerdings minimal. Im Frühjahr jenes Jahres aber war ihr Wert als Abschreckungsmittel noch eine offene Frage. Zwischen zwei Zügen aus seiner Zigarette stimmte Beck ihr zu.

In dieser Situation beging die britische Regierung einen unglücklichen Fehler. Ohne Klarstellung aus Moskau, lediglich auf der Grundlage eines konfusen Gesprächs mit Maiski (dessen erste Reaktion auf die britischen Garantien für Polen die Aussage war, dies sei »eine revolutionäre Veränderung in der britischen Politik«) sowie ausgehend von der Tatsache, daß der Text von Chamberlains Erklärung Maiski im Foreign Office verlesen worden war, fügte man der Erklärung, die am Nachmittag des 31. März im Unterhaus abgegeben wurde, die Worte an, die britische Regierung glaube, daß die Sowjetregierung die Prinzipien »voll versteht und billigt«, von denen die britische Regierung sich leiten lasse.[16] Als sich der britische Botschafter am 1. April nach der Reaktion der Sowjetregierung auf Chamberlains Erklärung erkundigte, wurde er von Litwinow nach dessen eigenen Worten »sehr kalt« empfangen.[17] Das war kein guter Auftakt.

Die polnische Regierung hielt auf tragische Weise an ihrer zuversichtlichen Haltung fest.[18] Sie glaubte weiterhin daran, ohne daß es dafür noch irgendeine reale Grundlage gab, daß Deutschland Polen als Verbündeten gegen die Sowjetunion brauche. Sie bezweifelte, daß die deutsche Wehrmacht 1939 schon zum Kriege bereit war. Die militärischen Pläne Warschaus zielten am Anfang dieses Jahres eher gegen Rußland, den traditionellen Feind, dessen Streitkräfte die Polen auf absurde Weise unterschätzten. Angesichts dieses Dilemmas war die öffentliche Meinung Großbritanniens gespalten. Männer wie Churchill und Lloyd George, die in dieser Frage von Labour unterstützt wurden, wiesen eindringlich darauf hin, daß eine Große Allianz Großbritanniens, Frankreichs und der Sowjetunion erneut lebenswichtig geworden sei.[19] Im Gegensatz dazu bekannte Chamberlain rundheraus, er hege »tiefes Mißtrauen gegenüber Rußland« und sei überzeugt, die »Einbeziehung der Russen« bedeute, »daß sie (Polen und Rumänien) uns weglaufen«. Eine solche Veränderung wäre »katastrophal«. Am 19. Juli erklärte er seinen Kollegen im Kabinett, er könne sich auch nicht »zu dem Glauben durchringen, daß ein wirkliches Bündnis zwischen Rußland und Deutschland möglich« sei.[20] Angesichts dieser Auffassung des Premierministers, an der Chamberlain, wie es seine Art war, eisern festhielt, konnte die britische Regierung nichts anderes tun, als sich durch einen langen Sommer von Verhandlungen mit der Sowjetregierung zu schleppen. Das gebremste Tempo wurde fast bis zum letzten Augenblick durchgehalten (als der französische Premierminister die Geduld mit den Briten verlor und persönlich intervenierte). Ein weit vorausschauendes Telegramm der britischen Botschaft in Moskau, das diese bereits am 13. April übermittelte[21], machte in London keinerlei Eindruck. Dasselbe ist von dem prophetischen Ratschlag der Stabschefs zu sagen.[22] Auch die zwar zweideutige, aber dringende Warnung Stalins an die Westmächte, die dieser in seiner Rede auf dem XVIII. Parteitag in Moskau fünf Tage vor der deutschen Besetzung Prags aussprach, wurde kaum zur Kenntnis genommen. Die britische Botschaft berichtete pflichtgemäß, Stalin habe bei dieser Gelegenheit gesagt, daß die Sowjetunion für die Festigung »sachlicher« Beziehungen zu allen Ländern eintrete. Sie dürfe aber »den Kriegsprovokateuren, die es gewohnt sind, sich von anderen die Kastanien aus dem Feuer holen zu lassen, nicht die Möglichkeit geben, das Land in Konflikte hineinzuziehen«.[23]

Am 17. April machte Litwinow ein Angebot, das im nachhinein wie ein Schwanengesang auf die sowjetische Politik der kollektiven Sicherheit anmutet - ein Dreierbündnis Großbritanniens, Frankreichs und der Sowjetunion, das durch ein Militärabkommen untermauert werden sollte. Die britische Regierung brauchte drei Wochen für ihre Antwort[24], die im wesentlichen negativ, jedoch etwas anders formuliert war, damit sie nicht wörtlich mit der französischen Reaktion übereinstimmte. Aber die Logik der Situation in Mitteleuropa und der wachsende Druck der Öffentlichkeit drängten nun die britische Regierung immer mehr zu einem Bündnis mit der Sowjetunion. Churchill, Eden und Lloyd George sprachen sich am 19. Mai im Unterhaus für eine solche Grundsatzentscheidung aus. Der sowjetische Vorschlag, sagte Churchill, sei »ein faires und besseres Angebot... als die Bedingungen, die die Regierung für sich erstrebt, ein einfacheres, direkteres und wirksameres Angebot. Wir sollten es nicht beiseite schieben, weil wir dann gar nichts haben werden... Ohne Rußland gibt es keine funktionierende Ostfront.«[25]

Widerwillig entschied das britische Kabinett schließlich am 24. Mai, in den sauren Apfel zu beißen. Drei Tage später übermittelten der britische und der französische Botschafter dem Kreml einen Vorschlag, der ihnen historische Bedeutung zu haben schien - die Bildung eines Dreierbündnisses. Zu ihrer Überraschung wurde dieses Angebot, das mit weitgehenden Bedingungen verknüpft war (unter anderem ein Bezug auf den Völkerbund, nach bisheriger Erfahrung kein gutes Omen für die

Wirksamkeit des vorgeschlagenen Bündnisses) von der Sowjetregierung nicht akzeptiert.

Litwinow war am 3. Mai bereits zurückgetreten und durch Molotow, den sowjetischen Ministerpräsidenten und Stalins engsten Gefolgsmann im Politbüro, ersetzt worden. Der britische Botschafter bedauerte, daß Litwinow aus dem Amt schied, und erinnerte daran, daß »Gespräche mit ihm immer sehr anregend waren wegen seiner Kenntnis der Menschen und der Materie, seiner effizienten Arbeitsmethoden – all das gewürzt mit einer erfrischenden Offenheit... und erhellt von einem stählernen Blick«.[26] Obwohl dieser Wechsel zweifellos politisch motiviert war, zeigte sich im Ton der Telegramme vom und zum sowjetischen Außenministerium nach Molotows Amtsübernahme keine spürbare Veränderung. Wie wir heute wissen, stattete der sowjetische Botschafter in Berlin am 17. April, dem Tag von Litwinows letztem Angebot, nach fast einem Jahr Unterbrechung dem Chef des deutschen Außenministeriums, Ernst von Weizsäcker, einen Besuch ab. Dabei versicherte er dem Staatssekretär, es gebe keinen Grund, weshalb die Sowjetunion nicht mit Deutschland »in einem normalen Verhältnis« leben sollte. »Aus normalen Beziehungen könnten auch wachsend bessere werden.« Dieser Versuchsballon wurde vom sowjetischen Geschäftsträger in Berlin am 5. Mai noch einmal gestartet.[27] Von diesem Zeitpunkt an liefen die britisch-französischen Verhandlungen in Moskau zeitgleich mit einer Serie sowjetisch-deutscher Gespräche. Stalin hatte nun einen Fuß in beiden Lagern.

Nur einer der drei Führer des künftigen Kriegsbündnisses war an diesen Verhandlungen direkt beteiligt, deren Ergebnis enorme Auswirkungen auf den Ausbruch des Krieges hatte und längerfristig ein dauerhaftes Erbe west-östlichen Mißtrauens hinterließ. Heute sind die substantiellen Riffe, an denen die politischen Verhandlungen[28] zerschellten, allgemein bekannt. Zunächst war dies das Problem der Gegenseitigkeit, auf dem die Sowjetregierung von Anfang an bestand (obwohl dieses Riff schließlich umschifft werden konnte), daneben die präzise Bestimmung des Begriffs der (direkten und indirekten) Aggression[29], vor allem aber die Weigerung anderer potentieller Opfer der deutschen Aggression, im voraus ihren Willen kundzutun, sowjetische Militärhilfe anzunehmen. Diese dritte, ausschlaggebende Frage betraf zunächst die baltischen Staaten, konzentrierte sich jedoch mit der Zeit mehr und mehr auf Polen. Sie wurde niemals gelöst.

Erstaunlich bleibt bis heute nicht so sehr der Inhalt dieser Verhandlungen als vielmehr die Art und Weise, wie sie geführt wurden. Derart komplizierte Fragen hätten nur rasch gelöst werden können, wenn sich der britische und der französische Außenminister[30] persönlich nach Moskau begeben hätten. Halifax faßte eine solche Möglichkeit ins Auge, aber er (der niemals durch besonders energisches Handeln aufgefallen war) glaubte, er sei im Lande zu beschäftigt. Eden bot sich an, nach Moskau zu reisen, aber dem stimmte Chamberlain nicht zu. Der britische Botschafter in Moskau, William Seeds, war ein kranker Mann. Erst am 14. Juni wurde seine Botschaft durch den Leiter des Central Department im Foreign Office, William Strang, verstärkt. Strang war als politischer Gesprächspartner für Molotow eine merkwürdige Wahl, aber im Unterschied zum britischen Kabinett verstand er durchaus, was ein Marxist das reale Kräfteverhältnis in den Moskauer Verhandlungen genannt hätte. Er beschrieb es am 20. Juli mit den Worten: »...Es ist erniedrigend. Immer wieder haben wir eine Position akzeptiert und eine Woche später wieder davon Abstand genommen... Es ist klar, wenn wir ein Abkommen mit ihnen (den Russen) haben wollen, müssen wir ihren Preis zumindest annähernd zahlen.«[31] Strangs Einschätzung war klug und präzise. Die »Erniedrigung« war nicht nur metaphorisch gemeint sondern zuweilen ganz wörtlich zu nehmen. Zumindest bei einer Gelegenheit hielt es Molotow nicht einmal für nötig, sich beim Eintritt der beiden Botschafter von seinem Schreibtisch zu erheben. Da dieser auf einer Art Podest stand, sprachen die beiden Abgesandten mit ihm aus einer geradezu physisch untergeordneten Position.

Als das Foreign Office diesen Brief erhielt, war man bereits in Kampfstimmung, und das nicht nur in Moskau. Drei Wochen früher hatte die *Prawda* einen Artikel mit der bezeichnenden Überschrift »Sackgasse« veröffentlicht. Darin legte das Mitglied des Politbüros Andrej Schdanow seine Meinung dar (von der er ausdrücklich sagte, sie unterscheide sich von der einiger seiner Kollegen), daß das Ziel Großbritanniens und Frankreichs ein Abkommen sei, »in dem die UdSSR die Rolle des Arbeiters spielt, der die ganze Last der Verpflichtungen zu tragen hat«.[32] Am 10. Juli teilte Molotow den beiden Botschaftern mit, seine Regierung sei »nicht bereit, ein politisches Abkommen zu unterzeichnen«, es sei denn zusammen mit »einem Militärabkommen, das mit dem politischen Abkommen eine organische Einheit bildet«. Anderenfalls müßten die Gespräche vertagt werden.[33] Unter starkem Druck der Franzosen gab die britische Regierung schließlich nach. Am 28. Juli teilten die beiden Botschafter Molotow mit, ihre Regierungen stimmten der sofortigen Aufnahme von Militärgesprächen in Moskau zu.[34]

Was dann kam, kann nur als Farce bezeichnet werden. Als ob er betonen wollte, wie unwichtig die Geschehnisse in Moskau seien, bestand Chamberlain gegen Churchills Protest darauf, daß das Unterhaus in die üblichen zweimonatigen Parlamentsferien ging. Dieses löste sich auch tatsächlich am 4. August auf; Chamberlain und Halifax verließen London. Während die Franzosen das Mitglied des Obersten Kriegsrates, General Joseph Edouard Doumenc, zum Leiter ihrer Militärmission ernannten (der, wie die Berichte der Delegation aus Moskau zeigen, mit den Rechten eines französischen Stabschefs verhandelte), war der Leiter der britischen Mission Reginald Drax, ein Admiral, der damals auf seinem letzten Posten als Oberkommandierender der Royal Navy in Portsmouth diente.[35] Die Franzosen wollten rasch vorankommen, aber die Briten bremsten. Sowjetische Historiker haben in den Instruktionen der britischen Delegation gut nutzbare Munition entdeckt. Diese wurde angewiesen, »bei den Gesprächen in Moskau sehr langsam vorzugehen«.[36] Während die Franzosen sich bemühten, ihre Vertreter rasch nach Moskau zu bringen[37], bestanden die Briten darauf, per Schiff zu reisen, und das nicht auf einem Kreuzer, sondern auf einem gecharterten Passagierschiff mit dreizehn Knoten Höchstgeschwindigkeit.

Die Missionen erreichten Leningrad am 9. und 10. August. Der 10. August wurde mit Sightseeing in der Leningrader Eremitage und in Zarskoje Selo verbracht. So erreichten die Delegationen erst am nächsten Tag Moskau. Ihr erstes Treffen (mit dem sowjetischen Verteidigungsminister Kliment Woroschilow) fand schließlich am 12. August statt. Hier stellte sich heraus, daß Drax keinerlei schriftliche Vollmachten mit sich führte. (Diese trafen erst am 21. August aus London ein, als die Verhandlungen bereits vertagt waren.) Die sowjetische Seite wurde in allen Gesprächen von Verteidigungsminister Woroschilow vertreten. Bei einer Zusammenkunft hielt der sowjetische Stabschef Boris Schaposchnikow eine lange Rede. Bei der vierten Begegnung schließlich stellte Woroschilow drei Sachfragen: Werde es sowjetischen Truppen gestattet werden,

a) in Richtung Ostpreußen über polnisches Territorium und insbesondere durch den Zipfel von Wilna zu marschieren?
b) durch Polnisch-Galizien zu marschieren, um mit den feindlichen Truppen in Berührung zu kommen?
c) im Falle einer deutschen Aggression gegen Rumänien dessen Territorium zu betreten?

Die ersten beiden Fragen, die den Delegationen am 14. August gestellt wurden, gaben diese nach Warschau weiter. Sie erhielten bis zum 21.

August auf allen Ebenen der polnischen Regierung die gleiche negative Antwort wie bisher. Deshalb wurden die Moskauer Gespräche auf unbestimmte Zeit vertagt. Doumenc unternahm jedoch einen letzten Versuch. Er traf am 23. August auf persönliche Weisung des französischen Premierministers allein (ohne Drax) mit Woroschilow zusammen. Aber es war bereits zu spät; im Grunde genommen war es beim ersten Treffen der Delegationen in Moskau schon fünf Minuten vor zwölf gewesen. Trotzdem kam es am 25. August zu einer abschließenden Begegnung, wo Woroschilow nach dem Bericht des dort anwesenden britischen Militärattachés ausrief: »Sollten wir Polen erobern, um ihm Beistand zu leisten, oder sollten wir Polen unsere Hilfe auf Knien anbieten? Beides war uns unmöglich.«

Der exakte Zeitpunkt, wann sich Stalin im Sommer 1939 endgültig entschloß, die zweite Wendung um 180 Grad in diesem Jahrzehnt zu vollziehen, kann nach den vorliegenden Informationen nicht einigermaßen sicher bestimmt werden. Eine neue westliche Arbeit über das Verhältnis Stalin-Hitler in den Jahren 1939-1941 und eine kürzliche sowjetische Studie über die sowjetische Außenpolitik von 1936 bis 1939 gehen übereinstimmend davon aus, Stalin habe diese Entscheidung im August getroffen. Die westliche Arbeit nennt den Zeitpunkt konkreter – eine Beratung im Kreml am Nachmittag des 19. August. In der sowjetischen Arbeit wird allgemeiner auf Mitte August verwiesen, als die »Fruchtlosigkeit« der Verhandlungen mit den Briten und Franzosen »vollkommen klar« wurde und die deutschen Vorschläge »unmöglich ignoriert werden konnten«.[38] Der sowjetische Historiker hebt drei Faktoren hervor: Die Briten sprachen gleichzeitig auch mit den Deutschen, die Sowjetunion stand vor der Gefahr eines Zweifrontenkrieges, und das sowjetische Außenministerium behandelte die deutschen Avancen in jenem Sommer mit äußerster Vorsicht. Die erste dieser Feststellungen steht außer jedem Zweifel.[39] Die zweite trifft ebenfalls zu: Die Auseinandersetzung, die japanische Truppen im Mai 1939 an der mongolischen Grenze begannen, endete erst in der letzten Augustdekade mit einem Sieg des ersten Armeekorps der Sowjetarmee in der Schlacht am Chalchin Gol (deren Kommandeur Georgi Schukow später als der Verteidiger von Moskau und der Eroberer von Berlin berühmt werden sollte).[40] Auch die dritte Feststellung ist nicht zu bestreiten, obwohl die Verhandlungen zwischen Berlin und Moskau durchaus keine Einbahnstraße waren.

Für den Zeitablauf, der auf dem heutigen Stand der Dinge noch nicht exakt belegt werden kann, scheint folgendes wichtig gewesen zu sein:

Von dem Zeitpunkt an, da die verlockenden Worte, »daß es zwischen Ostsee und Schwarzem Meer keine Frage gibt, die nicht zur vollen Zufriedenheit beider Länder geregelt werden könnte«, der sowjetischen Botschaft in Berlin übermittelt wurden, die zeitlich auch noch mit den lächerlich anmutenden Vorbereitungen für die Abreise der britischen und der französischen Militärmission nach Moskau zusammenfielen, kann Stalin nur noch wenig Zweifel gehabt haben, welcher der beiden Optionen er, ausgehend von den sowjetischen Interessen, früher oder später den Vorzug geben werde. Ob er dies Woroschilow sagte, dessen Direktive für die Militärgespräche er persönlich bestätigte, ob er es nur Molotow mitteilte oder für sich selbst behielt, ist nicht von allzu großer Bedeutung. (Der Verfasser der jüngsten Arbeit über Stalin ist der Meinung, er habe sich dazu »früher« entschieden als seine Kollegen.)[41] Als jedoch am 2. August Ribbentrop persönlich dem sowjetischen Geschäftsträger diesen Köder offerierte, wie es seine Mitarbeiter bereits eine Woche früher getan hatten, war alles, was Stalin noch zu tun blieb, Hitler festzunageln - nicht nur auf die Unterzeichnung eines Nichtangriffspaktes (diese wurden im Europa zwischen den Kriegen zu Dutzenden geschlossen), sondern auf ganz konkrete Veränderungen der Karte von Mittel- und Osteuropa »zwischen Ostsee und Schwarzem Meer«.[42]

Wäre die politische und strategische Karte Europas noch dieselbe gewesen wie zehn Monate früher vor der Unterzeichnung des Münchener Abkommens, dann wäre ein in diese Worte gekleidetes Angebot Deutschlands in Moskau sicher anders aufgenommen worden. Wie die Dinge nun lagen, war es nicht die deutsche Regierung (wie Hitler kurz nach München behauptet hatte), die 1938 den Canossa-Gang antreten mußte, sondern die Briten und Franzosen. Bei dem begrenzten politischen und strategischen Manövrierfeld, das beiden Regierungen 1939 geblieben war, stand ihnen kein Angebot für den Kreml zur Verfügung, das mit dem Vorschlag vergleichbar war, den Hitler Stalin schließlich im August offerierte, oder diesen gar übertreffen konnte. Dies war für die Sowjetunion im Grunde genommen die Chance, die Westgebiete des Russischen Reiches zurückzugewinnen, die es nach dem ersten Weltkrieg verloren hatte. Für Stalin war es im sowjetischen Interesse wichtig, sich nicht drängen zu lassen, wovor ihn seine angeborene Vorsicht ohnehin bewahrt hätte. Stalin hatte Ende Juli/Anfang August 1939 eine starke Verhandlungsposition. Er konnte es sich leisten, Hitler buchstäblich Zentimeter für Zentimeter entgegenzugehen und dabei jeden Schritt sorgfältig abzuwägen, denn Hitler befand sich nun in der Rolle des Bittstellers. Dessen Eile hatte gewichtige militärische Gründe - der

Fall Weiss stand unmittelbar bevor. Stalin hatte dagegen immer noch die Militärverhandlungen mit den Briten und Franzosen als Trumpfkarte in der Hinterhand.

Der deutsch-sowjetische Pakt

Die drei genannten Fragen Woroschilows an die britische und die französische Militärdelegation lagen noch unbeantwortet auf dem Tisch, als der deutsche Botschafter Friedrich von der Schulenburg am Abend des 15. August aufs Wort genau nach Ribbentrops Instruktionen (die er Molotow wörtlich vorlas) vorschlug, Ribbentrop sollte Moskau besuchen, um Hitlers Ansichten Stalin persönlich vorzutragen. Wiederum gab es »zwischen Ostsee und Schwarzem Meer keine Frage, die nicht zur vollen Zufriedenheit beider Länder geregelt werden könnte«. Nach einigem Hin und Her gab eine persönliche Botschaft Hitlers den Ausschlag, der Stalin bat, seinen Außenminister spätestens bis zum 23. August zu empfangen. Stalin akzeptierte dieses Datum in einer persönlichen Antwort an Hitler am 21. August.[43]

In den frühen Morgenstunden des 24. August wurde der deutsch-sowjetische Nichtangriffspakt im Kreml unterzeichnet. Was den Briten und ihren französischen Verbündeten den ganzen Sommer lang nicht gelungen war, hatte Ribbentrop in weniger als 24 Stunden erreicht. Der Wortlaut des deutsch-sowjetischen Paktes enthielt nichts Außergewöhnliches. Außerordentliche Bedeutung hatte das Geheimprotokoll (dessen Existenz bis nach dem Kriege nicht bekannt war), das Mittel- und Osteuropa in Einflußsphären Deutschlands und der Sowjetunion aufteilte.[44] Es wird im nächsten Kapitel behandelt werden, zum einen, weil es erst nach Kriegsausbruch in Kraft trat, und zum anderen, weil einer der wichtigsten Festlegungen, diejenige über Polen, dann noch einmal modifiziert wurde. An dieser Stelle soll jedoch bereits festgehalten werden, daß die sowjetischen Unterhändler den Vertrag ohne das Protokoll nicht unterzeichnet hätten. Die Echtheit des Wortlauts des Protokolls wurde in der Sowjetunion fast ein halbes Jahrhundert lang bestritten. In den letzten Jahren ist es hier allerdings zu einer allmählichen Veränderung gekommen. Noch im August 1988 wurde in einem sowjetischen Artikel über den deutsch-sowjetischen Pakt rundheraus erklärt, »die Masse dieses Materials« sei »für (sowjetische) Forscher nach wie vor nicht zugänglich«. Den Abschluß des nachfolgenden deutsch-sowjetischen Vertrages vom 28. September 1939 bezeichnete man dort als »völlig unbegreiflich«. Zum 50. Jahrestag des Vertrages veröffentlichte die Presse der baltischen Republiken der Sowjetunion den Wortlaut des Geheimprotokolls vom August 1939. Am 25. Mai 1989 erschien in der *Prawda* ein Artikel über erste Ergebnisse einer sowjetisch-polnischen Kommission, die die Ereignisse von 1939 untersucht. Obwohl nach diesem Artikel »kein Original« des Protokolls vom August 1939 in sowjetischen Archiven existiere, »geben die nachfolgende Entwicklung der Ereignisse und der diplomatische Briefwechsel Grund zu der Annahme, daß im August 1939 eine Übereinkunft über die Interessensphären der beiden Länder in dieser oder jener Form getroffen wurde«. Schließlich erkannte der Kongreß der Volksdeputierten der UdSSR am 24. Dezember 1989 offiziell an, daß das Geheime Zusatzprotokoll »vom Augenblick seiner Unterzeichnung an null und nichtig« war.[45]

Churchill beschrieb den deutsch-sowjetischen Pakt in seinen Memoiren fast zehn Jahre später als »kaltblütig«, aber »damals auch in höchstem Maße realistisch«, als eine »unheilverkündende Botschaft«, die »wie eine Bombe über der Welt platzte«.[46] Das traf sicher zu, wenn man von den wenigen absieht, die seit München Augen und Ohren offengehalten hatten. Indessen war der Ausgang dieses Sommers von einigen westlichen Beobachtern recht genau vorausgesehen worden, vor allem von Robert Coulondre, im Jahre 1938 französischer Botschafter in Moskau und zur Zeit der Ernennung Molotows im Jahre 1939 Botschafter in Berlin. Seine Berichte an den Quai d'Orsay vom 4. Oktober 1938 und vom 7. Mai 1939, in denen er auf die Möglichkeit einer Teilung Polens durch die Sowjetunion und Deutschland hinwies, sind heute eine atemberaubende Lektüre.[47] Auch das amerikanische State Department erhielt aus seiner Moskauer Botschaft solide Berichte, wo Charles Bohlen von seinem Partner in der deutschen Botschaft, Hans Heinrich Herwarth von Butenfeld (einem Nazigegner, der unter Schulenburg als Zweiter Sekretär arbeitete), auf dem laufenden gehalten wurde. Im Gegensatz dazu konnte das britische Foreign Office - wie auf einer Beratung gesagt wurde, die stattfand, als alles vorüber war -, nur darüber lamentieren, daß man ihm »niemals gesagt hatte, die Deutschen und die Russen hätten Verhandlungen begonnen, das einzige, was wirklich zählte.«[48, 49]

Durch den Abschluß des Vertrages mit Hitler im August 1939 sicherte sich Stalin - wie Chamberlain 1938 - eine Atempause, die in seinem Falle fast zwei Jahre währte. Auch ohne daß das Geheimprotokoll öffentlich bekannt war, brachte dieser Vertrag, auf den die Teilung Polens durch Deutschland und die Sowjetunion im September folgte, die Rechte in Rage. In Tokio löste er tiefe Bestürzung aus; der japanische Premierminister, von der Entwicklung völlig überrascht, erklärte, daß »in Europa unerklärliche neue Bedingungen« entstanden seien, und trat zurück. Vor allem aber waren die kommunistischen Parteien und ihre Freunde in der ganzen Welt gezwungen, einen ideologischen Spagat zu vollführen, der bis Juni 1941 andauern sollte. Sie versuchten Stalins Coup aus zwei wesentlichen Gründen zu rechtfertigen: Erstens besaß Stalin ein persönliches Ansehen in der Weltbewegung, das nicht in Frage gestellt werden durfte; er mußte recht haben. Zweitens hatte die europäische Rechte in ihrer Mehrheit kein Hehl aus ihrer Überzeugung gemacht, wie gefährlich Hitler in anderer Beziehung auch sei, er stelle zumindest ein »Bollwerk gegen den Bolschewismus« dar. Diese Phrase hatte Halifax in seinen einführenden Worten im Gespräch mit Hitler in Berchtesgaden im Jahre 1937 geprägt. Für diese Kräfte war die Vision eines Europas der vier Mächte - Großbritannien, Frankreich, Deutschland und Italien - die das Münchener Abkommen in Aussicht stellte, eine Erleichterung. Für den Kreml und seine Anhänger im Ausland andererseits war es höchst besorgniserregend: Sie fürchteten, »der deutsche Faschismus würde faktisch mit dem Segen Chamberlains und Daladiers seine Aggression nach Osten vorantreiben«[50]. Diese Befürchtungen wurden durch die breite öffentliche Diskussion über die Zukunft der Ukraine in den Monaten unmittelbar nach München genährt (Deutschland hatte 1918 einen Friedensvertrag mit einer ukrainischen Separatregierung abgeschlossen, und zwei Jahre später besetzten polnische Truppen Kiew).

Es ist nicht schwer, sich Stalins Reaktion auf Berichte wie den Maiskis vom 29. November 1938 aus London nach einem Mittagessen mit Horace Wilson vorzustellen. Einer der Gründe, weshalb Wilson, Chamberlains engster Berater, bei dieser Gelegenheit bei Maiski den Eindruck erweckte, es werde in der nächsten Zukunft keinen Krieg mit der Beteiligung Großbritanniens geben, war seine Bemerkung, Hitler werde als nächstes »ostwärts in Richtung der Ukraine« angreifen.[51] In seiner Rede vom März 1939 hatte Stalin ironisch bemerkt: »Der Gedanke liegt nahe, man (Großbritannien und Frankreich) habe den Deutschen Gebiete der Tschechoslowakei als Kaufpreis für die Verpflichtung gegeben, den Krieg gegen die Sowjetunion zu beginnen; nunmehr weigern sich aber die Deutschen, den Wechsel einzulösen.«[52] Obwohl Ribbentrop, wie wir heute wissen, Beck mit der Ukraine zu ködern versuchte, der auch nichts gegen die Vorstellung einzuwenden hatte, Polen könnte einen Teil der Ukraine als Gegenleistung für Danzig erhalten, hatte diese Idee jede Substanz, die ihr Ende 1938 noch innegewohnt haben mag, 1939 endgültig verloren. Als für Stalin im Sommer 1939 schließlich die Stunde der Wahrheit schlug, reichte der Kontrast zwischen der zögerlichen, zweideutigen Diplomatie der britischen Regierung (sowie der französischen, wenn auch in geringerem Maße) und Hitlers drängenden Angeboten an die Sowjetunion aus Moskauer Sicht aus, um Stalin davon zu überzeugen, welche Wahl er zu treffen hatte. Unerklärt und vielleicht unerklärlich bleibt allerdings, wie sehr er bei all seiner Vorsicht vergaß, vor Danaergeschenken auf der Hut zu sein. Statt dessen vertraute er wie Chamberlain nach München darauf, daß Hitler sein Wort halten werde. Noch lange Jahre danach verharrte die sowjetische Seite in der Pose der beleidigten Unschuld. So bemerkte Molotow im Juni 1941 gegenüber dem deutschen Botschafter: »Das haben wir nicht verdient!« Stalin sagte in seiner Rede an das Sowjetvolk am 3. Juli: »Kein einziger friedliebender Staat kann ein Friedensabkommen mit einem benachbarten Reich ablehnen, selbst wenn an der Spitze dieses Reiches solche Ungeheuer wie Hitler und Ribbentrop stehen.« Noch im Sommer 1970 waren an Moskauer Häuserwänden Plakate zu sehen, auf denen ein Nazistiefel den Nichtangriffspakt vom August 1939 zertritt.[53]

Die Kriegserklärung

Der Moskauer Vertrag kam für Hitler noch rechtzeitig, um nun endgültig den Stichtag für die in seiner Direktive vom April festgelegte Invasion Polens zu bestimmen. Die britische Regierung antwortete am nächsten Tag mit der Unterzeichnung des lange hinausgezögerten Bündnisvertrages mit Polen (die Verpflichtung zu Danzig wurde in einem Geheimprotokoll als Anlage zum Vertrag festgehalten). Dies war der erste größere Rückschlag in einer bislang ununterbrochenen Kette deutscher Erfolge.[54] In letzter Minute erließ Hitler deshalb die Order, die Invasion um fünf Tage zu verschieben, um so noch Zeit für eine Runde hektischer Verhandlungen zwischen Berlin, London, Paris und Warschau zu gewinnen. Diese wurden sogar nach Beginn der Invasion im Morgengrauen des 1. September noch fortgesetzt. Erst über 48 Stunden später erklärte zunächst die britische Regierung (schweren Herzens)[55] und danach auch die französische Deutschland den Krieg. In der letzten Verhandlungsrunde spielten weder Churchill noch Roosevelt, noch Stalin eine Rolle. Stalin hatte in der Tat zunächst nichts mehr zu sagen. Er hatte bereits am Abend des 23. August hinter den Mauern des

Kreml alles gesagt, als er - nach einem deutschen Bericht - mit der Bemerkung einen Toast auf Hitler ausbrachte, er wisse, »wie sehr das deutsche Volk seinen Führer liebt«.[56] Während jedoch Stalin seine Bemerkung hinter verschlossenen Türen machte, trug Molotow dick auf, als er dem Obersten Sowjet in seiner Eigenschaft als Ministerpräsident und Außenminister empfahl, den Nichtangriffspakt zu ratifizieren. Er behauptete, der Vertrag, den er als »Meilenstein in der Entwicklung Europas«, als »Wendepunkt in der Geschichte Europas und nicht nur Europas« charakterisierte, habe »die historische Voraussicht« Stalins in seiner Rede an den XVIII. Parteitag »glänzend bewahrheitet«.[57]

Churchill wurde am 1. September in die Downing Street Nr. 10 gebeten. Chamberlain bot ihm einen Posten im Kriegskabinett an, was er akzeptierte. Jedoch erst nach der Kriegserklärung vom 3. September wurde er zum Marineminister ernannt. In den dazwischenliegenden 48 Stunden machte er eine Art politische Bestandsaufnahme. Seine wiederholten Warnungen der vergangenen Jahre hatten sich bewahrheitet. Seine Bemühungen, Unterstützung für die Bildung einer Großen Allianz zu finden, waren gescheitert. Während der Szene im Parlament am 2. September, als Chamberlain völlig isoliert war, hätte Churchill ihn zur Strecke bringen können, wenn er es gewollt hätte. Statt dessen überkam ihn, wie er es selbst sagte, »ein starkes Gefühl der Ruhe... eine stille Gelassenheit«.[58]

Aus internationaler Sicht war Roosevelts bedeutendste Aktion im ersten Halbjahr 1939 sein Versuch, eine Ergänzung zum Neutralitätsgesetz durchzubringen. Am 18. Juli mußte er jedoch schließlich seine Niederlage eingestehen. Sein Vizepräsident John Garner sagte an jenem Abend: »Sie haben die notwendigen Stimmen nicht bekommen, Kapitän, das ist alles.« Der Presse teilte Roosevelt später in sorgfältig gewählten Worten mit, er habe »praktisch keine Macht, einen Schritt Amerikas zur Verhinderung... des Ausbruchs eines Krieges durchzusetzen«.[59] In den Monaten vorher hatte er König George VI. zum ersten Staatsbesuch eines regierenden britischen Monarchen in den USA empfangen. Dem stand die unglückselige Ernennung Joseph Kennedys als Botschafter in London gegenüber, der erst 1941 - keinen Moment zu früh - wieder abgelöst wurde. Zum Glück wurden Kennedys Berichte nach Washington über den britischen Willen zum Widerstand letztendlich durch die Edward Murrows aufgehoben, die in den Vereinigten Staaten wesentlich weitere Verbreitung fanden.[60]

Roosevelt wandte sich mehrmals an Hitler und Mussolini. Eine dieser Aktionen hebt sich deutlich heraus: In einer persönlichen Botschaft, die am 15. April 1939, genau einen Monat nach der Besetzung Prags durch die Deutschen veröffentlicht wurde, stellte der Präsident dem Führer die Frage, ob er etwa 30 Staaten, die in einer Liste aufgeführt waren, Garantien gegen eine Aggression gebe. Diese unkluge Initiative regte Hitler zu einer der wirkungsvollsten Reden in seiner ganzen Karriere an, die er am 28. April vor dem Reichstag hielt. Absatz für Absatz überschüttete er Roosevelt mit beißendem Spott. Am Ende dieser langen Passage bemerkte er, die Verhältnisse in den Vereinigten Staaten seien derart, daß Roosevelt »Zeit und Muße« finde, »sich mit universalen Problemen zu beschäftigen«. Dann fuhr er fort:

»In diesem Sinne können daher Ihre Besorgnisse und Anregungen einen viel größeren und weiteren Raum umspannen als die meinen, denn meine Welt, Herr Präsident Roosevelt, ist die, in die mich die Vorsehung gesetzt hat und für die ich daher zu arbeiten verpflichtet bin. Sie ist räumlich leider viel enger. Sie umfaßt nur mein Volk. Allein ich glaube, dadurch noch am ehesten dem zu nutzen, was uns allen am Herzen liegt: der Gerechtigkeit, der Wohlfahrt und dem Fortschritt und dem Frieden der ganzen menschlichen Gemeinschaft.«[61]

Alle Mahnungen Roosevelts verhallten ungehört. Kurz nach Kriegsausbruch schrieb er dennoch in einem Brief an Churchill:

»Da Sie und ich im Weltkrieg ähnliche Positionen eingenommen haben, möchte ich, daß Sie wissen, wie froh ich bin, daß Sie wieder ins Marineministerium zurückgekehrt sind. Ich kann mir vorstellen, daß Ihre Probleme durch neue Faktoren kompliziert werden, aber im Wesen macht das keinen großen Unterschied. Sie und der Premierminister sollen wissen, daß ich es stets begrüßen werde, wenn Sie mich persönlich über alles auf dem laufenden halten, was Sie mir mitteilen möchten. Sie können mir jederzeit über Ihre oder meine Diplomatenpost verschlossene Briefe senden.

Ich freue mich, daß Sie die Marlboro-Bände vollenden konnten, bevor das begonnen hat - und ich habe sie mit großem Vergnügen gelesen.«[62]

Diese etwa 300 Worte bildeten die Grundlage, auf der sich in den nächsten fünfeinhalb Jahren allmählich eine außergewöhnliche Beziehung entwickeln sollte.

Teil II
Krieg

6
»The Phony War« 1939 - 1940

...Und, Liebe, kümmere dich nicht,
wo Polens Grenz' im Osten liegt,
wieviel Gewalt geschieht.
Frag nicht, welch zweifelhafter Akt
uns Engländern die Freiheit ward
und Picknicks in der Sonne schenkt.
- W. H. Auden: Draußen auf dem Rasen liege ich im Bett -

Die militärische Lage

Die ruhigen Kriegsmonate an der Westfront - vom 1. September 1939[1] bis zum 10. Mai 1940 - wurden bald als der »phony war« oder auf französisch als »La drôle de guerre« bekannt und gingen unter diesem Namen in die Geschichte ein. Für die polnische Bevölkerung, die finnische Armee, die Streitkräfte Norwegens und der Alliierten, die sich der deutschen Invasion widersetzten, sowie für diejenigen Briten, die in der Royal Navy sowie in der Handelsmarine dienten und deshalb von Anfang an aktiv an diesem Krieg teilnahmen, war er jedoch alles andere als »seltsam«. Während der langen Monate zwischen der britisch-französischen Kriegserklärung an Deutschland und dem Beginn der deutschen Offensive im darauf folgenden Frühjahr unternahmen die Land- und Luftstreitkräfte Großbritanniens und Frankreichs allerdings keinerlei Angriffsoperationen. Die Royal Air Force warf über Deutschland Flugblätter ab, und die französische Armee schickte im September 1939 neun Divisionen ins Saargebiet. Diese rückten - ohne anzugreifen - bis zur deutschen Siegfried-Linie, fünf Meilen vor der eigenen Maginot-Linie vor, zogen sich aber nach der Kapitulation Polens einen Monat später auf die Maginot-Linie zurück.

In Großbritannien war die allgemeine Stimmung eine seltsame Mischung von Trauer und Selbstgefälligkeit. Ursache der Trauer war einerseits - im Unterschied zum August 1914 - die richtige Erkenntnis, daß diesmal ein langer Krieg bevorstand, und andererseits eine falsche

Der polnische Generalstab hatte sich zum Teil grotesken Illusionen hingegeben: der polnische Außenminister hatte vor Ausbruch des Krieges noch davon gesprochen, die Streitkräfte des Landes seien auf einen Bewegungskrieg vorbereitet - man werde große Überraschungen erleben. Diese Verkennung der Wirklichkeit des zukünftigen Krieges kam auch in der legendären Attacke der polnischen Kavallerie zum Ausdruck, die deutsche Panzer in dem Glauben angriffen, es seien nur Attrappen aus Sperrholz. - In Wirklichkeit zerschlug eine hochtechnisierte und motorisierte Armee in wenigen Tagen das polnische Heer. Nachdem Stukas die Frontstellungen sturmreif gemacht hatten, drangen überall mobile Kampfverbände durch die grenznahe Befestigungslinie. - Als Warschau die Aufforderung zur Kapitulation ablehnte, wurde die polnische Hauptstadt von der deutschen Luftwaffe und der Artillerie in wenigen Tagen in Trümmer gelegt; Generaloberst Blaskowitz nahm in einer grotesk-unzeitgemäßen Ritterlichkeit die Kapitulation Warschaus entgegen. Dieses Verharren in Gesten überkommener Kriegsführung war aber nicht nur auf polnischer, sondern auch auf deutscher Seite eine trügerische Hoffnung; derselbe Blaskowitz wurde wenige Monate später seines Postens enthoben, da er immer wieder gegen die systematischen Vernichtungsmaßnahmen von SS und SD protestierte. - In das bereits besiegte Ostpolen rückte die sowjetische Rote Armee ein. Offiziere beider Armeen errichteten entlang der vor dem Krieg bereits vereinbarten Interessengrenze eine Demarkationslinie.

Demarkations-
linie.

Berechnung der Opfer, die die deutschen Bomben verursachen könnten. Dabei stand den Menschen die Zerstörung des schutzlosen und überfüllten Guernica vor zwei Jahren als Beispiel noch lebhaft vor Augen.[2] Ein Grund für die Selbstgefälligkeit war der Glaube der alliierten Verteidigungsplaner, daß die Zeit für Großbritannien und Frankreich arbeite. So ist auch zu erklären, wie der britisch-französische Oberste Kriegsrat bei seiner ersten Zusammenkunft in einem Augenblick, da die polnische Armee im Grunde genommen als organisierte Kraft bereits aufgehört hatte zu existieren, den Schluß ziehen konnte, es sei »keine Eile geboten«.[3] Dieser Glaube wie auch die Furcht vor den Auswirkungen der Luftangriffe auf die Zivilbevölkerung beruhte zum Teil auf Phantasien der Art, wie sie Evelyn Waugh in der in Kapitel 5 zitierten Passage seines Romans verspottete. Zum anderen stellte man sich aber auch blind und taub gegenüber den Warnungen des Schatzamtes vor den Auswirkungen, die ein sich hinziehender Krieg auf Großbritanniens labile Zahlungsbilanz haben mußte. Noch wichtiger war dabei eine falsche Einschätzung des Zustandes der deutschen Wirtschaft im Jahre 1939 und deren möglicher Beeinträchtigung durch die Seeblokkade der Alliierten, wobei man die massiven Rohstofflieferungen aus der Sowjetunion nach Deutschland überhaupt nicht in Betracht zog. Selbst nachdem Chamberlain zurückgetreten war, der die Blockade als wichtigstes Mittel der Kriegführung ansah, glaubte man in Whitehall noch ein ganzes Jahr lang daran, daß der Wirtschaftskrieg Wirkung zeige. Im Endeffekt war Großbritannien schließlich einer viel schwereren Blockade ausgesetzt als Deutschland, das die volle Mobilisierung seiner Wirtschaft für den Krieg erst im Jahre 1943 erreichte.

Polen

Im Morgengrauen des 1. September 1939 griffen deutsche Armeen auf der gesamten Länge der deutsch-polnischen Grenze an. Nachdem dieser Feldzug begonnen hatte, überließ es Hitler diesmal - im Unterschied zu früher - seinen Generalen zu siegen. Die polnische Armee leistete Widerstand, und obwohl die Hauptstadt erst am 27. September fiel, hatten die deutschen Armeen - an Zahl und Ausrüstung, insbesondere an Flugzeugen und Panzern überlegen, kompetent geführt und mit dem geographischen Vorteil auf ihrer Seite - Warschau bereits nach zwei Wochen eingekesselt. Eine neue Art des Angriffskrieges - der *Blitzkrieg* - war geboren.[4] Die Vierte Teilung Polens hatte jedoch bereits zehn Tage vor dem Fall von Warschau begonnen. Die sie ausführten, können nicht damit entschuldigt werden, daß die Zweite Polnische Republik auch ohne einen Weltkrieg zerfallen wäre, so groß die Zentrifugalkräfte in den Grenzen von 1921 auch waren. Nach einer Volkszählung von 1931 stellten die Polen kaum zwei Drittel der Bevölkerung. All dies soll nicht bestritten werden, und doch übersteigt der Leidensweg Polens, der fast sechs Jahre andauerte, jede Vorstellungskraft.

Am 17. September 1939 überschritt die Rote Armee die sowjetisch-polnische Grenze in einer Stärke von etwa 40 Divisionen. Sie traf nur auf geringen Widerstand. Dies galt auch für die deutsche Armee, die an einigen Stellen die Linie längs der Flüsse Narew, Wisla und San, die im Geheimprotokoll vom 23. August[5] als ungefähre Abgrenzung der deutschen und der sowjetischen Interessensphären in Polen vereinbart worden war, um mehr als hundert Kilometer überschritten hatte. Die Deutschen machten jedoch keinerlei Schwierigkeiten, als sie aufgefordert wurden, sich hinter die genannte Flußlinie zurückzuziehen. Im Gegenteil, die beiden Armeen begegneten sich in guter Stimmung, so als ob in der Zwischenzeit nichts geschehen wäre, was dem Geist des Vertrages von Rapallo widersprochen hätte. Mehr noch, in dem ironischerweise »deutsch-sowjetischer Grenz- und Freundschaftsvertrag« genannten Dokument, das Ribbentrop und Molotow am 28. September in Moskau unterzeichneten, kamen die beiden Regierungen überein, das »Gebiet des bisherigen polnischen Staates« »endgültig« unter sich aufzuteilen.[6] Im Unterschied zu dem Geheimprotokoll vom August erhielt Deutschland durch diese neue Teilung mehr oder weniger den Teil Polens westlich der Curzon-Linie[7], wenn es 1939 auch nicht mit diesen Worten ausgedrückt wurde. Im Gegenzug wurde der Sowjetunion fast ganz Litauen als Teil ihrer Interessensphäre zugesprochen, das in dem Protokoll vom August noch zur deutschen Sphäre gehört hatte. Es kam zu den beiden anderen baltischen Staaten hinzu, deren Eingliederung in die sowjetische Interessensphäre bereits im August festgelegt worden war.

Nachdem Polen, der unmittelbare Anlaß für den Ausbruch des zweiten Weltkrieges, von der Karte Europas verschwunden war, hielt Hitler im Reichstag eine Rede, in der er Großbritannien und Frankreich Frieden anbot. Ohne die britische Ablehnung abzuwarten, schrieb er jedoch bereits am 9. Oktober in einem Memorandum für seine Oberkommandierenden, sein Hauptziel sei die »endgültige militärische Erledigung des Westens«.[8] Der wichtigste, jedoch bei weitem nicht der einzige Vorteil, den Hitler aus den deutsch-sowjetischen Verträgen vom August und September 1939 zog, war freie Hand im Westen. Als die Offensive

Deutschlands gegen Frankreich und die Niederlande nach mehrfacher Verschiebung im Mai 1940 schließlich begann, verblieben nur sieben deutsche Divisionen zur Absicherung der Ostfront.

In militärischer Hinsicht war die Teilung Polens in ganzen zehn Tagen vollendet. Politisch gesehen war es für die Sowjetunion relativ einfach, die Westukraine und Westbelorußland in die Ukrainische und die Belorussische SSR der Sowjetunion einzugliedern.[9] Nachdem die Deutschen die Westprovinzen ihres Teils Polens ins Reich eingegliedert hatten, standen sie vor dem Problem, was mit dem verbliebenen Rest geschehen sollte. Man löste es, indem man ein Territorium mit der Bezeichnung *Generalgouvernement* unter Hans Frank als Generalgouverneur schuf. Er nahm Residenz im Wawel, dem Palast der polnischen Könige, in Krakau, wo Erzbischof Adam Sapieha ihm polnische Lationen auf goldenen Tellern serviert haben soll. Frank hatte nicht nur die Aufgabe, das Gebiet durch Zwangsarbeit bis zum letzten auszubeuten, sondern außerdem eine *außerordentliche Befriedungsaktion* durchzuführen. Dies war eine zynische Bezeichnung, denn ihr Ziel bestand darin, die gebildeten Schichten Polens zu liquidieren. Zeitgleich begann Himmler die Bewohner der annektierten Provinzen Polens in das Generalgouvernement zu deportieren. Im ersten Jahr waren dies 1,5 Millionen, darunter 300 000 Juden. Im November 1940 wurden die Tore des Warschauer Ghettos geschlossen, wo man Juden aus ganz Polen zusammenpferchte. Ab Juli 1942 wurden sie aus dem Ghetto in die Konzentrationslager gebracht. Unter den Lagern im Generalgouvernement war auch das von Auschwitz, das bis heute als Gedenkstätte erhalten geblieben ist.

Was die sowjetische Seite der neuen Grenze betraf, so wurde die Zahl der deportierten Bürger Polens niemals exakt festgestellt. Es müssen etwa 1,5 Millionen gewesen sein, von denen nur etwa die Hälfte überlebte. Rettung brachte ihnen die sowjetisch-polnische Annäherung nach Beginn der deutschen Invasion in der Sowjetunion zwei Jahre später. So schufen also die Regierungen Deutschlands und der Sowjetunion in Polen im Jahre 1939 zwischen sich »eine Wüste und nannten sie Frieden«.[10] In dem am schwersten betroffenen Gebiet dieser Wüste, dem Generalgouvernement, oder, wie es ironisch genannt wurde, dem *Gangster-Gau*, machte Hitler eine bedeutungsvolle Ausnahme von der allgemeinen Direktive mörderischer Ausbeutung, die an Frank ergangen war. Am 17. Oktober 1939 erklärte er dem Chef des OKW, Wilhelm Keitel: »Es ist Vorsorge zu treffen, daß das Land als vorgeschobenes Glacis für uns militärische Bedeutung hat und für einen Aufmarsch genutzt werden kann. Dazu müssen die Bahnen, Straßen und Nachrichtenverbindungen für unsere Zwecke in Ordnung gehalten und ausgenutzt werden.«[11]

Finnland

Zur Zeit der deutschen Invasion Polens hätte niemand voraussagen können, daß am Ende dieses Jahres Finnland das einzige Land in Europa sein würde, wo sich schwere Kämpfe abspielten[12]. Dort tobte der sogenannte Winterkrieg. Nachdem Polen erledigt war, wandte sich die Sowjetunion den baltischen Staaten zu. In nur zwei Wochen - zwischen dem 28. September und dem 10. Oktober - wurden in Moskau nacheinander mit den Außenministern Estlands, Lettlands und Litauens sogenannte Verträge über gegenseitigen Beistand unterzeichnet. Danach war die Sowjetunion berechtigt, in diesen Ländern insgesamt 100 000 Mann sowjetische Truppen zu stationieren, davon 75 000 in Litauen (in unmittelbarer Nachbarschaft Ostpreußens). Die Regierungen aller drei baltischen Staaten erhoben gegen diese Abkommen nur geringe oder keine Einwände. Im Gegensatz dazu lehnte der finnische Außenminister Molotows Aufforderung, nach Moskau zu kommen, ab und entsandte statt dessen Juho Kusti Paasikivi als seinen Repräsentanten. Dieser hatte vor fast zwanzig Jahren die finnische Delegation in den Verhandlungen geleitet, die zur Unterzeichnung des Vertrages von Tartu geführt hatten. In diesem Vertrag hatte die Sowjetregierung, die sich mitten im Bürgerkrieg befand und außerdem Krieg gegen Polen führte, dem gerade unabhängig gewordenen Finnland bedeutende territoriale Zugeständnisse gemacht.[13] Unter den veränderten Umständen von 1939 zielte die sowjetische Politik nun darauf ab, zurückzuholen, was den Finnen in Tartu hatte überlassen werden müssen. Dabei ging es um Petsamo und die Inseln im Finnischen Meerbusen, die die Zugänge nach Leningrad und Kronstadt von See beherrschten, sowie um eine Festlegung der Grenze auf der Karelischen Landenge, die in den vergangenen zwanzig Jahren bis auf 30 Kilometer an Leningrad herangekommen war. 1939 lautete die Antwort der finnischen Regierung sinngemäß: »Was wir haben, behalten wir.«

Anders als die kurzen Gespräche mit den Außenministern der drei baltischen Staaten zogen sich die sowjetisch-finnischen Gespräche in Moskau insgesamt über vier Wochen hin. Die Finnen traten genauso entschlossen auf wie drei Monate vorher die Polen. Wie in Polen folgte auch dort eine Invasion, aber das erste Ergebnis ihrer Unnachgiebigkeit fiel völlig anders aus. Die finnische Armee wurde gut geführt - der Oberkommandierende, Marschall Carl Gustav von Mannerheim, war ein alter zaristischer Kavallerieoffizier. Sie war für die extremen Bedingungen eines Krieges in arktischen und subarktischen Gebieten gut ausgerüstet (so standen ihr z. B. Skier zur Verfügung). Die Rote Armee zog an einer breiten Front in den Kampf und verließ sich voll und ganz auf ihre zahlenmäßige Überlegenheit. In der ersten Etappe des Feldzuges vom 30. November 1939 bis Anfang Januar 1940 wurde die Rote Armee im Norden und Süden zurückgeschlagen und mußte im mittleren Teil der Front schwere Verluste hinnehmen. Der Plan, der diesem Fiasko zugrunde lag, war nicht vom Generalstabschef, sondern vom Hauptquartier und dem Stab des Leningrader Militärbezirks ausgearbeitet worden. Daraus geht hervor, daß die Rote Armee erwartete, mit den Finnen leichtes Spiel zu haben.

Nun folgten rasche Veränderungen: General Semjon Timoschenko wurde zum Oberkommandierenden der sowjetischen Streitkräfte an der finnischen Front ernannt, der Generalstab arbeitete einen neuen Plan aus, und die Rote Armee erhielt massive Verstärkung. Am 11. Februar 1940 folgte eine neue Offensive. Nach weiteren schweren Kämpfen schickten sich die Finnen schließlich in das Unvermeidliche. Der Krieg fand am 11. März mit der Unterzeichnung eines Vertrages durch Ministerpräsident Rysto Riti sein Ende. Er mußte nun wesentlich härtere Bedingungen[14] akzeptieren, als von der Sowjetregierung im November 1939 gestellt worden waren. Diese erreichte ihr strategisches Ziel, die Nordflanke des Landes an außerordentlich sensiblen Punkten, einschließlich Leningrad, zu sichern. Aber sie mußte dafür einen hohen Preis zahlen - den Verlust Tausender Soldaten und die öffentliche Demonstration der Schwächen der Roten Armee (es war vor allem dieser Feldzug[15], den die Sowjetunion aus freiem Willen unternommen hatte, und nicht Schukows Sieg über die Japaner am Chalchin Gol vor sechs Monaten, der bei den meisten ausländischen Beobachtern einen dauerhaften Eindruck hinterließ). Mehr noch, nach dem Winterkrieg war es nun fast absolut sicher, daß die Finnen in einem künftigen Krieg zwischen der Sowjetunion und Deutschland zu den zuverlässigsten Verbündeten der Deutschen gehören würden.

Der Pakt mit Hitler hatte Stalin noch im Frieden die drei baltischen Republiken, Litauen, Lettland und Estland, eingetragen, und nach der deutschen Eroberung Polens besetzte er vertragsgemäß auch Ostpolen. So war die Sowjetunion, ohne einen Schuß abzugeben, bisher der große Gewinner der Auseinandersetzung zwischen dem Dritten Reich und den Westmächten. Erst ein Jahr später sollte sie selber das Ziel des Raumverlangens des nationalsozialistischen Deutschland werden. In der Zwischenzeit versuchte der Kreml, erst auf friedlichem Weg durch ultimative Forderungen und dann durch einen schnellen »Winterkrieg« Gebiete Finnlands an sich zu reißen, jenes Karelien, das ein möglicher Angreifer als Einfallstor nach Rußland betrachten konnte. Aber der schnelle Winterfeldzug blieb in Eis und Schnee stecken; die überraschend zähe und zum Teil offensive Kriegsführung des kleinen skandinavischen Landes durchkreuzte Stalins Pläne und machte den finnischen Oberbefehlshaber Marschall Mannerheim, sehr bald schon Staatschef, zum bewunderten Helden der ganzen Welt. Das Photo zeigt eine von den Finnen angegriffene und völlig zerschlagene russische Kolonne in Karelien.

Norwegen

Der Winterkrieg hatte beträchtliche Fernwirkung in London und Paris. Bereits einen Monat nach Ausbruch des zweiten Weltkrieges hatten sowohl die Deutschen als auch die Westmächte ihren Blick auf Norwegen gerichtet, das zunächst noch am Rande des Geschehens lag. Die strategische Bedeutung dieses Landes für die deutsche Kriegführung lag jedoch auf der Hand. Wenn im Winter der Bottnische Meerbusen der Ostsee zufror und damit dem schwedischen Eisenerz (damals drei Viertel des deutschen Gesamtverbrauchs) der Weg vom Hafen Lulea nach Süden versperrt war, blieb als einzige Möglichkeit nur die Eisenbahn zum norwegischen Hafen Narvik und von dort die Westküste hinunter. Die einzige Möglichkeit, die Großbritannien zur Verfügung stand, um diese Nachschublinie in den Wintermonaten zu unterbrechen, war seine Stärke auf See. Es mußte die Territorialgewässer an der Westküste Norwegens verminen und Narvik einnehmen. Deutschland wiederum konnte dem nur zuvorkommen, indem es seine Stärke zu Lande nutzte und Norwegen besetzte. Von Stützpunkten in Norwegen aus konnte Deutschland die Seeblockade des Nordmeeres durch Großbritannien wesentlich erschweren und die britische Marine von der Linie Shetland-Inseln – Nordnorwegen auf eine Linie Shetland-Inseln – Färöer-Inseln – Island zurückwerfen.

Zunächst wurde weder in London noch in Berlin etwas unternommen, aber der Ausbruch des Winterkrieges in Finnland gab den Überlegungen in beiden Hauptstädten eine neue Wendung. Finnlands Widerstand fand den Beifall der gesamten demokratischen Welt. Selbst der Völkerbund, der sich wegen seines Versagens im Falle Japans, Italiens oder Deutschlands im Abseits befand, brachte eine Abstimmung für den Ausschluß der Sowjetunion zustande. Am 5. Februar 1940 beschloß der Oberste Kriegsrat der Alliierten in Paris den Plan, ein Expeditionskorps über Narvik und Lulea nach Finnland zu entsenden. Damit sollte zugleich den Finnen geholfen und die deutsche Versorgung mit Eisenerz aus Norwegen unterbrochen werden. Dieser britisch-französische Beschluß nahm sich im Vergleich zu der ursprünglichen Absicht der französischen Regierung, die sowjetischen Ölfelder in Baku zu bombardieren, recht vernünftig aus. Allerdings war dabei das Problem der Neutralität Norwegens und Schwedens nicht gelöst, die die Alliierten traditionell respektierten. Es bestand die Hoffnung – einen Plan kann man es kaum nennen –, daß die Verminung der norwegischen Territorialgewässer durch britische Schiffe die Deutschen zu einer militärischen Reak-

Das Jahr 1940 brachte weitere Triumphe der kühnen deutschen Kriegsführung. Daß es Hitler gelang, das benachbarte Dänemark innerhalb weniger Stunden zur Kapitulation zu zwingen, überraschte niemanden; aber es gelang auch das für nicht möglich Gehaltene: in einer militärisch waghalsigen Aktion besetzte Deutschland auch ganz Norwegen, von der Hauptstadt Oslo über die Hafenstädte an der Westküste, Bergen und Trondheim, bis zu Narvik und Kirkenes im äußersten Norden, mehr als 2000 Kilometer von der deutschen Flottenbasis entfernt. Churchill war in diesem Falle vergleichsweise siegessicher gewesen, denn er traute der zahlenmäßig nicht ins Gewicht fallenden deutschen Flotte nicht zu, daß sie tatsächlich mehrere 1000 Kilometer über das britisch beherrschte Meer fahren und das Land in Besitz nehmen würde. Aber das Unternehmen gelang, wenn auch unter schweren Opfern, die fast die gesamte eingesetzte deutsche Flotte kostete. Das Photo zeigt die zerschossene deutsche Zerstörergruppe im Fjord von Narvik; die weit überlegene englische Flotte hatte sämtliche deutsche Schiffe vernichtet, aber die Gebirgsjäger des Generals Dietl waren an Land gebracht worden.

tion provozieren werde. Um dieser zuvorzukommen, sollten alliierte Truppen in Erwartung eines deutschen Angriffs landen, um Norwegen und Finnland Beistand zu leisten. Dabei wurde jedoch niemals geklärt, wie das Dritte Reich herausgefordert oder gar geschlagen werden könnte, wenn man zunächst die Sowjetunion angriff. In der Zwischenzeit hatte jedoch Hitler, der sich über die Neutralität der skandinavischen Staaten nicht den Kopf zerbrach, bereits einem Stab mehrerer Waffengattungen befohlen, einen Plan für die Invasion Norwegens und Dänemarks auszuarbeiten. Am 20. Februar 1940 ernannte er den Befehlshaber für diese Operation.[16]

Die finnische Entscheidung vom März 1940, sich den sowjetischen Forderungen zu beugen, entzog der britisch-französischen Entscheidung vom 5. Februar die Grundlage. Aber die Diskussion zwischen den beiden Hauptstädten über eine Operation in Skandinavien schleppte sich in einer Art und Weise hin, daß sich im Vergleich dazu die Planung des Gallipoli-Feldzuges ein Vierteljahrhundert früher nahezu wie ein Muster an professioneller Kompetenz ausnahm. Im Morgengrauen des 8. April verminten schließlich vier britische Zerstörer den Eingang des Fjordes, der zum Hafen von Narvik führte. (Wäre nicht eine Verzögerung in letzter Minute gewesen, dann hätte die Royal Navy bereits drei Tage früher mit der Verminung beginnen können.) Am Nachmittag des gleichen Tages wurden deutsche Kriegsschiffe auf dem Wege längs der norwegischen Küste nach Norden gesichtet. Die deutsche Offensive war gut geplant und wurde rasch ausgeführt. Ein guter deutscher Geheimcode und schlechte britische Aufklärung leisteten ihren Beitrag dazu.[17] Dänemark wurde ohne Gegenwehr besetzt und die wichtigsten norwegischen Häfen mit einem Schlag eingenommen, einschließlich Narvik, wo etwa 6000 Mann einrückten.

Im Norwegenfeldzug, der dann folgte, litten die britisch-französischen Einheiten, die die Invasoren wieder hinauszuwerfen versuchten, am klassischen Ablauf von Befehlen, Gegenbefehlen und komplettem Durcheinander. Dabei brach im Anfangsstadium sogar ein Streit zwischen dem britischen Admiral und dem britischen General vor Narvik aus. Der eine wollte angreifen, während der andere dies zu Recht ablehnte. Narvik wurde schließlich am 28. Mai von den Alliierten eingenommen, mußte aber zehn Tage später wieder aufgegeben werden, während der Versuch, Trondheim zu erobern, total fehlschlug. Churchill, der die Verminung der Territorialgewässer vorgeschlagen hatte und als Minister im Kabinett für die Führung des Norwegenfeldzuges verantwortlich war (die zunächst vollständig aus London erfolgte), bekennt in seinen Memoiren, daß die Briten »in diesem improvisierten Feldzug« vor ihrer eigenen Haustür »völlig übertölpelt« wurden.[18]

Die Hauptergebnisse des Norwegenfeldzuges und deren unmittelbare Folgen fielen durchweg zugunsten Deutschlands aus. Der Nachschub von Eisenerz über Norwegen war gesichert. Die britische Seeblockade war weit nach Nordwesten zurückgeworfen. Das zweifache Ziel der deutschen Strategie war somit erreicht. Alle anderen Ergebnisse waren eher zweifelhaft; eines ist sogar paradox zu nennen. Erstens: Die deutsche Flotte wurde im Norwegenfeldzug zwar kühn eingesetzt, erlitt aber beträchtliche Verluste und Schäden. Als Ende Juni die Operation *Seelöwe* - die Invasion Großbritanniens - beginnen sollte, standen dafür gerade noch sieben Überwasserschiffe zur Verfügung.[19] Zweitens: Nicht Churchill, sondern Chamberlain wurde wegen der schlechten Führung des Norwegenfeldzuges im Unterhaus zu Fall gebracht.[20]

Churchill

In den Monaten des »phony war« agierten die künftigen Führer der Großen Allianz noch getrennt auf ihrem eigenen Terrain und hatten kaum Kontakt miteinander. Roosevelt blieb der distanzierte Beobachter der sich verdüsternden europäischen Szene. Stalins internationale Beziehungen konzentrierten sich jetzt vor allem auf Hitler. Churchill, der nun Marineminister und Mitglied des Kriegskabinetts, aber *ex officio* nicht auch Mitglied des britisch-französischen Obersten Kriegsrates war[21], suchte einerseits aus dem Lauf der Ereignisse auf dem europäischen Kontinent soviel Ermutigung wie möglich zu ziehen und andererseits seine Kollegen aus ihrer gefährlichen Trägheit aufzuschrecken - beides mit nur geringem Erfolg. Nachdem die Gasmasken einmal verteilt und die Evakuierung von etwa 1,5 Millionen Schulkindern und ihren Müttern aus den Städten abgeschlossen war, nahm das Leben in Großbritannien wieder seinen gemächlichen Lauf. Im Herbst 1939 und im Frühjahr 1940 war, abgesehen von der abendlichen Verdunkelung, kaum zu erkennen, daß dies ein Land im Kriege war. In Chequers, der Residenz des britischen Premierministers auf dem Lande, stand das einzige Telefon im Dienstraum des Butlers. Chamberlain liebte es nicht, an den Wochenenden oder in der Downing Street auch nach dem Essen gestört zu werden.[22]

Achtzehn Monate vor Beginn des »phony war« hatte der sowjetische Botschafter in London (wie in Kapitel 4 beschrieben) prophezeit, Churchill werde zur Macht gelangen, »wenn der kritische Punkt in Englands Schicksal erreicht ist«. Maiski behielt recht, als die Krise im Mai 1940 tatsächlich eintrat. Er hatte ebenfalls recht, als er die Mitglieder des Kabinetts Chamberlains von 1938 als »farblos und mittelmäßig« charakterisierte. Als einzige Ausnahme sah er Chamberlain selbst. (Als dieser Premierminister wurde, begrüßte die Mehrheit in Whitehall seine Vorzüge – Integrität, Festigkeit und Entschlossenheit – als einen erfrischenden Wechsel im Vergleich zu seinen zwei Vorgängern. Im Kabinett hielt er sein Schiff hart auf Kurs, wenn er es auch geradewegs auf die Klippen setzte.) Ein Teil von Maiskis Aussage muß allerdings angesichts der Ereignisse in London 1939/1940 wesentlich modifiziert werden, seine Überzeugung nämlich, daß Churchill, einmal im Kabinett, »alle seine Kollegen erdrücken würde, insbesondere, wenn es zu einer Krise käme«. Das tat er nicht, weder als er im September 1939 erstmals ins Kabinett eintrat, noch als er schließlich im Mai des folgenden Jahres Premierminister wurde. In den Monaten des »phony war« war Churchill für Chamberlain ein loyales Kabinettsmitglied. Als Chamberlain im November 1940 starb, würdigte Churchill ihn im Unterhaus in bewegten Worten; und auf seinem Begräbnis hielt er die Ehrenwache. Er konnte es sich allerdings von dem Augenblick an, als er in die Regierung eintrat, nicht versagen, seine Kollegen mit Memoranden zu den verschiedensten Aspekten der Kriegsführung geradezu zu bombardieren.[23] Im Alter von 65 Jahren sprühte Churchills Geist genauso vor Ideen wie 25 Jahre früher, als er das letzte Mal im Marineministerium und im Kriegskabinett gesessen hatte.

Alles, was Churchill erwartete, war, wie er einmal von sich selbst sagte, »daß man nach sachlicher Diskussion auf meine Wünsche einging«.[24] Seine Energie, seine Überzeugungskraft und seine Methode, bis spät in die Nacht zu arbeiten, wozu er dank eines regelmäßigen Mittagsschlafs in der Lage war, machten es in der Kriegszeit vor allem erforderlich, daß ihm militärisches Personal von außergewöhnlicher Qualität und Ausdauer zur Verfügung stand. Nur so konnten seine Ideen tiefgründig analysiert und ihm überzeugende Argumente vorgelegt werden, wenn einer seiner Vorschläge entweder undurchführbar oder unvorteilhaft war. Erst nachdem Churchill sowohl Premierminister als auch Verteidigungsminister geworden war, gelang es ihm, einen effektiven Militärapparat zu seiner persönlichen Verfügung aufzubauen. 1939 existierte dieser noch nicht. Selbst im Jahre 1940 brauchte der Apparat noch einige Zeit, um sich einzuspielen. In den ersten sieben Kriegsmonaten bestand noch das Ministerium für Koordinierung der Verteidigung, das ursprünglich eigentlich für Friedenszeiten vorgesehen war.[25] Als es im April 1940 endlich abgeschafft wurde, übernahm Churchill als der Ranghöchste der Minister für die Teilstreitkräfte nacheinander die Posten des Vorsitzenden des Militärischen Koordinierungskomitees des Kabinetts und des stellvertretenden Premierministers in diesem Komitee. Aber wie er gegenüber Chamberlain zu jener Zeit äußerte[26], bedeutete dies Verantwortung ohne Macht. Dessenungeachtet entstand so im bürokratischen Wirrwarr von Whitehall, das der Norwegenfeldzug noch besonders deutlich gemacht hatte, eine der wertvollsten Beziehungen Churchills in der ganzen Kriegszeit: Am 1. Mai wurde Generalmajor Hastings Ismay als Führungsoffizier mit der Verantwortung für den Zentralstab des Kriegskabinetts ernannt und »dem Marineminister zur Verfügung gestellt«.[27]

Während des »phony war« arbeitete Churchills produktives Hirn nicht ständig mit gleicher Qualität. So war er z. B. kaum vier Tage lang Marineminister, als er bereits den Stab der Navy aufforderte, einen Plan für das Erzwingen einer Durchfahrt in die Ostsee auszuarbeiten, eine Operation, die die Admiralität durch Verzögerungstaktik vereitelte. Im November schlug er als erster vor, den Rhein durch große Mengen von Treibminen zu sperren. Diese Idee wurde von der französischen Regierung erst akzeptiert, als Paul Reynaud Ministerpräsident wurde. Da war es aber bereits zu spät. Sein Vorschlag, die Operation von 1918 zu wiederholen und in den norwegischen Territorialgewässern ein Minenfeld zu legen, um im Winter den Transport schwedischen Eisenerzes vom Hafen Narvik nach Deutschland zu verhindern, den Churchill rasch als einen zentralen strategischen Punkt erkannt hatte, war schon von anderer Qualität. Am 19. September 1939 brachte Churchill diese Idee zum ersten Mal im Kabinett ein. Sie wurde in London und Paris wiederholt diskutiert und erst am 3. April 1940 schließlich gebilligt. Doch zu diesem Zeitpunkt war die Operation durch die deutsche Invasion Norwegens überholt. Churchills Rolle in der Führung des Norwegenfeldzuges nach Beginn der deutschen Invasion gehört nicht zu seinen Glanzleistungen. Seinem Gesamturteil über diese Zeit in seinen Memoiren ist jedoch kaum zu widersprechen:

wer nicht dann will, wenn er könnte,
wird nichts haben, wenn er wollte.[28]

Churchills Verantwortung für die Navy und seine zunehmende Aufmerksamkeit für die großen strategischen Fragen des Krieges hinderten ihn nicht daran, mit dem Blick auf die Zukunft über die britischen

Beziehungen zu Roosevelt und Stalin nachzudenken. Nach beiden Richtungen gab es in diesen ersten Kriegsmonaten kaum Bewegung. Churchill erinnerte sich daran später in einem Brief an Präsident Eisenhower, den er ein Jahr vor Veröffentlichung des letzten Bandes seiner Geschichte des zweiten Weltkrieges schrieb:

»Ich achte sehr darauf, daß nichts veröffentlicht wird, was in den Augen anderer unsere gegenwärtigen Beziehungen in unseren öffentlichen Ämtern beeinträchtigen oder einen Schatten auf die Sympathie und das Verständnis werfen könnte, das zwischen unseren beiden Ländern besteht. Deshalb habe ich in den letzten Monaten das Buch noch einmal überarbeitet und peinlich darauf geachtet, daß es nichts enthält, was den Anschein haben könnte, es hätte in jenen Tagen Auseinandersetzungen oder mangelndes Vertrauen zwischen uns gegeben.«[29]

Welche Ergänzungen Churchill an seinen Memoiren auch vorgenommen haben mag, seine lakonische Einschätzung des Zustands der britisch-amerikanischen Beziehungen während des »phony war« entspricht der Realität und ist deshalb unbearbeitet geblieben: »Die Haltung der Vereinigten Staaten war kühler denn je. Ich setzte meine Korrespondenz mit dem Präsidenten fort, fand aber wenig Widerhall.«[30]

Heute liegen zahlreiche Archivdokumente vor, die das Mißtrauen zwischen London und Washington zu jener Zeit belegen. Es wurde auch in den ersten Monaten von Churchills Amtszeit als Premierminister nicht zerstreut. An der Ostküste des Atlantiks entstand dazu ein treffendes britisches Bonmot, das lautete, wer im Weißen Haus sitze, solle nicht mit Steinen werfen.[31]

Seine Einschätzung der Rolle der Sowjetunion bei der Teilung Polens legte Churchill in seiner ersten Rundfunkrede nach Kriegsbeginn am 1. Oktober 1939 dar:

»Rußland hat eine kalte Politik des Selbstinteresses eingeschlagen. Wir hätten wünschen mögen, daß die russischen Heere als Freunde und Verbündete der Polen auf ihrer jetzigen Linie stünden, statt als Eindringlinge. Daß aber die russischen Heere auf dieser Linie stehen, das war offensichtlich für die Sicherung Rußlands gegen die nazistische Drohung notwendig. Jedenfalls besteht die Linie nun, und damit ist eine Ostfront entstanden, welche das nationalsozialistische Deutschland nicht anzugreifen wagt...

Ich kann nicht voraussagen, was Rußland tun wird. Das ist ein Rätsel, ein undurchdringliches Geheimnis. Der Schlüssel dazu ist das nationale Interesse Rußlands. Es kann nicht im Einklang mit dem Interesse oder der Sicherheit Rußlands sein, daß sich Deutschland an den Ufern des

Schwarzen Meeres festsetzt oder daß es die Balkanstaaten überrennt und die Slawen Südosteuropas unterwirft. Das stünde im Gegensatz zu den historischen Lebensinteressen Rußlands.«[32]

Churchills Sorge um diese sowjetischen »Lebensinteressen« in der Ostsee war weniger deutlich als im Hinblick auf das Schwarze Meer. Als Teilnehmer der kritischen Beratung des Obersten Kriegsrates der Alliierten am 5. Februar 1940 und mehr noch als Mitglied des britischen Kriegskabinetts trug Churchill seinen Teil der Verantwortung für die strategischen Luftschlösser, mit denen die Briten und Franzosen auf den Winterkrieg antworteten. Er nahm diese Verantwortung später im Parlament vollständig auf sich und bekannte sich auch in seinen Memoiren dazu. Zum sowjetischen Druck auf Finnland im Jahre 1939 war er zunächst der Meinung, es könne nicht im britischen Interesse liegen, dem sowjetischen Anspruch auf Stützpunkte im Ostseeraum entgegenzutreten. Später änderte er seine Meinung. Ende März 1940 tauchte auf der Tagesordnung des Obersten Kriegsrates der Alliierten sogar ein Punkt auf, der lautete: »Das Für und Wider der Eröffnung eines Krieges gegen Rußland«.[33] Churchills größter strategischer Gewinn war jedoch eindeutig der Hafen von Narvik, dessen Bedeutung für die Deutschen aus den Anstrengungen ersichtlich ist, mit denen sie der britischen Aktion zuvorzukommen versuchten.

Als Marineminister war Churchill in erster Linie dem Parlament für das Fehlschlagen des Norwegenfeldzuges im allgemeinen und für die Verluste der britischen Navy im besonderen verantwortlich, die - wie die der Deutschen - sehr schwer waren. Deshalb hielt er am 8. Mai, dem zweiten Tag einer von der Opposition im Unterhaus geforderten Debatte, die in aufgeladener Atmosphäre stattfand, im Auftrage der Regierung die Abschlußrede.[34] Unglücklicherweise hatte Chamberlain einen Monat vor dieser Debatte in einer Rede vor einer Versammlung der Konservativen Partei in London behauptet, »Hitler missed the bus«.[35] Diese Worte, die allen noch frisch im Gedächtnis waren, weil am Tage der Rede alle Londoner Zeitungen in Schlagzeilen darüber berichtet hatten, wurden ihm nun von den Abgeordneten höhnisch entgegengeschleudert. In der Debatte verschlimmerte er seinen Fehler noch: Er nahm die Herausforderung der Opposition an, die eine Abstimmung forderte - zwar nicht formal, aber doch dem Wesen nach ein Mißtrauensvotum -, und appellierte zugleich an seine »Freunde«, ihn zu unterstützen. Ungeachtet der dramatischen Situation trieb eine langweilige Rede Hoares (des neuen Ministers für die Luftstreitkräfte) die Mehrzahl der Abgeordneten am Nachmittag aus dem Sitzungssaal zu einer Tasse

Tee. Sie strömten erst zurück, als Lloyd George ans Rednerpult trat. Die Rede des ehemaligen Premierministers war kurz, aber vernichtend. Er fegte Churchills Bekenntnis zur Verantwortung für alles, was das Marineministerium getan hatte, mit der Warnung beiseite, er solle sich nicht als »Luftschutzbunker« für seine Kollegen mißbrauchen lassen. Lloyd George schloß seine Rede mit den Worten:

»Er (Chamberlain) hat zu Opfern aufgerufen... Ich erkläre feierlich, daß der Premierminister ein Beispiel für Opferbereitschaft geben sollte, denn nichts kann mehr zum Sieg in diesem Krieg beitragen, als wenn er sein Amt zum Opfer bringt.«

Roger Keyes, Mitglied des Parlaments und Held des ersten Weltkrieges, der in seiner Flottenadmiralsuniform auftrat, machte das Kriegsministerium herunter. Leopold Amery zitierte Oliver Cromwell: »Für alles Gute, das Sie getan haben, sitzen Sie schon viel zu lange hier. Ich sage, gehen Sie, und lassen Sie es uns zu einem Abschluß bringen. Im Namen Gottes, gehen Sie!«[36] Als sich das Haus über diese Frage spaltete, brach die Phalanx der Konservativen Partei endlich zusammen. Die Zahl der Abgeordneten, die für die Regierung stimmten – gewöhnlich eine Mehrheit von 240 –, fiel auf 81.

Dieses Ergebnis war zwar formal keine Niederlage, aber ein schmerzhafter Rückschlag. Chamberlain gab trotzdem nicht auf. Er versuchte die konservativen Rebellen wieder zu versöhnen, von denen etwa 100 entweder gegen die Regierung gestimmt hatten oder einen Tag zuvor der Abstimmung ferngeblieben waren. Er forderte die Führer der Labour Party auf, in seine Regierung einzutreten. Wenn all das fehlgeschlagen wäre, hätte er auch noch die Möglichkeit gehabt, dem König vorzuschlagen, Halifax, der nun für kurze Zeit der Favorit der Konservativen Partei war, mit der Bildung einer neuen Regierung zu beauftragen. Auf einer historischen Beratung in der Downing Street Nr. 10 am 9. Mai sprach Chamberlain mit Churchill, Halifax und dem Fraktionsführer der Konservativen. Als Chamberlain Churchill die Frage stellte, ob er bereit wäre, unter Halifax zu arbeiten, quittierte dieser zum ersten Mal in seinen 65 Jahren mit Schweigen. Dieses Schweigen brach Halifax mit der Bemerkung, es wäre für einen Peer sicher schwierig, »in einem Krieg wie diesem«[37] Premierminister zu sein. Damit waren die Würfel gefallen. Chamberlain trat allerdings erst am Nachmittag des 10. Mai zurück, als er von Labour die endgültige Antwort erhalten hatte, die Partei sei nur bereit, sich unter einem neuen Premierminister an der Regierung zu beteiligen. An diesem Abend wurde Churchill um 18.00 Uhr in den Palast gebeten. Vier Stunden später sandte er dem König eine Liste der fünf Mitglieder seines Kriegskabinetts. Zu diesem Zeitpunkt war der »phony war« bereits beendet, und die Schlacht um Frankreich hatte begonnen.[38]

Stalin

Als das Jahr 1939 zu Ende ging, tauschten Hitler und Stalin überschwengliche Glückwünsche aus. Von dem Fiasko zu Beginn des Winterkrieges in Finnland abgesehen, hatte Stalin in rascher Folge der japanischen Armee eine harte Lehre erteilt, die Einbeziehung der Sowjetunion in den Krieg zwischen Deutschland und den westlichen Alliierten vermieden und sich Hitlers Zustimmung zur Rückgewinnung der westlichen Gebiete des Russischen Reiches gesichert, die im Gefolge der Oktoberrevolution und des Versailler Vertrages verlorengegangen waren. Die Stärke der sowjetischen Truppen, die in den baltischen Staaten stationiert wurden, und die Hartnäckigkeit, mit der die Sowjetunion darauf bestand, von Finnland all das zurückzuerhalten, was sie zwanzig Jahre zuvor hatte abtreten müssen, zeigt deutlich, gegen welchen potentiellen Invasor Stalin sein Land zu schützen versuchte - gegen Deutschland. Zu jener Zeit glaubte er jedoch wie fast alle anderen, daß ein langer Krieg im Westen Hitler die Hände binden werde.

Hier soll daran erinnert werden, daß Stalin darauf bestand, der deutsch-sowjetische Nichtangriffspakt vom August 1939 sollte von einem Geheimprotokoll begleitet werden, das zum großen Entwurf für die Neugestaltung der Karte Mittel- und Osteuropas wurde. Der Vertrag wäre in Moskau ohne das Protokoll nicht unterzeichnet worden. Es war ebenfalls Stalin, der die wesentliche Veränderung im Text des Protokolls vorschlug, durch die Litauen der sowjetischen Interessensphäre im Baltikum zugeschlagen wurde und Polen faktisch völlig von der Karte verschwand. Während in Artikel 2 des Protokolls die Frage offengelassen worden war, ob »die Erhaltung eines unabhängigen polnischen Staates« für die beiden Unterzeichner des Vertrages vom August »erwünscht« sei, gab Stalin am Abend des 25. September, kaum drei Tage nachdem die Flüsse Pisa, Narew, Bug, Weichsel und San öffentlich zur Demarkationslinie zwischen den deutschen und sowjetischen Truppen in Polen erklärt worden waren[39], gegenüber dem deutschen Botschafter Schulenburg im Kreml folgende Erklärung ab:

»Bei der endgültigen Regelung der polnischen Frage müßte alles vermieden werden, was in Zukunft Reibungen zwischen Deutschland und der Sowjetunion erzeugen könnte.« Unter diesem Gesichtspunkt erscheine ihm die Belassung eines selbständigen Rest-Polens abwegig. Er mache nunmehr folgenden Vorschlag: »Von dem östlich der Demarkationslinie gelegenen Gebiet sollte unser(em) Teil die gesamte Woiwodschaft Lublin und der Teil der Woiwodschaft Warschau bis zum Bug hinzugeschlagen werden. Dafür möchten wir auf Litauen verzichten.«[40]

Die Erklärung Stalins kam nicht aus heiterem Himmel. Bereits am 20. September hatte Molotow gegenüber Schulenburg angedeutet, Stalin habe seine Meinung geändert und sei nicht mehr geneigt, »ein restliches Polen bestehenzulassen«.[41] Der Tausch gegen Litauen wurde bei dieser Gelegenheit allerdings noch nicht erwähnt. Als jedoch Ribbentrop bei seinem zweiten Besuch in Moskau am 27. September um 22.00 Uhr im Kreml eintraf, gab ihm Stalin freundlich, aber bestimmt zu verstehen, daß dies sein letztes Wort in der Angelegenheit sei. (Wie bestimmt Stalin sein konnte, war Ribbentrop bereits aus der sowjetischen Antwort auf Vorhaltungen der deutschen Regierung von Mitte September klargeworden. Diese hatte sich dagegen gewandt, daß die Sowjetregierung die »von den Deutschen bedrohten Ukrainer und Weißrussen« öffentlich als Grund für ihre Besetzung Ostpolens nannte, eine Motivierung, die Molotow in einer Rundfunkrede am 17. September zur Erläuterung der sowjetischen Invasion gebraucht hatte.)[42] Als die Schlußsitzung dieser Runde der sowjetisch-deutschen Verhandlungen am 28. September um Mitternacht im Kreml eröffnet wurde, erhielt Ribbentrop - über Molotows Telefon - die Weisung Hitlers, nachzugeben.

Dem Grenz- und Freundschaftsvertrag, den beide Seiten in den Morgenstunden des 28. September unterzeichneten, war ein weiteres Zusatzprotokoll beigefügt, das die deutsch-sowjetische Grenze »im Gebiete des bisherigen polnischen Staates« detailliert beschrieb. Die Karte, die zu diesem Vertrag gehört, trägt die Unterschriften Stalins und Ribbentrops.[43] Dieses Geschäft in letzter Minute war auf dem Höhepunkt der deutsch-sowjetischen Kollaboration erreicht worden, einer gemeinsamen Erklärung[44], die die Außenminister beider Staaten am 28. September in Moskau unterzeichneten. Darin brachten sie ihre Überzeugung zum Ausdruck, daß »es dem wahren Interesse aller Völker entsprechen würde, dem gegenwärtig zwischen Deutschland einerseits und England und Frankreich andererseits bestehenden Kriegszustand ein Ende zu machen«. Werde der Krieg jedoch fortgesetzt, »so würde damit die Tatsache festgestellt sein, daß England und Frankreich für die Fortsetzung des Krieges verantwortlich sind«. In diesem Falle würden »die Regierungen Deutschlands und der UdSSR sich gegenseitig über die erforderlichen Maßnahmen konsultieren«. Damit nicht genug, ein

Geheimes Zusatzprotokoll bestand aus den beiden folgenden unheilvollen Sätzen:

»Beide Teile werden auf ihren Gebieten keine polnische Agitation dulden, die auf die Gebiete des anderen Teiles hinüberwirkt. Sie werden alle Ansätze zu einer solchen Agitation auf ihren Gebieten unterbinden und sich gegenseitig über die hierfür zweckmäßigen Maßnahmen unterrichten.«[45]

Das taten sie wirklich. Obwohl Details über die Kollaboration von Gestapo und NKWD im Gefolge dieses Abkommens bisher kaum bekannt wurden, müssen Vertreter der Geheimpolizei beider Länder miteinander beraten haben. Möglicherweise trafen sie sich in Zakopane (südlich von Kraków), um ihre Politik im ehemaligen Polen zu koordinieren.[46] Wie bekannt, folgte ein grausiger zweiseitiger Austausch politischer Gefangener über die Trennlinie.

Stalin griff auch in die nachfolgenden Verhandlungen mit den baltischen Staaten und mit Paasikivi ein. Dabei zeigte er im Unterschied zu Molotow ein bestimmtes Maß an Flexibilität. Die Forderungen, die die Sowjetunion den Finnen 1939 zunächst präsentierte, waren zudem nicht unangemessen, wenn man bedenkt, daß sie die Zugänge nach Kronstadt und Leningrad schützen mußte. Daß die finnische Regierung diese ablehnte, ist einerseits auf Finnlands Hoffnung zurückzuführen, die weltweite Sympathie, die sogar Italien einschloß, werde in Unterstützung für Finnland münden, und hängt andererseits mit der finnischen Einschätzung der Vorgänge in Polen zusammen. Dafür brauchte man die zwischen der Sowjetunion und Deutschland insgeheim geschlossenen Abkommen nicht zu kennen; die Ereignisse sprachen für sich selbst. Die tatsächliche internationale Unterstützung für Finnland erwies sich jedoch als minimal. Für die Zukunft konnten die Finnen also nur auf Deutschland bauen.

Welche militärischen Lehren Stalin, der nun schon 60 Jahre alt geworden war, aus dem Winterkrieg zog, ist nicht klar. Nach Chruschtschow hatte er eine heftige Auseinandersetzung mit seinem Verteidigungsminister. Dabei hob Woroschilow eine Platte mit einem gebratenen Spanferkel hoch und schmetterte sie auf den Tisch.[47] Im Mai 1940 übernahm Timoschenko, der nun zum Marschall befördert worden war, von Woroschilow den Posten des Verteidigungsministers[48]. Dies erschien logisch. »Unverständlich«[49] fanden dagegen die Mitglieder des sowjetischen Generalstabes Stalins nachfolgende Entscheidung, ihren Chef Schaposchnikow von seinem Posten zu entfernen, obwohl er ebenfalls gerade erst zum Marschall befördert worden war (Stalin trat Schaposchnikow, einem ehemaligen zaristischen Offizier, stets mit Achtung gegenüber. Er war der einzige Offizier, der in Stalins Arbeitszimmer rauchen durfte. Stalin sprach ihn stets mit Vor- und Vatersnamen an. Nach Kriegsausbruch holte er ihn 1941 als Generalstabschef zurück.) Timoschenko führte einige Reformen ein. Er setzte auch durch, daß viele Offiziere aus den Lagern entlassen wurden, darunter einer, der im zweiten Weltkrieg berühmt werden sollte.[50] Generell war in der Roten Armee, wie in den meisten anderen Armeen (außer der deutschen) nach dem Winterkrieg die Meinung verbreitet, daß die Bedeutung einer starken Verteidigung wieder einmal bewiesen worden sei.

Sehr intensiv befaßte sich Stalin in den ersten Wochen des Jahres 1940 auch mit den Details des Handelsabkommens, das mit Deutschland unterzeichnet werden sollte. Der Austausch sowjetischer Rohstoffe gegen deutsche Industriegüter war ein wesentlicher Bestandteil der deutsch-sowjetischen Übereinkunft vom August 1939. Nun mußte die Frage geklärt werden, wie viele Rohstoffe gegen welche Industriegüter getauscht werden sollten. Bald wurde klar, daß die Sowjetunion vor allem an militärischen Gütern interessiert war. Dieses Interesse war so stark, daß Hitler im März 1940 sogar seine eigenen Streitkräfte bei der Belieferung hintansetzte. Daraus wird ersichtlich, welch hohen Stellenwert er den sowjetischen Rohstoffen, vor allem Öl, Getreide und Eisenerz, sowie der Nutzung der Transsibirischen Eisenbahn für die Beförderung von Waren aus dem Fernen Osten nach Deutschland beimaß. Das Wichtigste für ihn aber war die sowjetische Duldung seiner Offensive im Westen. Obwohl Molotow und Anastas Mikojan die Hauptunterhändler der sowjetischen Seite waren, überprüfte Stalin persönlich jedes Detail des Handelsabkommens, das am 11. Februar 1940 in Moskau unterzeichnet wurde. Es versprach den Deutschen u. a. eine Million Tonnen Getreide und 900 000 Tonnen Erdöl, den Russen den Rumpf eines deutschen Kreuzers (der auf einer Leningrader Werft komplettiert werden sollte) sowie technische Dokumentationen des Kriegsschiffes *Bismarck* und mehrerer moderner Flugzeugtypen.

Eine weitere Territorialforderung, die im Geheimprotokoll vom August enthalten war, mußte noch befriedigt werden. Diese betraf Rumänien. Artikel 3 des Geheimprotokolls lautete: »Hinsichtlich des Südostens Europas wird von sowjetischer Seite das Interesse an Bessarabien betont. Von deutscher Seite wird das völlige politische Desinteressement an diesen Gebieten erklärt.« Die Formulierungen dieser beiden Sätze spiegelten die Tatsache wider, daß einerseits die Nordostprovinz Bessarabien früher Teil des Russischen Reiches gewesen war und daß andererseits rumänisches Öl für Deutschland lebenswichtige Bedeutung hatte. In der ungelösten Frage Bessarabiens, dessen Annexion durch Rumänien die Sowjetunion niemals anerkannt hatte, setzte Molotow in seinem Bericht an den Obersten Sowjet vom 29. März 1940 öffentlich ein Signal, als er Rumänien daran erinnerte, es sei der einzige Nachbar der Sowjetunion, mit dem diese noch keinen Nichtangriffspakt abgeschlossen habe. Die unterschiedliche Weise, in der die sowjetische und die deutsche Regierung die Rumänien-Frage im Verlaufe dieses Jahres lösten, sollte zum ersten Stolperstein in der sowjetisch-deutschen Annäherung werden.

Roosevelt

Mit einer gewichtigen Ausnahme war nichts, was Roosevelt in den Monaten des »phony war« unternahm, von dauerhafter internationaler Bedeutung. Meinungsumfragen im September 1939 signalisierten die klare Warnung, daß jedes Zeichen einer Bereitschaft des Weißen Hauses, den Alliierten beizustehen und dabei die Verwicklung Amerikas in den Krieg zu riskieren, sofort auf die Debatte über die Revision des Neutralitätsgesetzes zurückschlagen mußte. Aber das war es nicht allein. Bei Kriegsausbruch blieben Roosevelt noch neun Monate, bevor er die vielleicht schwierigste innenpolitische Entscheidung seines Lebens fällen mußte: Er hatte zu entscheiden, ob er das ungeschriebene Gesetz brechen und sich im Sommer 1940 ein drittes Mal um das Amt des Präsidenten bewerben sollte. Deshalb war für ihn extreme Vorsicht angebracht. Er gab die Neutralitätserklärung ab, die das Neutralitätsgesetz von 1937 von ihm forderte. Er versicherte dem amerikanischen Volk in kategorischen Worten, die Nation werde weiterhin neutral sein, fügte allerdings hinzu, er könne nicht von jedem Amerikaner fordern, »auch in seinen Gedanken neutral zu bleiben«.[51] Zugleich berief er eine Sondersitzung des Kongresses ein, wo er darum bat, die Embargo-Bestimmungen der geltenden Neutralitätsgesetzgebung außer Kraft zu setzen.

Das Weiße Haus konnte seinen Einfluß zugunsten einer Revision hinter den Kulissen nur mit größter Umsicht geltend machen. Ende Oktober beschloß der Kongreß die Revision des Neutralitätsgesetzes. Nunmehr konnten Waffen auf der Grundlage von *cash and carry* an kriegführende Staaten geliefert werden. Auf Grund der britischen Seeüberlegenheit begünstigte diese Revision die Alliierten. In der Praxis waren die Ergebnisse jedoch zunächst nicht so groß, wie man erwartet hatte. Vorerst gaben die Alliierten noch keine sehr großen Aufträge für

Militärausrüstungen an die USA. Die Auftragsflut begann erst im Jahre 1940, und in der ersten Zeit verhinderten die amerikanischen Gesetze, daß die von den USA gelieferten Waffen mit amerikanischen Schiffen nach Europa transportiert wurden.[52] Auch die Dutzende von Schreiben, die zwischen dem Präsidenten und dem britischen Marineminister über den Atlantik hin- und hergingen, waren nicht von allzu großem Belang. Erst nachdem am frühen Nachmittag des 15. Mai der erste lange Brief der ›Former Naval Person‹ (wie Churchill seine Korrespondenz an den Präsidenten unterzeichnete, nachdem er Premierminister geworden war) im Weißen Haus eingegangen war, begann sich zunächst sehr langsam eine neue Beziehung über den Atlantik hinweg zu entwickeln.[53]

Gegenüber der Sowjetregierung ging Roosevelt ebenfalls sehr vorsichtig zu Werke. Er vermied es, die Sowjetunion am 17. September 1939, wie vom Neutralitätsgesetz gefordert, als kriegführenden Staat zu bezeichnen. Auch gegen die Behandlung der drei baltischen Staaten durch die Sowjetregierung protestierten die USA nicht. Finnland war dagegen etwas anderes. Entgegen Hulls Ratschlag sandte Roosevelt auf die sowjetischen Forderungen an Finnland hin zunächst ein mißbilligendes Telegramm an den Vorsitzenden des Obersten Sowjets. Später bot er die guten Dienste der Vereinigten Staaten für eine Beilegung des Streits an. Moskau sandte auf beides ziemlich nichtssagende Antworten. Obwohl die Stimmung der Öffentlichkeit in den USA sehr auf Finnlands Seite war, klaffte eine große Lücke zwischen Wort und Tat: Erst nach langen Debatten billigte der Kongreß schließlich einen Kredit von 20 Millionen Dollar für die Lieferung nichtmilitärischer Güter an Finnland. Inzwischen war der Winterkrieg aber fast vorüber.

Im Herbst 1939 trafen von den amerikanischen Botschaftern in London und Paris geradezu apokalyptische Berichte ein. Daraufhin veranlaßten innenpolitische Überlegungen zumindest im gleichen Maße wie außenpolitische Absichten den Präsidenten Anfang 1940 (als seine Karriere einen Tiefstand erreicht hatte), Sumner Welles mit einer Friedensmission nach Rom, Berlin, Paris und London – in dieser Reihenfolge – zu entsenden. Das wirkliche Ziel dieser Mission ist bis heute umstritten. Welles hatte sehr diskrete Instruktionen, die offenbar vor allem auf Mussolini zielten, aber auch die Erlaubnis einschlossen, den unglückseligen Vorschlag des Präsidenten vom April 1939 erneut aufs Tapet zu bringen.[54] Wie zu erwarten war, wurde Welles' Reise ein Mißerfolg. Bei seiner Rückkehr nach Washington Ende März berichtete er, es bestehe nicht die geringste Chance für erfolgreiche Verhandlungen. Die Entwicklung in Europa im Frühjahr 1940 bestätigte zunehmend Roosevelts

Erklärung, die er in seiner State-of-the-Union-Rede am 3. Januar abgegeben hatte. Dort hatte er formuliert, es habe »der Gesundheit der Strauße niemals gutgetan, ihren Kopf in den Sand zu stecken«.[55]

Kein Präsident hätte viel tun können, um die amerikanischen Strauße dazu zu bringen, den kommenden Ereignissen ins Auge zu schauen. Roosevelt unternahm jedoch an der Schwelle des zweiten Weltkrieges einen geheimen Schritt, der nicht nur schwerwiegende Auswirkungen auf das Ergebnis des Krieges, sondern auf den gesamten Gang der Nachkriegsgeschichte haben sollte. Sechs Monate vor Kriegsausbruch hatte der große dänische Physiker Niels Bohr in der *Physical Review* einen bedeutsamen Bericht über die kürzliche Entdeckung der Kernspaltung veröffentlicht. Im August 1939 unterzeichnete Albert Einstein einen Brief an Roosevelt. Dieser wurde nicht sofort an den Präsidenten gesandt, sondern ihm am 11. Oktober (zusammen mit einem Memorandum des ungarischen Physikers Leo Szilard) von Alexander Sachs verlesen, einem Ökonomen, der persönlich von der Physik fasziniert war und zugleich Zugang zum Weißen Haus hatte. Einstein beschrieb »dieses neue Phänomen« in seinem Brief als so geartet, daß »superstarke Bomben eines neuen Typs auf dieser Grundlage gebaut werden könnten«. Roosevelt reagierte sofort: »Hier muß gehandelt werden.« Eine Beratergruppe zum Thema Uran wurde gebildet. Sie erbrachte wenig, und es vergingen noch zwei Jahre, bevor man erste Maßnahmen einleitete. Trotzdem nahm mit diesen bescheidenen Schritten ein Unternehmen seinen Anfang, das enorme Tragweite annehmen sollte: das *Manhattan*-Projekt.[56]

7
Churchill allein
1940

Wie das britische Volk allein die Festung hielt,
bis diejenigen, die bisher halb blind gewesen waren,
halb bereit waren.
– *Worte Winston Churchills, die er als Devise für Band II seiner Memoiren wählte*[1] –

Am 13. Mai 1940 sprach das Unterhaus Churchill, nun Premierminister einer Allparteien-Koalitionsregierung, einmütig das Vertrauen aus.[2] Ungeachtet der Katastrophen, die im Mai und Juni über Großbritannien und seine Verbündeten hereinbrachen, wurde er zum personifizierten Symbol ihrer Entschlossenheit, den Krieg fortzusetzen. Aber er leitete nun ein Kriegskabinett, das beileibe nicht an einem Strang zog. Er war einem Parlament rechenschaftspflichtig, in dem Chamberlain nach wie vor die entscheidende Mehrheit anführte. Auch von der anderen Seite des Atlantiks kam Unterstützung nicht unmittelbar nach dem Regierungswechsel. Der amerikanische Autor, der für die neue Beziehung zwischen Großbritannien und den USA das Wort vom »ungeschriebenen Bündnis«, der »Common Law Alliance« prägte, wies zu Recht darauf hin, daß dieses erst im Jahre 1941 zustande kam.[3] Zudem unternahm Stalin im November 1940 seinen letzten Versuch, die sowjetisch-deutsche Annäherung zu retten. Deshalb war die zweite Hälfte des Jahres 1940 – von Hitler einmal abgesehen – vor allem die Zeit Churchills. Was er einmal über einen britischen Admiral[4] im ersten Weltkrieg bemerkt hatte – daß dieser der einzige Engländer sei, der einen Krieg an einem einzigen Nachmittag verlieren konnte –, traf nun auf Churchill selbst zu.

Die militärische Lage: Frankreich

Die lang erwartete Offensive in Westeuropa war der brillanteste Feldzug in Hitlers militärischer Laufbahn. (Danach konnten seine Generale seine Autorität nicht länger in Frage stellen, was zu einem Schlüsselfak-

Der Krieg im Westen begann mit dem »Phony War«, einem Scheinkrieg. Beide Seiten hatten sich hinter ihre Befestigungsanlagen zurückgezogen, während die deutschen Armeen in einem kurzen Feldzug Polen niederwarfen, dem niemand half. – Die Maginot-Linie war ein tief gestaffeltes Bunkersystem, das von Hitler aber niemals angegriffen wurde, weil die deutschen Panzertruppen es über für unzugänglich gehaltene Straßen in den Ardennen umgingen. Das deutsche Befestigungssystem war mehr improvisierter Natur und bestand oft genug nur aus Panzersperren, Gräben und Stacheldrahtverhauen, die eher psychologische als militärische Wirkung hatten.

tor des späteren Ostfeldzuges wurde.) Paris wurde 1940 fast so schnell eingenommen wie Warschau 1939. Dabei war das deutsche Heer den Gesamtkräften, die ihm am 10. Mai 1940 zu Lande gegenüberstanden, an Zahl nicht wesentlich überlegen.[5] Die französische Armee besaß sogar mehr Panzer. Die Luftwaffe war allerdings den schwachen französischen Luftstreitkräften und den Staffeln der Royal Air Force (RAF), die den zehn Divisionen des britischen Expeditionskorps (BEF) beigegeben waren, klar überlegen. Was jedoch das strategische Konzept, die Taktik (vor allem des Panzereinsatzes), die Richtlinien und die Moral betraf[6], so bewies die deutsche Wehrmacht in diesem zweiten Blitzkrieg, daß sie das beste Instrument militärischer Macht in Europa war. Sie löschte rasch jede Erinnerung an die deutsche Niederlage von 1918 aus. Bereits nach fünf Tagen war der französische Premierminister überzeugt, daß die Schlacht verloren sei.

Sie war aber, wie der Polenfeldzug, bereits verloren, bevor sie überhaupt begonnen hatte. Die vor allem defensiv angelegte Strategie des Oberkommandierenden der Alliierten, des 67jährigen Generals Maurice Gamelin, beruhte auf der Annahme, daß die Maginot-Linie im Süden im Grunde unüberwindlich sei und der Hauptstoß des deutschen Angriffs deshalb über die Niederlande erwartet werden müsse. Dorthin setzte man die beiden besten französischen Armeen (die Siebente und die Erste), zwischen ihnen das britische Expeditionskorps, sofort in Marsch, als der deutsche Angriff begann. Diese Annahme erwies sich als verhängnisvoller Fehler. In Wirklichkeit traf der Schwerpunkt des deutschen Angriffs die Franzosen unmittelbar nördlich der Maginot-Linie in den nur schwach verteidigten Ardennen. Dort stießen zwei Panzergenerale gegen Sedan vor, deren Namen der zweite Weltkrieg berühmt machen sollte: Heinz Guderian und Erwin Rommel. Drei Tage nachdem die deutschen Einheiten die Grenze überschritten hatten, überquerte Guderians Panzerkorps bereits die Meuse. Am 20. Mai hatten seine Panzerspitzen die Kanalküste bei Abbeville erreicht und damit – in der deutschen Lehrbuchsprache – innerhalb von sieben Tagen den Einbruch in einen Durchbruch verwandelt.[7]

Wie wir heute wissen, stürzten Tempo und Ausmaß dieses Durchbruchs Guderians Vorgesetzte bis hin zu Hitler in tiefe Sorge, weil er damit einem Gegenangriff der Alliierten, insbesondere vom Süden, lange Flanken bot. Er hypnotisierte aber auch gleichsam Gamelin, der in seinem Hauptquartier in der Festung von Vincennes am Rande von Paris wie gelähmt saß, bis ihn Reynaud am Abend des 19. Mai durch einen noch älteren General (der aus Syrien abkommandiert worden war) ersetzte.

Der neue Oberkommandierende, General Maxime Weygand[8], wurde in einen Krieg hineingestoßen, den bereits die schreckliche Aura der Niederlage umgab. Er konnte zwar bald feststellen, was in der Theorie getan werden müßte, in der Praxis jedoch kam der Gegenangriff der Alliierten kaum von der Stelle. Nach dem ersten Einbruch gab Weygand einen Tagesbefehl an die französische Armee heraus, die Front längs der Flüsse Somme und Aisne zu halten. Darin standen die zweifelhaften Worte: »Nous sommes au dernier quart d'heure.«

Als die Deutschen am 5. Juni schließlich zum entscheidenden Angriff bliesen, kam das Ende der Schlacht um das französische Festland bereits in Sicht. Paris fiel am 14. Juni. Eine Woche später trafen sich deutsche und französische Bevollmächtigte im Wald von Compiègne in demselben Eisenbahnwagen, wo Marschall Foch im November 1918 die deutschen Offiziere empfangen hatte, die um einen Waffenstillstand baten.

Den einzigen Fehler in seinem ganzen Frankreichfeldzug beging Hitler am 24. Mai, als er das Hauptquartier der Heeresgruppe von General Rundstedt besuchte, zu der Guderians Panzerkorps gehörte. Statt dessen Panzerdivisionen nach Norden gegen das britische Expeditionskorps[9] und die französischen Kräfte zu werfen, die nun an der Kanalküste abgeschnitten waren, worauf Guderian und andere Generale drängten, stimmte er dem vorsichtigen Rundstedt zu, die Heeresgruppe umzugruppieren und gegen die Hauptkräfte der französischen Armee zu werfen, die Paris verteidigten. Der arrogante Hermann Göring konnte ihn außerdem davon überzeugen, daß die Luftwaffe allein in der Lage sei, die britischen und französischen Einheiten an der Küste aufzureiben. Paris wurde von der deutschen Armee zum zweiten Mal in siebzig Jahren erobert, das britische Expeditionskorps überlebte jedoch für so manche weitere Schlacht.

Die Bedingungen des französisch-deutschen Waffenstillstandes vom Juni 1940 waren relativ mild. Während die Nordhälfte Frankreichs mit der Hauptstadt (wie die Niederlande) unter deutsche Besetzung kam, blieb die südliche Hälfte in der Hand der französischen Regierung, die sich am 1. Juli in Vichy niederließ. In Artikel 8 des Waffenstillstandsabkommens war festgelegt, daß die Schiffe der französischen Kriegsflotte, die nun über verschiedene Häfen verstreut waren, »in noch zu bezeichnenden Häfen versammelt und unter deutscher oder italienischer Aufsicht demobilisiert und entwaffnet werden« sollten. Pétains Autorität wurde fast im gesamten französischen Empire anerkannt. Aber ein untergeordneter und damals wenig bekannter französischer General,

Im Frankreichfeldzug kam Hitlers Blitzkrieg-Strategie auf ihren Höhepunkt. Polen war in achtzehn Tagen praktisch niedergeworfen worden, auch weil die Westalliierten dem deutschen Angriff im Osten tatenlos zusahen, obwohl nur wenige Divisionen den Westwall notdürftig sicherten. Jetzt aber traf Hitler auf die vereinigten französischen und englischen Armeen, die der Wehrmacht trotz aller Rüstungsanstrengungen der Deutschen überlegen waren, in der Zahl der Truppen wie der der Flugzeuge und Panzer. Dennoch gelang es wider alles Erwarten den Deutschen ein weiteres Mal, in wenigen Wochen den Gegner zur Kapitulation zu zwingen. In einer militärisch gewagten Operation durchbrachen sie in den Ardennen auf unwegsamem Gelände die Verteidigungslinien und entschieden in kürzester Zeit den Feldzug. Nach diesem überraschenden Anfangserfolg gab es nur noch wenig Gegenwehr, und bald waren die Vormarschstraßen der Deutschen von verlassenen Fahrzeugen der Alliierten gesäumt. – Hitler verlegte die feierliche Zeremonie der Kapitulation in jenen historischen Salonwagen im Wald von Compiègne, wo rund zwei Jahrzehnte zuvor das erbitterte Ringen von fast fünf Jahren zuende gegangen war.

Charles de Gaulle, flog nach London, wo er am 18. Juni in einem denkwürdigen Appell die wenigen seiner Landsleute, die dies noch hören wollten, daran erinnerte, daß Frankreich zwar eine Schlacht, aber nicht den Krieg verloren hatte.

Das Schicksal der französischen Flotte war entscheidend für das neue Kräfteverhältnis auf See. Das grausame Dilemma, vor dem die britische und die französische Regierung nun standen, faßte de Gaulle unmittelbar nach dem schockierenden Ereignis in zwei Sätzen zusammen: Einerseits gebe es keinen einzigen Franzosen, der nicht »mit Trauer und Zorn erfahren hat, daß Schiffe der französischen Marine von unseren Verbündeten versenkt wurden«. Andererseits bestehe »nicht der geringste Zweifel, daß der Feind diese aus Prinzip und aus der Not heraus eines Tages gegen Großbritannien oder gegen unser eigenes (das französische) Empire eingesetzt hätte.«[10] Am späten Abend des 2. Juli 1940 erhielt Vizeadmiral James Somerville in Gibraltar eine Botschaft, in der man ihn »mit einer der widerwärtigsten und schwierigsten Aufgaben betraute, die je einem britischen Admiral gestellt worden war«. Dieser Weisung folgte ein detailliertes Schriftstück, das dem Kommandierenden Admiral der starken französischen Flotte in Oran übergeben werden sollte. Diesem wurden drei Alternativen zur kampflosen Übergabe seiner Schiffe an die Deutschen geboten.[11] Nach einem Tag fruchtloser Verhandlungen vor Oran begannen die Briten am 3. Juli kurz vor 18.00 Uhr mit der Bombardierung der französischen Flotte im Hafen Mers-el-Kebir.

Diese Aktion kostete über tausend Franzosen das Leben. Drei Schlachtschiffe wurden zerstört oder außer Gefecht gesetzt. Fünf Tage danach wurde im Hafen von Dakar die *Richelieu* angegriffen und kampfunfähig geschossen, die noch nicht ganz fertiggestellt, aber mit 15-Zoll-Kanonen bestückt war.[12] In Alexandria, das sich in britischer Hand befand, gelang es nach einigen kritischen Augenblicken, die französische Flotte zu demobilisieren. Alle französischen Schiffe in Großbritannien wurden unter britische Kontrolle gestellt. Nach den gegenseitigen Beschuldigungen wegen der Operation von Dünkirchen einen Monat zuvor zerrissen die Ereignisse in Mers-el-Kebir nun das letzte schwache Kettenglied der britisch-französischen *Entente.*[13] Am 5. Juli brach die französische Regierung die diplomatischen Beziehungen zu Großbritannien ab. Im Unterschied dazu erhielt die amerikanische Regierung ihre diplomatischen Beziehungen zu Vichy aufrecht. Daraus ergab sich ein Unterschied der politischen Positionen Großbritanniens und der USA, der für die späteren Beziehungen zwischen Churchill und Roosevelt – insbesondere Ende 1942 – Bedeutung erlangen sollte.

An dem Tag, an dem die Admiralität an Somerville telegrafiert hatte, wurde auf deutscher Seite die erste Direktive für die Planung der Invasion Großbritanniens, genannt Operation *Seelöwe*, herausgegeben. Der Plan sah in seiner endgültigen Form zunächst eine Landung von dreizehn Divisionen in den Grafschaften Kent und Sussex an der englischen Südostküste vor. Zu diesem Zweck wurde an der gegenüberliegenden Küste allmählich eine buntscheckige Armada von 3000 Schiffen der verschiedensten Art zusammengezogen. Wegen der britischen Flottenüberlegenheit im Ärmelkanal mußte jedoch ein deutscher Sieg vor allem in der Luft erfochten werden. Als Zeitraum für die Luftschlacht um England gilt allgemein Mitte Juli bis Ende Oktober. Es wurde im wesentlichen bei Tageslicht gekämpft. (Die darauffolgenden massiven Nachtangriffe verursachten zwar schwere Verluste unter der Zivilbevölkerung, brachten aber nicht die von den Deutschen erstrebte Luftüberlegenheit über Südostengland, die für einen Erfolg der Invasion ausschlaggebend gewesen wäre.) Im August begann die entscheidende Attacke der Luftwaffe - Operation *Adlerangriff*.

620 Hurricanes und Spitfires von insgesamt 704 intakten und einsetzbaren Jagdflugzeugen im Kommando der RAF standen auf deutscher Seite 980 Jagdflugzeuge und 1480 Bomber gegenüber. Die britischen Jäger, insbesondere der Spitfire, waren gut, die Messerschmidt 109 brachten in mancher Beziehung noch bessere Leistungen, konnten aber am Südrand von London, ihrer größten Reichweite, nur etwa zwanzig Minuten lang agieren. Obwohl das britische Jägerkorps an Zahl unterlegen war, hatte es doch auch einige Vorteile - einen brillanten Kommandeur, Air Chief Marshal Hugh Dowding, das Können und den Kampfgeist der Piloten, eine weitgefächerte Aufklärung, ein Kommando- und Kontrollsystem, das bereits Radar benutzte, sowie, wie wir heute wissen, die Ergebnisse der Chiffrierschule der Regierung (GCCS) in Bletchley Park, wo es einer Gruppe glänzender Geheimschriftexperten im Mai gelungen war, den Code der Luftwaffe zu entschlüsseln.[14] Dowding hatte den Plan dieser grandiosen Luftschlacht ausgearbeitet und führte sie auch. Er hatte das Minimum an Jägerstaffeln berechnet (und während des Frankreich-Feldzuges mit Zähnen und Klauen dafür gekämpft, daß es in Großbritannien und damit intakt blieb), das gerade ausreichte, um das Land gegen den ersten deutschen Angriff zu verteidigen. Sein Urteil erwies sich als richtig. Obwohl kein umgänglicher Mann, wurde er von seinen Piloten verehrt und von Churchill geachtet.[15]

Die Schlacht um England[16] wurde wie die Schlacht von Waterloo nur knapp entschieden und besaß nicht weniger gravierende Konsequenzen. In der ersten Phase, besonders am 15. August, trug die Luftwaffe koordinierte Angriffe auf breiter Front vor. Sie erlitt schwere Verluste: In den zehn Tagen vom 8. bis 18. August wurden insgesamt 367 Flugzeuge abgeschossen.[17] In der nächsten Phase vom 24. August bis 6. September konzentrierte die Luftwaffe ihre Angriffe auf die Flugplätze Südostenglands. Anstatt jedoch diese vollständig zu zerstören, was zusammen mit der Vernichtung der Radarkette der Schlüssel zum Sieg gewesen wäre, ging die Luftwaffe in der Schlußphase, die am 7. September begann, zu massiven Luftangriffen auf London über, die sie am Tage flog. Am 15. September, dem Höhepunkt der Schlacht, waren die Reserven des Jägerkorps der RAF erschöpft (vor allem an erfahrenen Piloten, die zu Beginn der Schlacht um Großbritannien nur etwa 1200 zählten). An jenem Tag wurden jedoch 76 deutsche Flugzeuge abgeschossen bei nur 32 eigenen Verlusten. Am Ende der Schlacht hatte die Luftwaffe 1733 Maschinen verloren. Die Gesamtverluste der RAF betrugen 1163 Maschinen aus allen drei Kommandos.

Gegen Ende September ging Göring zu Nachtangriffen auf die Städte über.[18] Die Moral der Zivilbevölkerung hielt stand (wie auch in Deutschland später im Krieg, als die RAF und die US-Luftwaffe - USAAF - wesentlich schwerere Bombenangriffe auf deutsche Städte flogen). Hätte die Luftwaffe in der Schlacht um England am Prinzip des *Schwerpunktes* festgehalten, dann hätte das Ergebnis anders ausfallen können. Ihre Befehlshaber taten jedoch genau das Gegenteil, und so mußte Hitler im Jahre 1940 seine erste Niederlage hinnehmen. Zwei Tage nach der größten Luftschlacht vom 15. September wurde Operation *Seelöwe*, die zunächst für diesen Tag vorgesehen war, auf unbestimmte Zeit verschoben. Am 12. Oktober verlegte man dieses Datum offiziell auf das nächste Frühjahr.

Der Nahe Osten

Am 10. Juni 1940 erklärte Mussolini unvermittelt Großbritannien und Frankreich den Krieg. Für Großbritannien bedeutete dies nicht nur, daß sich das Kräfteverhältnis im Mittelmeer radikal veränderte, sondern zugleich, daß Ägypten von einer Invasion der an Zahl überlegenen italienischen Einheiten in Libyen bedroht war.[19] Diese begann dann auch prompt am 13. September, aber der italienische Kommandeur, Marschall Rodolfo Graziani, brachte den Vormarsch seiner Truppen bereits

Der »Blitz« über England sollte der Ausschaltung der britischen Luftwaffe gelten und war zur Vorbereitung einer deutschen Invasion gedacht. Erst als der Zweikampf der Jagdflugzeuge – Me 109 gegen Spitfire – ergebnislos und mit hohen deutschen Verlusten abgebrochen werden mußte, griff man Bodenziele an, wobei Coventry das Symbol des Luftkrieges wurde. Aber auch die Bombardierung Coventrys war nicht als Terrorangriff gemeint, sondern zielte auf die Flugzeugwerke, die dort konzentriert waren. Dennoch wurde die Stadt als Beweis für die brutale deutsche Kriegsführung betrachtet, wozu eine Rede von Hitler beitrug, der England angedroht hatte, alle Städte der Insel zu »coventrieren«.

nach zwei Tagen bei Sidi Barrani, unweit der Grenze, zum Stehen. Da das britische Kriegskabinett auf dem Höhepunkt der Schlacht um England entschieden hatte, Verstärkung nach Ägypten zu entsenden, darunter auch eine Panzerbrigade, wurden die Truppen Grazianis am 9. Dezember von einer britischen Streitmacht in der Stärke von drei Divisionen unter der kompetenten Führung von General Richard O'Connor angegriffen. Dieser Angriff war so erfolgreich, daß O'Connor ihn mit Unterstützung von General Archibald Wavell bis auf libysches Territorium ausweiten konnte. Als dieser Feldzug zwei Monate später endete, hatte er die ganze Cyrenaica besetzt und etwa 14 italienische Divisionen zerschlagen. Die kühne britische Entscheidung, im August 1940 Verstärkung nach Ägypten zu entsenden, und deren erfolgreicher Einsatz durch O'Connor in der Westwüste erwiesen sich jedoch am Ende des Jahres (wie wir in Kapitel 9 sehen werden) als vergeblich.[20] Anstatt diese Aktion zum logischen Abschluß – der Eroberung von Tripoli – zu bringen, die dem Wüstenkrieg durchaus hätte ein Ende setzen können, markierte O'Connors Sieg nur den Beginn eines hin und her wogenden Konfliktes, der bis Mai 1943 andauerte.

Der Umfang der Ressourcen, die dieser lang andauernde Krieg an der Nordküste Afrikas verschlang, war von enormem Einfluß zunächst auf die britische und später auf die anglo-amerikanische Gesamtstrategie. Viele tausend Soldaten aus Australien, Großbritannien, Deutschland, Indien, Italien, Frankreich, Polen, Neuseeland und Südafrika, die bereits vor Eintreffen der amerikanischen Armee Ende 1942 hier kämpften, ließen ihr Leben in der Westwüste, in der auch so mancher britische General seinen Ruf begraben mußte. Als Churchill 1942 nach dem Fall von Tobruk und dem Rückzug der Achten Armee bis El Alamein zum ersten Male Ägypten besuchte, kursierte in der Wüste folgende Geschichte: Auf seine Fragen nach dem Verbleib einiger Offiziere, die er persönlich kannte, erhielt Churchill die Antwort, sie seien »im Sack«. Daraufhin soll der Premierminister erwidert haben: »Was für einen Ausdruck höre ich da – ›im Sack‹? Ich würde eher sagen, ›von unfähigen Generälen in die Gefangenschaft getrieben‹.«[21]

Churchill als Premier und Verteidigungsminister

Mitte 1940 wurde London unvermittelt zum Epizentrum eines geopolitischen Erdbebens. Welch tiefgreifende Veränderungen in der öffentlichen Meinung Großbritanniens dieser Schock im Vergleich zur Atmosphäre des »phony war« auslöste, soll an einer kleinen Episode demonstriert werden, die ich einige Wochen vor Churchills Ernennung zum Premierminister erlebte. Bei einem Essen, zu dem mich ein prominenter Tory, ein Nachkomme des großen Castlereagh eingeladen hatte, dessen Familie mit der Churchills verschwägert ist, überreichte mir der Hausherr ein Exemplar des Buches, das er zur Verteidigung der Appeasement-Politik 1938 geschrieben hatte. Im Vorwort brachte der Autor »Adolf Hitler, Feldmarschall Göring, Herrn von Ribbentrop und Freiherrn von Neurath für ihre große Güte und Gastfreundschaft… seine Dankbarkeit« zum Ausdruck. Im Anhang waren Dankschreiben, u. a. von Hitler, für dieses Buch abgedruckt. Für den Verfasser Charles Londonderry schienen weder sein Bekenntnis zu »einer Politik der Freundschaft mit Hitler und einem besseren Verständnis der Ziele Deutschlands«[22] noch die Reaktion des Naziführers darauf durch die Kriegsmonate überholt zu sein. Londonderry war im November 1935 noch Kabinettsminister gewesen, galt jedoch 1940 als etwas skurrile Figur im öffentlichen Leben Großbritanniens. Zwar waren Londonderry House und Cliveden[23], der Landsitz der Astors, bei weitem nicht typisch für die öffentliche Meinung in Großbritannien, ihr Einfluß aber war nicht zu unterschätzen, und die »Münchener« veränderten ihre Ansichten auch nach dem 3. September 1939 nicht über Nacht, wie diese Episode zeigt. Das Fiasko in Norwegen und die unmittelbar darauf folgende deutsche Invasion in Frankreich und den Niederlanden reichten aus, um Churchill Anfang Mai 1940 an die Macht zu bringen. Es mußte jedoch noch wesentlich mehr geschehen, um dem gesamten britischen Volk bewußt zu machen, daß es in dem Krieg, in den es acht Monate zuvor eingetreten war, jetzt ums nackte Überleben ging.

An einem kritischen Tag in der Zeit, die Churchill öffentlich als Großbritanniens »größte Stunde« bezeichnete[24], beschrieb Churchill die neue Stimmung, die die Nation erfaßt hatte, in zwei kurzen Sätzen. In einer Instruktion an den britischen Botschafter in Washington, Philip Lothian, vom 28. Juni heißt es: »Sie sollten eine gelassene, phlegmatische Miene zur Schau tragen. Hier ist kein Mensch verzagt.«[25] Beide Eigenschaften, die Churchill Lothian in diesem Telegramm empfahl, waren angesichts der Katastrophe, die über Europa hereingebrochen war, in großem Maße vonnöten. Churchill reagierte mit einer ganzen Serie leidenschaftlicher Reden im Parlament und über den Rundfunk, in denen er dazu aufrief, aus der Vergangenheit der Nation Kraft zu schöpfen, um den Gefahren der Gegenwart die Stirn bieten zu können.

Diese Reden wurden nicht nur in Großbritannien zum Kampfsignal, sie wirkten auch zunehmend über den Atlantik hinweg. Der amerikanische Botschafter Joseph Kennedy in seiner Residenz am Grosvenor Square, eine Art »Ehren-Münchener«, war allerdings nicht überzeugt, daß Großbritannien bis zu seiner Rückkehr in die USA im Vorfeld der Präsidentschaftswahlen - oder gar darüber hinaus - überleben könnte. Zu dieser Zeit gaben aber beide Regierungen kaum noch etwas auf seinen Rat. (Am 2. Dezember 1940 reichte er dem Präsidenten sein Rücktrittsgesuch ein.)[26]

Große Wirkung hatte dagegen die ausgezeichnete Berichterstattung von Journalisten wie dem Rundfunkreporter Edward Murrow, ob er nun Churchills Reden im Unterhaus wiedergab oder während eines nächtlichen Luftangriffs live von den Stufen der Kirche von St. Martin in the Fields am Trafalger Square berichtete. Murrows Reportagen für die CBS, in denen er jegliche Übertreibung oder unnötige Adjektive vermied und stets mit den drei Worten begann: »Hier ist London«, wirkten um so mehr, als er bei früheren Besuchen in Großbritannien vor dem Krieg kein Freund dieses Landes gewesen war.[27]

In Churchills ersten Wochen als Premierminister war seine politische Position durchaus nicht gesichert. Bei der Bildung seiner Administration kam es nur zu wenigen politischen Vergeltungsakten. Die Chamberlains durften auf Churchills Entscheidung hin einen Monat länger in der Downing Street Nr. 10 wohnen. Er selbst blieb weiter in seiner Wohnung im Haus der Admiralität. Chamberlain, der immer noch die Konservative Partei anführte, wurde Lordsiegelbewahrer und behielt seinen Sitz im Kriegskabinett. Halifax, nach wie vor Mitglied des Kriegskabinetts, blieb im Foreign Office und behielt Rab Butler[28] als Stellvertreter (und damit Regierungssprecher für außenpolitische Fragen im Unterhaus). Was die anderen Hauptbefürworter der Appeasement-Politik betraf, so wurde Simon auf den Posten des Lordkanzlers im Oberhaus befördert und damit sein weiterer direkter Einfluß auf die Kriegführung ausgeschaltet. Hoare sandte man als Botschafter nach Madrid, wo er in Franco einen passenden Gesprächspartner fand. Wilson, Chamberlains graue Eminenz in den letzten zwei Jahren, wurde aus dem Büro des Premierministers verbannt und in das Schatzamt versetzt, das seinem Naturell am besten entsprach.[29]

Im Kriegskabinett, das nunmehr nur noch aus fünf Mitgliedern bestand, hatte Churchill auf der einen Seite die beiden Architekten des Münchener Abkommens und auf der anderen Seite die beiden Führer der Labour Party, Clement Attlee[30] und Arthur Greenwood, als gleichermaßen unbequeme Partner zur Seite. Gegen Ende des Jahres wurde seine Position gestärkt - zunächst durch den Eintritt des gewichtigen Arbeitsministers Ernest Bevin ins Kriegskabinett[31] und danach durch das Schicksal: Chamberlain starb im November[32], und Churchill wurde Führer der Konservativen Partei. Nachdem einen Monat später Lothian in Washington verstorben war, konnte er Halifax davon überzeugen, sein tägliches Ringen mit seinem gequälten Gewissen[33] in Lothians neogeorgianisches Anwesen an der Massachusetts Avenue in Washington zu verlegen. Hier wurde er nach einigen anfänglichen Fauxpas ein geachteter Botschafter.[34] Im Sommer 1940 zeichneten sich diese Entwicklungen jedoch noch nicht ab. Zudem gab es in Großbritannien noch einen bedeutenden Politiker, der auf eigene Entscheidung außerhalb der Regierung blieb - Lloyd George. Ungeachtet seines hohen Alters und seines entscheidenden Eingreifens in die Debatte, die Churchill zur Macht gebracht hatte, träumte er davon, Churchills Nachfolge als der Premierminister anzutreten, der dem Lande den Frieden bringen würde.[35]

Ungeachtet all dieser Schwierigkeiten gelang es Churchill, die Hauptrichtung des Krieges mit einem Schlag zu verändern, als er selbst ein zusätzliches Amt, das des Verteidigungsministers, übernahm, das in der britischen Politik damals neu war. Dazu brauchte kein neues Ministerium gebildet zu werden, da in Gestalt der militärischen Abteilung des Sekretariats des Kriegskabinetts unter Leitung von General Ismay bereits ein Mitarbeiterstamm existierte.[36] Innerhalb von zwei Wochen führte Churchill nun mit der geballten Macht des Premiers und des Verteidigungsministers einen Umschwung in Whitehall herbei. Niemals hatte es bisher »einen so schnellen Meinungswandel in Whitehall und ein solches Tempo der Geschäftsführung gegeben«. Diese Aussage ist um so überzeugender, als sie aus der Feder von John Colville stammt, eines von Churchills Privatsekretären, der unter Chamberlain in derselben Funktion gedient und diesen bewundert hatte.[37]

Churchill gab ein solches Tempo vor, daß nicht jeder mithalten konnte: Einige seiner Notizen trugen nun die Bemerkung »Noch heute zu erledigen«. Mancher war nicht imstande, sich auf sein merkwürdiges Temperament einzustellen (Churchill konnte in Minutenschnelle von Tränen zu witzigen Bemerkungen wechseln) oder sich an seinen eigenartigen Arbeitsstil zu gewöhnen. Dies erforderte sowohl eine physische als auch psychische Umstellung, denn seine engsten Mitarbeiter und Berater kamen häufig erst in den frühen Morgenstunden ins Bett.[38] Selbst jene, die mit dieser anstrengenden Persönlichkeit gut auskamen, brauchten ein Tagebuch, um ihrer Verzweiflung Ausdruck zu verleihen. Die allgemeine Meinung in Whitehall Anfang Mai 1940 wurde von Colville mit den Worten zusammengefaßt, »im Zweifel über seine Wahl (zum Premierminister) und ... bereit, diese Zweifel bestätigt zu finden«. Diese Einschätzung traf durchaus das Bild, das man zu dieser Zeit in Washington von Churchill hatte (Kennedy hatte Roosevelt u. a. den Londoner Tratsch über Churchills unorthodoxe Führungsmethoden in der Admiralität, seine Nachtarbeit und seinen Alkoholverbrauch hinterbracht).[39] Diese Zweifel wurden in London bald ausgeräumt, hielten sich jedoch in Washington wesentlich länger. Churchill zwang jeden, nicht zuletzt sich selbst, das Äußerste und manchmal noch mehr zu geben. Seine Frau erinnerte ihn Ende Juni schließlich in einem scharfsinnigen Brief daran, daß er mit »Wutausbrüchen und Heftigkeit« nicht die besten Ergebnisse erreichen werde.[40] Dieser Brief muß in seinem historischen Kontext gesehen werden. Einen Monat bevor Churchill diesen Rat von seiner Frau erhielt (die ihren Brief zunächst zerrissen hatte und ihn erst einige Tage später nach reiflicher Überlegung absandte), hatte er in London die entscheidenden Debatten der gesamten Zeit des zweiten Weltkrieges geleitet.

Formal gesehen, wurde die Sitzungsserie des Kriegskabinetts vom 26. bis 28. Mai 1940 dadurch ausgelöst, daß ein dringender Vorschlag des französischen Premierministers erörtert werden mußte, Großbritannien möge sich an dem gemeinsamen Versuch beteiligen, Italien zu kaufen.[41] Heute wissen wir jedoch, daß die langen Debatten des Kriegskabinetts in diesen drei Tagen ein wesentlich breiteres Spektrum erfaßten: Im Grunde genommen ging es um die Frage, ob ein Frieden durch Verhandlungen mit Deutschland möglich sei. Zu dieser Zeit war das Schicksal des britischen Expeditionskorps noch unklar. Am Sonntag, dem 26. Mai, wurde in der Westminster Abbey in Anwesenheit Churchills ein Fürbittegottesdienst abgehalten. In den inneren Kreisen der britischen Regierung gewann das München-Syndrom wieder an Einfluß. Wie die heute zugänglichen Dokumente sehr anschaulich zeigen, mußte sich Churchill nicht in erster Linie mit Chamberlain, sondern mit Halifax auseinandersetzen. Er konnte dabei auf die Unterstützung der beiden Mitglieder der Labour Party im Kriegskabinett bauen. Da seine persönliche Position in der Konservativen Partei (die noch von Chamberlain geführt wurde) in diesem frühen Stadium als Premierminister schwach war, mußte er Chamberlain und Halifax gewinnen. Deshalb war er gezwungen, zunächst auch den Führer der Liberalen Partei[42] zu den Beratungen im Kriegskabinett einzuladen und in einem kritischen

Augenblick gegen Ende der Debatten auch die Meinung des Kabinetts als Ganzes einzuholen.

Chamberlain schwankte in diesen drei hektischen Tagen hin und her.[43] Halifax war nahe daran zurückzutreten. Bevor das Kriegskabinett seine Debatten begann, hatte er bereits dem italienischen Botschafter gesagt, die britische Regierung sei »natürlich bereit, jeden Vorschlag zu prüfen«, der zum Frieden in Europa führen könnte. Gegen Churchills Argument, »Frieden und Sicherheit... unter deutscher Herrschaft über Europa« könnten niemals akzeptiert werden, argumentierte Halifax auf der ersten Zusammenkunft am 26. Mai, das Kriegskabinett müsse »der Tatsache ins Auge sehen, daß es nicht so sehr darum geht, Deutschland eine Niederlage beizubringen, sondern die Unabhängigkeit unseres Empires zu sichern...« Auf der zweiten Beratung am selben Tage nahm Halifax das aus München bekannte Thema wieder auf, Mussolini »wäre nur zu gern bereit, wenn er könnte, Hitler zu einer vernünftigeren Haltung zu bewegen«.[44]

Am zweiten Tag lag den Mitgliedern des Kriegskabinetts nicht nur der ursprüngliche Vorschlag der französischen Regierung vor (den Reynaud persönlich in London übergeben hatte), sondern auch das vom französischen Botschafter in Reynauds Auftrag übermittelte »äußerst dringliche« Ersuchen, die vorgeschlagene gemeinsame Initiative gegenüber Mussolini sollte »geographisch präzisiert« werden. Dies bedeutete, die beiden Regierungen sollten »Signor Mussolini ein präzises Angebot von (territorialen) Zugeständnissen« vorlegen. Churchills Haltung hatte sich über Nacht verhärtet (ihm lag inzwischen eine abgewogene Antwort der Stabschefs[45] auf seine Frage vor, ob Großbritannien auch allein gegen Deutschland und eventuell Italien weiterkämpfen könnte). Er wies darauf hin, daß es »ein beträchtlicher Unterschied ist, ob wir einen solchen Schritt tun oder es Präsident Roosevelt überlassen, selbst ganz demonstrativ die Initiative zu ergreifen.« Daraufhin kam es zur offenen Konfrontation zwischen dem Premier und dem Außenminister. Halifax fragte Churchill geradeheraus: »Nehmen wir an, Herr Hitler wäre dringend interessiert, den Krieg zu beenden, weil er sich seiner eigenen inneren Schwächen bewußt wird, und schlüge Frankreich und England Bedingungen vor; wäre der Premierminister bereit, sie in Erwägung zu ziehen?« Churchill antwortete, er würde sich nicht Frankreich anschließen und um Bedingungen bitten; wenn man ihm aber mitteilte, um welche Bedingungen es sich handelt, dann wäre er bereit, sie in Erwägung zu ziehen.

Gegen Ende der harten Diskussion im Kriegskabinett am Nachmittag des 28. Mai war ein Stand erreicht, da Halifax bestritt, irgend etwas »an seinen Vorschlägen könnte auch nur entfernt als letztendliche Kapitulation beschrieben werden«, während Churchill einschätzte, »die Chancen, gegenwärtig anständige Bedingungen zu erhalten«, stünden »tausend zu eins«. Um 18.15 Uhr vertagte sich das Kriegskabinett. In der kurzen Pause, bevor es wieder zusammentrat, sprach Churchill, der niemals ein sehr guter Parteipolitiker, aber immer ein großer Parlamentarier war, in seinem Zimmer im Unterhaus mit den übrigen (25) Mitgliedern seines Kabinetts. Hier bemerkte er »ganz nebenbei«: »Natürlich werden wir, was immer in Dünkirchen geschehen mag, weiterkämpfen.«[46] Daraufhin kam es am Abend dieses 28. Mai 1940 in Churchills Zimmer zu persönlichen Ovationen der Minister, die allen politischen Parteien angehörten. Hier zeigte sich ein solcher Überschwang der Gefühle, der die Beschreibung dieser Szene durch den Biographen als »eine der außergewöhnlichsten... des ganzen Krieges« geradezu als Understatement erscheinen läßt.[47]

So gestärkt trug Churchill, als er zur Schlußrunde der Diskussion im Kriegskabinett um 19.00 Uhr zurückkehrte, nun auch mit Unterstützung Chamberlains den Sieg davon. Zur konkreten Frage, die es zu entscheiden galt – Reynauds Vorschlag einer gemeinsamen Initiative gegenüber Mussolini –, wurde eine scharf ablehnende Antwort beschlossen und der britischen Botschaft in Paris kurz vor Mitternacht telefonisch übermittelt. Der volle Wortlaut dieses Telegramms[48] zeigt heute eindeutig, daß man sich in Wirklichkeit dazu entschlossen hatte, »den Krieg, wenn notwendig, jahrelang und, wenn notwendig, allein weiterzuführen«. Diese Worte gebrauchte Churchill dann in seiner Rede am 4. Juni 1940, die er mit den Sätzen schloß: »Wir werden auch noch an den Stränden gegen sie kämpfen... Wir werden uns niemals ergeben.«

Aber auch jetzt waren die Skeptiker noch längst nicht überzeugt, wie aus ihren Tagebüchern später ersichtlich wurde.[49] Als die Möglichkeit auftauchte, die Schweden könnten vermitteln, unternahm Butler einen Spaziergang mit dem schwedischen Gesandten durch den St.-James-Park. Am 25. Juni schrieb Churchill einen empörten Brief an Halifax, in dem er Butlers Ausführungen während des Spaziergangs (von denen er über GCCS Kenntnis erhalten haben mußte) als »seltsam« bezeichnete. Halifax verteidigte seinen Stellvertreter, aber was immer Butler im Park gesagt haben mag – er machte keine Aufzeichnungen, als er ins Foreign Office zurückkam –, es kann kaum sehr klug gewesen sein. Im Unterschied zu Churchill kannte er offensichtlich die Abhörmöglichkeiten von Bletchley Park damals noch nicht.[50] Churchill war immer bereit,

Fehler nachsichtig zu beurteilen, die, wie er es selbst nannte, »allzu kühnem Kampfgeist entsprangen«.[51] Daß er sich in Band II seiner Memoiren so zurückhielt, lag nicht allein daran, daß Halifax, als das Buch veröffentlicht wurde, erst vor drei Jahren die Botschaft in Washington verlassen hatte, sondern auch daran, daß damals eine fünzigjährige (heute dreißigjährige) Sperrfrist für die Veröffentlichung offizieller Dokumente der britischen Regierung galt. Heute wissen wir, daß Churchill erst unumschränkter Herr im eigenen Hause wurde, als die Schlacht um England gewonnen und ein neues transatlantisches Verhältnis im Entstehen war. Erst dann konnte er die Folgen von München ignorieren.

Churchill und die Niederlage Frankreichs

Am 16. Mai, einen Tag nachdem Reynaud Churchill ohne jede Hoffnung in London angerufen hatte[52], flog dieser zum ersten Mal nach Paris. Hier nahm er an einer deprimierenden Beratung am Quai d'Orsay teil, wo im Garten bereits Akten verbrannt wurden. Churchill war »wie betäubt«[53], als Gamelin ihm auf seine direkte Frage antwortete, er habe keine Reserven, um den Durchbruch der Deutschen bei Sedan aufzuhalten. Trotzdem wurde etwas wie der Plan eines Gegenangriffs beraten. Churchill, der aus London den Beschluß des Kriegskabinetts mitbrachte, Unterstützung durch vier zusätzliche Jägerstaffeln der RAF anzubieten, sandte ein Telegramm nach London, in dem er empfahl, sechs weitere Jägerstaffeln zur Verfügung zu stellen. Die Zustimmung des Kabinetts wurde kurz vor Mitternacht telefonisch nach Paris übermittelt (Ismay nahm den Anruf auf Hindi entgegen). Man übermittelte die Nachricht Churchill, der sofort zur Wohnung des französischen Ministerpräsidenten fuhr, wo Reynaud ihn im Pyjama empfing.

Sechs Tage später war Churchill erneut in Paris. Inzwischen hatte Weygand von Gamelin den Oberbefehl übernommen. Am Anfang dieser verzweifelten letzten Maiwoche beschlossen die beiden Premierminister, die US-Regierung zu autorisieren, der italienischen Regierung mitzuteilen, daß Großbritannien und Frankreich bereit seien, am Ende des Krieges jede »vernünftige« Forderung Italiens in Betracht zu ziehen. Diese Initiative sollte allerdings »vom Präsidenten ganz in eigener Verantwortung unternommen werden«.[54] Rom wies jedoch den Vorstoß der Amerikaner kategorisch zurück. (Reynauds Flug nach London am 26. Mai führte dann zu der bereits beschriebenen entscheidenden Serie von Sitzungen des Kriegskabinetts, an deren Ende die britische Regierung Reynauds Vorschlag ablehnte.) Der alliierte Gegenangriff zu Lande, dessen Plan Weygand ohne Änderungen akzeptiert hatte, schlug ebenfalls fehl. Am 27. Mai erhielt der britische Oberbefehlshaber General John Gort den Befehl, aus Dünkirchen so viele Soldaten wie möglich zu evakuieren.

Zunächst glaubte man, daß nur eine Handvoll entkommen könnte. Weder Churchill noch Gort wußten damals aber, was drei Tage vorher während Hitlers Besuch in Rundstedts Hauptquartier beschlossen worden war. Am Himmel über Dünkirchen kam es zu einer wilden Luftschlacht. Die Luftwaffe war nicht in der Lage, Görings Versprechen an Hitler zu erfüllen. In kaum mehr als einer Woche evakuierten 861 Schiffe insgesamt 338 226 Mann aus dem Hafen und von den Stränden Dünkirchens und setzten sie nach England über.[55] Sie retteten kaum das nackte Leben und mußten fast ihre gesamte Ausrüstung zurücklassen. Über 2000 Geschütze gingen verloren. Die meisten der Evakuierten waren Briten. Dies widersprach der Verständigung[56], die bei Churchills drittem Besuch in Paris am 31. Mai erzielt worden war, daß die Evakuierung der britischen Truppen nach Churchills Worten »Arm in Arm« mit den Franzosen erfolgen sollte und die Briten die Nachhut zu stellen hatten. In Wirklichkeit stellten diese vor allem die Franzosen. In seinem Bericht an das Parlament am 4. Juni warnte Churchill das Hohe Haus, »diese Rettung nicht in einen Sieg umzudeuten«.[57] Heutige britische Militärhistoriker betrachten Dünkirchen als eine Demütigung.[58] Trotzdem aber wurde der sogenannte Geist von Dünkirchen später Teil des nationalen Mythos der Briten. Dort gilt Dünkirchen geradezu als Höhepunkt des Frankreichfeldzuges, während der wirkliche Höhepunkt der Tragödie Frankreichs aber in Wirklichkeit erst zwei Wochen später erreicht wurde.[59]

Zwei Tage bevor deutsche Truppen über die Champs-Elysées marschierten, flog Churchill zum vierten Mal nach Frankreich, diesmal nach Briare bei Orléans, wohin das französische Oberkommando verlegt worden war. Hier ging es um höchsten politischen Einsatz: Würde die französische Regierung ihre exzellente Flotte und ihr Weltreich – besonders in Nord- und Westafrika – nutzen, mit allen Folgen, die dies für die Position der Alliierten im Mittelmeer und im Südatlantik hatte, um den Krieg fortzusetzen, oder würde sie ihre Verpflichtung brechen, die sie gemeinsam mit der britischen Regierung vor kaum drei Monaten eingegangen war, keinen Waffenstillstand oder Friedensvertrag ohne gegenseitige Abstimmung auszuhandeln oder abzuschließen?[60] Die Franzosen forderten Unterstützung durch britische Jagdflugzeuge bis zur letzten Staffel. Churchill, der entschlossen war, das von Dowding errechnete Minimum für die Luftverteidigung Großbritanniens intakt zu halten, beschränkte sich darauf, eine erneute Prüfung des gesamten Problems der Luftunterstützung zuzusagen. Er selbst mußte sich vorläufig mit Admiral Darlans mündlicher Zusicherung begnügen, daß eine Übergabe der französischen Flotte den Traditionen und der Ehre der französischen Marine widerspreche. Abgesehen von einem verzweifelten Plan, ein letztes Bollwerk in der Bretagne zu verteidigen, kamen auf dem Treffen in Briare keine Vereinbarungen zustande.

Vor diesem düsteren Hintergrund muß auch die fragwürdige Entscheidung Churchills gesehen werden, den Rest des britischen Expeditionskorps, der nach Dünkirchen auf französischem Boden verblieben war, zu verstärken, an der Flanke der westlichsten französischen Armee zu plazieren und französischem Befehl zu unterstellen. Von den geplanten drei oder vier Divisionen wurde eine - die 51. Highland Division - bald darauf an der Küste bei St. Valéry abgeschnitten und ergab sich (Rommel) am 12. Juni. Daß der Rest der britischen Armee Frankreich verlassen konnte, war in hohem Maße dem neuen Korpskommandeur, General Brooke, zu verdanken. Er bestand aus militärischen Gründen auf dieser Evakuierung, traf aber auf den harten Widerstand Churchills, der sich von politischen Überlegungen leiten ließ. In einem langen Telefongespräch brüllte Brooke diesen an: »Sie haben schon eine schottische Division verloren. Wollen Sie noch eine verlieren?« Brooke setzte sich durch. Etwa 156 000 Mann (darunter 20 000 Polen, die sich nicht in Frankreich ergeben wollten) wurden aus dem französischen Oberbefehl entlassen und rechtzeitig evakuiert. Damit erhöhte sich die Gesamtzahl der im Mai und Juni aus Frankreich nach Großbritannien zurückgeführten Truppen auf fast eine halbe Million. Bei dem erwähnten Telefongespräch hatten die beiden Männer zum ersten Mal Berührung miteinander. Damit begann eine weitere Beziehung, die später große Bedeutung für Churchills Kriegführung erlangen sollte.[61]

Churchill setzte in Tours das letzte Mal für vier Jahre seinen Fuß auf französischen Boden. Als er bei dieser letzten Zusammenkunft mit Reynaud und dessen Kollegen gefragt wurde, ob die britische Regierung zustimme, die französische Regierung in dieser Notlage des Landes aus ihrer feierlichen Verpflichtung zu entlassen, lehnte Churchill ab. Sein äußerstes Zugeständnis vor dem Rückflug nach London am 13. Juni bestand darin, daß die Franzosen das Ergebnis einer Botschaft Reynauds, die dieser mit Churchills Unterstützung Roosevelt übermittelte, abwarten sollten. Am Nachmittag des 16. Juni erhielt der britische Botschafter die Weisung, Reynaud zu übermitteln, die britische Regierung stimme zu, daß die französische Regierung bei den Deutschen die Bedingungen für einen Waffenstillstand mit Frankreich ermittle - dies jedoch nur unter der Voraussetzung, daß die französische Flotte vor etwaigen Verhandlungen sogleich nach britischen Häfen auslaufe. Am späten Nachmittag wurden dann die letzten Zeilen dieser Tragödie gesprochen. Sie klangen dramatisch: Es war der Entwurf einer Deklaration über die Union zwischen Großbritannien und Frankreich.

Dieses Dokument schlug eine »unauflösliche Union« der beiden Länder vor, die »gemeinsame Organe der Verteidigung, der Außen-, der Finanz- und der Wirtschaftspolitik, eine gemeinsame Staatsbürgerschaft und ein einziges Kriegskabinett besitzen sollten.[62] Nach seiner Annahme durch das britische Kriegskabinett gab de Gaulle den Text aus London telefonisch an Reynaud durch. Danach folgte ein Telegramm nach Bordeaux, dem zeitweiligen Sitz der französischen Regierung, in dem eine Begegnung von Repräsentanten der beiden Regierungen auf einem Kreuzer vor der bretonischen Küste am 17. Juni vorgeschlagen wurde. Churchill hatte auf dem Bahnhof Waterloo Station in Begleitung Chamberlains, der Führer der Labour Party und der Liberalen Partei sowie des Stabschefs bereits den Zug nach Southampton bestiegen, als sein Privatsekretär ihm noch ein Telegramm brachte. Darin wurde erstmalig der bevorstehende Rücktritt Reynauds mitgeteilt. Sein Nachfolger war der betagte Held der Verteidigung von Verdun im ersten Weltkrieg, Marschall Philippe Pétain.[63] Frankreich kapitulierte. Obwohl seine Armee zerschlagen war, verfügte es noch über eine intakte Flotte. Das traurige Nachspiel, das dann am 3. Juli folgte, haben wir bereits beschrieben.

Die Ideen, die der Deklaration über die Union zugunde lagen, waren bereits in den ersten Kriegsmonaten in Großbritannien breit erörtert worden. Sie stammten aus zwei miteinander zusammenhängenden Konzepten von der politischen Struktur, die Nachkriegseuropa annehmen sollte. Dies war zum einen das Konzept einer europäischen Konföderation, deren Kern Großbritannien, Frankreich und ein demokratisches Deutschland bilden sollten, zum anderen das (von Orme Sargent, Abteilungsleiter im Foreign Office entworfene) bilaterale Konzept eines »Systems enger und ständiger Kooperation zwischen Frankreich und Großbritannien auf politischem, militärischem und wirtschaftlichem Gebiet, die die beiden Länder in jeder Hinsicht zu einer Einheit im Nachkriegseuropa zusammenschließen wird«.[64] Das Konzept der Föderation unterstützten in Churchills Kabinett Attlee und Bevin. Das bilaterale Konzept mündete in einem Gesetzentwurf über die immerwährende Assoziation zwischen Großbritannien und Frankreich, der von Chamberlain und Halifax unterstützt wurde.[65] So brauchten Vansittart und Jean Monnet[66], damals Leiter des britisch-französischen Koordinierungskomitees in London, nicht lange, um die Deklaration der Union zu entwerfen, die vom Kriegskabinett bereits am 16. Juni angenommen wurde.

Churchill, der durchaus frankophil eingestellt war, hatte zunächst seine Zweifel hinsichtlich der Realisierbarkeit dieser Vorschläge. Reynaud begrüßte sie, war aber in Bordeaux von seinen Kabinettskollegen umlauert, die er nicht überzeugen konnte. So war es an Hitlerdeutschland, in den vierziger Jahren nach seinen Vorstellungen ein einheitliches Europa zu schaffen. Trotz der deutschen Okkupation überlebten jedoch die Ideen, die dem Deklarationsentwurf über die Union zugrunde lagen. Als die meisten Menschen in Großbritannien sie längst vergessen hatten, war ihr Einfluß auf dem europäischen Kontinent immer noch stark. Und als der Krieg zu Ende war, tauchten sie in einer Form wieder auf, die letztendlich im März 1957 zur Unterzeichnung des Vertrages von Rom führte. Churchill hielt seinerseits an dem Glauben fest, den Roosevelt nicht teilte, daß Frankreich den ihm zustehenden Platz als europäische Großmacht zurückerhalten müsse. Was von nun an Churchills Gedanken über die Nachkriegsordnung beherrschte, war eine Union der englischsprechenden Demokratien.[67]

Zerstörer gegen Stützpunkte

Der Zusammenbruch Frankreichs beschwor für Großbritannien zum ersten Mal seit über hundert Jahren die Gefahr einer Invasion herauf. Wie Churchill sofort erkannte, hing der Ausgang dieser Entwicklung in der Hauptsache, wenn nicht ganz und gar, von der Beherrschung des Luftraums über Südostengland ab. Der Ärmelkanal blieb eine starke Barriere gegen eine Invasion von See, aber jede Streitmacht, die im Juni 1940 erfolgreich gelandet wäre, wäre auf eine Armee getroffen, die schlecht ausgerüstet war oder der jede Ausrüstung fehlte. Die Kapitulation Frankreichs und der Eintritt Italiens in den Krieg legten der Royal Navy im Mittelmeer eine neue schwere Bürde auf. Und der Royal Navy fehlte es vor allem an Zerstörern.

Lange vor der Kapitulation Frankreichs stand die leihweise Überlassung von »vierzig oder fünfzig Ihrer älteren Zerstörer« ganz oben auf der Liste der Anliegen, die Churchill bereits in der ersten Botschaft nach seinem Amtsantritt als Premierminister an Roosevelt übermittelt hatte. Dessen Antwort traf zwar bereits am 16. Mai ein, war aber nicht sehr ermutigend. Was die Zerstörer betraf, so war sie negativ. In den Telegrammen, die Churchill in den nächsten vier Wochen an Roosevelt sandte (und die vor allem darauf abzielten, amerikanische Unterstützung dafür zu erhalten, daß Frankreich weiterkämpfte), kam er wiederholt auf die Frage der Zerstörer zurück. Diese Phase kulminierte in einem langen Telegramm vom 15. Juni, das die Warnung enthielt, daß Churchill selbst zwar »die Flotte unter allen Umständen über den Atlantik schicken würde, wenn unser Widerstand zusammenbrechen sollte«. Die Möglichkeit, daß er von »einer deutschfreundlichen Regierung« abgelöst werde, könne jedoch nicht ausgeschlossen werden. (Churchill beauftragte Lothian, diese Warnung zwei Wochen später zu wiederholen: »Lassen Sie niemals nach, den Präsidenten zu beeinflussen.«) Im letzten Absatz des Telegramms an Roosevelt charakterisierte er die Verstärkung durch amerikanische Zerstörer »als Frage von Leben und Tod«.[68] Danach folgte mit einer unbedeutenden Ausnahme ein sechs Wochen währendes Schweigen zwischen beiden Männern. Am Ende dieser Zeitspanne war Roosevelt auf dem Konvent der Demokratischen Partei in Chicago zum Präsidentschaftskandidaten für eine beispiellose dritte Amtszeit nominiert worden, die Schlacht um England hatte begonnen, und die Royal Navy hatte die französische Kriegsflotte im wesentlichen aus dem Krieg ausgeschaltet - der erste eindeutige Beweis dafür, daß es Churchills Regierung bitter ernst war.

Genau vier Wochen nach der Aktion bei Mers-el-Kebir, am 31. Juli 1940, nahm Churchill seine persönliche Korrespondenz mit Roosevelt wieder auf. Erneut waren die Zerstörer der Kernpunkt seiner Botschaft, die den Satz enthielt: »Herr Präsident, mit allem Respekt muß ich Ihnen sagen, daß dies in der langen Geschichte der Welt etwas ist, was *sofort* geschehen muß.«[69] Am 13. August erhielt Churchill erstmals in diesem Kriege von Roosevelt eine ganz und gar positive Antwort. Der Präsident glaubte, es sei möglich, »der britischen Regierung als unmittelbare Unterstützung mindestens fünzig Zerstörer zur Verfügung zu stellen«. Im Gegenzug bat er um eine »Versicherung des Premierministers« über die Zukunft der Royal Navy und um die »Zustimmung Großbritanniens, daß die britische Regierung die Benutzung von Neufundland, der Bermudas, der Bahamas, von Jamaica, St. Lucia, Trinidad und British Guiana als Marine- und Luftstützpunkte der Vereinigten Staaten gestattet«.[70] Letztere Idee war erstmalig von der Century Association in New York ins Gespräch gebracht worden.

Roosevelts Entscheidung lagen nicht nur die bereits erwähnten Veränderungen zugrunde, sondern auch innenpolitische Entwicklungen in den Vereinigten Staaten. Während es im Frühsommer für Roosevelt ein Risiko gewesen wäre, auf Churchills Bitte einzugehen, war im August bereits eine gewisse Unterstützung beider Parteien für diese Aktion des Präsidenten sichergestellt, vorausgesetzt, das Geschäft würde zu den richtigen Bedingungen abgeschlossen. Auch dann war es nicht einfach, eine Übereinkunft zwischen beiden Regierungen zu erreichen. Das aus den dreißiger Jahren ererbte Mißtrauen zwischen beiden atlantischen Partnern konnte nur allmählich abgebaut werden. In London und Washington gab es Gegenmeinungen und Widerstand. Churchill selbst gehörte zu den vielen in London, die Vorbehalte hatten, sich in so starke Abhängigkeit von den USA zu begeben (so verzögerte er z. B. die Abreise des wissenschaftlichen Beraters im Luftwaffenministerium, Henry Tizard, bis er genau wußte, wie Roosevelts Antwort zu den Zerstörern ausfallen würde).

Das Feilschen um dieses Geschäft endete erst am 2. September. Die Abkommen, die beide Regierungen an diesem Tag unterzeichneten, wurden in den beiden Hauptstädten unterschiedlich begründet. Roosevelt war vor allem darum besorgt, daß die Royal Navy nicht in die Hände des Feindes fiel. Churchill, dem es vor allem um die Zerstörer ging, wollte zu dem, was er am 4. Juni im Parlament erklärt hatte (wenn Großbritannien untergehen sollte, »wird die britische Flotte den Kampf fortsetzen«), nichts hinzufügen, was immer er auch gegenüber Roosevelt privat über die Möglichkeit erklärt hatte, eine Quisling-Regierung könnte seine eigene ablösen. Die Bedingungen für die Verpachtung der Stützpunkte wurden erst im März 1941 vereinbart, und Ende 1940 hatte die Royal Navy ganze neun amerikanische Zerstörer in Dienst gestellt.

Sollte die Geschichte urteilen, daß Churchills Deutung des Vertrages über die Pacht am 20. August 1940 im Unterhaus eine Übertreibung war? Nach seiner Meinung bedeutete er, daß »diese beiden großen Organisationen der englischsprechenden Demokratien, das Britische Empire und die Vereinigten Staaten, sich in einigen ihrer Angelegenheiten zum gegenseitigen und allgemeinen Vorteil enger miteinander verbinden werden. Wenn ich in die Zukunft schaue, so sehe ich meinerseits diesen Prozeß ohne alle Befürchtungen. Ich könnte ihn nicht aufhalten, selbst wenn ich es wünschte, niemand kann ihn aufhalten. Wie der Mississippi fließt er weiter. Lassen wir ihn fließen. Lassen wir ihn fließen – in breitem Strom, unerbittlich, unaufhaltsam und gütig größeren Weiten und besseren Tagen entgegen.«[71]

Die Antwort darauf stammt aus einer Quelle, die man nicht erwartet. Bereits zwanzig Jahre früher hatte Hitler in *Mein Kampf* die Worte geschrieben:

»... angesichts des britischen Imperiums (vergißt man nur zu leicht) die angelsächsische Welt als solche... Die Stellung Englands kann infolge seiner Sprach- und Kulturgemeinschaft mit der amerikanischen Union allein schon mit keinem sonstigen Staat in Europa verglichen werden.«[72]

In seinen späteren Jahren unterschätzte Hitler die Stärke der Vereinigten Staaten in katastrophaler Weise. Seine Meinung über Roosevelt persönlich war einfach absurd.[73] Jedoch das Konzept von der angelsächsischen Welt oder den - wie Churchill sie nannte - englischsprechenden Demokratien war ihm seit langem vertraut. Als er 1940 im Atlantik mit der Realität dieser angelsächsischen Welt konfrontiert wurde, wandte sich Hitler dem Pazifik zu. Das Ergebnis war der Dreimächtepakt zwischen Deutschland, Italien und Japan, der in Tokio mit Konoye - erneut als Premierminister - ausgehandelt und am 27. September in Berlin unterzeichnet wurde. Zugleich besetzte Japan mit der Zustimmung der Vichy-Regierung das nördliche Indochina und errichtete damit einen Brückenkopf in Südostasien. So wurde die Szene für die große Konfrontation im Pazifik in der zweiten Hälfte des Jahres 1941 vorbereitet. Wie es der japanische Außenminister bei einer Zusammenkunft in Anwesenheit des Kaisers eine Woche vor Unterzeichnung des Dreimächtepaktes sagte, handelte es sich bei diesem Abkommen um ein Militärbündnis, das gegen die Vereinigten Staaten gerichtet war. Die US-Navy lag normalerweise an der Westküste der Vereinigten Staaten vor Anker. Im Juni 1940 faßte Rocsevelt als Oberkommandierender jedoch den schwerwiegenden Entschluß, die amerikanische Pazifikflotte auf Hawaii zu stationieren.

Roosevelt

Die französische Gesellschaft war in den dreißiger Jahren tief gespalten. Als sich die französische Regierung im September 1939 - genauso widerwillig wie die britische - zum Eintritt in den Krieg entschloß, führte sie den *drôle de guerre* unter einer Losung, die völlig unwirksam, weil unhaltbar war: *»Nous vaincrons parce que nous sommes les plus forts.«* (Wir werden siegen, weil wir die Stärkeren sind.) Diejenigen aber, die den schnellen und vollständigen Zusammenbruch der französischen Armee 1940 vorhersahen, waren damals sehr dünn gesät. Unter den vielen, die der Zusammenbruch Frankreichs völlig überraschte, waren auch Roosevelt und Stalin. Beide Führer zogen jedoch aus der französischen Niederlage diametral entgegengesetzte Schlüsse. Roosevelt leitete im August 1940 eine allmähliche Veränderung seiner Politik ein, so daß er dem amerikanischen Volk am Jahresende über den Rundfunk mitteilen konnte, die USA seien das große Bollwerk der Demokratie.

Im Sommer 1940 war Roosevelt wie Churchill - allerdings aus völlig anderen Gründen - innenpolitisch sehr angreifbar. Seine Vorsicht in der Frage der Zerstörer ist keiner besonderen Erwähnung wert. Aber nicht nur der Inhalt, auch der Ton seiner frühen Botschaften an Churchill war lau. Zu einem Zeitpunkt, als sich die ernste Gefahr eines Durchbruchs der Deutschen in Frankreich bereits deutlich abzeichnete, bot seine Schlußfloskel - »viel Glück für Sie« unter einer ansonsten weitgehend negativen Botschaft an Churchill vom 16. Mai nicht gerade viel persönliche Ermutigung. Natürlich konnte man von Roosevelt, der Churchill nicht kannte, kaum erwarten, er werde die Gerüchte ignorieren, die in den ersten Kriegsmonaten in Whitehall über Churchill in Umlauf waren. Außerdem war zunächst auch nicht eindeutig zu erkennen, daß Großbritannien in der Lage sein werde, das Versprechen zu erfüllen, das Churchill am 4. Juni im Unterhaus gegeben hatte, daß nämlich das Land den Kampf fortsetzen werde. Wie wir gesehen haben, war Churchill selbst in seinen Telegrammen an Roosevelt in dieser Zeit weit davon entfernt, die Möglichkeit, er könnte schließlich von einer Quisling-Regierung abgelöst werden, völlig von der Hand zu weisen.

Roosevelt hatte jedoch auch noch einen anderen Grund zur Vorsicht, der nicht weniger zwingend war. Im zeitigen Frühjahr 1940 ging es mit seiner zweiten Amtszeit nur mühsam voran. Die Entwicklung der amerikanischen Wirtschaft, wo die Zahl der Arbeitslosen sieben bis zehn Millionen erreicht hatte, ließ kaum etwas von dem Aufschwung der Produktion erahnen, der bald folgen sollte. Die gesamte politische Landschaft der USA war zudem in den undurchdringlichen Nebel der Zweifel gehüllt, der über Roosevelts eigenen Absichten schwebte: Würde er sich für die beispiellose dritte Amtszeit zur Wahl stellen, obwohl er wußte, daß es in den Reihen seiner eigenen Partei prinzipielle Gegner gab und daß sein imperialer Stil in den vergangenen acht Jahren dies auch unter den Republikanern zu einer brennenden Frage gemacht hatte? Ob er nun alle, auch seine potentiellen Rivalen in der eigenen Partei, absichtlich im unklaren ließ, ob er - zumindest bis Anfang Juli - selbst noch im Zweifel war oder ob beides zutraf, ist nicht das Thema dieser Arbeit. Als am Abend des 16. Juli in Chicago unter den versammelten Delegierten der Demokratischen Partei immer lauter der Ruf erschallte »Wir wollen Roosevelt!«, hatte er in Wendell Willkie[74] immer noch den schwierigsten republikanischen Gegner all seiner bisherigen Wahlkampagnen zu bezwingen.

So war Roosevelt im Vorfeld des Konvents von Chicago und dann in der Wahlkampagne selbst schwerem innenpolitischem Druck ausgesetzt. Vor allem durfte er sich in der zentralen Frage des Eintritts Amerikas in den Krieg keine Blöße geben. Daher seine wiederholte Weigerung, sich von den immer verzweifelteren Botschaften Reynauds drängen zu lassen. Dieser telegrafierte schließlich am 15. Juni, wenn Frankreich den Krieg aus Übersee fortsetzen solle, müsse die französische Regierung die Sicherheit haben, daß die USA bald in den Krieg eintreten. Churchill unterstützte diesen letzten Appell Frankreichs, stellte allerdings in seiner Botschaft klar, daß er »nicht an ein Expeditionskorps« denke, sondern an die »ungeheure moralische Wirkung«, die eine solche Entscheidung der US-Regierung in der ganzen Welt hätte.[75]

Glaubte Churchill wirklich daran, daß die USA zu diesem Zeitpunkt in den Krieg eintreten könnten, oder tat er in seiner Botschaft an Roosevelt einfach alles, was in seinen Kräften stand, um Reynaud zu unterstützen? Drei Wochen zuvor hatte Lothian von einem Gespräch mit dem Präsidenten berichtet, in dem dieser »einfach laut dachte«. Dabei war Roosevelt so weit gegangen, dem Botschafter zu sagen, wenn die Königliche Familie Großbritannien verlassen müsse, sei es nach seiner Meinung besser, der König ginge nach Bermuda als nach Kanada. Letzteres könnte in der öffentlichen Meinung (Lateinamerikas und Kanadas) den negativen Eindruck hervorrufen, daß sich »die Monarchie auf dem amerikanischen Kontinent niederläßt«. Während dieses Gesprächs, das der Botschafter in seinem Bericht zu Recht als »seltsam« beschrieb, antwortete Roosevelt auf eine direkte Frage Lothians, obwohl der Kongreß dies zu entscheiden habe, halte er es für »wahrscheinlich«, daß die Vereinigten Staaten im Falle einer drohenden Katastrophe »im Krieg an Eurer Seite stehen werden«.[76]

In Wirklichkeit war materielle Unterstützung das Äußerste, was Roosevelt im Sommer 1940 anbieten konnte. Und selbst dieses Angebot zu realisieren, war bei weitem nicht einfach. Obwohl der Präsident sofort eine wesentliche Erhöhung der Verteidigungsausgaben gefordert hatte, der der Kongreß rasch zustimmte, hatten die eigenen Streitkräfte ebenfalls dringenden Bedarf angemeldet. Und zum Abschluß seines Präsidentschaftswahlkampfes gab Roosevelt in seiner Rede in Boston am 30. Oktober 1940 den »Müttern und Vätern Amerikas« seine berühmte

Zusicherung: »Ich habe dies schon früher gesagt, aber ich werde es wieder und wieder und wieder sagen: Eure Jungs werden nicht in irgendeinen Krieg im Ausland geschickt werden.«[77]

Heute sehen wir, daß der Sommer 1940 sowohl ein Wendepunkt in Churchills politischer Laufbahn als auch die Wasserscheide in Roosevelts langjähriger Herrschaft war. Aus dem umstrittenen Präsidenten wurde nun der Oberkommandierende der Nation. Diese Rolle hob er in seiner Rede hervor, in der er die Nominierung seiner Partei für eine dritte Amtszeit als Präsident annahm. Er erklärte das jedoch nicht nur, um daraus innenpolitisches Kapital zu schlagen. In strategischer Hinsicht bedeutete der Zusammenbruch Frankreichs für die USA, daß die Voraussetzungen, auf denen ihre Verteidigungspolitik seit langen Jahren ruhte, insbesondere die britische Flottenüberlegenheit im Atlantik, nun in Frage gestellt waren. Alles, worüber die US-Navy im Atlantik verfügte, war ein einziges schwaches Geschwader. Das stehende Heer zählte damals weniger als eine Viertelmillion Mann. Die amerikanischen Verteidigungsplaner mußten nun neuen Gefahren wie der deutschen Bedrohung Südamerikas ins Auge sehen. Obwohl wir heute wissen, daß diese damals übertrieben wurde, nahm Washington die Verteidigung der westlichen Hemisphäre sehr ernst. Deshalb hatte das Schicksal der französischen Flotte für die USA wie für Großbritannien kardinale Bedeutung. Dies galt auch für die offizielle Zusicherung der britischen Regierung - als Teil der Abmachung vom September -, daß die britische Flotte, wie Churchill im Parlament erklärte, niemals in deutsche Hände fallen werde.

Wenn wir die Entwicklung der Außenpolitik Roosevelts von Mai bis September 1940 nachzeichnen wollen, dann gibt es einen weiteren wichtigen Hinweis: Er erweiterte seine Administration und nahm zwei führende Mitglieder der Republikanischen Partei auf. Roosevelts Ankündigung vom 20. Juni 1940, daß Stimson erneut den Posten des Kriegsministers und Frank Knox den des Marineministers übernehmen werde, war ein kluger innenpolitischer Schachzug unmittelbar vor dem Konvent der Republikanischen Partei. Aber Stimson und Knox waren nicht nur prominente Republikaner, sondern auch fähige Männer, deren positive Auffassungen zu einem amerikanischen Kriegseintritt bald die Position von Harold Ickes und Henry Morgenthau in der Regierung stärken sollte.[78] Ungeachtet dieser Ernennungen und des Abkommens über Zerstörer und Stützpunkte blieb Roosevelts Politik undurchschaubar, bis er am 5. November 1940 den entscheidenden Sieg über Willkie errang. Aber selbst dann nahm er sich noch Zeit. Das gleiche tat Churchill. Am

Tage nach Roosevelts Wiederwahl übermittelte er diesem ein höfliches, aber kurzes Glückwunschschreiben[79]. Seine entscheidende Botschaft des Jahres 1940 sandte er ihm erst am 7. Dezember, nachdem er sie viele Male entworfen und wieder verworfen hatte. In diesem Brief legte Churchill seine Sicht auf das Jahr 1941 und die Bedürfnisse Großbritanniens in großer Ausführlichkeit dar. Diese betrafen besonders den Atlantik, wo nach Churchills Voraussage »die Entscheidung in diesem Kriege fallen wird«. Erst ganz am Ende dieses Briefes, in dem er die Schiffsverluste detailliert aufzählte, kam Churchill auf die entscheidende Frage der Finanzen zu sprechen. Diese legte er in zwei Absätzen dar, deren Kern der einfache Satz bildete: »Es kommt der Moment, da wir nicht länger in der Lage sein werden, für Schiffstransport und Nachschub bar zu bezahlen.«[80]

Dieser Brief, den Churchill zu Recht als einen der wichtigsten ansah, den er jemals geschrieben hatte, wurde Roosevelt an Bord des Kreuzers *Tuscaloosa* in der Karibik übergeben. Roosevelt antwortete darauf nicht direkt, sagte jedoch der Presse bei seiner Rückkehr nach Washington auf einer Pressekonferenz am 17. Dezember, er wolle von dem »kindischen, albernen alten Dollarzeichen« endlich wegkommen. Dies erläuterte er mit seiner berühmt gewordenen Analogie:

»Lassen Sie mich das illustrieren: Nehmen wir an, das Haus meines Nachbarn gerät in Brand, und einhundert bis einhundertfünfzig Meter weiter weg habe ich einen Gartenschlauch. Wenn er meinen Gartenschlauch bekommen und an seinen Hydranten anschließen kann, kann ich ihm damit helfen, das Feuer zu löschen. Was tue ich also? Ich sage ihm doch nicht vorher: ›Nachbar, mein Gartenschlauch hat mich fünfzehn Dollar gekostet, Sie müssen mir fünfzehn Dollar dafür zahlen.‹ Was geschieht denn wirklich? Ich will keine fünfzehn Dollar, ich will meinen Gartenschlauch zurück, wenn das Feuer gelöscht ist. In Ordnung. Und wenn der Schlauch nach dem Feuer noch intakt und nicht beschädigt ist, dann gibt er ihn mir zurück und bedankt sich bei mir dafür.«[81]

Roosevelts locker hingeworfene Bemerkung, deren Bedeutung die Reporter sofort erkannten, warf fast ebenso viele Probleme auf, wie sie lösen sollte. Aber in seiner unnachahmlichen Weise hatte er so den Weg für die große Debatte über einen Gesetzentwurf geöffnet, die drei Wochen später begann – das Leih- und Pachtgesetz, das auf amerikanischer Seite zum Eckpfeiler zunächst des »ungeschriebenen Bündnisses« und 1941 der Großen Allianz werden sollte.

Im Gegensatz zu all dem rief der sowjetische Außenminister am 18. Juni, dem Tag, nachdem Hitler die Glückwünsche des früheren deutschen Kaisers Wilhelm II. aus dessen Exil in Holland entgegengenommen hatte, den deutschen Botschafter Schulenburg zu sich. Er überbrachte ihm die herzlichsten Glückwünsche der Sowjetregierung zu dem »glänzenden Erfolg« der Wehrmacht.[82] Das konnte Molotow unmöglich ohne Stalins Zustimmung tun. Eine Woche später ignorierte dieser eine geschickt formulierte Botschaft Churchills[83] und setzte seine Bemühungen fort, der erlahmenden Annäherung an Hitler neuen Atem einzuhauchen. Churchills Chancen schien er zu diesem Zeitpunkt nicht sehr hoch einzuschätzen.

An demselben Tag, an dem Schulenburg die Glückwünsche des Kreml entgegennahm, marschierten sowjetische Truppen in allen drei baltischen Staaten ein. Dort wurden unter sowjetischer Aufsicht neue Regierungen gebildet und Wahlen abgehalten. Dies führte schließlich am 1. August 1940 zur Eingliederung der baltischen Staaten in die Sowjetunion.[84] Am 28. Juni besetzte die Rote Armee entsprechend dem deutsch-sowjetischen Protokoll von 1939 Bessarabien, dazu aber auch die nördliche Hälfte der Provinz Bukowina, von der in dem Protokoll keine Rede gewesen war. Sie hätte auch die ganze Provinz besetzt, wenn die Deutschen nicht Einwände gemacht hätten (ein bedeutender Anteil der Bevölkerung in der Bukowina waren Volksdeutsche). Molotow behauptete, dies sei »der letzte Rest, der zu einer vereinigten Ukraine noch fehlte«.[85] Dies war jedoch nur die erste Etappe eines lang andauernden Streits zwischen Deutschland und der Sowjetunion um Rumänien. Molotow protestierte gegen den sogenannten Wiener Schiedsspruch, den er als Bruch des Vertrages von 1939 bezeichnete. Mit diesem Schiedsspruch, der auf einer Konferenz in Wien vom 29. bis 30. August ergangen war, zwangen Deutschland und Italien Rumänien eine territoriale Lösung auf, nach der Transsylvanien zwischen Ungarn und Rumänien aufgeteilt wurde. Für das bei Rumänien verbliebene Territorium wollten sie gemeinsam Garantien übernehmen.[86] Drei Wochen später war Rumänien bereits von deutschen Truppen besetzt.

Am 21. September sollte Molotow eigentlich davon informiert werden, daß deutsche Truppen am nächsten Morgen in Finnland landen würden (um auf dem Landwege Nordnorwegen zu erreichen). Die deutsche Regierung scheint es dann aber doch für besser gehalten zu haben, der Sowjetregierung selbst diese Vorabinformation nicht zukommen zu lassen. Allerdings erhielt Molotow am 4. Oktober den Wortlaut des deutsch-finnischen Abkommens.[87] Auf diese Nachricht folgte sechs Tage später die Unterzeichnung des Dreimächtepaktes in Tokio. Obwohl in Artikel 5 dieses Dokuments die Aufrechterhaltung der bestehenden deutsch-sowjetischen Beziehungen ausdrücklich festgelegt war, konnte es kaum das Vertrauen der Sowjetunion stärken, insbesondere da die Sowjetregierung erst im allerletzten Augenblick darüber informiert worden war.[88]

So waren die sowjetisch-deutschen Abkommen, die man ein Jahr zuvor in Moskau unterzeichnet hatte, im Herbst 1940 bereits weitgehend ausgehöhlt. Am 31. Juli befahl Hitler, die Planungsarbeiten für die Operation *Barbarossa*, die Invasion der Sowjetunion, aufzunehmen. Dessenungeachtet wurde dem sowjetischen Ministerpräsidenten am 17. Oktober ein langer Brief an Stalin übergeben. Er trug Ribbentrops Unterschrift, war aber sicher von Hitler diktiert worden. Man lud Molotow zu einem baldigen Besuch nach Berlin ein. Darin hieß es, »daß es auch nach der Auffassung des Führers die historische Aufgabe der vier Mächte der Sowjetunion, Italiens, Japans und Deutschlands zu sein scheint, ihre Politik auf längste Sicht zu ordnen und durch Abgrenzung ihrer Interessen nach säkularen Maßstäben die zukünftige Entwicklung ihrer Völker in die richtigen Bahnen zu lenken.«[89] Stalin war nicht der Mann, der sich von solcherart Rhetorik beeinflussen ließ. Man könnte aber darüber spekulieren, wie er z. B. die detaillierte britische Einschätzung der Lage aufgenommen hätte, die Churchill Roosevelt in seiner Botschaft vom 7. Dezember 1940 übermittelte. Die Sowjetunion hatte damals nur unbedeutende Seestreitkräfte, und Stalin wußte nur wenig über die Marine. Die Lehren der Luftschlacht um England im Sommer 1940 dürften ihm aber kaum entgangen sein. Im Herbst dieses Jahres war Stalin wie 1939 die Gefahr eines Zweifrontenkrieges zweifellos bewußt. Wie im Jahr zuvor schien er möglicherweise zu glauben, es werde ihm gelingen, bis zum letzten Moment zwei einander widersprechende Optionen zu verfolgen - eine Politik, die 1939 den sowjetischen Interessen gut gedient zu haben schien. Wie dem auch sei, fünf Tage nach dem Eintreffen von Hitlers Brief dankte ihm Stalin in einem Antwortschreiben für sein »Vertrauen sowie für die lehrreiche Analyse der letzten Ereignisse« und schlug vor, daß Molotow vom 10. bis 12. November 1940 Berlin besuchen sollte.[90]

Diese 48 Stunden deutsch-sowjetischer Verhandlungen in Berlin, an denen Hitler persönlich teilnahm, sind vor allem wegen einer Bemerkung in die Geschichte eingegangen, die Molotow zugeschrieben wird.

Bei einem Luftangriff mußten er und Ribbentrop ihr Gespräch aus der sowjetischen Botschaft, wohin Molotow diesen zum Essen eingeladen hatte, in einen Luftschutzraum verlegen. Auf Ribbentrops Behauptung, England sei erledigt, erwiderte Molotow: »Wenn es so ist, warum sind wir hier in diesem Schutzraum, und wessen Bomben sind es, die herunterfallen?«[91] Die Verhandlungen waren jedoch ein Versuch beider Regierungen, ihre Differenzen beizulegen. Die deutsche Seite forderte die Sowjetunion auf, dem Dreimächtepakt beizutreten. Wiederum sollte es ein Geheimprotokoll geben, in dem diesmal die Einflußsphären der vier Mächte abgesteckt werden sollten. Diese sollte sich im Fall der Sowjetunion »südlich des nationalen Territoriums der UdSSR in Richtung auf den Indischen Ozean« erstrecken.[92] Molotow antwortete in der für ihn typischen Weise auf die deutschen Vorschläge in Berlin: Er stellte eine Reihe spezifischer Gegenfragen nach den deutschen Absichten, vor allem in Europa.[93]

Obwohl Molotow mit einer mündlichen Einladung Hitlers an Stalin zu einem Gipfeltreffen nach Hause zurückkehrte[94], endete sein Besuch in Berlin ohne jede Übereinstimmung. Was Stalin Ende November 1940 im Sinn hatte, ist allerdings schriftlich festgehalten. Zwei Wochen später schrieb er Ribbentrop einen Brief, in dem er den Vorschlag eines Beitritts zum Dreimächtepakt annahm, allerdings unter bestimmten Bedingungen.[95] Jeder außer Hitler hätte diese Bedingungen, die hauptsächlich Osteuropa betrafen, als Eröffnungsangebot betrachtet. Möglicherweise war das von Stalin auch beabsichtigt. Hitler sah es anders. Auf seine Weisung erhielt Stalin keine Antwort - zum »Erstaunen« der Sowjetregierung, das Molotow gegenüber dem deutschen Botschafter am 17. Januar 1941 zum Ausdruck brachte.[96] Sowjetische Autoren spielen allerdings auf einen Austausch persönlicher Botschaften zwischen Stalin und Hitler Anfang 1941 an: Darin habe Stalin sich nach dem Zweck deutscher Truppenkonzentrationen in Polen erkundigt und von Hitler eine beruhigende Antwort erhalten.[97] In den deutschen Archiven finden sich keine Belege für eine solche Korrespondenz. Statt dessen unterzeichnete Hitler am 18. Dezember 1940 die folgenschwerste militärische Direktive, die er jemals erlassen hatte. Sie trug die Nr. 21 und wies die deutschen Streitkräfte an, »darauf vorbereitet (zu) sein, auch vor Beendigung des Krieges mit England Sowjetrußland in einem schnellen Feldzug niederzuwerfen«. Die Vorbereitungen dazu sollten bis zum 15. Mai 1941 abgeschlossen sein.[98]

8
Das ungeschriebene Bündnis 1941

Eine Vereinbarung zwischen einem Mann und einer Frau, in eheliche Beziehungen zueinander zu treten ohne kirchliche oder zivilamtliche Formalität, wobei die Vereinbarung durch Schriftstücke, Erklärungen oder das Verhalten der Beteiligten bewiesen werden kann. In vielen Jurisdiktionen wird sie nicht anerkannt.

– Definition einer Lebensgemeinschaft aus Webster's Dictionary, zitiert von Robert Sherwood, der den Begriff der »Common Law Alliance« prägte –

Hochmut

Das Schicksalsjahr 1941 endete, wie niemand es an seinem Anfang voraussagen konnte: Die Große Allianz war entstanden. Was die militärischen Operationen betraf, so war dieses Jahr für die Streitkräfte aller drei beteiligten Länder größtenteils katastrophal. Unter dem Einfluß dieser Katastrophen wurden sie zu Verbündeten. Das Jahr hatte relativ ruhig begonnen. Verteidigungsplaner der USA, Großbritanniens und Kanadas hatten in wochenlangen Geheimverhandlungen in Washington das Grundprinzip gebilligt, Europa strategisch den Vorrang einzuräumen, das Roosevelts Chef für Marineoperationen, Admiral Harold Stark, dem Präsidenten am 12. November 1940 empfohlen hatte. Dieses Prinzip stimmte mit den früher vorgelegten Empfehlungen der britischen Stabschefs überein, daß Großbritannien 1942 nach einem Jahr der »Zermürbung« »auf dem Kontinent eine Streitmacht wiederherstellen sollte, mit der wir in Deutschland einrücken können...«[1] Das logische Gegenstück dieser Offensivstrategie in Europa war die Beibehaltung einer defensiven Strategie im Pazifik. Beide Konzepte zusammengenommen bildeten die Grundlage des sogenannten Planes ABC-1. Weder Churchill noch Roosevelt bestätigten diesen Plan offiziell, aber das Grundprinzip – zuerst Europa und danach der Pazifik – machten sich beide zu eigen. Mitten im Jahre 1941 nahm der Krieg in Europa jedoch eine unerwartete Wendung und veränderte sich völlig – durch den deutschen Überfall auf die Sowjetunion. In der zweiten Dezemberwoche entstand dann erstmalig ein wirklich globaler Konflikt. Dies war das Ergebnis zweier unerwarteter Ereignisse, die rasch aufeinander folgten – der japanische Überfall auf Pearl Harbor (worauf die USA Japan den Krieg erklärten) und vier Tage später Hitlers Kriegserklärung an die Vereinigten Staaten. Als am Neujahrstag 1942 die Deklaration der Vereinten Nationen[2] in Washington verkündet wurde, verpflichteten sich alle Teilnehmer, im Kriege miteinander zusammenzuarbeiten und keinen Separatfrieden mit den gemeinsamen Feinden zu schließen. Die drei Hauptunterzeichner dieser Deklaration waren Großbritannien, die Sowjetunion und die Vereinigten Staaten.

Die Tatsache, daß die Führer dieser drei Länder sich als fähig erwiesen, schon in der zweiten Hälfte des Jahres 1942 die anfängliche Niederlage zu überwinden und die Grundlage für den schließlichen Sieg zu legen, schien Churchills optimistische Bewertung des Jahres 1941 zu bestätigen, der sein Urteil am 7. Dezember in die Worte kleidete: »Und wir haben *doch* gewonnen!« Roosevelt reagierte mit den Worten: »Wir alle sitzen mit euch und den Völkern des Empire in einem Boot.« Fünf Monate früher hatte Stalin in seiner Rede an das Sowjetvolk kurz nach der deutschen Invasion seinen Zuhörern eindringlich versichert: »In diesem Befreiungskrieg werden wir nicht allein dastehen. In diesem großen Krieg werden wir treue Verbündete in den Völkern Europas und Amerikas haben.«[3] Alle diese drei Erklärungen aus dem Jahre 1941 waren, wie wir später sehen werden, sowohl richtig als auch falsch. Der heftige Streit der Historiker darüber, daß Roosevelt das Zusammentreffen der Ereignisse selbst herbeigeführt habe, das den Kongreß im Dezember 1941 dazu zwang, Japan den Krieg zu erklären, ist absurd. Viel ernster ist schon der Vorwurf, den Roosevelts Biograph James Burns in aller Ruhe gegen ihn vorbrachte, indem er ihm einen »falsch kalkulierten Krieg« anlastete, ein Begriff, der aber 1941 viel eher auf Stalin und in gewisser Weise auch auf Churchill zutraf.[4]

Für den Historiker, der auf das Dreiecksverhältnis zurückblickt, das aus den Ereignissen von 1941 hervorging, war dieses Jahr vor allem ein Jahr des Hochmuts. Von den drei Führern der Alliierten ist Stalin das beste Beispiel, da er bis zum letzten Augenblick und angesichts erdrückender Beweise nicht glauben wollte, daß Hitler das Risiko eingehen werde, seine perfekte Militärmaschine auf eine Armee prallen zu lassen, die vom deutschen Generalstab zutreffend als »ein gigantisches militärisches Instrument« eingeschätzt worden war.[5] Im Laufe dieses Jahres gelang es jedoch auch Churchill und Roosevelt nicht, das ganze

Ausmaß der von Japan drohenden Gefahr zu erkennen. In London und Washington wurde zudem die Widerstandskraft der Sowjetunion zunächst unterschätzt. Alle drei ignorierten in unterschiedlichem Maße einige der deutlichsten Warnsignale der Aufklärung, die Militärführer jemals erhalten haben. Zum Glück für sie und ihre Völker war im Jahre 1941 Hitler mit dem größten Hochmut geschlagen. Sein Entschluß, zunächst in der Sowjetunion einzumarschieren und später den Vereinigten Staaten den Krieg zu erklären, brachte ihm letztendlich den klassischen Lohn des Hochmuts - die Vergeltung. Aber weder Churchill noch Roosevelt, noch Stalin waren 1941 dagegen immun. Dies ist auch der gemeinsame Faktor, der die wie in einem Kaleidoskop aufeinanderfolgenden Ereignisse miteinander verbindet, die den Lauf des zweiten Weltkrieges in der zweiten Hälfte des Jahres 1941 veränderten: Was an einem Ort geschah, hatte von nun an Auswirkungen rund um den ganzen Erdball.

Der Beginn des anglo-amerikanischen Verhältnisses

Das Wort vom »ungeschriebenen Bündnis«, das im Epigraph zu diesem Kapitel zitiert ist, beschreibt prägnanter als jedes andere das komplizierte Verhältnis, das sich in dieser Periode, besonders nachdem das Leih- und Pachtgesetz in Kraft getreten war, zwischen Großbritannien und den Vereinigten Staaten entwickelte. Allerdings haben Informationen, die viele Jahre nach dem Erscheinen von Sherwoods Buch bekannt wurden, eine Reihe von transatlantischen Meinungsverschiedenheiten enthüllt, die in den folgenden zwei Jahren gerade jene beiden Punkte betrafen, die Sherwood zur Beschreibung des Bündnischarakters angeführt hatte - den Austausch wissenschaftlicher Informationen (insbesondere auf nuklearem Gebiet) und die gemeinsame Nutzung der Erkenntnisse der Aufklärung.[6] Zum zweiten tendieren die meisten derartigen Bündnisse dazu, unter Belastung brüchig zu werden, und Belastung gab es in den ersten elf Monaten des Jahres 1941 auf beiden Seiten des Atlantiks zur Genüge. Wenn wir die Entwicklung des transatlantischen Verhältnisses im Jahre 1941 im allgemeinen und der Beziehung zwischen Churchill und Roosevelt im besonderen einschätzen wollen, müssen wir uns vor allem ins Gedächtnis zurückrufen, wie dünn das Gewebe der anglo-amerikanischen Beziehungen in der Zwischenkriegszeit gewesen war.[7] (Die bemerkenswerte Tatsache, daß Churchill in der Zeit zwischen den Kriegen bei seinen häufigen Besuchen in den USA

Die vier Großmächte, die in ein Ringen auf Tod und Leben verwickelt waren, wurden von einzelnen an ihren Regierungen vorbeiregiert: Hitler und Stalin, Churchill und Roosevelt trafen im Grunde alle Entscheidungen allein, kein Kabinett, kein Außenminister hatte wirkliches Gewicht. So war es auch ein Außenseiter, der in Gestalt von Harry Hopkins den stärksten Einfluß auf den amerikanischen Präsidenten hatte. Als »Sonderbotschafter« vermittelte der aus Krankheitsgründen zurückgetretene Handelsminister vor allem die enge Zusammenarbeit zwischen Roosevelt und Churchill, den er am 9. 1. 1941 für sechs Wochen in London besuchte. Zwischen den beiden »Primadonnen«, dem amerikanischen Präsidenten und dem britischen Premierminister, stellte Hopkins ein vertrauensvolles und bald freundschaftliches Verhältnis her, was für die gemeinsame Kriegsführung entscheidend wichtig war. Das Foto zeigt Hopkins (links) mit Aubrey Williams vor dem Weißen Haus nach seiner Rückkehr aus London.

niemals mit Roosevelt zusammengetroffen war, ist nur ein Beispiel dafür.) Deshalb waren für Sherwood, der nur sieben Jahre nach diesen Ereignissen schrieb, die Geheimgespräche der Stabsoffiziere in Washington in den ersten Wochen des Jahres 1941 das wichtigste Element der neuen Beziehungen zwischen Großbritannien und den USA. Allerdings fügte er korrekterweise hinzu, daß die dort gezogenen Schlußfolgerungen für niemanden bindend waren.[8] Wenn wir jedoch heute alle Akten des Jahres 1941, einschließlich der Konsequenzen der Diskussionen zum Plan ABC über den Krieg im Pazifik vor uns ausbreiten, dann sehen wir, daß das Bild wesentlich mehr Licht und Schatten aufweist, als zunächst angenommen wurde.

Die im ersten Halbjahr 1941 für das transatlantische Verhältnis bei weitem wichtigsten Ereignisse waren der Besuch Harry Hopkins' in Großbritannien, der am 9. Januar begann und fast sechs Wochen währte, sowie die Billigung des Leih- und Pachtgesetzes durch den Senat am 8. März 1941. Als sich Hopkins in London aufhielt, machte Roosevelt eine seiner anscheinend unbeabsichtigten[9] Gesten, in denen er ein Meister war. Bei einem Gespräch mit Willkie, seinem kürzlichen Gegner bei den Präsidentschaftswahlen, am 19. Januar im Weißen Haus (Willkie sollte am nächsten Tag nach London abreisen) nahm Roosevelt einen persönlichen Briefbogen und schrieb darauf die ersten fünf Zeilen des berühmten Gedichts von Longfellow, in dem es am Anfang heißt »Segle, Staatsschiff, segle los!« Willkie sollte dieses Blatt Churchill überbringen. Diese Botschaft und Churchills Erwiderung über den Rundfunk (»Welche Antwort... soll ich diesem großen Manne geben? ...Geben Sie uns die Werkzeuge, und wir werden das Werk vollenden«) machten Schlagzeilen und sind zu Recht in die Geschichte eingegangen.[10] Es waren jedoch die langen Gespräche mit Hopkins, die dazu beitrugen, Geschichte zu machen, indem sie das erste solide Fundament für die persönliche Beziehung - das Gegenstück zur politischen - zwischen Churchill und Roosevelt legten.

Hopkins, geboren 1890 in Iowa als Sohn eines Sattlers, machte sich in den Jahren des New Deal als Leiter des Bundesamtes für Nothilfe und öffentliche Arbeiten einen Namen. Im Dezember 1938 wurde er zum Handelsminister ernannt, war jedoch häufig krank und konnte deshalb dieses Amt kaum ausüben, von dem er im August 1940 zurücktrat. Hopkins besuchte Großbritannien nicht zum ersten Mal. Im Sommer 1928 war er in London gewesen und hatte dabei so unterschiedliche Orte wie Keats Walk in Hampstead und das East End besucht. Bis 1941 aber lag die Außenpolitik außerhalb seines Gesichtskreises. Dann plötzlich wurde er »Sonderbotschafter« des Präsidenten, überbrachte aller Welt Roosevelts Antrittsschreiben und übergab auch König George VI. einen persönlichen Brief des Präsidenten. Dabei agierte er, wie er es selbst sagte, als »Katalysator zwischen diesen beiden Primadonnen«.[11] Churchill und Hopkins verstanden sich von der ersten Minute an. Bereits eine Woche nach seinem Eintreffen sandte Hopkins folgenden handschriftlichen Brief an Roosevelt:

»*Churchill* ist die ganze Regierung im vollen Sinne des Wortes - er kontrolliert die gesamte Strategie und oft die Details - die Arbeiterschaft vertraut ihm - das Heer, die Marine, die Luftwaffe stehen geschlossen hinter ihm. Die Politiker und die Oberen Zehntausend tun wenigstens so, als hätten sie ihn gern. Ich kann gar nicht stark genug betonen, daß er die Persönlichkeit und die einzige ist, mit der Sie sich gründlich verständigen müssen. Churchill wünscht Sie zu sehen - je eher, desto besser -, aber ich habe ihm gesagt, wie es mit Ihnen steht, bis das Gesetz durch ist. Ich bin überzeugt, daß auf dieses Treffen zwischen Ihnen und Churchill alles ankommt - und bald -, denn der Kampf geht weiter, und Hitler wartet nicht auf den Kongreß.«[12]

Churchill schrieb in einem Telegramm an Roosevelt am 28. Januar 1941: »Hopkins… ist ein großer Trost und eine große Ermutigung für jeden, der ihm begegnet. Man kann gut erkennen, warum er Ihnen so nahesteht.«[13] In den folgenden drei Jahren hatte Churchill die Möglichkeit, mit Hopkins zu arbeiten, der von Mitte 1940 bis Herbst 1943 im Weißen Haus tätig war (er wohnte im Lincoln-Zimmer) und faktisch zu Roosevelts zweitem Ich wurde. Für Churchill war diese Beziehung von großem Nutzen, nicht nur weil Hopkins eine einzigartige Position einnahm[14] und im April 1941 auch noch für das Leih- und Pachtverfahren verantwortlich gemacht wurde, sondern auch weil Churchill Hopkins' scharfen Verstand sehr rasch schätzenlernte.

Das Leih- und Pachtgesetz

Am 11. März 1941 unterzeichnete Roosevelt das Leih- und Pachtgesetz und setzte es damit in Kraft. Zugleich beantragte er beim Kongreß die Bewilligung von 7 Milliarden Dollar für seine Realisierung. (Nach zweiwöchiger Debatte erhielt er die Zustimmung des Kongresses.) Wie der Marshallplan sechs Jahre später war auch das Leih- und Pachtgesetz von einer kleinen Gruppe in Washington entworfen worden, die mit hohem Tempo arbeitete. Kaum drei Wochen nach seiner »Gartenschlauch«-

Pressekonferenz legte Roosevelt den Entwurf am 10. Januar dem Kongreß vor. In beiden Häusern des Parlaments erhielt dieser Entwurf starke Mehrheiten. Vor der Zustimmung des Kongresses kam es jedoch überall im Lande zu heftigen Debatten. Roosevelt selbst gelang es, sich weitgehend im Hintergrund zu halten, wo er als Schiedsrichter über Form und Inhalt dieser lebenswichtigen Maßnahme wachte. Die isolationistisch eingestellte *Chicago Tribune* beschrieb sie als »ein Gesetz zur Zerstörung der amerikanischen Republik... einen Freibrief für grenzenlose Diktatur mit der Macht über Besitz und Leben des amerikanischen Volkes, mit der Macht, für immer über Krieg und Bündnisse zu entscheiden.«[15] Dem isolationistischen Komitee *Amerika zuerst* standen das landesweite Komitee zur *Verteidigung Amerikas durch Hilfe für die Alliierten* und die interventionistische *Century Group* in New York gegenüber. Roosevelt selbst hielt sich in der Mitte der Debatte und argumentierte, Ziel des Gesetzes sei es nicht, die Vereinigten Staaten in den Krieg zu führen, sondern genau das Gegenteil zu erreichen, das Land aus dem Kriege herauszuhalten.[16] Bezeichnenderweise trug der Entwurf den Titel »Ein Gesetz zur Förderung der Verteidigung der Vereinigten Staaten«.

Die unmittelbaren Folgen der Annahme des Leih- und Pachtgesetzes waren nicht schwerwiegend - am Ende des Jahres waren lediglich für über eine Milliarde Dollar vor allem Lebensmittel nach Großbritannien geliefert worden. Der Krieg ging jedoch weiter, und die Ausgaben nahmen enorme Ausmaße an. 1944 stellten die Hilfslieferungen nach diesem Gesetz bereits 17 Prozent der Kriegsausgaben der USA und betrugen 15 Milliarden Dollar. Dabei war der Anteil der Munitionslieferungen aus den USA an die verschiedensten Länder auf 60 Prozent aller Leih- und Pachtaktivitäten gestiegen. Größte Bedeutung hatte die Tatsache, daß gegenseitige Vorwürfe wegen der Kriegsschulden, die die transatlantischen Beziehungen nach 1918 überschattet hatten, diesmal vermieden werden konnten. Statt dessen betrachtete man das ursprüngliche Prinzip der Rückgabe des Gartenschlauchs nur noch als eine Formalität. In der Praxis »wurde der größte Teil des Schlauchs von den Flammen verzehrt oder zerschossen.«[17] Im Dezember 1945 wurde dann bei der endgültigen Nachkriegsregelung im Grunde genommen in beiden Richtungen reiner Tisch gemacht. Über 26 Milliarden amerikanischer Hilfe an Großbritannien und über sechs Milliarden in entgegengesetzter Richtung aus Großbritannien in die USA wurden erlassen. Selbst bei dem Streit im Parlament über die Bedingungen der amerikanischen Nachkriegsanleihe an Großbritannien wurde die Großzügigkeit des Leih- und Pachtverfahrens weitgehend übersehen.[18]

Das Gesetz, das Churchill am nächsten Tag im Unterhaus als »ein Denkmal großzügiger und weitsichtiger Staatskunst« pries, erfüllte seinen Zweck, war aber durchaus nicht so »uneigennützig«, wie Churchill es damals darstellte.[19] Unter den Zugeständnissen, die Roosevelt den Gegnern des Gesetzes während der Hearings im Kongreß machen mußte, war eines, das der Architekt des Gesetzentwurfs, Morgenthau, persönlich bereits in einem relativ frühen Stadium vor dem Außenpolitischen Ausschuß des Senats verkündete. Er schloß aus dem Geltungsbereich des Gesetzes alle britischen Aufträge aus, die bereits in den USA vergeben worden waren. Darauf folgte eine noch deutlichere Erklärung des Budgetdirektors im Haushaltsausschuß am 15. März. An diesem Tage telegrafierte Churchill an Halifax: »Morgenthau mag es auf der Sitzung seines Komitees schlechtgehen, aber Liverpool und Glasgow geht es jetzt bereits schlecht.«[20] Eine der Folgen war der Zwangsverkauf von Courtaulds Firma in Amerika, der American Viscose Corporation, für ganze 54 Millionen Dollar.

Der Leih-Pacht-Mantelvertrag, der knapp ein Jahr später nach monatelangen anglo-amerikanischen Verhandlungen unterzeichnet wurde, enthielt in Artikel VII ein bedeutendes britisches Zugeständnis - die Verpflichtung zur »Abschaffung aller Formen diskriminierender Behandlung im internationalen Handel, dem Abbau von Zöllen und anderen Handelsbarrieren«.[21] Da diese Klausel das politisch sensible Problem der Präferenzen im Britischen Empire direkt betraf, war eine Übereinkunft keine leichte Angelegenheit. Sie wurde erst erreicht, nachdem Churchill einen langen persönlichen Brief von Roosevelt erhalten hatte. Dieser mußte darauf Rücksicht nehmen, daß sein eigener Außenminister die Abkommen von Ottawa kürzlich verurteilt hatte als »der größte Schaden auf kommerziellem Gebiet, der diesem Lande zugefügt wurde, seit ich im öffentlichen Leben stehe«. Oberflächlich gesehen, schien Churchill Roosevelts Zusicherung hinsichtlich des Systems der Präferenzen im Empire zunächst mißverstanden[22] zu haben, denn diese kamen an einem Tag, an dem er unter extremem Druck stand (Singapur fiel am 15. Februar). Man kann aber auch argumentieren, daß sich Churchill einfach taub stellte. Er, der zehn Jahre zuvor das Präferenzsystem von Ottawa als »Rottowa« (innerlich morsch und faul - der Übers.) bezeichnet hatte, war nach seiner innersten Überzeugung ein Verfechter des freien Handels geblieben.

Die schädlichsten Auswirkungen für die Führung der britischen Wirtschaft aus dem Leih- und Pachtabkommen ergaben sich vier Monate nach Inkrafttreten des Gesetzes, als die amerikanische Regierung darauf bestand, das Leih- und Pachtverfahren dürfe nicht von Exporteuren britischer Waren genutzt werden, die mit amerikanischen Exporten konkurrierten. (Dabei ging es vor allem um den lateinamerikanischen Markt.) Briefentwürfe[23] vom August 1941, die Roosevelt allerdings nicht an Churchill absandte, zeigen, wie erbittert der Disput zu dieser Frage war. Obwohl sie am 10. Dezember mit einer einseitigen Erklärung der britischen Regierung in Form eines Informationsberichts an das Unterhaus gelöst wurde[24], war dies ein unglücklicher Kontrast zu der großen Errungenschaft vom März 1941. Die USA übten bis Kriegsende starken Druck auf Großbritannien aus, seine Finanzreserven niedrig zu halten. Noch auf der Potsdamer Konferenz im Juli 1945 erhielt Churchill von Truman ein Memorandum, in dem behauptet wurde, die britischen Gold- und Devisenreserven seien höher, als sie nach Meinung des amerikanischen Schatzamtes sein sollten.[25]

Die Atlantikschlacht

Im vorhergehenden Kapitel wurde beschrieben, daß der Hauptgedanke in Churchills langer Botschaft an Roosevelt vom 7. Dezember 1940 seine Sorge um den Ausgang dessen war, was bald die Atlantikschlacht genannt werden sollte. In dem Brief führte Churchill exakte Zahlen über die Schiffsverluste Großbritanniens, der Alliierten und neutraler Länder durch Angriffe des Feindes Woche für Woche von Anfang Juni bis Ende November 1940 an. Es handelte sich um monatliche Verluste von 400 000 Tonnen, in Churchills Worten Dimensionen, die »sich schon beinahe mit den Verlusten im schlimmsten Jahr des letzten Krieges vergleichen« lassen. Sollte das so weitergehen, wäre es »verhängnisvoll«. In seinem Brief schlug Churchill Absatz für Absatz eine Reihe von Lösungen vor, darunter auch die Anregung, die Seestreitkräfte der Vereinigten Staaten sollten »die Überwachung der amerikanischen Seite des Atlantischen Ozeans« weiter »ausdehnen«. Im Schlußabsatz dieses inhaltsschweren Briefes brachte Churchill seine Überzeugung zum Ausdruck, Roosevelt werde diesen »nicht als Hilferuf betrachten, sondern als eine Übersicht dessen, was geschehen muß, damit wir unser gemeinsames Ziel erreichen können«.[26] Als Roosevelt den Entwurf des Leih- und Pachtgesetzes einmal eingereicht hatte, bestand stillschweigende Übereinstimmung zwischen den beiden Führern, daß seine Annahme durch den Kongreß absoluten Vorrang hatte. Nachdem es in Kraft getreten war, mußte jedoch nun das zweite Problem gelöst werden, die Frage, wie man die »Schiffsbrücke«[27] schützen könne, über die die amerikanischen Lieferungen nach Großbritannien realisiert wurden. Inzwischen waren die Schiffsverluste auf eine halbe Million Tonnen monatlich gestiegen. »Die Atlantikschlacht ist eröffnet«, schrieb die *New York Times* am 11. März 1941. Am 1. April kehrte Roosevelt wieder einmal von einer Angeltour aus der Karibik zurück, aber diesmal im Unterschied zum Dezember 1940 ohne eine Lösung für das Hauptproblem, mit dem sowohl der amerikanische Schüler Alfred Mahans[28] als auch Churchill, die ›Former Naval Person‹, konfrontiert waren.

Roosevelt war sich durchaus im klaren darüber, daß er über nicht genügend Schiffe verfügte. Ein Jahr zuvor war im Prinzip entschieden worden, eine US-Marine aufzubauen, die auf zwei Ozeanen agieren sollte. Dies war unter dem Eindruck der Katastrophen in Europa und deren Auswirkungen auf das weltweite Kräfteverhältnis zur See geschehen. Die Flotten waren jedoch noch nicht gebaut. Das Hin und Her der Politik des Weißen Hauses im Frühjahr 1941 fiel mit einer Reihe militärischer Rückschläge Großbritanniens im östlichen Mittelmeer und in Nordafrika zusammen. Besonders bei der erfolglosen Verteidigung von Kreta in den letzten Maitagen wurden drei Kampfschiffe und ein Flugzeugträger der Royal Navy beschädigt, drei Kreuzer und sechs Zerstörer versenkt sowie sechs Kreuzer und sieben Zerstörer beschädigt. Zur gleichen Zeit brach das größte Kampfschiff auf See, die *Bismarck*, in Begleitung des Kreuzers *Prinz Eugen* aus ihrem norwegischen Hafen aus und fiel über die Handelsschiffe im Atlantik her. Die *Bismarck* wurde am 27. Mai versenkt, zerstörte jedoch zuvor ihrerseits den Kreuzer *Hood* und beschädigte das Kampfschiff *Prince of Wales*.

Eine wichtige Rede des Präsidenten vor der Pan-American Union an dem Tage, an dem die *Bismarck* sank, wurde im Lande weithin begrüßt. Darin erklärte Roosevelt den »uneingeschränkten Notstand«, kündigte jedoch an konkreter Unterstützung in der Atlantikschlacht nicht mehr an als »alle zusätzlichen Maßnahmen, die notwendig sind, um die Waren« nach Großbritannien »zu liefern«.[29] Zwei Tage später folgte dann endlich ein Schritt Roosevelts in der erwarteten Richtung: Über den britischen Botschafter regte er an, daß amerikanische Truppen der britischen Garnison auf Island zu Hilfe kommen sollten.[30] Churchill begrüßte diesen Schritt am 29. Mai. Ähnlich bedeutsam ist auch, daß von Mitte Mai bis Mitte Juni drei Kampfschiffe, vier leichte Kreuzer und dreizehn Zerstörer der amerikanischen Pazifikflotte durch den Panamakanal in den Atlantik einliefen. Am 7. Juli erreichte der amerikanische Kampfverband Reykjavik. Dies war der erste Militäreinsatz der USA außerhalb der westlichen Hemisphäre seit dem ersten Weltkrieg. Inzwischen hatte Roosevelt Admiral Stark beauftragt, mit der Planungsarbeit für die Begleitung von Schiffskonvois im Westatlantik zu beginnen.[31]

Roosevelts Zögern beim Fällen von Entscheidungen im Frühjahr und Sommer 1941, sein langsames Vorgehen, das die interventionistischen Kräfte in seinem eigenen Team wie Stimson, aber auch Churchill und dessen Kollegen zur Verzweiflung brachte, spiegelte seine Eigenheit wider, sich bis zum letzten Moment alle Optionen offenzuhalten. Dies war besonders belastend, da Washingtons Einschätzung der von Japan ausgehenden Gefahr ständig schwankte und mehr noch, da der Präsident bestrebt war, die öffentliche Meinung zu beeinflussen, zugleich aber den Eindruck zu vermeiden, er führe das Land in den Krieg. Daraus ergab sich aus britischer Sicht ein seltsamer Gegensatz: Während die amerikanische Öffentlichkeit im Jahre 1941 begrenzte Verluste der US-Navy im Atlantik noch tolerieren konnte, war alles, was Roosevelts wiederholten Zusicherungen anscheinend widersprach, amerikanische Soldaten nicht in einen Krieg im Ausland zu schicken, absolut unannehmbar. Daher war auch der Gesetzentwurf außerordentlich unpopulär, den der Kongreß in einem dramatischen Augenblick des Krieges und mitten in der Präsidentschaftswahlkampagne 1940 für nur ein Jahr angenommen hatte und der im Sommer 1941 verlängert werden mußte. Nach zwei eindringlichen Botschaften Roosevelts an den Kongreß und obwohl er den nationalen Notstand erklärt hatte, verlängerte das Parlament am 12. August 1941 das Wehrpflichtgesetz mit nur einer Stimme Mehrheit für ganze 18 Monate.[32] Ohne diesen knappen Sieg hätte die amerikanische Armee kaum der Herausforderung begegnen können, vor der sie vier Monate später stand. Es gibt wenige Episoden, die Roosevelts Dilemma deutlicher zeigen. Der 12. August war der letzte Tag seiner ersten Begegnung mit Churchill im zweiten Weltkrieg.

Die Atlantikkonferenz vom 9. bis 12. August 1941

Wie die ABC-Gespräche in Washington vor sechs Monaten fand auch die Atlantikkonferenz unter höchster Geheimhaltung statt. Obwohl die amerikanische Regierung jetzt im Unterschied zu den Jahren 1939-1940 in London durch John Gilbert Winant als Botschafter und noch mehr durch Averell Harriman als Abgesandter des Präsidenten und »Beschleuniger« des Leih- und Pachtverfahrens würdig vertreten war[33], sandte Roosevelt Hopkins erneut nach London, um für die Konferenz den Weg zu bereiten. Er kam hier Mitte Juli an, als die Operation *Barbarossa* bereits in ihre vierte Woche ging. Nach Konsultationen mit Churchill schlug er Roosevelt zwei Wochen später vor, dieser sollte in die Sowjetunion fliegen, um mit Stalin zu sprechen. Roosevelt stimmte zu, und Hopkins kam gerade noch rechtzeitig nach Großbritannien zurück, um gemeinsam mit Churchill per Schiff nach Neufundland zu fahren. So hatten Churchill und Roosevelt, als sie sich in Placentia Bay auf Neufundland trafen, den unvorhergesehenen Vorteil, so kurz vor den langen Gesprächen mit Stalin einen Partner zu haben, dem beide vertrauten. Nebenbei gesagt waren die 24-Stunden-Flüge von und nach Archangelsk in einem Catalina-Flugboot auch für einen Mann robuster Gesundheit ein Härtetest. Für jemanden von Hopkins' zarter Konstitution waren sie eine Tortur, die der Pilot später in seinem Bericht als »ein denkwürdiges Beispiel unvergleichlicher Pflichterfüllung« beschrieb.[34]

Roosevelt gab Hopkins in einem Gespräch im Weißen Haus am 11. Juli am Vorabend seiner Abreise nach London - wie es für ihn charakteristisch war - nur sehr knappe Instruktionen. Hopkins nahm eine kleine Karte des Atlantiks mit nach London, die Roosevelt aus dem *National Geographic Magazine* herausgerissen hatte, und zeigte sie bei seiner Ankunft Churchill. Darauf war mit einem Bleistift die Linie eingezeichnet, westlich von der die US-Navy zur gegebenen Zeit die Verantwortung auf See und in der Luft von der Royal Navy übernehmen wollte.[35] Außerdem notierte sich Hopkins als Gedächtnisstütze:

Wirtschaftliche oder territoriale Absprachen - nein.
Harriman befaßt sich nicht mit Politik.
Keine Diskussion über Krieg.

Das zweite Stichwort braucht uns hier nicht zu interessieren[36], aber das erste und dritte zeigen zusammen mit der Karte recht deutlich, was Roosevelt einen Monat vor seiner Begegnung mit Churchill am meisten beschäftigte. Sie zeigen auch, daß zu dieser Zeit der Gedanke an Hilfe für die Sowjetunion auf seiner Tagesordnung für Placentia Bay noch keinen wichtigen Platz einnahm. Nach Hopkins' Besuch in Moskau änderte sich das grundlegend. Die »territorialen Absprachen« waren jedoch offenbar eine Anspielung auf die Sowjetunion.

Am 12. Juli hatten die britische und die sowjetische Regierung in Moskau ein Abkommen aus zwei Paragraphen über »gemeinsame Aktionen im Krieg gegen Deutschland« abgeschlossen. Zwar verpflichtete dieses Abkommen die beiden Regierungen lediglich dazu, was in den beiden Absätzen formuliert war, nämlich einander »Hilfe und Unterstützung jeglicher Art« zu gewähren[37] und nichts zu unternehmen

Ohne Rücksprache mit seinem deutschen Verbündeten hatte Mussolini am 28.10.1940 Griechenland angegriffen. Da nicht nur die italienische Offensive gegen das kleine Balkanland bald steckenblieb, sondern auch britische Truppen in Griechenland zur Unterstützung landeten, mußte Hitler den Italienern zu Hilfe kommen. Die überlegenen deutschen Streitkräfte wendeten das Blatt bald, und schon nach wenigen Tagen flogen deutsche Kampfflugzeuge über die Akropolis und durchquerten deutsche Truppentransporte den Isthmus von Korinth. Später – die Niederlage vor Augen – sollte Hitler sagen, daß dieser ungeplante Balkankrieg gegen Jugoslawien und Griechenland jene sechs Wochen gekostet habe, die ihm im Herbst des Jahres 1941 vor Moskau fehlten. – In einer Überraschungsaktion gelang deutschen Fallschirmtruppen bei allerdings hohen Verlusten die Eroberung der von britischen und griechischen Truppen gemeinsam verteidigten Insel Kreta, die für die Beherrschung des östlichen Mittelmeeres entscheidend wichtig war.

– außer in gegenseitiger Übereinstimmung –, was möglicherweise zu einem Waffenstillstand oder Frieden mit Deutschland führen könnte. Trotzdem kam in Washington sofort der Verdacht auf, es könnten geheime Absprachen getroffen worden sein, wie sie im ersten Weltkrieg an der Tagesordnung waren. Bereits 48 Stunden nach Unterzeichnung des Abkommens in Moskau telegrafierte Roosevelt an Churchill, es gäbe »Gerüchte über Abkommen oder Geschäfte, die die britische Regierung mit einigen der okkupierten Staaten abschließen« wolle. Er schlug vor, Churchill sollte »eine allgemeine Erklärung abgeben..., in der klargestellt wird, daß keine Friedensversprechen für die Nachkriegszeit über Territorien, Bevölkerung oder Wirtschaft gegeben wurden«. Eine solche Erklärung werde Roosevelt selbst »in starken Worten unterstützen«.[38] Dies war ein früher Hinweis darauf, daß das State Department[39] im Jahre 1941 genauso wachsam war wie Wilson 1918. All das hatte keine unmittelbaren Folgen, denn – wie Eden vor dem Unterhaus erklären konnte – das Moskauer Abkommen enthielt keine Geheimklauseln. Das änderte sich, als Großbritannien und die Sowjetunion Ende 1941 Verhandlungen über einen umfassenden Vertrag aufnahmen.

Im Vorfeld der Atlantikkonferenz tauchte ein weiterer Bereich angloamerikanischer Meinungsverschiedenheiten auf, der hier erwähnt werden muß: der Nahe Osten. Obwohl die Differenzen damals beigelegt werden konnten, sollten sie sich später erneut auf die Gesamtstrategie auswirken. Der 1. Mai 1941 war für Churchill ein besonders unglücklicher Tag. Die Deutschen hatten das griechische Festland besetzt, und Rommel griff zum ersten Mal die belagerte Garnison von Tobruk an. Zu alledem telegrafierte der neuseeländische Kommandeur von Kreta, General Bernard Freyberg, daß die ihm zur Verfügung stehenden Kräfte »absolut nicht ausreichen, um den bevorstehenden Angriff abzuwehren«.[40] Churchill fuhr in dieser Nacht nach Plymouth, wo er am 2. Mai fast den ganzen Tag den Schaden begutachtete, der in der Stadt in fünf Bombennächten angerichtet worden war, die sie in nur gut einer Woche durchlebt hatte. Von dieser »Szene des Schreckens und der Verwüstung«[41] fuhr er nach Chequers, wo er bei seiner Ankunft um Mitternacht ein langes Telegramm von Roosevelt vorfand. Dieser pries den Griechenland-Feldzug als »eine durchaus gerechtfertigte Verzögerungsaktion«, fügte jedoch hinzu: »Wenn Sie sich auch noch weiter in das östliche Mittelmeer zurückziehen müssen..., letztendlich wird die Kontrolle über den Indischen Ozean und den Atlantischen Ozean schließlich den Sieg bringen.«[42] Churchill verfinsterte sich so, wie sein Privatsekretär ihn noch nie erlebt hatte. Ohne Zeit zu verlieren, sandte er Roosevelt eine energische Antwort, in der er ihm die Bedeutung des Nahen Ostens klarmachte. Diese begann mit den Worten: »Wir sollten nicht zu sicher sein, daß die Folgen des Verlustes Ägyptens und des Nahen Ostens nicht sehr ernst wären.«[43] Dieser Teil des Telegramms endete mit dem Satz: »Ich beschwöre Sie, Herr Präsident, den Ernst der Folgen, die ein Zusammenbruch im Nahen Osten haben kann, nicht zu unterschätzen. In diesem Krieg ist jede Position eine Position für den Sieg, und wie viele werden wir noch verlieren?«

In diesen erzürnten Wortschwall baute Churchill einen (in seiner Korrespondenz mit Roosevelt im Jahr 1941 einmaligen) Appell ein, die USA mögen »als eine kriegführende Macht« direkt militärisch eingreifen.[44] Roosevelt antwortete erst am 10. Mai. Er ignorierte den Appell, war aber sichtlich bemüht, seine früheren Bemerkungen über den Verlust des Nahen Ostens abzuschwächen. Allerdings blieb er bei seiner Meinung, daß der Krieg im Atlantik entschieden werde. »Solange Hitler dort nicht siegen kann, kann er letztendlich nirgendwo in der Welt siegen.«[45]

Diese Korrespondenz zwischen Churchill und Roosevelt auf dem Höhepunkt des »ungeschriebenen Bündnisses« ist hier aus zwei Gründen so ausführlich zitiert worden: Erstens illustriert sie die beiden verschiedenen Auffassungen vom zweiten Weltkrieg, die Roosevelts – objektiv, langfristig und global; die Churchills – voller Kampfgeist, direkt und historisch von Nelsons Instruktion für seine Kommandanten vor der Schlacht von Trafalgar abgeleitet: »Kein Kommandant kann sehr falsch handeln, wenn er sein Schiff längsseits dem des Feindes beidreht.« Zweitens war zu dieser Zeit in Washington die Auffassung weit verbreitet, daß die Briten im Nahen Osten mehr abgebissen hätten, als sie schlucken konnten.[46] Für einen Militärplaner in Washington, der sich die Weltkarte betrachtete, schien es darauf anzukommen, die Ölfelder östlich von Suez vor dem Feind zu schützen, nicht aber Ägypten, das für die meisten Briten und natürlich für Churchill das politische Herz der britischen Herrschaft über die arabische Welt als Ganzes war. Zudem hatte es wegen der Bedeutung des Stützpunktes Alexandria für die Navy und wegen des Suezkanals auch militärisch eine Schlüsselstellung. Was die amerikanischen Kritiker am meisten beherrschte, war die Sorge, ein stärkeres Arrangement bei der Verteidigung des Nahen Ostens und vor allem Ägyptens könnte die britischen Anstrengungen im Atlantik auf verhängnisvolle Weise schwächen. Diese Auffassung hatte ihre Anhänger sogar in Whitehall, darunter auch den Generalstabschef, General John Dill, selbst. Dieser betrachtete den Verlust

Ägyptens als ein kleineres Opfer gegenüber dem Verlust Singapurs (und sagte das Churchill auch).[47] Diese anglo-amerikanische Differenz über den Nahen Osten, den einzigen Kriegsschauplatz, auf dem die britische Armee in dieser Zeit gegen den Feind kämpfte, wurde bei einer Begegnung in der Downing Street Nr. 10 am 24. Juli 1941 ausführlich debattiert, an der sowohl Hopkins als auch militärische Vertreter beider Seiten teilnahmen. Churchills Sicht setzte sich durch. Möglicherweise ist das der Grund, daß der Nahe Osten auf der Tagesordnung von Placentia Bay keinen wichtigen Platz einnahm.[48]

Wie die Ergebnisse der Atlantikkonferenz auch bewertet werden mögen, es war ein außergewöhnliches Ereignis. Roosevelt, der South Dartmouth in Massachusetts auf der Präsidentenjacht *Potomac* verlassen hatte, bestieg am 5. August vor Marthas Vineyard das Flaggschiff von Admiral Ernest King, den Kreuzer *Augusta*. Churchill kam aus Scapa Flow auf der *Prince of Wales* – eine Reise, auf der die Gefahr von U-Boot-Angriffen durchaus real war. Als die beiden Geschwader sich begegneten, bildeten die wie zu Friedenszeiten schmucken Schiffe der US-Navy einen starken Kontrast zu den gedeckten Tarnfarben der britischen Schiffe. Die *Prince of Wales* trug noch die Spuren ihrer kürzlichen Auseinandersetzung mit der *Bismarck*. Als sich am 9. August der Morgennebel hob, stand Churchill auf der Brücke des Kriegsschiffs in der Uniform eines Elder Brother of Trinity House.[49] Dies war die erste wirkliche Begegnung zwischen Churchill und Roosevelt (1918 in London hatten sie sich lediglich einmal ins Auge gefaßt), und es war eine Konferenz, die Roosevelt nicht weniger herbeigewünscht hatte als Churchill.

Das bedeutendste Ergebnis der Konferenz war die Tatsache, daß die beiden Führer nun eine klare Vorstellung von der Geisteswelt des anderen hatten. Es ist ein Paradox, daß bei diesem ersten Gipfeltreffen im August 1941 die tiefsitzenden amerikanischen Klischeevorstellungen von europäischer Gerissenheit und britischem Phlegma von einem Mann verkörpert wurden, der sein ganzes Leben lang bemüht war, stets die richtigen Worte zu finden, um genau das auszudrücken, was er dachte, der selten versuchte, seine Gefühle zu verbergen und als Erbe einer viel älteren Tradition britischer Soldaten und Staatsmänner seine Tränen nicht zu unterdrücken versuchte, weder die der Trauer noch die der Freude. Dagegen wurde die Klischeevorstellung der anderen Seite, der traditionelle Amerikaner sei einfach und ungeschliffen, von einem Mann verkörpert, der so undurchsichtig war, daß James Burns das Subtile seiner politischen Kunst geradezu als machiavellistisch bezeichnete.[50] Roosevelt und Churchill trafen in diesen Tagen wiederholt zusam-

Während die deutschen Armeen in einer Serie von Kesselschlachten die russischen Streitkräfte zerschlugen und in stürmischem Vormarsch auf Moskau waren, proklamierten Churchill und Roosevelt am 14.8.1941 auf dem US-Kreuzer »Augusta« in einer Bucht von Neufundland (im Hintergrund die Generäle George Marshall und John Dill) die Atlantikcharta, das erste angloamerikanische Dokument, in dem die Errichtung eines dauerhaften Sicherheitssystems nach dem Krieg ins Auge gefaßt wurde.

men. Von den sechs Mahlzeiten, die sie miteinander einnahmen, wurden fünf an Bord der *Augusta* serviert. Sie hatten also viel Gelegenheit, einander abzuschätzen. Ohne dieses erste Treffen ist es schwer vorstellbar, daß die Arcadia-Konferenz an der Jahreswende in Washington so rasch zustande gekommen wäre und daß beide den Rückschlägen der Alliierten im Jahre 1942 in so kameradschaftlicher Weise standgehalten hätten. Die Atlantikkonferenz war zudem reich an Symbolen: Dazu zählt die Tatsache, daß sie auf See stattfand und daß am Sonntag, dem 10. August, an Deck der *Prince of Wales* ein sorgfältig inszenierter Morgengottesdienst abgehalten wurde, an dem der Präsident und der Premierminister teilnahmen - nach Roosevelts Worten auf einer späteren Pressekonferenz einer der großen Gottesdienste in der Geschichte.

Als Grundlage der Hoffnung der beiden Führer auf eine bessere Zukunft präsentierte die Konferenz der Weltöffentlichkeit eine gemeinsame Prinzipienerklärung, die als Atlantikcharta bekanntgeworden ist. Die Tatsache der Atlantikkonferenz und die Charta wurden geheimgehalten, bis sie am 14. August beiderseits des Atlantiks verkündet werden konnten. Obwohl das Dokument wegen der amerikanischen Innenpolitik vor allem für Roosevelt wichtig war, zog er die Prosa der Briten dem Entwurf vor, den Welles vorbereitet hatte. Die klingenden Sätze der Charta enthalten einige sorgfältig formulierte Definitionen, die die Positionen beider Seiten wahren sollten. So enthält Artikel 4 über die Freiheit des internationalen Handels die fünf Worte »unter gebührender Berücksichtigung bestehender Verpflichtungen« (das heißt der Abkommen von Ottawa). Artikel 3, der die beiden Regierungen dazu verpflichtete, »das Recht jedes Volkes« zu respektieren, »sich die Regierungsform, unter der es leben will, selbst zu wählen«, wurde von Churchill bei seiner Rückkehr nach London als nicht anwendbar auf die Territorien des Britischen Empire interpretiert, wo ältere Verpflichtungen galten. Auf diesen Punkt machte er Roosevelt in einem Telegramm, das er ihm ein Jahr später anläßlich des 1. Jahrestages der Atlantikcharta sandte, noch einmal aufmerksam.[51]

In der Öffentlichkeit brachte die Charta Roosevelt nicht viel ein. Der Anteil der Amerikaner, die gegen den Kriegseintritt eingestellt waren, sank nach einer Meinungsumfrage, die unmittelbar nach der Atlantikkonferenz durchgeführt wurde, von 75 Prozent vor der Konferenz lediglich auf 74 Prozent danach. Den unmittelbarsten Effekt hatte die Atlantikcharta in Tokio, wo man ihr das Ziel unterstellte, das anglo-amerikanische »System der Weltherrschaft« aufrechtzuerhalten.[52] Trotz alledem war die Charta das erste anglo-amerikanische Dokument, in dem die »Errichtung eines umfassenden und dauerhaften Systems allgemeiner Sicherheit« nach dem Kriege ins Auge gefaßt wurde.[53] Mehr noch, die Sowjetregierung schloß sich der Charta an (und akzeptierte sogar das dort enthaltene Prinzip der Religionsfreiheit). Und schließlich bildete die Charta die Grundlage für die Deklaration der Vereinten Nationen, die am Jahresende verkündet wurde.

Hinter den Kulissen fanden zwischen den beiden Führern und ihren militärischen Beratern Diskussionen zu einem weiten Fragenkreis statt. Eine treffende Einschätzung dieser Gespräche schrieb Oberstleutnant Ian Jacob, stellvertretender militärischer Sekretär im Kriegskabinett, in sein Tagebuch:

»Die Amerikaner haben noch einen langen Weg zu gehen, bevor sie in diesem Krieg eine entscheidende Rolle spielen können. Ihre Marine ist geistig und materiell etwas weiter fortgeschritten als die Armee. Aber beide stehen wie widerwillige Badegäste am Strand. Die Marine ist bereits gezwungen, einen Zeh in das von Haien verseuchte Wasser zu tauchen. Ihr Denken ist jedoch bisher nur soweit gediehen, wie sie vermeiden können, gebissen zu werden. Sie sind noch nicht bis zu dem Gedanken vorgedrungen, wie sie sich der Haie entledigen könnten...«

Jacob fügte hinzu, die amerikanischen »Matrosen und Soldaten hoffen nur, daß der Moment (wenn die Deutschen die amerikanischen Provokationen nicht länger übersehen) nicht kommt, bevor sie einigermaßen vernünftige Streitkräfte aufgestellt haben, mit denen sie kämpfen können.«[54]

Am Abend des 12. August verließ Churchill Placentia Bay auf der *Prince of Wales*[55], die von amerikanischen Zerstörern bis Island begleitet wurde. Von Bord des Schiffes sandte er folgende Botschaft an Roosevelt: »Gott segne den Präsidenten und das Volk der Vereinigten Staaten.«[56] In seinem Bericht an seine Kollegen im Kriegskabinett am 19. August brachte Churchill seinen Glauben zum Ausdruck, daß Roosevelt »offensichtlich entschlossen ist mitzumachen« und »nach einem ›Zwischenfall‹ Ausschau hält, der es rechtfertigt, die Kampfhandlungen zu eröffnen«. Diese euphorische Stimmung hielt jedoch nicht lange an. Kaum sechs Tage später war das Kabinett von einer solchen »Welle der Depressionen« erfaßt, daß Churchill ein Telegramm an Hopkins sandte, das diesen veranlaßte, Roosevelt zu warnen, wenn die Briten »jemals den Schluß zögen«, daß die Vereinigten Staaten nicht »schließlich aus diesem oder jenem Anlaß in den Krieg eintreten würden... dann würde der Krieg an einen sehr kritischen Punkt gelangen, und die britischen Beschwichtiger könnten dann einigen Einfluß auf Churchill gewinnen.«[57]

Von Roosevelt ist zutreffend gesagt worden, daß er »sich jedem entzog, der versuchte, den Schmetterling seiner Zustimmung einzufangen«.[58] Was er wirklich dachte, als er Placentia Bay verließ, ist aus den Akten nicht leicht festzustellen. Berichte aus zweiter Hand sind nicht unbedingt verläßlich, und es ist vielleicht von Bedeutung, daß er in seinem Bericht an den Kongreß über die Atlantikcharta Churchill niemals namentlich erwähnte.[59] Die Atlantikkonferenz selbst brachte Roosevelts militärische Entscheidungen nicht voran. Erst nach dem Konflikt zwischen dem Zerstörer *Greer* und einem deutschen U-Boot am 4. September 150 Meilen südwestlich von Island (dieses feuerte zwei Torpedos auf den Zerstörer ab, der jedoch ausweichen konnte), kam Roosevelt schließlich zu dem Schluß, die öffentliche Meinung in den USA sei jetzt soweit, daß er es der Royal Navy gestatten könne, sich aus dem Westatlantik zurückzuziehen. Eine Woche nach diesem Zwischenfall beschrieb er »diese U-Boote und Angreifer der Nazis« in einer Rundfunkrede als »die Klapperschlangen des Atlantiks«.[60] Ein entsprechender Befehl an die US-Navy trat am 16. September in Kraft. Aber erst nachdem am 17. Oktober 1941 sieben amerikanische Matrosen an Bord des Zerstörers *Kearney* getötet wurden, gelang es, die Schlüsselbestimmungen des Neutralitätsgesetzes außer Kraft zu setzen. Doch auch danach machten sich die bewaffneten Geleitzüge amerikanischer Handelsschiffe nicht sofort auf den Weg nach Großbritannien.

Rückblickend waren die beiden wichtigsten Fragen, die Churchill und Roosevelt bei ihrem ersten Gipfeltreffen erörterten, die Hilfe für die Sowjetunion und das Problem, wie Japan zu behandeln sei. (Im Rückblick erscheint es auch bemerkenswert, daß selbst auf der privaten Tagesordnung die Frage der Atombombe ausgeklammert blieb, deren künftige Entwicklung zu dieser Zeit im Denken der Wissenschaftler beider Länder einen kritischen Punkt erreicht hatte.) In einer gemeinsamen Botschaft, die Churchill und Roosevelt am 12. August 1941 an Stalin telegrafierten, hieß es:

»Wir sind uns bewußt, wie lebenswichtig für den Sieg über den Hitlerismus der kühne und standhafte Widerstand der Sowjetunion ist. Deswegen glauben wir, daß wir es auf keinen Fall versäumen dürfen, rasch und unverzüglich zu handeln und ein Programm für den künftigen Einsatz unserer gemeinsamen Ressourcen aufzustellen.«[61]

Das Ergebnis war die Beaverbrook-Harriman-Mission[62], die sich Ende September über Archangelsk nach Moskau zu einer Reihe von Gesprächen mit Stalin begab. Was Japan betrifft, so hatte Churchill – eingedenk Münchens – die Entwürfe scharfer Warnungen an die japanische Regierung zur Konferenz mitgebracht, die von der britischen und der amerikanischen Regierung parallel übermittelt werden sollten. Als er Placentia Bay verließ, glaubte er, Roosevelt werde die britischen Formulierungen nicht »abschwächen«[63]. Das Nachspiel, das schließlich mit Pearl Harbor und Singapur endete, ist Gegenstand des nächsten Kapitels.

9
Der globale Krieg
Die Entstehung der Großen Allianz

Wenn Barbarossa steigt, hält die Welt den Atem an
– Adolf Hitler am 3. Februar 1941 –

Wir alle auf der Welt sind Brüder.
Warum toben dann Wind und Wellen so wild?
- Verse, die der Kaiser von Japan auf der Kaiserlichen Konferenz am 6. September 1941 zitierte -

Ein Bericht über die Entstehung des Dreiecksverhältnisses zwischen den Großen Drei, wie sie bald genannt werden sollten, muß 1941 nicht mit Churchill, Roosevelt und Stalin, sondern mit Hitler beginnen. Er war der Herr der Neuordnung Europas durch die deutsche Militärmacht, der Mann, dessen schicksalhafte Vision mehr als jeder andere Einzelfaktor die Ereignisse des Jahres 1941 bestimmen sollte, das den zweiten Weltkrieg veränderte.

Hitler

Hitler ließ in der zweiten Hälfte des Krieges sowohl körperlich als auch geistig deutlich nach; aber zu der Zeit, als er beschloß, in der Sowjetunion einzumarschieren, befand er sich auf dem Gipfel seines politischen und militärischen Ruhms. Er war 51 Jahre alt. Er selbst gab mehrere Gründe an, weshalb er diese schicksalhafte Entscheidung gefällt hatte.[1] Sein innerstes Motiv ist niemals besser ausgedrückt worden als in den drei Schlußsätzen des Briefes, den er am Vorabend des deutschen Überfalls an Mussolini schrieb. Dieser wurde mitten in der Nacht geweckt, um den Brief zu lesen:

»Ich fühle mich, seit ich mich zu diesem Entschluß durchgerungen habe, innerlich wieder frei. Das Zusammengehen mit der Sowjetunion hat mich bei aller Aufrichtigkeit des Bestrebens, eine endgültige Entspannung herbeizuführen, doch oft schwer belastet, denn irgendwie schien es mir doch ein Bruch mit meiner ganzen Herkunft, meinen Auffassungen und meinen früheren Verpflichtungen zu sein. Ich bin glücklich, daß ich diese Seelenqualen nun los bin.«[2]

Hitler hatte in seiner ursprünglichen Direktive für die Operation *Barbarossa* gefordert, die Vorbereitungen für die Invasion bis zum 15. Mai 1941 abzuschließen. Die Operation wurde jedoch über einen Monat verzögert. Der frühe Morgen des 22. Juni 1941, an dem die deutsche Armee gemeinsam mit ihren bulgarischen, finnischen und rumänischen Verbündeten - insgesamt über drei Millionen Mann - die sowjetischen Grenzen auf breiter Front überschritt, war der Tag, an dem Napoleons *Grande Armée* vor 129 Jahren zu ihrem verheerenden Rußlandfeldzug aufgebrochen war. Stalin war so entschlossen gewesen, die Bedingungen seines Vertrages mit Hitler einzuhalten und zugleich alles von sich zu weisen, was den Glauben an sein falsches strategisches Urteil hätte erschüttern können, daß die Invasoren einen totalen Überraschungseffekt erzielten. Hitlers letzte strategische Verteidigungslinie im Osten, die im Plan *Barbarossa* in kühnem Schwung von Archangelsk bis zur Wolga gezogen wurde, hätte erreicht werden können, wenn zwei Bedingungen erfüllt worden wären - wenn die Invasion, wie ursprünglich geplant, im Mai begonnen hätte und wenn es nicht zum Streit zwischen Hitler und seinen Generalen (darunter einigen der fähigsten wie Guderian) über die Grundfrage gekommen wäre, worin das unmittelbare Ziel der Invasion bestehen sollte.[3]

Keine dieser Bedingungen war erfüllt. Und doch wäre die Invasion beinahe geglückt. Am Ende des Jahres 1941 waren die baltischen Staaten überrannt, Leningrad wurde belagert, und der größte Teil der Ukraine war besetzt. Was die sowjetische Hauptstadt betrifft, so erinnert das Denkmal einer Panzersperre, das jeder Reisende auf dem Wege vom Zentrum von Moskau zum Flughafen Scheremetjewo 23,5 km vom Kreml entfernt am Straßenrand sieht, daran, wie nahe die deutsche Armee im Dezember 1941 ihrem Siege war.

Die Invasion der Sowjetunion wurde nicht verschoben, weil die Deutschen nicht genügend darauf vorbereitet waren. Im Gegenteil, die Verlegung der Truppen und die Anhäufung von Material im Osten schritten stetig voran. All das war von einer Kampagne der Desinformation[4] begleitet, die zum Teil erreichte, daß Hitler nicht nur Stalin, sondern auch die britische Militäraufklärung in Whitehall sehr lange über seine wahren Absichten zu täuschen vermochte. Der Hauptgrund für die Verzögerung war Hitlers persönliche Entscheidung, seine rechte Flanke auf dem Balkan und im östlichen Mittelmeer zu sichern, bevor die Operation *Barbarossa* begann. Wie wir heute wissen, drängte Admiral Erich Raeder, der den Plan *Barbarossa* skeptisch betrachtete, Hitler, dazu, daß der Einmarsch in der Sowjetunion unter keinen Umständen dazu führen dürfe, daß Kriegshandlungen im östlichen Mittelmeer aufgegeben, reduziert oder verzögert werden. Hitler wies diesen Rat zurück. Wäre er willens gewesen, auch nur ein wenig stärkere Kräfte auf diesen Kriegsschauplatz zu werfen, von dem Raeder früher einmal gesagt hatte, »eine Offensive in Ägypten würde das britische Weltreich tödlicher treffen... als die Einnahme Londons«[5], dann wäre die Besorgnis Churchills und Roosevelts, den Nahen Osten ganz zu verlieren (wovon im vorherigen Kapitel die Rede war) noch größer gewesen. General Wavells Memorandum über den »Äußersten Fall«, in dem ein solcher Ausgang ins Auge gefaßt wurde, wäre nicht nur eine Hypothese geblieben[6], sondern Wirklichkeit geworden.

Wenn man die Ideologie beiseite läßt, dann besteht vielleicht der größte Unterschied zwischen dem Dreimächtepakt und der Großen Allianz darin, daß die Teilnehmer des ersteren im Gegensatz zu der damals weitverbreiteten Überzeugung ihre Strategie niemals untereinander abstimmten. Das erstaunlichste Beispiel dafür ist die Tatsache, daß Hitler seine Absicht, die Sowjetunion zu überfallen, lange Zeit vor Italien und Japan geheimhielt. Allerdings gab es für dieses Doppelspiel unter den Achsenmächten bereits im Jahre 1940 mehrere Präzedenzfälle. Italien (dessen strategische Rolle in den Augen der Deutschen darin bestand, die Mittelmeerflanke zu sichern und Ägypten zu erobern) verdarb nicht nur den Einmarsch in Ägypten und verlor Anfang 1941 die ganze Cyrenaika, sondern Mussolini brach auch sein Hitler gegebenes Wort, als er der in Albanien[7] stehenden italienischen Armee Ende Oktober 1940 befahl, Griechenland zu überfallen, und dies Hitler erst vier Tage vorher mitteilte. Die Griechen antworteten mit ihrem herausfordernden *Ochi.*[8]

Diese beiden Wortbrüche der Italiener zwangen Hitler, das Afrikakorps nach Tripoli zu entsenden, wo sein Kommandeur, General Rommel, am 12. Februar eintraf[9], und zwei Monate später in Griechenland einzumarschieren. Die deutsche Bedrohung Griechenlands, die sichtbar wurde, als die Italiener mit ihrem Angriff in Schwierigkeiten gerieten, stürzte Churchill in ein politisches und militärisches Dilemma. Wie sollte die britische Garantie, die die Regierung Chamberlain Griechenland unter den ganz anderen Umständen des Jahres 1939 gegeben hatte, erfüllt werden? Sollte man den militärischen Erfolg in Libyen konsolidieren oder versuchen, die Griechen zu unterstützen, deren Niederlage

Trotz aller Warnungen seiner eigenen Nachrichtendienste und britischer Diplomaten gelang auch in Rußland die völlige Überrumpelung des Gegners; Stalin hatte nicht glauben wollen, daß Hitler die Sowjetunion angreifen würde, die ihre Lieferverpflichtungen aus dem deutsch-russischen Pakt ja peinlich genau einhielt. Das erste Photo des Rußlandkrieges, aufgenommen gegen vier Uhr früh, nachdem der Angriff um 3.15 begonnen hatte, hält den Moment fest, da die Grenze überschritten wird. Rauchschwaden verdüstern den Himmel, das brennende Zollhaus des russischen Grenzkommissariats markiert den Beginn des Unternehmens Barbarossa. – Auch die nächsten Wochen verliefen gemäß den Plänen des deutschen Oberkommandos. In einer Serie von Kesselschlachten gelang es schon in den ersten Monaten, weite Teile der westlichen Sowjetunion zu erobern; Weißrußland und die Ukraine waren im Herbst weitgehend genommen. Nicht nur Hitler selber, sondern auch seine Generalität glaubte im Oktober den Krieg bereits gewonnen, wie Jodl, Chef des Wehrmachtführungsstabes im Oberkommando der Wehrmacht, in seinem Kriegstagebuch notierte.

sonst unvermeidbar gewesen wäre? (Für die griechische Armee war es bereits eine Großtat, die italienische Invasion aus eigener Kraft zurückzuschlagen, aber einem deutschen Angriff standzuhalten, überstieg jegliche Vorstellungskraft.)

Am 24. Februar 1941 faßte das britische Kriegskabinett erstmalig den Beschluß, seinen kürzlich errungenen Sieg über die italienische Armee in Libyen nicht bis Tripoli weiterzuverfolgen, sondern statt dessen drei Divisionen nach Griechenland zu entsenden. Wie Churchills Biograph überzeugend beschrieben hat[10], gab Churchill im Unterschied zu seiner allgemeinen Vorliebe für das Risiko diesmal seinen Beratern die Gelegenheit, nein zu sagen. Leider taten sie und auch Eden[11], der zu Konsultationen mit Wavell und mit der griechischen Regierung entsandt wurde, dies nicht. Sie taten sogar das Gegenteil, teils auf Grund einer Fehleinschätzung der deutschen Absichten und Fähigkeiten durch Wavells Aufklärung in Kairo, teils auf Grund eines plötzlichen Sinneswandels in Athen. Obwohl das Kriegskabinett nahe daran war, seine Entscheidung über den Einmarsch in Griechenland am 6. und 7. März zu revidieren, wurde diese letztendlich doch bestätigt. Churchill unterstützte und verteidigte sie dann mit Energie und Wortgewandheit. Dies wurde sein erster großer Fehlschlag, seit er Premier und Verteidigungsminister geworden war. Die britischen Truppen wurden nicht nur in Griechenland und in Libyen zu Lande besiegt, sondern bei der Verteidigung von Kreta verlor die Royal Navy auch Schiffe, die sie im Atlantik und im Pazifik dringend brauchte.

Was Hitler schließlich dazu bewog, die Operation *Barbarossa* zu verschieben, waren nicht so sehr die Ereignisse in Libyen oder Griechenland, sondern seine Ende März 1941 getroffene plötzliche, unüberlegte und emotionale Entscheidung, »Jugoslawien militärisch und als Staatsgebilde zu zerschlagen«.[12] Jugoslawien wurde schnell überrannt, und der Feldzug auf dem griechischen Festland war am 1. Mai beendet. Zu Churchills Kummer waren die Briten nicht in der Lage, Kreta zu halten, das nach erbitterten und blutigen Kämpfen einen Monat später geräumt werden mußte. Inzwischen hatte Rommel, der eine gemischte italienisch-deutsche Armee kommandierte, Mitte April die britischen Truppen, die die Cyrenaika besetzt hielten[13], bis zur ägyptischen Grenze zurückgetrieben.[14] Lediglich Tobruk blieb in britischer Hand, wurde jedoch belagert. Es ist dieser sich rasch verdüsternde Hintergrund des Balkans, des Mittelmeeres und Nordafrikas, vor dem man die angloamerikanische Fehleinschätzung bewerten muß, von wo im Frühjahr 1941 die wirkliche Gefahr ausging.

Oberflächlich gesehen, war Churchill der einzige der Großen Drei, der die Dinge ganz richtig sah - bedenken wir seine erste Kriegsrede, die er nach der Teilung Polens durch Deutschland und die Sowjetunion hielt (zitiert in Kapitel 6), seine Bemerkung zu hohen britischen Kommandeuren ein Jahr später, daß Deutschland sich 1941 unweigerlich gegen Rußland wenden werde[15], und vor allem seine Warnung an Stalin im April 1941 (in indirekten Worten, da die Quelle eine in Bletchley Park entschlüsselte hochgeheime Nachricht war), die Sowjetunion laufe Gefahr, von deutschen Kräften in Südpolen angegriffen zu werden.[16] Darüber hinaus hatte auch der sowjetische Botschafter in Washington auf Roosevelts Weisung eine Warnung des State Department erhalten, die auf Geheimdienstinformationen aus einer anderen Quelle beruhte.[17] In Band III seiner Memoiren hat Churchill später beschrieben, wie vor seiner Warnung an Stalin sich für ihn »die östliche Kulisse... wie durch einen Blitzstrahl... erhellte.«[18] Diese Erklärung muß heute im Zusammenhang mit einer Menge anderer Informationen gesehen werden, die zu der Zeit, als er dies niederschrieb (und weitere zwanzig Jahre lang) noch geheim waren, heute aber zugänglich sind.[19] All das zusammengenommen zeigt deutlich, daß Churchill zwar seinen Beratern tatsächlich oft ein gutes Stück voraus war, Whitehall jedoch bis Anfang Juni 1941 hartnäckig an seiner falschen strategischen Einschätzung festhielt und die britische Aufklärung erst dann erkannte, wie die Lage wirklich war. In den Wochen zuvor hatte Churchill vieles in Betracht gezogen. Der folgende Bericht konzentriert sich auf die Ergebnisse der britischen Aufklärung, und diese hatte damals den unschätzbaren Vorteil, daß ihr die Ergebnisse von Bletchley Park zur Verfügung standen, die sie damals noch nicht mit ihren amerikanischen Partnern zu teilen hatte. Die militärischen Berater sowohl Churchills als auch Roosevelts aber waren sich damals einig: Falls Deutschland die Sowjetunion überfallen sollte, werde dieser Feldzug in wenigen Wochen mit einem deutschen Sieg enden.

Diese enorme Fehleinschätzung setzte sich aus mehreren Elementen zusammen. Ihr Einfluß auf die anglo-amerikanische Politik wurde auch mit der Nachricht vom 22. Juni 1941 nicht sofort überwunden. Außerdem ist ein deutlicher Kontrast zwischen der damals allgemein vorherrschenden Meinung und Churchills eigener Reaktion auf den Ausbruch des Krieges zwischen Deutschland und der Sowjetunion zu erkennen. Zu Colville sagte er am Abend vor der deutschen Invasion bei einem

Spaziergang auf dem Rasen von Chequers nach dem Essen, wenn Hitler in der Hölle einmarschierte, würde er im Unterhaus auch den Teufel zumindest positiv erwähnen.[20] Der weitverbreitete Irrtum war nicht nur darauf zurückzuführen, daß die Vertreter der vorherrschenden Meinung über die Sowjetunion den Strom von Informationen - vor allem aus Bletchley Park[21] - nicht zur Kenntnis nehmen wollten, weil er ihren eigenen Einschätzungen widersprach. Die Tatsachen, die im Frühjahr 1941 auf eine bevorstehende Invasion der Sowjetunion hindeuteten, wurden zum Teil auch deshalb falsch interpretiert, weil frühere Gerüchte über deutsche Angriffspläne nach Osten sich nicht bestätigt hatten. Im Januar 1941 hatte beispielsweise der Korrespondent des *Christian Science Monitor* in Berlin an einer Zusammenkunft von Militärattachés im Hause eines Mitarbeiters der amerikanischen Botschaft teilgenommen. Einer nach dem anderen sprachen die Militärattachés von den deutschen Truppenbewegungen nach Osten. Der sowjetische Militärattaché, der als letzter sprach, bemerkte, wenn die deutsche Wehrmacht die Sowjetunion angreifen sollte, werde dies »kein Spaziergang« sein.[22] Da an der Ostfront nichts geschah und der nächste Vorstoß der Deutschen sich gegen den Balkan richtete, wurde weithin angenommen, es habe sich zur Jahreswende in der Tat nur um Gerüchte gehandelt.

Was Informationen über die Sowjetunion betraf, so waren sie insbesondere in England sehr gering. Die Gründe für die generelle Unwissenheit über die Sowjetunion in den dreißiger Jahren sind bereits behandelt worden. Ein gutes Beispiel dafür, wie laienhaft die Berichte des britischen Geheimdienstes über die Sowjetunion waren, ist in Form eines Berichtes über die Rote Armee erhalten geblieben, den die britische Militärmission[23] im August 1939 zu den Verhandlungen nach Moskau mitnahm. Darin wurde »jede weitere Steigerung« der sowjetischen Flugzeugproduktion als »unwahrscheinlich« eingeschätzt und zudem folgendes erklärt:

»Ein weiterer Nachteil ist der niedrige Entwicklungsstand des Verkehrswesens in Rußland. Die Eisenbahnen arbeiten bereits bis zur Grenze ihrer Leistungsfähigkeit und können keiner weiteren Belastung standhalten. Wenn sie ihre Rolle bei der Mobilmachung der Armee in den ersten Kriegswochen spielen sollten, kämen Industrie und andere Bereiche mehr oder weniger zum Stillstand. Die militärische Mobilmachung müßte nach zwei oder drei Wochen eingestellt oder zumindest gestoppt werden, um einen vollständigen Zusammenbruch der Industrie und des staatlichen Lebens zu vermeiden.«[24]

Die letzten beiden Sätze wären selbst im ersten Weltkrieg falsch gewesen, als das Eisenbahnsystem Rußlands zumindest in der ersten Hälfte des Krieges in der Lage war, mit massiven Bewegungen von Truppen und Gütern fertig zu werden. Im zweiten Weltkrieg wurden aber ganze Armeekorps rasch von einer Schlacht zur anderen geworfen, und beim Rückzug der Roten Armee in den ersten Kriegsmonaten gelang es auch, über 1500 Betriebe zu demontieren und zusammen mit den Arbeitskräften ins Innere der Sowjetunion zu transportieren.

Für die Haltung Whitehalls und Washingtons im Jahre 1941 gab es allerdings auch andere, verständlichere Gründe. Hitler hatte im Oktober 1940 Operation *Seelöwe* auf unbestimmte Zeit verschoben. Wie wir heute wissen, war er erst bereit, sie wieder in Betracht zu ziehen, wenn *Barbarossa* erfolgreich abgeschlossen war. Churchill jedoch und die britischen Stäbe mußten sich auf die direkte Bedrohung einstellen, die für sie die Invasion Großbritanniens und nicht der Sowjetunion war. Selbst nach dem Überfall auf die Sowjetunion wurde befohlen, daß die höchste Bereitschaftsstufe gegen die Invasion zum 1. September erreicht sein müsse. Dieser Befehl wurde erst im August 1941 aufgehoben. Außerdem haben wir im vorangegangenen Kapitel gesehen, daß die Atlantikschlacht Churchills und Roosevelts Denken im ersten Halbjahr besonders beschäftigte. Die Historiker des britischen Geheimdienstes haben aber auch darauf hingewiesen, daß die militärische Aufklärung zwar bis Oktober 1940 von *Seelöwe* geradezu hypnotisiert war, danach jedoch »der Nahe Osten ihre Aufmerksamkeit fesselte«. Dies beruhte auf ernst zu nehmenden militärischen Tatsachen. Es entsprach auch Churchills natürlichen Neigungen. Ihm war durchaus bewußt, welche Rolle die Türkei im ersten Weltkrieg gespielt hatte, und er war entschlossen zu erreichen, daß dieses Land mit seiner strategischen Schlüsselstellung im zweiten Weltkrieg auf Großbritanniens Seite blieb.

Großbritanniens Vormachtstellung im Nahen Osten war in großem Maße Churchills persönliches Verdienst in den Jahren, die unmittelbar auf den ersten Weltkrieg folgten.[25] Seine Überzeugung, der Verlust des Nahen Ostens wäre eine Katastrophe, ist aber ganz anders einzuordnen als die Fixierung der militärischen Aufklärung auf diese Region, die zum Teil zu absurden Schlußfolgerungen führte. So erhielt zum Beispiel drei Wochen vor dem deutschen Überfall auf die Sowjetunion der hart bedrängte Oberkommandierende im Nahen Osten die Instruktion aus London, einen Plan für die Einnahme von Mossul (im Irak) auszuarbeiten, um von dort eventuelle Angriffe auf Baku zu starten. Als Begründung für diese groteske Instruktion wurde angegeben, Stalin könnte dazu veranlaßt werden, sich den deutschen Forderungen zu widersetzen, weil er sonst befürchten müßte, die Briten könnten die Ölfelder von Baku angreifen.[26]

Zu dieser Zeit war es in Whitehall zu einem Glaubensbekenntnis geworden, daß Deutschland zwar zweifellos einen Überfall auf die Sowjetunion vorbereitete, die deutsche Entscheidung über den Zeitpunkt jedoch aufgeschoben sei, weil man die Ergebnisse sowjetisch-deutscher politischer Verhandlungen abwarte. Diese nicht existierenden Verhandlungen schienen ein Produkt der kollektiven Phantasie der Beamten gewesen zu sein. Unglücklicherweise verfiel auch der britische Botschafter in Moskau, Stafford Cripps, dieser Vorstellung.[27] Er war früher fest davon überzeugt gewesen, daß eine deutsche Invasion in der Sowjetunion bevorstehe, begann jedoch im Frühjahr zu schwanken. Im April verzögerte er sogar die Übergabe einer persönlichen Warnung Churchills an Stalin um über zwei Wochen. Churchill war gezwungen, bei Eden eine direkte persönliche Anordnung zu erwirken[28], woraufhin Cripps die Botschaft schließlich übergab, aber nicht an Molotow, sondern an den stellvertretenden sowjetischen Außenminister.[29]

Whitehall konnte sich aus seiner Traumwelt angeblicher politischer Verhandlungen und eines deutschen »Ultimatums«, das schließlich zu einer Übereinkunft von Hitler und Stalin führen würde (das Vereinigte Komitee für Aufklärung betrachtete dies noch am 23. Mai 1941 als die »wahrscheinlichste« Variante) nur Schritt für Schritt lösen und sich nur mühsam dazu durchringen, zur Kenntnis zu nehmen, was wirklich geschah. Der letzte Anstoß war ein Telegramm des japanischen Botschafters in Berlin nach Tokio, in dem dieser über ein Gespräch mit Hitler am 4. Juni berichtete. Bletchley Park entschlüsselte es am 12. Juni. Einen Tag darauf teilte Eden nach Konsultation mit Churchill Maiski mit, daß sich die Hinweise für eine bevorstehende deutsche Offensive verdichteten, und schlug vor, eine Militärmission nach Moskau zu entsenden. Am 15. Juni telegrafierte Churchill an Roosevelt, daß eine deutsche Invasion unmittelbar bevorstehe. Diese Botschaft endete mit den Worten:

»Ich erwarte hier keine besonderen Reaktionen und glaube, daß ein deutsch-russischer Konflikt Sie nicht in Verlegenheit bringen wird.«[30]

Roosevelt gab auf dieses Telegramm niemals eine Antwort, wie auch Stalin Churchills Warnung im April 1941 nicht beantwortete. Roosevelt sandte Churchill einige beruhigende Worte mündlich über Winant[31], in Washington beschränkte er sich jedoch zunächst darauf, eine laue Erklärung des State Department über den Widerstand der Sowjetunion abzusegnen. In einer Pressekonferenz vom 24. Juni wehrte er die Frage, ob die Verteidigung der Sowjetunion für die der Vereinigten Staaten von Bedeutung sei, mit den Worten ab: »Oh, fragen Sie mich doch etwas anderes, zum Beispiel ›Wie alt ist Ann?‹«[32]

Hinter Roosevelts Vorsicht stand nicht nur das bekannte Problem des Kongresses, sondern auch die Überzeugung, die sich auch nach dem 22. Juni auf beiden Seiten des Atlantiks hielt, daß die deutsche Armee in drei oder vier Wochen Moskau erreicht haben werde.[33] Einer der wenigen, der diese Einschätzung mit der nötigen Skepsis betrachtete, war der frühere britische Kavallerieoffizier, der sich zwischen den Kriegen die Mühe gemacht hatte, die Ostfeldzüge von 1914 bis 1916 zu studieren.[34] Churchill hielt am Abend des 22. Juni eine Rede, deren Wortlaut er vorher bewußt nicht mit seinen Kabinettskollegen abstimmte. Darin teilte er zwar dem gespannt lauschenden britischen Volk mit, er werde »kein Wort zurücknehmen«, das er in den letzten 25 Jahren über den Kommunismus gesagt habe, erklärte jedoch zugleich, Großbritannien werde »Rußland und dem russischen Volk helfen, wo wir können.« Und er schloß mit den Worten:

»Die Gefährdung Rußlands ist daher unsere eigene Gefährdung und die Gefährdung der Vereinigten Staaten, und der Kampf jedes Russen für Heim und Herd ist der Kampf aller freien Menschen und aller freien Völker in allen Teilen der Welt...«[35]

Stalin

Nur wenige Augenblicke der Geschichte kommen dem gleich, was in Moskau am Morgen des 22. Juni 1941 kurz vor 4.00 Uhr geschah. Stalin hatte sich gerade erst – ungewöhnlich früh – zurückgezogen, um auf seiner Datsche in Kunzewo am Rande von Moskau zu Bett zu gehen. Vom Kreml, wo die ersten Berichte über die deutsche Invasion kurz nach seiner Abfahrt eintrafen, weckte ihn der sowjetische Generalstabschef telefonisch in Kunzewo. Stalin ordnete nach Schukows Anruf an, die Mitglieder des Politbüros zusammenzurufen.[36] Hier schimmert vielleicht eine Parallele zu der Nachricht auf, die Wellington auf dem Ball der Herzogin von Richmond in Brüssel am Vorabend der Schlacht von Waterloo (auch an einem frühen Junimorgen) überbracht wurde, daß die französische Armee – überraschend für ihn – durch Belgien im Anmarsch sei. Nach einem Blick auf die Karte in der Bibliothek des Herzogs von Richmond sagte Wellington, bevor er sich auf das Schlachtfeld begab: »Napoleon hat mich hereingelegt, bei Gott!«

Im Unterschied dazu war die militärische Direktive, die das Politbüro nach seiner Beratung am Morgen des 22. Juni ausgab, noch von der Realität entfernt. Die sowjetischen Landstreitkräfte erhielten den Befehl, Gegenschläge zu führen, aber die Grenze nicht ohne Genehmigung zu überschreiten. Die sowjetischen Luftstreitkräfte (die allein am 22. Juni über 1000 Flugzeuge verloren, von denen viele am Boden zerstört wurden) sollten nur Ziele bis zu 150 km jenseits der Grenze bekämpfen. Der Ton einer Botschaft an das Sowjetvolk am Mittag war bereits schärfer und erinnert an den russischen Sieg über Napoleon. Dort wurde jedoch noch wortreich begründet, warum die Sowjetunion dem Vertrag von 1939 treu geblieben war. Die Botschaft wurde nicht von Stalin (der seit dem 6. Mai sowjetischer Ministerpräsident wie auch Generalsekretär der KPdSU war), sondern von Außenminister Molotow verlesen.[37] Dieser Botschaft folgte am Abend des 22. Juni eine bombastische militärische Direktive. Die Invasoren sollten eingekesselt und vernichtet werden. Von einer Gegenoffensive war die Rede, die in keinem Verhältnis zu dem stand, was auf dem Schlachtfeld wirklich geschah.

Als Stalin vier Jahre nach dieser tiefsten Krise in seiner langen Herrschaft auf einem Bankett im Kreml zu Ehren der siegreichen Kommandeure der Sowjetarmee sprach, brachte er einen historischen Toast auf das russische Volk aus.[38] In dieser Rede bemerkte er, jedes andere Volk hätte 1941 gesagt: »Macht, daß ihr fortkommt, wir werden eine andere Regierung einsetzen.«[39] Nach Stalins Tod wurde behauptet, er habe in den ersten Tagen der deutschen Invasion eine Art Zusammenbruch erlitten, und im Oktober habe er gar Moskau in Panik zeitweilig verlassen.[40] Nach dem heutigen Wissensstand scheint sich Stalin, als ihm nach der Einnahme von Minsk durch die Deutschen am 28. Juni schließlich das ganze Ausmaß der militärischen Katastrophe bewußt wurde, die ihn zutiefst erschütterte, auf seine Datsche zurückgezogen zu haben, von wo ihn Mitglieder des Politbüros wieder nach Moskau holten. Als sie auf der Datsche erschienen, glaubte Stalin offenbar, sie kämen mit ganz anderen Absichten. »Warum seid ihr gekommen?« soll seine erste Reaktion gewesen sein. Es folgte jedoch die Rede, die er mit den Worten »Brüder und Schwestern« einleitete, und während der Krise Mitte Oktober 1941 zog sich Stalin nicht mit den anderen Mitgliedern der Regierung nach Kuibyschew zurück (wohin diese gemeinsam mit den ausländischen Vertretungen zeitweise verlegt wurde), sondern blieb in Moskau und nahm zum Jahrestag der russischen Revolution am 7. November 1941 wie üblich die Parade der Roten Armee auf dem Roten Platz ab.[41]

Wie Stalin selbst in einem Augenblick der Aufrichtigkeit auf dem Bankett im Mai 1945 einräumte, hatten das Sowjetvolk und insbesondere die Rote Armee im Juni 1941 in der Tat Grund zur Verwunderung.[42] (Von den enormen Verlusten einmal abgesehen, waren im Herbst 1941 fast drei Millionen Sowjetsoldaten gefangengenommen worden. Unter denen, die die Zustände in den deutschen Lagern nicht überlebten, war Jakow, einer der Söhne Stalins.) Ganze neun Tage vor dem Überfall auf die Sowjetunion hatte Radio Moskau eine TASS-Erklärung verbreitet, in der die Gerüchte von einem bevorstehenden Krieg zwischen der Sowjetunion und Deutschland als »falsch und provokatorisch« abgetan wurden. In dieser Erklärung hieß es:

»Ungeachtet der offensichtlichen Sinnlosigkeit dieser Gerüchte haben es die verantwortlichen Kreise Moskaus doch als notwendig erachtet, zu erklären, daß sie eine plump zusammengebastelte Propaganda der gegenüber der Sowjetunion und Deutschland feindlich eingestellten Kräfte, die an einer weiteren Verbreitung und Entfesselung des Krieges interessiert sind, darstellen.«[43]

Stalin ignorierte nicht nur Churchills und Roosevelts Warnung. Eine Auswahl von Dokumenten aus den Archiven des KGB, die kürzlich in der *Prawda* zitiert wurde[44], zeigt, daß der Kreml Berichte über die militärischen Absichten Deutschlands in großer Zahl erhielt. Es ist seit langem bekannt, daß Stalins Geheimagenten in Japan und der Schweiz das genaue Datum der Invasion vorausgesagt haben. Auch die deutschen Aufklärungsflüge auf der sowjetischen Seite der Grenze seit März 1941 wiesen unzweideutig darauf hin, was die Deutschen im Schilde führten. Am Vorabend der Invasion wurde diese von deutschen Überläufern bestätigt. Schlimmer noch, Stalin hatte den von seinem vorherigen Generalstabschef Schaposchnikow ein Jahr zuvor ausgearbeiteten Verteidigungsplan der Roten Armee verworfen, der von der alten befestigten sowjetischen Grenzlinie aus der Zeit vor 1939 ausging. Statt dessen bestand Stalin auf einer Entfaltung der sowjetischen Kräfte längs der neuen Grenze von 1939/40. Buchstäblich bis zum letzten Augenblick glaubte Stalin an die Möglichkeit einer gigantischen deutschen Provokation (oder gab vor, daran zu glauben).[45]

Zehn Jahre später, mitten im kalten Krieg, beschrieb Churchill Stalin und dessen Kollegen im sowjetischen Politbüro 1941 als »die am meisten überlisteten Stümper des zweiten Weltkrieges«[46] Von diesem Urteil war es für einige Historiker nur ein kleiner Schritt zu dem Schluß, Stalin allein sei für die sowjetischen Irrtümer im ersten Halbjahr 1941 verantwortlich. Diese waren in der Tat kaum zu übertreffen. Dessenungeachtet gebührt dem abgewogenen Urteil Schukows, des hervorragenden sowjetischen Kriegskommandeurs, Respekt, das er nicht in seinen Memoiren, sondern in Privatgesprächen zwanzig Jahre später äußerte, die erst 1987 veröffentlicht wurden.[47] Schukow kann mit gutem Grund als unvoreingenommen angesehen werden. Er war von Stalin nach dem Kriege auf den unbedeutenden Posten des Kommandeurs des Odessaer Militärbezirkes abgeschoben worden, und Stalin hatte auch sein militärisches Vorbild, Tuchatschewski, 1937 hingerichtet, den Schukow »einen Giganten des militärischen Denkens« und »den strahlenden Stern unter den hervorragenden Kommandeuren der Roten Armee« nannte.[48] Nach Schukows Meinung, die dieser im nachhinein äußerte, teilten andere mit Stalin die Verantwortung für die Fehler, die 1941 (als er selbst Generalstabschef der Sowjetunion war) in Moskau gemacht wurden. »Dazu gehört sein engster Kreis – Molotow, Malenkow und Kaganowitsch... Einen Teil der Verantwortung trägt Woroschilow... Und einen Teil tragen wir, die Militärs.« Die schwachen Leistungen der Roten Armee im finnischen Krieg hatten Stalin davon überzeugt, daß »ein Minimum von zwei Jahren erforderlich war, um auf den Krieg vorbereitet zu sein«. In den genannten Privatgesprächen wies Schukow auch ganz offen auf die niedrige Moral der Roten Armee vor der Invasion und auf das anfangs unterschiedliche Kampfverhalten verschiedener sowjetischer Divisionen nach dem Überfall der Deutschen hin.

Stalins Überzeugung, die Rote Armee und die sowjetische Rüstungsindustrie hätten noch mehrere Monate Zeit zur Verfügung, um ihre Vorbereitungen zu vollenden, stand natürlich in schreiendem Widerspruch zu den Tatsachen.[49] Sie wirft aber auch ein Schlaglicht darauf, daß die Rote Armee zwar über manche ausgezeichnete Ausrüstung verfügte (besonders den Panzer T-34, der bald berühmt werden sollte), insgesamt aber für einen Krieg ausgebildet war, den man sich als Mischung des ersten Weltkrieges und des sowjetischen Bürgerkrieges vorstellen muß. Selbst wenn man den Warnungen, die der Kreml im Juni 1941 ignorierte, Beachtung geschenkt hätte, wäre immer noch der große professionelle Unterschied zwischen der deutschen Wehrmacht, die von Generalen mit den Erfahrungen aus einer Reihe von *Blitzkriegen* geführt wurde, und der Roten Armee geblieben, die sich mit einem nicht funktionierenden System der doppelten Befehlsgebung[50] herumschlug und von Offizieren geführt wurde, denen die wirklichen Lehren des Winterkrieges noch nicht vermittelt worden waren. Erst nach über einem Jahr erbitterter Kämpfe ließ sich Stalin davon überzeugen, daß dieses aus dem Bürgerkrieg stammende System abgeschafft werden

Marschall Georgij Schukow hatte Stalin immer wieder vor einem bevorstehenden Angriff der Deutschen gewarnt und konkrete Pläne für einen vorbeugenden Gegenangriff ausgearbeitet. Sonderbarerweise folgte Stalin zwar seinen Weisungen nicht, aber dies war einer der wenigen Fälle, wo der sowjetische Diktator Widerspruch duldete. Während sonst die meisten Armeebefehlshaber in der Phase der Rückzüge und Niederlagen ihres Amtes enthoben wurden, rückte Schukow immer weiter nach vorn und war in der zweiten Hälfte des Krieges der unbestrittene Kopf der Roten Armee. Nach dem Sieg wurde der populäre Feldherr Stalin jedoch zu mächtig, und er verbannte ihn auf einen unwichtigen Posten in der Provinz. Das Photo zeigt Schukow gemeinsam mit dem Verteidigungsminister Marschall Timoschenko bei Manövern der Roten Armee.

mußte. Bis das geschah, richteten die »Papiersoldaten«, wie die Berufsoffiziere Männer wie Woroschilow nannten, in der Roten Armee großen Schaden an.

Ohne weitere Belege können wir nicht sicher sein, wie korrekt Stalin 1941 über die militärische Lage wirklich informiert war. Schukow deutet an, was die deutsche Überlegenheit betreffe, so habe man Stalin darüber nicht im Zweifel gelassen (eine interessante Parallele zu der deprimierenden Einschätzung, die die Stabschefs der britischen Regierung im März 1938 vorlegten).[51] Wenn dies zutrifft, fiel es Stalin sicherlich nicht schwer, gegenüber dem Politbüro zu argumentieren, man müsse den Tag, an dem das Schlimmste geschehe, soweit wie möglich hinausschieben. Aber Stalin war kein Mann von Halbheiten. In den ersten Monaten des Jahres 1941 setzte er noch eins drauf und ließ am 14. Juni 1941 die unsinnige TASS-Erklärung veröffentlichen, das Gegenstück zu Chamberlains Worten »Wir haben nun Frieden in unserer Zeit« vom Oktober 1938. Wie die Wahrheit über den Juni 1941 letztendlich auch ausfallen mag, was nach dem 3. Juli geschah, dem Tag, an dem Stalin seine Rede an die »Brüder und Schwestern« des Sowjetvolkes hielt,[52] ist wohlbekannt. Stalin, der bis zu diesem Tag nicht in der Öffentlichkeit auftrat, wurde in schneller Folge Vorsitzender des Staatlichen Verteidigungskomitees (GKO), Verteidigungsminister, Chef des Hauptquartiers des Oberkommandos und am 8. August Oberbefehlshaber der Streitkräfte. Inzwischen war auch Schaposchnikow wieder als Stabschef eingesetzt worden.

Abgesehen von Churchills Rede am 22. Juni trug der Dialog zwischen Moskau und London sowie zwischen Moskau und Washington zunächst nur sondierenden und unverbindlichen Charakter. Der frostige Ton von Molotows erstem Telegramm an Maiski, in dem ihm die Antwort auf das britische Hilfsangebot für die Sowjetunion am ersten Tag der deutschen Invasion übermittelt wurde, spricht für sich selbst.[53] Dem sowjetischen Botschafter in Washington, Konstantin Umanski (der offenbar als Person in den USA keinen Anklang fand, und das nicht nur beim Präsidenten), gelang es erst am 10. Juli, von Roosevelt empfangen zu werden. Dies war das erste Mal, daß der Präsident seit dem Ausbruch des Krieges im Jahre 1939 mit einem sowjetischen Vertreter sprach. Die Begegnung von weniger als einer Stunde verlief zwar »etwas besser als erwartet«, wie der Botschafter in einem Telegramm an Molotow berichtete[54], führte aber zu keinen Ergebnissen. Erst drei Wochen später konnte das Eis gebrochen werden. Dies gelang Churchill mit einer persönlichen Botschaft an Stalin, die Cripps diesmal am 8. Juli Stalin selbst überreichte. Darin äußerte Churchill nicht viel mehr als ein allgemeines Hilfsversprechen in den Grenzen von »Zeit, geographischen Bedingungen und unseren wachsenden Ressourcen«.[55] Zugleich begrüßte er das Eintreffen einer sowjetischen Militärmission in London.

In diesem Gespräch mit Stalin (in dem Stalin übrigens alles andere als den Eindruck eines gebrochenen Mannes machte) wurde Cripps hart zugesetzt. Nach dem sowjetischen Bericht widersetzte sich Cripps dem Abschluß eines »formalen« britisch-sowjetischen Abkommens über gegenseitigen militärischen Beistand, der mit der Garantie verbunden werden sollte, keinen Separatfrieden mit Deutschland abzuschließen. Statt dessen sprach er sich für einen Notenaustausch aus. Stalin erwiderte, die britische »Langsamkeit und übertriebene Vorsicht« erinnere ihn an die Verhandlungen von 1939. Jede weitere Verzögerung, so sagte er, berge »Gefahr« in sich.[56] Churchill antwortete sofort - am 10. Juli. Da die britische Regierung nur den Übereinkünften zwischen den Regierungen des Dominion unterlag, stimmte sie Stalins Vorschlag, eine britisch-sowjetische Deklaration anzunehmen, voll und ganz zu. 48 Stunden später unterzeichneten Cripps und Molotow in Moskau das Abkommen, das die beiden von Stalin und Cripps besprochenen Punkte enthielt.[57]

Stalins nächstem Vorschlag war ein weniger glückliches Schicksal beschieden. In einer persönlichen Botschaft an Churchill am 18. Juli deutete er die Errichtung einer zweiten Front an (wenn er auch den exakten Begriff noch nicht gebrauchte) - »einer Front gegen Hitler im Westen (Nordfrankreich) und im Norden (der Arktis)«.[58] Die Forderung nach »aktiver Militärhilfe für die Sowjetunion« wurde in anderer Form in Stalins Botschaft vom 13. September wiederholt, in der er sogar vorschlug, daß England ohne jedes Risiko 20 bis 30 Divisionen in Archangelsk landen oder sie zwecks gemeinsamen militärischen Vorgehens auf dem Territorium der Sowjetunion durch den Iran in die südlichen Gebiete der Sowjetunion transportieren könnte.[59] Diese sowjetischen Vorschläge und Churchills Ablehnung markierten den Beginn einer langen Debatte der Alliierten, die erst eine Lösung finden sollte, als die Großen Drei sich zwei Jahre später in Teheran trafen.

Das allerwichtigste Dokument, das die Großen Drei zwischen dem 22. Juni und dem Kriegseintritt der USA im Dezember 1941 austauschten, war jedoch die Botschaft, die Churchill und Roosevelt am 12. August aus Neufundland an Stalin sandten. Wie im vorigen Kapitel bereits dargelegt, war die Hilfe für die Sowjetunion mit all ihren Konsequenzen für die amerikanische Unterstützung Großbritanniens wie für die Ausrüstung der amerikanischen Streitkräfte eine der Hauptfragen, in der Churchill und Roosevelt auf der Atlantikkonferenz übereinkamen. Das Ergebnis war die Beaverbrook-Harriman-Mission nach Moskau Ende September 1941, die einen Strom militärischer Güter aus den Vereinigten Staaten in die Sowjetunion in Gang setzte. Im nachhinein kann das Abkommen, das am 1. Oktober im Ergebnis der Moskauer Verhandlungen oder - wie sie in den sowjetischen Archiven genannt wird - der Konferenz von Vertretern der UdSSR, der USA und Großbritanniens geschlossen wurde[60], als der Beginn des »ungeschriebenen Bündnisses« zwischen Großbritannien, der Sowjetunion und den Vereinigten Staaten angesehen werden. Am 30. Oktober 1941 konnte Roosevelt mit der Billigung des Kongresses Stalin davon informieren, daß die US-Regierung Güter im Werte von einer Milliarde Dollar liefern werde. Eine Woche zuvor hatte die Sowjetregierung auf einer Konferenz der Alliierten in London ihren Beitritt zu den »Grundprinzipien der Atlantikcharta« erklärt.[61] Mitte November wurde die Sowjetunion als geeignet für das Leih- und Pachtverfahren anerkannt.

Roosevelt

Japan war eine von Roosevelts großen Niederlagen. Anders als Stalin, der selbst aus einer Grenzregion zwischen zwei Kontinenten stammte, war Roosevelt wie Churchill verloren, wenn es um Asien ging.[62] Wie Churchill auf seine Erinnerungen an das Indien zurückgriff, das er fast ein halbes Jahrhundert früher erlebt hatte, so dachte auch Roosevelt an die Verbindungen seiner Familie zum Chinahandel, wenn er die Menschen verstehen wollte, die damals von Amerikanern wie von Briten noch weithin als »Orientalen« bezeichnet wurden. Am undurchsichtigsten waren in westlichen Augen die Japaner, deren Sprache und nahezu geschlossene Gesellschaft es der Außenwelt in der Tat schwermachten, dieses Land zu verstehen. Diese Schwierigkeit hatte allerdings auch rassistische Untertöne. Roosevelts Auffassung von den Asiaten würde heute - wie die Churchills - allgemein als abstoßend oder kindisch oder beides betrachtet werden. Und auf militärischem Gebiet waren diejenigen, die exakt voraussahen, als welch kühne und ernst zu nehmende Gegner die Japaner sich erweisen sollten, als es im Pazifik und in Südostasien zum Krieg kam, noch viel dünner gesät als jene, die das ganze Ausmaß der militärischen Bedrohung durch Deutschland vorhergesehen hatten. Kurz gesagt, ebenso wie Hitlers persönliche Arroganz und die Triumphe der deutschen Streitkräfte ihn für die wahre Stärke der Roten Armee blind machten, so war auch in der allgemeinen westlichen Meinung von den Fähigkeiten der japanischen Streitkräfte im Jahre 1941 ein deutliches Element rassistischer Verachtung zu erkennen.

Roosevelts Behandlung der Japanfrage im Jahre 1941 wurde – anders als im Falle Churchills – durch den innenpolitischen Einfluß der China-Lobby in den USA kompliziert. Die lange Tradition[63] chinesisch-amerikanischer Beziehungen war sehr lebendig. Zudem wurde China seit dem Abschluß des Dreimächtepaktes von 1940 als Gegengewicht zu Japan gesehen und, als die Vereinigten Staaten in den Krieg eingetreten waren, als mögliche Ausgangsbasis für Luftangriffe gegen Japan betrachtet. So rollte im Jahre 1940 eine Woge der Begeisterung für China durch die USA.[64] Die Berichte amerikanischer Vertreter vor Ort, die wußten, wie korrupt und inkompetent das Regime der chinesischen Nationalisten tatsächlich war, konnten dem überschwenglichen Lob der chinesischen Demokratie und des chinesischen Widerstandes gegen Japan – beides war zumindest umstritten – kaum etwas entgegensetzen. Dieses erreichte 1942 einen absoluten Höhepunkt. (»Wie viele«, fragte der *Christian Science Monitor* seine Leser, »haben einmal darüber nachgedacht, wie anders die Welt aussähe, wäre der Generalissimus Tschiang Kai-schek kein Christ und seine Frau nicht in Amerika erzogen?«)[65] Erst als Roosevelt zwei Jahre später Tschiang Kai-schek persönlich begegnete, schien er begriffen zu haben, mit wem er es da zu tun hatte. Gegen Ende des Krieges pflegte Roosevelt eine pragmatische Zusammenarbeit sowohl mit den chinesischen Nationalisten als auch mit den Kommunisten; aber 1941 fiel es dem Führer eines Landes, das geradezu an nationalen Halluzinationen über China litt, sichtlich schwer, mit einem Staat umzugehen, der damals den bei weitem wichtigsten Teil des chinesischen Festlands umfaßte.

Die Behandlung der Japanfrage im Weißen Haus im Jahre 1941 wurde auch von der Zeit – der Stundenzahl jedes Tages – bestimmt. Die logische Folge der Strategie »Europa zuerst« war eine Defensivstrategie im Pazifik. Das bedeutete, daß Roosevelt und sein Team (wie auch Churchill und seine Berater) in den Monaten vom Abschluß der ABC-Gespräche im März bis zu den Katastrophen im Dezember 1941 zwangsläufig viel mehr Zeit damit verbrachten, über die drängenden Probleme Europas, des Atlantiks und des Mittelmeeres nachzudenken als über die potentiellen Probleme des Pazifiks und Südostasiens. Wenn Churchill in London in der Lage war, über die Strategie im Fernen Osten nachzudenken (er ging soweit, in einer Direktive an die Stabschefs im April

1941 dafür die persönliche Verantwortung als Premier und als Verteidigungsminister zu übernehmen), dann behandelte er Japan, als ob es etwa so viel Gewicht in Asien habe wie Italien im Mittelmeer, und versicherte dem Marineminister, sie könnten sich später darüber einigen, wie man weiter gegen Japan vorgehen sollte.[66] In Washington durchdachte Roosevelt das Problem entweder nicht gründlich oder überließ es anderen und widmete ihm jedenfalls längst nicht die Aufmerksamkeit, die es verdient hätte.

Dieser einfache Zeitmangel ist noch die wohlwollendste Erklärung dafür, daß Roosevelt es, von einigen wichtigen persönlichen Interventionen einmal abgesehen, dem State Department überließ, die amerikanisch-japanischen Verhandlungen zu führen, die im April begannen und sich bis zum Dezember 1941 hinschleppten. Sie umfaßten die ganze Breite der zwischen den beiden Regierungen in Ost- und Südostasien zu lösenden Probleme sowie die Zukunft ihrer Beziehungen als pazifische Mächte. Es war bekannt, daß Roosevelt dem State Department - den »Salonlöwen« - mißtraute. Cordell Hull, der als Demokrat aus dem Süden im Kongreß (dem er von 1907 bis 1933 angehörte) durchaus einflußreich gewesen war, blieb vom Amtsantritt der ersten Roosevelt-Administration an im State Department bis man ihn im September 1944 von der Teilnahme an der Quebec-Konferenz ausschloß und er daraufhin von selbst aufgab. Daß Roosevelt sich bereit fand, die Verantwortung für die amerikanisch-japanischen Verhandlungen lange Zeit einem Mann wie Hull anzuvertrauen (der aus gesundheitlichen Gründen im Sommer 1941 fast zwei Monate lang dem State Department fernblieb), sagt viel darüber aus, welche Priorität das Weiße Haus Japan bis zu den Ereignissen von Pearl Harbor beimaß. Roosevelt glaubte bis zum Schluß, daß er es nicht mit einer direkten Bedrohung der US-Navy im Pazifik und des Lebens der Amerikaner zu tun habe, deren Oberkommandierender er war. Er rechnete lediglich mit dem geringeren, indirekten, wenn auch (in innenpolitischer Hinsicht) komplizierteren Problem der japanischen Aggression gegen die weit entfernten britischen und holländischen Territorien in Südostasien.

Wäre Roosevelt klar gewesen, daß er beiden Gefahren ins Auge sehen mußte, hätte er dann nicht zumindest seit Anfang Juli selbst die Verantwortung übernommen oder das Problem zumindest einem Mitarbeiter wie Hopkins übergeben, dem er voll vertraute? (Bei der Beantwortung dieser besonderen Frage ist auch zu bedenken, daß Roosevelt Admiral Kichisaburo Nomura, den japanischen Botschafter, der im Februar 1941 nach Washington entsandt wurde, aus der Zeit persönlich kannte, als dieser während des ersten Weltkrieges dort als Marineattaché gedient hatte.) Statt den Stil seiner Administration beizubehalten, der ihm unter den ganz anderen Umständen der Politik des New Deal in den dreißiger Jahren gute Dienste geleistet hatte, delegierte Roosevelt im Jahre 1941 weitgehend die Verantwortung in diesem Schlüsselbereich der Außenpolitik. Washington war zu diesem Zeitpunkt noch eine Hauptstadt im Frieden - ohne den Koordinierungsapparat, der notwendig ist, um einen Krieg zu führen, und natürlich auch noch ohne ein Vereinigtes Komitee für Aufklärung, das einem Komitee der Stabschefs berichten konnte.

Wer sich heute die Aufzeichnungen von den amerikanisch-japanischen Verhandlungen im Jahre 1941 ansieht (45 Begegnungen zwischen Nomura und Hull, viele davon insgeheim in Hulls Wohnung, sechs mit Welles und neun mit Roosevelt), dem müssen die unterschiedliche Haltung der beiden Partner in den Gesprächen und die Parallele zwischen dem amerikanischen Vorgehen bei diesen Gesprächen und dem der Briten bei den englisch-sowjetischen Verhandlungen zwei Jahre früher ins Auge fallen.[67] Auf japanischer Seite wird zunehmende Verzweiflung sichtbar, da die Wochen verstreichen; auf amerikanischer Seite ist dagegen wenig Eile und mehr als nur etwas Selbstgefälligkeit zu spüren. Dies alles ist um so bemerkenswerter, als die Verhandlungen in Washington 1941 von einem Licht erhellt wurden oder hätten erhellt werden müssen, das London im Jahre 1939 fehlte: fundierte Ratschläge aus der Botschaft vor Ort und ein ständiger Fluß von Geheiminformationen. Das State Department entschied jedoch offenbar, es wisse es besser als der amerikanische Botschafter in Tokio, Joseph Grew, der wie sein britischer Kollege Robert Craigie sah, was kam, und dies auch deutlich sagte. (»Der schlimmste Fehler«, berichtete Craigie am 1. November, »den wir und die Amerikaner in dieser Situation machen können, besteht darin, die Stärke und Entschlossenheit dieses Landes und seiner Streitkräfte zu unterschätzen.«)[68]

Was die Informationen aus entschlüsselten diplomatischen Telegrammen der Japaner betrifft, so kann keine Nachricht, so gut das Ausgangsmaterial auch sein mag - und in diesem Falle war es zweifellos gut -, einem Befehlshaber wirklichen Nutzen bringen, wenn sie nicht richtig eingeschätzt und zu anderen ins Verhältnis gesetzt wird. Ein Beispiel dafür, in welchem Grade Roosevelt persönlich bis zu einem sehr späten Zeitpunkt die japanischen Absichten vollkommen mißverstand, ist sein handschriftlicher Brief, den er an Churchill schrieb und den Admiral Louis Mountbatten Mitte Oktober aus Washington mitbrachte.

Darin heißt es, Roosevelt glaube, die Japaner orientierten sich nun »nach Norden«[69], das heißt, gegen die Sowjetunion. Roosevelt schrieb diese Worte zwei Monate nachdem die japanische Regierung offiziell entschieden hatte, 1941 Sibirien nicht anzugreifen. Stalin wußte es, wie wir gesehen haben, damals besser - zum Glück für die Verteidigung Moskaus.

Soweit einige allgemeine Bemerkungen. Was das »ungeschriebene Bündnis« zwischen Großbritannien und den Vereinigten Staaten betrifft, so war die Japanfrage der Bereich der Politik, wo es am schlechtesten funktionierte. Auf rein militärischem Gebiet gab es allerdings sowohl scharfe anglo-amerikanische Debatten über die Strategie im Pazifik und den Einsatz der Navy als auch Offenheit auf beiden Seiten. Die Briten drängten bei den ABC-Gesprächen in Washington Anfang des Jahres darauf, daß die amerikanische Pazifikflotte von Hawaii westwärts entweder nach Singapur oder Manila verlegt werde. Dieser Vorschlag wurde rundweg abgelehnt, aber schließlich einigten sich beide Seiten auf einen Kompromiß, der darauf hinauslief, daß die US-Navy die Kräfte im Atlantik auf Kosten des Pazifiks allmählich verstärken sollte und Großbritannien dafür eine Flotte nach Singapur entsenden werde (wie es in Plänen der Admiralität vor dem Kriege bereits einmal vorgesehen war). Die Verlegung amerikanischer Seestreitkräfte durch den Panamakanal wurde im Sommer planmäßig vollendet. Ende Juli rief Roosevelt Douglas MacArthur in den aktiven Dienst zurück und ernannte ihn zum Befehlshaber einer kombinierten amerikanisch-philippinischen Streitmacht, was eine wichtige Umorientierung seiner Politik bedeutete. Im September trafen die ersten schweren amerikanischen Bomber auf den Philippinen ein, einem Territorium, das nach bisheriger Ansicht der amerikanischen Planer nicht zu verteidigen war. Churchill setzte sich seinerseits im Oktober über die Vorsicht der Admiralität hinweg, die ursprünglich erst im Frühjahr 1942 eine ausgewogene Flotte nach Singapur entsenden wollte. Statt dessen bestand er darauf, daß die *Prince of Wales* und ein Schlachtschiff in Begleitung eines Flugzeugträgers sofort nach Singapur auslaufen sollten - eine schwerwiegende Entscheidung, die breit publik gemacht wurde.[70]

An der diplomatischen Front sahen die Dinge jedoch anders aus. Bei mehr als einer Gelegenheit mußten die Briten in den Verhandlungen jedoch feststellen, daß die Amerikaner mit der Wahrheit hinter dem Berg hielten. Hull ließ Halifax erst Mitte Mai, als die Gespräche mit den Japanern bereits seit vier oder fünf Wochen in Washington im Gange waren, von deren Existenz wissen, und dann weder aus einem sehr positiven Grund noch mit der Aufrichtigkeit, die man zwischen Verbündeten zu diesem Zeitpunkt bereits erwarten konnte. Halifax protestierte zunächst, Hull nahm daran Anstoß, und es blieb Eden vorbehalten, die stürmischen transatlantischen Wogen wieder zu glätten.[71] Zunächst aber hatten die Verhandlungen mit einem Mißverständnis zwischen Hull und Nomura begonnen, das niemanden überraschen konnte, da sie weder vom State Department noch von der japanischen Botschaft, sondern auf beiden Seiten von Privatpersonen initiiert worden waren. Sie wurden dann auch seltsamerweise gegenüber den künftigen Verbündeten der Vereinigten Staaten wie gegenüber Japan als »inoffizielle Sondierungsgespräche« bezeichnet.[72] Zwei Monate nach diesem wenig hoffnungsvollen Beginn trat in Tokio ein Umschwung ein, als Konoye seinen Außenminister Yosuka Matsuoka entließ. Sowohl Craigie als auch Grew waren überzeugt, daß Matsuokas Sturz eine neue Chance eröffnete, mit Konoye übereinzukommen, der keinen Krieg mit den USA wollte. Ende Juli aber wurde ein französisch-japanisches Abkommen unterzeichnet, das die Besetzung Süd-Indochinas durch Japan bestätigte.

An diesem Punkt wird es in dem Verhältnis von Washington und Tokio schwierig zu erkennen, wer auf wen reagierte. Als Antwort auf den japanischen Einmarsch in Süd-Indochina froren die Amerikaner alle japanischen Aktien in den USA mit Wirkung vom 26. Juli 1941 ein. (Bereits am 16. Juni hatte Ickes als Erdöl-Koordinator für nationale Verteidigung auf eigene Faust eine Ladung Erdöl aufgehalten, die von Philadelphia nach Japan verschifft werden sollte. Dafür klopfte ihm übrigens Roosevelt auf die Finger.)[73] Der Regierungsapparat wurde jedoch in den Wochen nach dem Einfrieren der Aktien (die der Atlantikkonferenz vorausgingen) so lose geführt, daß die amerikanische Bürokratie anstelle einer partiellen Abschreckungsmaßnahme, die Roosevelt offenbar zunächst vorschwebte[74], in klarer Mißachtung des Rates und der Empfehlung der Navy[75] im Grunde genommen ein totales Ölembargo verhängte.

Nach Roosevelts Rückkehr von seinem Treffen mit Churchill in Placentia Bay wurde dieses Embargo gleichsam aus Versehen zur Politik der amerikanischen Regierung. Hull hielt es später nicht für nötig, dem Einfrieren der japanischen Aktien mehr als einen einzigen Absatz in seinen Memoiren zu widmen.[76] Die britische Regierung (wie auch die niederländische) wurde einige Wochen im unklaren gehalten, zog dann aber nach. Allerdings gab es in Whitehall manchen, der durchaus sah, wie gefährlich es war, die Japaner zu einer Zeit, da ihre Armee nur noch über Ölreserven für zwölf Monate verfügte, in eine ausweglose Lage zu treiben. Der britische Botschafter in Tokio war so besorgt über »Form und Schrittmaß« der amerikanisch-japanischen Verhandlungen, daß er im September 1941 den ungewöhnlichen Schritt ging, um Erlaubnis für einen kurzen Urlaub in den Vereinigten Staaten zu bitten, wo er in Washington »einen besonderen Plan für einen Kompromiß... nach Konsultationen mit Lord Halifax...« vorlegen wollte, »um den Abzug der Japaner aus Süd-Indochina zu erwirken.«[77]

In den acht Monaten der amerikanisch-japanischen Gespräche stand Churchill meist am Rande des Geschehens, teils mit Vorbedacht, teils weil ihm keine andere Wahl blieb. Seine Sorge galt vor allem der Gefahr einer amerikanischen »Appeasement-Politik«, die auf einer Fehleinschätzung basieren konnte, wie sich ein totales Ölembargo früher oder später auf die Japaner auswirken mußte. Die wichtigste Ausnahme von dieser für Churchill auf den ersten Blick untypischen Passivität war das Treffen in Placentia Bay im August 1941. Hier übernahm Churchill die Initiative. Er war bemüht, Roosevelt davon zu überzeugen, die britische, die niederländische und die amerikanische Regierung müßten die Japaner durch parallele Noten offiziell davon in Kenntnis setzen, daß jedes weitere japanische Vordringen Gegenmaßnahmen zur Folge haben werde, die zum Kriege führen könnten. Roosevelt lehnte den Wortlaut der vorgeschlagenen Note ab (an dem in London auch Winant mitgearbeitet hatte, um die Schwierigkeiten im Kongreß entsprechend zu berücksichtigen). Der Präsident gab Churchill allerdings Grund zu der Annahme, er werde Japan tatsächlich eine Warnung zukommen lassen. Ob er dies wirklich vorhatte oder ob Churchill wie andere Gesprächspartner vor ihm von Roosevelt nur zu hören bekamen, was sie hören wollten, ist unklar. (Churchills eigener Bericht an seine Kabinettskollegen über das Versprechen, das er in Placentia Bay erhalten zu haben glaubte, ist am Schluß des vorangegangenen Kapitels zitiert worden.)

Was Roosevelt bei dieser Gelegenheit auch immer gesagt haben mag, es wurde bald von den Ereignissen überrollt. Bei seiner Rückkehr nach Washington übergab er Nomura eine Warnungsnote, die jedoch zuerst von Hull »abgeschwächt«[78] und danach von einer weiteren Entwicklung überschattet wurde: Konoye machte den Vorschlag (der in Washington unmittelbar vor Roosevelts Abreise eingegangen war), sich mit dem Präsidenten im Pazifik zu treffen. Roosevelt sagte zunächst zu. Dann ließ er sich gegen Grews Rat trotz eines nochmaligen Appells Konoyes in einem persönlichen Brief am 27. August[79] von Hull zu einer Absage überreden. Diesem ist somit die Hauptverantwortung für den Gang der letzten Verhandlungsrunde zuzuschreiben. Er führte sie vom hohen moralischen Roß herab in einer Art, die wiederum an das Verhalten des Foreign Office in den britisch-sowjetischen Verhandlungen von 1939 erinnert. Jeder Vorschlag der Japaner wurde im State Department daraufhin geprüft, ob er damit übereinstimme, was Hull als die »Grundprinzipien« der amerikanischen Außenpolitik definierte. Wenn nicht, wurde den japanischen Unterhändlern dazu eine Lektion erteilt.

Da Anfang September die japanischen Aktien bereits eingefroren waren und ein totales Ölembargo der Alliierten gegen Japan in Kraft war, ist zweifelhaft, ob Churchills Vorschlag, parallele Warnungen an die Japaner zu versenden, in der zweiten Augusthälfte noch viel hätte ändern können. Am 26. November sandte Churchill auf eine Anfrage Roosevelts zum Thema eines Modus vivendi (einschließlich eines japanischen Abzuges aus Süd-Indochina), der damals noch mit den Japanern diskutiert wurde, eine schwunglose Antwort, in der er sich - dieses eine Mal - hinter Tschiang Kai-schek versteckte. Drei Tage später kehrte er zu diesem Thema zurück und schlug vor, »eine klare Erklärung, geheim oder öffentlich«, abzugeben.[80] In der darauffolgenden Woche wurde schließlich Übereinstimmung erreicht, Warnungsnoten an die Japaner zu senden, aber bis diese fertiggestellt waren, hatte Japan bereits den Krieg erklärt.

Es ist eine akademische Frage, was eine Gipfelkonferenz der beiden Führer im Pazifik noch hätte erreichen können: Konoye, »eine undurchschaubare, anziehende Erscheinung, tausend Jahre zu spät geboren«[81] und Roosevelt, ebenso undurchschaubar und nicht weniger attraktiv, aber ein Mann des 20. Jahrhunderts. Wenn man die Aussichten einer solchen Begegnung abschätzen will, muß man daran erinnern, daß der japanische Kaiser auf der Kaiserlichen Verbindungskonferenz am 6. September mit einem Zitat aus einem Gedicht seines Großvaters[82], das Teil des Epigraphs zu diesem Kapitel ist, seinen Ministern indirekt eine Zurechtweisung erteilt hatte. Ihre Antwort an den Kaiser interpretierten er und Konoye so, daß Krieg nur als unvermeidliches letztes Mittel angesehen wurde. Für die Militärs bedeuteten die politischen Richtlinien, die auf dieser schicksalsschweren Beratung angenommen wurden, jedoch die Vorbereitung auf den Krieg. Konoye hielt noch weitere sechs Wochen auf seinem Posten aus, bis er am 16. Oktober 1941 voller Verzweiflung zurücktrat. Darauf folgten in hektischem Tempo einige Vorschläge und Gegenvorschläge, an denen auch Roosevelt persönlich beteiligt war.[83] Grew beschrieb diese Vorgänge in einem persönlichen Brief an Roosevelt am 22. September treffend mit dem Satz: »Facilis descensus Averno est« (»Leicht ist der Weg zur Hölle«).[84] Am 2. November faßte die japanische Führung nach über 16 Stunden Beratung den endgültigen Entschluß: Falls die Washingtoner Gespräche nicht bis zum 30. November um Mitternacht zu einem erfolgreichen Abschluß gebracht werden könnten, mußte Anfang Dezember der Krieg folgen.[85]

Ein hervorragender amerikanischer Historiker ist zu dem Schluß gekommen: »Wäre Roosevelt entschlossen gewesen, den Krieg gegen Japan mit allen Mitteln zu vermeiden... dann hätte er zu harten und realistischen Verhandlungen mit den Japanern gefunden.«[86] Als technisches Problem der Diplomatie betrachtet, war die Kluft zwischen Washington und Tokio 1941 nicht unüberwindlich; politisch betrachtet, war das Problem allerdings für beide Seiten sehr schwierig. Mit dem Abstand von über 50 Jahren erstaunt allerdings nicht so sehr die politische Kluft zwischen den Regierungen der USA und Japans als vielmehr das unvernünftige Vorgehen in Washington. Denn die amerikanische Strategie im Pazifik benötigte Zeit, um Verstärkung an Ort und Stelle zu bringen - die US Air Force auf die Philippinen und die britische Flotte nach Singapur, das Verhalten der amerikanischen Außenpolitik aber (vor allem durch die Verhängung des totalen Ölembargos), machte etwas anderes als lediglich eine kurze Atempause im Juli im Grunde genommen unmöglich. Buchstäblich bis zum letzten Augenblick drängten Marshall und Stark[87] Roosevelt, mit den Japanern irgendeine Einigung zu erzielen, um etwas mehr Zeit zu gewinnen. Schließlich mußten die USA wie auch ihre westeuropäischen Verbündeten für ihr Unvermögen, eine längere Atempause zu erreichen, einen hohen Preis zahlen. Und wie im nächsten Kapitel gezeigt werden wird, wurden die Folgen dieses Fehlers nur dank Hitler durch einen völlig unverdienten Glücksumstand gemildert.

10
Die Zäsur Dezember 1941

Da die Welt nun einmal dreigeteilt ist...
- Shakespeare, *Julius Caesar, Akt IV, Szene 1*
(die Szene der Triumvirn) -

Die Großen Drei

Die Große Allianz[1] nahm in der zweiten Hälfte des Jahres 1941 allmählich Gestalt an. Der Augenblick, da dieser Prozeß vollzogen war, lag in der zweiten Dezemberwoche, der Zäsur des zweiten Weltkrieges. Hochmut hatte Churchill, Roosevelt und Stalin im Jahre 1941 zu schmerzlichen Fehlern geführt: Stalins Weigerung, an die Realität des Plans *Barbarossa* zu glauben, Roosevelts generelle Nonchalance in der Japanfrage und Churchills Kurzsichtigkeit hinsichtlich der Seemacht Japan. Anders als Hitler lernten jedoch alle drei Führer aus ihren Fehlern, die viele Menschenleben kosteten. All dies führte schließlich zur Großen Allianz, die an der Jahreswende aus gemeinsamem Unglück entstand. Manche Historiker, die vorwiegend durch das Prisma der anglo-amerikanischen Beziehungen auf den Krieg zurückblicken, haben das Konzept der Großen Allianz in Frage gestellt. Dabei vergleichen sie einerseits die intime anglo-amerikanische Partnerschaft, die sich während des Krieges entwickelte (nach Marshalls Worten »der vollständigste Zusammenschluß militärischer Anstrengungen, den zwei verbündete Staaten jemals erreichten«)[2], und andererseits das, was Churchill später als die »weit entfernte, unabhängige Front« der Sowjetunion beschrieb, wo »weder das Bedürfnis noch die Möglichkeit für eine Stabsfusionierung bestand«.[3] Dazu kommt, daß die drei Partner der Allianz formal durch keinerlei Vertrag gebunden waren, das Abkommen zwischen Großbritannien und der Sowjetunion vom Mai 1942 einmal ausgenommen. Sie waren zwar die drei Hauptunterzeichner der Deklaration der Vereinten Nationen, dieses Dokument wurde jedoch am Neujahrstag 1942 auch durch die Vertreter von 23 weiteren Regierungen unterzeichnet.[4]

Trotzdem gibt es gute Gründe, von einer Großen Allianz zu sprechen. Churchill, der diesen Ausdruck in seinen Memoiren über den zweiten Weltkrieg ständig verwandte, erinnerte damit an die Große Allianz, die sein Vorfahr Marlborough vor über 200 Jahren angeführt hatte. Dieses Wort wurde aber auch weithin für die Bezeichnung einer antideutschen Koalition europäischer Regierungen Mitte der dreißiger Jahre gebraucht, ein Zusammenschluß zum Zwecke der Abschreckung, den Churchill selbst an führender Stelle mitverfochten hatte. Ausgangspunkt war die Tatsache, daß Hitler damals nur durch das abgestimmte Handeln Großbritanniens, Frankreichs und der Sowjetunion hätte aufgehalten werden können. An der Jahreswende 1941/42 war der Gedanke, Deutschland, Italien, Japan und deren Verbündete könnten durch weniger als die gemeinsamen Anstrengungen der Streitkräfte Großbritanniens, der Sowjetunion und der Vereinigten Staaten besiegt werden, bereits ins Reich der Phantasie verbannt - selbst wenn man das riesige Industriepotential der USA in Betracht zog. Doch auch für alle gemeinsam war es eine Aufgabe, die sie - nach weiteren Niederlagen - erst nach vier Jahren härtesten Kampfes zu vollbringen vermochten. Später verdrängte der kalte Krieg die grausamen Züge der lang andauernden Atlantikschlacht aus dem sowjetischen Bewußtsein[5], das schreckliche Schicksal, das ständig über den Konvois schwebte, die längs der umkämpften Route Versorgungsgüter in die sowjetischen Arktishäfen brachten, die erbitterten Schlachten von Iwo Jima und Okinawa. Den Amerikanern und Briten fiel es dadurch leicht, die historische Tatsache abzuwerten, daß ihre Armeen, als sie schließlich 1944 an den Stränden der Normandie landeten, gegen eine deutsche Wehrmacht kämpften, der das Rückgrat bereits ein Jahr zuvor an der Ostfront bei Kursk in einer Panzerschlacht von titanischen Ausmaßen gebrochen worden war. Dieser Unterschied in den Dimensionen der Landschlachten an der West- und Ostfront war Churchill und Roosevelt durchaus bewußt, und Stalin erinnerte sie daran. So bestand z. B. die deutsche Streitmacht, die schließlich im Oktober 1942 von der Achten Armee bei El Alamein besiegt wurde, lediglich aus vier Divisionen.

Der Krieg entwickelte sich im Grunde genommen nicht auf zwei, sondern auf drei »unabhängigen« Schauplätzen. Der Kampf gegen Japan wurde 1942 zum größten Teil von den Amerikanern geführt, die Ostfront war immer ausschließlich der Sowjetunion vorbehalten, und die Feldzüge zunächst in Nordafrika, später in Italien und schließlich in Frankreich waren anglo-amerikanische Operationen.[6] Zwischen diesen drei Regionen bestanden jedoch wichtige logistische und strategische Zusammenhänge. Dazu gehören z. B. der intensive Wettstreit um Landungsschiffe zwischen der US Navy im Pazifik und den anglo-amerikanischen Streitkräften in Europa, der in der transatlantischen strategischen Debatte in den Jahren 1943/44 bedeutende politische Dimensionen annahm, die lebenswichtigen Lieferungen an die Rote Armee nach dem Leih- und Pachtverfahren und in der Schlußphase des Krieges die zeitliche Abstimmung gleichzeitiger Schläge an allen Fronten.

Von der Jahreswende 1941/42 an liefen die Steuerseile der militärischen und politischen Macht über die Kartentische Churchills, Roosevelts und Stalins. Ihre Kollegen, Berater und Kommandeure spielten ihren Part, aber die Kriegsanstrengungen der drei Alliierten liefen zusammen und gewannen Gestalt in dem Dreiecksverhältnis dieser Männer. In ihrem Entscheidungsprozeß nahm Churchill zunächst die Schlüsselposition ein; in den letzten Monaten des Krieges hingegen fiel sie Roosevelt bis zu dessen Tod zu. Von Anfang an führten sie eine Debatte über die internationale Lösung, die auf einen gewonnenen Krieg folgen sollte. Fast vier Jahre lang agierten die Außenminister der drei Länder eher wie der Chor oder die Herolde in einem griechischen Drama; sie zeigten Alternativen auf, versuchten Prognosen, brachten Nachrichten, während die drei Protagonisten Churchill, Roosevelt und Stalin waren. Der Historiker ist gehalten, seine Aufmerksamkeit vor allem auf die persönlichen Botschaften, die sie austauschten, sowie auf ihre Diskussionen bei den persönlichen Begegnungen zu konzentrieren. Hopkins' Worte über Churchill (in seinem Bericht an Roosevelt über seine erste Begegnung mit diesem Anfang 1941) leicht abgewandelt, könnte man sagen, sie »*waren* die Regierung«. Sie waren die Großen Drei.

Die Schlacht um Moskau

In der ersten Dezemberwoche des Jahres 1941 strebten zwei Schlachten fast gleichzeitig ihrem Höhepunkt zu: Die deutsch-sowjetische Schlacht um Moskau und die Schlacht der Worte zwischen Japan und den USA. Im Herbst war Hitler schließlich überzeugt worden, daß Moskau eingenommen werden müsse. Das sollte in einer einzigen Einkesselungsaktion mit der Bezeichnung *Taifun* erreicht werden. *Taifun* sollte sichern, daß »kein russischer Soldat, kein Zivilist, ob Mann, Frau oder Kind, die Stadt verlassen darf. Jeder Versuch ist mit Gewalt zurückzuweisen.«[7] Hitler war so sicher, Operation *Barbarossa* werde lediglich ein kurzer, harter Blitzkrieg sein, daß er gar nicht versuchte, aus der Verdrossenheit der Bewohner der baltischen Staaten und, mehr noch, der Ukraine, die unter Stalin sehr gelitten hatten, politisches Kapital zu schlagen. Im Gegenteil, sein Beauftragter für Osteuropa, Alfred Rosenberg (der versuchte, eine Art Politik in dieser Richtung zu entwickeln), wurde vom Reichsführer SS Heinrich Himmler und von Göring als Hauptverantwortlicher für den Vierjahres-Wirtschaftsplan vollkommen an die Wand gespielt. Für diese beiden wie auch für Hitler waren die Slawen - und die Juden sowieso - nichts als Untermenschen. Ihr Schicksal war bereits in Denkschriften der Nazis vor der Invasion besiegelt. Von den Opfern der vorrückenden deutschen Wehrmacht hatten diejenigen noch Glück, die erschossen wurden; andere wurden vergast oder mußten Hungers sterben. Hätte Hitler das politische Ziel verfolgt, das Sowjetvolk um Stalin im Großen Vaterländischen Krieg zusammenzuschließen, dann hätte er dies kaum besser tun können.

Für Stalin war die Entscheidung Japans, nach Süden vorzudringen, anstatt die Sowjetunion anzugreifen, eine große Hilfe. Dabei hatte Hitlers Überzeugung, Operation *Barbarossa* werde ein schneller Erfolg beschieden sein, eine große Rolle gespielt. Als der deutschfreundliche japanische Außenminister Matsuoka Berlin im März 1941 besuchte, hatte Hitler ihn gedrängt, seine Regierung solle Singapur ins Visier nehmen. Auf der Rückreise unterzeichnete Matsuoka am 13. April in Moskau einen Nichtangriffspakt. Solche Verträge hatten nur begrenzten Wert, der in diesem Falle sogar noch geringer war, denn als Reaktion auf Operation *Barbarossa* drängte Matsuoka seine Kabinettskollegen, den Moskauer Pakt zu brechen und der Sowjetunion sofort den Krieg zu erklären.[8] Zum Glück für Stalin war Matsuoka durch den deutschen Überfall auf die Sowjetunion, von der Hitler den japanischen Botschafter erst im letzten Augenblick informiert hatte, in Tokio bereits so diskreditiert, daß er am 18. Juli das Amt des Außenministers nicht mehr ausübte. Wie wir wissen, entschied die japanische Regierung am 9. August, in diesem Jahr in Sibirien keine weiteren Operationen zu unternehmen. Richard Sorge gelang es vor seiner Verhaftung in Tokio am 24. Oktober 1941, diese Nachricht von höchster Bedeutung noch zu bestätigen.[9] So war Stalin in der Lage, acht bis zehn Divisionen sowie 1000 Panzer und ebenso viele Flugzeuge aus dem Fernen Osten nach Moskau zu verlegen. Einen großen Teil dieser frischen Truppen hielt er in Reserve, um sie im entscheidenden Augenblick im Dezember 1941 in die Schlacht zu werfen.

Als Operation *Taifun* am 2. Dezember in den westlichen Vororten der sowjetischen Hauptstadt ins Stocken geriet, war es bereits tiefer Winter. Drei Tage später startete Stalin die Gegenoffensive, die von Schukow geführt wurde. Die Gefahr für Moskau war gebannt und kehrte während des ganzen Krieges nicht wieder zurück. An der Front vor Moskau mußte die deutsche Armee zum ersten Mal in diesem Krieg den Rückzug antreten.[10] Am 19. Dezember übernahm Hitler persönlich von Walther von Brauchitsch, der zurücktrat, den Oberbefehl über die deutsche Wehrmacht. Der Sieg war für ihn zum Greifen nahe. Deshalb verwarf er auch den Rat seiner Generale, da Operation *Barbarossa* nicht die ursprünglich vorgesehene Linie erreicht hatte, sollte die deutsche Armee sich insgesamt auf eine kürzere und leichter zu verteidigende Front zurückziehen. Statt dessen befahl Hitler das genaue Gegenteil, »sich an jede Ortschaft zu klammern, keinen Schritt zurückzuweichen, bis zur letzten Patrone und zur letzten Granate zu kämpfen«.[11] Dies wurde zum Leitmotiv aller militärischen Direktiven, die er in der nachfolgenden Kriegszeit herausgab. Es entsprach voll und ganz seinem Charakter - eine emotionale Reaktion, ein Entschluß ohne reifliche Überlegung. In der Dezemberkrise von 1941 aber funktionierte es noch: Es gab keinen sowjetischen Durchbruch an der Moskauer Front.

Pearl Harbor

Inzwischen hatten sich die Informationen über eine bevorstehende japanische Aggression aus allen Quellen so verdichtet, daß Roosevelt am 1. Dezember Churchill doch noch das Versprechen gab, um das dieser seit der Atlantikkonferenz nachgesucht hatte: Falls die Japaner die Briten oder ihre holländischen Verbündeten in Südostasien angreifen sollten, würden die USA ihnen militärischen Beistand leisten. Roosevelt gab dieses Versprechen nicht offiziell, sondern am Rande eines Gesprächs mit Halifax, und dies in einer so vagen Form, daß das britische Kriegskabinett selbst in dieser komplizierten Situation den Botschafter beauftragte, »den Präsidenten auf diese drei Punkte festzunageln«.[12] Das tat er. In der Praxis hatte dies, wie auch die parallelen Warnungen an Japan, die schließlich beschlossen (aber nicht mehr rechtzeitig übergeben) wurden, allerdings keine Bedeutung mehr. Japanische Truppen landeten nicht nur in Siam, wie man allgemein erwartet hatte, sondern auch in Malaya und auf den Philippinen. Und am frühen Morgen des 7. Dezember 1941, einem Sonntag, überraschten sie Roosevelt, Churchill und die ganze Welt[13] mit einem gleichzeitigen Angriff aus enormer Entfernung von mehreren Flugzeugträgern aus auf die amerikanische Pazifikflotte, die in Pearl Harbor vor Anker lag. Von acht

Der Vormarsch in Rußland nahm den berechneten Verlauf; auch die Industriereviere der Ukraine waren bald in deutsche Hand gefallen, und am 3.10.1941 erklärte Hitler in einer großen Rede, daß die Sowjetunion endgültig zerschmettert sei und »sich nie mehr erheben werde«. – Aber mit dem beginnenden Winter wurde deutlich, daß aus dem schnellen russischen Feldzug ein langer russischer Krieg geworden war. Als aber erst alles im Schlamm versank, dann starker Frost einsetzte und schließlich Schneestürme die Straßen unpassierbar machten, blieb der Angriff auf Moskau stecken. Der Treibstoffnachschub kam nicht heran, die Motoren der Panzer und Lastwagen froren ein und mit Pferdegespannen mußte im Dezember 1941 überall die Front zurückgenommen werden. Mit leichten Sommermänteln bekleidet bahnten sich die sieggewohnten Deutschen bei Temperaturen zwischen 30 und 40 Grad minus verzweifelt den Rückweg.

Kampfschiffen wurden sieben versenkt und das achte schwer beschädigt. Zehn Stunden später wurden die schweren Bomber, die die ganze amerikanische Strategie verändern sollten, in Clark Field auf den Philippinen am Boden zerstört.[14] Am 9. Dezember wurden die *Prince of Wales* (die die Flagge des Oberkommandierenden der britischen Navy trug) und der Kampfkreuzer *Repulse* ohne Luftsicherung gestellt und versenkt. (Der Flugzeugträger, der diese beiden Schiffe in den Fernen Osten hatte begleiten sollen, war im November in der Karibik auf Grund gelaufen.) Luftunterstützung von Land kam zu spät. So gab es Ende 1941 auf den weiten Ozeanen zwischen Ägypten und Kalifornien kein einziges großes Kampfschiff der Alliierten mehr.[15] Churchill schrieb später in seinen Memoiren: »Während des ganzen Krieges traf mich kein unerwarteterer Schlag.«[16] Das Jahr 1942 sollte noch Schlimmeres bringen.

Einen Tag nach dem »Tag der Schande der niemals vergessen werden wird«[17], wie Roosevelt in seiner Rede an den Kongreß formulierte, stimmten die beiden Häuser des Kongresses mit nur einer Gegenstimme für die Kriegserklärung an Japan.[18] Die britische Kriegserklärung kam noch rascher als die amerikanische; und am 9. Dezember schlug Churchill Roosevelt bereits vor, erneut nach Washington zu reisen – »je eher, desto besser«. Nachdem die Bermudas als Treffpunkt im Januar in Erwägung gezogen worden waren – Roosevelt sorgte sich zunächst um Churchills Sicherheit – einigten sich die beiden Führer rasch auf Washington.[19] Es folgte die lange *Arcadia*-Konferenz, die weit ins neue Jahr hineinreichte (und deshalb im nächsten Kapitel beschrieben wird). Churchill und Roosevelt reagierten auf das Desaster im Pazifik auf erstaunlich ähnliche Weise. Roosevelts Frau schrieb später, daß er »trotz seiner Besorgnis ruhiger schien als seit langem.« Auch Churchills Ausspruch »Und wir haben *doch* gewonnen!« war durchaus kein nachträglicher Einfall. Im Gegenteil, in einem Telegramm an Roosevelt vom 12. Dezember brachte er seine »enorme« Erleichterung über die »Wendung« zum Ausdruck, »die die Weltereignisse genommen haben«. Selbst in seiner Rundfunkrede an die Nation unmittelbar nach dem Fall von Singapur zwei Monate später beschrieb er den Kriegseintritt der Vereinigten Staaten als »das erste und größte Ereignis«, von dem er geträumt, nach dem er gestrebt und für das er gearbeitet hatte.[20]

Vorwürfe richtete Churchill nicht gegen die amerikanische Regierung, sondern gegen wenige Kritiker wie Craigie, der nach Rückkehr von seinem Posten in Tokio das amerikanische Vorgehen in den Verhandlungen mit Japan 1941 in Frage stellte. Nach Pearl Harbor vergingen fast zwei Jahre, bis das Foreign Office Churchill ein Exemplar von

Craigies »Abschlußbericht über die Mission in Japan« zuschickte. Bereits im November 1942 hatte Eden Churchill gewarnt, dieser lange Bericht kritisiere sowohl die britische als auch die amerikanische Politik »bis letzten Dezember«. Inzwischen hatte Craigie einige Passagen seines Berichtes »abgeschwächt«, der dann im September 1943 an einen sehr kleinen Kreis verteilt wurde - den König, das Kriegskabinett und einige Beamte des Foreign Office. Ihm war noch ein längeres Memorandum unter dem Titel »Von der Krise an der Burma-Straße bis nach Pearl Harbor« beigefügt, das die Fernostabteilung des Foreign Office ausgearbeitet hatte.

Churchill las Craigies Bericht auf der Rückreise von der ersten Quebec-Konferenz und geriet vor Zorn außer sich. Seine darauf folgende Mitteilung an Eden zeigt, daß er Craigies Auffassungen so wenig verstand wie - zu einer anderen Frage und von ganz anderem Gewicht - diejenigen Niels Bohrs ein Jahr später. Er schrieb:

»In diesem Bericht werden die Vereinigten Staaten beschuldigt, sie seien für den Krieg mit Japan verantwortlich, weil sie mit den Kompromißvorschlägen vom 20. November 1941 nicht richtig umgegangen seien. Es handelt sich hier also um ein sehr seltsames Dokument, das streng geheimgehalten werden sollte. Ich habe selten einen einseitigeren und deutlicher projapanischen Bericht über die Vorgänge gelesen. Das Fehlen jeglichen Unterschiedes zwischen geringfügigen britischen und amerikanischen Fehlern auf der einen Seite und dem Vorsatz des Krieges auf der anderen Seite, der in der Greueltat von Pearl Harbor gipfelte, zeigt eine deutliche Distanz von den Ereignissen und vom Schicksal seines Landes. Er schreibt über den Bruch mit Japan so, als ob dies eine absolute Katastrophe sei... Es war aber ein Segen, daß Japan die Vereinigten Staaten angegriffen und Amerika auf diese Weise rückhaltlos und einig in den Krieg gebracht hat. Glücklicheres ist dem Britischen Empire selten widerfahren als dieses Ereignis, das unsere Freunde und Feinde im wahren Licht gezeigt hat und über die erbarmungslose Vernichtung Japans zu neuen Beziehungen führen kann, die für die englischsprechenden Länder und die ganze Welt von enormem Vorteil sein werden. Es kann absolut keine Rede davon sein, daß dieser Bericht an irgend jemanden weitergeleitet wird...«[21]

Eden antwortete Churchill mit einer Notiz, in der er ihm zustimmte und seine Aufmerksamkeit auf das Memorandum der Abteilung des Foreign Office lenkte, das zeigen sollte, »a) daß Japan vorhatte, uns zu vernichten; b) daß keinerlei Beschwichtigungsmaßnahme dies verhindert hätte und c) daß unsere Politik dazu beigetragen hat, das Britische

Empire, die Vereinigten Staaten und die Niederländer im Fernen Osten rechtzeitig auf eine Linie zu bringen, bevor die Japaner zuschlugen.«

Craigies Bericht enthält zwar Irrtümer in einigen Fakten, ist aber ein wohlbegründetes und abgewogenes Dokument, dessen vernichtende Kritik durch Churchill und Eden nur damit erklärt werden kann, daß sie von Japan nichts verstanden. Der Botschafter argumentierte: Hätte eine Kompromißlösung erreicht werden können, »die den Rückzug der japanischen Truppen aus Süd-Indochina einschloß, dann wäre der Krieg mit Japan nicht unvermeidlich gewesen«. Man habe nicht erwarten können, mit den letzten amerikanischen Vorschlägen vom November 1941 eine Lösung »ohne Waffeneinsatz« zu erreichen. Die amerikanische Regierung hätte wissen müssen, daß es damit keine Chance gab, Japan zum Einlenken zu bringen, »ohne es zunächst auf dem Schlachtfeld besiegt zu haben«. »Wenn in diesem Stadium die amerikanische Politik weniger kompromißlos gewesen wäre, hätte der Ausbruch des Krieges mit Japan zumindest um drei Monate aufgeschoben werden können.« Er kam zu dem Schluß:

»Im Herbst 1941 muß die Regierung der Vereinigten Staaten entweder Japans Lage völlig mißverstanden haben oder zu dem Schluß gekommen sein, sie sei bereit für den Krieg gegen Japan.«

An dem Memorandum des Foreign Office ist nicht in erster Linie interessant, daß damit das Gleichgewicht der Argumente zuungunsten Craigies verschoben werden sollte (was in der Tat auch geschah), sondern daß zugleich Formulierungen enthalten sind, die zeigen, was die Beamten des Foreign Office von der Art und Weise hielten, wie die Japanfrage im Jahre 1941 behandelt wurde. So wird z. B. die anfängliche Unaufrichtigkeit Hulls gegenüber Halifax erwähnt und auf die lange Verzögerung hingewiesen, mit der Hull das letzte Memorandum, das den Japanern am 26. November 1941 übergeben wurde, an Halifax übermittelte. Dieses Dokument wird eindeutig als »glatte Ablehnung aller... japanischen Vorschläge« charakterisiert. Vor allem weist auch das Memorandum des Foreign Office auf den entscheidenden Punkt hin – daß das Einfrieren der japanischen Aktien, »das in aller Stille den Charakter eines kompletten Embargos annahm, beiden Seiten das Manövrierfeld raubte, ohne daß grundlegende Veränderungen erreicht worden wären.«

Die Dokumente, die über die Jahre veröffentlicht wurden, verleihen Craigies Einschätzung mehr Gewicht, als Churchill oder Roosevelt jemals zugegeben hätten. Churchill hatte damals – nach außen – kaum mehr als eine lästige Debatte im Unterhaus (wo ihm das Vertrauen aus-

Die Luftwaffe entschied auch den Seekrieg im Osten, brachte mit dem japanischen Überraschungsangriff auf Pearl Harbor die größten Erfolge der Japaner, aber mit der amerikanischen Zerbombung der weit überlegenen japanischen Flotte bei den Midway-Inseln ein Jahr später auch die Wende des Krieges. Die japanische Seeherrschaft ging damit zu Ende, es gelang Japan nicht mehr, eine neue Flotte von Flugzeugträgern aufzustellen. Das Photo zeigt einen von amerikanischen Sturzkampfbombern zerschlagenen schweren japanischen Kreuzer.

gesprochen wurde) und später eine Regierungsumbildung zu bestehen; es gab keine öffentliche Untersuchung, nicht einmal nach dem Fall von Singapur. In Washington folgte auf die Vorgänge im Pazifik eine weitaus heftigere Reaktion.[22] Der Bericht über die Untersuchung des Kongresses, der 39 Bände füllt, wurde jedoch erst 1946 veröffentlicht. Zu diesem Zeitpunkt war Roosevelt bereits tot.

Im vorigen Kapitel wurden einige Gründe für das Abgleiten in diese militärischen Katastrophen genannt. Wenn es jedoch um Ereignisse von solchen Dimensionen geht wie im Dezember 1941, tut der Historiker gut daran, zwischen dem Mikro- und dem Makroaspekt der Geschichte zu unterscheiden. Aus ersterer Sicht scheint es, als seien die amerikanisch-japanischen Verhandlungen von 1941 (wie auch die britisch-sowjetischen Verhandlungen von 1939) nach dem Prinzip von Tennysons Lady of Shallot geführt worden: Jede Seite sah die andere im Zerrspiegel. Wenn man aber die Ereignisse im Fernen Osten im Jahre 1941 vor einem möglichst weiten Hintergrund sieht, dann werden Churchills und Roosevelts Reaktionen darauf verständlicher. Vor diesem Hintergrund umriß Churchill im Kriegskabinett drei Wochen vor Pearl Harbor folgende vier große Möglichkeiten: »1. Die USA im Krieg gegen Deutschland, Japan neutral 2. Die USA im Krieg auf der Seite der Alliierten, Japan im Krieg auf der Seite der Achse 3. Die USA und Japan halten sich aus dem Krieg heraus 4. Die USA halten sich aus dem Krieg heraus, Japan nimmt teil.«

Von diesen vier Möglichkeiten, so sagte er, sei die erste am besten für Großbritannien, die vierte dagegen eindeutig am schlechtesten.[23] Churchill setzte all seine Hoffnung auf Amerikas Eintritt in den Krieg. So wie er war, sagte er das auch. Und so wie Roosevelt war, sagte er es nicht. Was er bei sich dachte, darüber kann nur endlos spekuliert werden.

Begegnungen in Moskau

Zur selben Zeit, als Churchill auf dem Schlachtschiff *Duke of York* den Atlantik westwärts überquerte, um zur *Arcadia*-Konferenz zu gelangen, fuhr Eden ostwärts nach Murmansk, um von dort Moskau zu erreichen. Der Besuch des Außenministers im Dezember 1941 in Moskau war das Ergebnis einer lebhaften Korrespondenz zwischen Stalin und Churchill im vorangegangenen Monat, die um so bemerkenswerter ist, als sie stattfand, während die deutsche Operation *Taifun* vor Moskau ablief. Am 8. November hatte Stalin Churchill eine persönliche Botschaft gesandt, in der er ihm zustimmte, »daß in den Beziehungen zwischen der UdSSR und Großbritannien Klarheit geschaffen werden muß, die gegenwärtig nicht besteht. Diese Unklarheit liegt in folgenden zwei Umständen begründet: 1. Es gibt keine bestimmte Vereinbarung zwischen unseren Ländern über die Kriegsziele und über die Pläne der Friedensregelung nach dem Kriege; 2. Es besteht kein Vertrag zwischen der UdSSR und Großbritannien über gegenseitigen militärischen Beistand gegen Hitler in Europa.« Churchill antwortete darauf zwei Wochen später mit dem Vorschlag, Eden in Begleitung des stellvertretenden Chefs des Generalstabs des Empire nach Moskau zu entsenden. In derselben Botschaft wies er in freundlichen Worten darauf hin, zunächst müsse man den Krieg gewinnen, und dann würden die drei Hauptbeteiligten sich am Tisch der Friedenskonferenz treffen. Er ergänzte, - und Stalin stimmte ihm in seiner Antwort, in der er Eden willkommen hieß, zu: »Die Tatsache, daß Rußland ein kommunistischer Staat ist und daß Großbritannien und die USA das nicht sind und das auch nicht zu werden beabsichtigen, ist kein Hindernis..., einen guten Plan zur Gewährleistung unserer gegenseitigen Sicherheit und unserer berechtigten Interessen aufzustellen.« Inzwischen war das Verhältnis Churchills und Stalins so weit gediehen, daß sie Geburtstagsglückwünsche austauschten.[24]

Vor Aufnahme der Verhandlungen in Moskau war Churchill der Meinung gewesen, die dringendste Frage sei, ob man die Sowjetunion auffordern sollte, Japan den Krieg zu erklären. Es fiel ihm und den Stabschefs schwer zu entscheiden, wo der größere Vorteil lag. Schließlich wurde es Eden überlassen, an Ort und Stelle zu sondieren, wie stark man Stalin in dieser Frage drängen sollte. In Edens ausführlichen Diskussionen mit Stalin wurde diese Frage dann kaum berührt.[25] Statt dessen konzentrierte man sich hauptsächlich auf die Frage der künftigen Grenzen der Sowjetunion in Europa. Stalin bestand darauf, es sei »absolut wichtig«, die »alten Grenzen, die Grenzen von 1941« wiederherzustellen. Für Stalin ging es dabei um die Gebiete, die die Sowjetunion zur Zeit des Versailler Vertrages verloren hatte. Eden dagegen betrachtete diese als neue Gebiete, die die Sowjetunion im Ergebnis der Verträge mit Deutschland von 1939 erworben hatte. Er bestand auf den Prinzipien der Atlantikcharta und auf der Notwendigkeit, daß sich die britische Regierung mit ihren anderen Verbündeten, vor allem mit den Vereinigten Staaten, konsultieren müsse. Stalin bemerkte ironisch, dies erwecke den Eindruck, daß die Atlantikcharta »sich nicht gegen die Leute richtet, die die Weltherrschaft errichten wollen, sondern gegen die UdSSR«, das Land, das fast die gesamte deutsche Armee auf dem Schlachtfeld binde. Die Diskussion über ein Seitenthema, - den möglichen Einsatz britischer Truppen in der Sowjetunion - ob an der Leningrader oder der Ukrainischen Front oder als Teil einer gemeinsamen sowjetisch-britischen Operation in der Arktis -, endete ebenfalls ergebnislos. Unter dem Einfluß von Telegrammen, die Churchill sandte[26], verhärtete Eden seine Haltung immer mehr. Der britisch-sowjetische Vertrag, der in Moskau unterzeichnet werden sollte, wurde zunächst aufgeschoben. Statt dessen veröffentlichte man am 29. Dezember 1941 ein nichtssagendes Kommunique.[27] Der Vertrag blieb bis zum Frühjahr 1942 auf Eis.

Die Gespräche im Dezember 1941 in Moskau schufen den Rahmen für die Debatten zwischen der sowjetischen Regierung einerseits sowie der britischen und der amerikanischen andererseits, die Churchill, Roosevelt und Stalin in den folgenden Jahren stark beschäftigen sollten. Wie sich später herausstellte, wurde Polen zur zentralen territorialen Frage. Als Stalin jedoch im Dezember 1941 mit Eden sprach, scheint er nach den sowjetischen Berichten weniger mit Polen als vielmehr mit anderen sowjetischen Grenzen, vor allem im Baltikum, beschäftigt gewesen zu sein. Was Polen betraf, so schlug Stalin vor, die Frage in einem besonderen Brief an den polnischen Premierminister, General Wladyslaw Sikorski,[28] zu behandeln, der nach seiner Auffassung sogar veröffentlicht werden konnte. (Zu dieser Zeit waren die sowjetisch-polnischen Beziehungen weniger feindselig als seit vielen Jahren. Die Entdeckung des Massakers von Katyn stand noch bevor.) Stalin hatte außerdem kurz vor Edens Eintreffen in Moskau lange Gespräche mit Sikorski geführt. Er ließ diesen - wie auch Eden in den nachfolgenden Gesprächen - nicht im Zweifel darüber, daß die Curzonlinie die Grundlage der sowjetisch-polnischen Nachkriegsgrenze bilden mußte, wie Eden es in seinem offiziellen Bericht nach den Gesprächen schrieb.[29] Allerdings geht aus den polnischen Protokollen auch hervor, daß Stalin Sikorski sagte, die Zeit sei gekommen, »die Rauferei zwischen Polen und Russen zu beenden«, die sich in der Vergangenheit wieder und wieder bekämpft hätten. Stalin sagte: »Wir sollten die Grenzfrage untereinander vor der

Der amerikanische Präsident war von Anfang an ein entschiedener Gegner der europäischen Diktatoren Hitler und Mussolini gewesen. Nach Kriegsbeginn hatte er mehr oder weniger offen Großbritannien unterstützt, vor allem seit England nach der Kapitulation Frankreichs allein den Kampf gegen den übermächtigen Gegner fortsetzte, unter anderem durch die leihweise Über-

lassung von 50 US-Zerstörern durch das Leih- und Pachtgesetz, die die Nachschubwege Englands sicherten. Aber angesichts der Kriegsabneigung seiner Bevölkerung konnte er nie bis zum offenen Kriegseintritt gehen. Der japanische Angriff auf Pearl Harbor und die folgende deutsche Kriegserklärung an die USA nahmen ihm die Entscheidung ab: Am 11. 12. 1941, während die deutschen Truppen vor Moskau standen, unterschrieb Roosevelt die Kriegsproklamation an das Deutsche Reich, Japan und Italien. Auf dem Foto trägt er eine Trauerbinde für die bei dem Angriff auf Pearl Harbor gefallenen amerikanischen Soldaten.

Friedenskonferenz klären, sobald die polnische Armee[30] in Aktion tritt. Wir sollten dann dieses Thema ad acta legen. Seien Sie unbesorgt, wir werden Ihnen keinen Schaden zufügen.« Es überrascht nicht, daß Sikorski Stalin darauf hinwies, er werde darauf später zurückkommen.[31] Bei einem Vergleich der britischen, der polnischen und der sowjetischen Berichte über dieses Ereignis gewinnt der Leser allerdings den Eindruck, daß Stalin in diesem frühen Stadium die Zukunft der sowjetisch-polnischen Beziehungen noch recht aufgeschlossen betrachtete.

Hitlers zwei Entscheidungen

Kehren wir schließlich zu Hitler zurück. Da seine persönliche Autorität nun unumstritten war, ist es eine akademische Frage, was Churchill, Roosevelt und vor allem Stalin getan hätten, wenn es der deutschen Armee, die in den für einen geplanten Sommerfeldzug vorgesehenen Uniformen vor Kälte zitterte, aber immer noch eine völlig intakte Kraft darstellte, gestattet worden wäre, sich auf der ganzen Länge der Front in Rußland zurückzuziehen. (Wäre eine Art Waffenstillstand die Folge gewesen? Hätte sich der Krieg dann vielleicht länger hingezogen, wäre Berlin das Ziel der ersten Atombombe geworden?) Realistischer und möglicherweise faszinierender ist die Frage, was geschehen wäre, wenn Hitler seine zweite außerordentliche Entscheidung vom Dezember 1941, nämlich den Vereinigten Staaten den Krieg zu erklären, nicht gefaßt oder einfach verschoben hätte. Sein Vertrag mit Japan verpflichtete ihn nicht dazu. Die deutsche Marine hatte kategorischen Befehl, jede Konfrontation mit den USA zu vermeiden. Vier Tage lang, von dem Angriff auf Pearl Harbor bis zu der gehässigen Rede, in der Hitler am 11. Dezember vor dem Reichstag den USA den Krieg erklärte, hielt die Welt erneut den Atem an. Was Hitler dazu trieb, sich auf »eine geschichtliche Revision einmaligen Ausmaßes, (die) uns vom Schöpfer aufgetragen« wurde[32], einzulassen, wie er es in seinen überspannten Formulierungen nannte, wird immer ein Streitpunkt bleiben. Ebenso umstritten ist die davon abgeleitete Frage: Was hätte Roosevelt ohne Hitlers Kriegserklärung als Präsident und Oberkommandierender eines Landes getan, das im Krieg mit Japan stand, aber nicht mit Deutschland? Unumstritten ist jedoch die Tatsache, daß am 11. Dezember 1941 die Allianz der Großen Drei besiegelt wurde.

11
Die Allianz in Verwirrung
Dezember 1941 - Juli 1942

Ringsum nur Trümmer und der Söldner wilde Haufen
Chaos und Verwirrung überall...
- Milton, Paradise Lost -

Die Große Strategie

Während Eden Mitte Dezember 1941 mit Stalin und Molotow in Moskau konferierte, kämpfte sich das Schlachtschiff *Duke of York*, das Churchill an Bord hatte, mit geschlossenen Luken und absoluter Funkstille wegen der Gefahr deutscher U-Boot-Angriffe bei schwerer See über den Atlantik. Churchill landete am 22. Dezember in Hampton Roads und flog von dort nach Washington, wo er die nächsten drei Wochen gemeinsam mit Roosevelt verbrachte.[1] Auf der *Arcadia*-Konferenz unternahmen beide den ersten Versuch, eine Große Strategie zu formulieren.

Die drei Hauptmächte des Achsenbündnisses versuchten dagegen niemals, etwas in der Art einer Großen Strategie auszuarbeiten oder gar gemeinsam abzustimmen. Zwischen Berlin und Rom kam man zwar nicht ohne eine gewisse Koordinierung der militärischen Aktionen aus, und sei es nur, weil Rommels Panzerarmee Afrika eine gemischte italienisch-deutsche Streitmacht war, deren Verbindungswege über Libyen und Italien verliefen. Zudem teilte sich Italien mit Deutschland in die militärische Besetzung des Balkans. Die gelegentlichen Gipfeltreffen Hitlers und Mussolinis aber bestanden meist aus Monologen Hitlers,[2] und zwischen Berlin und Tokio gab es keinerlei Koordinierung. An der Jahreswende 1941/42 gingen die drei Achsenpartner ihre eigenen Wege, auf denen ihnen nach wie vor das Glück zu winken schien.

In der Großen Allianz kam es zunächst zwischen Großbritannien und den USA zu militärischer Koordinierung. Aber erst gegen Ende 1942 begann sie Früchte zu tragen, die allerdings nicht allen drei Führern der Allianz süß schmeckten. Die Strategiedebatte des Jahres 1942 enthüllte eine paradoxe Situation. Im Pazifik und in Südostasien waren die Amerikaner und die Briten, immer noch benommen von den wuchtigen

Schlägen der Japaner, nun mit einer Art Kriegführung konfrontiert, die sie auf dem fernöstlichen Schauplatz bisher nicht für möglich gehalten hatten. Dagegen konnte Stalin, dessen Land mit Japan im Friedenszustand war, sich hier zeitweilig etwas weniger Wachsamkeit leisten.[3] Auf dem europäischen Kriegsschauplatz dagegen (dem hier der Atlantik und der Mittelmeerraum großzügig zugeordnet werden), hatten Churchill und Roosevelt starke ungebundene Kräfte zur Verfügung, weshalb ihnen durchaus Entscheidungen offenstanden, ohne die der Begriff »Große Strategie« bedeutungslos wird. Für Stalin dagegen, der im Juni 1941 überfallen worden war und dessen Rote Armee nun an einer riesigen Front einen einsamen Kampf gegen die vereinigten Kräfte der Wehrmacht und ihrer an Zahl ständig wachsenden Verbündeten zu führen hatte[4], bestand die einzige Option bis Ende 1942 darin, »die Unbilden eines grausamen Schicksals auf sich zu nehmen.« Der Rückschlag der Deutschen vor Moskau an der Jahreswende reichte nicht aus, um Hitler daran zu hindern, im Sommer 1942 eine neue Großoffensive zu entfalten, die wiederum beinahe zum Erfolg geführt hätte. So fand also einerseits im Jahre 1942 eine lange und konfuse Strategiedebatte über den Atlantik hinweg statt, die im Januar 1943 mit einem Teilergebnis in Casablanca endete. Andererseits wiederholte Stalin unermüdlich ein einziges Argument: – die Notwendigkeit einer zweiten Front in Europa.

Churchill nutzte die der *Duke of York* verordnete Funkstille, um drei Papiere[5] über den weiteren Verlauf des Krieges zu diktieren, die er in vollem Wortlaut in seine Memoiren aufnahm. Abgesehen von seinem irrtümlichen Glauben an eine Strategie zahlreicher verstreuter Landungen auf dem Kontinent bleiben diese Papiere, die er Roosevelt bei seiner Ankunft in Washington überreichte, ein bemerkenswertes Zeugnis von Glanz und Größe der Churchillschen Visionen und lassen auch die Wurzeln seiner Mittelmeerstrategie erkennen. Nach seiner Meinung war der Einmarsch in Europa ein Ziel für 1943 und nicht für 1942. Hier sollten sich »im Jahre 1942 Großbritannien und die Vereinigten Staaten die gemeinsame Besetzung und Beherrschung aller nord- und westafrikanischen Besitzungen Frankreichs zum Hauptoffensivziel setzen, dazu... die Beherrschung der übrigen nordafrikanischen Küsten von Tunesien bis Ägypten«. Die Entwicklung von Churchills strategischem Denken während des Krieges ist im wörtlichen Sinne ein offenes Buch. Im Gegensatz dazu war Roosevelts Inneres, wie Sherwood es formulierte, »ein schwer verhangenes Dunkel«.[6] Über die amerikanischen Dokumente aus der Zeit des zweiten Weltkrieges ist treffend bemerkt worden: »Allzuoft gelangt der Historiker, nachdem er sich durch Berge von Papier hindurchgekämpft hat, auf einen Pfad, der dort, wo die Entscheidungen gefällt werden, irgendwo in Richtung des Weißen Hauses verschwindet.«[7]

Heute haben wir eine Vielzahl unterschiedlichster Quellen zur Verfügung, die uns zeigen, wie jeder der Großen Drei sein nationales Terrain verteidigte, wie ihr strategisches Denken sich entwickelte und aufeinander einwirkte. Die Führungsposition, die sich Churchill durch die frühe Veröffentlichung seiner Memoiren dabei sicherte, ist längst untergraben. Die unmittelbar nach dem Kriege vorherrschende Vorstellung von Roosevelt als einem Kriegsführer, der »während des ganzen Krieges... nur bei zwei Gelegenheiten« über einmütige Entscheidungen seiner eigenen Stabschefs hinwegging[8], ist nicht länger haltbar. Und obwohl Stalins ernste militärische Fehler - bei weitem nicht nur im Juni 1941 - in Ost und West unbestritten sind, kann kein Historiker das Urteil des Amerikaners beiseite schieben, der mehr als jeder andere im zweiten Weltkrieg die Möglichkeit hatte, die Großen Drei aus unmittelbarer Nähe zu beobachten: Averell Harriman. Dieser sah Stalin durchaus als »mörderischen Tyrannen«, kam jedoch zu folgendem Schluß:

»Für mich war er besser informiert als Roosevelt, realistischer als Churchill und in mancher Hinsicht der durchschlagkräftigste der Kriegsführer.«[9]

Die *Arcadia*-Konferenz

Diese erste anglo-amerikanische Konferenz Churchills und Roosevelts, die zu dieser Zeit nicht mehr nur durch ein ungeschriebenes Bündnis miteinander verbündet waren, sondern an der Spitze kriegführender Staaten gegen die gemeinsamen Feinde Großbritanniens und der Vereinigten Staaten standen, war die längste Konferenz der ganzen Kriegszeit. Ungeachtet der schrecklichen Geschehnisse in Südostasien zu dieser Zeit scheint der Codename *Arcadia* für diese Konferenz recht passend gewählt worden zu sein, wenn man an die Begegnung in Churchills Schlafzimmer denkt, wo Roosevelt diesen aufsuchte, als er gerade (Patrick Kinna) diktierte. Churchill war splitternackt und soll zu Roosevelt bemerkt haben: »Der Premierminister Großbritanniens hat vor dem Präsidenten der Vereinigten Staaten nichts zu verbergen.«[10] Am Weihnachtsabend entzündeten Churchill und Roosevelt gemeinsam die Lichter am Weihnachtsbaum auf dem Rasen des Weißen Hauses. Bei dieser Zeremonie nannte Roosevelt Churchill »meinen Verbündeten, meinen alten und guten Freund«. Churchill quittierte mit »mein berühmter Freund, der Präsident der Vereinigten Staaten«. Am Morgen des Weihnachtstages sangen sie in der Foundry-Methodistenkirche gemeinsam Choräle. Am nächsten Tag flocht Churchill in seine Ansprache an die gemeinsame Sitzung beider Häuser des Kongresses den Gedanken ein, wenn sein Vater Amerikaner und seine Mutter Britin gewesen wäre, statt umgekehrt, hätte er vielleicht den Capitol Hill aus eigener Kraft erklommen. Am Neujahrstag unterzeichneten sie die Deklaration der Vereinten Nationen.

Die besondere militärische Entscheidung, die zur damaligen Zeit das wichtigste Ergebnis von *Arcadia* zu sein schien, war die Ernennung General Wavells zum Oberkommandierenden des, wie sich herausstellte, totgeborenen amerikanisch-britisch-niederländisch-australischen Kommandos, das vom Golf von Bengalen bis nach Australien reichte und dessen Hauptquartier sich in Niederländisch-Ostindien befand. Das Ergebnis der Konferenz, das für die weitere Entwicklung des Krieges großes Gewicht erlangen sollte, war die Wahl Washingtons als Sitz des Gemeinsamen (anglo-amerikanischen) Komitees der Stabschefs. Dies war um so bemerkenswerter, als die Vereinten Stabschefs der USA bislang als Körperschaft noch nicht existierten. Auf für Roosevelt typische Art wurden die Vereinten Stabschefs ohne Präsidentenerlaß eingerichtet[11]. Als amerikanischer Bestandteil des Gemeinsamen Komitees der Stabschefs waren sie dem Weißen Haus direkt unterstellt. Auch über letzteres faßten der Präsident und der Premierminister auf der Konferenz keinen offiziellen Beschluß.

Im weiteren Verlauf des Krieges folgte eine ganze Reihe gemeinsamer Institutionen. Die erste, das Gemeinsame Amt für Kriegsmaterial, wurde während der *Arcadia*-Konferenz gegründet und vorläufig in Washington etabliert. In der Praxis hatten später alle diese gemeinsamen Institutionen ihren Sitz in Washington, wo sich allmählich etwa 9000 britische Beamte versammelten. Daher ging die zentrale Leitung der anglo-amerikanischen Kriegsoperationen von Anfang an von Washington aus - ein geographischer Vorteil, der Churchill so lange nicht störte, als er die höchsten militärischen Karten in seiner Hand hielt. Er wurde jedoch in späteren Phasen des Krieges empfindlich spürbar, als das militärische Schwergewicht sich auf die andere Seite des Atlantiks verlagerte.

Nur wenige Entscheidungen hatten im Verlaufe des zweiten Weltkrieges für alle drei Führer der Großen Allianz größeres Gewicht als die, wen sie als ihre militärischen Berater und Kommandeure auswählten und wie sie mit ihnen umgingen. Churchill und Stalin handelten beide nach dem Prinzip, daß Untergebene ihnen all ihre Kraft bis zum Äußersten zu geben hatten, die sie auch unablässig, jeder auf seine Weise, ausbeuteten. Beide waren zu Temperamentsausbrüchen fähig, gelegentlich jedoch auch zu Augenblicken persönlicher Einsicht. Roosevelts olympische Ruhe dagegen schuf eine entspannte Atmosphäre, die gewöhnlich jeden in seiner Umgebung erfaßte. Er erweckte den Eindruck, als delegiere er die Verantwortung für militärische Entscheidungen in größtmöglichem Maße (wie er es auch bei seinen Mitarbeitern gehalten hatte, die die Politik des New Deal durchsetzten). Und doch griff er entschlossen ein, wenn er es aus strategischen oder politischen Gründen für notwendig hielt.

Churchill hatte das Glück, daß, kurz bevor er das Amt des Premierministers übernahm, Generalmajor Ismay zum Chef des Militärpersonals des Kriegskabinetts ernannt wurde. Aber erst im November 1941 machte er General Brooke zum Nachfolger von General Dill, der Churchills Anforderungen nicht erfüllen konnte und völlig erschöpft war. Brooke – »einfach der prächtige (britische) Soldat seiner Generation«[12] wurde am Weihnachtstag Chef des Generalstabs des Empire (CIGS). Im März 1942 ernannte man ihn zum Vorsitzenden der Britischen Stabschefs[13]. In beiden Positionen war er bis Kriegsende tätig. Er nahm nicht an der *Arcadia*-Konferenz teil, überzeugte jedoch Churchill vor dessen Abreise nach Washington nicht ohne Schwierigkeiten, Dill, den Brooke achtete und verehrte, zum Chef der Britischen Mission für die Gemeinsamen Dienste in Washington zu ernennen. Dill reiste deshalb mit Churchill zur Konferenz und wurde danach das höchste britische Mitglied des neuformierten Gemeinsamen Komitees der Stabschefs. Auf diesem neuen Posten wurde Dill ein ausgezeichneter Militärbotschafter für sein Land und enger Freund des Stabschefs der US-Army, der ihn nach seinem Tode als »einen teuren Freund wie kein anderer in meinem Leben« bezeichnete, »den ich niemals vergessen werde.«[14] Da dies eine der fruchtbarsten anglo-amerikanischen Beziehungen des ganzen Krieges war, erinnerte sich Brooke später der halbstündigen Debatte mit Churchill am 11. Dezember 1941 als »eines meiner wichtigen Erfolge«.[15] Es ist deshalb durchaus angemessen, daß Dill, ein britischer Feldmarschall, nach seinem Tode im November 1944 auf dem Arlington-Nationalfriedhof in Washington begraben wurde. Seine Position in der amerikanischen Hauptstadt ist nur mit der Oliver Franks vergleichbar, der als britischer Botschafter sechs Jahre später ein einzigartiges Verhältnis zum amerikanischen Außenminister aufbaute, wie Dean Acheson in seinen Memoiren berichtet.[16]

Churchills Verhältnis zu Brooke, das für die weitere Entwicklung der britischen Strategie zentrale Bedeutung erlangte, war stürmisch, aber zwischen beiden bestand eine kreative Spannung. Man kann sich schwerlich zwei unterschiedlichere Charaktere vorstellen. Churchills überschäumender, quecksilbriger Geist stieß bei Brooke (einem in Frankreich geborenen Nordiren) auf einen Mann, der seine innere Sensibilität hinter einem Panzer der Strenge verbarg. Diese wurde durch die gallische Gabe einer strengen Logik (seine Muttersprache war Französisch) noch verstärkt.[17] Nachdem sich die Beziehungen zwischen dem Premierminister und dem CIGS ein Jahr lang recht schwierig gestaltet hatten, schrie Churchill Ismay an: »Ich kann nicht mit ihm arbeiten. Er haßt mich.« Ismay sprach zunächst mit Brooke und teilte dann Churchill dessen Antwort mit: Ganz im Gegenteil, Brooke liebe Churchill, wenn er dem Premierminister aber jemals beipflichten sollte, obwohl er in Wirklichkeit anderer Meinung sei, müsse Churchill ihn entlassen. Mit Tränen in den Augen murmelte Churchill: »*Lieber* Brooke!«[18]

Roosevelt kannte die höchsten Offiziere der US-Navy aus seinen Jahren als stellvertretender Marineminister im ersten Weltkrieg. Dies kam ihm gut zustatten, als er als Oberkommandierender die wichtigsten Kommandoposten in der Navy besetzen mußte. Herausragende Beispiele sind seine Wahl von Chester Nimitz, einem Texaner deutscher Herkunft, dem die spätere amerikanische Seeüberlegenheit im Pazifik zu verdanken ist, als Nachfolger von Konteradmiral Husband Kimmel auf dem Posten des Oberkommandierenden der Pazifikflotte nach dem Desaster von Pearl Harbor. Hier ist auch zu erwähnen, wie er die komplizierte Frage der Abgrenzung zwischen dem Chef der Marineoperationen (Admiral Harold Stark) und dem Oberkommandierenden der US-Flotte (Admiral Ernest King) löste. Auf Starks Rat ernannte Roosevelt diesen zum Kommandeur der amerikanischen Seestreitkräfte in Europa und setzte King als Chef der Marineoperationen und gleichzeitig als Oberkommandierenden der US-Flotte ein. Obwohl Roosevelt die Armee wesentlich schlechter kannte als die Navy, traf er zwei Jahre vor Kriegseintritt der USA eine entscheidende Wahl. An dem Tag, an dem Deutschland Polen überfiel, legte ein Brigadegeneral den Eid als Stabschef der US-Army ab - George Marshall. Er hatte diesen Posten bis Kriegsende inne. Der Kontrast zwischen Roosevelts und Marshalls Charakter war möglicherweise nicht so groß wie der zwischen Churchill und Brooke, aber auch er fiel ins Auge: Die felsenfeste Integrität des zurückhaltenden Südstaatlers[19] im Dienste der Staatskunst des Patriziers aus dem Hudson Valley, der zu Marshall sagte: »Ich glaube, ich könnte keine Nacht schlafen, wenn Sie außer Landes sind.«[20] Marshall war der Schöpfer der US-Army im zweiten Weltkrieg und einer der Väter der Großen Strategie, die schließlich zum Siege führte. Er war es auch, der im Dezember 1941 einen bislang wenig bekannten Stabsoffizier als stellvertretenden Chef der Abteilung Kriegsplanung nach Washington holte, der bei Kriegsausbruch erst Oberstleutnant war: Dwight Eisenhower. Beide hatten zwischen den Kriegen im Stab General John Pershings in Washington gedient.[21]

Roosevelts engeren militärischen Kreis vollendete schließlich im Juli 1942 die Ernennung von Admiral William Leahy, der aus der amerikanischen Botschaft in Vichy zurückbeordert wurde, zum Stabschef des Weißen Hauses. Admiral Leahy stand über den drei Stabschefs; seine Funktion in Washington hatte bis Kriegsende jedoch viel mit der Ismays in London gemeinsam.[22] So hatten Churchill und Roosevelt Mitte 1942 sich mit einem Kreis militärischer Berater umgeben, die die Prüfung des globalen Krieges bestehen sollten. Wie zu erwarten ist, wenn starke Persönlichkeiten an einem großen Unternehmen zusammenarbeiten, stritten diese Berater heftig untereinander auf beiden Seiten des Atlantiks und noch heftiger über den Ozean hinweg. Wie unterschiedlich ihre Meinungen dabei auch waren, gewannen sie doch zunehmend Achtung voreinander.

Stalin erreichte ein ähnliches Ergebnis auf einem anderen, aber wesentlich längeren Weg. Hier ist zu erwähnen, daß die Rote Armee im Juni 1941 in den Krieg ging - belastet von einem System der doppelten (militärischen und politischen) Führung. Die wenigen hohen Offiziere, die die Säuberungen Ende der dreißiger Jahre überlebt hatten, waren meist solche wie z. B. der schnurrbärtige Kavallerist Marschall Semjon Budjonny, deren Erfahrungen aus dem Bürgerkrieg sie nicht in die Lage versetzten, große Truppenverbände in einem modernen Krieg zu führen. Dies zeigte sich bereits in den ersten Kriegsmonaten mit aller Deutlichkeit. Als die deutsche Invasion der Sowjetunion einsetzte, war der erfahrene Schaposchnikow nicht mehr Generalstabschef. Diesen Posten hatte für kurze Zeit Schukow inne. Im August 1941 wurde Schaposchnikow jedoch wieder zurückberufen und blieb Stabschef, bis seine

Gesundheit ihm dies nicht mehr erlaubte. Schukow erhielt den ersten seiner vielen Kommandeursposten an der Front, die ihn schließlich zum berühmtesten Soldaten der Sowjetunion im zweiten Weltkrieg machten (er wurde später auch Stalins Stellvertreter als Oberbefehlshaber der Streitkräfte). Es mußte jedoch ein weiteres Jahr vergehen, ehe Stalin das Prinzip der Einzelleitung in der Roten Armee einführte und die kleine Gruppe hoher Offiziere um sich versammelte, die unter seiner Führung eine ganze Serie von Schlachten gewinnen sollte, die schließlich mit der Einnahme Berlins endeten.

Die Verbindungsfunktion zwischen den beiden wichtigsten Führungsorganen, dem Hauptquartier und dem Staatlichen Verteidigungskomitee (GKO)[23], mit deren Hilfe der Oberbefehlshaber Stalin den Krieg und die verschiedenen »Fronten« führte, in die die Rote Armee aufgeteilt war, übernahm der sowjetische Generalstab, dem die Vertreter des Hauptquartiers, darunter der hervorragende General Alexander Wassilewski, das ungefähre sowjetische Äquivalent zu General Brooke angehörten.[24] Wassilewski, bei Kriegsausbruch stellvertretender Leiter der Hauptabteilung Militärische Operationen im Generalstab der Roten Armee, war ein Bewunderer Schaposchnikows, dem er im Juni 1942 als Generalstabschef nachfolgte. Stalin eignete sich allmählich die Kunst der Führung großer Militäroperationen vor allem in der Zusammenarbeit mit drei früheren Offizieren der zaristischen Armee an: Schaposchnikow, Wassilewski und Schukow. In einer aufschlußreichen Passage seiner Memoiren berichtet Wassilewski von einem Gespräch mit Woroschilow über Stalin im März 1944. Auf Wassilewskis Frage, wie es komme, daß Stalin nun eine freie Diskussion dulde, in der er auch Streit mit Mitgliedern des Politbüros und des Hauptquartiers zulasse, antwortete Woroschilow:

»Früher war Stalin anders. Sicher hat ihn der Krieg vieles gelehrt. Er hat offensichtlich begriffen, daß auch er sich irren kann, daß seine Entscheidungen nicht immer die besten sein müssen und daß die Erkenntnisse und Erfahrungen anderer auch von Nutzen sein können. Auch die Jahre machen sich bemerkbar. Vor dem Krieg war er jünger und selbstsicherer...«[25]

In Wassilewskis Memoiren finden sich auch zwei Beispiele dafür, wie Stalin mit seinen engsten militärischen Mitarbeitern während des Krieges umging. Nachdem Stalin Wassilewski einmal befohlen hatte, den Kreml zu verlassen und sich in Archangelskoje, dem früheren Anwesen der Fürsten Jussupow bei Moskau, gründlich auszuschlafen, rief er ihn sofort nach seiner Ankunft an und behelligte ihn mit einer völlig nebensächlichen Frage. Ein anderes Mal bestand Stalin ohne ersichtlichen Grund darauf, Wassilewski solle seinen achtzigjährigen Vater finanziell unterstützen, mit dem er sich seit der Oktoberrevolution (aus politischen Gründen) völlig entzweit hatte.[26]

Aus den in Kapitel 9 angeführten Gründen hat Schukows abgewogenes Urteil über Stalin (im Unterschied zu den Aussagen in seinen zensierten Memoiren) den Klang der Wahrheit. Bei der Analyse von Stalins Fähigkeiten als Oberbefehlshaber unterschied er drei Kategorien - Strategie, militärische Operationen und Taktik. Nach Schukows Erinnerung beherrschte Stalin strategische Fragen »von Beginn des Krieges an. Die Strategie stand seiner gewohnten Sphäre, der Politik, nahe, und je direkter der Zusammenhang strategischer und politischer Fragen war, desto sicherer fühlte er sich.« »Bei Kriegsausbruch fand er sich in militärischen Operationen nur schlecht zurecht.« In der Schlußphase der Schlacht von Stalingrad aber begann er »operative Fragen zu beherrschen«. Zur Zeit der Kursker Schlacht »war er auch auf diesem Gebiet vollkommen sicher«. Was die dritte Kategorie, die Taktik, betrifft, so »verstand Stalin davon strenggenommen bis Kriegsende nichts.«[27] (Ein solches Urteil wäre allerdings auch für Churchill und Roosevelt zutreffend gewesen.)

So lernte Stalin, der sich doch in jeder Hinsicht überlegen fühlte, professionellen Rat anzunehmen. Allerdings gab er nie seine zermürbende Gewohnheit auf, vor allem nachts zu arbeiten. Churchill, der kein Oberbefehlshaber war, mußte seine Auffassungen Punkt für Punkt in der Debatte durchsetzen. Er tat dies auch ohne zu erlahmen, beschäftigte seine CIGS regelmäßig bis in die frühen Morgenstunden und plagte seine Feldoffiziere telegraphisch mit Ermahnungen und Hinweisen, die häufig auf den letzten entschlüsselten Geheimnachrichten beruhten, welche er unbearbeitet verschlang. Roosevelt, ein Mann, der in tiefen Schlaf fiel, sobald er nur sein Kissen berührte, der nahezu während des ganzen Krieges die Möglichkeit hatte einige erholsame Tage in Hyde Park zu verbringen, richtete es so ein, daß er die Fäden der wesentlichen militärischen Entscheidungen in seiner Hand hielt. Obwohl er in der Realität (und nach der Verfassung) Oberbefehlshaber war, behielt er mit fast allen seinen Kommandeuren einen lockeren Umgangston bei. Von den vielen Beispielen dafür soll eines genügen: Auf ein offizielles Schreiben Kings, in dem dieser den Präsidenten darauf aufmerksam machte, daß sein 64. Geburtstag, der Tag der Zwangspensionierung aus der US-Navy näher rückte, kritzelte Roosevelt: »Na und, altes Haus? Ich könnte Dir ein Geburtstagsgeschenk schicken! FDR.«[28]

Ungeachtet dieser Unterschiede, die vor allem auf das Temperament und das Wesen der verschiedenen Funktionen zurückzuführen sind, die jeder der Großen Drei innehatte, bleibt ein grundlegender Charakterzug, der ihnen allen gemeinsam ist. Anders als Hitler, der Gefreite des ersten Weltkrieges und verhinderte Künstler, der die deutsche Offizierskaste verachtete, hielten die Führer der Großen Allianz, nachdem sie bis Ende 1942 ihre höchsten Militärberater und Frontkommandeure ausgewählt hatten, eisern an ihnen fest - die erste Voraussetzung, um eine Große Strategie möglich zu machen.[29]

Europa zuerst

Auf der *Arcadia*-Konferenz legte das Gemeinsame Komitee der Stabschefs seinen ersten Beitrag zur Weiterführung des Krieges vor - ein langes Memorandum, das Churchill und Roosevelt bestätigten und das als WWI mit dem Titel »Große Strategie« in die Geschichte eingegangen ist.[30] In diesem Dokument wurde vieles gefährlich vage gehalten. Obwohl es also die Keime künftiger Kontroversen in sich barg, fand bereits in den ersten Absätzen die ABC-Übereinkunft vom Februar 1941 »Europa zuerst« eindeutige Bestätigung. Deutschland war »der Hauptfeind und seine Niederlage... der Schlüssel zum Sieg«. Wenn also Deutschland besiegt war, mußte »die Niederwerfung Japans folgen«. »Es sollte ein Grundprinzip sein..., daß nur ein Minimum notwendiger Kräfte für die Sicherung vitaler Interessen auf anderen Schauplätzen von den Operationen gegen Deutschland abgezogen werden kann.« Was die Operationen gegen Deutschland umfassen sollten, wurde nicht klar definiert. In weiteren Absätzen des Memorandums hieß es, »der Ring um Deutschland« könne verstärkt und geschlossen werden durch »Versorgung der russischen Front, Bewaffnung und Unterstützung der Türkei, Vermehrung unserer Kräfte im Mittleren Osten und Eroberung der gesamten nordafrikanischen Küste.« In dem Memorandum wurden Großoffensiven gegen Deutschland zu Lande im Jahre 1941 für unwahrscheinlich gehalten - mit Ausnahme der russischen Front (eine Wendung um 180 Grad zur Einschätzung der Fähigkeiten der Sowjetunion sechs Monate zuvor). Begrenzte Bodenoffensiven der anglo-amerikanischen Streitkräfte wurden jedoch nicht ausgeschlossen. In einem Ausblick auf 1943 wies man darauf hin, daß dann der Weg frei sein könnte »für eine Rückkehr auf den Kontinent über das Mittelmeer, von der Türkei aus auf den Balkan oder durch Landungen in Westeuropa. Solche Operationen müssen das Vorspiel zum endgültigen Sturm auf Deutschland selbst sein...«

Was den »östlichen Kriegsschauplatz« betraf, so war der Schlußabsatz des Memorandums zugleich nüchtern und rätselhaft formuliert. Als unmittelbares Ziel definierte man, »Hawaii und Alaska, Singapur, die malayische Barriere und die Philippinen, Rangun und die Straße nach China sowie die Küstenprovinzen Sibiriens zu halten.« Zu dem »Minimum notwendiger Kräfte« für den Schutz dieser riesigen Gebiete, die alle außer dem letzten unmittelbar bedroht waren, hieß es aber lediglich, daß dies »Gegenstand weiterer Diskussionen« sein müsse. Mit anderen Worten, hier war alles offen.

Niederlagen

So blieb es aber nicht. In den sechs Monaten nach Pearl Harbor erlitten die Amerikaner und die Briten eine Serie katastrophaler Rückschläge an allen Fronten, die allmählich die Strategie »Europa zuerst« in Frage zu stellen begannen. Am 28. Juni 1942 entfaltete Hitler seine vorletzte Großoffensive gegen die Rote Armee, die sich diesmal nicht gegen die zentrale Front, sondern nach Süden gegen die transkaukasischen Ölfelder der Sowjetunion richtete, jenseits der bereits die von den Briten kontrollierten Ölfelder des Mittleren Ostens lagen. Die anglo-amerikanischen Kräfte erlitten eine dreifache Niederlage. In der Atlantikschlacht, wo die deutsche U-Boot-Flotte sich nun längs der östlichen Seegrenzen der USA entfalten konnte, war 1942 das schlimmste Jahr des Krieges. In diesen zwölf Monaten verloren die Alliierten Schiffe mit einer Kapazität von acht Millionen Tonnen. In den strategischen Debatten von 1942 tauchten die Schiffskapazitäten immer wieder als der entscheidende Faktor für die anglo-amerikanische Planung auf. Im Mittelmeer blieben der britischen Flotte an der Jahreswende 1941/42 noch ganze drei Kreuzer sowie einige Zerstörer und U-Boote.[31] Die britische Streitmacht in der Westwüste, die sich nun Achte Armee nannte, hatte im Dezember 1941 Rommels Armee besiegt und Tobruk befreit. Ende Januar 1942 warf Rommel sie jedoch von der Grenze zwischen der Cyrenaika und Tripoli wieder zurück. Vier Monate lang standen sich die beiden Armeen nun in der Wüste an einer Frontlinie gegenüber, die von Tobruk nach Süden verlief (die sogenannte Gazala-Position). Damit waren sowohl Churchills Hoffnungen auf eine Eroberung Libyens und die Herstellung der Verbindung zu Tunesien wie auch das Konzept von

Arcadia, »die ganze nordafrikanische Küste zu erobern«, zunichte gemacht.

Der härteste Schlag ereilte die Verbündeten in Südostasien, wo Wavell kaum Zeit hatte, Delhi zu verlassen (er war zu dieser Zeit noch Oberkommandierender in Indien) und das Hauptquartier seines neuen Kommandos in Batavia zu beziehen, als die Japaner bereits in schneller Folge die Halbinsel Malakka, Singapur, den größten Teil des philippinischen Archipels und Niederländisch-Ostindien überrannten. Manila wurde am 2. Januar 1942 von japanischen Truppen besetzt. Am 15. Februar fiel Singapur. Die Eroberung Javas folgte drei Wochen später. Das amerikanisch-britisch-niederländisch-australische Kommando wurde aufgelöst. Auf den Fall Singapurs folgte eine wirkungslose Verteidigung Burmas. Rangun wurde Anfang März von den Japanern eingenommen. Am 12. März verließ MacArthur gemeinsam mit seiner Familie und siebzehn Stabsoffizieren auf Anordnung Roosevelts in Küstenschutzbooten die Inselfestung Corregidor auf den Philippinen.[32] Drei Tage später wurde er nach Australien geflogen, wo er sein Hauptquartier als Oberkommandierender des Südwestpazifiks einrichtete. Die militärischen Erfolge Japans erreichten in raschem Tempo derartige Ausmaße, daß die Großostasiatische Sphäre gemeinsamen Wohlstandes, wie sie ursprünglich genannt wurde, sich zu einem riesigen See- und Landgebiet im Westpazifik unter japanischer Kontrolle ausweitete, das von Japan nach Süden über China, Indochina, Siam, Burma, Malaya bis nach Singapur, ostwärts über Niederländisch-Ostindien und Borneo bis nach Nordneuguinea und den Salomon-Inseln sowie nach Norden über die Gilbert- und Marshall-Inseln bis zu den Aleuten reichte.

Von all diesen Niederlagen des Jahres 1942 war bei weitem die schwerste der Fall von Singapur, dem Angelpunkt der gesamten britischen Strategie im Fernen Osten, zwei Monate nach Versenkung der *Prince of Wales* und der *Repulse* vor der malayischen Küste. In nur zwei Monaten wurden 130 000 britische Soldaten[33] (darunter eine Division, die aus Großbritannien nach dem Nahen Osten unterwegs war und im letzten Moment auf Churchills Weisung umgelenkt wurde) von japanischen Streitkräften, die ihnen an Zahl unterlegen waren, gefangengenommen – die »größte Kapitulation in der britischen Geschichte«.[34] Diese Worte aus Churchills Memoiren sind soweit korrekt. Aber mit einer objektiven Analyse der Ursachen dieser riesigen nationalen Erniedrigung, von denen viele hätten vermieden werden können, war er im nachhinein und auch zur Zeit der Ereignisse selbst offenbar überfordert. Am 17. Februar 1942 gab er im Unterhaus eine Erklärung ab, die schlecht aufgenommen wurde. Danach verweigerte er eine Debatte mit der kaum überzeugenden Begründung, diese könne nur zu dem »Geschwätz« beitragen, das »uns ein Gefühl der Unsicherheit gibt«.[35] Eine unmittelbare strategische Folge des Falls von Singapur bestand darin, daß die Briten die Führung des Krieges gegen Japan abgeben mußten. Diese verblieb vom Frühjahr 1942 bis zur Kapitulation Japans an Bord des Schlachtschiffes *Missouri* in der Bucht von Tokio dreieinhalb Jahre später in amerikanischer Hand. Die politischen Folgen waren noch schwerwiegender. Langfristig konnte Großbritannien seine Weltmachtposition im Fernen Osten und in Australasien niemals wiedergewinnen. Die japanische Bedrohung Indiens und des Indischen Ozeans löste unverzüglich eine Welle von Unruhen auf dem ganzen Subkontinent aus. Eine erbitterte Stimmung herrschte in den Niederlanden und insbesondere in Australien, das den größten Teil seiner Armee in den Nahen Osten entsandt hatte.

Er bleibe hart, »wenn die malayische Halbinsel für Libyen und Rußland ausgehungert wird«, schrieb Churchill in einem seiner Telegramme von der *Arcadia*-Konferenz in Washington nach London. »Niemand trägt mehr Verantwortung als ich, und ich würde dasselbe wieder tun.«[36] Das feierliche Versprechen der britischen Regierung an Australien vom August 1941 aber war aktenkundig: Im Falle einer (wie Churchill damals glaubte, unwahrscheinlichen) japanischen Invasion »großen Ausmaßes« hatte der Premierminister »die ausdrückliche Genehmigung des Kabinetts, Ihnen (der australischen Regierung) zu versichern, daß wir dann unseren Einsatz im Mittelmeer verringern und Ihnen zu Hilfe kommen, wobei wir alle Interessen opfern, außer der Verteidigungsposition dieser Insel, von der alles andere abhängt.«[37] So wird der gezeichnete Artikel des australischen Premierministers John Curtin verständlich, den dieser am 27. Dezember 1941 im *Melbourne Herald* veröffentlichte. Darin erklärte er, seine Regierung betrachte den Krieg im Pazifik als eine Angelegenheit, bei der »die Vereinigten Staaten und Australien volles Mitspracherecht« haben müssen. Australien sei »nun frei von allen Skrupeln wegen unserer traditionellen Verbindungen zum Vereinigten Königreich«. Vier Wochen später folgte darauf ein Telegramm an Churchill (der inzwischen nach London zurückgekehrt war), in dem es hieß, daß die Evakuierung Malayas und Singapurs als »ein unverzeihlicher Verrat« Australiens betrachtet würde.[38]

In diesen kritischen Wochen blieb Roosevelt unvermindert gelassen und versuchte Churchill mit einigen bemerkenswerten Telegrammen den Rücken zu stärken. (Am 30. Januar, Roosevelts Geburtstag, antwortete er auf Churchills gute Wünsche mit den Worten »Es ist lustig, nun im selben Jahrzehnt zu stehen wie Sie.« Am 18. Februar begann er ein Telegramm mit den Worten: »Ich weiß, wie sehr der Fall von Singapur Sie getroffen hat... Ich möchte Ihnen sagen, daß ich oft an Sie denke.« Das Telegramm schloß: »Lassen Sie unbedingt von sich hören.«)[39] Churchills unmittelbare Umgebung bemerkte, daß die ersten Wochen des Jahres 1942 seine physische und emotionale Kraft auf eine harte Probe stellten.[40] Nach seiner Rückkehr aus den USA - auf den Bermudas bestieg er ein Flugboot - war sein erster Gedanke, Indien bald zu besuchen. Sein Gesundheitszustand ließ dies jedoch nicht zu. Wie Roosevelt gelang es Churchill trotz allem, sich das Vertrauen der Öffentlichkeit zu bewahren. Er stellte sich dem Unterhaus am 29. Januar in einer gespannten Atmosphäre, gewann jedoch mit Leichtigkeit eine Vertrauensabstimmung. Nach dem Fall von Singapur begegnete er seinen Kritikern mit einer Umbildung der Regierung. In den USA ergab eine Gallup-Umfrage im November 1941 etwas über 70 Prozent positive Antworten auf die Frage: »Würden Sie heute Roosevelt wählen?«. Anfang Januar stieg diese Zahl auf 84 Prozent und blieb bei weit über 70 Prozent in der ersten Hälfte des Jahres 1942.[41]

Die strategische Debatte

Während die Atlantikschlacht immer mehr Schiffe band und die Pattsituation im Nahen Osten anhielt, erlangten der Kriegsschauplatz im Pazifik für Roosevelts Überlegungen[42] und Indien für Churchill ein Gewicht, das sie zur Zeit der *Arcadia*-Konferenz mit ihrer kategorischen Orientierung auf Europa nicht für möglich gehalten hätten. Zugleich mußten Churchill und Roosevelt zum ersten Mal Stalins Forderung nach einer zweiten Front sehr ernst bedenken. Die strategische Debatte, die sich nun zwischen den Großen Drei entfaltete, kreiste um ein Hauptthema: Wenn man weiterhin davon ausging, daß Deutschland der Hauptfeind nicht nur der Sowjetunion (was sich von selbst verstand), sondern auch Großbritanniens und der USA war, dann mußte die Frage beantwortet werden, wann und wo nun eine anglo-amerikanische Invasion erfolgen sollte. Die Debatte war jedoch bei weitem nicht so eindeutig, wie es hier scheint. Das lag nicht nur daran, daß sie unter dem Druck der Ereignisse auf den verschiedenen Kriegsschauplätzen hin und her wogte. Ihr Hauptthema selbst veränderte sich und vermischte sich - wie in einer Fuge - mit anderen Problemen, so z. B. mit der Frage, die im

Komitee der britischen Stabschefs heiß diskutiert wurde, ob Deutschland nicht eher durch eine strategische Bomberoffensive als durch eine Invasion in die Knie zu zwingen sei.

Am 14. Februar 1942 erhielt das Kommando der Bomberflotte der RAF eine inhaltsschwere Direktive vom Stabschef der Air Force (nicht vom Kriegskabinett) nach Beratung mit Churchill. Diese berechtigte Air Chief Marshal Arthur Harris, der unmittelbar darauf zum Kommandeur der Bomberflotte mit direktem Zugang zu Churchill ernannt wurde, seine Kräfte »ohne Einschränkung... gegen die Moral der feindlichen Zivilbevölkerung und insbesondere der Industriearbeiter einzusetzen«.[43] Das führte dazu, daß wichtige Ressourcen der RAF aus anderen Bereichen abgezogen wurden, wo man sie dringend brauchte, z B. bei der U-Boot-Bekämpfung, und daß die RAF zusätzliche industrielle Ressourcen erhielt. Zugleich sollten all diejenigen in London in ihrem Glauben gelassen werden, die immer noch hofften, daß man mit schweren Bombardements die britische Teilnahme an einem Landkrieg in Europa ganz vermeiden könnte. Am 30. Mai startete Harris, ein überzeugter Verfechter der strategischen Luftoffensive, den ersten britischen Angriff von über 1000 Bombern auf Köln. Churchill berichtete Stalin in regelmäßigen Telegrammen über die Menge der Bomben, die auf Deutschland abgeworfen wurden. Erst viel später im Verlaufe des Krieges (wobei die Berechnungen seines wissenschaftlichen Beraters Lindemann keine große Hilfe waren) wurde Churchill davon überzeugt, welch begrenzte Wirkung derartige undifferenzierte Bombenangriffe hatten.[44]

Was das Hauptthema der großen Strategiedebatte angeht, so betraf dessen eine Hälfte die Briten und die Amerikaner, die andere jedoch – die Frage der zweiten Front – ebenso die Sowjetunion. In Kapitel 9 und 10 wurde gezeigt, daß Stalin nicht säumte, zunächst Churchill, danach Roosevelt darum zu ersuchen, 1941 eine zweite Front zu eröffnen. Im Jahre 1942 übernahm Roosevelt die Initiative. Bereits am 9. März schlug er Churchill vor, Großbritannien und die Vereinigten Staaten sollten gemeinsam die Verantwortung für »definitive Pläne zur Errichtung einer neuen Front auf dem europäischen Kontinent« im Sommer 1942 übernehmen, an der er »mehr und mehr interessiert« sei. Drei Tage später sagte er Litwinow (nun sowjetischer Botschafter in Washington), er dränge »die Briten in der Frage der Errichtung einer zweiten Front«. Dieses Gespräch hatte er mit einer Bemerkung eingeleitet, die in den nächsten drei Jahren häufig in Roosevelts Überlegungen auftauchen sollte: »Es sei schwierig für ihn gewesen, mit den Briten und dem Foreign Office zu verhandeln, und es werde viel leichter für ihn sein, mit Stalin und mir selbst (Litwinow) übereinzukommen, da wir dieselbe Sprache sprechen.« Litwinows Telegramm endete mit dem Hinweis, daß Präsident Roosevelt bei dieser Gelegenheit wie bei fast jeder Begegnung »wiederholte, wie gern er mit Stalin zusammentreffen würde, mit dem eine Übereinkunft sicher leicht zu erreichen wäre, weil beide Realisten seien«. Dies bestätigte Roosevelt in einer Botschaft an Churchill am 18. März:

»Ich weiß, Sie werden mir meine brutale Offenheit nicht übelnehmen, wenn ich Ihnen sage, daß ich glaube, ich könnte persönlich besser mit Stalin umgehen als Ihr Foreign Office oder mein State Department. Stalin haßt alle Ihre führenden Leute. Er meint, er möge mich mehr, und ich hoffe, daß das so bleibt.«

Am 1. April schlug Roosevelt in einer von ihm eigenhändig entworfenen Botschaft vor, Hopkins und Marshall nach London zu senden. Er hoffe, daß bald ein Besuch sowjetischer Vertreter in Washington folgen werde. Churchill reagierte positiv (»je eher, desto besser«), und am 11. April sandte Roosevelt an Stalin eine persönliche Botschaft, in der er ihn über das Anliegen der Hopkins-Marshall-Mission informierte, die drei Tage zuvor mit einem »äußerst wichtigen militärischen Vorschlag« in London eingetroffen sei. Dieser betreffe die Entfaltung »unserer Streitkräfte mit dem Ziel, Erleichterung für die kritische Situation an Ihrer Ostfront zu schaffen«. Nachdem Roosevelt die Möglichkeit eines bilateralen Treffens mit Stalin im kommenden Sommer in der Nähe der amerikanisch-sowjetischen Grenze in Alaska zur Sprache gebracht hatte, lud er Molotow und »einen bevollmächtigten General... sobald wie möglich« nach Washington ein. Stalin stimmte zu: Molotow werde Washington spätestens Mitte Mai besuchen und auf dem Wege dorthin in London Station machen.[45]

So war die Grundlage für ein Mißverständnis zwischen den Großen Drei gelegt, das nicht entstanden und nicht so akut geworden wäre, wenn man die Große Strategie von Anfang an zwischen allen drei Beteiligten erörtert hätte. Eine Analyse der nachfolgenden Entwicklung wird erleichtert, wenn wir hier die Codenamen der für 1942 vorgesehenen Operationen nennen. *Bolero* war die Verlegung amerikanischer Truppen nach Großbritannien für geplante Operationen in Europa. *Jupiter*[46] war eine vorgeschlagene Operation gegen Nordnorwegen. *Round-Up* lautete der Codename der für 1943 geplanten Großinvasion der Alliierten in Europa (die dann 1944 als *Overlord* realisiert wurde). *Sledgehammer* nannte man eine geplante begrenzte Invasion der Alliierten in Europa im Jahre 1942. Als *Gymnast* bezeichnete man ursprünglich Operationen zur Befreiung Französisch-Nordafrikas. *Torch* hieß schließlich die anglo-amerikanische Invasion in dieser Region (nachdem der entsprechende Beschluß gefaßt worden war).

Das Mißverständnis zwischen Briten und Amerikanern zeigte sich sogleich beim Besuch von Hopkins und Marshall in London. Der Plan für eine zweite Front, den Marshall mitbrachte, hatte zwei Bestandteile: Operation *Sledgehammer* im Jahre 1942 - entweder, wenn sich die Gelegenheit bot oder wenn die Lage an der Ostfront ein »Opfer« an der Westfront erforderte; und Operation *Round-Up*, der Angriff auf dem Kontinent, der spätestens bis zum 1. April 1943 mit 48 Divisionen erfolgen sollte. Bei einer Begegnung, die Churchill zu jener Zeit als »denkwürdig« beschrieb, stimmten die britischen Stabschefs zu, daß auf der Grundlage der Vorschläge Marshalls Pläne ausgearbeitet werden sollten. Drei Tage später fügte Churchill seiner aufrichtigen Zustimmung zum amerikanischen »Konzept der Konzentration« in einem Telegramm an Roosevelt lediglich hinzu, daß man »eine Verbindung der Japaner und der Deutschen verhindern« müsse.[47] Paradoxerweise war es dann die britische Seite, die im April 1942 argumentierte, der Verlauf des Krieges gegen Japan habe das Konzept von *Arcadia*, das Europa den Vorrang gab, nun modifiziert.[48] Die Amerikaner meinten dagegen, da ein solcher Mangel an Schiffen bestehe, müßten die anglo-amerikanischen Operationen sich auf einen schmalen Wasserstreifen, den Ärmelkanal, beschränken und dürften nicht durch die Fortführung der Strategie im entlegenen Mittelmeer zersplittert werden. Angesichts dessen kann man Ismays Schlußfolgerung nur zustimmen:

»Unsere amerikanischen Freunde kehrten glücklich und mit dem falschen Eindruck nach Hause zurück, wir hätten uns sowohl zu *Round-Up* als auch zu *Sledgehammer* verpflichtet... Als wir ihnen sagen mußten..., daß wir absolut dagegen (gegen *Sledgehammer*) sind, meinten sie, wir hätten unser Wort gebrochen...«[49]

Die Mission Molotows

Molotows Besuch hinterließ noch größere Verwirrung. Was die territorialen Ansprüche der Sowjetunion anging (die Edens Gespräche im Kreml im vergangenen Dezember weitgehend nutzlos gemacht hatten), so schwenkte Churchill Anfang März 1942 auf die Position des Foreign Office ein, »die Atlantikcharta solle nicht so ausgelegt werden, daß Rußland die Grenzen verweigert werden, in denen es zur Zeit des deutschen Überfalls bestand«. Er bat sogar Roosevelt um »freie Hand, um den Vertrag, den Stalin wünscht, sobald wie möglich zu unterzeichnen«.[50] So weit ging Roosevelts »Realismus« allerdings nicht. Deshalb vermied man entsprechend der amerikanischen Auffassung im britisch-sowjetischen Bündnisvertrag, der schließlich am 26. Mai 1942 mit einer Laufzeit von zwanzig Jahren unterzeichnet wurde, alle territorialen Verpflichtungen. Churchill dankte Stalin für dieses sowjetische Zugeständnis mit warmen Worten in einer Botschaft am nächsten Tag.[51] In den militärischen Gesprächen hielt sich Churchill angesichts der Forderungen Molotows nach einer zweiten Front, die mindestens 40 deutsche Divisionen von der Ostfront abziehen sollte, jedoch weiterhin bedeckt.[52]

Roosevelt tat dies nicht, als Molotow seine Forderung in Washington wiederholte. Das kann Churchill nicht überrascht haben, denn Roosevelt hatte in einem Brief vom 3. April (den Hopkins nach London brachte) über Marshalls strategischen Plan geschrieben, darin sei »all mein Herz und Verstand«.[53] Das Kommuniqué, das in Washington zum Abschluß von Molotows Besuch am 12. Juni veröffentlicht wurde, enthielt dann auch den eindeutigen Satz: »Volle Übereinstimmung wurde hinsichtlich der dringenden Aufgabe erzielt, im Jahre 1942 in Europa eine zweite Front zu errichten.« Die sowjetischen Aufzeichnungen dieser Gespräche in Washington zeigen eindeutig, daß Molotow über Roosevelts Entschlossenheit, im Jahre 1942 eine zweite Front zu eröffnen und Marshalls vorsichtigere Haltung (besonders seinen Hinweis auf fehlende Landungsschiffe beim Gespräch im Weißen Haus am 30. Mai) akkurat berichtete.[54] Daraus geht auch hervor, daß Hopkins am späten Abend des 29. Mai Molotow in dessen Zimmer im Weißen Haus aufsuchte und ihm riet, »ein schwarzes Bild von der Lage in der UdSSR zu malen«, denn die amerikanischen Generale seien mit Roosevelts Meinung von der »dringenden Notwendigkeit einer zweiten Front« nicht einverstanden. Molotow vertrat dann die sowjetische Sache auch mit Redekunst und Geschick. Hopkins ließ ihn allerdings nicht im Zweifel darüber, daß Roosevelt »zur zweiten Front ohne die Briten keine definitive Antwort geben kann«.

Das Schicksal von Operation *Sledgehammer* entschied sich in der Tat in London, während Molotow in Washington weilte. Am Abend des 27. Mai leitete Churchill eine Beratung des Komitees der Stabschefs, wo er zu dem Schluß kam, daß er »angesichts der dargelegten militärischen Argumente« nicht bereit sei, »populären Forderungen nach Eröffnung einer zweiten Front in Europa unter diesen Umständen (das heißt 1942) nachzugeben«. Unglücklicherweise brachte das Aide-mémoire, das er Molotow am 10. Juni in London überreichte, die Sache wieder durcheinander: Obwohl man wegen fehlender Landungsschiffe unmöglich sagen könne, ob eine Landung auf dem Kontinent noch 1942 möglich sei und Großbritannien deshalb »nichts versprechen» könne (richtig), werde Großbritannien »nicht zögern«, diese im August oder September durchzuführen, wenn das »gut und vernünftig« erscheine (zu jenem Zeitpunkt sehr zweifelhaft).[55] Molotow las erneut zwischen den Zeilen. Er sandte folgendes resümierendes Telegramm an Stalin:

»Folglich läuft das Ergebnis darauf hinaus, daß die britische Regierung keine Verpflichtung übernehmen will, in diesem Jahr eine zweite Front zu eröffnen. Sie erklärt, und auch das nur bedingt, daß sie eine Art Versuchsangriff vorbereitet.«[56]

Die Juni-Konferenz: Hyde Park und Washington, 1942

Churchill reiste zu seinem zweiten Besuch der Vereinigten Staaten während des Krieges auf demselben Flugboot, auf dem er im Januar von den Bermudas zurückgekehrt war. Als sich die beiden Führer am 19. Juni in Hyde Park trafen, war für Churchill seit seiner Abreise nach Washington vor fünf Monaten kaum etwas nach Wunsch verlaufen, während Roosevelts Lage sich gerade zu bessern begann. In der ersten Juniwoche 1942 hatten die Amerikaner einen großen Sieg auf See erfochten, der mit dem britischen Luftsieg über England vor zwei Jahren in verschiedener Hinsicht vergleichbar war. Beides waren Schlachten, die ein an Zahl überlegener Gegner begonnen hatte. Beide wurden vor allem von einer kleinen Zahl erfahrener Piloten geschlagen, die in der Schlacht bei Midway von Flugzeugträgern aus operierten.[57] In beiden Schlachten war der Sieg in großem Maße der Entschlüsselung feindlicher Nachrichten, dem Einsatz des Radars und den Führungsqualitäten des Oberkommandierenden der Alliierten (in diesem Falle Admiral Nimitz) zu verdanken. Beide Schlachten übten großen Einfluß auf den Verlauf des zweiten Weltkrieges aus. Dies war Nimitz' Schlacht. Sein Gegenspieler war der fähigste japanische Marinekommandeur, Admiral Isokuru Yamomoto. Nimitz instruierte seine Kommandeure in einem Tagesbefehl vor der Schlacht, sich vom Prinzip des kalkulierten Risikos leiten zu lassen. Dieser Instruktion folgend, zerstörten sie in einer Reihe unübersichtlicher, harter Gefechte vier japanische Flugzeugträger. Wenn die japanische Flotte in der Schlacht bei Midway nicht aufgehalten worden wäre, dann

In der Schlacht bei Midway suchte der starke Flottenverband der Japaner mit gewaltigem Abwehrfeuer die amerikanischen Bomber und Sturzkampfbomber abzuwehren. Aber in immer neuen Angriffswellen gelang es den amerikanischen Verbänden dennoch, die japanische Kriegsflotte praktisch auszulöschen. In Europa wurde lange nicht gesehen, daß diese Schlacht bei den Midway-Inseln den Krieg im Fernen Osten bereits entschied. – Die Landung der Amerikaner auf den Inselgruppen im Pazifik war von unvorstellbarer Härte auf beiden Seiten. Es ist kein Zufall, daß die zwei bedeutendsten amerikanischen Romane über den zweiten Weltkrieg in dieser Region spielen, Norman Mailers »Die Nackten und die Toten« und James Jones' »Verdammt in alle Ewigkeit«. Der pazifische Krieg war für das Bewußtsein Amerikas weitaus wichtiger als das europäische Kriegstheater.

hätte sie nicht nur die Insel erobert, sondern auch den Weg für eine weitere Offensive Japans im Pazifik frei gemacht, die Roosevelt durchaus hätte zwingen können, die vorrangig auf Europa gerichtete Strategie vollends aufzugeben. Wie die Sache nun stand, wurde das ganze Ausmaß des amerikanischen Sieges nicht sofort sichtbar, doch die US Navy hielt von nun an im Pazifik die Initiative in der Hand. Das bedeutete nicht, daß die Amerikaner auch alle weiteren Seegefechte gewannen. Am 7. August aber landeten General Archer Vandegrifts Einheiten auf Tulagi und Guadalcanal, womit sie eine ganze Serie von Landeoperationen auf Inseln im Pazifik einleiteten, die für die amerikanischen Aktionen auf diesem Kriegsschauplatz in den nächsten drei Jahren charakteristisch werden sollten. Die erbitterten Schlachten von Guadalcanal, Iwo Jima und Okinawa sind dafür nur drei Beispiele.

Die Schlacht bei Midway, der die sechs Monate tobende Schlacht um Guadalcanal folgte, hatte auch Konsequenzen für die Große Strategie. Zwar hatte man sich auf das Konzept »Europa zuerst« geeinigt, die Operationen im Pazifik aber verschlangen einen viel größeren Teil der amerikanischen Ressourcen, als man zunächst geplant hatte. Ein Jahr nach Pearl Harbor überstieg die Stärke der im Pazifik eingesetzten amerikanischen Truppen die in dem ursprünglichen Plan *Bolero* erst für Ende 1942 vorgesehen Zahlen bereits um 150000 Mann. Die schwerwiegendste strategische Konsequenz betraf jedoch die Landungsschiffe. Die Geschichte ihrer Produktion ist ein Trauerspiel. Anders als Roosevelt, der die anfängliche Skepsis der US Navy in dieser Frage teilte, hatte Churchill deren entscheidende Bedeutung bereits 1940 erkannt und auf ihrer Produktion bestanden. Zwei Jahre später wurde in den USA ein Programm der Massenproduktion von LST (Landungsschiffe, die zur Landung bereite Panzer transportierten) aufgelegt. Bereits Ende 1942 mußten sie jedoch anderen wichtigeren Projekten des amerikanischen Schiffbaus weichen. Wenige militärische Faktoren haben so viel erbitterten Streit in der strategischen Debatte in den weiteren Kriegsjahren ausgelöst wie die Frage, wie viele Landungsschiffe bei einer bestimmten Operation eingesetzt werden sollten. Der springende Punkt waren dabei die miteinander kollidierenden Anforderungen der Operationen im Pazifik und in Europa. Churchill bemerkte dazu im Frühjahr 1944: »Die Geschichte wird niemals begreifen, wie einhundert bis zweihundert dieser Schiffe die Pläne zweier großer Reiche so behindern und einschränken können.«[58]

Kehren wir jedoch zur Juni-Konferenz zurück. Als Churchill und Roosevelt sich in Hyde Park trafen, hatte der amerikanische Oberbefehlshaber guten Grund zur Erleichterung. Nicht so Churchill. Bereits zwei Monate zuvor hatte er Roosevelt dringend auf die Notwendigkeit aufmerksam gemacht, »eine Verbindung der Japaner und der Deutschen zu verhindern«. Diese Sorge wurde durch die Vorgänge an der burmesisch-indischen Grenze, im Indischen Ozean und in Indien selbst noch verstärkt. Einige Tage nach seinem Eintreffen in den USA aber wurde all das durch die Gefahr einer anderen »Verbindung« vollkommen in den Schatten gestellt - daß nämlich die deutsch-italienischen Kräfte durch Ägypten stürmen und sich mit den deutschen Einheiten vereinigen könnten, die den Kaukasus überrannten. Bis zu seiner Ankunft war Churchill jedoch mit Indien befaßt gewesen. Aus heutiger Sicht erscheint die japanische Gefahr für Indien übertrieben; die Bedrohung Ceylons[59] war allerdings eine andere Sache. Mitte Mai standen die Japaner, die inzwischen ganz Burma erobert hatten, an der Grenze von Assam. Wie im Falle Australiens wurde die Lage dadurch verschlimmert, daß die meisten operativen Divisionen der indischen Armee sich außerhalb des Landes befanden. Der Druck auf Churchill, in dem bereits gegebenen Versprechen der britischen Regierung noch weiter zu gehen und Indien spätestens nach Abschluß des Krieges den Status eines Dominions zu gewähren, wuchs nicht nur in Indien selbst und in Churchills Kriegskabinett[60], sondern auch in Washington. Im Weißen Haus betrachtete man die strategische Bedeutung Indiens sowohl für die Region als auch im Verhältnis zu China als »eine Frage von lebenswichtiger Bedeutung für unsere militärischen Interessen im Fernen Osten zu Lande und zur See«. Diese Auffassung erhielt starke Unterstützung auch im State Department, besonders von Welles.[61]

Das Ergebnis war die Reise einer Delegation unter Leitung von Stafford Cripps (nun Mitglied des Kriegskabinetts) nach Indien. Sie bot den indischen Nationalisten geringfügig verbesserte britische Vorschläge an. Die Mission schlug fehl, und im August begann die Kongreßpartei eine Kampagne zivilen Ungehorsams. Die Briten antworteten mit der Verhaftung Mahatma Gandhis und der Führer der Kongreßpartei. Cripps mag nicht die ideale Person gewesen sein, eine Aufgabe zu erfüllen, die nahezu unlösbar war, wenn man den politischen Abgrund nicht nur zwischen den Indern, sondern auch zwischen Cripps und dem Vizekönig betrachtet, der die Unterstützung Churchills und Amerys, des Staatssekretärs für Indien, hatte. Roosevelts gleichzeitige Wahl Louis Johnsons[62] zu seinem persönlichen Vertreter in Indien machte die Sache nur noch schlimmer. Während diese beiden Männer im Frühjahr 1942 in Delhi weilten (wobei sich Johnson aktiv in Cripps' Verhandlungen einmischte), hatten Churchill und Roosevelt einen Streit, in dessen Verlauf Churchill bei einem hitzigen Wortwechsel[63] andeutete, er könnte sogar seinen Rücktritt in Betracht ziehen. Wenn diese Möglichkeit je existierte, nahm er sie sechs Monate später durch seine Deklaration im Mansion House öffentlich wieder zurück: »Ich bin nicht zum Ersten Minister des Königs ernannt worden, um bei der Liquidierung des britischen Empire den Vorsitz zu führen.«[64]

Wiederum aus heutiger Sicht nimmt sich Roosevelts private Anregung an Churchill vom 10. März - die Errichtung einer »zeitweiligen« Dominion-Regierung in Indien, die die Aufgabe übernehmen sollte, »eine Körperschaft einzusetzen, die über eine ständige Regierung für das ganze Land beraten soll« - nicht sehr radikal aus, besonders wenn man bedenkt, daß die Briten sich fünf Jahre später entschlossen, dem Indischen Subkontinent die Unabhängigkeit zu gewähren. Als Roosevelt am 11. April jedoch erfuhr, daß Cripps sich auf die Rückreise nach London vorbereite und nach dessen Worten keine Hoffnung auf eine Übereinkunft bestehe, sandte er Churchill eine scharf formulierte Botschaft, in der er die Schuld für den Zusammenbruch der Verhandlungen in Indien eindeutig der britischen Regierung anlastete.[65] Churchills Vorstellungen von Indien waren zwar ein halbes Jahrhundert hinter seiner Zeit zurück[66], trotzdem hatte Roosevelt diesmal die unsichtbaren Grenzen der Freundschaft überschritten. Zum Glück war die Botschaft an Hopkins adressiert, der sich gerade bei Churchill in Chequers aufhielt. So entlud sich Churchills erster Zorn auf ihn. Das erste Telegramm, das er daraufhin formulierte, wurde niemals abgeschickt.[67] Als die zweite anglo-amerikanische Konferenz im Juni 1942 zusammentrat, war der Streit über Indien zwischen den beiden Führern bereits wieder in den Hintergrund gedrängt worden, stand jedoch weiterhin unter einem schlechten Stern. Sie konnte keine Klarheit in das Konzept der Großen Strategie bringen. Das Gemeinsame Komitee der Stabschefs (einschließlich Brooke, der mit Churchill über den Atlantik gekommen war) trat sogleich in Washington zusammen und kam überein - jede Seite mit eigenen Überlegungen -, daß der Hauptschlag der anglo-amerikanischen Offensive gegen Europa gerichtet werden sollte, sobald die Bedingungen dies gestatteten. Operation *Gymnast* sollte zunächst verschoben werden.[68] So unterschied sich das Ergebnis der Konferenz beträchtlich von dem, was Churchill und Roosevelt allein am 19. Juni in Hyde Park vereinbart hatten, bevor sie nach Washington zurückkehrten, um sich wieder mit ihren Beratern zu vereinen. Aus unterschiedlichen Gründen sahen beide Vorteile in einer Operation in Nordafrika im Jahre 1942.

Churchill glaubte seit langem daran und war wie seine Stabschefs nicht davon überzeugt, daß man 1942 in Europa einmarschieren könne. Roosevelt orientierte sich im Gegensatz zu seinen Stabschefs auf Operation *Gymnast*, vor allem weil sie die US-Army rasch in Kontakt mit dem deutschen Heer bringen würde. Die Konferenz endete also damit, daß der Plan *Gymnast* wiederbelebt und der Plan *Sledgehammer* offiziell nicht völlig begraben wurde.

Der General, der mit dieser Zweideutigkeit zu leben hatte, war Dwight Eisenhower, den man am letzten Tag der Konferenz zum Oberkommandierenden der amerikanischen Streitkräfte in Europa ernannte. Das Maß an anglo-amerikanischer Übereinstimmung in den strategischen Fragen, das auf der Konferenz erreicht wurde - mehr war es nicht -, wurde jedoch bald erneut von zwei spezifischen Entscheidungen überschattet. Die eine sollte bis nach dem Kriege geheim bleiben: Es handelt sich um die mündliche und nirgendwo aufgezeichnete Übereinkunft Churchills und Roosevelts über die Entwicklung der Atombombe (von der in Kapitel 16 die Rede sein wird). Die andere Entscheidung fällte Roosevelt allein auf Marshalls Vorschlag hin. Dieser brachte am Nachmittag des 21. Juni, als Churchill und Brooke im Arbeitszimmer des Präsidenten vor dessen Schreibtisch standen und mit ihm plauderten, das Telegramm, in dem der Fall von Tobruk mitgeteilt wurde. Churchill konnte die Nachricht zunächst nicht glauben und vergaß niemals Roosevelts Reaktion - das Angebot, unverzüglich eine amerikanische Panzerdivision nach Ägypten zu senden. In der Tat wurden sofort 300 Sherman-Panzer und 100 motorisierte Geschütze in Marsch gesetzt, die gerade noch rechtzeitig zur Schlacht von El Alamein eintrafen.

Juli 1942

Zwischen Ende Juni und Ende Oktober 1942, als die Atlantikschlacht ihrem Höhepunkt zustrebte, kam Hitler einem Sieg im Kriege in Europa und im Mittleren Osten näher als je zuvor. Für Churchills persönliche Führung war der Juli ein kritischer Monat. Am 27. Juni brach er seinen Aufenthalt in Washington ab und flog nach Hause, um sich im Unterhaus der Vertrauensfrage zu stellen, die damit begründet wurde, daß »dieses Haus kein Vertrauen zur zentralen Führung des Krieges hat«. Zu Churchills Glück machte der Antragsteller, ein konservativer Parlamentsabgeordneter, in seiner Rede den grotesken Vorschlag, den Duke of Gloucester (der einen Posten in der Armee innehatte) zum Oberkom-

Nach Überwindung der Krise von Moskau nahmen die deutschen Armeen im Mai 1942 noch einmal die Offensive auf; in einer neuen Serie von gewaltigen Schlachten drängten sie die Rote Armee zurück, bis sie im Herbst des Jahres bei Stalingrad die Wolga erreichte. Aber trotz monatelanger Kämpfe gelang es ihnen nicht, die Stadt zu nehmen, in der Zehntausende von Einwohnern noch immer in den Trümmern ihrer Häuser lebten. – Ende November schloß sich bei Kalatsch im Rücken der Stadt der Einschließungsring: 20 deutsche Divisionen waren eingekesselt, mit den rumänischen und kroatischen Verbündeten etwa 250000 Mann. In der vagen Hoffnung auf eine Entlastungsoffensive zog sich der Endkampf noch acht Wochen hin, bis Ende Januar die Reste der zerschlagenen Armee kapitulierten und die Überlebenden zerlumpt den Weg in die Gefangenschaft antraten. Nur 6000 sollten die Heimat wiedersehen.

mandierenden der britischen Armee zu ernennen.[69] Als die Abstimmung mit 475 gegen 25 Stimmen zu Churchills Gunsten ausging, telegrafierte Roosevelt die drei Worte »Schön für Sie«.[70] Allerdings sah die militärische Lage sowohl im Mittleren Osten als auch im Süden der Sowjetunion - zwei Gebieten, die auf der Karte nicht allzuweit voneinander entfernt waren - verzweifelt aus.

Am Tage der Rückkehr Churchills nach London standen Rommels Verbände bereits tief in Ägypten. Dies war der Höhepunkt einer Schlacht, die am 26. Mai in Libyen zwischen zwei Armeen von etwa vergleichbarer Stärke begonnen hatte (die Deutschen hatten die besseren panzerbrechenden Waffen, während die Briten über mehr Panzer verfügten). Die Achte Armee besaß jedoch einen klaren Vorteil gegenüber der Panzerarmee Afrika - sie verfügte über »mehr Informationen zu mehr Aspekten der Operationen des Feindes als irgendeine Streitmacht in irgendeinem wichtigen Feldzug des zweiten Weltkrieges...«[71] Sie hatte vermutlich auch die beste Funkaufklärung, die einem Armeekommandeur in einem Feldzug seit dem von Ostpreußen im Jahre 1914 zur Verfügung stand.[72] Diese Vorteile wurden jedoch verschenkt. Der Fall von Tobruk war für sich genommen bereits schlimm genug. Aber auch der Rückzug von Gazala nach El Alamein, kaum hundert Kilometer von Alexandria entfernt - Fahrzeugkolonnen, die sich, Stoßstange an Stoßstange, langsam nach Osten schoben -, hätte aufgrund der Luftüberlegenheit der RAF auf der engen Küstenstraße leicht in eine heillose Flucht ausarten können. Sicherlich hätte Hitler besser daran getan, Rommel zu zügeln, der seine Reserven erschöpfte, und sich statt dessen auf die Okkupation Maltas zu konzentrieren. So konnte Auchinleck, der persönlich das Kommando über die Achte Armee übernahm und sie mit frischen Divisionen auffüllte, die unmittelbare Gefahr bei El Alamein abwenden. Aber das zeitweilige Patt, das dann folgte, war mehr auf die Erschöpfung beider Seiten als auf britische Führungskunst zurückzuführen. Die unterschiedliche Stimmung in beiden Armeen in Ägypten zeigt ein einfacher Vergleich: Während die Achte Armee einen Plan des weiteren Rückzugs für den »schlimmsten Fall« ausarbeitete, endete Rommels »Stoßlinie«, wenn man sie auf der Karte weiter nach Osten verlängerte, exakt bei den Pyramiden von Gizeh.[73]

Inzwischen hatte die deutsche Sommeroffensive im Süden der Sowjetunion so erfolgreich begonnen, daß Stalin am 28. Juli seinen berühmten Tagesbefehl ausgeben mußte: *Ni schagu nasad!* (»Keinen Schritt zurück«).[74] Wäre nicht das Zerwürfnis zwischen Hitler und seinen Generalen gewesen[75], hätte die Wehrmacht Stalingrad einnehmen können. Sie drang trotzdem bis ins Zentrum der Stadt vor, wo sich bald die blutigsten Kämpfe des ganzen Krieges um jedes Haus und um jeden Mann entfalteten. Anfang August stand die deutsche Wehrmacht am Fuße des Kaukasus.

Während das Schicksal der Allianz auf dem Spiel stand, quälte sich die anglo-amerikanische Debatte weiter voran. Zwei Wochen nach seiner Rückkehr nach London übermittelte Churchill Roosevelt seine Überzeugung, der Plan *Gymnast* sei »bei weitem die beste Chance«, »der russischen Front im Jahre 1942 Erleichterung zu verschaffen... Dies ist die zweite Front von 1942.« Und er fuhr fort: »Kein verantwortungsbewußter britischer General, Admiral oder Luftmarschall« sei bereit, *Sledgehammer* als eine praktikable Operation im Jahre 1942 zu empfehlen. Im Gegensatz dazu brachte bald darauf das Gemeinsame Komitee der Stabschefs in einem Memorandum an den Präsidenten ebenso nachdrücklich seine Überzeugung zum Ausdruck, daß der Plan *Gymnast* (die Invasion in Nordafrika) »nichts entscheiden, aber zugleich unsere Ressourcen stark beanspruchen würde«. Wenn also nach ihrer Auffassung die USA nicht »konsequent und uneingeschränkt« für die »volle Verwirklichung des Plans *Bolero*« seien (das heißt, die Verlegung amerikanischer Kräfte nach Großbritannien für eine baldige Invasion in Frankreich), dann sollten sie »sich dem Pazifik zuwenden und den Entscheidungsschlag gegen Japan führen«.[76] Diesen Rat wies Roosevelt wiederum kategorisch zurück - einer seiner entschlossensten strategischen Eingriffe in den Kriegsverlauf. Mit eigener Hand schrieb er:

»Mein erster Eindruck ist, daß Deutschland genau das von den Vereinigten Staaten nach Pearl Harbor erwartet. Zweitens bringt uns dies nicht mehr amerikanische Truppen im Kampfeinsatz, es sei denn auf einigen Inseln, deren Besetzung die Weltlage in diesem oder im nächsten Jahr nicht beeinflußt. Drittens wird dadurch Rußland und dem Nahen Osten nicht geholfen. Deshalb vorerst abgelehnt. Roosevelt, Oberbefehlshaber.«

Marshall, King und Hopkins reisten also nach London, um mit den britischen Stabschefs eine weitere Diskussionsrunde abzuhalten. Ihre abgestimmten Schlußfolgerungen enthielten bereits den Keim neuer strategischer Differenzen. Doch Churchill und Roosevelt scheinen diese unangenehme Tatsache einfach ignoriert zu haben. Statt dessen tauschten sie am 27. Juli Telegramme aus, in denen Churchill »die Ergebnisse dieser Woche voll tüchtiger Arbeit« begrüßte und Roosevelt seine Freude über »den erfolgreichen Gedankenaustausch« zum Ausdruck brachte.[77] Auf einer bedeutsamen Konferenz mit dem Gemeinsamen Komitee der Stabschefs am 30. Juli im Weißen Haus legte Roosevelt als Oberbefehlshaber fest, daß Operation *Torch* (der neue Name für *Gymnast*) zum frühestmöglichen Zeitpunkt eingeleitet werden sollte. Roosevelt sah diese Operation, deren Führung er General Eisenhower anvertraute, als den »Wendepunkt des gesamten Krieges« an. Stalin, der seit Molotows Besuchen in London und Washington nicht über die weiteren Beschlüsse Großbritanniens und der USA informiert worden war, bezog eine härtere Position. Ein Telegramm, das er am 23. Juli an Churchill sandte, endete mit den Worten:

»Ich muß mit allem Nachdruck erklären, daß die Sowjetregierung die Verschiebung der Errichtung einer zweiten Front auf das Jahr 1943 nicht hinnehmen kann.«[78]

Eine Woche später schlug Churchill vor, mit Stalin im Süden der Sowjetunion zusammenzutreffen. Stalin antwortete am folgenden Tag[79] und lud Churchill zu ihrer ersten Zusammenkunft nach Moskau ein. Churchill akzeptierte sofort.

12
Die Invasion Nordafrikas - Eine zweite Front?

Wir leben nicht mehr im Zeitalter der Renaissance, wo man sich der Sbirren von Mailand oder der Söldner von Florenz bediente.
- Charles de Gaulles Verurteilung der Übereinkunft mit Admiral François Darlan, 16. November 1942[1] -

Im Sommer 1942 hatten sich Churchill und Roosevelt über die Vorstellungen ihrer Stabschefs hinweggesetzt und persönlich entschieden, daß der Einmarsch in Französisch-Nordafrika - Operation *Gymnast*, nun *Torch* (Fackel) genannt - starten sollte. (Die Fackel war das Emblem, das man im Hauptquartier der Alliierten auf dem Ärmel trug.) Mit dieser Entscheidung war der transatlantische Streit um die Strategie noch nicht entschieden, denn es war eine Sache, die Invasion Nordafrikas zu beschließen, aber eine ganz andere, sich über die kurz- und langfristigen Ziele dieser Invasion zu einigen. Ende Juli hatten Churchill und Roosevelt jedoch ein weiteres Stück Gemeinsamkeit gewonnen. Die Zeit war gekommen, da Großbritannien und die Vereinigten Staaten mehr als bisher tun mußten, um den Druck auf die Sowjetunion zu verringern, und sie mußten es bald tun. Warum überbrachte dann Churchill allein und persönlich[2] die Antwort auf Stalins kategorische »Erklärung« zur Frage der zweiten Front? (Im Jahre 1942 mußte eine solche Reise in einem ungeheizten Bomber unter der Sauerstoffmaske überstanden werden.) Der Grund lag möglicherweise darin, daß Churchill während des ganzen Krieges stets bereit war, sich beim geringsten Anlaß auf den Weg zu machen. So stand es für ihn Anfang August 1942 außer jedem Zweifel, nach Kairo zu fliegen, um der britischen Militärführung in Ägypten frisches Blut zu bringen. Ein noch wichtigerer Grund besteht jedoch darin, daß er zu diesem Zeitpunkt die Schlüsselfigur im Verhältnis der Großen Drei war. Stalin war spätestens seit Molotows Besuchen in London und Washington klargeworden, daß die letztendliche Entscheidung, ob die Invasion auf dem europäischen Festland - Operation *Sledgehammer* - noch im Jahre 1942 erfolgen werde, vor allem von den Briten gefällt werden mußte. Schließlich kamen die meisten (wenn nicht sogar alle) Divisionen, die daran teilnehmen sollten, aus der britischen Armee im Vereinigten Königreich, das die einzige strategische Ausgangsbasis war, von der eine Invasion des Festlandes organisiert, gestartet und versorgt werden konnte.

In Moskau erwartete Churchill »ein ziemlicher harter Job«, wie er es in einem Telegramm an Roosevelt nannte.[3] Die mit Molotow in London und Washington vereinbarten Kommuniqués waren noch frisch im Gedächtnis; die kürzliche Aufgabe von Tobruk (wo über 30000 Mann nach einer kaum 24stündigen Schlacht vom Afrikakorps gefangengenommen wurden) stand in peinlichem Kontrast zur sowjetischen Entschlossenheit, Stalingrad bis zum letzten Mann zu verteidigen. Aber damit nicht genug – das britische Kriegskabinett hatte gerade entschieden, die Geleitzüge zu den sowjetischen Arktishäfen nach dem Desaster im Juni auszusetzen, nachdem lediglich 11 von 34 Frachtschiffen des Konvois PQ 17 Archangelsk erreicht hatten.

Zunächst jedoch war es dringend notwendig, Kairo zu besuchen. Churchill tat dies in Begleitung von Brooke zweimal – auf der Reise nach Moskau und auf dem Rückweg. Als er am Morgen des 3. August 1942 zum ersten Mal in Kairo landete, war der Oberkommandierende im Mittleren Osten, Auchinleck, zugleich auch Kommandeur der Achten Armee in der Wüste. Diese zweifache Belastung konnte nicht aufrechterhalten werden.[4] Die Siegermannschaft, die schließlich zustande kam – General Harold Alexander als Oberkommandierender für den Mittleren Osten in Kairo und General Bernard Montgomery als Kommandeur der Achten Armee – war Ergebnis langer Diskussionen in Kairo. Dabei bot Churchill Brooke zunächst das Kommando über die Achte Armee und später den Oberbefehl über den Mittleren Osten an. Brooke, der der einzige hohe Offizier war, der als Vorsitzender der Stabschefs mit Churchill umgehen konnte, lehnte beide Posten glücklicherweise ab. Er drängte Churchill, Montgomery einzusetzen, der nicht dessen erster Kandidat war. Churchill dachte eher an Alexander. Diesem hatte er einst gesagt, er sei die Art General, die Churchill selbst gern gewesen wäre. Brooke kannte dagegen Alexanders Grenzen.[5] Wie sich später herausstellte, waren Alexanders Schwachpunkte sein Intellekt und seine mangelnde Entschlossenheit; Montgomerys Schwächen lagen dagegen in seinem Charakter.

Die erste Folge der Entscheidung Churchills[6], diese Generale im August 1942 in die Führungspositionen der Achten Armee und des Mittleren Ostens einzusetzen, war zwei Monate später der Sieg bei El Alamein – nach Zahl der beteiligten Truppen, Panzer und Artillerie die größte Schlacht, die im zweiten Weltkrieg in Nordafrika geschlagen wurde. Obwohl dieser Sieg nicht so konsequent genutzt wurde, wie man es sich erhofft hätte, war er von entscheidender Bedeutung. Nach zwei Wochen schwerer Kämpfe war damit zwei Jahre nach der ersten italienischen Invasion die Bedrohung Ägyptens und des ganzen Nahen Ostens durch die Achsenmächte endgültig beseitigt. Die britische Armee fand zu ihrem Selbstvertrauen zurück, das von den Erlebnissen der vergangenen zweieinhalb Jahre arg erschüttert war. Überdies war damit das miserable Bild, das Churchill im ersten Halbjahr 1942 geboten hatte, aus dem Gedächtnis der Öffentlichkeit getilgt. Von nun an konnte niemand mehr von ihm sagen, wie es ein Vertreter der Opposition in der Debatte über den Mißtrauensantrag vom Juli im Unterhaus getan hatte, er gewinne »Debatte auf Debatte« und verliere »Schlacht auf Schlacht«.[7]

Die Gespräche in Moskau

Von Kairo flog Churchill über Teheran nach Moskau. Als er am 12. August 1942 nachmittags auf dem Moskauer Flughafen landete, wurde er von Molotow begrüßt und dann in einer Villa auf den Leninbergen untergebracht. Zu diesem Zeitpunkt war er sich weder sicher, daß die von ihm neuernannten Kommandeure bald einen Sieg erringen könnten, noch wußte er, welche Form Operation *Torch*, die er und Roosevelt gerade erst Ende Juli im Prinzip beschlossen hatten, in der Praxis annehmen würde. Das Gipfeltreffen im Kreml vom 12. bis 16. August muß gemeinsam mit der Atlantikkonferenz ein Jahr zuvor und der Teheraner Konferenz vierzehn Monate später zu den außerordentlichen Begegnungen des zweiten Weltkrieges gezählt werden. Bei allen drei Gelegenheiten trafen Männer zusammen, die sich nie zuvor begegnet waren: Churchill und Roosevelt in Placentia Bay, Churchill und Stalin in Moskau, Roosevelt und Stalin in Teheran. Im August 1942 war Großbritannien, dessen Armee kaum zwanzig Jahre früher aus Baku abgezogen war (das es während der britischen Intervention im russischen Bürgerkrieg besetzt hatte) nun durch einen Bündnisvertrag mit der Sowjetunion auf zwanzig Jahre gebunden, den Stalin in einer Grundsatzrede als »einen historischen Wendepunkt in den Beziehungen zwischen unserem Lande und Großbritannien« bezeichnete[8]. In Moskau stand der größte britische Parlamentarier des 20. Jahrhunderts, der nun ein umkämpftes Reich anführte, einem georgischen Marxisten, dem Führer der Sowjetunion, gegenüber, deren weite Teile von den Stiefeln der deutschen Wehrmacht zerstampft wurden, die zu dieser Zeit immer noch weiter nach Osten vordrang. Der überschäumende Strom von Churchills Redekunst traf auf den wortkargen, gewöhnlich mit leiser Stimme sprechenden Stalin.

Churchill und Stalin kamen in vier Tagen ebenso viele Male zusammen.[9] Das letzte Gespräch in Stalins Wohnung im Kreml dauerte bis in die frühen Morgenstunden. Dort wurde Churchill auch Stalins Tochter Swetlana vorgestellt. Churchill verließ Moskau in dem Glauben, wie er es in einem Telegramm an Roosevelt formulierte, daß er »eine persönliche Beziehung« zu Stalin hergestellt habe. »Nur ich persönlich konnte die enttäuschenden Nachrichten überbringen, ohne daß wir uns sehr voneinander entfernten. Es war meine Pflicht zu reisen. Nun wissen sie das Schlimmste... Stalin ist von den großen Vorteilen von *Torch* voll und ganz überzeugt...«[10]

Aus welchem Grunde konnte Churchill glauben, daß er unter so ungünstigen Bedingungen diese beiden bemerkenswerten Ergebnisse erreicht hatte? Mit einer Ausnahme, als Churchills Dolmetscher vergeblich nach Worten suchte[11], weisen die britischen und die sowjetischen Mitschriften dieser Gespräche zwischen Churchill und Stalin keine großen Unterschiede hinsichtlich dessen auf, was die beiden Politiker einander sagten. Beide bestätigen, daß in den Gesprächen die Fetzen flogen – Stalin ging zeitweise in seiner Offenheit bis an die Grenze der Beleidigung. Bei ihrer ersten Begegnung kaum zwei Stunden nach Churchills Ankunft versuchte dieser Stalins Reaktion auf die schlimmen Nachrichten zu mildern, indem er die Vorzüge einer massiven Operation *Round-Up* im Jahre 1943 im Vergleich zu einem katastrophalen *Sledgehammer* im Jahre 1942 ausmalte. (Er benutzte die Codenamen nicht, erklärte Stalin jedoch, was *Torch* bedeutete.) Churchill pries die Ziele von *Torch* und beschrieb sie sehr detailliert, wobei er sein vielzitiertes Bild vom »weichen Unterbauch des Krokodils« gebrauchte. Er lockte Stalin mit der Aussicht, diese Operation »werde für die Invasion auf dem europäischen Kontinent im nächsten Jahr weitere Wege öffnen«. Was die militärischen Ziele von *Torch* betraf, so zeigte Stalin, wie Churchill in seinen Memoiren schrieb, »allerstärkstes Interesse«. Seine Reaktion – »Möge Gott diese Unternehmung segnen« – findet sich in beiden Berichten.[12]

Als die beiden Männer sich am nächsten Tag erneut trafen, faßte Stalin den Unterschied zwischen seiner und Churchills Position mit folgenden Worten zusammen: »Churchill betrachtet diese (die russische) Front als zweitrangig, für uns ist sie erstrangig. Unsere Verbündeten setzen deshalb ihre Divisionen an anderer Stelle ein. Das sind Meinungsverschiedenheiten zwischen Verbündeten, und es ist nichts Tragisches daran.«[13] In einem Memorandum, das Stalin Churchill übergab, brachte er seine Meinung allerdings viel schärfer zum Ausdruck. Er stellte fest, die Weigerung der britischen Regierung, in Europa im Jahre 1942 eine zweite Front zu eröffnen, sei »ein moralischer Schlag für die ganze sowjetische Gesellschaft, die mit der Errichtung der zweiten Front gerechnet hatte...« Die Bedeutung von Churchills Antwort am 14. August lag in seinem ersten Satz: »Die beste Form einer zweiten Front im Jahre 1942« sei Operation *Torch*. Er wies kategorisch zurück, sein Wort gebrochen zu haben, und wurde dabei von Harriman in schriftlicher Form unterstützt.[14]

Zu welchem Zeitpunkt Churchill, der Moskau eigentlich einen Tag früher verlassen wollte, sich entschloß, Stalin statt dessen um ein letztes Gespräch unter vier Augen zu bitten – darüber liegen unterschiedliche Berichte vor. Einer besagt, er habe diesen Entschluß bereits am 15. August beim Frühstück in seiner Villa gefaßt. Nach einem anderen Bericht überredete ihn der britische Botschafter Archibald Clark Kerr bei einem Spaziergang im Garten der Villa am Nachmittag, seinen Ärger hinunterzuschlucken und zu bleiben. Er schreibt sich auch das Hauptverdienst daran zu, daß die Dinge diese Wendung nahmen. Wie dem auch sei, Churchill begann am Abend des 15. August in Begleitung eines neuen Dolmetschers sein Abschlußgespräch mit Stalin, das vier Stunden dauerte.[15] Bei dieser Begegnung, die Stalin in ein Arbeitsessen übergehen ließ, besserte sich die Atmosphäre.[16] Nach dem sowjetischen Bericht versicherte Stalin Churchill, daß er und Churchill einander kennengelernt und gut verstanden hätten. Wenn es Meinungsverschiedenheiten zwischen ihnen gebe, dann liege das in der Natur der Dinge... Die Tatsache, daß er und Churchill zusammengekommen seien und die Grundlage für künftige Abkommen gelegt hätten, sei von großer Bedeutung. Er neige dazu, die Dinge nun optimistischer zu betrachten.[17]

Die beiden Führer, die einander so unvermittelt begegneten, schätzten sich gegenseitig ab – so wie Churchill und Roosevelt dies ein Jahr zuvor in Placentia Bay getan hatten. Von August 1942 bis August 1945 hatten Churchill und Stalin nun eine Vorstellung voneinander. Dieses Bild war nicht annähernd so klar wie das, das Churchill und Roosevelt bei ihrer ersten Begegnung voneinander erhalten hatten. Zudem hatte Churchill in Placentia Bay (wo auf seine anfängliche Euphorie bald eine Phase der Depression folgte) sich selbst wohl mehr überzeugt als seinen Gesprächspartner.

Wieder war es Colonel Ian Jacob, der – wie in Placentia Bay – auch an diesem Treffen teilnahm und seinem Tagebuch eine Einschätzung anvertraute, die kaum treffender sein konnte:

»Wenn ich auf den Besuch zurückblicke, glaube ich, daß kaum mehr erreicht werden konnte. Natürlich wäre kein anderer als der Premierminister mit Stalin so weit gekommen. Trotzdem muß ich sagen, ich glaube nicht, daß es möglich ist, mit einem Mann wie Stalin Freundschaft in dem Sinne zu schließen, wie wir sie verstehen. Was mich an Stalin am meisten beeindruckte, war seine vollständige Selbstbeherrschung und Distanz. Er beherrschte die Situation stets absolut und erschien dabei kalt und berechnend... Ich muß sagen, sich mit Stalin anzufreunden, wäre dasselbe, wie mit einer Python Freundschaft zu schließen... Der Premierminister wird nur so lange eine enge und persönliche Beziehung zu Stalin unterhalten können, wie Stalin glaubt, daß dies seinen Interessen dient.«[18]

Wenn damit alles gesagt wäre, dann hätte Stalin am 15. August nicht die bereits zitierten Worte zu machen brauchen. Was er an diesem Abend Churchill sagte, klang drei Jahre später in einem gespannten Augenblick des Verhältnisses der Großen Drei in einem Telegramm Stalins an Churchill wieder an, als Stalin die bedeutsamen Worte gebrauchte: »da ich Sie kenne...«.[19] Auch die Tatsache, daß Churchill damals mit fast 68 Jahren und bei all den übermenschlichen Belastungen der vergangenen acht Monate diese Reise unternahm, ist bemerkenswert. Im nachhinein fallen jedoch zwei andere Tatsachen ins Auge:

Erstens zeigte Stalin nicht nur großes Verständnis für die militärischen Vorzüge von Operation *Torch* (vier dieser Vorzüge[20] zählte er zu Churchills Befriedigung selbst auf), sondern er legte auch den Finger auf die Hauptschwäche – die politische Planung der Operation. Auf diesen Aspekt kam er in seinen Gesprächen mit Churchill mehrmals zurück, der die Einwände beiseite wischte. Einmal regte Stalin sogar an, de Gaulle in Operation *Torch* einzubeziehen.[21] Zweitens muß Stalin aus der Tatsache, daß Churchill im Zusammenhang mit der künftigen Operation *Round-Up* nichts von weiteren anglo-amerikanischen Konsultationen erwähnte, den Eindruck gewonnen haben, daß der Einmarsch der Alliierten in Europa im Jahre 1943 zumindest vorstellbar war, wenn auch eine derartige Aktion selbst mit begrenzten Kräften für 1942 ausgeschlossen wurde.[22] Im ersten Punkt sollten die Ereignisse von Ende 1942 Stalin recht geben. Was den zweiten Punkt betraf, so wurde die Debatte über die Große Strategie nach Churchills Reise nach Moskau noch konfuser, als sie es ohnehin schon war. Seit den Moskauer Gesprächen waren kaum zwei Monate vergangen, als Stalin ein zorniges Telegramm an Maiski sandte (zweifellos unter dem Einfluß der Geschehnisse in Stalingrad), in dem er sagte, jedermann in Moskau habe »den Eindruck, Churchill hält Kurs auf eine Niederlage der UdSSR, um sich danach mit dem Deutschland Hitlers oder Brünings auf Kosten unseres Landes zu einigen«. Ganz oben auf der Liste der Gründe, die Stalin für diese bemerkenswerte Annahme nannte, fand sich die Frage der zweiten Front. Aber um das Maß vollzumachen, nannte Stalin auch noch »die Frage Heß«.[23] (Hitlers Stellvertreter Rudolf Heß war im Mai 1941 nach Schottland geflogen. Diese dramatische Episode, die damals kaum praktische Folgen hatte, war dazu gedacht, Stalins Verdacht zu erwecken, obwohl er im Mai 1941 schwerlich in der Position war, Vorgänge in Großbritannien zu kritisieren.)

Am 27. November erinnerte Stalin Churchill an sein »Moskauer Versprechen, im Jahre 1943 in Westeuropa eine zweite Front zu errichten«. Anfang Dezember sprach er sogar noch präziser von einer zweiten Front »im Frühjahr 1943«.[24] Kurz bevor Stalin diese beiden Telegramme absandte, hatte er dem sowjetischen Volk versichert: »Die Menschen fragen: Wird es denn noch eine zweite Front in Europa geben? Ja, es wird sie geben, früher oder später wird sie kommen.«[25]

Fortsetzung der transatlantischen Debatte

Ein gutes Beispiel für Dills unschätzbare Rolle als Vermittler über den Atlantik hinweg war seine telegrafische Warnung aus Washington unmittelbar vor Churchills Abreise nach Kairo am 1. August. Darin teilte er mit, daß »nach amerikanischer Meinung« die Durchführung von *Torch* im Jahre 1942 *Round-Up* im Jahre 1943 unwahrscheinlich machen würde.[26] Das war ein taktvolles Telegramm, denn Dill brachte damit dem Premierminister nicht nur die Meinung der amerikanischen, sondern auch der britischen Stabschefs nahe. Auf einer Beratung in London am 24. Juli hatte das Gemeinsame Komitee der Stabschefs ein Memorandum (CCS 94) verabschiedet, das u. a. die Schlußfolgerung enthielt, eine Orientierung auf *Torch* »macht Operation *Round-Up* aller Wahrscheinlichkeit nach ungeeignet für eine erfolgreiche Durchführung im Jahre 1943«.[27] Das war das Memorandum, das der Präsident und auch der Premierminister ignoriert hatten. Daß beide sich für *Torch* entschieden hatten, änderte nichts an der Tatsache, daß Marshall mit Mißtrauen und King mit offenem Mißfallen auf diese Operation blickten.

Marshalls Mißtrauen resultierte daraus, daß er *Torch* aus gutem Grund als den Anfang einer »peripheren« Strategie gegen Deutschland sah, selbst aber davon überzeugt war, daß Deutschland nur besiegt werden konnte, wenn man ein Maximum militärischer Kräfte der Alliierten auf das Territorium konzentrierte, das sowohl dem Ausgangspunkt der Invasion (Großbritannien) als auch ihrem Ziel (Deutschland) am nächsten lag, nämlich Nordfrankreich. Kings Mißfallen war einfacher: *Torch* würde Schiffsraum binden, der für die nun beginnenden großen Operationen im Nordwestpazifik gebraucht wurde. (Vandegrifts Marinesoldaten landeten am 7. August auf Guadalcanal.) Für beide war Operation *Torch*, die die britische Orientierung vom vorausgegangenen April revidierte, nur dann akzeptabel, wenn sie lediglich als Teil einer »defensiven Einkreisungslinie des Kriegsschauplatzes auf dem europäischen Festland« betrachtet wurde (um einen weiteren Satz aus dem unglückseligen Memorandum CCS 94 zu zitieren). Eine Woche nach seinem Telegramm an Churchill schrieb Dill einen ebenso taktvollen Brief an Marshall, in dem es hieß: »Gegenwärtig zitieren unsere Stabschefs WWI[28] als *die* Bibel, während einige Ihrer Leute CCS 94 als deren überarbeitete Fassung ansehen.«[29]

Was das verworrene Netz strategischer Verhandlungen betraf[30], das die Militärplaner und Stabschefs in London und Washington von August bis Ende 1942 knüpften, so konnten sich der Präsident und der Premierminister davon nicht völlig fernhalten, aber einen gewissen Abstand wahren. Beide konzentrierten sich darauf, die unmittelbare Frage zu entscheiden, wie und wann genau in Nordafrika einmarschiert werden sollte. Außerdem waren beide tief betroffen von dem, was sich in der Sowjetunion abspielte. Churchill ging wieder und wieder gegen die Überzeugung seiner Stabschefs an, daß Operation *Torch* tatsächlich *Round-Up* für 1943 unmöglich mache.[31] Er wußte, welch prekäres politisches Risiko er in seinen Gesprächen mit Stalin in Moskau eingegangen war. Roosevelt brachte ebenso klar zum Ausdruck, die russische Front sei »unser größter Rückhalt«.[32] Alle diese Strömungen und Gegenströmungen der transatlantischen Debatte über die Große Strategie mündeten erst Anfang 1943 in eine gemeinsame Diskussion ein, an der die Führer Amerikas und Großbritanniens sowie alle ihre Berater teilnahmen.

Operation *Torch*

Inzwischen hatten die beiden Führer im September 1942 nach manchem Hin und Her in einem denkwürdigen Austausch von Telegrammen endlich Einigung über Operation *Torch* erzielt. Roosevelt kabelte »Hurra!« und Churchill »Okay, Volldampf voraus!«[33] Aus militärischer Sicht begann die Invasion gut. Am 8. November landeten die amerikanischen Hauptkräfte erfolgreich in Casablanca und Oran. Eine anglo-amerikanische Streitmacht ging in Algier an Land. Drei Tage später betrat eine britische Brigade 130 km weiter östlich afrikanischen Boden. Ein britisches Fallschirmjägerbataillon nahm am 12. November den Flugplatz von Bone ein. Obwohl die Franzosen nur drei Tage lang Widerstand leisteten[34], wurde das strategische Hauptziel - Tunis - erst sechs Monate später eingenommen. Der Sieg in Nordafrika wurde im Jahre 1942 nicht in Tunesien, sondern in Ägypten erfochten, wo Montgomery bei El Alamein Rommel niederrang, der am 4. November mit seiner Panzerarmee Afrika den langen Rückzug nach Tunesien antreten mußte. Tunis fiel erst am 12. Mai 1943, nachdem die beiden alliierten Armeen sich im April in Tunesien vereinigt hatten. So konnte Alexander (der aus Kairo als Eisenhowers Stellvertreter gekommen war, um die Armeegruppe zu kommandieren) Churchill schließlich die Botschaft senden: »Wir sind jetzt die Herren der Küsten Nordafrikas.« Die Zahl der Deutschen, die sich in Tunis ergaben - über 100 000 - war größer als in Stalingrad drei Monate zuvor. Beide Schlachten waren wichtige Wendepunkte des zweiten Weltkrieges. Dennoch sind die beiden Siege kaum miteinander vergleichbar. Die 90 000 deutschen Soldaten, die Feldmarschall Friedrich Paulus aus den Ruinen von Stalingrad in die Gefangenschaft führte, waren die abgehärmten Überlebenden einer deutschen Armee, deren Hauptbestand gefallen oder Hungers gestorben war. Der Fall von Tunis dagegen (wo sich mehr Italiener als Deutsche ergaben) war ein Todesstoß - zwar nicht für Hitler, aber für Mussolini.

Wenn der Plan *Torch* rechtzeitig ausgeführt worden wäre, hätte Tunis bereits bis Ende Dezember 1942 fallen können. Nun aber wurde der britische Vormarsch von Algerien nach Osten bei Tabarka, etwa 50 Meilen vor Tunis zum ersten Mal von einer deutschen Streitmacht gestoppt, die rasch zusammengekratzt, nach Tunis geflogen[35] und unter die energische Führung des Generals Walther Nehring gestellt wurde (des früheren Kommandeurs des Afrikakorps, der an der Front bei El Alamein verwundet worden war). Die Truppe wurde rasch ausgebaut und später

Während die Masse des deutschen Heeres in den Weiten Rußlands kämpfte und im Sommer und Herbst 1941 noch von Sieg zu Sieg stürmte, erlitt Deutschlands italienischer Verbündeter eine Niederlage nach der anderen und mußte nach Abessinien auch die Cyrenaika räumen. In letzter Not schickte Hitler seinem Verbündeten Hilfe, obwohl seine eigenen Kräfte bis zum äußersten angespannt waren; ein kleines »Afrikakorps« unter General Rommel sollte die italienischen Stellungen wenigstens stabilisieren. Aber der bravourösen Kriegführung des vergleichsweise unbekannten Generals gelangen überraschende Gegenstöße, die zu einer weiträumigen Offensive führten. Bei El-Alamein standen die deutschen Panzer an der Grenze Ägyptens, kurz vor dem Durchbruch auf Alexandria und damit auf den Suezkanal. – Doch die deutschen Kräfte waren überspannt, vor allem stockte der Nachschub durch das Mittelmeer. Weder Munition noch Treibstoff erreichte die Deutschen in ihrer vorgeschobenen Stellung. Am 23.10.1942 begann Montgomery mit 1100 Panzern seinen Gegenangriff. Nach zehntägiger Schlacht mußte Rommel den Befehl zum Rückzug geben, der in wenigen Wochen an die Grenze Libyens führte.

mit der Panzerarmee Afrika vereinigt, nachdem diese von der Achten Armee aus Libyen vertrieben worden war. Vorerst aber wurden in dieser ersten Krise des Tunesienfeldzuges die britischen Vorausabteilungen von lediglich 16 mittleren deutschen Panzern daran gehindert, ihr Ziel zu erreichen. In den darauffolgenden sechs Wochen kam die anglo-amerikanische Streitmacht bis 15 km an die Stadtgrenzen von Tunis, um Weihnachten 1942 aber versperrte die Fünfte Panzerarmee General Jürgen von Arnims den Weg nach Tunis. Die sechs Monate, die dann gebraucht wurden, um Tunis einzunehmen, hatten zwei strategische Folgen: Das Mittelmeer blieb für die Schiffe der Alliierten versperrt, als die Atlantikschlacht ihren Höhepunkt erreichte. Und die Verzögerung machte, wie wir sehen werden, schließlich alle Hoffnungen zunichte, daß 1943 noch eine zweite Front über den Ärmelkanal eröffnet werden könnte. Dies wiederum hatte schwerwiegende Auswirkungen auf die Große Strategie der Großen Drei.

Die Faktoren, die für die Verzögerung des Nordafrikafeldzuges verantwortlich waren, trugen sowohl politischen als auch militärischen Charakter - eine Mischung, die man als Tragikomödie beschreiben könnte, wenn die Tragik nicht so stark überwogen hätte. Was einige Tage vor der anglo-amerikanischen Landung in Algier[36] geschah, verursachte einen politischen Aufruhr, der die Beziehung zwischen Churchill und Roosevelt einer viel größeren Belastung aussetzte als ihre Meinungsverschiedenheiten über Indien. Er hätte, wäre ihm nicht Einhalt geboten worden, sogar zum Bürgerkrieg in Frankreich führen können. Frankreich gilt wie China als eine der großen politischen Fehlrechnungen Roosevelts im zweiten Weltkrieg. Einst hatte er gegenüber Frances Perkins, seiner Arbeitsministerin bemerkt, er könne einen guten Franzosen von einem schlechten unterscheiden. Das konnte er nicht. Er unterbewertete und verhöhnte nicht nur de Gaulle.[37] (Dies tat übrigens auch sein Außenminister Hull, der de Gaulles Eroberung von St. Pierre und den Miquelon-Inseln zu Weihnachten 1941 als persönlichen Affront aufgefaßt hatte.) Churchill hatte zwar seit den schwarzen Tagen von 1940 eine schriftliche Übereinkunft mit de Gaulle und hatte diesen damals bei ihrer kurzen Begegnung in Bordeaux »Mann des Schicksals« genannt.[38] Trotzdem war seine Haltung zu dem General zwiespältig und spiegelte das Auf und Ab ihrer schwierigen Beziehung wider. In einer geschlossenen Sitzung des Unterhauses im Dezember 1942 äußerte Churchill einige harte Worte über de Gaulle.[39] Dann wiederum war er voll des Lobes darüber, wie eine Brigade der Freien Franzosen Bir Hacheim, den südlichsten Punkt der Position der Achten Armee in Gazala in Libyen, verteidigt hatte, als Rommel diese im Mai 1942 angriff.

Roosevelts Frankreichpolitik an der Jahreswende 1942/43 beruhte auf einem grundlegenden Mißverständnis. Bestärkt von Admiral Leahy, der bis zu seiner Ernennung zum Stabschef des Weißen Hauses amerikanischer Botschafter in Vichy gewesen war (aber nicht Französisch sprach), glaubte Roosevelt, die Beziehungen der USA zu Vichy-Frankreich seien nicht nur besser als die Großbritanniens (was zweifellos zutraf), sondern dies werde auch die Grundlage für das künftige Frankreich sein. Ausgehend von dieser Annahme verfolgte er noch lange nach Operation *Torch* einen Kurs, der ein Nachkriegsfrankreich ohne Armee und den größten Teil des französischen Weltreiches vorsah. Dieser Kurs führte im November 1942 dazu, daß Roosevelt darauf bestand, de Gaulle, dessen »gewisse Idee von Frankreich« völlig anders war, solle nicht einmal wenige Stunden vor Beginn der Operation *Torch* davon informiert werden.[40] Churchill ließ sich dazu überreden. Wie er selbst sagte, war er »in der ganzen Operation *Torch* sowohl militärisch als auch politisch Ihr (Roosevelts) Untergebener«.[41] Er lehnte jedoch den amerikanischen Vorschlag ab, um den Widerstand der Franzosen minimal zu halten, sollten die ersten Landungstrupps nur aus Amerikanern bestehen, denen die Briten lediglich See- und Luftunterstützung gaben. Der Austausch der »Hurra«- und »Okay«-Telegramme zwischen den beiden Führern bildete den Abschluß eines lang andauernden Kuhhandels. An einem Punkt war es so weit, daß die Landung in Algier am 8. November, die einzige, an der britische Soldaten teilnahmen, aus der ersten Etappe von *Torch* ganz gestrichen werden sollte.[42]

Das war aber noch nicht alles. Seit April 1941 war der höchste amerikanische Vertreter in Algier, Robert Murphy, ein Mitarbeiter des Auswärtigen Dienstes der USA. (Vor der Invasion ernannte ihn Roosevelt zu seinem persönlichen Vertreter.) Murphy wurde später von Walter Lippmann als naiv und einfältig kritisiert. De Gaulle behauptete, er habe sich von den reichen französischen Kreisen in Nordafrika einwikkeln lassen, die mit der Regierung in Vichy sympathisierten. Sicher gibt es Hinweise darauf, daß er sich übernahm. Um Murphy Gerechtigkeit widerfahren zu lassen – es half ihm auch nicht gerade, daß der deutsche Geheimdienst seinen (des State Department) Code entschlüsselte. Da die Deutschen seine Telegramme vom August 1941 kannten, bestanden sie darauf, daß die Vichy-Regierung General Weygand aus Nordafrika abberief.[43] Murphy mußte sich nun in der Vorbereitungsphase der Invasion nach einem anderen französischen Partner umsehen. Er hatte 1942 offenen Kontakt zu den französischen Behörden in Algerien und verdeckten zu einigen anderen Franzosen. Seine indirekten Kontakte schlossen auch zwei Männer ein, die nach der Invasion Nordafrikas Schlüsselrollen übernehmen sollten. Der eine war General Henri Giraud, ein ausgezeichneter Soldat aus dem unbesetzten Teil Frankreichs ohne politischen Anhang, der »den Charme besaß, der General de Gaulle fehlte, das war aber auch alles«.[44] Der zweite war Admiral François Darlan, Oberkommandierender aller Streitkräfte Vichy-Frankreichs, dessen Charakter fast in jeder Hinsicht rätselhaft war, wenn man von seiner Anglophobie einmal absieht.

Die USA gaben Giraud als ihrem Werkzeug und Führer eines von den Amerikanern befreiten Französisch-Nordafrika den Vorzug. Giraud, der sich damals in Marseille aufhielt, forderte jedoch, drei Wochen vor Beginn der Invasion informiert zu werden. Murphy (der den Zeitpunkt des Einmarsches bis unmittelbar davor ebenfalls nicht kannte) unterstützte diese Forderung nachdrücklich in einem Telegramm an Roosevelt. Darauf erhielt er prompt die Antwort, dies sei »absolut unmöglich«.[45] Als Giraud schließlich am Tage nach der Invasion (von Gibraltar, wohin ein britisches U-Boot ihn aus Frankreich gebracht hatte) in Algier eintraf, erkannte kein Franzose seine Autorität an. Aber schon drei Tage vor der Invasion war Darlan in Algier eingetroffen. Churchill (dessen unbeabsichtigter Fehlinterpretation andere Historiker folgten) beschrieb dies später als ein »seltsames und folgenschweres Zusammentreffen von Umständen«.[46] Dabei war Darlan bereits einen Monat früher nach Oran gereist, um die französischen Streitkräfte in Nord- und Westafrika zu inspizieren. Diese Reise, die auch Algier einschloß, dauerte fast den ganzen Oktober an, und Murphy hatte bereits am 16. Oktober empfohlen, Darlan sollte (über Mittelsmänner, mit denen Murphy Kontakt hatte) zur »Kooperation mit Giraud ermutigt« werden.[47] Nach Abschluß seiner Inspektionsreise kehrte Darlan nach Frankreich zurück, reiste aber am 5. November erneut zu einem kurzen Besuch nach Algier. Zwei Tage später – am Vorabend der Invasion – verschob er seine Rückreise. So geschah es, daß drei Tage nach der Landung Darlan und Eisenhowers Stellvertreter Generalmajor Mark Clark in Algier übereinkamen, daß Darlan als höchste französische staatliche Autorität eingesetzt werden sollte. Giraud akzeptierte diese Übereinkunft nach einem Zusammentreffen mit Darlan und erhielt dafür seinen Posten als Oberkommandierender der französischen Streitkräfte in Nordafrika zurück. Eisenhower, in seinem Hauptquartier in Gibraltar allein gelassen, erkannte Darlan als französischen »Hochkommissar« an. Reuevoll berichtete er danach dem Gemeinsamen Komitee der Stabschefs, die »Stimmung der Franzosen in Nordafrika« sei »nicht im entferntesten so wie erwartet«.[48] Das Clark-Darlan-Abkommen wurde am 22. November offiziell in Algier unterzeichnet. Zunächst Protokoll genannt, erhielt es auf Roosevelts Anweisung den Rang eines Abkommens.[49] In der ersten Dezemberwoche meldeten die Zeitungen von Algier, Darlan habe einen *Conseil Impérial* (Reichsrat) eingesetzt und sich selbst die Vorrechte eines Oberhauptes des französischen Staates zugesprochen. Murphy hatte am 30. November ein Exemplar dieses Dokuments von Darlan erhalten.

Churchill nahm Eisenhowers Entschluß, Darlan als Hochkommissar einzusetzen, als ein Arrangement hin, das weder vernünftig war, noch von langer Dauer sein konnte.[50] Die Öffentlichkeit im Westen jedoch, besonders in Großbritannien, wo man der Meinung war, die Atlantikcharta sei aus den Fenstern des Weißen Hauses geworfen worden, konnte nicht ignoriert werden. Roosevelt versuchte sich dem aufkommenden Sturm anzupassen und seine Politik zu korrigieren, indem er am 17. November eine Erklärung herausgab, in der es hieß, das politische Arrangement in Nordafrika sei ein »zeitweiliger Notbehelf, den allein die Belastungen des Kampfes rechtfertigen« könnten (Churchills Worte aus einer Botschaft an Roosevelt vom gleichen Tage). Diese Erklärung wurde zunächst von Churchill begrüßt und auch von Stalin akzeptiert.[51] Sie brachte jedoch keine Veränderung in Algerien, wo Darlan die Politik der Vichy-Administration (einschließlich ihrer Orientierung gegen die Résistance und ihres Antisemitismus) in Nordafrika fortsetzte, und den Alliierten die beiden wichtigsten militärischen Vorteile verweigerte, die den Handel mit ihm eventuell hätten rechtfertigen können: die französische Flotte und Tunis. Die französische Flotte blieb in Toulon (wohin sie sich zurückgezogen hatte, als die Deutschen Südfrankreich besetzten). Viel schlimmer aber war, daß der französische Resident in Tunesien, Admiral Jean-Pierre Estéva, nichts tat, um sich der deutschen Gegeninvasion zu widersetzen. Am 8. Dezember ergaben sich die französischen Truppen des Marinestützpunktes Bizerta den Deutschen.

Es kann kaum verwundern, daß Eisenhower, der nun als Oberkommandierender unerwartet auf der stürmischen See der hohen Politik navigieren mußte und von der Front in Tunesien weit entfernt war, sich kaum seinen militärischen Führungsaufgaben widmen konnte. Dabei hing an der Front alles davon ab, daß rasche Entscheidungen getroffen wurden und die Truppen die persönliche Führung des Kommandeurs spürten. General Kenneth Anderson, dem diese Verantwortung zufiel, war ein Brite. Montgomerys grausames Urteil über seine Fähigkeiten als

Widerpart zu Nehring und von Arnim, er sei »ein Koch – gut für Hausmannskost«, war nicht weit von der Wahrheit entfernt. So konnte weder das militärische Problem in Nordafrika noch das politische Problem, wie Stalin Churchill in Moskau gewarnt hatte, mit der Entschlossenheit angepackt werden, die beide erforderten.

Stalin hatte zwar Darlan hingenommen, reagierte jedoch scharf auf das Ausbleiben von Erfolgen der Alliierten in Tunesien Anfang 1943.[52] Für dieses mittelmäßige Ergebnis eines großen Feldzuges war der Oberbefehlshaber der Vereinigten Staaten, Roosevelt, und nicht der Oberkommandierende der Alliierten Truppen, Eisenhower, vor allem verantwortlich zu machen. Wenn es in Nordafrika so weitergegangen wäre, hätte er dies nur mit Argumenten der gleichen Staatsräson rechtfertigen können, die Stalin ab Sommer 1944 so skrupellos im Falle Polen anwandte. Niemand konnte sagen, wie lange Churchill diesen Zustand noch tolerieren würde. Obwohl ihm viel an dem Verhältnis zu Roosevelt lag, gab es Grenzen, die zu überschreiten er von einigen seiner Kollegen nicht erwarten konnte.(Mit Eden konnte Churchill immer einig werden, nicht aber mit Bevin.)[53] Anfang Dezember 1942 ließen die britischen Vertreter an Ort und Stelle Churchill und seine Kollegen nicht mehr im Zweifel darüber, daß etwas unternommen werden mußte. Der höchste Vertreter des Foreign Office in Algier[54], Henry Mack, Leiter der Politischen Abteilung in Eisenhowers Hauptquartier, faßte seine Position in einem Bericht zusammen, der die folgenden drei kurzen Sätze enthielt:

»Darlan ist Vichy, und Vichy vertritt all die egoistischen Interessen, die zum Niedergang Frankreichs geführt haben. Wenn Darlan bleibt, kann es zum Bürgerkrieg kommen. Darlan muß eines Tages gehen.«[55]

Mack war ein kluger Südire, der die französische Szene gut kannte und auch mit viel Phantasie keiner linken oder radikalen Sympathien verdächtigt werden konnte.[56] Eine Botschaft Churchills an Roosevelt vom 9. Dezember spiegelte etwas von dem politischen Hintergrund wider, den Mack vermittelt hatte.[57]

Die erste Nachrichtensendung der BBC am Weihnachtstag des Jahres 1942 begann mit den Worten: »Guten Morgen, Ihnen allen frohe Weihnachten. Letzte Nacht wurde in Algier Admiral Darlan ermordet.« Am gleichen Tage schrieben die Rundfunkstationen von Berlin und Rom Darlans Tod Agenten des britischen Geheimdienstes zu. Nach jüngsten Erkenntnissen über diese Episode[58] war Fernand Bonnier de la Chapelle, der junge Franzose, der Admiral Darlan zweimal in den Bauch schoß, Mitglied des Kommandos *Corps Franc d'Afrique*, das man nach der Landung der Alliierten der SOE angegliedert hatte. Zusammen mit anderen war er dort im Gebrauch von Handfeuerwaffen und in Sabotageakten zunächst in Cap Matifou und später im Club des Pins bei Algier ausgebildet worden.[59] Bonnier wurde von den französischen Behörden sofort im Schnellverfahren abgeurteilt und hingerichtet. In wessen Auftrag und auf wessen Befehl er am 24. Dezember 1942 handelte, darüber wird auch heute noch spekuliert. De Gaulle und Churchill, die sich unmittelbar nach Darlans Ermordung in Chequers trafen, werden Erleichterung empfunden haben. Roosevelt sprach von einem »hinterhältigen Mord«. De Gaulles erster Besuch in den USA wurde im letzten Moment verschoben - bis 1944, wie sich später herausstellte.

So war also die Große Allianz Ende 1942 nicht weniger konfus, als sie es Anfang des Jahres gewesen war. Anfang Dezember schlug Roosevelt Stalin vor, die drei Führer sollten Mitte Januar 1943 zu einem Geheimtreffen zusammenkommen. Stalin antwortete, die Lage sei »jetzt so heiß«, daß er »nicht einen einzigen Tag abwesend sein« könne.[60] Die Rote Armee hatte am 19. November 1942 bei Stalingrad eine Gegenoffensive begonnen und bereits über 300 000 Mann deutscher Truppen eingekesselt. Der Versuch der Deutschen, die in Stalingrad von der Roten Armee belagerten Einheiten Paulus' zu befreien, schlug fehl. (Die deutsche Armee im Kaukasus entging der Vernichtung nur durch einen rechtzeitigen Rückzug.) So trafen sich Churchill und Roosevelt wiederum ohne Stalin zum dritten Mal in dreizehn Monaten in Casablanca. Roosevelt sagte zu Churchill: »Ich ziehe eine ruhige Oase einem Floß in Tilsit vor.«[61]

13

Auf dem Wege nach Teheran: Januar – Oktober 1943

Offen gesagt, er wünschte ein amerikanisches Übergewicht bei den Streitkräften, um Grund zu haben, auf einem amerikanischen Kommandeur (für Operation *Overlord*) zu bestehen.

– Franklin Roosevelt auf einer Beratung mit den Vereinigten Stabschefs im Weißen Haus am 10. August 1943 –

Es wäre ein schrecklicher Fehler, wenn U. J. (Uncle Joe = Stalin) dächte, wir hätten uns gegen ihn verschworen.

– Franklin Roosevelt zu Winston Churchill am 11. November 1943 –

In diesen zehn Monaten kam es zu einer bemerkenswerten Veränderung des militärischen Gleichgewichts im zweiten Weltkrieg. Als das Jahr begann, hatten die Japaner ihre ausgedehnten Eroberungen im Pazifik und in Südostasien noch fest unter Kontrolle. Die Wehrmacht hielt die Frontlinie quer durch die Sowjetunion, von der sie 1942 ihre Offensive gestartet hatte, wenn auch die bei Stalingrad eingeschlossene Armee vor der sicheren Niederlage stand. Die anglo-amerikanischen Truppen waren in Tunesien festgefahren, und in der Atlantikschlacht bedrohten deutsche U-Boote immer noch den Lebensnerv Großbritanniens. Mitte 1943 hatte sich in der Atlantikschlacht das Blatt endgültig gewendet. Die gesamte nordafrikanische Küste war endlich vom Feind gesäubert. In der zweiten Jahreshälfte folgte die Invasion in Italien, Mussolini wurde gestürzt, und die nächste italienische Regierung kapitulierte. Im Februar ergab sich die deutsche Armee bei Stalingrad, und im Juli 1943 tobte die größte Panzerschlacht der Geschichte bei Kursk. Dies war Hitlers letzte Offensive gegen die Rote Armee; danach gelang es der Wehrmacht nirgendwo in Europa mehr, die strategische Initiative zurückzugewinnen. Inzwischen näherte sich die amerikanische Offensive »whip-saw« (Schrotsäge)[1] Ende 1943 der Peripherie des japanischen Reiches.

Dieser scharfe Kontrast war beiden Seiten durchaus bewußt. Davon zeugen einerseits die Tagebücher hoher Vertreter der Alliierten, die das

Ausmaß der Veränderungen in diesem Krieg kaum glauben konnten[2], und andererseits der schwarze Pessimismus des Liedes von *Lilli Marleen*[3], das der deutsche Rundfunksender in Belgrad Nacht für Nacht ausstrahlte. Außerdem fiel ins Auge, daß 1943 ebenso ein Jahr der militärischen Konferenzen wie der militärischen Operationen war. Churchill und Roosevelt nahmen an nicht weniger als sechs derartigen Zusammenkünften teil.[4] Bei einem war Tschiang Kai-schek anwesend, und in Moskau hielten die Außenminister der drei Alliierten eine Beratung ab. Die bei weitem wichtigsten Konferenzen waren die erste (in Casablanca) und die letzte (in Teheran). Hier debattierte man im Grunde genommen immer noch über dieselben Fragen wie im vergangenen Jahr. Wann und wo sollte die Invasion Frankreichs beginnen? In welchem Verhältnis stand der europäische Kriegsschauplatz zu dem im Pazifik und in Südostasien? In welcher Beziehung sollte die Operation im Mittelmeer, die sich 1943 entfaltete, zu den anderen beiden Kriegsschauplätzen stehen? (Ende 1943 war die Zahl der amerikanischen Truppen, die gegen Deutschland und gegen Japan kämpften, fast gleich – ca. zwei Millionen auf jedem Kriegsschauplatz.)[5] Die genannten Fragen wurden erst gelöst, als die Großen Drei schließlich ihr erstes Dreiertreffen abhielten, wo sie sich über ihre gemeinsame Strategie für den Sieg im Kriege einigten und auch über die politische Struktur der Welt nachzudenken begannen, die nach dem Kriege errichtet werden sollte: die Konferenz von Teheran.

Zwischen den Konferenzen von Casablanca und Teheran wurden über den Atlantik hinweg zahlreiche Debatten geführt, die von zunehmend schärferen Einwürfen Stalins begleitet waren. Ein großer Teil dieser Debatten spielte sich nach wie vor intern ab – zwischen den beiden Gruppen von Stabschefs und zwischen den Großen Drei. Unter dem Eindruck erster Erfolge von Operation *Torch* drängte Roosevelt Churchill im November 1942 allerdings zu einer Erwägung aller Möglichkeiten, einschließlich eventueller Schläge gegen Sardinien, Sizilien, Italien, Griechenland und die anderen Balkangebiete«.[6] Dies war exakt die Mittelmeerstrategie, die Churchill zum ersten Mal vor einem Jahr umrissen hatte, der sich Marshall jedoch entschieden widersetzte, weil er nach Eroberung der nordafrikanischen Küste die Operation im Mittelmeer so schnell wie möglich abzuschließen gedachte. Im Dezember, als die Chancen für eine baldige Eroberung von Tunis schon wieder schwanden, legte Churchill seinen Stabschefs einen »Zeitplan« für die nächsten neun Monate vor. Dieser begann mit der Vollendung von *Torch* »noch im Jahre 1942« und endete mit dem Abschluß »aller Vorbereitungen für *Round-Up*« (die Invasion Frankreichs) bis Ende Juli 1943. Danach folgten die Worte »August und September - Action.«[7] Stalin sandte Roosevelt am 17. Dezember ein Telegramm, in dem er zum wiederholten Male eine Einladung des Präsidenten zu einem Gipfeltreffen (diesmal Anfang März) ablehnte. Darin fand sich folgender Satz:

»Erlauben Sie mir auch, die Überzeugung zum Ausdruck zu bringen, daß die Zeit nicht ungenutzt verrinnt und die Versprechen hinsichtlich der Eröffnung einer zweiten Front in Europa, die Sie, Mr. Präsident, und Mr. Churchill, für 1942, jetzt aber auf jeden Fall für Frühjahr 1943 gegeben haben, erfüllt werden und die zweite Front in Europa von den Vereinigten Streitkräften Großbritanniens und der USA tatsächlich im Frühjahr nächsten Jahres eröffnet wird.«[8]

Churchills »Zeitplan« wurde von seinen Stabschefs in Stücke gerissen, schon bevor er nach Casablanca abreiste. Im nachhinein fällt es nicht schwer zu erkennen, daß sie recht hatten und Churchill unrecht, als er (bis zum Frühjahr 1943, als Brooke ihn schließlich vom Gegenteil überzeugte) daran glaubte, im Jahre 1943 könnten zwei »kombinierte, gleichlaufende Operationen«[9] von Großbritannien und von Nordafrika aus gestartet werden. Ende 1942 standen weniger als 100 000 Mann amerikanische Truppen in Großbritannien. Nur wenn die Operation im Mittelmeer mit der Eroberung von Tunis abgeschlossen war, konnte die amerikanische Armee in Großbritannien zu solcher Stärke aufgebaut werden, daß 1943 eine Invasion über den Ärmelkanal möglich wurde. Die Verspätung bei der Einnahme von Tunis, die zur Jahreswende noch nicht abzusehen war, hätte eine solche Lösung des Problems auch dann unmöglich gemacht, wenn die Atlantikschlacht gewonnen worden wäre und die Amerikaner ihre Streitmacht in Großbritannien hätten aufstokken und über den Ozean hinweg versorgen können.

Casablanca

Diese Konferenz fand in der Tat, wie Roosevelt vorhergesagt hatte, »in einer ruhigen Oase« statt, den Vorstadtvillen von Anfa. Hier trafen Churchill und Roosevelt, die per Flugzeug nach Casablanca gekommen waren, am 15. Januar 1943 zur Eröffnungssitzung zusammen. Die Konferenz dauerte neun Tage. Danach reisten beide nach Marrakesch, von wo sie den Schnee auf den Bergen des Atlas bewundern konnten - ein Anblick, den Churchill bereits von seinem Besuch vor Ausbruch des Krieges her kannte. Am Nachmittag des nächsten Tages, nachdem Roosevelt bereits abgeflogen war und bevor Churchill in die Türkei abreiste (um dort mit dem türkischen Präsidenten zu sprechen), malte er ein Bild der Atlasberge – das einzige während des ganzen Krieges.

Als Churchill und Roosevelt sich Mitte Januar trafen, sahen sie sich mit zwei politischen Erfordernissen von grundsätzlicher Bedeutung konfrontiert. Über das erste waren sie sich einig. Obwohl es Churchill gewesen war, der fünf Monate zuvor Stalin in Moskau das Versprechen gegeben hatte, im Jahre 1943 eine zweite Front zu eröffnen, versuchte Roosevelt niemals, sich davon zu distanzieren. Selbst wenn er dies aus militärischen Gründen hätte tun wollen, wäre es ihm politisch unmöglich gewesen, bedenkt man die überragende Bedeutung der Ostfront mit der großen Zahl deutscher Divisionen, die in dieser Phase des Krieges dort gebunden waren. Churchill hatte es in einem Telegramm an Stalin unmittelbar vor der Konferenz als seinen »höchsten Wunsch« bezeichnet, »daß die Briten und Amerikaner den Feind mit größtmöglichen Kräften in kürzester Zeit binden«.[10] Der zweite Punkt war komplizierter. Anfang 1943 betrachtete Roosevelt wie die meisten Amerikaner immer noch China als einen Eckpfeiler der amerikanischen Strategie zur Niederwerfung Japans. Die Briten mußten deshalb davon überzeugt werden, in Nordburma etwas Wirksames zu unternehmen, um die Burma-Straße, die Versorgungslinie nach Südchina, wieder zu öffnen.[11] Im Beraterkreis des Präsidenten war King fest davon überzeugt, daß der Kriegsschauplatz im Pazifik genügend Ressourcen, besonders Schiffe erhalten mußte, um die amerikanische Gegenoffensive logistisch abzusichern. Dies brachte die Briten in ein Dilemma. Wenn sie die Schwierigkeiten einer Invasion über den Ärmelkanal im Jahre 1943 in Casablanca zu stark betonten, riskierten sie, daß die Amerikaner in diesem Falle den Schluß ziehen könnten, ihre Ressourcen seien in den nächsten Monaten auf dem pazifischen Kriegsschauplatz von größerem Nutzen, anstatt in Großbritannien konzentriert zu werden (Operation *Bolero*).

Man könnte darüber spekulieren, wie die Konferenz von Casablanca ausgegangen wäre, wenn Stalin daran teilgenommen hätte, wie Churchill und Roosevelt es zunächst wünschten. Wie dem auch sei, das Ergebnis ihrer intensiven Diskussion war ein anglo-amerikanischer Kompromiß. Churchill und Roosevelt einigten sich auf eine Direktive an die Kommandeure der britischen und amerikanischen Luftstreitkräfte über »Die Bomberoffensive vom Territorium des Vereinigten Königreichs«, die als letztendliches Ziel die »entscheidende Schwächung« der Widerstandskraft des deutschen Volkes definierte.[12] Dane-

Auf einer Zweierkonferenz im nordafrikanischen Casablanca im Januar 1943 hatten die USA und England zur tiefen Befriedigung Moskaus, das immer noch einen westlichen Sonderfrieden fürchtete, die Formel von der »Bedingungslosen Kapitulation« verabschiedet, die die deutsche Opposition mutlos machte, weil auch nach einem gelungenen Staatsstreich die Unterwerfung des Reiches zu erwarten war.

ben faßten sie in Casablanca zwei wichtige militärische Beschlüsse, von denen einer exakt zur vorgesehenen Zeit ausgeführt wurde. Dies war Operation *Husky*, der Einmarsch in Sizilien.[13] Die zweite Operation mit dem Codenamen *Anakim*, ein Angriff auf Rangun von See als Teil der

Rückeroberung Burmas, war für Herbst 1943 vorgesehen. (In der Praxis kam *Anakim* nicht zum Tragen, und Burma wurde erst in den letzten Kriegsmonaten zurückerobert.) Churchill und Roosevelt kamen außerdem überein, unverzüglich in London einen Gemeinsamen Stab zu bilden, um Pläne für einen Brückenkopf auf der Halbinsel Cotentin mit dem Ziel der »Rückkehr auf den Kontinent« auszuarbeiten. Diese beiden Operationen wurden jedoch von wichtigen Voraussetzungen abhängig gemacht: Der Brückenkopf sollte konsequent genutzt werden, »wenn die moralische Verfassung und die Ressourcen der Deutschen es erlauben«. Den Worten »Rückkehr auf den Kontinent« folgte die inhaltsschwere Formulierung: »um deutsche Zerfallserscheinungen zu nutzen«. Die Frage der Verteilung der Ressourcen zwischen dem pazifischen und dem europäischen Kriegsschauplatz wurde schließlich mit einer Formulierung: in dem Bericht des Gemeinsamen Komitees der Stabschefs vom 23. Januar gelöst, wonach Operationen im Pazifik und im Fernen Osten »in solchen Grenzen gehalten werden sollten, die nach Meinung des Gemeinsamen Komitees der Stabschefs nicht die Fähigkeit der Vereinten Nationen in Frage stellen, jegliche günstige Gelegenheit zu nutzen, um Deutschland im Jahre 1943 die entscheidende Niederlage beizubringen«.[14]

Stalin erhielt erst am 27. Januar, zwei Tage nachdem Churchill und Roosevelt Nordafrika verlassen hatten, eine gemeinsame Botschaft von ihnen. Diese war so vage gehalten, daß er am 30. Januar lakonisch antwortete:

»In dem Verständnis, daß die Entscheidungen, die Sie im Hinblick auf Deutschland gefällt haben, bedeuten, dieses durch die Eröffnung einer zweiten Front in Europa im Jahre 1943 zu zerschlagen, wäre ich dankbar, über die auf diesem Gebiet vorgesehenen konkreten Operationen und den beabsichtigten Zeitplan ihrer Durchführung informiert zu werden.«[15]

Churchill und Roosevelt brauchten nicht weniger als zehn Tage, um darauf zu antworten. So wurde Stalin schließlich, vier Wochen nachdem die beiden Führer in Casablanca gelandet waren, über die Pläne informiert, in Sizilien zu landen und eine Operation über den Ärmelkanal für den August 1943 vorzubereiten. Allerdings hieß es in der gemeinsamen Botschaft, daß Schiffe und Landungsboote »beschränkende Faktoren« seien. Falls letztere Operation sich im August verzögere, werde sie »mit stärkeren Kräften für September vorbereitet werden«. Den genauen Zeitpunkt des Angriffs über den Ärmelkanal beschrieben Churchill und Roosevelt jedoch als »abhängig von den Verteidigungsmöglichkeiten der Deutschen über den Kanal zur gegebenen Zeit«.[16]

Wie zu erwarten war, nahm Stalin dieses verspätete und mit so vielen Vorbehalten versehene Versprechen nicht sehr freundlich auf. In einem Telegramm an beide Führer vom 16. Februar kritisierte er die Verzögerung in Tunesien in einem Augenblick, da »die Synchronisierung des Drucks auf Hitler von unserer Front und von Ihrer Seite in Tunesien von größter Bedeutung für unsere gemeinsame Sache« ist. Dann bestand er darauf, nach seiner Meinung sei es »höchst wichtig, daß der Schlag von Westen nicht auf das zweite Halbjahr verschoben wird, sondern jetzt, im Frühjahr, oder im Frühsommer geführt wird«.[17] Roosevelt und Churchill antworteten Stalin getrennt.[18] Er seinerseits sandte Churchill am 15. März eine lakonische Erwiderung. Darin begrüßte er zwar die Operation in Sizilien, betonte jedoch, daß diese »allein die zweite Front in Frankreich nicht ersetzen« könne. Er erkannte zwar die Schwierigkeiten für anglo-amerikanische Operationen an, bezeichnete allerdings eine weitere Verzögerung der zweiten Front in Frankreich als »eine ernste Gefahr«. Dann folgte der Schlußsatz: »Deshalb machen mir Ihre vagen Erklärungen zur geplanten anglo-amerikanischen Offensive über den Ärmelkanal Sorge, die ich nicht verschweigen kann.«[19]

Die Pressekonferenz, die Churchill und Roosevelt am 24. Januar, dem letzten Tag der Konferenz von Casablanca, gaben, hatte zwei politische Höhepunkte – den ersten öffentlichen Händedruck de Gaulles und Girauds, der nun endlich zustande gekommen war, und Roosevelts Verkündung der Doktrin der bedingungslosen Kapitulation. Einen viel längeren Schatten in der Geschichte hinterließ jedoch die Meldung des deutschen Nachrichtendienstes sieben Wochen später, daß ein Massengrab mit Tausenden von polnischen Offizieren, alle durch Genickschuß umgebracht, im Wald von Katyn bei Smolensk gefunden wurde. Viele Jahre lang haben nur wenige Historiker ernsthaft daran gezweifelt, daß diese Offiziere, die man nach dem deutsch-sowjetischen Vertrag aus Ostpolen deportiert hatte, Opfer des NKWD waren. Die Sowjetregierung hat dies fast auf den Tag genau fünfzig Jahre später zugegeben.[20] Obwohl die damals zugänglichen Tatsachen bereits in diese Richtung wiesen, versuchte Churchill Sikorski von dessen natürlicher Reaktion abzuhalten, öffentlich Protest zu erheben und anzudeuten, die Verantwortung für das Massaker liege nicht auf deutscher, sondern auf sowjetischer Seite. Stalin beschuldigte daraufhin die polnische Exilregierung, ein abgekartetes Spiel mit der deutschen Regierung zu treiben, und brach die diplomatischen Beziehungen ab, die erst zwei Jahre zuvor wiederaufgenommen worden waren. Churchill versicherte Stalin in einem besänftigenden Telegramm vom 24. April, die britische Regierung werde »sich jeder ›Untersuchung‹ des Roten Kreuzes oder jeder anderen Organisation« in den von Deutschland besetzten Gebieten »energisch widersetzen«. Churchill erinnerte Stalin jedoch zugleich daran, daß sich Sikorski in einer äußerst schwierigen Position befand: Weit davon entfernt, prodeutsch oder gar im geheimen Einverständnis mit den Deutschen zu sein, laufe er Gefahr, »von den Polen gestürzt zu werden, die glauben, er habe sich nicht scharf genug gegen die Sowjets gewandt«.[21] Zu dieser Zeit gründete sich in Moskau ein Bund polnischer Patrioten, aus dem später die Provisorische Polnische Regierung hervorging, die die Sowjetregierung unmittelbar vor der Konferenz von Jalta anerkennen sollte.

Kehren wir jedoch zum Schlußtag der Casablanca-Konferenz zurück, wo die Generale de Gaulle und Giraud vor den versammelten Journalisten, mit dem Präsidenten und dem Premierminister als lächelnden Zeugen einander die Hand schüttelten. Churchill hatte als eine Art Vermittler zwischen Roosevelt und de Gaulle letzteren nur mit großer Mühe überzeugen können, zu Gesprächen mit Giraud nach Algier zu fliegen. (Giraud begrüßte den amtierenden Brigadegeneral als Ranghöherer mit den Worten: »Bonjour, de Gaulle«.) Beide ignorierten einen von den Amerikanern und den Briten vorbereiteten Erklärungsentwurf und vereinbarten statt dessen einen Text, der aus nicht mehr als 55 orakelhaften Worten bestand.[22] Erst fünf Monate später einigten sich de Gaulle und Giraud schließlich darauf, in Algier das Französische Komitee der Nationalen Befreiung zu gründen, dessen Co-Präsidenten sie beide waren. Diesem Ereignis ging der vielzitierte transatlantische Austausch von Witzen über die »Braut«, den »Bräutigam« und den »Ehevollzug« voraus, der heute weder besonders humorvoll klingt, noch damals von großer politischer Weitsicht zeugte. Am 4. Juni 1943 wünschte Roosevelt Churchill »Glück beim Loswerden des Kopfschmerzes, der uns beide quält«. Vier Tage später erklärte Churchill vor dem Unterhaus, die Gründung des Nationalkomitees markiere »das Ende« seiner Beziehung zu de Gaulle auf der Grundlage des Briefwechsels von 1940, die nun in der Beziehung Großbritanniens zum Nationalkomitee aufgehe.[23]

Es zeigte sich bald, daß Churchill zu optimistisch gewesen war und faktisch zwischen den Stühlen saß. Einerseits wurde bald klar, daß de Gaulle das Nationalkomitee dominierte und auch jedes vorstellbare Mitglied dieser Körperschaft in Zukunft dominieren würde. Giraud war dagegen niemals als politischer Führer glaubhaft gewesen und trat allmählich in den Hintergrund. Andererseits nahm Roosevelts Antipathie gegen de Gaulle (die Hull und Leahy teilten, wobei noch militärische Motive hinzutraten)[24] fast pathologische Formen an. Dies ging so weit, daß amerikanische offizielle Historiker im Jahre 1964 das Telegramm »säuberten«, das Roosevelt am 17. Juni 1943 Churchill gesandt hatte. Dieses begann mit den Worten: »Ich habe de Gaulle satt... Ich sehe keine Möglichkeit, daß wir mit ihm zusammenarbeiten.« Darauf folgte die Erklärung: »Wir müssen uns von de Gaulle scheiden.«[25]

In dieser Frage mußte Churchills Verhältnis zu Roosevelt letzten Endes hinter seine Politik gegenüber de Gaulle zurücktreten, die zu der Roosevelts in einem klaren Gegensatz stand. Churchill wurde dabei nicht nur von Eden und Macmillan, sondern im Grunde genommen von allen Mitgliedern des britischen Kriegskabinetts unterstützt, was er Roosevelt auch freimütig bekannte. Zunächst gab sich Churchill jedoch alle Mühe, Roosevelt milder zu stimmen. Einen Monat später beschrieb er de Gaulle in einem langen Telegramm an Roosevelt als eine »Kombination von Jeanne d'Arc und Clemenceau«.[26] Auch Churchill selbst hatte während des ganzen Krieges zwar politische Differenzen mit de Gaulle, die zuweilen scharfe Formen annahmen (z. B. in der Syrien-Frage), seine Vorstellung von der Zukunft Frankreichs unterschied sich aber grundlegend von der Roosevelts, was letzten Endes den harten Kern der Beziehung Churchills zu de Gaulle bildete, den auch Streitigkeiten über Einzelfragen nicht zerstören konnten. Während Roosevelt und de Gaulle sich weiterhin brüskierten[27], wurde Churchill bei seinem Besuch in Paris als de Gaulles Gast im November 1944 von fast ebenso vielen Franzosen begeistert begrüßt, wie drei Monate zuvor de Gaulle. (Roosevelt konnte sich allerdings eine abfällige Bemerkung zu diesem Besuch Churchills nicht verkneifen.)[28] Auf eine Fotografie, die de Gaulle Churchill nach dem Kriege schenkte und die heute in Chartwell zu sehen ist, schrieb er die drei Worte »à mon compagnon« (meinem Kameraden).

Das andere bedeutsame Ereignis der Pressekonferenz von Casablanca war Roosevelts Abschlußerklärung, die Churchill sofort unterstützte:

»In diese Welt kann nur Frieden kommen, wenn die Militärmacht Deutschlands und Japans total eliminiert wird... (Dies) bedeutet die bedingungslose Kapitulation Deutschlands, Japans und Italiens... Diese Begegnung (die Konferenz von Casablanca) könnte auch ›Treffen für die bedingungslose Kapitulation‹ genannt werden.«

Der Text der Erklärung (Churchill behauptet in seinen Memoiren fälschlicherweise, er sei davon überrascht worden)[29] wurde nach Ende der Pressekonferenz an die Korrespondenten verteilt. Ihre Bedeutung zur damaligen Zeit kann nicht bezweifelt werden – sowohl als nochmalige Versicherung an Stalin wie zur Beruhigung der Öffentlichkeit nach der Übereinkunft mit Darlan. Es ist jedoch fraglich, ob sie den weiteren Kriegsverlauf im allgemeinen und das Verhältnis zwischen den Großen Drei im besonderen wesentlich beeinflußte. Der Begriff »bedingungslose Kapitulation« bedeutete Anfang Mai 1945 in Deutschland wenig, da damals eine reale deutsche Regierung gar nicht mehr existierte. Als es drei Monate nach der Teilung Deutschlands zur offiziellen Kapitulation Japans kam, verzichtete man auf das Wort »bedingungslos«, um die Stellung des Kaisers erhalten zu können. Große Bedeutung hatte die Erklärung allerdings für die Bedingungen des Waffenstillstands mit Italien im Jahre 1943.

Der Zusammenbruch Italiens beginnt

Churchill hatte in Casablanca paradoxerweise zunächst beabsichtigt, Italien von der Erklärung über bedingungslose Kapitulation auszunehmen, um »einen Aufstand von innen zu ermutigen«. Das britische Kriegskabinett jedoch, das telegraphisch konsultiert wurde, antwortete dem Premierminister: »Wenn die Italiener wissen, was da auf sie zukommt, wird das eher die gewünschte Wirkung auf ihre Moral haben.«[30] Churchill akzeptierte diese Meinung. Edens Italophobie war tief und dauerhaft. Drei Monate nach der Casablanca-Konferenz verdarb er durch seine falsche Reaktion[31] eine Initiative zweier bekannter Antifaschisten, Ugo La Malfa (führendes Mitglied der italienischen Partei Partito d'Azione) und Prinz Caracciolo, gegenüber der britischen Regierung, obwohl diese sogar bereit waren, mit Marschall Badoglio und den Monarchisten zusammenzuarbeiten. (Noch 1954, als Eden wieder Außenminister war, nahmen weder er noch ein anderer britischer Minister am Begräbnis von Alcide De Gasperi, dem größten italienischen Premierminister des 20. Jahrhunderts, teil.) Als Anfang 1943 das ganze italienische Weltreich verloren war, die italienische Kriegsmarine wegen Treibstoffmangels im *mare nostrum* festsaß und das italienische Volk von dem Bündnis mit den Deutschen mehr und mehr angewidert war, löste Mussolini am 4. Februar 1943 Marschall Ugo Cavallero (seit über zwei Jahren Chef des italienischen Generalstabs, der als deutschfreundlicher Offizier galt und am Tage der Verhaftung Mussolinis Selbstmord beging) durch General Vittorio Ambrosio ab. In seiner ersten strategischen Einschätzung für Mussolini kam dieser zu dem Schluß, wenn Italiens deutsche Verbündete einige sehr unwahrscheinliche Bedingungen nicht erfüllten, sei Italien »nicht länger verpflichtet, ihnen bei ihrer falschen Kriegführung Gefolgschaft zu leisten«.[32] Im industriellen Norden des Landes brachen Streiks aus. Nach einem ergebnislosen Treffen mit Hitler bei Salzburg[33] im April sprach Mussolini am 5. Mai vom Balkon des Palazzo Venezia zum letzten Mal zu einer zusammengeholten Menge. Dann verfiel er in einen Zustand der Tatenlosigkeit (er litt auch an einem Zwölffingerdarmgeschwür).

Im Sommer 1943 begann König Victor Emmanuel III., das verfassungsmäßige Oberhaupt des italienischen Staates, hinter den Kulissen eine Serie von Gesprächen mit ehemaligen Führern der politischen Parteien, an deren Stelle die faschistische Ordnung getreten war, und mit dem Marschall a. D. Pietro Badoglio, dem Sieger über die österreichische Armee im ersten Weltkrieg, der treu zum Hause Savoyen stand und wie dieses Piemonteser war. Am 2. Juni bot der Politiker Ivanoe Bonomi, der vor über zwanzig Jahren Kriegsminister gewesen war, als Badoglio noch den Posten des stellvertretenden Generalstabschefs Italiens innehatte, an, unter Badoglio in einer Regierung mitzuarbeiten, die Vertreter aller sechs demokratischen Parteien umfassen und das Bündnis mit Deutschland aufkündigen sollte. Als Badoglio selbst sechs Wochen später dem König die Bildung einer Regierung aus Parlamentariern vorschlug, antwortete dieser auf piemontesisch: »Das sind doch Gespenster.« Badoglio antwortete: »Sie und ich, Euer Majestät, sind auch Geister, aber was sollen wir sonst tun?«[34] Sein Vorschlag wurde nicht akzeptiert. Als jedoch Mussolini in den frühen Morgenstunden des 25. Juli vom Großrat seiner eigenen Faschistischen Partei zu Fall

Im Sommer 1943 – die Schlacht vor Moskau war im Winter 1941 verlorengegangen, und im darauffolgenden Jahr hatte auch Stalingrad in einer Katastrophe geendet – versuchte Hitler noch einmal das Blatt zu wenden. In einer gewaltigen Anstrengung faßte er in einem »Unternehmen Zitadelle« alle seine Kräfte zusammen, wobei er seine Hoffnungen vor allem auf den neuentwickelten Panzerkampfwagen »Panther« setzte, der für diesen Moment aufgespart worden war. Aber die größte Panzerschlacht der Geschichte rannte sich nach wenigen Tagen fest; von nun an diktierten die Sowjets das Geschehen, das nur noch aus einer Folge von Rückzügen bestand. – Nach kaum vierzehn Tagen eröffneten die Russen bei Belgorod und Orel eine Gegenoffensive, die zum Abbruch des deutschen Unternehmens führte. Der Angriffselan der deutschen Armeen war endgültig gebrochen.

gebracht wurde, wandte sich der König erneut an Badoglio. Die Beamtenregierung, die Badoglio dann bildete, bedeutete zwar im Grunde genommen das Ende des faschistischen Regimes, erklärte jedoch öffentlich: *La guerra continua* (Der Krieg geht weiter).

Trident

Auf zwei Konferenzen in Washington und Quebec, die im Mai und August 1943 rasch aufeinander folgten, nahmen Churchill und Roosevelt - ohne Stalin – eine erste Abstimmung des Zeitpunktes der Invasion in Frankreich im Jahre 1944 vor. Am Tage vor Stalins kategorischem Telegramm an Churchill (das bereits zitiert wurde) war der deutschen Armee gerade eine Stabilisierung ihrer ausgedehnten Ostfront gelungen. Feldmarschall Erich von Manstein, der nun die Heeresgruppe Süd befehligte, entriß der Roten Armee am 14. März Charkow. Während der Flaute, die auf das Tauwetter im Frühjahr folgte, gab Hitler die Direktive für Operation *Zitadelle* heraus, die seine letzte Offensive gegen die Rote Armee werden sollte. Diese war zwar im Vergleich zu früheren deutschen Offensiven nur von begrenztem Umfang, verfolgte aber das Ziel, den sowjetischen Bogen zu beseitigen, der die Stadt Kursk zwischen Orjol und Charkow schützte. An der Operation *Zitadelle* sollten über 2000 deutsche Panzer teilnehmen, darunter einige Exemplare der hervorragenden Modelle Tiger und Panther, die gerade aus der Produktion kamen. In Hitlers Direktive vom 15. April wurde die ursprünglich für Anfang Mai geplante Offensive als »Leuchtfeuer für die Welt« bezeichnet.[35] Sie verzögerte sich jedoch um zwei Monate, was ausreichte, um die sowjetischen, britischen und amerikanischen Geheimdienste zu warnen.[36] Als Churchill am 11. Mai im Weißen Haus eintraf, wußten er und Roosevelt also bereits, daß diese große Schlacht bevorstand (Hitler hatte den Angriff bei Kursk zunächst nur bis Juni aufgeschoben).

Als Churchill am 5. Mai das Linienschiff *Queen Mary* bestieg – die erst kürzlich überstandene Lungenentzündung hinderte ihn am Fliegen – war er schließlich von Brooke überzeugt worden, daß eine Invasion über den Ärmelkanal im Jahre 1943 außer Frage stand, in erster Linie wegen des Mangels an Landungsschiffen (die in großer Zahl bei der Invasion Siziliens gebraucht wurden), was bereits Landeoperationen in Burma im Jahre 1943 unmöglich gemacht hatte. In einem Telegramm, das Churchill von der *Queen Mary* während der Überfahrt über den Atlantik an Stalin sandte, nannte er als Ziel seines Besuchs in Washington, die Frage eines »weiteren Schlages in Europa« nach der Invasion Siziliens zu entscheiden (während Churchill über den Atlantik fuhr, fiel Tunis) sowie »gegen eine übermäßige Ablenkung in Richtung Pazifik anzugehen«.[37]

Die Übereinkunft, die auf der Konferenz *Trident* nach zwei Wochen komplizierter Debatten zwischen den Stabschefs Großbritanniens und der USA erzielt wurde, war wie die von Casablanca ein Kompromiß.[38] Die Invasion Frankreichs, Operation *Round-Up*, die bald darauf in *Overlord* umbenannt wurde, sollte am 1. Mai 1944 beginnen. Damit traf man sich auf halbem Wege zwischen dem 1. April, den die Amerikaner vorgeschlagen hatten, und dem 1. Juni, dem britischen Vorschlag. Inzwischen sollten, sobald die Invasion Siziliens - Operation *Husky* - beendet war, »unter Ausnutzung der Ergebnisse von *Husky* solche Operationen« in Angriff genommen werden, die »dazu dienen, Italien aus dem Krieg herauszulösen und ein Maximum deutscher Kräfte zu binden«. Für den Teil der Übereinkunft, der Italien betraf, wurden zwar bestimmte Bedingungen gestellt, insbesondere sollten ab 1. November im Mittelmeer sieben Divisionen für die Rückführung nach Großbritannien bereitgestellt werden, jedoch schien dies insgesamt der Durchbruch für Churchills Mittelmeerstrategie gewesen zu sein. Paradoxerweise hatten jedoch weder er noch Roosevelt es anscheinend für notwendig gehalten, sich bereits vorher Gedanken darüber zu machen, wie man rasch auf italienische Friedensangebote eingehen könnte. Beide Führer waren offenbar der Meinung, daß das Konzept der »bedingungslosen Kapitulation« ausreichend sei.[39] Was den Krieg gegen Japan betraf, so wurde die in Casablanca beschlossene Operation *Anakim* nunmehr abgesetzt. Churchills persönlicher Vorschlag, in Nordsumatra eine Landeoperation durchzuführen, fand weder die Zustimmung seiner eigenen Berater noch der amerikanischen Vereinigten Stabschefs. Dagegen erhielt die Alternative zu diesen beiden Projekten, eine Operation zu Lande in Nordburma, die alle bei *Trident* anwesenden Briten (nicht zuletzt Churchill) mit Skepsis betrachteten, die Zustimmung der Konferenz, da Roosevelt persönlich darauf beharrte. Roosevelts Motiv dafür war zumindest ebenso politischer wie strategischer Art, wenn nicht das politische Element sogar überwog. Er fühlte die Notwendigkeit, Tschiang Kaischek sichtbare Unterstützung zu geben.

Im Rückblick auf diese Konferenz fällt dem Historiker ins Auge, wie sehr Roosevelt und Churchill, von der Verschiebung der Invasion in Frankreich, auf 1944 einmal abgesehen, bemüht waren, keine strategischen Türen in Europa zuzuschlagen. Ihre beiden höchsten Berater, Brooke und Marshall, vertraten zwar vehement gegensätzliche Standpunkte, sahen jedoch beide sehr genau einen wichtigen Faktor voraus, den die beiden Führer bei *Trident* ignorierten und der die Mittelmeerstrategie der Alliierten stark beeinflussen sollte. Für Brooke war dies die Möglichkeit, daß »wir von einer anderen politischen Partei als den Faschisten aufgefordert werden könnten, in Italien einzumarschieren«. Für Marshall war es die Aussicht, daß »eine deutsche Entscheidung zur Unterstützung Italiens die geplanten Operationen extrem schwierig und zeitraubend gestalten könnten«.[40] Die nachfolgenden Ereignisse gaben beiden Generalen recht – Marshall während des ganzen Italienfeldzuges ab September 1943 und Brooke bereits nach wenigen Wochen.

Churchill und Roosevelt standen aber nun vor dem unmittelbaren Problem, wie Stalin auf die Nachricht von der Verschiebung der Invasion Frankreichs um ein weiteres Jahr reagieren werde, die er von Roosevelt (über den amerikanischen Botschafter in Moskau) am 4. Juni, zehn Tage nach der *Trident*-Konferenz, erhielt.[41] Keiner von beiden war überrascht, als bei Churchill am 11. Juni ein Telegramm Stalins einging, in dem es hieß, ihre gemeinsame Entscheidung schaffe »außerordentliche Schwierigkeiten für die Sowjetunion«, deren Regierung »es nicht für möglich hält, sich einer solchen Entscheidung anzuschließen, die noch dazu ohne ihre Beteiligung und ohne den Versuch zustande gekommen ist, diese wichtige Frage, die für den ganzen weiteren Kriegsverlauf ernste Folgen haben kann, gemeinsam abzuwägen.«[42]

Allerdings kann auch Stalin selbst über den Beschluß von *Trident* nicht außerordentlich überrascht gewesen sein.[43] Ob er nun mit seiner Reaktion einen Keil zwischen Churchill und Roosevelt treiben wollte oder nicht, beide antworteten natürlich unterschiedlich auf Stalins »Geißelung«, wie Churchill es gegenüber Roosevelt beschrieb. In einer langen Antwort schlug er Stalin ein Gipfeltreffen der drei Führer im Sommer 1943 in Scapa Flow (der britischen Marinebasis bei Orkney in Schottland) vor. Roosevelt sandte seinerseits nur ein kurzes Telegramm, zweifellos weil er bereits Joseph Davies einen Brief ausgehändigt hatte, den dieser Stalin persönlich übergeben sollte. Darin lud er Stalin zu einem bilateralen Treffen ohne Churchill »auf einer Seite der Beringstraße« ein. Davies, ein Geschäftsmann, der vor dem Krieg Botschafter in Moskau gewesen war, übergab Stalin diesen Brief am 2. Mai. Stalin antwortete am 26. Mai zunächst positiv und schlug Juli oder August vor.[44] Churchill erfuhr vom Inhalt des Briefes erst, als Harriman ihm einen Monat später darüber berichtete. Der Premierminister war verärgert und teilte dies dem Präsidenten auch sofort mit. Roosevelt antwortete Churchill daraufhin am 28. Juni mit einer offenen Lüge: »Ich habe U. J. (Stalin) nicht vorgeschlagen, daß wir uns allein treffen...« Letzten Endes wurde dann aber weder Roosevelts separate Einladung nach Alaska noch Churchills Vorschlag des Gipfeltreffens in Scapa Flow angenommen. Stalin strich seinen Besuch »an der Front« im August groß heraus (das einzige Mal während des ganzen Krieges, daß er seine Truppen besuchte). Er hatte aber einen wirklichen Grund, die Sowjetunion im Juli und August nicht zu verlassen – die Schlacht von Kursk, die die Wehrmacht schließlich am 5. Juli begann.[45]

Quadrant

Fast gleichzeitig mit dem Beginn der Kursker Schlacht wurde Operation *Husky* eingeleitet – die Landung anglo-amerikanischer Truppen in Sizilien. Die Eroberung der Insel war Mitte August abgeschlossen. Zwei Wochen nach der Landung bat Eisenhower um die Erlaubnis, auf dem italienischen Festland zu landen, so weit nördlich, wie es die Luftsicherung gestattete. Dies war Operation *Avalanche*, die südlich von Neapel stattfinden sollte. Nachdem die Zustimmung innerhalb von 24 Stunden erteilt war, taucht zu Recht die Frage auf, weshalb Churchill und Roosevelt (Stalin hatte abgelehnt) es für notwendig hielten, sich wieder zu treffen, diesmal in Quebec. Vom 13. bis 24. August konferierten sie im Hotel Château Frontenac über dem St.-Lorenz-Strom. Churchill kam bereits früher nach Quebec. So hatte er Gelegenheit, am 11. August mit dem kanadischen Kabinett zusammenzutreffen.

Diese Konferenz hatten wohl nur wenige der Teilnehmer herbeigesehnt.[46] Mit einer wichtigen Ausnahme, dem geheimen Atomabkommen, das Churchill und Roosevelt in Quebec unterzeichneten, brachten die Beratungen keine neuen Erkenntnisse. Im Gegenteil, alte Felder wurden erneut bearbeitet; allerdings brachte dieser mühselige Prozeß zumindest zeitweilig eine gewisse Wiederherstellung des gegenseitigen Vertrauens in die strategischen Absichten der jeweils anderen Seite. Und da Churchill über sechs Wochen in Nordamerika verweilte, erhielten er und Roosevelt noch die Gelegenheit, sich über die Probleme zu beraten, die mit der Kapitulation Italiens entstanden. Das hartnäckige Mißtrauen auf beiden Seiten des Atlantiks ungeachtet der Übereinkunft von *Trident* hatte zwei Hauptursachen. Was die Stabschefs betraf, so glaubte Brooke fest daran, daß die Invasion Italiens und Frankreichs strategisch miteinander zusammenhingen, konnte aber Marshall nicht davon überzeugen. Ein erfolgreicher Italienfeldzug, der mit dem entsprechenden Nachdruck ausgeführt wurde, konnte die Erfolgschancen von Operation *Overlord* im Jahre 1944 wesentlich erhöhen. Marshalls Skepsis wurde jedoch eher noch stärker, als die britischen Stabschefs Ende Juli einen Stopp der Zuteilung von Transportschiffen für das Mittelmeer anordneten, was in den Augen der Amerikaner einen Bruch des in Washington vor zwei Monaten erzielten Kompromisses bedeutete.

Die Wirkung dieser Differenzen auf Washington wurde von Churchill noch verschlimmert. Angeregt durch die Aussicht auf Italiens Ausscheiden aus dem Krieg, beschäftigten nun zahlreiche strategische Optionen seine rastlose Phantasie: Ein Vormarsch in die Poebene, gefolgt von einem »Angriff westlich nach Südfrankreich oder nordöstlich nach Wien«, »die Vertreibung des Feindes vom Balkan und aus Griechenland«. Obwohl seine Gespräche mit dem türkischen Präsidenten Ismet Inönü im Januar 1943 im Grunde fast ergebnislos endeten, kreiste der Gedanke, Rhodos zu erobern und auf diese Weise die Türkei in den Krieg zu bringen, ständig in seinem Kopf. Er hatte auch Operation *Jupiter*, den Feldzug in Norwegen, nicht vergessen, den er als einziger noch verteidigte. Am 19. Juli konfrontierte er seine Stabschefs sogar mit dem Argument, falls Operation *Overlord* »im Mai unsere Kräfte übersteigen sollte« und deshalb »auf August 1944 verschoben werden müßte«, könne *Jupiter* die Alternative sein.[47] Leider war dies nicht nur ein vorübergehender Einfall, und bedauerlicherweise äußerte Churchill seine Zweifel über *Overlord* nicht nur gegenüber engen Vertrauten. So berichtete z. B. Stimson nach einem Besuch in London im Juli Roosevelt von seiner festen Überzeugung, daß nur ein amerikanischer Kommandeur »die natürlichen Schwierigkeiten einer solchen Operation überwinden kann, wenn sie in einer Atmosphäre durchgeführt wird, wie sie in seiner (Churchills) Regierung herrscht«.[48] Als Folge dieser Zweifel fühlte sich Churchill in Quebec aus Rücksicht auf die Amerikaner verpflichtet, sein Angebot an Brooke, den Oberbefehl über Operation *Overlord* zu übernehmen, zurückzuziehen, das er erst am 15. Juni ausgesprochen hatte. Dies war ein harter Schlag für Brooke, der trotzdem einen Tag nach seiner Rückkehr nach Großbritannien in sein Tagebuch schrieb: »Was die Zusammenarbeit betrifft, so ist er sicher der schwierigste Mensch, dem ich je begegnet bin. Aber um nichts auf der Welt möchte ich die Gelegenheit missen, mit ihm gearbeitet zu haben.« Niemand, der eng mit Churchill zusammenarbeitete, hat seine Erfahrungen treffender zusammengefaßt.[49]

Im Ergebnis der Konferenz *Quadrant* kam man überein, daß »die vorhandenen Ressourcen« zwischen den beiden Kriegsschauplätzen Italien und Frankreich aufgeteilt und »mit dem Hauptziel, den Erfolg von Operation *Overlord* zu sichern«, verteilt werden. Die Briten mußten akzeptieren, daß die bei *Trident* vereinbarten sieben Divisionen im November aus dem Mittelmeer abgezogen wurden. Ein Hinweis Churchills auf Operation *Jupiter* als »zweite Strecke« wurde in den Bericht des Gemeinsamen Komitees der Stabschefs an den Präsidenten und den Premierminister ohne sichtbare Folgen aufgenommen. Eine mehrdeutige Formel ließ die Frage offen, wie Burma zurückerobert werden sollte. In Südostasien aber wurde ein neues Kommando aufgebaut. Churchill und Roosevelt ernannten gemeinsam Mountbatten zum Oberkommandierenden in Südostasien. Zusammen mit General William Slim als Kommandeur der Vierzehnten Armee bildete er später eine Siegermannschaft, die mit Alexander und Montgomery in den Jahren 1942/43 vergleichbar ist.[50]

Die Kapitulation Italiens

Obwohl diese Erste Quebec-Konferenz am 24. August endete, verließ Churchill Kanada nicht, sondern hielt sich an Bord des Schlachtschiffs *Renown* noch sechs Wochen lang bis zum 14. September in Nordamerika auf. Dabei unternahm er gelegentliche Besuche in Washington und in Hyde Park. So hielt er sich gemeinsam mit Roosevelt am 8. September 1943 im Weißen Haus auf. Am Abend dieses Tages verkündete Badoglio über Radio Rom die Kapitulation Italiens wenige Stunden vor Beginn von Operation *Avalanche*, der anglo-amerikanischen Landung bei Salerno am nächsten Morgen. Ein Waffenstillstand mit Italien war bereits fünf Tage zuvor insgeheim in Cassibile auf Sizilien von einem führenden Mitglied des Stabes General Ambrosios, General Giuseppe Castellano, unterzeichnet worden. Von dem Augenblick an, als dieser Offizier, der nicht Englisch sprach, am 15. August in Madrid eintraf, hatten die Amerikaner und Briten mit ihm zu verhandeln. Der Unterzeichnung des Waffenstillstandsabkommens ging ein ganzer Monat von Gesprächen mit einer Reihe italienischer Emissäre in Lissabon, Tanger und schließlich in Sizilien voraus. Während neun Monate zuvor in Algerien der Handel mit Darlan 72 Stunden vor der Landung der Alliierten geschlossen wurde, brauchten die britische und amerikanische Regierung (die Sowjetregierung spielte keine Rolle) über einen Monat, um

Seit dem Sommer 1941 drängte Moskau seine westlichen Verbündeten um die Eröffnung einer zweiten Front, also die Landung alliierter Truppen in Frankreich oder Italien. Aber Churchill wie Roosevelt sahen klar, daß ein Unternehmen dieser Art Jahre der Vorbereitung erfordern würde. Im August 1943 kam man auf einer Konferenz in Quebec (Kanada) zusammen und diskutierte auch nach zwei Jahren noch immer, wann man die Sowjets auf diese Weise ein Abkommen mit der Regierung zustande zu bringen, die am 25. Juli von Badoglio gebildet worden war. Als eine ihrer ersten Maßnahmen verhaftete sie Mussolini und setzte ihn fest. Eine Woche später streckte sie die ersten Fühler zur britischen und amerikanischen Regierung aus.

Der Mann, der die strategischen Chancen der Ereignisse in Rom am 25. Juli ungeachtet der drei Worte »*la guerra continua*« in der Proklamation der neuen italienischen Regierung sofort erkannte, war Eisenhower. Am 29. Juli sandte Marshall Roosevelt ein Memorandum, in dem er folgenden Auszug aus einem gerade eingegangenen Telegramm Eisenhowers zitierte: »Es könnte sich die riesige, aber flüchtige Chance ergeben, all das zu erreichen, wonach wir auf der italienischen Halbinsel streben.« Es sei »von höchster Bedeutung«, fuhr Eisenhower fort, »daß die beiden Regierungen mich bevollmächtigen..., entschlossen zu handeln.« Roosevelt stimmte zu. Churchill bat am 30. Juli unklugerweise jedoch um Aufschub.[51] Im nachhinein scheint es selbstverständlich zu sein, daß das Tempo, mit dem die doppelte Invasion des italienischen Festlandes (über die Straße von Messina und bei Salerno), deren Vorbereitung sich damals im Endstadium befand, nordwärts vorangetrieben werden konnte, wesentlich von der Kooperation der Italiener abhing. Kam man nur langsam voran, riskierte man nicht nur eine zunehmend wirksame deutsche militärische Intervention, sondern auch einen Bürgerkrieg in Italien. Churchill, der Hauptbefürworter der Mittelmeerstrategie, scheint bei all seinen historischen Kenntnissen nicht darüber nachgedacht zu haben, daß Italien zum letzten Mal im 6. Jahrhundert von Afrika her über Sizilien bis zur Poebene erfolgreich erobert worden war.[52] Jede andere erfolgreiche Invasion Italiens war stets von Norden gekommen.

Im Unterschied dazu reagierte Hitler augenblicklich auf den Sturz Mussolinis und die sechs Wochen Unsicherheit in Rom, die danach folgten. Zunächst hatte er nur zwei Divisionen zur Unterstützung der italienischen Verteidigung nach Sizilien entsandt (wo sie zunächst hartnäckig kämpften und sich dann geschickt auf das Festland zurückzogen). Nun bereitete er sich sofort auf Italiens Abfall vor und ernannte

entlasten könnte, die zu dieser Zeit allerdings das Heft bereits auf eigene Faust gewendet hatten und die deutschen Armeen zurückdrängten. – In einer zweiten Konferenz von Quebec ging es im Herbst 1944 bereits um die zukünftige Ordnung des Balkans. Churchill und Roosevelt vermochten aber wenig auszurichten und gerade noch Griechenlands Unabhängigkeit zu sichern, das durch kommunistische Putsche bedroht war.

Rommel zum Kommandeur einer neuen Heeresgruppe, die sich bereit hielt, den Brenner zu überqueren. Diese Operation begann Mitte August. Für Churchill und Roosevelt hing ein schneller Italienfeldzug, der von den anglo-amerikanischen Armeen in bergigem Gelände zunächst ohne Gebirgseinheiten[53] erkämpft werden mußte, wesentlich von einer raschen politischen Entscheidung über den Abschluß eines Waffenstillstandes mit Italien ab. Dieser hätte ihnen zumindest Rom eingebracht. So war in der ursprünglichen Strategie der Deutschen die Verteidigung Süditaliens auch nicht vorgesehen. (Erst Anfang Oktober, nachdem die Alliierten endlich Neapel genommen hatten, entschied Hitler, die Verteidigungslinie mit dem Zentrum am Monte Cassino zu halten, die der Fünfzehnten Armeegruppe bis 1944 den Weg verlegte.) Die Verhandlungen über einen Waffenstillstand mit Italien[54] entwickelten sich dagegen im August 1943 zu einem Marathon, dem genauen Gegenteil des Schnellschusses von Algier im November 1942.

Die Gründe dafür betrafen Form und Inhalt. Anfangs waren in diese Verhandlungen auf der Seite der Alliierten nicht weniger als vier wichtige Zentren der Entscheidungsfindung einbezogen, wie man sie heute nennen würde: das Hauptquartier der Alliierten Truppen (AFHQ) in Algier, das Foreign Office in London, das Gemeinsame Komitee der Stabschefs in Washington und - nach Ankunft des Premierministers bei der Konferenz *Quadrant* - Churchill und Roosevelt in Nordamerika. Im Anfangsstadium waren auch Churchill und Roosevelt keine große Hilfe, als sie von beiden Seiten des Atlantiks über eine Telefonleitung, die vom deutschen Geheimdienst abgehört wurde, sehr indiskret miteinander sprachen.[55] Ebensowenig hilfreich war die italienische Regierung, die über mehrere Emissäre agierte. Und zu allem Überfluß forderte auch noch der Vatikan von den beiden Regierungen, daß Rom zur offenen Stadt erklärt werde.

Inhaltliche Schwierigkeiten resultierten aus den unterschiedlichen Auffassungen Churchills und Roosevelts über das Italien nach dem Faschismus. Dieser Unterschied zeigte sich bereits in ihrem ersten Telegrammaustausch (noch vor Churchills Abreise aus London) am 25. Juli. »Wir müssen sicher sein«, telegrafierte Roosevelt, »daß wir das gesamte Territorium Italiens sowie all seine Transportmittel und Flugplätze gegen die Deutschen im Norden und gegen die ganze Balkanhalbinsel nutzen können.« Zugleich forderte er, daß »wir der bedingungslosen Kapitulation so nahe wie möglich kommen müssen«. Churchill billigte die von Roosevelt formulierten Ziele, deren sie »sicher« sein mußten, und fügte seinerseits die Kapitulation sowohl der italienischen Flotte als auch der italienischen Garnisonen auf den Inseln im Mittelmeer hinzu. Zugleich sagte er jedoch: »Nun, da Mussolini gegangen ist, würde ich mit jeder nichtfaschistischen italienischen Regierung verhandeln, die uns diese Dienste leisten kann.«[56] Während Churchill mit seiner romantischen Einstellung zur Monarchie die Aussicht als angenehm empfand, mit dem altehrwürdigen Hause von Savoyen in Verhandlungen zu treten, ging es Roosevelt vor allem um die Freiheit der politischen Entscheidung in Italien, die ihm seine Politik der bedingungslosen Kapitulation der italienischen Regierung (die dann abgesetzt würde) zu gewährleisten schien.

Beide Auffassungen waren falsch. König Victor Emmanuel, der sich über zwanzig Jahre lang in das faschistische Regime geschickt hatte, war ohne Chance, die Italiener vereinigen zu können (wäre er klug genug gewesen, sofort abzudanken, hätte das Ergebnis vielleicht anders ausfallen können).[57] Zugleich war auch die Formel von der »bedingungslosen Kapitulation« kaum geeignet, die Italiener in Begeisterung zu versetzen, wenn auch die Mehrheit die Deutschen aus dem Lande wünschte und viele an der Seite der anglo-amerikanischen Streitkräfte kämpfen wollten. Das Ganze wurde noch dadurch verschlimmert, daß Churchill und Roosevelt zum Zeitpunkt der Verhaftung Mussolinis kein miteinander abgestimmtes Dokument zur Verfügung hatten, auf dessen Grundlage Eisenhower unverzüglich mit den Emissären der neuen italienischen Regierung hätte verhandeln können. Statt dessen lagen nun zwei Dokumente auf dem Tisch. Das eine waren die sogenannten *Long Terms*, ein vom Foreign Office vorsorglich ausgearbeitetes langatmiges Memorandum, das in Whitehall-Prosa nicht nur die Festlegungen für die militärische Kapitulation, sondern auch Bestimmungen für die Auflösung des faschistischen Regimes und die Entmilitarisierung des italienischen Staates enthielt, die von einer italienischen Regierung unter Aufsicht einer alliierten Kommission vorgenommen werden sollte. Die *Long Terms* stellten Washington nicht zufrieden, weil darin nicht von bedingungsloser Kapitulation die Rede war und eine italienische Regierung weiterbestehen sollte. Inzwischen telegrafierte Eisenhower von seinem Hauptquartier in Algier, wo der Entwurf des Foreign Office noch nicht eingetroffen war, an das Gemeinsame Komitee der Stabschefs den Entwurf eines Dokuments, das später als die *Short Terms* bekannt wurde. Dieses zielte ausschließlich darauf, Eisenhowers militärische Erfordernisse als Oberkommandierender auf dem Kriegsschauplatz sicherzustellen, wozu auch seine »sofortige Anerkennung« als »übergeordnete Instanz für die Einsetzung einer Militärregierung« in Italien gehörte.[58]

Der nachfolgende Dialog zwischen London und Washington, der ab 4. August durch Berichte über die Mitteilungen der italienischen Emissäre akzentuiert wurde, hielt bis zum 17. August an. Vier Wochen nach dem Zusammenbruch des faschistischen Regimes wurden dann Eisenhower endlich Instruktionen übermittelt, die in Quebec von Churchill, Roosevelt und dem Gemeinsamen Komitee der Stabschefs abgestimmt waren; allerdings fehlte noch die Zustimmung Londons.[59] Danach sollte Eisenhower Castellano die *Short Terms* vorlegen[60] und das Angebot der Regierung Badoglio annehmen, in den Krieg gegen Deutschland einzutreten.

Als Eisenhower diese Instruktionen erhielt, sandte er seinen Stabschef und seinen obersten Aufklärungsoffizier[61] unverzüglich in Zivil und mit falschen Pässen nach Gibraltar zu einem Treffen mit Castellano. Von diesem Zeitpunkt an ging jedoch schief, was nur schiefgehen konnte. Deutsche Truppen strömten über den Brennerpaß. Wie in Algier vor neun Monaten konnte auch jetzt den Italienern der Zeitpunkt der Invasion nicht offengelegt werden[62], und so waren sie auf Vermutungen angewiesen, die sich als katastrophal erweisen sollten. Die Landung der 81. US-Luftlandedivision bei Rom, die Eisenhower auf Castellanos ausdrückliche Forderung zusätzlich in die Operation *Avalanche* aufgenommen hatte, mußte buchstäblich fünf Minuten vor zwölf gestoppt werden, weil Badoglio sich weigerte, ihr zuzustimmen, und statt dessen das Unmögliche forderte: die Verschiebung der Invasion. (Eine britische Luftlandedivision besetzte von Kriegsschiffen aus Taranto am 9. September.) Am späten Nachmittag des 8. September, dem Vorabend von Operation *Avalanche*, ließ Eisenhower die Meldung über den bereits abgeschlossenen Waffenstillstand über den Rundfunk verkünden. Daraufhin entstand in Italien und bei der Mehrheit der italienischen Streitkräfte ein riesiges Chaos, das sich als zusätzliches Hindernis für die Alliierten und als Tragödie für die Italiener erwies. Der König und Badoglio wurden von der Nachricht völlig überrascht, erkannten jedoch das Waffenstillstandsabkommen sofort an, und Badoglio ließ es über Radio Rom verkünden. In den frühen Morgenstunden flohen sie aus der Stadt und ließen das italienische Volk ohne Führung. Nur die italienische Kriegsmarine konnte der deutschen Gefangenschaft entgehen.[63]

Rom ergab sich am 10. September der deutschen Armee. Diese war nun in der Lage, der Invasion an den Stränden von Salerno entgegenzutreten, ohne sich um den Schutz ihrer Kommunikationslinien sorgen zu müssen. Am anderen Ende des Mittelmeeres kapitulierte die italienische Garnison auf Rhodos vor deutschen Truppen. In Italien selbst verteilte sich die politische Loyalität der Bürger nun auf drei Pole - den König und die Regierung Badoglio, die sich in Brindisi niederließen, Mussolini (den deutsche Fallschirmtruppen aus seinem komfortablen Hausarrest im Gran-Sasso-Gebirge befreiten) in Salò in Norditalien, wo er eine neofaschistische Marionettenregierung einsetzte, und das heimliche Komitee der Nationalen Befreiung in Mailand, zu dem sich am 9. September 1943 alle sechs demokratischen Parteien Italiens zusammenschlossen. Für die nächsten zwei Jahre befand sich Norditalien faktisch im Zustand des Bürgerkrieges.

So waren alle Hoffnungen, im Eiltempo durch Italien zu marschieren und den Balkan in Flammen zu setzen, zumindest für 1943 zerstört. Die Geschichte hätte es Eisenhower in der schwierigen Lage im August und September 1943 sicher verziehen, wenn er auch ohne italienische Zustimmung in Salerno gelandet wäre. Die sich ständig verändernde Situation in Rom, der unsichere Status der verschiedenen italienischen Emissäre ohne klare Vollmachten, die Notwendigkeit, ständig Regierungschefs auf der anderen Seite des Atlantiks konsultieren zu müssen (Churchill und Roosevelt waren in dieser Zeit viel unterwegs, unternahmen auch Picknicks und einen Angelausflug), die rasche Reaktion der Deutschen - all dies waren Faktoren, die gegen ihn und Alexander wirkten.[64]

Wie dem auch sei, keinen Zweifel gab es über Stalins Reaktion auf die politischen Arrangements in Italien, die mit Churchills und Roosevelts Billigung getroffen worden waren. In einer Botschaft, die er am 22. August an beide sandte, gratulierte er zunächst »den anglo-amerikanischen Truppen zu ihren außerordentlich erfolgreichen Operationen in Sizilien«. Dann beklagte er sich jedoch darüber, daß er von den angloamerikanischen Gesprächen mit der italienischen Regierung »als dritter passiver Beobachter« ausgeschlossen wurde. Er schlug deshalb die Bildung »einer militärisch-politischen Kommission aus Vertretern der drei Länder - der Vereinigten Staaten, Großbritanniens und der UdSSR - vor, die Fragen von Verhandlungen mit den einzelnen von Deutschland abfallenden Regierungen behandeln« sollte. Stalin fügte hinzu, es sei »unmöglich, diese Situation länger zu dulden« und schlug vor, die Kommission sollte zunächst auf Sizilien ihren Sitz erhalten.[65] Obwohl später Vorkehrungen für eine sowjetische Vertretung in Italien getroffen wurden, blieb die Kontrolle der Vorgänge dort im Grunde genommen auch weiterhin den Briten und Amerikanern vorbehalten.[66] Stalins Reaktion auf diese Situation gab einen Vorgeschmack darauf, wie sich die Ameri-

Die Westalliierten bereiteten sich auf die Invasion in Frankreich vor, die Deutschen hatten die Masse ihrer Truppen an der Ostfront; so wurde der Krieg im Süden zwar erbittert, aber nur mit halber Kraft geführt. Am 10. 7. 1943 landeten die Allierten mit 600 Panzern und 160 000 Mann an der Südküste Siziliens, in genau fünf Wochen hatten sie die ganze Insel erobert. Aber nach dem Staatsstreich im »Auftrage des Königs« durch Marschall Badoglio und der schnellen Machtergreifung der Deutschen in Italien dauerte es kaner und Briten zu den Maßnahmen der Sowjetregierung in den Territorien stellen sollten, die die Rote Armee später in Osteuropa eroberte.

Am 8. September stimmte Stalin schließlich einer Dreierkonferenz auf höchster Ebene zu und schlug Teheran als Ort dafür vor. Der Konferenz sollte ein Treffen der drei Außenminister in Moskau vorausgehen.[67] Obwohl Roosevelt zunächst nicht so weit reisen wollte und noch viel Dreieckskorrespondenz folgte, wurde Teheran, was zunächst unwahrscheinlich schien, zum Ort der ersten Begegnung der Großen Drei, auf den sie sich am 11. November 1943 schließlich einigten.[68] Zu dieser Zeit hatte die Rote Armee nach ihrem überwältigenden Sieg bei Kursk im Sommer die Wehrmacht nahezu auf der ganzen Länge der Ostfront zurückgeworfen. Kiew, die Hauptstadt der Ukraine, war am 6. November nach über zwei Jahren deutscher Okkupation zurückerobert worden. Die Atlantikschlacht war im September mit einem Sieg zu Ende gegangen. In den letzten vier Monaten des Jahres verlor die deutsche Kriegsmarine fast ebenso viele U-Boote, wie sie Schiffe der Alliierten versenkte.[69] Nur in Süditalien war der anglo-amerikanische Vormarsch gestoppt worden. Aus dieser Enttäuschung zogen Churchill und Roosevelt diametral entgegengesetzte Schlußfolgerungen. Churchill wies am 19. Oktober die Stabschefs an, Bilanz zu ziehen »unter größter Geheimhaltung und in der Annahme, daß Verpflichtungen, die wir mit den Amerikanern bereits eingegangen sind, insbesondere was Operation *Overlord* betrifft, im Einvernehmen modifiziert werden könnten, um den Erfordernissen der sich verändernden Situation gerecht zu werden«. Nach seiner Meinung bedeutete dies, »eine offensive Politik auf dem Balkan« ins Auge zu fassen sowie »die sich bietende Chance zu nutzen, die Türkei aktiver auf unsere Seite zu ziehen«.[70] (»Gott weiß, wohin uns dies bei den Amerikanern bringen wird«, schrieb Brooke am selben Tag in sein Tagebuch.)[71] Gegenüber Roosevelt bestand Churchill eine Woche später darauf, daß der Italienfeldzug nicht »in Stillstand münden« dürfe, »ungeachtet der Auswirkungen auf nachfolgende Operationen.« Diese Auffassung verteidigte er auch noch zehn Jahre später. In seinen Memoiren schrieb er, daß er über pedantische Kleinkrämerei in unbedeutenden Fragen verärgert gewesen sei.[72]

noch nahezu zwei Jahre, bis die Alliierten ganz Italien erobert oder befreit hatten. Stumm, weder unter Beifalls- noch unter Mißfallskundgebungen, ergriffen die Deutschen die Macht in Rom, nachdem die italienische Regierung offiziell kapituliert hatte. – Ein Jahr vor Kriegsende, im April 1944, waren die Alliierten noch immer nicht weiter als bis zur Mitte Italiens vorgestoßen.

Roosevelt bestand ebenso fest darauf, daß »kein Abzug von Streitkräften oder Material *Overlord* in der geplanten Form beeinträchtigen« dürfe.[73] Churchill antwortete mit einer langen Darlegung seiner persönlichen Zweifel zur Planung von *Overlord*: »Mein teurer Freund, das ist so ziemlich die größte Sache, die wir jemals versucht haben ... Ich wünsche eine baldige Konferenz.«[74] Aber auch Stalin zeigte in seinen Gesprächen mit Eden in Moskau am 21. und 23. Oktober keinerlei Sympathie für Churchills wachsende Besorgnis.[75] Für die Großen Drei gab es in Teheran viel zu besprechen.

14

Die Teheraner Konferenz November – Dezember 1943

Niemals, in keiner seiner Aussagen, unterlief ihm ein strategischer Irrtum; stets erfaßte er mit schnellem und unfehlbarem Blick sämtliche Implikationen einer Situation.

– *Gedanken Feldmarschall Alan Brookes über Stalins Auftreten in Teheran*[1] –

Die Teheraner Konferenz war gewiß das bedeutendste Treffen der Alliierten im Jahre 1943 und wohl auch im ganzen zweiten Weltkrieg. Zum ersten Mal standen sich hier Roosevelt und Stalin, die beiden mächtigsten politischen Führer der Welt, Auge in Auge gegenüber. Zum letzten Mal konnte Churchill gleichberechtigt mit ihnen verhandeln, obwohl er auch dafür hart zu kämpfen hatte. Militärhistoriker betrachten dieses Treffen zu Recht als den Zeitpunkt, da unwiderruflich entschieden wurde, 1944 in Frankreich einzumarschieren. Aber auch die anderen Ergebnisse der Gespräche von Teheran waren langfristig kaum von geringerer Bedeutung, so z. B., daß Churchill, Roosevelt und Stalin zum ersten Mal gemeinsam einen Blick in die politische Zukunft warfen. Im Vergleich zu den wochenlangen Debatten bei früheren anglo-amerikanischen Konferenzen erreichten die drei Führer in der kurzen Zeitspanne von nur vier Tagen sehr viel. Dies lag zum Teil daran, daß die sowjetische Delegation im Unterschied zu den Amerikanern und den Briten weder den Chef noch überhaupt einen Vertreter des sowjetischen Generalstabs einschloß. »Woroschilow und ich können das schon irgendwie einrichten«, bemerkte Stalin (der nun selbst Marschall der Sowjetunion geworden war) ironisch.[2] Zudem war von den drei Außenministern in Moskau und während des anglo-amerikanischen Treffens in Kairo, von dem die beiden Delegationen unmittelbar nach Teheran flogen, einige Vorbereitungsarbeit geleistet worden. Und schließlich hatten Churchill, Roosevelt und Stalin bereits seit 1941 Gedanken über die politische Struktur der Nachkriegswelt ausgetauscht.

Stalin hatte von Anfang an darauf bestanden, daß die Wiederherstellung der »alten« sowjetischen Grenzen »wesentlich« sei. Roosevelt lehnte es damals ab, sich in Territorialfragen festzulegen, und überzeugte Churchill, jede Erwähnung der sowjetischen Grenzen im britisch-sowjetischen Vertrag vom Mai 1942 zu vermeiden. Seitdem hatte sich das Problem der künftigen Grenzen in Osteuropa durch den Abbruch der sowjetisch-polnischen Beziehungen im April 1943 weiter zugespitzt.[3] Als sich die Rote Armee der polnischen Grenze aus der Zeit zwischen den Weltkriegen näherte, konnte diese Frage nicht länger von der Tagesordnung der Großen Drei ausgeschlossen bleiben. Dahinter stand das noch größere Problem der Zukunft Deutschlands.

Roosevelt nahm zu den Grenzen in Europa im Vergleich zu Churchill und Stalin eine distanzierte Haltung ein, was in deutlichem Kontrast zu seinen klaren Vorstellungen über die territoriale Gestaltung Afrikas, des pazifischen Raumes und Südostasiens stand. Ihn beschäftigte vor allem die Notwendigkeit, für die Nachkriegszeit einen Mechanismus zur Aufrechterhaltung der Weltordnung zu schaffen, der die Fehler des Völkerbundes vermied, die Unterstützung des Kongresses finden und es ermöglichen würde, die Zusammenarbeit in der Großen Allianz mit einem zusätzlichen vierten Mitglied - China - fortzuführen. Schon die Atlantikcharta vom August 1941 hatte die Errichtung eines ständigen Systems der internationalen Sicherheit vorgesehen. Neun Monate später erläuterte Roosevelt seine Konzeption der vier Polizeimächte in seinem ersten Gespräch mit Molotow bei dessen Besuch im Weißen Haus in Washington. Diese Unterredung verdient eine gründliche Analyse, da sie Roosevelts Gedanken Mitte 1942 gut widerspiegelt und zugleich Molotows Reaktion auf Roosevelts Eröffnungsangebot für die Weiterführung der amerikanisch-sowjetischen Beziehungen nach dem Kriege zeigt. (Diesen Vorschlag machte Roosevelt nicht nur Stalin; ähnliche Gedanken legte er auch Eden dar, als der britische Außenminister im März 1943 Washington besuchte.) Nach der sowjetischen Mitschrift dieses Gesprächs mit Molotow behauptete Roosevelt sogar, Churchill habe in Placentia Bay nichts Besseres vorschlagen können, als »eine Organisation der Gemeinschaft der Nationen, mit anderen Worten, den Völkerbund«. Er fügte hinzu, wenn die Vereinigten Staaten und die Sowjetunion auf seinem (Roosevelts) Vorschlag bestünden, »wäre Churchill verpflichtet, ihn zu akzeptieren.«

Als Roosevelt Molotow diese »wichtige Frage« vorlegte, ging er davon aus, daß es wichtig sei, internationale Polizeikräfte von drei oder vier Staaten aufzubauen, um den Ausbruch eines Krieges in den nächsten fünfundzwanzig bis dreißig Jahren zu verhindern. Molotow stimmte sofort zu: Um die Völker der Welt vor einem neuen Krieg zu bewahren, müßten die Kräfte »einiger vorherrschender Mächte« vereinigt werden. Roosevelt legte dar, die Polizeikräfte sollten von den Vereinigten Staaten, Großbritannien, der UdSSR und China gebildet werden. Die drei Siegermächte des Krieges (zu diesem Zeitpunkt zählte er China offenbar noch nicht dazu) sollten ihr Rüstungspotential behalten, während die Aggressorstaaten und die »Verbündeten der Aggressoren – Deutschland, Japan, Frankreich, Italien, Rumänien, dazu sogar Polen und die Tschechoslowakei« entwaffnet und auch daran gehindert werden sollten, sich heimlich wiederzubewaffnen. Wenn eines von ihnen wieder mit der Rüstung beginne, sollten die vier Polizeimächte eine Blockade gegen dieses Land verhängen und, falls dies nicht genüge, es bombardieren.

Molotows sachliche Nachfragen bei Roosevelt zeigen Sorge über zwei Aspekte des Vorschlags des Präsidenten, den er trotzdem sogleich an Stalin übermittelte. War die chinesische Regierung von Roosevelts Plan informiert? Und sollte Frankreich »von der Teilnahme an dem vorgeschlagenen Abkommen ausgeschlossen werden«? Die erste Frage beantwortete Roosevelt mit Nein und fügte hinzu, Chinas Teilnahme werde davon abhängen, ob es in der Lage sei, eine Zentralregierung zu bilden. Auf die zweite Frage antwortete er mit Ja (wie seine Politik gegenüber Frankreich im zweiten Halbjahr 1942 demonstrieren sollte). Es werde jedoch Sache der Vereinigten Staaten, Großbritanniens und der Sowjetunion sein, darüber zu entscheiden, ob andere Länder, darunter Frankreich, »dem gemeinsamen Abkommen« beitreten könnten. Molotow schloß mit den Worten, Roosevelts Plan sei eine bedeutende und wichtige Angelegenheit, der die Sowjetunion große Aufmerksamkeit zuwenden werde. Und Roosevelt resümierte:

»Das Ziel des vorgeschlagenen Bündnisses besteht darin, die Deutschen und die Japaner daran zu hindern, andere anzugreifen. Wir hoffen, auch die Deutschen und die Japaner werden in fünfundzwanzig Jahren verstehen, daß sie ihre Nachbarn nicht überfallen dürfen.«[4]

Churchill dachte ebenfalls darüber nach, wie die Sicherheit nach dem Kriege gewährleistet werden könnte. Neun Monate vor der Teheraner Konferenz hatte er seine Gedanken zu Papier gebracht. Sie gingen nahezu von der gleichen Voraussetzung aus wie Roosevelts Vorschlag – daß die Siegermächte, die »weiterhin voll bewaffnet bleiben« sollten, erneute Aggressionsakte zu verhindern hatten. »Die schuldigen Nationen« sollten vollständig entwaffnet, ihre Völker nach Churchills Auffassung jedoch nicht daran gehindert werden, »ein würdiges Leben zu führen«. In seinen »Morgengedanken«[5], wie der Premierminister dieses Dokument nannte, warnte er davor, den Fehler von Versailles hinsichtlich der Reparationen zu wiederholen, und betonte statt dessen »ökonomischen Wiederaufbau und Rehabilitierung« als Haupterfordernis »für viele Jahre« nach dem Kriege. Eine »Weltorganisation für den Schutz des Friedens« sollte von »den Führern der Vereinten Nationen« gebildet werden. Als Teil dieser Organisation sollte »ein Instrument zur Verwaltung Europas« geschaffen werden, das »den Geist, aber nicht die Schwächen des früheren Völkerbundes« verkörperte. Churchill stellte sich vor, daß dieses Europa aus »einer Anzahl Konföderationen kleinerer Staaten« Skandinaviens, der Donauregion und des Balkans bestehen sollte. Die »führenden Mächte« sollten nach ihrem Sieg im Kriege »ihr ruhmreiches Bündnis fortsetzen«. Großbritannien werde »sein möglichstes tun, um gemeinsamen Widerstand gegen jeden Akt der Aggression zu organisieren«. Er gab seinem »Glauben« Ausdruck, daß die Vereinigten Staaten »mit Großbritannien kooperieren und möglicherweise sogar die Führung der Welt übernehmen« würden.

Viel detaillierter legte Churchill seine persönlichen Gedanken in einem Memorandum[6] dar, das Halifax in seinem Auftrage fast vier Monate später Roosevelt übergab. Darin war ein Gespräch bei einem Essen in Washington während der *Trident*-Konferenz wiedergegeben, an dem Churchill (aber nicht Roosevelt) und einige prominente amerikanische Vertreter, darunter der Vorsitzende des außenpolitischen Ausschusses des Senats, Tom Connally, teilgenommen hatten. Danach sollten Großbritannien, die Sowjetunion und die Vereinigten Staaten einen »Obersten Weltrat« bilden. Falls die USA die Teilnahme Chinas wünschten, wäre Churchill »vollkommen gewillt«, dem zuzustimmen, obwohl China »nicht mit den anderen vergleichbar« sei. Der genannten Körperschaft sollten drei Regionalräte unterstehen – einer für Europa (der aus etwa zwölf »Konföderationen« bestehen sollte), einer für die amerikanische Hemisphäre und einer für den pazifischen Raum. Die Regionalräte sollten Vertreter wählen, denen nach dem Rotationsprinzip ein Sitz im Weltrat zugestanden werde.

So wie Churchill seine Skepsis hinsichtlich Chinas nicht verbarg, trat er auch offen für den Wiederaufbau »eines starken Frankreichs« ein, »was immer wir von Frankreichs Verdiensten oder den möglichen Schwierigkeiten halten mögen, unser Ziel zu erreichen«. Was Deutschland betraf, so hielt er ein Preußen, das von Deutschland getrennt wäre, für eine »kontrollierbare Größe in Europa«. Am Schluß soll Churchill diesem Memorandum die »ergänzende« Idee eines »Bruderbundes« zwischen den Vereinigten Staaten und dem britischen Commonwealth beigefügt haben, der »die gemeinsame Nutzung von Militärbasen durch ihre Streitkräfte für die gemeinsame Verteidigung gemeinsamer Interessen« einschloß. Auf diesen Vorschlag sollte er fast drei Jahre später in seiner Rede in Fulton, Missouri, zurückkommen, die dadurch berühmt wurde, daß er sich für ein »Sonderverhältnis« zwischen Großbritannien und den Vereinigten Staaten einsetzte.

Die Konferenzen von Moskau und Kairo: Oktober – November 1943

Einige der Ideen Churchills und Roosevelts zur Gestaltung der Welt nach dem Kriege fanden Eingang in die Deklaration der Vier Mächte über die Allgemeine Sicherheit, die am 30. Oktober in Moskau unterzeichnet wurde. Obwohl Roosevelt selbst eine derartige Deklaration bereits auf der Konferenz von Quebec vorgeschlagen hatte, schien er von der Moskauer Konferenz keine allzu großen Ergebnisse erwartet zu haben. Dies war auch die einzige Gelegenheit während des ganzen Krieges, bei der er es Hull gestattete, an einem Treffen von Bedeutung im Ausland teilzunehmen. Der Grund dafür war zumindest teilweise zufälliger Natur.[7] Auf amerikanische Forderung, der sich die Sowjetregierung (die sich nicht im Kriegszustand mit Japan befand) bis zum letzten Augenblick widersetzte, wurde die Deklaration vom chinesischen Botschafter und den drei Außenministern unterzeichnet. Darin erkannten die vier Regierungen die Notwendigkeit an, »zum nächstmöglichen praktikablen Zeitpunkt eine allgemeine internationale Organisation zur Erhaltung von Frieden und Sicherheit zu gründen, die auf dem Prinzip der souveränen Gleichheit aller friedliebenden Staaten beruhen sollte...«

Viel wichtiger als diese Deklaration war die Tatsache, daß der amerikanische Senat eine Woche später die Connally-Resolution beschloß, die die Notwendigkeit anerkannte, eine internationale Organisation für die Erhaltung des Friedens aufzubauen, der die Vereinigten Staaten beitreten sollten. Das Abstimmungsergebnis war 85 zu 5 für die Resolution. Was die Moskauer Konferenz betrifft, so ist aus heutiger Sicht erkennbar, daß die weitreichendsten Entscheidungen – die ersten

Schritte zur Teilung Großdeutschlands - nahezu am Rande der Hauptdebatten fielen. Die drei Außenminister beschlossen in Moskau, daß Österreich nach dem Sieg über Deutschland als unabhängiger Staat wiederhergestellt werden sollte. Außerdem wurde auf dieser Konferenz eine Europäische Beratende Kommission gebildet, eine trilaterale Körperschaft, die später die militärischen Besatzungszonen der Alliierten in Deutschland festlegte.[8]

In tiefer Sorge über die Frontlage im Mittelmeer (nicht nur in Italien, sondern auch in der Ägäis, wo Churchill weder Roosevelts noch Eisenhowers Stab davon überzeugen konnte, Ressourcen für die Rückeroberung von Rhodos bereitzustellen)[9], sandte Churchill eine ganze Serie von Telegrammen an Roosevelt, um diesen zu überreden, vor der Begegnung mit Stalin zu einer weiteren bilateralen Konferenz zusammenzukommen. Roosevelt sträubte sich dagegen, was er später - 1945 - noch einmal tun sollte.[10] Daß die bilateralen anglo-amerikanischen Gespräche schließlich doch zustande kamen, lag ironischerweise an einer Entscheidung, die Stalin am 12. November traf. An diesem Tag erhielt Churchill von ihm die Nachricht, daß »aus gewissen Gründen ernsthafter Natur Molotow zu meinem Bedauern nicht nach Kairo kommen kann«. Aus dem zweiten Absatz von Stalins Botschaft ging hervor, daß Molotow, wie Stalin Roosevelt vorab informiert hatte, deshalb am 22. November nicht nach Kairo kommen würde, weil Tschiang Kaischek an der Kairoer Konferenz teilnehmen sollte.[11] In dieser Phase des Krieges war Stalin nicht bereit, etwas in Betracht zu ziehen, das dem sowjetisch-japanischen Vertrag so offensichtlich widersprach.

So kam es, daß Churchill und Roosevelt (die auf HMS *Renown* bzw. USS *Iowa* anreisten) vom 23. bis 26. November erneut miteinander konferierten, diesmal fast im Schatten der Pyramiden im Mena House Hotel, das für diese Gelegenheit requiriert worden war. (Vor ihrer Abreise unternahmen beide einen gemeinsamen Ausflug, um sich die Sphinx anzusehen.) In militärischer Hinsicht faßte man auf diesem ersten der beiden Kairoer Treffen, die die Teheraner Konferenz gleichsam einrahmten, nur einen einzigen Beschluß - Operation *Buccaneer*, einen Landungsversuch der Briten auf den Andamanen-Inseln im Golf von Bengalen, der mit chinesischen Operationen in Nordburma zeitlich zusammenfallen sollte. Diese Operation wurde zunächst von Roosevelt und Tschiang Kaischek beschlossen. Churchill und seine Stabschefs, denen bewußt war, was dies für den notwendigen Schiffstransport bedeutete, wurden vor die Wahl gestellt. Sie stimmten schließlich zu.

Die Kairoer Konferenz, wo Roosevelt Tschiang Kai-schek als eben-

Den Sieg über den japanischen Gegner setzte man auch in der Nachkriegsordnung für Südostasien voraus. Auf einer Konferenz in Kairo beschloß man bereits 1943 die Rückgabe der Mandschurei und Formosas von Japan an China und die Unabhängigkeit Koreas. China wurde durch Tschiang Kai-schek vertreten, der die Kommunisten unter Mao Zedong zu dieser Zeit an den Rand des Geschehens gedrängt hatte.

bürtig behandelte, war der Höhepunkt des chinesisch-amerikanischen Verhältnisses im zweiten Weltkrieg. Weitaus größere historische Bedeutung als die militärischen Vorhaben hatte die politische Übereinkunft, die in dem nach Abschluß der Konferenz in Kairo herausgegebenen Kommuniqué enthalten war. Darin verpflichteten sich die drei Verbündeten Großbritannien, die USA und China, Japan alle Inseln im Stillen Ozean zu entreißen, die es seit Beginn des ersten Weltkrieges erobert oder besetzt hatte, und der Republik China alle Territorien zurückzugeben, die Japan »den Chinesen geraubt hat, z. B. die Mandschurei, Formosa (Taiwan) und die Pescadoren-Inseln«.[12] Diese Worte sollten 1950 unter ganz anderen Bedingungen in Ostasien eine Krise zwischen China und den USA auslösen.

Teheran, 27. November bis 1. Dezember 1943

Wie die Großen Drei nach Teheran kamen und wie sie ihren letzten Abend dort verbrachten - bei einem Diner in der britischen Gesandtschaft, das bis in die Morgenstunden des 1. Dezember dauerte -, ist bereits beschrieben worden. Die Konferenz begann ungewöhnlich. Am ersten Abend speisten Churchill, Roosevelt und Stalin getrennt. Das vorgesehene gemeinsame Essen der drei Führer mußte abgesagt werden, weil Churchill fast völlig die Stimme verloren hatte (er war bereits mit Fieber aus Großbritannien abgereist). Churchill sah Roosevelt auch nicht, wie erhofft, am nächsten Morgen. Dagegen trafen Roosevelt und Stalin am Nachmittag des 28. November zum ersten Mal zusammen. An diesem Morgen hatte Roosevelt nach dem amerikanischen Bericht[13] entschieden, Stalins Einladung anzunehmen und von der amerikanischen Gesandtschaft, die etwas abseits von den anderen einander benachbarten Vertretungen lag, auf das Gelände der sowjetischen Gesandtschaft umzuziehen. Wiederum nach dem amerikanischen Bericht gab Stalin als Grund für die Einladung, die von Harriman überbracht wurde, die Möglichkeit an, »Anhänger der Achse« in Teheran könnten »einen unglückseligen Zwischenfall auslösen, wenn die Staatschefs durch die Stadt fahren, um einander zu besuchen«.

Aus dem sowjetischen Bericht[14] geht jedoch hervor, daß Roosevelt selbst als erster die Frage der Sicherheit gestellt hatte. Ein Telegramm, das er Stalin am 24. November aus Kairo übermittelte, endete mit der direkten Frage, wo er und sein Mitarbeiterstab nach Stalins Meinung in Teheran wohnen sollten. Da, wie wir heute wissen, Beria mit Stalin in Teheran weilte[15], können wir sehr ausführlich über die Motive für die sowjetische Einladung und darüber spekulieren, welchen Nutzen das NKWD aus der Anwesenheit der amerikanischen Delegation in der sowjetischen Gesandtschaft gezogen haben mag. Für unsere Untersuchung ist jedoch von Belang, welches Vertrauen sowohl in Roosevelts Telegramm aus Kairo als auch in seinem bereitwilligen Umzug aus der amerikanischen in die sowjetische Vertretung kurz vor Beginn der ersten Plenarsitzung der Konferenz zum Ausdruck kam.

Wenn man die Probleme der Übersetzung bedenkt, dann sind die

Nur zweimal trafen sich die Großen Drei – Churchill, Roosevelt und Stalin – während des Krieges, auf den Konferenzen von Teheran im November 1943 und von Jalta im Februar 1945; das dritte Mal kam man erst nach dem Sieg über das Dritte Reich zusammen, aber da war Truman bereits an die Stelle des am 12.4.1945 gestorbenen Roosevelt getreten. Doch schon zur Zeit der Konferenz von Teheran war der Krieg bereits entschieden: Der Angriff auf Moskau im Jahr 1941 war gescheitert, in Stalingrad hatte 1943 die 6. Armee kapituliert und Hitlers verzweifelter Versuch, in der größten Panzerschlacht der Kriegsgeschichte, der Schlacht von Kursk, die Initiative noch einmal an sich zu reißen, war fehlgeschlagen. So konnten sich die Großen Drei in Teheran in gelöster Atmosphäre treffen und den zufälligerweise auf diesen Tag fallenden Geburtstag Churchills feiern.

Unterschiede zwischen den drei Mitschriften der Teheraner Konferenz wie übrigens auch der beiden anderen Gipfelkonferenzen der Kriegszeit bemerkenswert gering.[16] An der historischen ersten Begegnung Roosevelts und Stalins nahm Charles Bohlen (der Roosevelt als Dolmetscher diente, zugleich aber ein Karrierediplomat des Foreign Service war) als einziger amerikanischer Augenzeuge teil. Stalin wurde von seinem Dolmetscher Wladimir Pawlow begleitet. Diese Begegnung, die etwa eine

Stunde dauerte, war in gewisser Hinsicht eine Enttäuschung. Nach ersten Höflichkeiten folgte eine kurze Diskussion über die Lage an der Ostfront, wonach die Diskussion auf China, Frankreich, Indochina und Indien übersprang. Roosevelt beschrieb seine kürzlichen Gespräche mit Tschiang Kai-schek als sehr interessant. Stalin äußerte sich geringschätzig über die kämpferischen Qualitäten der Chinesen wie über die chinesische Führung. Roosevelts Zustimmung zu dieser Einschätzung Stalins ist in dem sowjetischen Bericht enthalten, fehlt jedoch im amerikanischen. Roosevelt ließ seinem Mißfallen über de Gaulle freien Lauf. Stalin war vorsichtig genug, seine Bemerkungen über Frankreich mit den Worten einzuleiten, er kenne den General nicht persönlich. (De Gaulle besuchte die Sowjetunion ein Jahr später.) Roosevelt sagte, er teile nicht Churchills Auffassung, daß Frankreich bald wieder eine Großmacht sein werde. Als Stalin das Gespräch auf Indochina lenkte und die Meinung äußerte, es könne nach seiner Befreiung nicht zum Kolonialregime zurückkehren, machte Roosevelt seinen Vorschlag, ein Gremium aus drei oder vier Kuratoren sollte im Verlauf von dreißig oder vierzig Jahren Indochina auf die Selbstverwaltung vorbereiten. Nach seiner Meinung sei dieser Vorschlag auch auf andere Kolonien anwendbar. Das war ein Seitenhieb gegen Churchill, der - so heißt es in der sowjetischen Mitschrift - befürchtete, daß dieses Prinzip auch auf die britischen Kolonien werde angewendet werden müssen. In dem sowjetischen Bericht heißt es, Stalin habe erwidert: »Churchill wird dies natürlich nicht gefallen«, während es im amerikanischen Bericht heißt, Stalin habe Roosevelts Ansichten zu Indochina »voll« zugestimmt. Schließlich machte Roosevelt noch einige abfällige Bemerkungen über Churchills Auffassungen zu Indien. Stalin äußerte, Indien sei Churchills »wunder Punkt«. Als Roosevelt andeutete, die Reformen in Indien sollten »von Grund auf etwa der sowjetischen Linie« folgen, erwiderte Stalin, dies würde bedeuten, »den Weg der Revolution« zu gehen.

Was die Große Strategie betraf, so wurden die Karten bereits bei Beginn der ersten Plenarsitzung der Großen Drei auf den Tisch gelegt, die noch am selben Nachmittag in der sowjetischen Vertretung stattfand. Roosevelt, der den Vorsitz führte, legte zunächst die strategischen Pläne für die Niederwerfung Japans dar. Dann erinnerte er daran, daß auf der *Trident*-Konferenz der 1. Mai 1944 als Zeitpunkt für Operation *Overlord* festgelegt worden war. Er stellte die Frage, wie die im Bereich des Mittelmeeres stationierten Truppen der Alliierten eingesetzt werden könnten, um die Lage der sowjetischen Armeen an der Ostfront maximal zu erleichtern. Als mögliche Einsatzgebiete nannte er Italien, die Adria, die Ägäis und die Türkei, fügte jedoch hinzu, daß manche dieser Möglichkeiten bedeuten könnten, Operation *Overlord* »möglicherweise um zwei oder drei Monate zu verschieben«.

Stalin bekräftigte am Beginn seiner Rede, wenn Deutschland kapituliert habe, werde die Sowjetunion in der Lage sein, ihre Truppen in Sibirien zu verstärken, und dann werde »eine gemeinsame Front gegen Japan« entstehen. Dann gab er eine kategorische Antwort auf Roosevelts Fragen zum Mittelmeerraum. Nach Auffassung der Sowjetunion sei der italienische Kriegsschauplatz »nur insoweit« von (nach dem amerikanischen Bericht »großer«) Bedeutung, als er die freie Schiffahrt der Alliierten im Mittelmeer sichern müsse.[17] Er glaube nicht, daß Italien ein geeigneter Ausgangspunkt für weitere Angriffe gegen Deutschland sei (nach der sowjetischen Mitschrift »für weitere Operationen gegen Deutschland... Bedeutung« habe), weil die Alpen den Weg versperrten. Er hätte hier hinzufügen können, wie er es im Gespräch mit Eden in Moskau kurz vorher getan hatte, »wenn er Hitler wäre, würde er die Briten und die Amerikaner in Italien binden, um sie in den Alpen zum Kampf zu zwingen«.[18] Statt dessen schloß Stalin mit den Worten, selbst Operationen in Südfrankreich wären besser. Wenn die Türkei den Weg für die Alliierten freigäbe, sei es vom Balkan her immerhin näher zum Herzen Deutschlands (hier heißt es in der amerikanischen Mitschrift »weiter vom«); die schwächste Stelle Deutschlands aber sei Frankreich.

Churchill ging (zutreffend) von der Einnahme Roms durch die alliierten Truppen im Januar 1944 aus. Nach seiner Meinung konnten diese danach jedoch bis zum Beginn der Operation *Overlord* im Mittelmeer nicht untätig bleiben. Einige der im Mittelmeer vorgeschlagenen Operationen könnten für *Overlord* eine Verspätung von etwa zwei Monaten bedeuten, man habe aber nicht die Absicht, weiter in die Poebene oder über die Alpen vorzudringen. Wenn die Linie Pisa-Rimini erreicht sei, würden Truppen für andere Operationen, möglicherweise in Südfrankreich oder in der Adria frei werden. Danach beschrieb Churchill die Vorteile eines Eintritts der Türkei in den Krieg. Er schloß mit der Frage, ob für die Sowjetregierung »Aktionen im östlichen Mittelmeer von Interesse« seien, die möglicherweise zu einer gewissen Aufschiebung von *Overlord* führen könnten.

Hier warf Roosevelt die einzige Bemerkung während der ganzen Teheraner Konferenz ein, die darauf hinwies (und Churchill sollte ihn im Sommer 1944 während ihrer Grundsatzdebatte über den Italienfeldzug daran erinnern), daß er die Möglichkeit einer Strategie im Mittelmeerraum und auf dem Balkan, wie sie Churchill seinen Stabschefs vor seiner Abreise aus London dringend nahelegte, noch nicht ganz ausgeschlossen hatte. Der Präsident sagte, er habe »an eine mögliche Operation in der nördlichen Adria« gedacht, »wo man sich mit den Partisanen unter Tito zusammenschließen und dann zeitgleich mit dem sowjetischen Vormarsch nordostwärts nach Rumänien hineinstoßen könnte«. Churchill nahm diesen Gedanken auf und schlug sogleich vor, eine Kommission zu bilden, die diese Fragen untersuchen und einen detaillierten Bericht ausarbeiten sollte. Darauf folgte eine Debatte zwischen Churchill und Stalin. Letzterer bezeichnete Operationen in der Ägäis als wertlos, solange die Türkei nicht in den Krieg eingetreten sei. Er sei überzeugt (und damit behielt er recht), daß die Türkei dies nicht tun werde. Stalin stellte die Frage, ob es klug sei, die Kräfte in verschiedenen Operationen im Mittelmeer zu zersplittern. Statt dessen sprach er sich nachdrücklich dafür aus, »allen Operationen im Jahre 1944 die Operation *Overlord* zugrunde zu legen«. Die Landung in Südfrankreich könnte dafür eine Unterstützung sein. Wenn notwendig, würde er persönlich sogar den äußersten Weg beschreiten, in Italien zur Verteidigung überzugehen und die Eroberung Roms aufzuschieben. Gegen Ende dieses Wortwechsels griff Roosevelt ein: Nichts sollte getan werden, um die Operation *Overlord* hinauszuzögern, was notwendig werden könnte, wenn Operationen im östlichen Mittelmeer stattfänden. Er schlug vor, am nächsten Morgen den Plan »für einen Schlag gegen Südfrankreich« auszuarbeiten. Bevor die drei Führer die Sitzung beendeten, vereinbarten sie ein Treffen Woroschilows mit dem Gemeinsamen Komitee der Stabschefs.

Die drei Führer kamen am selben Abend zu einem Essen zusammen, das Roosevelt gab. Hier begannen sie auf Stalins Initiative zum ersten Mal gemeinsam über die politische Zukunft Europas zu sprechen. Stalin brachte einerseits Skepsis zum Ausdruck, ob das Prinzip der bedingungslosen Kapitulation für Deutschland zweckmäßig sei, da es nur dazu dienen könne, das Volk noch enger zusammenzuschweißen. Andererseits glaube er, die Fähigkeiten und Talente des deutschen Volkes seien so groß, daß es »in fünfzehn oder zwanzig Jahren mit Leichtigkeit erneut erstarken und wiederum zu einer Bedrohung für die Welt werden« könnte. Deshalb bestand er darauf, daß rigorose Maßnahmen für die Kontrolle und Abrüstung Deutschlands nach dem Kriege ergriffen werden müßten. Was er dabei im Sinne hatte, war nach Bohlen nicht klar, obwohl er »eine Teilung Deutschlands zu befürworten schien«.

Einen Punkt machte er jedoch unmißverständlich klar: Die polnische Westgrenze sollte in Zukunft an der Oder liegen, und die Sowjetunion werde Polen helfen, diese Grenze zu bekommen.

Roosevelt fühlte sich nicht wohl und ging nach dem Essen zu Bett. Churchill und Stalin setzten jedoch ihre Unterhaltung fort. Hier sprach Churchill zum ersten Mal die polnische Frage an. Er persönlich sei der Meinung, daß »Polen nach dem Krieg westwärts verschoben werden könnte, wie Soldaten beim Exerzieren zwei Schritte nach links aufrükken. Wenn Polen Deutschland dabei etwas auf die Zehen tritt, ist das nicht zu ändern, denn es muß ein starkes Polen geben...« Später illustrierte er seinen Gedanken mit Hilfe von drei Streichhölzern. Eden sagte ausdrücklich, »was Polen im Osten verliert (das heißt, das Gebiet östlich der Curzon-Linie) könnte es im Westen gewinnen (ostdeutsches Gebiet).« Obwohl Churchill vorschlug, die drei Regierungschefs sollten prüfen, ob sie in Teheran »eine Politik ausarbeiten können, die man den Polen (das heißt der polnischen Exilregierung in London) nahelegen, den Polen empfehlen und sie zur Annahme überreden könnte«, gab Stalin darauf eine nichtssagende Antwort.[19]

Roosevelt lehnte Churchills Einladung zum Mittagessen vor Beginn der zweiten Plenarsitzung am nächsten Tag ab und traf sich statt dessen am selben Nachmittag mit Stalin zu einem zweiten Gespräch unter vier Augen. Ihr Hauptthema war dort die künftige Weltordnung nach dem Kriege. Roosevelt umriß seinen Vorschlag einer Organisation der Vereinten Nationen, der ein Komitee von vier Polizeimächten übergeordnet werden sollte. Stalin brachte mehrfach Skepsis hinsichtlich Chinas zum Ausdruck und meinte, »ein europäischer Staat würde es sicher übelnehmen, wenn China das Recht hätte, einen bestimmten Apparat gegen ihn einzusetzen«. Als Alternative schlug er vor, zwei Organisationen zu schaffen - eine für Europa (die Vereinigten Staaten eingeschlossen) und eine für den Fernen Osten. (Gegen Ende der Konferenz ließ sich Stalin jedoch dazu herbei, eine einzige Weltorganisation zu unterstützen.) Roosevelt bemerkte, daß Stalins Gedanken zu dieser Frage in gewissem Grade mit denen Churchills übereinstimmten, äußerte aber Zweifel, ob der amerikanische Kongreß zustimmen werde, daß sich die USA an einem ausschließlich europäischen Komitee beteiligten. Stalin wies darauf hin, daß die Amerikaner, falls Roosevelts eigener Vorschlag, insbesondere der über die vier Polizeimächte, realisiert werde, ebenfalls Truppen nach Europa schicken müßten. Darauf erwiderte der Präsident, die Vereinigten Staaten sähen vor, lediglich Flugzeuge und Schiffe nach Europa zu senden, während Großbritannien und die Sowjetunion

»bei einer künftigen Bedrohung des Friedens Bodentruppen zur Verfügung stellen müßten«. Außerdem, so fügte er hinzu, wenn Japan 1941 nicht die USA angegriffen hätte, »zweifle er sehr daran, ob es möglich gewesen wäre, amerikanische Truppen nach Europa zu entsenden«. Gegen Ende dieses Gesprächs wies Stalin nachdrücklich darauf hin, daß die für die Nachkriegszeit vorgeschlagenen Organisationen nicht ausreichten, um eine deutsche oder auch japanische Aggression zu verhindern. Diese müßten deshalb »die Möglichkeit haben, die wichtigsten strategischen Punkte zu besetzen... nicht nur in Europa, sondern auch im Fernen Osten« (sowjetische Mitschrift). Roosevelt antwortete, er stimme Stalin »hundertprozentig« zu. Damit war diese bilaterale Zusammenkunft beendet, und Stalin begab sich zu der Zeremonie, bei der ihm Churchill im Auftrage des Königs ein Schwert für die Stadt Stalingrad übergab.

Obwohl auf der Vormittagssitzung der Militärvertreter keine Beschlüsse gefaßt wurden, kann sie doch zur Klärung der Situation beigetragen haben. Insbesondere wurde Woroschilow nicht im Zweifel darüber gelassen, wie außerordentlich wichtig die Frage der Landungsschiffe für die Kriegshandlungen im Mittelmeer und für die Operation *Overlord* war. (Marshall bemerkte, vor dem Kriege habe er »niemals von Landungsschiffen gehört außer von Gummibooten«, nun aber denke er sich etwas mehr dabei. In Erwiderung auf eine direkte Frage Woroschilows, der den Operationen im Mittelmeer lediglich »zweitrangige Bedeutung« beimaß, sagte Brooke, auch er halte sie nur noch für zweitrangig, diese Operationen seien aber »mit der gesamten Kriegführung und insbesondere mit dem Gelingen der Operation in Nordfrankreich aufs engste verbunden«, die sie unterstützen sollten (sowjetische Mitschrift).

Auf der zweiten Plenarsitzung am 29. November überreizten Churchill und Stalin beide ihr Blatt. Churchill begann damit, indem er es als das eigentliche Dilemma bezeichnete, daß Landungsschiffe fehlten, um den gesamten Bedarf für die Operationen im Mittelmeerraum, im Golf von Bengalen und von *Overlord* zu decken (taktvoll wie er war, erwähnte er den Pazifik nicht). Dann aber verdarb Churchill seine Sache dadurch, daß er des langen und breiten über die Türkei und die Operationen in der Ägäis sprach, wobei er zugeben mußte, daß sie den Beginn von *Overlord* verzögern könnten. Roosevelt spielte den Schiedsrichter. Zu einem wiederum gut gewählten Zeitpunkt warf er ein, er sei dafür, am 1. Mai, dem auf der *Trident*-Konferenz festgelegten Zeitpunkt für Operation *Overlord*, festzuhalten. Churchill widersprach. Stalin aber, für den »die

Türkei, die Partisanen und sogar die Einnahme von Rom nicht wirklich wichtige Operationen« waren, sagte, ihm sei es gleich, wann *Overlord* beginne, vorausgesetzt, dies geschehe im Mai. Gegen Ende der Sitzung fragte er Churchill geradezu, ob die Briten »an die Operation *Overlord* glauben oder nur davon reden, um die Russen zu beruhigen«. Man kann sich denken, was Churchill erwiderte. Es war keine glückliche Zusammenkunft.

Das darauf folgende Abendessen in der sowjetischen Botschaft verlief nicht viel besser. Bohlen berichtet, am bemerkenswertesten sei Stalins Haltung gewesen, der »keine Gelegenheit ausließ, um Churchill eins auszuwischen«, den er »offenbar... in die Defensive drängen wollte.« Während dieses Essens beharrte Stalin erneut darauf, daß die Alliierten wichtige strategische Punkte in der Welt nicht aus der Hand geben dürften. Hier machte er auch zur »Bedingung«, daß zwischen 50 000 und 100 000 deutsche Offiziere physisch liquidiert werden sollten. Als Roosevelt einen Kompromiß von 49 000 vorschlug, verließ Churchill angewidert den Tisch. Wie er in seinen Memoiren über diesen Vorfall schreibt, hat »Stalin eine sehr einnehmende Art, wenn er will, und nie habe ich ihn so liebenswürdig wie in diesem Moment gesehen.«[20] Stalin kam ihm nach, legte Churchill »von hinten« die Hand auf die Schulter und überzeugte ihn, in den Speisesaal zurückzukehren.

Am Vormittag des 30. November gelang es dem Gemeinsamen Komitee der Stabschefs, alles abzustimmen außer den Operationen in der Ägäis. Das war keine Überraschung, denn Churchills eigene Berater teilten seinen Enthusiasmus für diese Operationen nicht. Sie konnten der dritten Plenarsitzung der Konferenz am Nachmittag des gleichen Tages Übereinstimmung in drei Punkten berichten: Fortsetzung des Vormarsches in Italien bis zur Linie Pisa-Rimini (deshalb sollten bis zum 5. Januar 1944 68 Landungsschiffe im Mittelmeer verbleiben); eine Operation gegen Südfrankreich, »aus Planungsgründen« zeitgleich mit D-Day, dem Auftakt für *Overlord*, deren Umfang von der Zahl der zu dieser Zeit vorhandenen Landungsschiffe abhängen sollte; und der Beginn der Operation *Overlord* im Mai im Zusammenhang mit der Unterstützungsoperation in Südfrankreich.[21] Die Großen Drei benötigten kaum eine Stunde, um diese Empfehlungen abzusegnen. Stalin verpflichtete sich seinerseits, im Mai »an einigen Stellen eine Großoffensive gegen die Deutschen zu organisieren«. Roosevelt teilte seinen Kollegen mit, daß er in drei oder vier Tagen den Oberkommandierenden für Operation *Overlord* ernennen werde.

Am selben Morgen traf Churchill auf seine Bitte eine Stunde lang mit

Stalin zusammen. Nur die beiden Dolmetscher waren anwesend. Meist sprach Churchill. Er wies (mit einiger Berechtigung, wie die zweite Kairoer Konferenz bald zeigen sollte) darauf hin, daß es nicht nur um die Wahl zwischen Operationen im Mittelmeer und *Overlord* ging, sondern auch zwischen Operationen im Golf von Bengalen und *Overlord*. Leider hatten Tschiang Kai-scheks Anwesenheit in Kairo und die Lage in China fast die gesamte Zeit der kürzlichen Konferenz in Kairo in Anspruch genommen. Churchill malte ein strahlendes Bild von den in Italien vorgesehenen Operationen, darunter ein Landungsangriff an der Westküste. Die Bedeutung dieser Operationen liege jedoch nicht in der Einnahme Roms, sondern in der Zerschlagung der dort liegenden deutschen Truppen in einem »Mini-Stalingrad«.

In seiner Antwort wies Stalin erneut darauf hin, daß die Rote Armee auf die Landung in Nordfrankreich zähle. Er fürchte, daß aus dieser Operation, falls sie nicht im Mai 1944 stattfinde, überhaupt nichts werde, da einige Monate später mit schlechtem Wetter gerechnet werden müsse. Dann fuhr er fort:

»Falls diese Operation nicht durchgeführt werden sollte, würde das, darauf müsse er aufmerksam machen, eine große Enttäuschung zur Folge haben und die Stimmung verschlechtern. Er fürchte, daß in diesem Falle ein sehr schlechtes Gefühl des Alleinseins aufkommen würde. Deshalb wolle er erfahren, ob die Operation *Overlord* durchgeführt werde oder nicht. Finde sie statt, wäre es gut, finde sie aber nicht statt, wolle er es vorher wissen, um die Stimmung, die durch das Ausbleiben der Operation ausgelöst werden würde, zu verhindern. Das sei die wichtigste Frage.«[22]

Sowohl aus den britischen als auch den sowjetischen Aufzeichnungen über dieses Gespräch geht hervor, daß Churchill Stalin in angemessener Weise antwortete.[23] Dieser wiederum gab die Versicherung ab, die er wenig später noch einmal in der Plenarsitzung wiederholte, die Rote Armee werde zeitgleich mit *Overlord* an der Ostfront zur Offensive übergehen.

Die euphorischen Trinksprüche, die an diesem Abend auf Churchills Geburtstagsfeier ausgetauscht wurden, wären allein schon ein würdiger Abschluß der Teheraner Konferenz gewesen. Da man sich aber noch über ein Kommuniqué einigen mußte, gab es am 1. Dezember zwei weitere sehr bedeutsame Treffen: Roosevelts drittes Gespräch mit Stalin und eine dreiseitige Zusammenkunft vor dem Essen. Roosevelt sagte Stalin in dem Gespräch ungefragt, er persönlich würde es begrüßen, wenn die Ostgrenze Polens weiter nach Westen und die Westgrenze

»sogar bis zur Oder« verschoben werden könnte. Aus innenpolitischen Gründen aber (»sechs bis sieben Millionen Amerikaner polnischer Herkunft«) sei es ihm in einem Wahljahr unmöglich, etwas Derartiges öffentlich zu erklären. Außerdem äußerte er eine schüchterne Bitte zugunsten der Völker der baltischen Staaten, wobei er »im Scherz« hinzufügte, wenn die Sowjetarmee diese Gebiete erneut besetzen sollte, werde er deswegen nicht gegen die Sowjetunion in den Krieg ziehen. Mehr noch, bei dem nachfolgenden dreiseitigen Treffen war es Roosevelt, der das Gespräch auf die polnische und die deutsche Frage brachte.

Obwohl die Diskussion über Polens künftige Grenzen nicht zu einem Abschluß kam (und von dem umständlichen Versuch unterbrochen wurde, auf einer Karte den exakten Verlauf der Curzon-Linie[24] festzustellen), bekräftigte Roosevelt im Grunde genommen den von Churchill mit den drei Streichhölzern demonstrierten Vorschlag. Er fragte Stalin, ob nach dessen Meinung »Ostpreußen und das Gebiet zwischen der alten polnischen Grenze und der Oder ungefähr dem von der Sowjetunion erworbenen früheren polnischen Territorium« entspreche. In der amerikanischen Mitschrift heißt es, Stalin habe erwidert, er wisse es nicht. (Er wußte es zweifellos.) Zum Abschluß der Sitzung sagte Stalin als Antwort auf Churchills Erklärung, die polnische Frage sei dringlich:

»Wenn die Russen den nördlichen Teil Ostpreußens längs des linken Ufers des Njemen einschließlich Tilsits und der Stadt Königsberg erhielten, wäre er bereit, die Curzon-Linie als Grenze zwischen der Sowjetunion und Polen zu akzeptieren. Er sagte, mit diesem Teil Ostpreußens würde die Sowjetunion nicht nur einen eisfreien Hafen erhalten, sondern auch ein kleines Stück deutschen Gebietes, das sie nach seiner Meinung verdient habe.[25]

Was Deutschland betraf, so schlug Roosevelt seine Zerstückelung und Aufteilung in fünf selbstverwaltete Teile vor. Außerdem sollten zwei Schlüsselgebiete[26] der UNO oder »einer Form internationaler Kontrolle« unterstellt werden. Churchill legte seinen Vorschlag eines getrennten Preußens und der Angliederung Süddeutschlands an eine Donau-Föderation vor. Stalin gab dem ersten Projekt den Vorzug, meinte aber, wenn man entscheide, Deutschland zu teilen, sollte man keine neuen Vereinigungen schaffen. »Es gibt keine Maßnahmen, die die Möglichkeit einer Vereinigung Deutschlands ausschließen würden.« An diesem Punkt entschieden die drei Führer, das Problem an die Europäische Beratende Kommission in London zur weiteren Prüfung zu übergeben. So endete die Teheraner Konferenz mit ersten tastenden Schritten zu einer dritten Neugestaltung der Karte Mitteleuropas in einer Generation.

In der Deklaration der Drei Mächte, die Churchill, Roosevelt und Stalin am 1. Dezember 1943 unterzeichneten und die eine Woche später veröffentlicht wurde, hieß es:

»Wir haben unsere Pläne zur Vernichtung der deutschen Streitkräfte abgestimmt... Keine Macht der Erde wird uns daran hindern können, die deutschen Armeen zu Lande, ihre U-Boote auf See und ihre Rüstungswerke aus der Luft zu zerstören.«

Die drei Führer erklärten, sie seien sicher, daß ihre Einigkeit »einen dauerhaften Frieden gewährleisten« werde. Sie hießen »alle Nationen, ob groß oder klein... in der Weltfamilie der demokratischen Länder« willkommen. Die Deklaration schloß mit den Worten:

»Wir kamen hierher voll Hoffnung und Entschlossenheit. Wir gehen fort von hier als Freunde in der Tat, im Geist und in den Zielen.«[27]

Das Nachspiel, Dezember 1943

Die Ergebnisse der Teheraner Konferenz bestätigten Brookes Urteil (das im Epigraph zu diesem Kapitel zitiert ist) in vollem Umfang. Was die Große Strategie betraf, so hatte Stalin endlich erreicht, was er wollte. Auch sein politisches Urteil in der Frage der Türkei, über die Churchill in Teheran so viele Worte verloren hatte, erwies sich bald als richtig. Präsident Inönü nahm die Einladung an, unmittelbar nach der Teheraner Konferenz mit Churchill und Roosevelt in Kairo zu sprechen, aber selbst mit Roosevelts Hilfe gelang es Churchill ebensowenig, ihn zum Kriegseintritt seines Landes zu bewegen, wie acht Monate früher in Adana. Es gelang ihm aber, in der zweiten Dezemberhälfte von Roosevelt zu erhalten, wofür er in Teheran gekämpft hatte – genügend Landungsschiffe im Mittelmeer, um dem erlahmenden Italienfeldzug Anfang 1944 neuen Atem einzuhauchen. Nach langen Debatten im Gemeinsamen Komitee der Stabschefs verwarf Roosevelt in Kairo die Auffassung seiner eigenen Vereinigten Stabschefs und setzte *Buccaneer* ab, die Landeoperation im Golf von Bengalen, auf der er auf der ersten Kairoer Konferenz kaum zwei Wochen zuvor bestanden hatte. Mehr noch, am 27. Dezember 1943 telegrafierte Roosevelt Churchill seine Einwilligung, das Auslaufen der für *Overlord* benötigten Landungsschiffe aus dem Mittelmeer bis Februar hinauszuschieben, wodurch

Alexander die Möglichkeit erhielt, am 20. Januar bei Anzio die Landungsoperation *Shingle* durchzuführen.[28] Damit bestätigte sich, was Dill in einem Brief an Brooke vor der Teheraner Konferenz weise bemerkt hatte: »Die amerikanischen Stabschefs haben unseren Auffassungen tausendmal mehr nachgegeben als wir ihren.« Dill fügte jedoch die prophetische Warnung hinzu, die Schwierigkeiten der Briten »mit den Amerikanern« würden »mit deren wachsender Stärke und den bevorstehenden Präsidentschaftswahlen zunehmen«.[29]

15

Die Allianz erlangt das Übergewicht

Man muß anerkennen, daß die Kriegsgeschichte kein Unternehmen kennt, das diesem in der Gewalt des Planes, der Großartigkeit der Maßstäbe und der Meisterschaft der Durchführung gleichkäme... Die Geschichte wird diese Tat als einen Erfolg größten Formats verzeichnen.

– Jossif Stalin am 13. Juni 1944 über die Invasion in der Normandie –

Der Kontrast zwischen der Deklaration der Drei Mächte vom 1. Dezember 1943 und der Konfusion von 1942, der fast im ganzen Jahr 1943 heftige Debatten innerhalb der Großen Allianz folgten, war offenkundig. Die Deklaration wurde in den Hauptstädten aller drei Länder mit begeisterter Zustimmung aufgenommen, am meisten in der Sowjetunion, wo man, abgesehen von den Lobgesängen der Presse und des Rundfunks, die Bedeutung der Deklaration auf Versammlungen in den Fabriken überall im Lande erläuterte. Diesmal, so wurde den Zuhörern auf den Versammlungen berichtet, hatte man es geschafft. Einen Monat nach Teheran beschrieb Stalin persönlich die Konferenz in seiner Neujahrsrede vor dem Obersten Sowjet mit den Worten:

»Das größte Ereignis unserer Tage, ein historischer Meilenstein im Kampf gegen den deutschen Aggressor... Die Führer der drei Großmächte haben in den Fragen von Krieg und Frieden volle Übereinstimmung erzielt. Sie einigten sich exakt darauf, was die Volksmassen, die in den besetzten Ländern unter dem deutschen Stiefel leiden, sich ersehnen.«[1]

Stalin hatte guten Grund, zufrieden zu sein, aber das galt auch für Churchill und Roosevelt. Der strategische Plan für den europäischen Kriegsschauplatz, den die drei Führer in Teheran abgestimmt hatten, wurde 1944 fast buchstabengetreu ausgeführt: Auf die Landung in Anzio folgte die Frühjahrsoffensive in Italien, danach die Invasion der Normandie am 6. Juni, die sowjetische Großoffensive in Belorußland vier Tage später und der Einmarsch in Südfrankreich im August. Auch die politischen Passagen der Deklaration von Teheran können nicht nur als bloße Worte abgetan werden. Vor der Konferenz hatten Churchill und Roosevelt Stalins Entscheidung begrüßt, die Komintern aufzulösen. (Stalin war in Wirklichkeit froh, eine Organisation loszuwerden, die bereits seit langem der sowjetischen Politik keinen Nutzen mehr brachte.) Nach der Konferenz war der Weg frei für die Zusammenarbeit der Drei Mächte beim Entwerfen der Struktur der Nachkriegswelt. Dabei ging es nicht nur um Grenzen. Gerade erst war das Abkommen über die Gründung einer UN-Administration für Hilfe und Wiederaufbau (UNRRA) unterzeichnet worden, die sich mit ersten Hilfsaktionen für die befreiten Länder befassen sollte. 1944 wurden auf Konferenzen in den Vereinigten Staaten mit sowjetischer Beteiligung die Konturen der drei wichtigsten internationalen Organisationen der Nachkriegszeit abgesteckt. Dies waren auf der Konferenz von Dumbarton Oaks die Organisation der Vereinten Nationen und in Bretton Woods der Internationale Währungsfonds sowie die Internationale Bank für Wiederaufbau und Entwicklung.[2]

Etwa vierzehn Monate trennen den letzten Tag der ersten Begegnung der Großen Drei in Teheran vom ersten Tag ihrer zweiten Zusammenkunft in Jalta. Diese vierzehn Monate, die die künftige Gestalt Europas entscheidend prägten, nehmen sich unterschiedlich aus, je nachdem, aus welchem Blickwinkel der Historiker sie betrachtet. Dabei ergibt sich jedesmal eine ganze Reihe Fragen, die allesamt beantwortet werden müssen, wenn man diese Phase des Krieges umfassend einschätzen will. So konzentriert sich der Militärhistoriker auf die trügerisch einfache Frage, wie es kam, daß sich der Krieg in Europa bis Mai 1945 hinzog, obwohl die Alliierten die Meere beherrschten, über stärkere Bodentruppen verfügten und die absolute Luftüberlegenheit besaßen. (Als die drei Führer sich zu ihrem Treffen auf der Krim begaben, war die Wehrmacht Hitler noch treu ergeben, der im Juli 1944 nur knapp einem Attentat entgangen war und sich nicht geschlagen geben wollte; Deutschlands Grenzen waren noch mehr oder weniger intakt.) Aus geopolitischer Sicht war, langfristig gesehen, von größter Bedeutung, daß Churchill und Roosevelt im September 1944 entschieden, die erste zur Verfügung stehende Atombombe auf Japan abzuwerfen.[3] Für den Historiker des Holocaust treten diese Fragen hinter die Tatsache zurück, daß die Allianz ab Mitte 1944 von den schrecklichen Vorgängen in Auschwitz endlich in vollem Maße Kenntnis erhielt, was allerdings ihre Führer nicht zu allzu großer Aktivität veranlaßte.[4] Eine Untersuchung der Widerstandsbewegungen im okkupierten Europa lenkt dagegen den Blick des Lesers fort vom Hauptstrom der Ereignisse zu den Geschehnissen, die in einer Hauptstadt nach der anderen, in Rom, Paris, Warschau, Athen und Belgrad abliefen, als die alliierten Truppen sich näherten. Sie führ-

Am 6.6.1944 fand der »D-Day« statt, die alliierte Invasion in der Normandie. Mit einer Armada von Kriegs- und Transportschiffen, wie sie die Geschichte noch nicht gesehen hatte, landeten die englischen und amerikanischen Truppen an der stark befestigten Steilküste. Wieder war der Gegner im letzten Moment überrascht, diesmal der deutsche. Angesichts des hohen Seegangs und des stürmischen Wetters war eine Invasion für unmöglich gehalten worden, und keiner der deutschen Befehlshaber, Feldmarschall Rommel an der Spitze, war bei seiner Truppe. – Nach wenigen Tagen schon war deutlich, daß die Landung gelungen war. Angesichts der totalen alliierten Luftherrschaft kamen weder Reserven noch Nachschub an die Front, und in erbitterten Kämpfen in der Normandie setzten sich die Angreifer fest. – Nach dem Durchbruch an der Invasionsfront stießen die alliierten Truppen praktisch ohne Gegenwehr ins Land vor; am 25.8.1944 wurde Paris befreit. Jetzt rächte sich die Résistance an jedem Franzosen, der mit der deutschen Besatzung zusammengearbeitet hatte. Kahlgeschorene Köpfe markierten alle angeblichen oder wirklichen Kollaborateure.

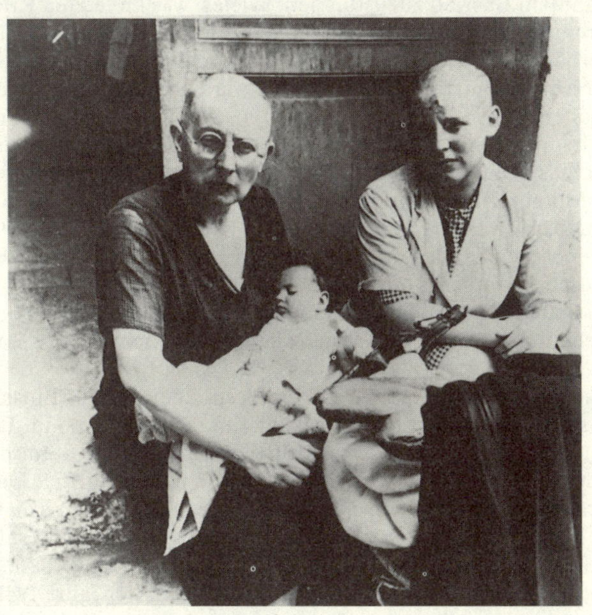

ten in jedem Lande zu ganz unterschiedlichen politischen Ergebnissen. So wichtig alle diese Fragen für das volle Verständnis dieses Stadiums des Krieges und seiner Folgen in Europa auch sein mögen (und diese Liste könnte erweitert werden) - wer die Geschichte der Großen Drei ergründen will, muß seinem Ariadnefaden weiter folgen.[5]

Die Großen Drei im Jahre 1944

Was das Verhältnis zwischen Churchill, Roosevelt und Stalin betraf, so waren die vierzehn Monate zwischen den Konferenzen von Teheran und Jalta eine Phase, in der sich die drei Führer - von gelegentlichen Schwankungen abgesehen - nicht von ihrer Vision eines Nachkriegseuropa ablenken ließen, dessen erste Konturen bereits in ihrer Teheraner Erklärung aufschimmerten. Dies war auch eine Zeit, in der die Gesundheit vor allem Churchills und Roosevelts, aber möglicherweise aller drei, beträchtlichen Schaden nahm. Dies festzustellen, heißt nicht, den zwanzig Jahre später erschienenen Behauptungen von Churchills selbsternanntem Boswell zuzustimmen, »vieles, was im letzten Kriegsjahr sonst unerklärlich wäre - z. B. die Verschlechterung seines (Churchills) Verhältnisses zu Roosevelt« sei Churchills »Erschöpfung an Geist und Körper« zuzuschreiben.[6] Dabei war Charles Moran zu jener Zeit nur selten Augenzeuge historischer Entscheidungen (obwohl man ihn »nachher recht oft zu Tische lud«). Das halbe Dutzend Mitarbeiter von Churchills Team in Whitehall, das gemeinsam eine scharfe Erwiderung auf Morans Buch schrieb, tat dagegen die kollektive Meinung kund, Morans Bewertung von Churchills »Qualitäten als Staatsmann und Führer seines Landes in Krieg und Frieden« sei »in einiger Hinsicht... falsch, in anderer unvollständig und insgesamt irreführend«.[7] Zweifellos nahm Churchills Zusammenarbeit mit Roosevelt im Jahre 1944 an Bedeutung ab, aber die Gründe dafür waren nicht medizinischer Natur.

Dabei kann der Historiker den Faktor Gesundheit bei der Einschätzung jedes der Führer der Großen Allianz (und auch Hitlers) im Jahre 1944 nicht ignorieren. Was Stalin betrifft, so sind unsere Kenntnisse auch heute, da diese Zeilen geschrieben werden, eher dürftig. Djilas, dessen Beschreibung von Stalins Erscheinung Anfang 1944 in Kapitel 1 zitiert ist, bemerkte ebenfalls, wie stark sich Stalin physisch und geistig verändert hatte, als er ihm vier Jahre später erneut begegnete. Andere unbestätigte Hinweise besagen, daß die Belastungen der Jahre 1941/42 ihren Tribut forderten, als der Sieg endlich klar in Sicht war. Stalins 64. Geburtstag folgte auf Churchills 69., den die drei Führer bei dem Abschlußbankett in Teheran gefeiert hatten.[8] Von August 1944 an wurde in Stalins Korrespondenz mit seinen beiden Verbündeten, die drei Jahre lang von Aufrichtigkeit und Vernunft geprägt war, allerdings ein Anflug von grobem Chauvinismus spürbar.

Andererseits wissen wir heute genau, welch ernste Erkrankung Churchill im Dezember 1943 zu überstehen hatte und daß Roosevelts Ärzte drei Monate später eine tödliche Krankheit diagnostizierten. Churchill hatte sich Anfang 1943 von seiner ersten Lungenentzündung bereits recht gut erholt. Bei seiner Abreise aus England im Oktober fühlte er sich allerdings nicht gut, und als die Spannung der drei Konferenzwochen in Kairo, Teheran und erneut in Kairo schließlich nachließ, übermannte ihn tiefe Erschöpfung. Am 11. Dezember hatte er einen schweren Flug zu überstehen. Nachdem die Maschine um 1.00 Uhr morgens in Kairo gestartet war, kam sie im tiefen Winter auf dem falschen Flugplatz in Tunis an (wo sich damals noch Eisenhowers Hauptquartier befand). Nachdem Churchill einen ganzen Tag geschlafen hatte, kehrte seine Lungenentzündung in den frühen Morgenstunden des 12. Dezember erneut zurück. Diesmal war sein Herz so stark angegriffen, daß Moran aus Großbritannien einen Kardiologen kommen ließ. Als die Krise vorüber war, konnte man Churchill davon überzeugen, sich zwei Wochen lang in Marrakesch zu erholen (für ihn eine lange Zeit, aber in der Tat das äußerste Minimum). Er kehrte an Bord des Schlachtschiffes *King George V.* nach Hause zurück. Zwei Stunden nach seiner Ankunft in London am 18. Januar 1944 nahm er seinen Platz in der vordersten Reihe im Unterhaus wieder ein. Er nahm den Beifall des Hauses entgegen und antwortete dann auf Fragen im Parlament »wie der jüngste Under-Secretary«. Als der Privatsekretär des Königs ihn an der Tür des Buckingham-Palastes erwartete und ihm anbot, den Lift zu benutzen, lief Churchill die Treppe hinauf, wobei er gleich zwei Stufen auf einmal nahm.[9]

Damit war die Sache jedoch nicht ausgestanden. Ende August kam es zu einem Rückfall seiner Lungenentzündung. Dieser war nur leicht, aber in den Briefen und Tagebuchnotizen derjenigen, die Churchill aus nächster Nähe beobachteten, finden sich nahezu im ganzen Jahr 1944 zahlreiche Hinweise[10] auf seine angegriffene Gesundheit. Möglicherweise erlebte Churchill zum ersten Mal in seinem Leben längere körperliche Erschöpfung, und im privaten Kreise gab er dies auch zu.[11] Seine geistige Spannkraft blieb jedoch weiterhin erstaunlich; mit seinem durchdringenden Verstand war er nach wie vor in der Lage, die Schwächen der gemeinsamen Überlegungen seiner Berater auszuleuchten. (Ein bemerkenswertes Beispiel dafür ist sein scharfsinniges Memorandum an die Stabschefs von Anfang September 1944, in dem er - zu Recht, wie sich bald erwies - die Selbstsicherheit in Frage stellte, mit der sie voraussagten, der Krieg werde zum Jahresende vorüber sein.)[12] Immer häufiger aber vergeudete er auch nutzlos Energie. Er verbrachte Stunden mit Debatten über die hohe Politik, z. B. mit der heiklen Frage, in welcher Form Großbritannien am besten zum Krieg gegen Japan beitragen könnte. Derartige Streitgespräche[13], die oft bis in die frühen Morgenstunden dauerten, endeten häufig ohne jedes Ergebnis. Die US-Navy war nicht länger an einem britischen Beitrag zum Krieg im Pazifik interessiert, den sie nun als ihre eigene Sphäre betrachtete. Churchill und seine Stabschefs waren sich uneinig, wie und wo die britischen Kräfte auf diesem Kriegsschauplatz am wirkungsvollsten eingesetzt werden sollten, falls die amerikanischen Vorbehalte ausgeräumt werden könnten. Zudem betrachtete Churchill die Aussichten der Bodenoffensive Slims in Burma äußerst skeptisch, die später zur größten Niederlage der japanischen Bodentruppen während des ganzen Krieges führte. Churchills visionäre Phantasie richtete sich immer mehr auf Unternehmungen, die kühler denkende Männer wie Brooke zu Recht als unerreichbar einschätzten.

Von seiner körperlichen Schwäche abgesehen, wurde sich Churchill in seinem 70. Lebensjahr auch zunehmend bewußt, daß er, das Gründungsmitglied der Großen Allianz, nicht länger deren Angelpunkt war, sondern daß er 1944, insbesondere nach dem gelungenen Einmarsch in der Normandie, allmählich zum Juniorpartner herabsank. Vielleicht lag es an dieser doppelten Verbitterung über seine körperliche Schwäche und sein schwindendes politisches und militärisches Gewicht in der Allianz, daß er sich selbst in den darauffolgenden zwölf Monaten stärker antrieb als je zuvor. Ungeachtet seines Gesundheitszustandes oder gerade deswegen war Churchill 1944 fast ständig unterwegs. Unter seinen vielen Reisen waren die zweite Konferenz mit Roosevelt in Quebec und die zweite Begegnung mit Stalin in Moskau. Die anderen beiden Führer blieben im Lande.

Roosevelt verließ Kairo am 7. Dezember 1943. Nach einem kurzen Zwischenaufenthalt in Tunis, wo er Eisenhower mit der Bemerkung begrüßte, dieser sollte seine Koffer packen (um den Oberbefehl über Operation *Overlord* zu übernehmen), kehrte Roosevelt auf dem Schlachtschiff *Iowa* nach Hause zurück. Am Südeingang des Weißen

Hauses begrüßte ihn sein ganzes Kabinett, und einer seiner Berater stellte fest, er habe ihn noch nie so froh und zufrieden gesehen.[14] Ob Roosevelt, der sich selbst als politischen Realisten sah, wirklich überzeugt war, daß es ihm gelungen sei, eine persönliche Beziehung zu Stalin herzustellen - was Churchill, im Vergleich zu Roosevelt ein politischer Romantiker, 1942 geglaubt hat -, wissen wir nicht. Wie üblich, sagte er verschiedenen Leuten unterschiedliche Dinge. Was er jedoch in seiner Rundfunkrede aus Hyde Park am Weihnachtsabend öffentlich erklärte, ist für die Nachwelt festgehalten:

»Ich kann sagen, daß ich mit Marschall Stalin gut ausgekommen bin. Er ist ein Mann, bei dem sich eine enorme und unnachgiebige Entschlossenheit mit einem handfesten Charakter verbindet. Ich glaube, er vertritt wirklich Herz und Seele Rußlands, und ich glaube auch, daß wir mit ihm und dem russischen Volk sehr gut fahren werden, wirklich sehr gut.«[15]

Im neuen Jahr ging es mit Roosevelts Gesundheit bergab. Im Januar - er wurde am 30. des Monats 62 Jahre alt - erkrankte er an einer Grippe. Obwohl Roosevelt ein vergleichsweise junger Mann war, zogen sich die Nachwirkungen hin. Er war am Morgen müde, bekam abends Kopfschmerzen und nickte zuweilen mitten in einem Gespräch ein, einmal sogar, als er gerade eine Unterschrift leistete. Trotzdem wurde erst Ende März, eine gründliche Untersuchung im Bethesda-Hospital in Maryland angesetzt, als der Präsident nun auch an einer Bronchitis litt. Der junge Marinearzt[16], der ihn untersuchte, war ein glänzender Kardiologe, was Roosevelt jedoch nicht im geringsten zu interessieren schien.

Für heutige Verhältnisse ist es erstaunlich, daß offenbar niemand Roosevelt die Ergebnisse der Untersuchung mitteilte oder eine Prognose stellte (neuerdings wird spekuliert, daß Roosevelt möglicherweise auch an Krebs im Frühstadium litt). Auch er selbst fragte nicht, weshalb er Digitalis einnehmen sollte (worauf der Arzt bestand). So kam es, daß der Präsident der USA und Oberkommandierende, der im März 1944 an Bluthochdruck, daraus resultierenden Herzbeschwerden und Herzversagen litt, nach einer Erholung im Hause Bernard Baruchs[17] in South Carolina und nach einigen Umstellungen in seinem Tagesablauf[18] nicht nur den Rest seiner dritten Amtszeit als Präsident zu Ende brachte, sondern auch noch einen vierten Wahlkampf erfolgreich führte. Im November 1944 wurde Roosevelt erneut zum Präsidenten gewählt, diesmal allerdings mit einer geringeren Mehrheit.[19] Die Medikamente und seine veränderte Lebensweise hatten dazu beigetragen, die unmittelbare Lebensgefahr noch einmal abzuwenden.

Die Veränderungen in Roosevelts äußerer Erscheinung waren jedoch bald nicht mehr zu übersehen, obwohl sie zum Teil auch auf seine bewußte Gewichtsabnahme zurückgingen. Im September 1944 beschrieben ihn mehrere Besucher, darunter auch Churchill, als zerbrechlich. Als er in Jalta eintraf, sah er bereits besorgniserregend aus. Churchill berichtete später über seinen Eindruck von ihrer letzten Begegnung (nach der Jaltaer Konferenz im Hafen von Alexandria), daß der Lebensfaden des Präsidenten bereits »sehr dünn war«.[20] Wie jeder Mensch, der an einer so schweren Krankheit litt und eine so enorme Last wie Roosevelt trug, hatte dieser im Laufe des Jahres 1944 gute und schlechte Zeiten. Es besteht jedoch kein Anlaß zu behaupten, er habe in Jalta nicht gewußt, was er tat. Die Entscheidungsfindung muß für Roosevelt viel zermürbender gewesen sein als selbst für Churchill mit dessen eiserner Konstitution. Insgesamt verhielt sich jedoch Roosevelt wie nach seiner Kinderlähmung vor 23 Jahren auch hier in einer Weise, als ob das ungeheure Problem, mit dem er konfrontiert war, einfach nicht existierte.

Roosevelt und Stalin

In den vierzehn Monaten zwischen den Konferenzen von Teheran und Jalta trat Stalin an Churchills Stelle als Roosevelts Hauptpartner in der Großen Allianz. Dies war zum Teil die Folge des veränderten militärischen und industriellen Kräfteverhältnisses im Bündnis. Mitte 1944 hatten die militärischen Anstrengungen Großbritanniens ihren Höhepunkt überschritten. Die Zahl der amerikanischen Divisionen übertraf inzwischen die Großbritanniens und des Commonwealth. Das wichtigste logistische Problem auf dem europäischen Kriegsschauplatz bestand nun darin, auf dem Kontinent genügend Häfen zu finden, um den ständigen Zustrom neuer amerikanischer Truppen aus den USA zu bewältigen. Obwohl Großbritannien seine Arbeitskräfte umfassender als jedes andere Land der Allianz in der industriellen Produktion einsetzte, wurde es in der Waffenherstellung im Jahre 1944 von den USA weit überflügelt und auch von der Sowjetunion eingeholt. In jenem Jahr produzierte die Industrie Großbritanniens und des Commonwealth insgesamt 31000 Flugzeuge für die über eine Million Mann der Royal Air Force. Zum Vergleich: Amerika stellte fast 100000 und die Sowjetunion über 40000 Flugzeuge her.[21]

Zudem kam es 1944 zu einer allmählichen, aber radikalen Veränderung der amerikanischen Strategie zur Niederwerfung Japans. Diese

Neubestimmung setzte sich aus verschiedenen Elementen zusammen. Roosevelt mußte persönlich intervenieren, um den Disput zwischen Nimitz und MacArthur über die Strategie im Pazifik zu schlichten. MacArthur forderte kategorisch, auf den Philippinen zu landen, während Nimitz (der zunächst von den Vereinigten Stabschefs der USA unterstützt wurde) der Meinung war, das Ziel müsse Formosa (Taiwan) sein, und die Philippinen sollten umgangen werden. Diese Entscheidung war sowohl aus Gründen der Militär- als auch der Innenpolitik der USA außerordentlich wichtig, denn MacArthur ließ Roosevelt nicht im Zweifel darüber, er werde dafür sorgen, daß eine Entscheidung gegen die Invasion der Philippinen von der Republikanischen Partei im Wahlkampf gegen ihn genutzt würde. Dieser sah sich gezwungen, im Juli 1944 MacArthur zu einem Treffen nach Pearl Harbor zu beordern. Was sich im Gespräch zwischen den beiden Männern wirklich zutrug, kann nicht mit Sicherheit gesagt werden. (Es wurden keine Aufzeichnungen gemacht.)[22] MacArthur selbst schien von dem Ergebnis überrascht worden zu sein: Der Präsident stimmte der Landung auf den Philippinen zu. Mit dieser Entscheidung gab Roosevelt MacArthur die Möglichkeit, sein Versprechen von 1942 einzulösen und an der Spitze seiner Armee »zurückzukehren« (womit die Gefahr gebannt war, diese Frage könnte im amerikanischen Wahlkampf eine Rolle spielen). Dies führte zur größten Seeschlacht des Krieges im Golf von Leyte, in der die US Navy die japanische Seestreitmacht im Oktober 1944 endgültig zerschlug.

Die zweite wesentliche Veränderung der Strategie im pazifischen Raum, die das Jahr 1944 brachte, verdankte sich der zunehmenden Enttäuschung der US-Administration über Tschiang Kai-schek. Die erfolgreiche Sommeroffensive der Japaner gegen die chinesische Armee, die wachsende Stärke Mao Zedongs in Yenan, die Korruption und Inkompetenz des Tschungkinger Regimes – all das führte in der Mitte des Jahres dazu, daß Roosevelt zum ersten Mal Zweifel beschlichen, ob China überhaupt zusammengehalten werden könnte, von einer Rolle als Großmacht bei Kriegsende ganz zu schweigen. Es war jedoch viel zu spät für ihn, seine Konzeption von China als vierter Polizeimacht nach dem Kriege zu verwerfen, selbst wenn er es gewollt hätte. Die China-Lobby in den Vereinigten Staaten war zu stark. Trotzdem wurde deutlich, daß der chinesische Beitrag zur Niederwerfung Japans minimal war – außer daß China die Japaner dazu zwang, eine Armee von über einer Million Mann auf dem chinesischen Festland zu halten. Von nun an sahen die Vereinigten Staaten nach einer Niederlage Deutschlands nicht mehr China und auch nicht Großbritannien, sondern die Sowjetunion als Hauptverbündeten an, von dem sie einen wichtigen Beitrag zum entscheidenden Angriff gegen Japan erwarten konnten.

Hinter all diesen Überlegungen stand Roosevelts globales Konzept vom zukünftigen Verhältnis zwischen den Vereinigten Staaten und der UdSSR. Schon 1942 hatte Roosevelt Churchill gegenüber geäußert, er sei besser geeignet, mit Stalin »umzugehen«. Dennoch war er keineswegs naiv und vertrauensselig, wie manche seitdem behauptet haben. Stalin war in der Tat der schwierigste Mensch, mit dem Roosevelt jemals auskommen mußte; aber Roosevelt war gerade darin unübertroffen, mit anderen Menschen »umzugehen«, und er wußte dies auch. Die Grundlage des amerikanisch-sowjetischen Brückenschlags, wie Roosevelt ihn sah, war jedoch vielmehr geopolitischer als persönlicher Natur. Roosevelt ging in seinem Grundkonzept des Verhältnisses zwischen den beiden Ländern von der Voraussetzung aus, daß »die Interessen der Vereinigten Staaten weltweit und nicht auf Nord- und Südamerika sowie den Stillen Ozean begrenzt sind..., daß die Sowjetunion ebenso weltweite Interessen hat und... die beiden Länder gemeinsam jede politische oder wirtschaftliche Streitfrage zwischen ihnen zu lösen imstande sind.«[23]

Die Tatsache, daß Roosevelt seine Vision der Nachkriegswelt Stalin nicht persönlich darlegen konnte, sondern dies durch Hopkins bei einem der letzten Gespräche in Moskau geschah, mindert ihr Gewicht keinesfalls, eher im Gegenteil. Von diesem Grundkonzept ließ sich Roosevelt in seinem Umgang mit Stalin von der Teheraner Konferenz bis zu seinem Tode leiten (sie blieb noch lange nach ihm weitgehend der Maßstab für die amerikanische Politik gegenüber der Sowjetunion). Dies ist auch der Grund dafür, daß Roosevelt in den Jahren 1944/45 streng darauf achtete, nicht zu sehr in den sowjetisch-polnischen Streit hineingezogen zu werden, der zunehmend an Bedeutung gewann. Nachdem Churchill im November 1944 tagelang versucht hatte, den Premierminister der polnischen Exilregierung, Stanislaw Mikolajczyk, zu überzeugen, die Curzon-Linie als Ostgrenze Polens zu akzeptieren, war Roosevelt lediglich bereit, in einem Brief an Mikolajczyk zu erklären, wenn die polnische, die sowjetische und die britische Regierung eine Übereinkunft über Polens Grenzen erreichen sollten, werde die amerikanische Regierung »keine Einwände machen«.[24] In Jalta war er zwar noch verpflichtet, Position zu beziehen, aber in den Wochen nach dieser Konferenz hielt er sich aus der Polenfrage heraus, soweit er konnte.

Churchill und Roosevelt

Das Verhältnis zwischen Churchill und Roosevelt in der Zeit zwischen den Konferenzen von Teheran und Jalta kann dem äußeren Anschein nach auf gegensätzliche Weise betrachtet werden. Da einerseits die Beziehung zwischen Roosevelt und Stalin in diesen Monaten in den Vordergrund trat, verlor das Verhältnis zwischen dem Präsidenten und dem Premierminister unvermeidlich an Gewicht. Vorbei waren die Tage, da in ihren Telegrammen das Wort »Spaß« auftauchte. Auf beiden Seiten klangen nun von Zeit zu Zeit bittere Töne an. Obwohl aber andererseits ihre Meinungsverschiedenheiten im Jahre 1944 in einer ganzen Reihe von politischen, militärischen und wirtschaftlichen Fragen zunahmen, ist es bemerkenswert, wie weit Roosevelt, wann immer er konnte, zu gehen bereit war, um Churchill wenigstens einen Teil, manchmal auch alles zu geben, was dieser in einem konkreten Augenblick wünschte.

Ein wichtiges Zugeständnis, das Roosevelt Churchill an der Jahreswende 1943/44 machte, wurde bereits erwähnt – das Zurückhalten von Landungsschiffen im Mittelmeer, ohne die Operation *Shingle*, die Landung der Briten und Amerikaner bei Anzio, südöstlich von Rom, an die Churchill sein Herz gehängt hatte, nicht hätte realisiert werden können. Auf britisches Drängen wurde auch das Datum für Operation *Anvil* vorverlegt (so daß diese nun auf *Overlord* folgte). *Shingle*, die Operation, die Churchill als Vorspiel dessen geplant hatte, was er gegenüber Stalin als »Mini-Stalingrad« beschrieb, wurde am 22. Januar 1944 ein voller Überraschungserfolg. Bald aber ereilte Churchill erneut das Pech, das seine Mittelmeerstrategie im allgemeinen und den Italienfeldzug im besonderen verfolgte. (Oder war es diesmal eine Fehlleistung der Generale? Der amerikanische Korpskommandeur bei Anzio, Generalleutnant John Lucas, wurde zu Recht beschuldigt, übervorsichtig gewesen zu sein, aber auch Alexanders Rolle war kritikwürdig.)[25] Churchill beschrieb es in den ihm eigenen plastischen Worten: »Wir hatten gehofft, eine Wildkatze zu landen, die den Boches die Gedärme aus dem Leibe reißen würde. Statt dessen landeten wir einen riesigen Wal, der mit seinem Schwanz im Wasser herumplanschte.«[26]

Mit diesen zwei Sätzen beschrieb Churchill die Tatsache, daß die Deutschen, nachdem sie sich von ihrer ersten Überraschung bei Anzio erholt hatten und sich auf ihre überlegenen Versorgungslinien besannen, nun im Gegenzug den Brückenkopf der Alliierten angriffen, so daß die Amerikaner und Briten größte Mühe hatten, sich nicht ins Meer zurückwerfen zu lassen. Eine militärisch wirkungslose und kulturell unentschuldbare Operation folgte - die Zerstörung des historischen Benediktinerklosters am Monte Cassino durch ein schweres Bombardement -, ohne daß die deutsche Verteidigungslinie auch nur beschädigt wurde.[27] Als Alexander im Mai 1944 schließlich die Hauptkräfte seiner Armeegruppe westlich der Apenninen konzentrierte, gelang es ihm endlich, die Deutschen zum Verlassen ihrer Stellungen bei Cassino zu zwingen. Sie konnten dies jedoch in größerer Ordnung als erwünscht tun, da es General Mark Clark persönlich wichtiger war, Rom zu besetzen, als die deutsche Vierzehnte Armee zu verfolgen[28], die sich in heilloser Flucht befand.

Hier nahm der größte strategische Streit des ganzen Krieges zwischen Churchill und Roosevelt seinen Anfang. Die wesentliche Streitfrage, um die es in einer Reihe von Telegrammen zwischen London und Washington im Juni und Juli ging, bestand in folgendem: Sollten die Divisionen (die meisten waren französische) nun, da Rom fast ein Jahr nach der ersten Landung der Alliierten in Italien endlich gefallen war, aus Italien abgezogen und entsprechend der in Quebec 1943 getroffenen Vereinbarung zur Invasion Südfrankreichs eingesetzt werden (Operation *Anvil*, die die Großen Drei in Teheran als Unterstützungsoperation für *Overlord* beschlossen hatten), oder sollten sie in Italien bleiben, um Alexander die Möglichkeit zu geben, seinen Erfolg vollständig auszubauen? Hinter diesem bitteren Streit zwischen Churchill, der für die zweite Variante plädierte, und Roosevelt, der an der ersten festhielt, standen mehrere Fragen - die begrenzte Zahl von Landungsschiffen, die die Operationen im Pazifik für Europa übrigließen, Churchills Glaube an einen Flankenangriff auf den »weichen Unterbauch«, dem Marshalls Befürchtung gegenüberstand, periphere Operationen könnten einen »Saugpumpeneffekt« bei den für *Overlord* benötigten Ressourcen haben. Schließlich spielte auch der Verdacht Washingtons eine Rolle, Churchills wirkliches Ziel sei weniger militärisch als vielmehr politischer Natur (eine Balkanstrategie, mit der man dem Einmarsch der Roten Armee in »Ost-, Mittel- und Südeuropa« zuvorkommen wollte).[29] Hinter all diesen Faktoren stand sicherlich auch die besondere Sorge Churchills, daß sich in Italien nicht noch einmal das ruhmlose Ende des Dardanellenfeldzuges wiederholen könnte, wo vor fast dreißig Jahren ein kluges strategisches Konzept durch Fehler und Unfähigkeit der Kommandeure zunichte gemacht worden war und man nach großen Menschenverlusten militärische Operationen schließlich in einem Augenblick stoppte, als man sie bei etwas mehr Beharrlichkeit noch zum Erfolg hätten führen können.

In wochenlangen Kämpfen in bergigem Gelände von Monte Cassino lieferten sie sich mit den Deutschen eine Abnutzungsschlacht. Das weltberühmte Kloster aus dem 6. Jahrhundert wurde aufgrund der Fehleinschätzung des alliierten Oberkommandos durch Bomber vollkommen zerstört: man hatte fälschlicherweise angenommen, es sei ein Stützpunkt der deutschen Truppen. In Wirklichkeit lag kein einziger deutscher Soldat im Kloster Monte Cassino.

Während Roosevelt in diesem Disput sowohl seine Vereinigten Stabschefs als auch Eisenhower fest hinter sich wußte, besaß Churchill nicht die volle Unterstützung seines eigenen Teams. Vor der Einnahme Roms hatte Wilson eine Landung in Südfrankreich Mitte August als die beste von mehreren Optionen empfohlen. Alexander schlug jedoch in einem Bericht, der unmittelbar darauf folgte, unter anderen Varianten wiederum auch die sogenannte Wiener Alternative vor, die Ausweitung des Italienfeldzuges in nordöstlicher Richtung durch die Pforte von Ljubljana nach Nordwestjugoslawien. Zunächst fiel es dem Gemeinsamen Komitee der Stabschefs nicht schwer zuzustimmen, daß Alexander, wie vorher vereinbart, so schnell wie möglich bis zur Linie Pisa-Rimini vorstoßen und darauf Operation *Anvil* (die nun zur allgemeinen Verwirrung in *Dragoon* umbenannt worden war) entweder an der Riviera oder in der Biskaya folgen sollte. Brooke betrachtete die Wiener Alternative von Anfang an skeptisch. Er bezeichnete sie als »wilde Hoffnungen«, die nicht »auf einer wirklichen Untersuchung des Problems« durch Alexander beruhten, von dessen strategischem Urteil er noch nie viel gehalten hatte.[30] Nicht so Churchill. Nachdem aus entschlüsselten Nachrichten die deutsche Entschlossenheit offenbar geworden war, sich in Italien weiter südlich, als die Alliierten erwartet hatten, zum Kampf zu stellen,[31] griff Churchill erneut auf die Wiener Alternative zurück, die auch Wilson seit dem 19. Juni unterstützte. Da diese ehrgeizige Strategie nicht ohne die zehn Divisionen realisiert werden konnte, die für Operation *Anvil/Dragoon* vorgesehen waren, geriet der anglo-amerikanische Dialog in eine Sackgasse. Am 28. Juni versuchte Churchill aus dieser herauszukommen, indem er Roosevelt zwei Telegramme sandte. Im ersten ließ er den Präsidenten kurz wissen, wie »schwer« er es nehme, daß »alle unsere großen Anstrengungen im Mittelmeer zunichte gemacht werden«, und bat diesen »ernsthaft, die Angelegenheit persönlich zu prüfen«. Das zweite Telegramm enthielt ein langes Memorandum mit dem Titel »Operationen auf dem europäischen Kriegsschauplatz – Mitteilung des Premiers und des Verteidigungsministers«. Darin wurde der Invasion Südfrankreichs eine Absage erteilt und statt dessen Zustimmung für »den Plan eines Angriffs nach Osten über die Adria gegen Ende September« mit dem Ziel der Einnahme Triests gefordert.[32]

Churchills Telegramme kreuzten sich mit einer kurzen Erwiderung Roosevelts, der das Pikas ausspielte: Eisenhower sei (mit Montgomerys Zustimmung) »eindeutig für *Anvil*... bis zum 30. August, möglichst früher«.[33] Am nächsten Tag folgte eine längere, wohldurchdachte Antwort auf Churchills Memorandum, die die Vereinigten Stabschefs entworfen hatten, deren letzter Absatz aber von Roosevelt persönlich stammte. Darin erinnerte man Churchill an die Vereinbarungen von Teheran und teilte ihm mit, sollte es beiden nicht gelingen, Wilson bis zum 1. Juli in Marsch zu setzen, damit er Operation *Anvil* sobald wie möglich starte, dann müßten sie »unverzüglich mit Stalin in Verbindung treten« (die Offensive der Roten Armee in Belorußland hatte sechs Tage früher begonnen, und Minsk war am Ende des Monats zurückerobert worden). Im letzten Absatz wurde Roosevelt ganz deutlich: »Aus rein politischen Überlegungen würde ich hier auch den geringsten Rückschlag von *Overlord* nicht überleben, wenn bekannt würde, daß relativ starke Kräfte auf den Balkan umgelenkt wurden.«[34]

Churchill entwarf am 30. Juni eine zornige Erwiderung. (An diesem

Tag besuchte er Verteidigungsanlagen gegen die unbemannte V-1, die seit Mitte Juni auf London abgefeuert wurde und in den ersten zwei Wochen fast 2000 Opfer unter der Zivilbevölkerung gefordert hatte). Er bot Roosevelt an, sofort über den Atlantik zu kommen, und wies sogar auf die Möglichkeit hin, er könnte von seinem Amt zurücktreten. Diese Botschaft wurde jedoch niemals abgesandt. Statt dessen ging am 1. Juli ein formaleres und gemäßigteres Telegramm an Roosevelt ab, in dem Churchill das Ansinnen zurückwies, Stalin zu konsultieren. Die britische Regierung werde Roosevelts Ablehnung unter »feierlichem Protest« hinnehmen, sobald der Präsident ihn wissen lasse, daß »keine Hoffnung auf eine nochmalige Prüfung bestehe«. Diese Bestätigung folgte auf dem Fuße,[35] und ungeachtet weiterer Bemühungen Churchills im Juli - diesmal wollte er Operation *Dragoon* von der Riviera nach Bordeaux verlegen - wurde die Invasion Südfrankreichs in der Gegend zwischen Toulon und Nizza am 15. August ohne Schwierigkeiten eingeleitet. Am 3. September wurde Lyon befreit, und am 12. September 1944 folgte die Vereinigung mit den Truppen Eisenhowers.

Der Abzug von vierzig Prozent der amerikanischen Fünften Armee aus den Alexander in Italien unterstellten Einheiten im Juli machte die glänzenden Möglichkeiten zunichte, die sich Churchill all die Monate vorher für seinen Lieblingsgeneral (den er in seinen Memoiren als »heiter lächelnd, in untadeliger Haltung« beschrieb) ausgemalt hatte.[36] Churchill selbst schien dies zunächst auch nicht zu akzeptieren, was immer er an Roosevelt in der Hitze des Gefechts telegrafierte. Ende August sprach er zu Feldmarschall Jan Christian Smuts immer noch von seiner Hoffnung, »letztendlich über Triest und die Pforte von Ljubljana nach Wien zu marschieren«.[37] Dies war bereits damals nichts als ein Wunschtraum. Ob dieser je hätte realisiert werden können, selbst wenn Alexander die Divisionen behalten hätte, die er an Operation *Dragoon* abgeben mußte, ist reine Spekulation. (Die Widerstandskraft der deutschen Wehrmacht wurde bis zum letzten Monat des Italienfeldzuges stets unterschätzt. Erst dann - 21 Monate nach der ersten Landung auf Sizilien - überschritten die Truppen der Alliierten den Po.) Ganz ohne Zweifel war jedoch der transatlantische Disput über den Italienfeldzug im Sommer 1944 der Tiefpunkt in Churchills Verhältnis zu Roosevelt.

Andere Meinungsverschiedenheiten zwischen den beiden Führern in dieser Zeit erstreckten sich über ein weites Feld. So ähnelte z. B. Churchills Haltung zur italienischen Regierung politisch gesehen der Roosevelts zu de Gaulle. Roosevelt unterstützte das Programm der sechs politischen Parteien und setzte sich dafür ein, sie bereits im März 1944 in die italienische Regierung zu bringen. Churchill dagegen teilte Roosevelt noch am 10. Juni (fast eine Woche nach dem Fall von Rom und nachdem der König seinen Sohn, Kronprinz Umberto, zum Statthalter ernannt hatte) mit, es sei »ein großes Unglück, wenn Badoglio von dieser Gruppe alter hungriger Politiker ersetzt« werde. Dies geschah dann auch, und Badoglio wurde als Premierminister von diesem »elenden alten« Bonomi abgelöst.[38] Paradoxerweise war der Politiker, gegen den sich Churchills Abneigung in erster Linie richtete, nicht der Führer der Kommunistischen Partei, Palmiro Togliatti, der im März aus Moskau[39] nach Italien zurückkehrte und am 1. April mit einer Rede in Salerno die italienische politische Szene elektrisierte. Dort verkündete er die Bereitschaft seiner Partei, einer Koalition unter Führung Badoglios beizutreten und die Frage der Monarchie zunächst ruhen zu lassen - die sogenannte Wende von Salerno. Der Mann, den Churchill nicht ausstehen konnte, war ein antifaschistischer Liberaler, Graf Carlo Sforza[40]. Diese Abneigung war so stark, daß die britische Regierung im Dezember 1944, als das Kabinett Bonomi umgebildet wurde, ein einseitiges Veto dagegen einlegte, daß Sforza Premier oder Außenminister werde. Damit provozierte sie eine öffentliche Erklärung der amerikanischen Regierung, die sich von dem britischen Veto distanzierte. Die Presse beider Länder schleuderte noch viel Schmutz über den Atlantik, bis dieser Streit beigelegt war.[41]

Operation *Overlord* begann schließlich am 6. Juni 1944. De Gaulle war entschlossen, »die Angelsachsen« daran zu hindern, in Frankreich eine ähnliche Situation heraufzubeschwören wie in Italien. Sein Komitee der Nationalen Befreiung erklärte sich selbst zur Provisorischen Regierung Frankreichs und forderte internationale Anerkennung. Churchill drängte Roosevelt, de Gaulle endlich nach Washington einzuladen. Aber selbst zu diesem späten Zeitpunkt lehnte es Roosevelt »als Staatsoberhaupt« strikt ab, »ihn nach hier einzuladen«. De Gaulle mußte selbst um einen Empfang bei Roosevelt nachsuchen.[42] Dieser Besuch fand schließlich Anfang Juli statt, achtzehn Monate später als ursprünglich beabsichtigt und einen Monat nach der Invasion in der Normandie. Grollend gab Roosevelt dem Rat seines eigenen State Department nach, daß de Gaulle de facto anerkannt werden müsse (weniger konnte er damals kaum noch tun). Die volle Anerkennung durch die britische und die amerikanische Regierung, der sich die Sowjetregierung anschloß, erfolgte jedoch erst drei Monate später. Die amerikanische Entscheidung war die Folge eines plötzlichen Sinneswandels Roosevelts, der

Churchill »verwirrte«, denn wie jedermann in London war er überzeugt, daß diese Entscheidung nicht mehr umgangen werden konnte.[43]

Die zwei wichtigsten wirtschaftlichen Bereiche anglo-amerikanischer Meinungsverschiedenheiten, die 1944 Churchills und Roosevelts Aufmerksamkeit erforderten, waren das Öl und die Zivilluftfahrt (letztere betraf auch die sensible Frage der Stützpunkte). Beide waren heißumstrittene Themen und gaben einen Vorgeschmack auf die Rivalität der beiden Länder in der Nachkriegszeit. Da aber keine dieser Fragen damals gelöst wurde[44], bilden sie lediglich einen Teil des Hintergrundes jener schwierigen Beziehungen zwischen den beiden Führern im Jahre 1944. Im September wurde diese allerdings zum letzten Mal vom »Widerschein der Freundschaft« erhellt, wie Churchill es damals ausdrückte.[45] Auf der Eröffnungssitzung der Zweiten Konferenz von Quebec am 13. September bemerkte Churchill, alles, was sie berührt hätten, sei zu Gold geworden. In diesen Worten spiegelte sich die Tatsache wider, daß die Armeen der Alliierten am 25. Juli endlich aus ihrem Brückenkopf in der Normandie ausgebrochen waren, am 25. August in Paris und am 3. September in Brüssel einmarschiert waren. Am Eröffnungstag der Konferenz hatten amerikanische Truppen gerade die deutsche Grenze westlich von Aachen überschritten. Bis zum Fehlschlag des anglo-amerikanischen Luftangriffs in Holland blieben noch zwei Wochen, und erste Anzeichen wiesen darauf hin, daß die Deutschen dem sowjetischen Druck auf dem Balkan weichen mußten. Ein Ende des Krieges in Europa bis Weihnachten schien nicht mehr unmöglich zu sein.

Octagon

Wie im Jahr zuvor reiste Churchill per Schiff nach Halifax, von wo er mit der Eisenbahn nach über zwanzig Stunden Fahrt am Morgen des 11. September 1944 in Quebec eintraf. Roosevelts Zug war gerade angekommen. Die beiden Führer begaben sich gemeinsam zur Zitadelle, wo die Tagungen stattfinden sollten. Die zweite Konferenz von Quebec mit dem Codenamen *Octagon* war das letzte bedeutende bilaterale Treffen Churchills und Roosevelts in der Serie von Konferenzen, die drei Jahre zuvor in Placentia Bay begonnen hatte. Angesichts der ernsten angloamerikanischen Differenzen beschrieb Churchill diese Beratung im August als »die notwendigste», an der er jemals teilgenommen hatte.[46] Meinungsverschiedenheiten gab es jedoch nicht nur zwischen London und Washington, sondern auch zwischen Churchill und seinen Stabs-

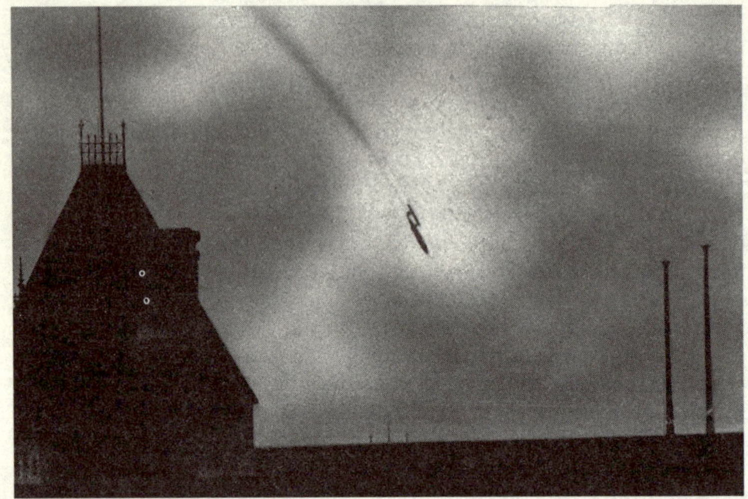

Vier Jahre hatten die Londoner Ruhe gehabt; nach dem »Blitz« des Herbstes 1940 wurde die deutsche Luftwaffe auf anderen Kriegsschauplätzen gebraucht. Aber im Sommer 1944 war es soweit; die vielberedeten »Vergeltungswaffen« waren nach immer neuer Verzögerung einsatzbereit, als die alliierten Truppen schon auf dem Boden des Kontinents kämpften. Die V 1, die sogenannte Flügelbombe, war eine vergleichsweise harmlose Waffe, die nach der ersten Überraschung von den britischen Jägern leicht abgeschossen werden konnte, da sie im Grunde ein unbemanntes Flugzeug war, das mit herkömmlicher Geschwindikeit sein Ziel ansteuerte. Die V 2 dagegen, die wenig später eingesetzt wurde, war die erste Fernrakete der Kriegsgeschichte, gegen die es bei dem damaligen Stand der Technik kein Abwehrmittel gab. Aber sie trug eine normale Bombe mit konventioneller Sprengkraft in ihr Ziel und damit stand der Aufwand der Treibladung in keinem Verhältnis zur Sprengladung

chefs. Brookes Verhältnis zu Churchill war jetzt sehr gespannt. Die Diskussionen während der Fahrt über den Atlantik waren so hart, daß Churchill zwei Tage vor der Ankunft in Halifax gegenüber seinen Stabschefs bemerkte, es gebe wohl keinen einzigen Punkt mehr, in dem sie übereinstimmten (seine beiden Hauptziele, die die Stabschefs nicht teilten, waren der Vormarsch auf Wien und die Wiedereinnahme Singapurs). Zum Auftakt von *Octagon* bot sogar Ismay dem Premierminister seinen Rücktritt an, der diesen allerdings ablehnte.[47] (Hier muß für mil-

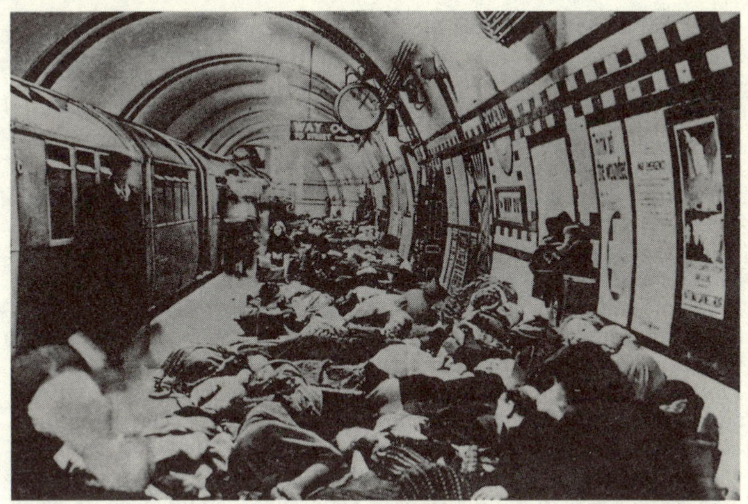

und war kriegswirtschaftlich unrentabel. Hitler, wie immer auf psychologische Wirkung setzend, versprach sich jedoch große moralische Wirkung und erhoffte eine Wende des Krieges im Westen. Nach kurzer Zeit waren jedoch die Abschußrampen von V 1 und V 2 überrannt. – Die Unheimlichkeit einer Raketenwaffe, die ohne Vorwarnung in nahezu ballistischem Fluge auf London niederging, machte die hauptsächliche Wirkung der V 2 aus; während man sich an die langsam fliegende V 1 gewöhnt hatte, wußte man der neuen Waffe nicht zu begegnen und hielt es für möglich, daß Hitler Zehntausende der Raketen im Hinterhalt hielt. Die Bevölkerung suchte nächtliche Zuflucht in U-Bahn-Schächten, aber die Bedrohung stellte sich bald als Spuk heraus. Die Deutschen verfügten nicht über nennenswerte Mengen von Raketen, der Angriff war nur ein letztes Aufbäumen des eigentlich schon geschlagenen Gegners.

dernde Umstände plädiert werden: Churchill hatte sich von dem Rückfall seiner Lungenentzündung Ende August noch nicht vollständig erholt; das Wetter auf dem Atlantik war drückend heiß und feucht. Während Churchill sich auf See befand, schlugen am 8. September die ersten V-2-Raketen in London ein, die ersten Lenkgeschosse in der Militärgeschichte. In der Woche bis zum 18. September 1944 erreichten sechsundzwanzig V-2 Südengland und töteten 56 Zivilisten.) Und doch erreichten Churchill und Roosevelt auf der *Octagon*-Konferenz unerwartet ein bemerkenswertes Maß an Übereinstimmung, bevor sie sich südwärts nach Hyde Park begaben, wo Churchill und seine Frau (die ihn ausnahmsweise zur Quebec-Konferenz begleitete) noch zwei Tage blieben. Churchill und Roosevelt erhielten den Ehrendoktor der McGill-Universität, deren Professoren zu diesem Zweck nach Quebec gekommen waren. In der Feierstunde erklärte Churchill, seine Freundschaft mit Roosevelt sei unter den Hammerschlägen des Krieges gehärtet worden.

In Quebec wurden im Unterschied zu den endlosen Diskussionen früherer anglo-amerikanischer Konferenzen in nur vier Beratungstagen Probleme gelöst, die bisher stets stundenlange hitzige Debatten ausgelöst hatten. Roosevelt setzte sich über King, seinen Oberbefehlshaber für Seeoperationen, hinweg und nahm das britische Angebot an, eine Flotte in den Pazifik zu entsenden. Während General Slim seine Offensive in Burma vorantrieb, sollte möglichst bis März 1945 Operation *Dracula*, ein Angriff aus der Luft und von See her auf Rangoon, gestartet werden. Alexander durfte im Herbst einen Angriff auf Istrien unternehmen, vorausgesetzt, die für *Dracula* benötigten Landungsschiffe würden dadurch nicht im Mittelmeer aufgehalten. Aus Italien sollten keine amerikanischen Truppen abgezogen werden, solange die deutsche Armee dort nicht geschlagen war. Roosevelt änderte seinen Standpunkt auch in einer Frage, in der er bislang unerbittlich gewesen war - der Ausdehnung der amerikanischen Besatzungszone in Deutschland. Bisher hatte er darauf bestanden, daß deren Versorgungslinien nicht durch Frankeich führen durften. Nun akzeptierte er Süddeutschland, vorausgesetzt, die amerikanischen Truppen erhielten auch die Häfen vom Bremen und Bremerhaven.

Auf längere Sicht waren die beiden wichtigsten Übereinkünfte, die Churchill und Roosevelt in Quebec erzielten, jedoch nicht militärischer, sondern wirtschaftlicher Natur. Großbritannien sollte nach dem Sieg über Deutschland während des Krieges gegen Japan, für den man damals weitere achtzehn Monate nach Kriegsende in Europa ansetzte, Hilfe nach dem Leih- und Pachtgesetz erhalten. (Die Einzelheiten dieser sogenannten Hilfe, Stufe II, die für das Überleben der britischen Wirtschaft unverzichtbar war, wurden von den beiden Regierungen im November 1944 ausgehandelt.)[48] Darüber hinaus billigten Churchill und Roosevelt in Abwesenheit ihrer beiden Außenminister aber auch einen Plan, den der amerikanische Finanzminister Morgenthau während des Essens am Eröffnungstag der Konferenz vorgetragen hatte. (Der britische Außenminister Eden, der vom Morgenthau-Plan schokkiert war, kam erst am 14. September in Quebec an. Hull, den man wie üblich von derartigen Konferenzen ausgeschlossen hatte, trat schließlich im November 1944 zurück.) In diesem als Morgenthau-Plan bekannt gewordenen Dokument wurde gefordert, die »Kriegsindustrien an Ruhr und Saar« zu eliminieren und »Deutschland zu einem Staat von vorwiegend landwirtschaftlichem und dörflichem Charakter umzugestalten«. Zu Churchills Ehre muß man sagen, daß er zunächst instinktiv ablehnend reagierte. Dann jedoch folgte er (zum Teil beeinflußt von Cherwell[49], der die Vorteile der Beseitigung der deutschen Industriekonkurrenz für Großbritannien stark herausstrich) Roosevelt in der Zustimmung zu diesem Vorschlag, die in einem von dem Präsidenten und dem Premierminister am 15. September 1944 gemeinsam angenommenen Memorandum - »OK, FDR, WSC« - zum Ausdruck kam. Langfristig ökonomisch unsinnig und kurzfristig ein Geschenk an Josef Goebbels' Propagandaapparat, erwies sich der Morgenthau-Plan (der bald in die amerikanische Presse durchsickerte) als totgeborenes Kind.[50]

Ein ähnliches Schicksal ereilte auch die meisten anderen Übereinkünfte von Quebec. Die Hilfe nach dem Leih- und Pachtgesetz wurde von Truman eine Woche nach dem Sieg über Japan abrupt gestoppt. Die britische Flotte erreichte den Pazifik, aber weder Operation *Dracula* noch die Landung in Istrien fanden jemals statt.[51] Roosevelt stand zu seiner veränderten Entscheidung über die amerikanische Besatzungszone in Süddeutschland, sein Streit mit de Gaulle aber, der seinem früheren Widerwillen in dieser Angelegenheit zugrunde lag, wurde bis zum Ende ausgefochten. Die dramatischen Folgen des Aide-mémoire von Hyde Park über die Atombombe, das Churchill und Roosevelt am 19. Dezember 1944 im Hause des Präsidenten unterzeichnet hatten[52], lösten nach den Atombombenabwürfen auf Hiroshima und Nagasaki im August 1945 rund um den Erdball stürmische Reaktionen aus. Nach der Unterzeichnung hatte Churchill seinen Kabinettskollegen in London berichtet, dieses Abkommen stütze sich auf »eine langfristige Zusammenarbeit in der Nachkriegszeit, die nur nach gegenseitiger Übereinkunft beendet« werden könne. Gegenüber Attlee bezeichnete er es noch ein Jahr später als »eine militärische Verständigung zwischen uns und der größten und stärksten Macht in der Welt«.[53] Obwohl dies bisher nicht dokumentarisch belegt werden kann, teilte Roosevelt Churchills persönliche Interpretation dieser Übereinkunft zu jener Zeit offensichtlich nicht. Auf jeden Fall wurde die atomare Zusammenarbeit der beiden Länder nach Kriegsende sehr rasch abgebaut.

Als Stalin aus Teheran abreiste, war er sicher, daß Roosevelt sich die Sowjetunion als Hauptverbündeten der USA gegen Japan wünschte, sobald Deutschland besiegt sei. Was Tschiang Kai-schek betraf, so sah Stalin diesen seit langem realistisch - ein gebrochenes Schilfrohr, aber »unter den Umständen noch der beste Mann«.[54] Stalin hatte lediglich noch den Preis der Sowjetunion für den Kriegseintritt gegen Japan zu nennen. Dies würde er in Jalta tun. Was Mittel- und Osteuropa sowie den Balkan betraf, so hegte Stalin nach Roosevelts Worten über Polen und die baltischen Staaten in Teheran wenig Zweifel daran, daß Roosevelt - von wahltaktischen Überlegungen einmal abgesehen - sich in diesen Fragen zurückhalten werde. So hatte er es 1944 hier vor allem mit Churchill und nicht mit Roosevelt zu tun. Was Polen betraf, so mußte Churchill im Unterschied zu Roosevelt auf jeden Fall den Versuch unternehmen, zwischen Stalin und der polnischen Regierung zu vermitteln. Dies zum einen, weil Großbritannien auf Grund des Bündnisvertrages mit Polen im September 1939 Deutschland den Krieg erklärt hatte, zum anderen, weil die polnische Exilregierung in London saß. Man konnte dort also die Polenfrage auf keinen Fall ignorieren. Ganz und gar unmöglich wurde dies nach dem 10. Januar 1944, als die Sowjetregierung die Curzon-Linie öffentlich als Ostgrenze Nachkriegspolens vorschlug.

Die Verantwortung der Sowjetunion für das schreckliche Verbrechen von Katyn ändert nichts an der Tatsache, daß Stalin gute Gründe für sein Beharren auf der Curzon-Linie hatte, wenn man von Lwow einmal absieht. Schließlich hatte der britische Außenminister, wie Stalin Churchill und Roosevelt mehrmals ins Gedächtnis rief, auf der Pariser Friedenskonferenz ein Vierteljahrhundert früher diese Grenze als die ethnisch gerechteste vorgeschlagen, als der polnische Staat (zum ersten Mal nach über hundert Jahren) wiederhergestellt wurde. Das Regime »der Obristen«[55] im Polen zwischen den Kriegen sah die Zweite Polnische Republik als direkte Fortsetzung des polnisch-litauischen Reiches aus dem 17. Jahrhundert, das sich von der Ostsee bis zum Schwarzen Meer erstreckt hatte und an dessen Stelle als Hauptmacht Osteuropas erst allmählich Rußland getreten war. An diesem romantischen Konzept eines polnischen Nationalismus konnte man vielleicht noch festhalten, solange die Sowjetunion am Boden lag, aber in den vierziger Jahren war es unwiderruflich zu einem Luftschloß geworden. Sikorski, der einzige Pole, der vielleicht einen Handel mit Stalin hätte zustande bringen können, war tot.

Die Exilregierung und die *Armia Krajowa*, die wichtigste Widerstandsbewegung in Polen, kümmerten sich wenig darum, daß es 1944 unrealistisch geworden war, weiterhin ein Polen in den zwischen den Weltkriegen bestehenden Grenzen anzustreben, das Millionen von Ukrainern und Belorussen und sogar die litauische Hauptstadt Vilnius umfassen sollte. Polen hatte sie 1920 erobert, und bis 1944 erhob eine polnische Regierung weiterhin Anspruch darauf. Selbst die Polen in London, die einsahen, daß eine neue territoriale Regelung zwischen Polen und der Sowjetunion den überholten Vertrag von Riga ersetzen mußte, mußten berücksichtigen, daß der größte Teil der polnischen Truppen, die unter britischem Kommando mit großer Tapferkeit gegen die Deutschen kämpften, aus Ostpolen kam.

In diesen verwirrenden Konflikt alter nationaler Rivalitäten[56] stürzte sich Churchill, kaum 48 Stunden nachdem er von seinem Genesungsurlaub in Marokko nach London zurückgekehrt war. Im ersten Gespräch mit den Polen 1944 wurde nichts erreicht. Mikolajczyk bestand sogar darauf, Vilnius zu behalten oder, besser gesagt, zurückzuerobern. Am 28. Januar telegrafierte Churchill einen langen Bericht über dieses Gespräch an Stalin, in dem es hieß, er habe der polnischen Regierung geraten, die Curzon-Linie, verbunden mit territorialer Kompensation im Westen, als Grundlage für Gespräche zu akzeptieren. Zugleich warnte er Stalin, daß die Einheit der Großen Allianz in Gefahr gerate, falls »in Warschau eine andere polnische Regierung eingesetzt wird als die, die wir bisher anerkennen«.[57]

In den darauf folgenden sechs Monaten ging es in diesem Streit auf und ab. So konnte Churchill Roosevelt am 5. Februar von einem »ermutigenden« Gespräch des britischen Botschafters mit Stalin über ein Telegramm berichten, das Churchill diesem eine Woche zuvor gesandt hatte. Stalin hatte in allen Punkten bis auf einen zugestimmt: Drei Mitglieder der polnischen Exilregierung in London sollten gehen. Churchill fügte seine eigene Auffassung hinzu, Stalin werde mit dieser Regierung nicht verhandeln, solange diese Männer ihr angehörten, ein Punkt, den Stalin in einem Telegramm an Churchill am nächsten Tag bestätigte.[58] Zwei Wochen später ging die polnische Regierung unter Churchills Druck in einer mit der britischen Regierung abgestimmten Erklärung so weit, anzuerkennen, daß die Ostgrenze nach dem Vertrag von Riga »den Realitäten nicht mehr entspricht«, stellte aber für diese Anerkennung eine Vorbedingung: eine offizielle Lösung sollte erst auf einer Konferenz »zur Zeit eines Waffenstillstandes oder Friedens« getroffen werden. Diesen Vorschlag wies Stalin am 28. Februar brüsk zurück. Statt dessen bestand er darauf, daß die Curzon-Linie unverzüglich anerkannt und die polnische Regierung ohne weitere Verzögerung umgebildet werde. Dieser Ablehnung folgte am 23. März ein wütendes Telegramm, in dem Stalin Churchill daran erinnerte, was in Teheran gesagt worden war. Er wies den Premierminister darauf hin, falls dieser sich öffentlich zur polnischen Formel bekenne und hinzufüge, die britische Regierung könne »keine gewaltsame Übertragung von Territorium anerkennen«, so werde Stalin dies als »einen ungerechten und unfreundlichen Akt gegenüber der Sowjetunion« betrachten.[59]

So schlug Churchills erster Versuch fehl, die sowjetisch-polnischen Differenzen beizulegen. Im Juni überschritt die Rote Armee den Bug, im Juli eroberte sie Vilnius zurück, und am 22. Juni wurde in Lublin ein polnisches Komitee der Nationalen Befreiung gegründet. Von nun an verhandelte Stalin mit dem Lubliner Komitee und überließ es Churchill, mit der polnischen Regierung in London zurechtzukommen. Als die Rote Armee sich im Juli Warschau näherte, konnte Churchill trotz allem Mikolajczyk überzeugen, nach Moskau zu fliegen. Er bat auch Roosevelt, Mikolajczyk ein ermutigendes Telegramm zu senden. Roosevelts Botschaft an Mikolajczyk vom 28. Juli muß eines der lakonischsten Dokumente gewesen sein, das jemals das Weiße Haus verließ; es bestand aus einem einzigen nutzlosen Satz.[60] Dafür sandte Stalin am nächsten Tag ein Telegramm an Churchill, das dieser gegenüber Roosevelt als »das beste« charakterisierte, »das ich jemals von U. J. erhalten habe«.[61] Welche Hoffnungen auf eine Verhandlungslösung zu diesem Zeitpunkt auch immer bestanden haben mögen, sie wurden unvermittelt durch eines der dramatischsten Ereignisse des zweiten Weltkrieges zunichte gemacht.

Der Warschauer Aufstand

An dem Tag, an dem die Rote Armee die östlichen Vororte von Warschau erreichte, löste die *Armia Krajowa* auf dem gegenüberliegenden Ufer der Weichsel Operation *Burza* (Sturm) aus und erhob sich gegen die Deutschen. Der Vormarsch der Roten Armee wurde an der Weichsel gestoppt. Die Einheiten (von Polen, die gemeinsam mit der Roten Armee kämpften), denen es gelungen war, den Fluß zu überqueren, wurden von den Deutschen zurückgeschlagen. Die *Armia Krajowa* kämpfte zwei Monate lang allein und nur mit leichten Waffen gegen die Deutschen und mußte schließlich kapitulieren. Fast 200 000 Polen (überwiegend Zivilisten) wurden getötet. Die Überlebenden wurden

Nach der deutschen Besetzung Polens bildete sich in London eine polnische Exilregierung, die einerseits jene polnischen Streitkräfte befehligte, die auf der Seite Englands den Kampf fortsetzten, und andererseits die Nachkriegs-Interessen Polens vertrat. Auch der Kreml hatte diese Exilregierung nach dem deutschen Angriff auf die Sowjetunion anerkannt. Aber im Juli 1944, als sich die Rote Armee dem polnischen Kernland näherte, rief Stalin eine eigene kommunistische polnische Regierung ins Leben, das sogenannte Lubliner Komitee zur »Nationalen Befreiung«. Es wurde deutlich, daß der Kreml kein unabhängiges Polen dulden wollte, das eigene Beziehungen mit den Westmächten unterhalten würde; der Weg zeichnete sich ab, der auf manchen Umwegen zur »Volksrepublik« Polen führte.

aus der Stadt abtransportiert, die die Deutschen systematisch zerstörten. 150 000 deportierte man zur Zwangsarbeit. Churchill sandte im August und September 1944 Telegramme an Stalin, in denen er ihn drängte, entweder Warschau zu helfen oder es anderen zu gestatten, ihm zu Hilfe zu eilen. Dies wurde von Roosevelt kühl aufgenommen und von Stalin hart abgelehnt, der sich weigerte, den Bombern der RAF die Benutzung sowjetischer Flugplätze zu gestatten, um Versorgungsgüter für die *Armia Krajowa* abzuwerfen.[62] Als die Rote Armee schließlich 1944 in Warschau einrückte, lag die Stadt in Trümmern und war von ihrer Bevölkerung verlassen, die einmal über eine Million Menschen gezählt hatte.

Der Verfasser des entsprechenden Bandes der offiziellen britischen Militärgeschichte des zweiten Weltkrieges, der 1956 erschien, schätzt, daß nach dem Warschauer Aufstand »die polnische Frage... zum Gewissen des Westens wurde und die Beziehungen zwischen Großbritannien und Rußland einen Schock erlitten, von dem sie sich nie wieder ganz erholten«.[63] Diese Wertung ist zwar für die Zeit, in der sie geschrieben wurde, durchaus verständlich, vereinfacht aber die Ereignisse von 1944 und projiziert spätere Entwicklungen darauf zurück. Was das Verhältnis der Großen Drei betrifft, so überwand Churchill im Jahre 1944 seinen anfänglichen Abscheu während des Warschauer Aufstandes relativ schnell, so daß er im Oktober bereits wieder in der Lage war, zehn Tage mit Stalin in Moskau zu verbringen, wo er Mikolajczyk »nur durch schweren Druck« (Churchills eigene Worte)[64] zwang, ebenfalls mit Stalin zu konferieren. Im Vergleich zu Churchill blieb Roosevelt während der Warschauer Krise im August und September ungerührt und bot Mikolajczyk im November lediglich den kalten Trostbrief an, der bereits erwähnt wurde. Was Stalin betrifft, so kann sein Verhalten nur als politische Torheit und als Verbrechen bezeichnet werden. Spätere Untersuchungen haben ergeben, daß die Rote Armee an der Weichsel nach einem Vormarsch von etwa 650 km tatsächlich eine Pause von Monaten und nicht nur Wochen benötigte. Stalin versicherte dies Churchill in Moskau, und dieser akzeptierte das sofort.[65] Sei dies, wie es sei, die Kommandeure der *Armia Krajowa* konnten Ende Juli das Herannahen der Roten Armee nur daran erkennen, was sie mit eigenen Augen sahen: daß sich die deutschen Truppen nämlich in langen Marschkolonnen durch die Straßen von Warschau zurückzogen. Die Führer der *Armia Krajowa* in Warschau versuchten nicht, Verbindung zur Roten Armee herzustellen, und folgten allzu leichtfertig der Aufforderung, sich gegen die Deutschen zu erheben, die ihre Landsleute in Polnisch über eine sowjetische Rundfunkstation verbreiteten. Viel wichtiger ist jedoch die Tatsache, daß sich der Aufstand militärisch zwar gegen die Deutschen richtete, in der Liste der Ziele von Operation *Burza*, die der Kommandeur der *Armia Krajowa*, General Tadeusz Bor Komorowsky, am 22. Juli (über eine Woche vor dem Aufstand) nach London telegrafierte, jedoch erklärt wurde, politisch wende sich der Aufstand gegen die Sowjetunion.[66]

Nachdem der Warschauer Aufstand einmal begonnen hatte, gab es für Stalin keinerlei Grund, die *Armia Krajowa* als »eine Bande von Verbrechern« hinzustellen, wie er das Churchill und Roosevelt gegenüber tat, eher im Gegenteil.[67] Eine maßvolle Erklärung der militärischen Gründe[68], weshalb die Sommeroffensive der Roten Armee ihre Grenzen erreicht hatte und Warschau im August 1944 nicht zu retten war, hätte den sowjetischen Interessen weit besser gedient. Statt dessen überreizte Stalin sein Blatt. Die einfachste Erklärung seines Verhaltens in dieser Krise ist sicher die zutreffendste. Die Akten beider Seiten lassen keinen Zweifel daran, was in Teheran besprochen worden war. In Stalins Augen hatte Churchill unter dem Einfluß der »Londoner« Polen sich in dieser Frage in den vergangenen sechs Monaten immer weiter von Roosevelt entfernt. Es war die Rote Armee, die auf polnischem Boden schwere Opfer bringen mußte. Andererseits hatte sich Stalin nach dem Einmarsch in Frankreich zu keinem Zeitpunkt in die Kriegführung der Briten und Amerikaner in Europa eingemischt. Im August 1944 verlor er die Selbstbeherrschung - zum ersten Mal in seinen Kontakten mit den anderen beiden Führern der Großen Allianz.

Die Tragödie von Warschau hatte zwei wichtige Folgen. Die Polen konnten diese Ereignisse nicht vergessen. Das polnische Volk erlitt ein so tiefes Trauma, daß selbst in den fünfziger Jahren die Bewohner Warschaus (das damals weitgehend wiederaufgebaut war) die Vergangenheit nicht in Ereignisse vor oder nach dem Krieg, sondern »vor dem Aufstand« und »nach dem Aufstand« einteilten. Die kurzfristige Folge bestand darin, daß die polnische Exilregierung nun über keinerlei Streitkräfte mehr verfügte, die auf die Entwicklung in Polen selbst direkten Einfluß nehmen konnten. Dagegen konnte sich das Lubliner Komitee auf eine polnische Armee stützen, die von der Sowjetunion ausgerüstet war und auf polnischem Boden Seite an Seite mit der Roten Armee kämpfte. Die Position der Mitglieder der polnischen Regierung in London wurde nun zusehends schwächer. Da Churchill sein Pulver für sie bereits 1944 verschossen hatte, konnte nur noch Roosevelts persönliche Intervention ihrer Sache helfen. Sie kam in Form einer scharf formulierten Botschaft an Stalin viel zu spät - am 30. Dezember[69], drei Tage nachdem man in Moskau endgültig entschieden hatte, das Lubliner Komitee als Provisorische Regierung Polens anzuerkennen. Diese Entscheidung wurde am 1. Januar 1945 offiziell verkündet.

DAIMON

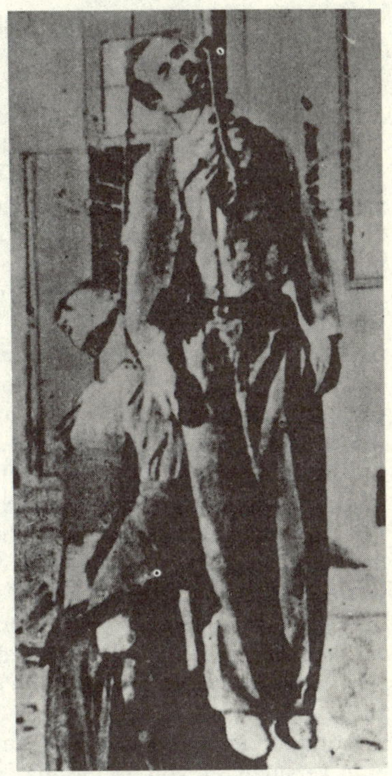

Die Verfolgung, Deportation und Liquidierung der polnischen Juden begann schon in den ersten Wochen nach dem polnischen Feldzug. 1940 wurden die ersten Ghettos eingerichtet, in denen man die jüdische Bevölkerung aus dem ganzen Land zusammenzog. 1941 begannen dann Hunger und Typhus unter der jüdischen Bevölkerung zu wüten; das Photo zeigt eine Szene aus dem Ghetto von Warschau. – Lange bevor die planmäßige Liquidation der europäischen Juden einsetzte, hatten die Zustände in den Ghettos ein Stadium erreicht, das auf die Dezimierung der jüdischen Bevölkerung hinauslief. Das Photo zeigt einen Zusammengebrochenen auf der Straße im Warschauer Ghetto. – In zwei Aufständen versuchten sich erst die Insassen des jüdischen Ghettos zur Wehr zu setzen, dann brach der große Warschauer Aufstand aus, den man in der Hoffnung auf die Hilfe der sowjetischen Armee unternahm, die aber tatenlos am anderen Weichselufer verharrte. Nach Einschätzung der meisten Historiker wollte Stalin die Entstehung einer nationalen polnischen Bewegung verhindern. So wurde der Aufstand in wochenlangen Kämpfen, bei denen Gefangene öffentlich hingerichtet wurden, brutal niedergeschlagen; die letzten Verteidiger kapitulierten am 2.10.1944. Der polnische Kommandeur, General Borkomorowski, übergab dem SS-General von dem Bach-Zelewski den aus wenigen Überlebenden bestehenden Überrest seiner Truppen.

Churchill war kaum von seinem Treffen mit Roosevelt zurückgekehrt, als er dem Präsidenten bereits ein »streng geheimes« Telegramm sandte, in dem er ihm seine Absicht mitteilte, Stalin zu besuchen. Dabei verfolge er »zwei große Ziele... Erstens, ihn auf die Teilnahme am Krieg gegen Japan festzulegen und, zweitens, den Versuch zu unternehmen, eine freundschaftliche Regelung mit Polen zu erreichen«. Er fügte hinzu, auch einige »andere Punkte zu den Themen Griechenland und Jugoslawien« sollten besprochen werden. Harrimans Hilfe wäre ihm willkommen, und vielleicht könnte Roosevelt »Stettinius oder Marshall schicken«.[70] Roosevelt sandte Churchill eine kalte Antwort, wie Hopkins später gegenüber dem sowjetischen Botschafter in Washington unmißverständlich erklärte. Stettinius oder Marshall zu entsenden, war weder praktikabel noch vorteilhaft. Harriman konnte teilnehmen, aber nur als Beobachter (Roosevelt machte sich die Mühe, diesen Status Stalin unmittelbar zu bestätigen). Stalins »Absicht, uns im Orient zu helfen«, sei eine delikate Angelegenheit. Roosevelt bat Churchill besonders, die Frage des Abstimmungsverfahrens in der UNO nicht aufzuwerfen, bei der man auf der Konferenz von Dumbarton Oaks in eine Sackgasse geraten war.[71] Für Churchills »andere Punkte« auf seiner Moskauer Tagesordnung gab es allerdings einen Hintergrund. Ende Juni hatte Roosevelt gegen Hulls Rat widerwillig der Initiative Churchills zugestimmt (die das Foreign Office dem sowjetischen Botschafter in London bereits Ende Mai mitgeteilt hatte), daß Großbritannien für eine Versuchszeit von drei Monaten und ohne irgendwelche »Einflußsphären« zu schaffen (ein gefürchtetes Wort in Washington), »die Führung« in Griechenland übernehmen sollte und der Sowjetunion dasselbe in Rumänien zugestand. Diese drei Monate waren gerade vorüber.[72]

Wie beabsichtigt, war ein großer Teil der Moskauer Gespräche einem letzten Versuch gewidmet, die Polenfrage durch eine Übereinkunft mit der »Londoner« Regierung Polens zu lösen. Churchill selbst hatte nicht weniger als sieben Gespräche mit Mikolajczyk (der nur auf Churchills Drängen nach Moskau geflogen war). Wiederum war das Haupthindernis die sofortige Anerkennung der Curzon-Linie als Ostgrenze Polens und insbesondere die Zukunft von Lwow. Diesmal war es Churchill, der die Geduld verlor - mit den Polen. In einem Bericht aus Moskau an den König beschrieb er »unsere Leute aus London« als »anständige, aber schwache Dummköpfe«. Die Lubliner Polen bezeichnete er als »die größten Schurken, die man sich vorstellen kann«.[73] Eine Übereinkunft wurde nicht erreicht. Obwohl die polnische Regierung in London noch neun Monate lang von Großbritannien und den USA anerkannt wurde, hatte sie im Grunde genommen im Oktober 1944 in Moskau bereits ihr eigenes Todesurteil unterschrieben. Da Mikolajczyk (der einen Monat später als Premierminister zurücktrat) und die ihn begleitenden Kollegen in Moskau auf einer Position beharrten, die keiner der Großen Drei akzeptieren konnte, geriet die polnische Frage unausweichlich ganz oben auf die Tagesordnung der nächsten Konferenz Churchills, Roosevelts und Stalins in Jalta, wo allerdings von den drei Staaten, die Deutschland 1939 den Krieg erklärt hatten, allein Großbritannien vertreten war.

Wieviel Zeit die polnische Frage auf der Moskauer Konferenz auch einnahm, in die Geschichte ist vor allem jenes »schamlose Dokument« eingegangen, wie Churchill es nannte, das er Stalin am Abend des 9. Oktober bei ihrer ersten Zusammenkunft im Kreml übergab. Nach seinen Memoiren schlug er Stalin vor, sie sollten es verbrennen, denn man könnte es »für ziemlich frivol halten, wenn wir diese Fragen, die das Schicksal von Millionen Menschen berühren, in so nebensächlicher Form behandeln«. Wiederum nach Churchills eigenem Bericht antwortete Stalin darauf: »Nein, behalten Sie es.« Die entsprechende Passage in der Mitschrift von Churchills Dolmetscher von diesem berühmten Dialog ist erhalten geblieben; der Bericht des Büros des Kabinetts wurde von den zuständigen Beamten jedoch entsprechend bereinigt.[74]

In dem »schamlosen Dokument«, das Churchill aus einer augenblicklichen Eingebung heraus geschrieben zu haben scheint, schlug er vor, daß sich Großbritannien und die Sowjetunion die Verantwortung auf dem (weitgefaßten) Balkan in einem bestimmten Prozentverhältnis teilen sollten: Dieses reichte von neunzig Prozent sowjetischem Einfluß in Rumänien und neunzig Prozent britischem in Griechenland bis zu fünfzig Prozent für beide Länder in Jugoslawien und Ungarn. (In den vergangenen zwölf Monaten hatte die britische Regierung mit ihrem Beschluß, Josip Broz Tito zu unterstützen, in Jugoslawien die Hauptrolle gespielt. Tito war mit Churchill im August bei Neapel und mit Stalin einen Monat später in Moskau zusammengetroffen. Die Rote Armee marschierte am 15. Oktober 1944 in Belgrad ein.) 48 Stunden später zweifelte Churchill bereits selbst daran, ob es klug gewesen war, ein solches Dokument zu verfassen. Er entwarf einen erklärenden Brief an Stalin, den er jedoch auf Harrimans Empfehlung nicht absandte. Dieser schrieb in seinen Memoiren, er verstehe bis heute nicht, »was Churchill mit diesen Prozentzahlen bezweckte.« Dies um so mehr, als diese Frage »nie wieder angeschnitten wurde, als sie (die Großen Drei) sich dann tatsächlich in Jalta trafen«.[75] Harrimans Bemerkung ist berechtigt, da Stalin, wie wir heute wissen, sich um die Führer der Widerstandsbewegung, welcher politischen Couleur auch immer, nicht kümmerte. Der Samen für seinen großen Streit mit Tito war bereits gelegt, die Führer der Kommunistischen Partei Griechenlands würden bald erfahren, daß man sie allein ließ, und Stalins Meinung über Togliatti beruhte im Unterschied zu Churchill auf vielen Jahren persönlicher Erfahrung (»ein kluger Mann, kein Extremist«, der »Marschall Stalin sagen konnte, er solle sich um seine eigenen Angelegenheiten kümmern«). Churchills »schamlose« Prozente wurden jedoch im Oktober 1944 im Kreml so ernst genommen, daß Molotow sich in einen Handel mit Eden über die exakte Teilung der Verantwortung einließ. Über Griechenland, Rumänien und Jugoslawien gab es keine Differenzen, aber nach den Diskussionen lagen die Anteile für Bulgarien und Ungarn bei achtzig zu zwanzig Prozent zugunsten der sowjetischen Seite.[76]

Der wirkliche Fehlschlag dieser letzten bilateralen Zusammenkunft der beiden europäischen Mitglieder der Großen Drei bestand darin, daß sie in ganzen zehn Tagen nur wenig Zeit – und auch diese nutzlos – einer Frage widmeten, von der die Zukunft Europas vor allem abhing: der Zukunft Deutschlands. Churchill trug ein weiteres Mal sein Doppelkonzept von einem dreigeteilten Deutschland und einer Konföderation Polens, der Tschechoslowakei und Ungarns vor. Stalin und Molotow waren dagegen; Molotow kritisierte zutreffend: »Nach dem letzten Krieg wurden viele neue kleine Staaten gebildet. Viele von ihnen sind gescheitert. Es wäre gefährlich, wollte man nach diesem Krieg in das andere Extrem verfallen und Staaten dazu zwingen, Gruppen zu bilden.«[77] Was die Zukunft Deutschlands betraf, so hatte sich Churchill mit Roosevelt in Quebec auf eine Lösung geeinigt, die unsinnig war; mit Stalin konnte er sich einen Monat später in Moskau auf gar nichts einigen.

Obwohl Churchill während seines Aufenthaltes in Moskau von einer Fieberattacke einen Tag lang ans Bett gefesselt war und die Unterredungen im Kreml meist bis zum Morgengrauen dauerten, ließ er in seinem Bericht an den König keinen Zweifel daran, daß es ihm in Moskau im Unterschied zu Teheran gefiel, wo er mindestens eine Depressionswelle zu überstehen gehabt hatte.[78] Auch die Worte von einer »ungewöhnlich wohlwollenden Atmosphäre«[79], die er und Stalin am 10. Oktober in einem gemeinsamen Telegramm an Roosevelt gebrauchten, waren keine reine Übertreibung. Stalin begleitete Churchill nicht nur ins Bolschoi-Theater, er kam auch zum Essen in die britische Botschaft (gewöhnlich besuchte er ausländische Vertretungen sehr selten) und begleitete Churchill persönlich zum Flugplatz. Es gab aber noch einen anderen, bedeutungsvolleren Unterschied zwischen diesem Treffen der beiden Führer und ihrer ersten Begegnung zwei Jahre früher. Diesmal war Churchill in der Position eines Bittstellers, die er allerdings geschickt zu kaschieren verstand, wie aus seinem Abschiedsbrief an Stalin vom 19. Oktober hervorgeht:

»Ich hatte niemals vorher so große Hoffnung auf das künftige Bündnis unserer Völker. Ich hoffe, Sie werden lange davon verschont bleiben, wiederum Verheerungen eines Krieges beseitigen zu müssen, und alle Russen aus den Jahren des Sturmes hinaus in den ruhmreichen Sonnenschein führen.

Ihr Freund und Kriegskamerad
Winston S. Churchill.«[80]

Das Athener Nachspiel

Während Churchill Weihnachten 1943 von seiner Lungenentzündung niedergestreckt in den Ruinen von Karthago verbracht hatte, befand er sich am Weihnachtstag 1944 in Athen mitten im griechischen Bürgerkrieg. Als er in Moskau weilte, war die deutsche Wehrmacht aus Athen abgezogen. Mitte Oktober erreichte eine britische Vorausabteilung, die erste reguläre britische Einheit, die seit über drei Jahren ihren Fuß auf griechischen Boden setzte, Athen. Eine Koalitionsregierung der Parteien der Rechten und Linken wurde gebildet – noch ohne den umstrittenen König Georg II., der in London blieb. Am 29. November kam es jedoch zu einer Spaltung des griechischen Kabinetts. Die linken Mitglieder verließen die Regierung. Fünf Tage später brach in Athen ein Aufstand der Linken aus. In den fünf darauf folgenden Wochen hatte ELAS, die Armee der Linken, eine Zeitlang fast ganz Griechenland bis auf die wenigen Quadratkilometer der Stadt Athen unter ihrer Kontrolle, die in den Händen der kleinen britischen Streitmacht blieb. Die britische Armee (unter deren operativen Befehl der griechische Premierminister in einem vor der Befreiung des Landes geschlossenen Abkommen[81] alle griechischen Truppen gestellt hatte) erhielt mächtige Verstärkung aus Italien und konnte so allmählich die Oberhand gewinnen. Als Churchill sich am Weihnachtsabend plötzlich entschloß, selbst Athen zu besuchen, wendete sich das Blatt bereits zugunsten der Briten.

Was den Bürgerkrieg betraf, so bestand die wichtigste Folge von Churchills Besuch darin, daß er seine frühere Ansicht aufgab, der Erzbischof von Athen, Damaskinos, ein großer, kräftiger Mann, strebe eine Rolle als »Diktator der Linken« an. Inzwischen vom Gegenteil überzeugt, konnte Churchill nach seiner Rückkehr nach London den griechischen König in einer Nachtsitzung davon überzeugen, Damaskinos' Ernennung zum Regenten zuzustimmen und selbst zu erklären, er wolle erst nach Griechenland zurückkehren, wenn er »durch einen freien und gerechten Ausdruck des nationalen Willens gerufen« werde. Der Regent legte am letzten Tag des Jahres 1944 seinen Eid ab. Am 11. Januar 1945 wurde in Griechenland ein Waffenstillstand unterzeichnet, dem einen Monat später eine Übereinkunft der Regierung und der Linksparteien folgte, womit der Bürgerkrieg zunächst beendet war. Großbritannien teilte nun allerdings mit der Sowjetunion die zweifelhafte Ehre, Kräfte bekämpft zu haben, die ihrerseits im Kampf gegen die Deutschen gestanden hatten.[82]

Die griechische Krise von 1944 endete für Churchills Verhältnis zu Roosevelt keinen Augenblick zu früh. Zwar hatte Roosevelt vier Monate zuvor »die Benutzung amerikanischer Transportflugzeuge durch General Wilson« gebilligt, »um genügend britische Truppen in Griechenland zu haben, die die Ordnung aufrechterhalten, wenn die deutschen Truppen das Land verlassen«. Das militärische Eingreifen Großbritanniens in dem darauf folgenden Bürgerkrieg aber provozierte nicht nur einen öffentlichen Tadel seitens des State Department, sondern löste auch in der britischen Öffentlichkeit einen Sturm des Protestes aus. Das Telegramm, das Roosevelt am 13. Dezember zur Griechenlandfrage an Churchill sandte, war milde formuliert, aber die Botschaft war unmißverständlich: Die amerikanische Regierung konnte »bei den gegenwärtigen Ereignissen in Griechenland nicht an Ihrer Seite stehen«.[83] Was geschehen wäre, wenn die griechische Krise in der letzten Dezemberwoche nicht hätte beendet werden können, ist reine Spekulation (wie auch die Antwort auf die Frage, ob sie nicht von Anfang an vermeidbar war). Natürlich vergaß Churchill Stalin auch dessen Zurückhaltung in dieser Angelegenheit nicht. Im Januar 1945 konzentrierte sich dann bereits die gesamte Aufmerksamkeit aller drei Führer auf ihr bevorstehendes Treffen auf der Krim.

16
Die verdeckte Dimension

»Pa, hier muß gehandelt werden.«
– Franklin Roosevelt 1939 zu General Edwin (»Pa«) Watson –

»Das Gleichgewicht ist zerstört. Bauen Sie die Bombe.«
– Jossif Stalin 1945 zu Igor Kurtschatow –

»Was war das Schießpulver? Trivial. Was war der elektrische Strom? Bedeutungslos. Diese Atombombe ist der zweite Zorn Gottes.«
– Winston Churchill 1945 zu Henry Stimson[1] *–*

Keine der vielen bemerkenswerten Seiten des Verhältnisses, das sich zwischen Churchill und Roosevelt während des Krieges entwickelte, war so bedeutungsvoll und hatte so weitreichende Folgen wie der transatlantische Austausch von Geheimdienstinformationen. Dieser betraf vor allem die Bereiche der Wissenschaft und entschlüsselter Geheiminformationen (Sigint). Ein dritter Aspekt der verdeckten Dimension war der Aufbau von bestimmten Organisationen durch die britische Regierung (Einheit für Sonderoperationen - SOE) und die US-Administration (Büro für Strategische Dienste - OSS) in den Jahren 1940 und 1942, deren Aufgabe darin bestand, verdeckte Operationen und irreguläre Kriegführung zu organisieren, vor allem aber die Widerstandsbewegungen in den vom Feind besetzten Ländern zu unterstützen. Die Natur dieser Organisationen und ihre Aufgaben schlossen jedoch den Grad von anglo-amerikanischer Zusammenarbeit aus, der auf den beiden erstgenannten Gebieten erreicht wurde.[2]

In der geheimen Zusammenarbeit auf dem Gebiet der Atomforschung entstanden bald unvorhergesehene Probleme, die nur unter größten Schwierigkeiten überwunden werden konnten. Das geheime Zusammenwirken begann bereits vor dem Kriegseintritt der USA. Schon bei den anglo-amerikanisch-kanadischen Stabsgesprächen wurde zwischen London und Washington der »volle und rasche Austausch von Informationen über Kriegsoperationen« vereinbart. In den in beiden Hauptstädten eingerichteten Militärmissionen waren auch Geheimdienstmitarbeiter tätig. Mit einer wichtigen Ausnahme, dem

Austausch entschlüsselter japanischer Informationen, waren die praktischen Ergebnisse dieses Übereinkommens im Jahre 1941 eher gering. Im Frühjahr jenes Jahres begann man Informationen, die man aus *Ultra* (dem britischen Codewort für hochverschlüsselte deutsche Nachrichten) gewonnen hatte, über den Atlantik hinweg auszutauschen. Aber erst auf der *Arcadia*-Konferenz zum Jahreswechsel vereinbarten Churchill und Roosevelt, daß der »freie Austausch von Geheimdienstinformationen« »alle Kriegsschauplätze« betreffen sollte. Man bildete ein gemeinsames Aufklärungskomitee, welches für das von den beiden Führern in Washington im Januar 1942 eingerichtete Gemeinsame Komitee der Stabschefs Einschätzungen auszuarbeiten hatte. Die praktische Umsetzung dieser Vereinbarung dauerte noch über ein Jahr, obwohl bereits im Juni 1942 die ersten amerikanischen Entschlüsselungsexperten in Bletchley Park eintrafen. Dort konzentrierte man sich vor allem auf deutsche (und einige Monate lang auch auf italienische) Geheimcodes, während sich die Amerikaner auf Japan spezialisierten. Von Mai 1943 an wurden auf allen Ebenen entschlüsselte Informationen und Einschätzungen ausgetauscht. Das eigentliche Produkt von Sigint (in der britischen Armee scherzhaft BBR – Burn before reading – zu deutsch »Vor dem Lesen verbrennen« genannt) wurde in den letzten beiden Kriegsjahren an alle Kommandostäbe auf dem europäischen Kriegsschauplatz verteilt.[3]

Einen derart intimen Austausch von Geheimdienstinformationen zwischen Großbritannien und den USA gab es weder von britischer noch von amerikanischer Seite zur Sowjetregierung. Trotzdem wurde im ersten Jahr des deutschen Rußlandfeldzuges durch die britische Militärmission in Moskau eine beträchtliche Zahl operativer Informationen übermittelt. Churchills Warnung vor dem deutschen Überfall, die er Stalin im April 1941 sandte, basierte auf *Ultra*. 1943 wurden vor der Kursker Schlacht wichtige durch *Ultra* ermittelte Nachrichten an Moskau übergeben. In der Gegenrichtung kam wenig bis gar nichts, obwohl die Erinnerung an das katastrophale Erlebnis der Schlacht von Tannenberg im ersten Weltkrieg dazu geführt haben muß, daß die Rote Armee der Entschlüsselung geheimer Funksprüche im zweiten Weltkrieg große Aufmerksamkeit beimaß.

Das Projekt *Manhattan*

Gut einen Monat vor der Krim-Konferenz der Großen Drei, die nach Jalta einberufen war, erhielt Marshall von Generalmajor Leslie Groves, dem Direktor des Projekts *Manhattan*, die schriftliche Bestätigung, er sei »einigermaßen sicher«, daß die erste Atombombe »zum 1. August 1945 ... bereit sein« werde.[4] Dies war eine nahezu exakte Vorhersage des Höhepunktes von vier Jahren intensiver Arbeit. In Kapitel 6 ist der Ausgangspunkt dieser Entwicklung beschrieben worden – das Verlesen von Einsteins Brief an Roosevelt im Weißen Haus im Oktober 1939. Das einzige praktische Ergebnis jener Zusammenkunft war die Bildung eines kleinen Komitees unter dem Vorsitz von Lyman Briggs, einem älteren Wissenschaftsorganisator. Am 12. Juni 1940 traf Präsident Roosevelt dann durch Hopkins' Vermittlung mit Vannevar Bush, dem Präsidenten der Carnegie Institution in Washington zusammen, dem er noch nie begegnet war. Drei Tage später wurde Bush zum Vorsitzenden eines neuen Gremiums ernannt, des Forschungskomitees für Nationale Verteidigung, dem Roosevelt das Briggs-Komitee unterstellte.[5] Bushs engster Partner in dem neuen Gremium und schließlich auch beim Projekt *Manhattan* war James Conant, der Präsident von Harvard. Diese beiden hervorragenden Männer bildeten unter Roosevelt die Haupttriebkraft des großen Sprungs ins Nuklearzeitalter, der fast genau zwei Jahre nach Einsteins Brief wiederum bei einer Zusammenkunft im Weißen Haus begann, wo im Jahre 1942 das Projekt *Manhattan* gestartet wurde.

Die wissenschaftliche Arbeit auf atomarem Gebiet, die in Großbritannien zwischen 1939 und 1941 geleistet wurde, war für Roosevelts schwerwiegende Entscheidung vom 9. Oktober 1941 von entscheidender Bedeutung. (Und wenn auch der anglo-amerikanische wissenschaftliche Austausch auf atomarem Gebiet nach dem Kriege bald zusammenbrach, ebnete er doch den Weg für die schließliche britische Entscheidung, zunächst eine Atombombe und später eine Wasserstoffbombe zu bauen.) Zwar gab es auch andere Beiträge zu dem brillanten Erfolg der britischen Forschung in den ersten beiden Kriegsjahren, aber über ihren Ausgangspunkt besteht kein Zweifel. Dies war ein Papier, das zwei Wissenschaftler, Otto Frisch und Rudolf Peierls, die beide Zuflucht in Großbritannien gefunden hatten, Anfang 1940 schrieben. In Margaret Gowings Worten, die nichts von ihrer Kraft eingebüßt haben, seit sie sie vor einem Vierteljahrhundert niederschrieb, handelte es sich hier um das erste Memorandum überhaupt, in dem »die praktische Möglichkeit, eine Bombe zu bauen, und die Schrecken, die sie mit sich bringen würde, mit wissenschaftlicher Überzeugungskraft vorausgesagt wurden«.

Das Papier von Frisch und Peierls blieb über ein Jahr lang ein streng gehütetes britisches Geheimnis und war den USA zu dieser Zeit unbekannt. In diesen düstersten Monaten des Krieges studierte ein Komitee hervorragender britischer Wissenschaftler das Dokument, die rasch und unter großer Geheimhaltung arbeiteten und sich selbst den Codenamen *Maud* gaben - nach einem Kindermädchen in Kent, die für Niels Bohrs Familie gearbeitet hatte und deren Name auf diese Weise in die Geschichte einging. Der *Maud*-Report wurde im Juli 1941 fertiggestellt und Churchill einen Monat später vorgelegt.[6] Dieses lapidare Dokument war in der Kriegszeit der erste Meilenstein auf dem Weg zur ersten Atombombenexplosion in Alamogordo, New Mexico, fast vier Jahre später. Seine Verfasser kamen zu dem Schluß (sie formulierten mit dem britischen Hang zur Untertreibung, dieser »dränge sich jedem fähigen Physiker fast von selbst auf«), daß eine Uranbombe »praktisch realisierbar ist und sicher zu entscheidenden Ergebnissen im Kriege führen wird«. Das Material für die erste derartige Bombe könnte Ende 1943 verfügbar sein. Der Bericht enthielt die Empfehlung, den »notwendigen Arbeiten zur Entwicklung der Bombe in kürzestmöglicher Frist« sollte höchste Priorität beigemessen, »die gegenwärtige Zusammenarbeit mit Amerika sollte fortgesetzt und besonders im experimentellen Bereich ausgebaut werden«.

Das erste der vielen Paradoxe in der wechselvollen Geschichte der atomaren Beziehungen zwischen Großbritannien und den Vereinigten Staaten tauchte bereits im Herbst 1941 auf.[7] Auf beiden Seiten des Atlantiks geschahen in den nächsten zwölf Monaten völlig verschiedene Dinge. Dem äußeren Anschein nach aber war die erste Reaktion Churchills und Roosevelts auf den *Maud*-Report gleich. Beide benutzten einen Ausdruck, der in anderem Zusammenhang noch häufig in ihrer Korrespondenz der Kriegsjahre auftauchen sollte: »Volle Kraft voraus!« Churchill war zwar »persönlich ... mit den existierenden Sprengstoffen ganz zufrieden«, forderte jedoch ein gründliches Gutachten der Stabschefs an und stimmte Cherwells Rat zu, daß das Atomprojekt »vorankommen muß«.[8] Auf einer Beratung mit Churchill am 3. September 1941 antworteten die Stabschefs dem Premier und dem Verteidigungsminister, das Projekt sollte in der Tat entwickelt werden, ohne »Zeit, Arbeitskraft, Material oder Geld« zu sparen. Dies sollte nach ihrer Meinung »in Großbritannien und nicht im Ausland« geschehen.

In Washington zeigte der *Maud*-Report im engen Kreis der amerikanischen Wissenschaftler, die Roosevelt berieten, augenblicklich Wirkung. Selbst auf der Grundlage des Berichtentwurfs, den Vannevar Bush von seinem Vertreter in London im Juli erhielt, räumte er (in seinem Jahresbericht über die Arbeit seines eigenen Komitees) sofort ein, daß »neue Erkenntnisse... es wahrscheinlich machen, daß die Produktion eines Supersprengstoffes nicht mehr so entfernt erscheint, wie ursprünglich angenommen. Dieses Thema wird gegenwärtig in England intensiv untersucht.« Als der Vorsitzende des *Maud*-Komitees, Professor George Thomson, selbst den Bericht in seiner endgültigen Form im Oktober 1941 nach Washington brachte, waren Bush und Conant sofort überzeugt. Auf einer Beratung im Weißen Haus am 9. Oktober, an der nur Bush und Henry Wallace[9] teilnahmen, fällte Roosevelt die Grundsatzentscheidung. Davon existieren zwar keine Aufzeichnungen, es besteht aber kein Zweifel, daß das Atomprojekt, das nur noch vom endgültigen Ja oder Nein des Präsidenten abhing, von nun an unter der lenkenden Hand von sechs Amerikanern - dem Präsidenten, Wallace, Bush, Conant, Stimson und Marshall - ernsthaft in Angriff genommen wurde. In der Praxis wandte sich Roosevelt in atomaren Angelegenheiten stets direkt an Bush, und es war Bush, nicht Roosevelt, den Einsamkeit plagte.[10] Kaum einen Monat später berichtete Bush an Roosevelt, ein Komitee amerikanischer Physiker sei zu dem Schluß gekommen, »wenn alle nur möglichen Anstrengungen« auf das Projekt konzentriert würden, könnten Atombomben in bedeutsamer Menge in drei oder vier Jahren verfügbar« sein. Eine Woche nach Pearl Harbor begann somit ein Unternehmen, aus dem bald das Projekt *Manhattan* wurde. Wie Roosevelt am 11. März 1942 an Bush schrieb, »geht es jetzt... vor allem um die Zeit«.

Eine weitere Folge der Beratung im Weißen Haus am 9. Oktober 1941 war ein Brief vom 11. Oktober, den Bush für Roosevelt entwarf (der »Mr. Churchill« durchstrich und als Adressaten »Winston« einsetzte). Der Brief begann mit folgenden Worten:

»Es erscheint wünschenswert, daß wir schriftlich oder mündlich über den Gegenstand beraten sollten, den Ihr *Maud*-Komitee ebenso wie Dr. Bushs Organisation in unserem Lande untersuchen, damit alle weiteren Anstrengungen koordiniert oder sogar gemeinsam unternommen werden können.«[11]

In seiner Antwort vom Dezember 1941 versicherte Churchill Roosevelt der britischen Bereitschaft, mit der US-Administration in dieser Angelegenheit zusammenzuarbeiten.[12] Beide aber diskutierten über die Entwicklung der Atomwaffe weder auf der Atlantikkonferenz noch auf der *Arcadia*-Konferenz, noch bei anderer Gelegenheit, bevor sie nicht im Juni 1942 in Hyde Park allein zusammentrafen. Wir wollen daran erinnern, daß es in Hyde Park war, wo Churchill und Roosevelt fern von ihren Beratern die Invasion in Nordafrika vereinbarten und ihre Stabschefs damit überraschten. Wir wissen zwar, was auf diese Entscheidung folgte - die Planung von Operation *Torch*, es existieren aber keinerlei Aufzeichnungen über die Diskussion atomarer Fragen in Hyde Park. Als sie dort miteinander über dieses Thema sprachen, hatte sich die Lage auf diesem Gebiet auf beiden Seiten des Atlantiks radikal verändert, was beiden damals nicht bewußt gewesen zu sein schien.

Die Tatsache, daß Churchill, der eigentliche Architekt des engen anglo-amerikanischen Verhältnisses, das Angebot der atomaren Partnerschaft, das ihm Roosevelt in seinem Brief vom 11. Oktober 1941 machte, nicht angenommen hat und dies auch dann nicht getan haben soll, als die Vereinigten Staaten nach Pearl Harbor Großbritanniens Verbündeter im zweiten Weltkrieg wurden, ist außergewöhnlich. 1941/42 scheint es dafür zwei Gründe gegeben zu haben. Die Monate, in denen die atomare Partnerschaft, wäre sie denn von Churchill beschlossen worden, konkrete Formen hätte annehmen müssen, waren eine Zeit, in der die britischen Truppen einen erniedrigenden Rückschlag nach dem anderen hinnehmen mußten. Der letzte in einer ganzen Reihe harter Schläge traf Churchill, als er im Juni 1942 in Washington war. So hatte er in dieser Zeit sehr vieles zu bedenken, und was er von seinen Beratern in der Frage der atomaren Partnerschaft dringend brauchte, war ein fester und einmütiger Standpunkt. Als jedoch der *Maud*-Bericht dem Wissenschaftlichen Beraterkomitee des Kabinetts und John Anderson[13] vorgelegt wurde, den Churchill zum verantwortlichen Minister ernannt hatte, kam es zu einer Spaltung. Auf der einen Seite standen diejenigen, die wie Cherwell, Professor James Chadwick[14] und die Stabschefs dafür eintraten, das Atomprojekt in Großbritannien in Angriff zu nehmen. (Cherwell formulierte es in einer vielzitierten Empfehlung an Churchill so: »Wie sehr ich meinem Nachbarn auch vertrauen und von ihm abhängen mag, ich bin ganz und gar dagegen, mich ihm vollständig auszuliefern, und würde deshalb die Amerikaner nicht drängen, diese Arbeit in Angriff zu nehmen.«) Auf der anderen Seite stand Anderson, der die Unterstützung einiger Wissenschaftler hatte und glaubte, es sei unpraktisch, eine Fabrik in der erforderlichen Größe während des Krieges in Großbritannien zu bauen; außerdem bestand das Risiko, daß sie bombardiert werden konnte. So war also im Unterschied zu dem so typisch eindeutigen amerikanischen Beschluß von Ende 1941, ohne

Umschweife »alle nur möglichen Anstrengungen zu unternehmen«, die britische Entscheidung viel vorsichtiger. Sie lautete, die atomare Forschung und Entwicklung in Großbritannien so schnell wie möglich voranzutreiben und – falls Forschung und Entwicklung die Erwartungen des *Maud*-Berichts erfüllten – eine Fabrik zu bauen, aber nicht in Großbritannien, sondern entweder in Kanada oder in den Vereinigten Staaten. Für dieses britische Atomprogramm sollten ab Frühjahr 1943 nur knapp eine halbe Million Pfund jährlich ausgegeben werden.

Als sich Churchill und Roosevelt Mitte 1942 trafen, standen die Amerikaner auf diesem Gebiet bereits im Wettlauf mit der Zeit und trieben ihre Arbeiten ohne Rücksicht auf die Kosten voran. Die Briten dagegen taten dies nicht. Vor diesem Hintergrund erzielten Churchill und Roosevelt in Hyde Park eine rein mündliche Verständigung, die zumindest Churchill als eine Abmachung über ein gemeinsames atomares Unternehmen interpretierte. »Alles« beruhte nach seinen Worten »darauf, alle Ergebnisse als gleiche Partner zu teilen.« Was immer die beiden Führer auch im Juni vereinbart zu haben glaubten: Als der konkrete Vorschlag der Briten, in den USA mit amerikanischer Unterstützung eine britische Pilotanlage zu bauen, im August 1942, ein Jahr nach dem *Maud*-Report endlich vorgelegt wurde, erreichte er Washington zu einem Zeitpunkt, da er den Amerikanern als störende Ablenkung von ihrer Hauptaufgabe erschien, dem Projekt *Manhattan*, das nun mit einem großzügigen Budget vorangetrieben wurde. Aus britischer Sicht waren die Verhandlungen [15], die an der Jahreswende 1942/43 folgten, lediglich ein miserables Nachspiel zu dem Vorsprung, den sie 1941 noch gehabt hatten. Die Sache endete im Grunde genommen mit der Unterbrechung der Kommunikation zwischen Großbritannien und den Vereinigten Staaten auf atomarem Gebiet. Die eigentlichen Differenzen während dieser acht Monate bestanden jedoch darin, daß die Amerikaner einerseits glaubten, die Briten wollten von einem enormen amerikanischen Unternehmen billig profitieren, während die Briten der Meinung waren, die Amerikaner versuchten ein militärisches und industrielles Monopol auf atomarem Gebiet aufzubauen. Der tote Punkt wurde erst auf der Ersten Quebec-Konferenz 1943 überwunden, fast zwei Jahre nachdem der *Maud*-Report auf beiden Seiten des Atlantiks so starke Wirkung erzielt hatte.

Als Churchill vollends bewußt wurde, was geschah, unternahm er wiederholte Versuche, aus der verfahrenen Situation herauszukommen. Er schloß nicht aus, was er gegenüber Hopkins in einer Botschaft, die eindeutig für den Präsidenten bestimmt war, als die »düstere Entscheidung« bezeichnete: daß die beiden Länder in diesem einen Bereich getrennt arbeiten sollten. Es seien auch Studien ausgearbeitet worden, um eine Diffusionsanlage sowie eine Anlage zur Herstellung von schwerem Wasser und einen Meiler in Großbritannien zu bauen.[16] Trotzdem kam Churchill immer wieder auf dieses Thema zurück – zunächst in Casablanca im Januar, dann in Washington im Mai und schließlich am 22. Juli 1943 in London, wo er, Anderson und Cherwell mit Bush, Stimson und Stimsons Assistent Harvey Bundy zusammentrafen. Hier wurden viele Mißverständnisse auf beiden Seiten ausgeräumt. Zum ersten Mal kam man überein, daß Churchill und Roosevelt ein Papier zur Unterzeichung vorgelegt werden sollte. Keiner der Teilnehmer dieser Beratung wußte damals, daß Hopkins zwei Tage zuvor das folgende Memorandum an Roosevelt gerichtet hatte: »Ich denke, Sie haben in dieser Frage Churchill ein festes Versprechen gegeben, als er hier war, und nun müssen wir uns daran halten.«

Churchill entwarf das auf der Londoner Beratung vorgeschlagene Papier; Anderson und Bush überarbeiteten den Entwurf gemeinsam in Washington. Das Dokument wurde am 19. August 1943 in Quebec unterzeichnet. Was die praktischen Konsequenzen dieser Übereinkunft betrifft, so wurde mit seiner Unterzeichnung die »umfassende und wirksame Zusammenarbeit« der beiden Regierungen und ihrer Wissenschaftler auf atomarem Gebiet wiederaufgenommen. Großbritannien war von nun an in Washington durch den Entdecker des Neutrons, Chadwick, vertreten. Ihm gelang es, ein gutes Verhältnis zu Groves zu entwickeln, jenem praktisch veranlagten General, der das Projekt *Manhattan* leitete. Britische Wissenschaftler und Ingenieure kamen über den Atlantik, um an dem Projekt mitzuarbeiten. Und es waren die Briten, die Niels Bohr, den größten Kernphysiker der Welt, zunächst nach Großbritannien (nachdem dänische Widerstandskämpfer ihn 1943 von Kopenhagen nach Schweden geschmuggelt hatten) und dann in die Vereinigten Staaten flogen. Auch ohne den *Maud*-Report war der britische Beitrag zur Atomforschung bedeutend, obwohl sehr unterschiedliche Einschätzungen vorliegen, wie viele Monate dadurch bei der Vollendung des Projektes *Manhattan* eingespart wurden.[17]

Was Roosevelt betrifft, so wurde damit für den Rest des Krieges eine weitere Streitfrage in den transatlantischen Beziehungen beseitigt; das Ziel der Übereinkunft von Quebec faßte er in die Worte: »das Projekt *Tube Alloys* (Rohrlegierungen – britisches Codewort für die Atombombe, das zum Teil auch in den USA gebraucht wurde) so rasch wie möglich zum Erfolg zu führen«. Im Wettlauf mit der Zeit war dies das übergeordnete Ziel. Mit der Übereinkunft wurde aber auch der amerikanische Verdacht ausgeräumt, die Briten strebten nicht so sehr militärische Ergebnisse der Atomforschung an, sondern vielmehr kommerzielle Vorteile bei der Atomenergiegewinnung nach dem Kriege. Zugleich überwanden die Briten das Mißtrauen, die Amerikaner versuchten die Absprache zwischen Churchill und Roosevelt zu umgehen, die (in Roosevelts eigenen Worten gegenüber Bush) »den kompletten Austausch aller Informationen einschließt«. Churchill formulierte neun Monate später in einer Notiz an Cherwell exakt, was er von dieser Übereinkunft hielt:

»Ich bin absolut sicher, daß wir uns allein keine besseren Bedingungen schaffen können, als in meinem geheimen Abkommen mit dem Präsidenten niedergelegt sind. Vielleicht wird nach Jahren einmal geurteilt werden, wir seien zu vertrauensselig gewesen. Nur diejenigen, die die Umstände und die Stimmung unterhalb der Präsidentenebene kennen, werden verstehen, warum ich dieses Abkommen geschlossen habe. Uns bleibt nichts anderes, als es durchzusetzen und dabei die größtmögliche Hilfe zu leisten. Unser Bündnis mit den Vereinigten Staaten muß dauerhaft sein, und ich habe keine Furcht, daß sie uns schlecht behandeln oder hintergehen werden.«[18]

Für diejenigen, die nach dem Kriege die Übereinkunft von Quebec sowie die beiden nachfolgenden Atomvereinbarungen Churchills und Roosevelts von 1944 - die Vertrauenserklärung und das Aide-mémoire von Hyde Park - in der Praxis anzuwenden hatten, sahen die Dinge anders aus.[19] Erst im Mai 1947 hielt es der damalige amerikanische Außenminister[20] für gerechtfertigt, dem Vereinigten Kongreßausschuß für Atomenergie eine mündliche und geheime Information über die Vereinbarungen von Quebec und Hyde Park zu geben.[21] Der höchste britische Beamte, der nach dem Krieg die Verhandlungen zwischen Großbritannien und den Vereinigten Staaten auf atomarem Gebiet führte, äußerte zu Recht, die Atomabkommen der Kriegszeit gehörten zu »den seltsamsten diplomatischen Dokumenten, die jemals vereinbart wurden«.[22] Diese der Form nach zweiseitigen Abkommen betrafen in der Praxis drei Seiten, Großbritannien, die USA und Kanada (Text des Abkommens von Quebec vom 19. August 1943 und des Aide-mémoire der Gespräche zwischen dem Präsidenten und dem Premierminister in Hyde Park vom 19. September 1944 siehe Anhang).[23] Ihre Gültigkeit nach dem Kriege war, streng juristisch genommen, eine offene Frage.[24] Zudem brauchte man die amerikanische Verfassung nicht allzugut zu kennen, um vorauszusehen, daß Artikel 2 des Abkommens von Quebec, das der britischen Regierung im Grunde genommen ein Vetorecht beim Einsatz der amerikanischen Atombombe gab, im Kongreß auf Widerstand stoßen würde. Ungeachtet dieses Rechts war die »reifliche Überlegung«, wie sie die Übereinkunft von Hyde Park forderte, vor Einsatz der Bombe gegen Japan im Jahre 1945 fast ausschließlich auf Washington beschränkt. Auch das weltweite Monopol auf die Uranvorräte, das mit dem Gemeinsamen Entwicklungstrust für Großbritannien und die USA gesichert werden sollte, erwies sich nach dem Kriege als Illusion. Damit nicht genug, das einzige amerikanische Exemplar des Aide-mémoire von Hyde Park ging verloren und wurde erst Jahre später in den Akten von Roosevelts Mitarbeiter für Marinefragen wiederaufgefunden, weshalb Churchill Truman eine Fotokopie nach Potsdam senden mußte.[25] Obwohl in beiden Ländern nur ein äußerst kleiner Personenkreis von dem Projekt *Manhattan* und allen damit zusammenhängenden Fragen Kenntnis hatte - selbst Truman und Attlee wurden erst in dieses Geheimnis eingeweiht, als sie Roosevelt und Churchill im Jahre 1945 im Amte folgten - und obwohl die beiden Führer im Abkommen von Quebec und (noch mehr) im Aide-mémoire von Hyde Park die dringliche Notwendigkeit der Geheimhaltung bekräftigt hatten, wissen wir heute, daß die sowjetische Aufklärung Stalin bereits 1945 ein Bild sowohl von den wissenschaftlichen als auch den politischen Aspekten der anglo-amerikanischen atomaren Dimension vorlegen konnte.[26]

Die Sowjetunion

In allen drei Staaten der Großen Allianz wurden Atomforschung und -entwicklung zunächst von der durch Einsteins Brief im Jahre 1939 ausgelösten Furcht vorangetrieben, die deutsche Wissenschaft und Industrie könnten den atomaren Wettlauf gewinnen (wenn der Krieg in Deutschland nicht im Frühjahr 1945 geendet hätte, wäre die erste Atombombe möglicherweise nicht auf Japan, sondern auf Deutschland abgeworfen worden). Es stellte sich jedoch heraus, daß diese Furcht vor deutschem Können und deutscher Entschlossenheit unbegründet war. Das lag zum Teil auch daran, daß die Atombombe niemals Hitlers persönliches Interesse erregte, der außerdem verachtete, was er als jüdische Wissenschaft ansah. Deshalb ließ man sich in den Vereinigten Staaten Ende 1944 nicht mehr in erster Linie davon leiten, Deutschland zu überflügeln, wo die Atomforschung von einem Erfolg noch weit entfernt war und der Sieg der Alliierten bereits in Sichtweite kam, sondern im Krieg gegen Japan Menschenleben zu retten, vor allem das amerikanischer Soldaten.

Zunächst muß gesagt werden, daß die deutsche Bedrohung auch für die Sowjetunion ein wichtiger Impuls war.[27] Als jedoch G. N. Fljorow im zweiten Halbjahr 1942 seinen berühmten persönlichen Brief an Stalin schrieb, in dem er ihn aufforderte, ein Atomlabor einzurichten, um »die Uranbombe zu bauen«, fühlte sich Stalin auch von der anglo-amerikanischen Konkurrenz auf atomarem Gebiet angespornt.[28] Der Sowjetunion fehlte es nicht an Kernphysikern – Igor Kurtschatow, das sowjetische Pendant zu J. Robert Oppenheimer, und sein junger Schüler Fljorow waren nur zwei Beispiele dafür. Die Vorkriegsmannschaft aber war in den ersten Kriegsmonaten in alle Winde zerstreut worden, und wie in Großbritannien verzögerten die militärischen Niederlagen auf dem Schlachtfeld zunächst die weitere Forschung. So kam es, daß die Sowjetunion einen späten Start hatte. Das Laboratorium, für das Fljorow plädiert hatte, wurde erst Ende 1942 eingerichtet und Kurtschatow zu seinem Direktor ernannt. Er verfügte sowohl über hervorragende wissenschaftliche Kenntnisse als auch über die Fähigkeit, mit den sowjetischen Politikern umzugehen. Kurtschatow schien Stalin keinen Vorwurf gemacht zu haben noch kaum über die Konstruktion eines Reaktors für die industrielle Produktion von Plutonium hinausgekommen zu sein, als die erste Atomexplosion in Alamogordo stattfand. Erst nach seiner Rückkehr aus Berlin im August 1945 ließ Stalin ihn kommen und erklärte: »Fordern Sie alles, was Sie brauchen. Nichts wird Ihnen abgelehnt werden.«[29] So geschah es, und mit Stalins Unterstützung war Kurtschatow nach vier Jahren am Ziel.

Als im Jahre 1944 die Furcht vor einer deutschen Atombombendrohung abnahm und der Erfolg des Projektes *Manhattan* immer wahrscheinlicher wurde, wandten sich einige der besten Köpfe, die von Anfang an an dem Projekt beteiligt waren, der Frage zu, die Stimson in seiner letzten Begegnung mit Roosevelt formulierte: daß man sich entscheiden müsse zwischen »dem Versuch der geheimen und alleinigen Kontrolle des Projekts« (d. h. der Atombombe) durch die Vereinigten Staaten und Großbritannien einerseits und »internationaler Kontrolle auf der Grundlage der Freiheit von Wissenschaft« andererseits.[30] Wir wissen nicht, wie Roosevelt bei dieser Gelegenheit reagierte, denn er starb vier Wochen später. Auf der anderen Seite des Atlantiks hatte Cherwell bereits ein Jahr zuvor gegenüber Churchill geäußert, daß »Pläne und Vorbereitungen für die Nachkriegswelt oder auch nur eine Friedenskonferenz völlig illusorisch sind, solange dieser Schlüsselfaktor nicht einbezogen wird«. Smuts schrieb am 15. Juni 1944 in einem handschriftlichen Brief an Churchill: »Wenn es jemals eine Frage gab, die internationale Kontrolle erfordert, dann ist es diese.«[31] Churchill war anderer Meinung. Für ihn standen die drei kategorischen Versicherungen eisern fest, die er und Roosevelt sich 1943 in Quebec gegeben hatten – die Atombombe niemals gegeneinander einzusetzen, sie niemals ohne die Zustimmung des anderen gegen eine dritte Seite anzuwenden und Informationen über *Tube Alloys* niemals einer dritten Seite zu übergeben, es sei denn, im gegenseitigen Einvernehmen.

Roosevelts Meinung schwankte, wie wir heute aus der Geschichte von Niels Bohrs Intervention wissen. Am 10. Juli 1944 schrieb Felix Frankfurter[32] Roosevelt einen handschriftlichen Brief, dem er ein langes Memorandum Bohrs beilegte. Darin teilte dieser u. a. mit, er sei von Pjotr Kapiza[33], einem sowjetischen Wissenschaftlerkollegen, zu einem Besuch nach Moskau eingeladen worden. Im Unterschied zu vielen anderen, die die Atombombe zu jener Zeit lediglich als eine weitere starke Waffe betrachteten, beschrieb Bohr sie als »eine Waffe von unvergleichlicher Stärke..., die alle künftigen Bedingungen der Kriegführung vollständig verändern wird«. Er warnte, »die schreckliche Aussicht eines künftigen Wettlaufs zwischen den Nationen« könne »nur durch eine universelle Vereinbarung auf der Grundlage wirklichen Vertrauens vermieden werden.«[34] Als Frankfurter Bohrs bemerkenswertes Memorandum an das Weiße Haus sandte, hatte er bereits im Februar 1944 selbst eineinhalb Stunden lang mit Roosevelt über Bohrs Bedenken hinsichtlich der Atomenergie gesprochen. Nach Frankfurters Erinnerungen, die er über ein Jahr später niederschrieb, hatte sich Roosevelt aufgeschlossen und ernsthaft besorgt über das Problem gezeigt. In der Zeit zwischen Frankfurters Besuch im Weißen Haus und dem Eingang von Bohrs Memorandum bei Roosevelt traf Bohr am 16. Mai 1944 in London mit Churchill zusammen. Diese Begegnung zweier titanischer, aber gegensätzlicher Figuren war eine absolute Katastrophe. Vier Monate später machte sich Churchill sogar die Mühe zu telegrafieren: »Mir scheint, man sollte Bohr festsetzen oder ihm zumindest eindeutig klarmachen, daß er sehr nahe daran ist, tödliche Verbrechen zu begehen.«[35]

Am 26. August empfing Roosevelt seinerseits Bohr. Anders als Churchill behandelte er ihn, wie es seiner Bedeutung entsprach. Wichtiger noch, er schien auch zuzustimmen, daß man in dieser Frage mit Stalin sprechen müsse. Frankfurter sandte nach dieser Begegnung am 8. September einen weiteren handschriftlichen Brief an Roosevelt, in dem er drei »gewichtige« Gründe darlegte, weshalb man die Russen nicht länger in Unkenntnis lassen dürfe. »Mein Argument« ist, schrieb er, »daß abgewogene Offenheit ein geringes Risiko wäre. Weitere Geheimhaltung könnte andererseits ernste Folgen nach sich ziehen.« Zehn Tage später vollzog Roosevelt jedoch eine jener plötzlichen Kehrtwendungen in der Politik, zu denen er bei seinem Temperament neigte, und unterzeichnete in seinem Hause die drei kurzen Absätze nach seinem Gespräch mit Churchill über die Atombombe.(Siehe Aide-mémoire der Gespräche zwischen dem Präsidenten und dem Premierminister in Hyde Park vom 19. September 1944 im Anhang)

Churchills Gründe für die Unterzeichnung dieses erstaunlichen Papiers sind aus dokumentarischen Belegen über seine Auffassungen zu dieser Frage klar ersichtlich. Ein Beispiel dafür wurde bereits in diesem Kapitel zitiert. Roosevelts Motive sind es nicht. Er erörterte das Aide-mémoire von Hyde Park zwischen dem Tag der Unterzeichnung und dem Tag seines Todes mit niemandem. Zweifellos waren sie gemischter Natur, und nach dem zu urteilen, was gerade in Quebec unterzeichnet worden war, spielte auch der Wunsch eine Rolle, einige der Schläge auszugleichen, die Churchill während des Sommers von ihm hatte hinnehmen müssen. Vorerst stimmte er Churchill zu, über die Bombe und die Zukunft der Atomenergie nicht mit Stalin zu sprechen. Auf der Jaltaer Konferenz fünf Monate später wurde das Thema nicht erörtert. Aber wie Roosevelt war, bedeutete dies nicht, daß er in Potsdam oder bereits früher nicht auch eigene Wege hätte gehen können.

Wir werden es niemals erfahren. Obwohl nicht bewiesen werden kann, daß dieser Gedanke, der den erschöpften Mann am meisten hätte beschäftigen müssen, gegen Ende seines Lebens schließlich doch noch seine Aufmerksamkeit fand, ist es eine Tatsache, daß eine der letzten Mitteilungen über die Atombombe, die Roosevelt am 25. März 1945 erhielt, von Einstein stammte. In einem Brief empfahl Einstein Leo Szilard dem Präsidenten, weil ihm klargeworden war, daß Szilard »außerordentlich besorgt« war über »das Fehlen der notwendigen Kontakte zwischen den Wissenschaftlern, die mit dieser Arbeit befaßt sind, und den Mitgliedern Ihres Kabinetts, die für die Gestaltung der Politik verantwortlich sind«. Ließ sich Roosevelt vielleicht von dieser Sorge leiten, als er seine Rede zum Geburtstag von Jefferson vorbereitete, die er dann nicht mehr halten konnte? Hätte er lange genug gelebt, um diese Ansprache am 13. April 1945 zu verlesen, dann hätte sie das nachfolgende Zitat Jeffersons enthalten:

»Der brüderliche Geist der Wissenschaft, der alle ihre Jünger zu einer Familie eint… wie weit verstreut über den Erdball sie auch leben mögen.«[36]

Teil III

Krieg und Frieden

17
Die Krimkonferenz
Jalta, 4. bis 11. Februar 1945

Der Zar deutete an, die Frage (Polens) könne nur ein einziges Ergebnis haben, da er in dessen Besitz sei. Ich bemerkte, es sei ganz richtig, daß Seine Kaiserliche Majestät in Polens Besitz sei, und er müsse wissen, niemand sei weniger geneigt als ich, diesen Besitz feindselig zu bestreiten; aber ich sei sicher, Seine Kaiserliche Majestät werde nicht davon befriedigt sein, daß sich sein Anspruch auf eine Eroberung im Gegensatz zur allgemeinen Stimmung in Europa befinde.

– Lord Castlereagh auf dem Wiener Kongreß zu Zar Alexander I –

»Keine Träume, meine Herren!«

– Zar Alexander II. im Mai 1856 in Warschau –

Im Vorfeld der Konferenz

Das zweite Treffen der Großen Drei trat bereits im Juli 1944 in die Geschichte ein, als es den Codenamen *Heureka II* erhielt (schon die Teheraner Konferenz war *Heureka* genannt worden). Sechs Monate später bemerkte Churchill vor seiner Abreise aus London nach Jalta, »wenn wir zehn Jahre gesucht hätten, hätten wir keinen schlechteren Platz auf der Welt dafür finden können«.[1] Aber der erste der vielen Orte, die für *Heureka II* ins Auge gefaßt wurden, war ebenso ungeeignet: es war die Militärbasis in Invergordon am Cromarty Firth in Schottland, wo bereits im September 1944 eine Konferenz stattfinden sollte. Churchills lebhafte Phantasie malte sich bereits aus, wie König George VI. Roosevelt und Stalin in Balmoral empfing. Roosevelt war »ziemlich angetan von Invergordon oder einem Ort an der schottischen Westküste«. Aber am 22. Juli antwortete Stalin, er könne aus militärischen Gründen zu dieser Zeit nicht an einer Konferenz teilnehmen.[2] Im September begann man ernsthaft über den Ort zu diskutieren. Churchill und Roosevelt versuchten Stalin zu überreden, sich irgendwo im Mittelmeer zu treffen. Mit dem Hinweis auf den Rat der Ärzte bestand Stalin (der das Fliegen verabscheute) auf einem Schwarzmeerhafen. Mitte November entschied Roosevelt, er ziehe eine Konferenz nach seiner Amtseinführung als Präsident (am 20. Januar 1945) vor, womit er Churchills »Hoffnung zerstörte«, Roosevelt werde zugleich Großbritannien seinen »lange versprochenen Besuch abstatten«.[3] Nachdem Stalin weitere Orte im Mittelmeer abgelehnt hatte, einigten sich alle drei im Dezember schließlich auf Jalta.[4] Hier trafen Churchill und Roosevelt am 3. Februar 1945 mit einem Gefolge von etwa 700 Beamten zu Gesprächen ein, deren Ergebnisse damals als Triumph für die Große Allianz gefeiert wurden. Die *Times* schrieb am 13. Februar 1945 von »uneingeschränkter Befriedigung«, »gegenseitigem Vertrauen und Einmütigkeit der Absichten«. Sie bezeichnete die Vorschläge von Jalta »für die Lösung der Polenfrage« als »eines der bedeutendsten Ergebnisse der Konferenz«. Nach den Worten der *New York Times* vom selben Tag »bestätigen und übertreffen« die Übereinkünfte von Jalta »die meisten Hoffnungen, die in diese schicksalhafte Begegnung gesetzt wurden«. *Iswestija* beschrieb die Konferenz als »das größte politische Ereignis der Gegenwart«.[5] Und doch ist gerade dieses letzte Treffen Churchills, Roosevelts und Stalins seitdem zu einem der umstrittensten Ereignisse der Geschichte geworden.

Unmittelbar vor Jalta glaubte man in gutinformierten Kreisen in Großbritannien und den USA nicht daran, daß die Konferenz zu Zugeständnissen an die Sowjetunion führen könnte. Im Gegenteil, Churchills »AppeasementPolitik«, der der *Economist* seinen Leitartikel zum neuen Jahr widmete, betraf die Vereinigten Staaten, nicht die Sowjetunion, ein Kurs, »an dem er auf eigene Initiative mit all den Demütigungen und Erniedrigungen festhält, seit Pearl Harbor die Notwendigkeit dafür aufgehoben hat«. Der amerikanische Außenminister fand diesen Artikel wichtig genug, um am 2. Januar ein Memorandum darüber an Roosevelt zu senden, in dem es heißt, daß er »widerspiegelt, was Millionen Engländer denken ... Dahinter steht die emotionale Schwierigkeit, die jeder und insbesondere jeder Engländer damit hat, sich an eine zweitrangige Rolle zu gewöhnen, nachdem er stets die Führungsrolle als sein nationales Recht betrachtet hatte«.[6]

Wie schon vor der Teheraner Konferenz mußte Churchill noch einmal alle Register ziehen, um Roosevelt von der Notwendigkeit zu überzeugen, unterwegs ein anglo-amerikanisches Treffen abzuhalten. Roosevelt hatte Churchill bereits am 6. Januar mitgeteilt, daß dies unmöglich sei. Trotzdem gab er nach. Diesmal fand die bilaterale Konferenz auf Malta statt, wo die Stabschefs beider Länder und die beiden Außen-

In Jalta war Roosevelt gesundheitlich schon merklich angeschlagen, die Chronisten meinen, daß er sonst Stalins Forderungen nicht so kampflos nachgegeben hätte. Denn Stalin setzte praktisch alle seine Ziele in Osteuropa wie auf dem Balkan durch. Mit Churchill mußte er zwar stundenlang streiten, aber Großbritannien war längst der Juniorpartner der eigentlichen Weltmächte geworden, und angesichts des sich abzeichnenden Sieges gaben die Westmächte letzten Endes dem Drängen der Sowjets nach.

minister sich in den letzten beiden Januartagen trafen. Das Gemeinsame Komitee der Stabschefs hatte seinen letzten großen Streit über den Krieg, und bei beiden Begegnungen Churchills und Roosevelts am 2. Februar wurde wenig oder gar nichts erreicht.[7] Nachdem sie gemeinsam gespeist hatten, starteten sie mit ihren Maschinen zu einem Nonstopflug auf die Krim, dem eine fünfstündige Autofahrt vom Landeplatz bis nach Jalta folgte. Die erste Plenarsitzung der Konferenz *Argonaut* (wie sie schließlich genannt wurde) fand am 4. Februar im ehemaligen Zarenschloß Liwadia statt. Hier konferierten die Großen Drei über eine Woche lang.

Das Foto der Großen Drei, das am Tag vor Abschluß der Konferenz in der Sommerresidenz der Zaren aufgenommen wurde, zeigt Churchill zigarrerauchend, Roosevelt abgehärmt, mit einer Zigarette in der linken Hand, und Stalin gelassen, mit gefalteten Händen.[8] Für seine Gelassenheit hatte Stalin guten Grund, bereits bevor die Konferenz begann. Eisenhowers Truppen hatten den Rhein noch nicht überquert, und auch Alexanders Schlußoffensive in Norditalien ließ noch zwei Monate auf sich warten. Dagegen hatte die Rote Armee unter Schukows Führung im Januar eine Offensive eingeleitet - in Stalins Worten »eine moralische Pflicht« gegenüber ihren amerikanischen und britischen Alliierten, um den Druck zu vermindern, dem Eisenhowers Truppen während der unerwarteten Gegenattacke der Deutschen kurz vor Weihnachten in den Ardennen standzuhalten hatten.[9] Im Verlaufe dieser Offensive hatte die Rote Armee nicht nur Warschau eingenommen, sondern auch die Oder erreicht, und als sich Churchill, Roosevelt und Stalin am 4. Februar zusammensetzten, befand sich der westlichste Vorposten von Schukows Stellungen kaum 65 km von Berlin entfernt. Wenn Schukows vorläufige Direktive Ende Januar von Stalin bestätigt worden wäre, dann hätte der Sturm auf Berlin begonnen, während die Konferenz von Jalta noch tagte.[10] Aber auch ohne dies war fast das gesamte Vorkriegsterritorium Polens nun in sowjetischer Hand.

Churchills Prophezeiung über die Unannehmlichkeiten der Krimkonferenz erfüllten sich nicht. Die Sowjets waren großzügige Gastgeber. Churchill besuchte vor seiner Abreise aus der Sowjetunion sogar das Schlachtfeld von Balaclava, auf dem im 19. Jahrhundert Briten gegen Russen gekämpft hatten. Aber seine Vorhersage über das Treffen, die er in einem Telegramm an Roosevelt am 8. Januar formuliert hatte - »eine schicksalhafte Konferenz, die in einem Augenblick kommt, da die großen Alliierten uneinig sind«[11] - war schon zutreffender, allerdings mit einer wichtigen Einschränkung: Die Entscheidungen, die Churchill,

Roosevelt und Stalin in Jalta trafen, und die Probleme, die sie der Nachwelt überließen, erwiesen sich als »schicksalhaft« nur insofern, als sie die Zukunft Europas betrafen. In anderen Bereichen der Politik war Roosevelt davon überzeugt, daß, »wenn wir Drei zusammenkommen«[12], Lösungen gefunden werden könnten, die sich als richtig erweisen würden. Was Stalin betraf, so erklärte er Churchill und Roosevelt am dritten Tag der Jaltaer Konferenz, als die Debatte über Polens Zukunft begonnen hatte, daß »die Polenfrage für die Sowjetunion eine Angelegenheit von Leben und Tod« sei. »Soll der Krieg gegen Deutschland lieber noch etwas länger dauern«, sagte er, »aber wir müssen in der Lage sein, Polen im Westen auf Kosten Deutschlands eine Kompensation zu verschaffen«.[13] Stimson (der in Jalta nicht teilnahm) hatte in einem Memorandum an Roosevelt unmittelbar vor der Abreise des Präsidenten aus Washington den Nagel auf den Kopf getroffen:

»Rußland... wird geltend machen, daß angesichts seiner bitteren Erfahrungen mit Deutschland seine Selbstverteidigung als Garant des Weltfriedens von seinen Beziehungen mit Pufferstaaten wie Polen, Bulgarien und Rumänien abhängt, was etwas sehr anderes sein wird als die vollständige Unabhängigkeit dieser Staaten.«

Stalin sagte es fast ein Jahr später im Gespräch mit dem britischen Außenminister (Ernest Bevin) in Moskau ganz offen: »Das Vereinigte Königreich hatte Indien und den Indischen Ozean als Einflußsphäre; die Vereinigten Staaten hatten China und Japan; die UdSSR hatte gar nichts.«[14]

Wie konnte Roosevelt unter diesen Umständen im Januar sagen, er glaube, »nicht mehr als fünf oder sechs Tage« würden für die Jaltaer Konferenz ausreichen? (Churchill erinnerte ihn in seiner Erwiderung daran, daß »selbst der Allmächtige sieben Tage brauchte«.)[15] Möglicherweise war Roosevelt, da er sich krank fühlte, in Eile. Vielleicht glaubte er auch, fünf oder sechs Tage würden ausreichen, um seine zwei Hauptziele zu erreichen: eine Übereinkunft über den Fernen Osten und über die Organisation der Vereinten Nationen. Noch wahrscheinlicher ist, daß er damit rechnete, daß der Trumpf, den er allein in der Hand hielt, auf einer späteren Konferenz besser stechen würde, die stattfinden mußte, wenn der Krieg in Europa vorüber war. Wie dem auch sei, was mag ihm eine Konferenz wirklich bedeutet haben, auf der Stalin ihm Beria als »unseren Himmler« vorstellte?[16]

Roosevelt erreichte eines seiner Ziele bald nach Konferenzbeginn und das zweite ganz am Ende der Konferenz. Am 7. Februar wurde das (in Dumbarton Oaks fünf Monate zuvor ungelöst gebliebene) Problem des Abstimmungsverfahrens in der UNO geregelt, als Molotow zugestand, die Sowjetunion werde nicht mehr darauf bestehen, daß die Ständigen Mitglieder des Sicherheitsrates ein Vetorecht auch in Verfahrensfragen besitzen. Des weiteren willigte er ein, die Zahl der Sowjetrepubliken, die Mitglieder der Organisation werden sollten, von sechzehn auf »mindestens zwei« zu reduzieren, in Roosevelts Worten »ein großer Schritt vorwärts«, der »den Völkern der Welt Freude und Erleichterung« bringen werde. Diese Worte waren keine Übertreibung. Die Geschwindigkeit, mit der die zur Gründungskonferenz der Vereinten Nationen in San Francisco einzuladenden Mitglieder der US-Delegation ausgewählt wurden, darunter auch der Führer der Republikaner, Senator Arthur Vandenberg, belegt dies eindeutig. (Die Namensliste[17] wurde sofort abgestimmt, obwohl die Presseverlautbarung über die Einberufung der Konferenz von San Francisco erst einen Tag nach dem Kommuniqué der Konferenz Mitte Februar veröffentlicht werden sollte.) Die Gefahr, daß Amerika nach dem Kriege erneut in einen Isolationismus verfallen könnte, der bereits die Versailler Verträge von 1919 wirkungslos gemacht hatte, war endlich gebannt.

Das Geheimabkommen über den Fernen Osten[18], das am letzten Tag der Jaltaer Konferenz unterzeichnet wurde, war nominell ein dreiseitiges Abkommen, Churchill war jedoch über die Bedingungen dieses amerikanisch-sowjetischen Handels von Roosevelt und Stalin nicht konsultiert worden. Er setzte sich über Eden und Cadogan hinweg, die ihm beide rieten, das Abkommen nicht zu unterstützen, und begründete dies damit, daß seine Unterschrift notwendig sei, um Großbritannien auch weiterhin eine aktive Rolle im Fernen Osten zu sichern. Später schrieb Churchill allerdings in seinen Memoiren: »Für uns handelte es sich um ein sekundäres, weitab liegendes Problem.«[19] Das wirklich betroffene Land - China - wurde niemals konsultiert; die chinesische Regierung wußte damals nicht einmal von der Existenz dieses Abkommens. Es verpflichtete die Sowjetunion, »zwei oder drei Monate nach der Kapitulation Deutschlands« in den Krieg gegen Japan einzutreten. Dies sollte unter drei uneingeschränkt zu erfüllenden Bedingungen geschehen, daß nämlich der Status quo in der Äußeren Mongolei erhalten blieb, »die früheren Rechte Rußlands, die durch den tückischen

Überfall Japans im Jahre 1904 verletzt wurden«, wiederhergestellt und die Kurilen der Sowjetunion übergeben werden würden. Ein weiterer Absatz des Dokuments legte fest, daß das Abkommen über die Äußere Mongolei und die Mandschurei die Zustimmung Tschiang Kai-scheks erfordere. Der amerikanische Präsident werde »nach dem Rat Marschall J. W. Stalins Schritte unternehmen, um diese Zustimmung zu erhalten«. Schließlich erklärte die Sowjetunion ihre Bereitschaft, mit der Nationalregierung Chinas einen Freundschafts- und Bündnispakt zwischen der UdSSR und China zu schließen (was sie am 14. August 1945 tat). Obwohl der fernöstliche Teil von Roosevelts großem Plan auf beiden Seiten des Atlantiks allgemeine Zustimmung fand, als die Bedingungen im August 1945 bekanntwurden, blieb es Mao Zedong überlassen, fünf Jahre später, nachdem er in Peking die Macht übernommen hatte, mit der Sowjetunion darüber zu verhandeln, daß alle Konzessionen, die in Jalta auf Chinas Kosten gemacht wurden, zu revidieren seien. Einzige Ausnahme war die Unabhängigkeit der Mongolei.

Churchill spielte in Jalta eine eurozentrische Rolle. Da de Gaulle von Roosevelt entgegen dem Vorschlag Churchills von der Konferenz ausgeschlossen wurde, als die drei Führer in Jalta eingetroffen waren, setzte sich Churchill gegen den Widerstand von Roosevelt und Stalin energisch dafür ein, daß Frankreich eine Besatzungszone in Deutschland erhalten und Mitglied des Alliierten Kontrollrates für Deutschland werden sollte. Roosevelt sagte Stalin bei ihrem ersten bilateralen Gespräch, die Briten wollten in der Frankreichfrage »ihr Stück vom Kuchen haben und essen«. Er selbst denke, eine französische Besatzungszone in Deutschland sei »keine schlechte Idee..., aber... nur aus Freundlichkeit«. Am 10. Februar teilte Roosevelt jedoch seinen beiden Partnern unvermittelt mit, er habe seine Meinung geändert, wodurch der Weg frei wurde für eine Übereinkunft in einer Frage, die für Frankreich und die europäische Politik insgesamt nach Kriegsende bedeutende Konsequenzen hatte.

In Jalta vollzog Churchill in der Deutschlandfrage eine Wendung um 180 Grad. Während er bei seiner Begegnung mit Roosevelt auf der zweiten Quebec-Konferenz kaum vier Monate zuvor noch den amerikanischen Vorschlag unterstützt hatte, die deutsche Industrie zu liquidieren und Deutschland damit in ein Agrarland zu verwandeln, blockierte er nun den (von den Großen Drei in Teheran erörterten) Vorschlag über eine Teilung Deutschlands. Churchill reizte auch Stalin, indem er sich gegen dessen Vorschlag wandte, die Gesamtsumme der Kriegsreparationen Deutschlands auf 20 Milliarden Dollar festzusetzen und die

Hälfte davon wegen der Verwüstung des Landes durch die deutsche Okkupation der Sowjetunion zuzusprechen. Während Stalin und Roosevelt in Jalta übereingekommen waren, die gemeinsame Reparationskommission, eines der Gremien, das die Jaltaer Konferenz einsetzte, habe »in ihren ersten Untersuchungen« von der sowjetischen Zahl von 20 Milliarden Dollar« als Diskussionsgrundlage auszugehen, wurde in das Protokoll der Konferenz die britische Auffassung aufgenommen, vor einer Behandlung der Frage in der Kommission sei keine Zahl zu nennen.

Der europäischen Frage, die am dringlichsten war und für ganz Europa die weitreichendsten politischen Folgen hatte – der Deutschlandfrage – wurde auf der Jaltaer Konferenz nur spärliche Aufmerksamkeit geschenkt. Dagegen führte man über Polen eine Diskussion von etwa 18 000 Worten. Wegen dieser Debatte über Polen ist die Jaltaer Konferenz berühmt geworden. Nach einer Woche Gerangel kam man überein, daß eine Provisorische Polnische Regierung der Nationalen Einheit gebildet werden sollte, »die sich auf eine breitere Basis stützen soll, als dies vorher bis zur kürzlichen Befreiung Polens möglich war«. Die in Polen amtierende Provisorische Regierung »soll deshalb auf einer breiteren demokratischen Grundlage unter Einschluß demokratischer Persönlichkeiten aus Polen selbst und von Polen aus dem Ausland umgebildet werden«. Der sowjetische Außenminister sowie der amerikanische und der britische Botschafter wurden von Churchill, Roosevelt und Stalin ermächtigt, »in Moskau in erster Linie mit den Mitgliedern der gegenwärtigen Provisorischen Regierung und anderen polnischen demokratischen Persönlichkeiten sowohl aus Polen selbst wie auch aus dem Ausland im Hinblick auf die Umbildung der gegenwärtigen Regierung auf der genannten Grundlage Konsultationen zu führen«. »Freie und durch nichts behinderte Wahlen auf der Grundlage des allgemeinen Wahlrechts und der geheimen Abstimmung« sollten sobald wie möglich durchgeführt werden; alle »antinazistischen und demokratischen Parteien« sollten das Recht haben, an diesen Wahlen teilzunehmen und Kandidaten aufzustellen.

Was die Grenzen des neuen Polen betraf, so deutete Roosevelt den Wunsch an, Polen sollte Lwow zurückerhalten, bestand jedoch nicht darauf. Man kam überein, daß die Ostgrenze Polens mit geringen Abweichungen entlang der Curzon-Linie verlaufen sollte. Im Norden und Westen mußte Polen »beträchtlichen Gebietszuwachs erhalten«. »Die endgültige Festlegung« der Westgrenze sollte bis zu einer Friedenskonferenz zurückgestellt werden. Obwohl die Annahme der Curzon-Linie seit der Teheraner Konferenz nicht mehr zu umgehen war, zeugt die Wortwahl von Jalta zur Westgrenze von Meinungsverschiedenheiten über den sowjetischen Vorschlag, die Grenze sollte der Oder und der *westlichen* Neiße folgen, wodurch der neue polnische Staat[20] ganz Pommern und Schlesien erhalten würde. Diese diplomatische Schlacht wurde später in Potsdam ausgefochten. Wie wir heute wissen, hatte Molotow über sechs Monate vor der Jaltaer Konferenz mit dem Chef des Lubliner Komitees ein gemeinsames Memorandum unterzeichnet. Darin akzeptierten beide Parteien im Osten die Curzon-Linie.[21] Artikel 4 dieses Abkommens verpflichtete die Sowjetregierung dazu, »die Festlegung der polnisch-deutschen Grenze« entlang der Oder und der westlichen Neiße zu unterstützen.[22]

Was die Diskussion über Polen und Jalta für den heutigen Leser verwirrend macht, ist die Tatsache, daß vor allem die Zusammensetzung der Provisorischen Polnischen Regierung erörtert wurde, die Debatte jedoch zugleich auch um die künftigen Grenzen des neuen polnischen Staates ging. Der Grund dafür ist darin zu sehen, daß zur Zeit von Jalta nicht einmal Mikolajczyk die Curzon-Linie als Polens Ostgrenze anerkannt hatte, von den anderen Mitgliedern der polnischen Exilregierung, aus der er Ende 1944 ausgetreten war, ganz zu schweigen. Der zweite Grund für diese Verwirrung liegt darin, daß die Gemeinsame Deklaration über das befreite Europa, die die Großen Drei in Jalta herausgaben, in gewissem Sinne der polnischen Frage übergeordnet wurde und beides sich in der Folgezeit im Bewußtsein der Öffentlichkeit eng miteinander verband. In Wirklichkeit bezogen diejenigen, die das Dokument unter Wilsons Leitung im State Department entworfen hatten, es ebenso auf die Ereignisse in Griechenland, für die die Briten verantwortlich waren, wie die in Polen. Die Deklaration hatte keine Rechtskraft und legte den Unterzeichnern wenig oder gar keine Verpflichtungen auf. Sie sollte von diesen dort angewandt werden, »wo immer die Umstände es ihrer Ansicht nach erfordern«. Sie erweckte jedoch die Hoffnung, daß Länder wie Griechenland und Polen, die vor dem Kriege nicht als Demokratien im westlichen Sinne betrachtet werden konnten endlich zu demokratischen Staaten werden würden. Professor Arthur Schlesinger hebt in einer seiner jüngsten Arbeiten hervor:

»Die Unterzeichnung der Deklaration war vom sowjetischen Standpunkt ein ernster diplomatischer Fehler. Die Deklaration konnte die Sowjetunion zwar nicht daran hindern, ihre Positionen in Osteuropa zu konsolidieren, legte aber Standards für Osteuropa fest. Als Stalin diese Standards später verletzte und den großen Knüppel herausholte, setzte er sich dem berechtigten Vorwurf aus, in schlechter Absicht gehandelt und die Abkommen von Jalta gebrochen zu haben.«[23]

Doch damit nicht genug – der sehr allgemein gehaltene Wortlaut der Übereinkunft von Jalta über die künftige polnische Regierung verdeckte so viele Unterschiede in den Standpunkten der USA, Großbritanniens und der Sowjetunion, daß vorauszusehen war, was folgen mußte: Als Molotow sich mit Harriman und dem britischen Botschafter Archibald Clark Kerr daranmachte zu bestimmen, welcher polnische Führer »demokratisch« war und welcher nicht, mußten sie in Schwierigkeiten kommen. Die Jaltaer Übereinkunft zu Polen hielt kaum länger als einen Monat. Molotow nutzte die Formulierung »in erster Linie in Moskau« voll aus. Ende März verschwanden sechzehn Mitglieder der polnischen Widerstandsbewegung, die auf Grund einer sowjetischen Sicherheitsgarantie in Schukows Hauptquartier gekommen waren, spurlos von der Bildfläche. Erst nach langem Streit zwischen den drei Regierungen, der auch nach Roosevelts Tod anhielt, konnte das Jaltaer Abkommen über Polen neu ausgehandelt werden – diesmal allein in bilateralen Gesprächen zwischen den USA und der Sowjetunion Ende Mai 1945 in Moskau.

Das Nachspiel

Weder Churchill noch Roosevelt kehrten auf direktem Wege nach Hause zurück, so daß ihre Berichte über die Jaltaer Konferenz an das Parlament und den Kongreß sich bis zum 27. Februar bzw. 1. März verzögerten. Beide nahmen ihren Rückweg über Ägypten, und so trafen Churchill und Roosevelt am 15. Februar auf dem amerikanischen Kriegsschiff *Quincy* im Hafen von Alexandria zum letzten Mal zusammen. Nach Churchills Bericht sprachen sie vor allem über die Atomforschung. Sie setzten ihre Diskussion von Hyde Park vor fünf Monaten nicht einfach fort, sondern erörterten die Frage, daß Großbritannien »seine eigenen Arbeiten an *Tube Alloys* vorantreibt«, die Churchill in Hopkins' Anwesenheit ansprach. »Der Präsident erhob keinerlei Einwände« und »nannte den September als Zeitpunkt für die ersten wichtigen Versuche.«[24]

Nach London zurückgekehrt, sagte Churchill am 27. Februar vor dem Unterhaus:

»Auf der Krim und in allen meinen anderen Kontakten habe ich den Eindruck gewonnen, daß Marschall Stalin und die Sowjetführer in ehrenhafter Freundschaft und Gleichheit mit den westlichen Demokratien zu leben wünschen. Ich meine auch, daß sie zu ihrem Wort stehen. Ich kenne keine Regierung, die ihre Verpflichtungen exakter einhält – und sei es zum eigenen Nachteil – als die Regierung Sowjetrußlands. Ich lehne es strikt ab, hier eine Diskussion über die Glaubwürdigkeit der Russen zu führen. Es ist ganz klar, daß diese Dinge die Zukunft der ganzen Welt berühren.«[25]

Drei Tage später beschrieb Roosevelt in seiner letzten Rede an den Kongreß die Jaltaer Entscheidung über das Territorium Polens als »zugegeben, ein Kompromiß«, fügte jedoch seine Überzeugung hinzu, daß »die Übereinkunft zu Polen unter den gegebenen Umständen die aussichtsreichste für einen freien, unabhängigen und blühenden polnischen Staat« war. Er empfahl »dem Kongreß und dem amerikanischen Volk... die Ergebnisse dieser Konferenz als Beginn des Aufbaus einer dauerhaften Struktur des Friedens«. Die Frage, ob diese Reise in der Tat Früchte tragen werde oder nicht, so erklärte er, »liegt in großem Maße in Ihrer Hand«.[26]

Nachdem Roosevelt am 29. März – wie sich später herausstellte, zum letzten Mal – sein Haus in Hyde Park aufgesucht hatte, begab er sich nach Warm Springs in Georgia, um sich dort zu erholen und wieder Kräfte zu sammeln. In den letzten Wochen seines Lebens geriet er in ein Kreuzfeuer von Telegrammen Churchills und Stalins, die vor allem Polen betrafen, aber auch die Verhandlungen über eine Kapitulation der Alexander in Italien gegenüberstehenden deutschen Truppen (die SS-General Karl Wolff im März insgeheim in der Schweiz eingeleitet hatte). Diese Verhandlungen, bei denen die Sowjetunion nicht vertreten war, endeten ergebnislos, führten jedoch zum einzigen zornerfüllten Telegrammwechsel zwischen Roosevelt und Stalin während des ganzen Krieges. Stalin warf seinen beiden Verbündeten vor, einen Separatfrieden schließen zu wollen, was Roosevelt als »üble« Entstellung zurückwies. In seiner letzten Botschaft an Stalin erklärte Roosevelt jedoch, die Episode sei »bereits Vergangenheit«.[27]

Mit Polen lagen die Dinge anders. Kaum eine Woche nach seiner Verteidigung Jaltas vor dem Parlament sandte Churchill Roosevelt ein langes Telegramm, in dem er eine Protestbotschaft an Stalin unterstützte, die sich dagegen wandte, wie Molotow die in Jalta mit so großer Mühe erreichte Übereinkunft über eine polnische Regierung in der Praxis interpretierte. Churchill beschrieb dies als »den Testfall zwischen uns und den Russen über die Bedeutung, die solchen Begriffen wie Demokratie, Souveränität, Unabhängigkeit, repräsentative Regierung sowie freie und ungehinderte Wahlen beigemessen werden soll«.[28] Dieses

Telegramm zeugt von Churchills Entschlossenheit, sich ein letztes Mal für die »Londoner« Polen einzusetzen, die teilweise von innenpolitischen Überlegungen diktiert war (die polnische Exilregierung hatte eine aktive Lobby im Parlament). Es markiert aber auch den Beginn seines Abweichens von der »Prozente«-Vereinbarung, die er im Oktober 1944 in Moskau mit Stalin geschlossen hatte. Bezeichnenderweise betrafen die ersten Absätze dieses Telegramms nicht Polen, sondern das sowjetische Vorgehen in zwei Balkanstaaten - Rumänien und Bulgarien -, wo Amerika und Großbritannien in jeder Hinsicht nur minimale Interessen hatten, und dies zu einer Zeit, da sich Churchill voll bewußt war, daß er zumindest in Griechenland für die Durchsetzung der britischen Politik der Duldung Stalins bedurfte.[29]

Am 13. März versuchte Churchill Roosevelt davon zu überzeugen, daß die Drei Mächte »vor einem großen Fehlschlag, ja geradezu einem Zusammenbruch all dessen stehen, was in Jalta geregelt wurde«. Roosevelt zögerte. Erst drei Wochen später sandte er Stalin schließlich eine (von Leahy entworfene) gemäßigt formulierte Botschaft, in der er seine »Besorgnis« über »das entmutigende Fehlen von Fortschritten bei der Verwirklichung... der politischen Beschlüsse« zum Ausdruck brachte, »die auf der Konferenz insbesondere in der Polenfrage erreicht wurden.«[30] Stalin wies dies kategorisch zurück. Er stimmte Churchill und Roosevelt zunächst zu, daß die Polenfrage tatsächlich an einem toten Punkt angelangt sei. Die Schuld dafür wies er aber vor allem dem amerikanischen und dem britischen Mitglied der von der Krimkonferenz eingesetzten Moskauer Kommission zu. Er erklärte, Harriman und Clark Kerr hätten insbesondere die »Umbildung der Provisorischen Regierung« Polens (d. h. der Warschauer Regierung) als »deren Liquidierung und die Bildung einer vollkommen neuen Regierung« interpretiert. (Nach Stalin habe sich Harriman zu der Erklärung hinreißen lassen, es sei möglich, daß nicht ein einziges Mitglied der Provisorischen Regierung auch der Polnischen Regierung der Nationalen Einheit angehören werde.) Während in Jalta beschlossen worden sei, behauptete Stalin, die Kommission solle fünf Polen aus dem Lande selbst und drei aus London zu Konsultationen einladen, werde nun vorgeschlagen, jedes Mitglied der Kommission solle so viele Polen einladen dürfen, wie es wünsche. Im Gegensatz dazu war die Sowjetunion der Meinung, die zu Konsultationen eingeladenen Polen müßten erstens die Beschlüsse der Krimkonferenz, einschließlich der Curzon-Linie, anerkennen und zweitens tatsächlich freundschaftliche Beziehungen zwischen Polen und der Sowjetunion anstreben, die zweimal in den letzten zwanzig Jahren von polnischem Territorium aus überfallen worden war. Stalin bestand auch darauf, daß Konsultationen »in erster Instanz« mit den Vertretern der Provisorischen Polnischen Regierung (von Warschau) geführt werden sollten.[31]

Roosevelts letzter Ratschlag an Churchill zur Polenfrage war in einem Telegramm enthalten, das er am 11. April 1945 absandte (und im Unterschied zu den meisten Telegrammen seiner letzten Wochen auch selbst verfaßte). Er empfahl Churchill, vor dem Parlament »das sowjetische Problem insgesamt soweit wie möglich zu minimieren«.[32] Am nächsten Tag las er im Wohnzimmer seines Hauses in Warm Springs in seinen Papieren, während Skizzen für ein Porträt angefertigt wurden. Am späten Nachmittag sollte ein Barbecue stattfinden. Kurz nach 13.00 Uhr sprach Roosevelt seine letzten Worte: »Ich habe schreckliche Kopfschmerzen.« Er erlitt einen schweren Schlaganfall. Etwa drei Stunden später verkündete sein Kardiologe, Commander Bruenn, der Präsident sei verstorben. (Lucy Rutherfurd, zu der Roosevelt nach dem Tode ihres Mannes seine frühere Beziehung wieder aufgenommen hatte, war bei ihm. Eleanor Roosevelt, die nicht anwesend war, erfuhr zu ihrem Leid erst im nachhinein von seinem Tode.) Die Große Allianz, zunächst von der Polenkrise und nun von Roosevelts Tod erschüttert, blieb bestehen. Aber das Triumvirat hatte sein Ende gefunden.

18

Die siegreiche Allianz

Die Frage einer Friedenskonferenz zum Abschluß des Krieges in Europa... klopft an die Tür.
– Jossif Stalin am 26. Mai 1945 zu Harry Hopkins –

Auf einen langen Krieg kann unmöglich ein schneller Frieden folgen.
– Harold Nicolson im Vorwort der Ausgabe von 1943 seines Buches Peacemaking, 1919 –

Heute können weder die Sieger noch die Besiegten mit reinem Gewissen auf die letzten Monate des zweiten Weltkrieges zurückblicken. Wenn man von dem Mut der Soldaten einmal absieht, die die Hauptschlachten von Berlin, Okinawa und Rangun – um nur drei der erbittertsten zu nennen – ausfochten, dann ist diese Zeit für niemanden ein Ruhmesblatt. Die Bombenangriffe auf Dresden, eine Stadt voller Flüchtlinge, im Februar und auf Tokio im März führten schließlich zu den Atombombenabwürfen auf Hiroshima und Nagasaki im August 1945 (Kioto, General Groves' bevorzugtes Ziel, blieb nur verschont, weil Stimson persönlich eingriff).[1] Die Rote Armee übte Vergeltung in Deutschland. Überall in Mitteleuropa zeigte das NKWD, daß es nichts vergessen und nichts dazugelernt hatte. Die sechzehn Offiziere des polnischen Widerstandes (die man unter den im vorigen Kapitel beschriebenen Umständen festgenommen hatte) wurden in Moskau vor Gericht gestellt und abgeurteilt. In Budapest verhaftete das NKWD den schwedischen Diplomaten Raoul Wallenberg[2] und ließ ihn schließlich in einem Lager verschwinden. Er hatte, allein auf sich gestellt, die Deutschen, die ihr Vernichtungswerk bis zur letzten Minute fortsetzten, daran gehindert, Tausende Juden in Konzentrationslager zu deportieren.

April bis Juli 1945

Im Vorfeld von Potsdam behielt der neue Präsident der Vereinigten Staaten zwar die Trumpfkarten, die Roosevelt in Jalta nicht ausgespielt hatte, in der Hand, andererseits hatte Stalin nicht mit den innenpolitischen Widrigkeiten zu kämpfen, unter denen Churchill und Truman agieren mußten. Churchill wurde von der Aussicht auf Neuwahlen und dann von der Wahlkampagne selbst in zunehmende Unruhe versetzt; immerhin waren es die ersten Wahlen in Großbritannien seit zehn Jahren. Einen Monat nach Churchills Rückkehr nach London schrieb der Herausgeber des *Economist*, daß sich »die Koalition mehr und mehr abnutzt«.[3] Am 7. April erklärte Bevin, der die Koalition nahezu fünf Jahre lang konsequent unterstützt hatte, öffentlich, dies sei weder eine Einmannregierung noch ein Einmannkrieg. Am 20. Mai 1945 traten alle Minister der Labour Party zurück. Churchill bildete eine Regierung aus Vertretern der Konservativen und der Nationalliberalen Partei. Für den 6. Juli wurden Neuwahlen ausgeschrieben, deren Ergebnisse erst drei Wochen später bekanntgegeben werden sollten, um alle Stimmen der britischen Militärangehörigen rund um die Welt einsammeln und berücksichtigen zu können. Churchills Prophezeiung in seiner ersten Wahlrede am 4. Juni - eine Labour-Regierung werde in Großbritannien eine Art Gestapo einführen, »die sich anfangs zweifellos human geben wird« - zeigte offenbar keine starke Wirkung auf die Entscheidung der Wähler[4], denn das Ergebnis war einen Monat später ein überwältigender Sieg der Labour Party. Aber diese Äußerung zeigt, wie stark Churchills politisches Urteilsvermögen in den letzten Wochen des Krieges gelitten hatte. Daß dies kein Einzelfall war, zeigte sein Auftreten auf der Potsdamer Konferenz, das von allen britischen Augenzeugen übereinstimmend als schwach eingeschätzt wurde.

Harry Truman, der Mann, der am 12. April 1945 auf dem Capitol Hill als Präsident vereidigt wurde, war von Roosevelt bei den Wahlen von 1944 als Kandidat für den Vizepräsidenten ausgewählt worden, weil er am wenigsten befürchten ließ, das Wählerpotential der Demokratischen Partei aufzuspalten - ein 60jähriger gemäßigter Senator aus dem Mittelwesten. Truman war niemals im Ausland gewesen außer im Jahre 1918 als Artillerieoffizier in Frankreich. Er wußte wenig von internationalen Beziehungen und war völlig ahnungslos, welch gewaltiges Problem ihn in Gestalt der Atombombe erwartete, bis Stimson und Groves ihn am 25. April erstmalig und allgemein in die Sache einweihten (wobei sie das Weiße Haus aus Sicherheitsgründen durch getrennte Türen betraten).[5] Die beiden brennendsten Probleme, die er zwei Wochen vorher übernommen hatte, waren jedoch die immer noch ungelöste Polenfrage und die Führung der letzten Operationen im Krieg gegen Deutschland.

Wer Wind sät, wird Sturm ernten. – Die Kriegführung zu Luft schlug mit doppelter Härte auf Deutschland zurück, das längst die Luftherrschaft verloren hatte. Seit 1942 wurden systematisch alle deutschen Städte zerschlagen, von Rostock und Hamburg über Köln und Königsberg bis zur Reichshauptstadt Berlin. Höhepunkt und Symbol des gnadenlosen Bombenkrieges, der noch in den letzten Monaten Städte wie Würzburg und Potsdam auslöschte, wurde Dresden, das in einer Serie konzentrierter Angriffe innerhalb von 48 Stunden vernichtet wurde. Niemand weiß, wie viele Tote der Angriff auf Dresden vom

Februar 1945 kostete, da die Stadt von Flüchtlingen aus den Ostgebieten des Reiches überfüllt war. Die niedrigsten Schätzungen gehen auf 3000, andere Berichte sprechen von bis zu 100 000 Toten. Die Berge der Leichen ließen sich nicht mehr bestatten, in improvisierten Scheiterhaufen wurden sie auf den Plätzen der Stadt verbrannt.

Die Polenfrage wurde noch dadurch kompliziert, daß entschieden werden mußte, wer Polen auf der Gründungskonferenz der Vereinten Nationen in San Francisco vertreten sollte. Da die Regierungen der USA und Großbritanniens eine Delegation der Warschauer Regierung für unannehmbar hielten, konterte Stalin mit der Entscheidung, Molotow werde an der Konferenz nicht teilnehmen. Nach Roosevelts Tod nahm er diese Entscheidung am Vorabend der Konferenz als persönliche Geste gegenüber dem neuen Präsidenten wieder zurück. Truman reagierte - nach seinem eigenen Bericht[6] - spontan damit, daß er Molotow hart zur Rede stellte, als dieser ihm auf dem Wege nach San Francisco in Washington einen Besuch abstattete. Im Mai sandte der Präsident Hopkins jedoch zu einer Versöhnungsmission nach Moskau, die dazu führte, daß die USA und die Sowjetunion die Verhandlungen über das Abkommen von Jalta zur Bildung einer polnischen Regierung wiederaufnahmen. In diesen bilateralen Verhandlungen spielte Churchill keine Rolle, Truman konsultierte ihn nicht einmal, bevor er entschied, Hopkins nach Moskau zu senden.[7] In sechs Zusammenkünften mit Stalin, eine davon unter vier Augen, gelang es Hopkins schließlich, das Problem der Zusammensetzung der polnischen Regierung mit einem Kompromiß zu lösen (wonach fünf weitere Polen, darunter Mikolajczyk, ins polnische Kabinett einzogen). Churchill akzeptierte diese Lösung grollend mit der Bemerkung, dies sei »kein Fortschritt über Jalta hinaus«, man habe höchstens »den toten Punkt überwunden«.[8] Harriman, der Stalins globale Absichten durchaus nicht blauäugig betrachtete, zog dagegen folgendes Resümee:

»Ich glaube, daß die Dinge so gut geregelt sind, wie es gegenwärtig möglich ist. Wenn wir weiterhin wirkliches Interesse an den Angelegenheiten Polens zeigen und in unseren wirtschaftlichen Beziehungen einigermaßen großzügig sind, dann besteht eine echte Chance, daß sich die Dinge aus unserer Sicht befriedigend entwickeln werden.«[9]

Als Folge davon erkannten Großbritannien und die USA die Warschauer Regierung (in der Mikolajczyk das Amt eines Vizepremiers übernommen hatte) zwei Wochen vor der Potsdamer Konferenz als Regierung von Polen an.

Annähernd zum selben Zeitpunkt, als Stalin Roosevelt wegen der Geheimverhandlungen in der Schweiz attackierte, geriet Churchill mit Roosevelt wegen Eisenhowers erklärter Absicht (die dieser Stalin direkt signalisierte) in Streit, »nach Osten zu marschieren und dort den Russen die Hand zu reichen oder insgesamt bis zur Elbe vorzurücken«. Statt dessen drängte Churchill: »Aus politischen Gründen sollten wir soweit wie möglich ostwärts nach Deutschland hineinmarschieren... Sollte Berlin in unsere Reichweite kommen, dann müssen wir es natürlich einnehmen.«[10] Es blieb jedoch bei Eisenhowers Strategie. Hitler beging am 30. April im Bunker unter den Resten seiner monumentalen Reichskanzlei Selbstmord, und eine Woche später war der Krieg in Europa zu Ende. Die Rote Armee kontrollierte Berlin, Prag und Wien. Die offizielle Kapitulation wurde am Morgen des 8. Mai 1945 in Berlin unterzeichnet.

In seinen Absichten enttäuscht, drängte Churchill nun Truman, als Faustpfand für spätere Verhandlungen sollten sich die westlichen Truppen auf keinen Fall aus den Gebieten zurückziehen, die sie zum Zeitpunkt der Kapitulation Deutschlands besetzt hielten, auch wenn diese sich weit innerhalb der Besatzungszone befanden, die (nach dem früheren dreiseitigen Abkommen) der Sowjetunion zugesprochen war. Am 12. Juni erteilte der Präsident dem Premierminister schließlich eine Abfuhr.[11] Lediglich im Falle von Triest, aus dem die (britische) Achte Armee Titos Truppen hinausgeworfen hatte, stimmte er Churchill zu. Die Folgen dieser Entscheidung beschrieb Churchill neun Monate später in Trumans Anwesenheit in seiner Rede in Fulton, Missouri. Er sprach dort von einem anglo-amerikanischen Rückzug »in einer Tiefe von 200 km an einigen Punkten und in einer Frontbreite von nahezu 650 km, die es den Russen erlaubte, dieses riesige Territorium zu besetzen, das die westlichen Demokratien erobert haben.«[12]

Churchills Versuch, das dreiseitige Abkommen über die Besatzungszonen der Alliierten in Deutschland zu brechen, muß vor dem Hintergrund seiner innenpolitischen Sorgen, und seiner anfangs sehr kühlen persönlichen Beziehung zu Truman gesehen werden. Als dieser bereits einen Monat im Weißen Haus saß, sandte ihm Churchill ein dramatisch formuliertes Telegramm, das mit den Worten begann: »Ein Eiserner Vorhang senkt sich über Ihre (die russische) Front«. Der Schlußsatz lautete: »Diese Frage einer Regelung mit Rußland, bevor unsere Stärke dahin ist, scheint mir alle anderen in den Schatten zu stellen.«[13] Churchill drängte Truman zur entscheidenden Auseinandersetzung auf einer Konferenz mit Stalin - »ein bedeutsames Gespräch, von dem die unmittelbare Zukunft der Welt abhängt«. Er lud den Präsidenten dazu ein, auf dem Wege zu diesem Treffen Großbritannien zu besuchen. Truman lehnte die Einladung aus denselben Gründen ab, aus denen Roosevelt dies getan hatte: Es sollte nicht der Eindruck einer angelsächsischen »Verschwörung« erweckt werden. Auch der britische Vorschlag einer Zusammenkunft des Gemeinsamen Komitees der Stabschefs in London wurde zurückgewiesen.[14] Zu allem Unglück wählte Truman auch noch Joseph Davies zum Überbringer einer mündlichen Botschaft an Churchill. Dies geschah in Chequers, wo beide eine ganze Nacht acht Stunden lang miteinander debattierten. Churchills ausführlicher Bericht über diese Diskussion stimmt mit dem von Davies absolut nicht überein; eines aber scheint zweifellos festzustehen: Es war das unerfreulichste aller anglo-amerikanischen Gespräche in Chequers während des ganzen Krieges.[15]

Der Premierminister verstand die Botschaft des Präsidenten so, daß zunächst ein Treffen zwischen Truman und Stalin stattfinden sollte, zu dem »Vertreter der Regierung Seiner Majestät einige Tage später hinzugeladen werden sollten«. Dieser Hinweis auf ein amerikanisch-sowjetisches Kondominium veranlaßte Churchill, Truman am 31. Mai mitzuteilen, er sei »nicht bereit, an einem Treffen teilzunehmen, das die Fortsetzung einer Konferenz zwischen Ihnen und Marschall Stalin ist... Wir sollten uns gleichzeitig und zu gleichen Bedingungen treffen.« Diese Runde gewann Churchill. Er mußte allerdings Trumans Zeitvorstellungen für die Konferenz akzeptieren. (Hopkins mußte Stalin versichern, daß Truman für die Konferenz wirklich den 15. Juli und nicht den 15. Juni vorschlug, den Churchill zunächst genannt hatte.) Weder der Zeitpunkt noch der Ort, noch der Inhalt dieser Konferenz entsprachen dem, was Churchill am 11. Mai Truman ursprünglich vorgeschlagen hatte.[16]

Die Vereinbarungen von Hopkins und Stalin in Moskau beschränkten sich nicht nur auf Polen. Sie umfaßten ein weites Spektrum von Fragen: den Zeitpunkt, an dem die Rote Armee in die Mandschurei einmarschieren sollte (8. August), die Vereinbarung, daß Truppen der chinesischen Nationalisten gleichzeitig in die Mandschurei einrücken sollten, gemeinsame Bemühungen, um Tschiang Kai-schek bei der Vereinigung Chinas zu helfen, die endgültige sowjetische Zustimmung zur amerikanischen Position in der Frage des Abstimmungsmodus im UN-Sicherheitsrat (wodurch ein Scheitern der Konferenz von San Francisco verhindert wurde), schließlich die Übereinkunft, Mitte Juli in Berlin ein Gipfeltreffen abzuhalten. Gegen den Wunsch Churchills verschob Truman absichtlich den Zeitpunkt der Berliner Konferenz, um den ersten Atomwaffenversuch in Alamogordo, New Mexico, möglichst davor stattfinden zu lassen.[17] Dieser Zusammenhang scheint Churchill im Vorfeld von Potsdam seltsamerweise entgangen zu sein.

Die atomare Entscheidung

Als Truman am 25. April zum ersten Mal über die Atomforschung informiert wurde, dauerte das zwar weniger als eine Stunde, hatte aber als unmittelbares Ergebnis die Bildung eines Zeitweiligen Beraterkomitees beim Präsidenten unter Stimsons Vorsitz zur Folge. Im Falle eines Erfolges des ersten Atomwaffenversuchs in Alamogordo mußten vier Fragen entschieden werden: Sollte die Bombe auf Japan abgeworfen werden und wann? Sollte man die japanische Regierung vorwarnen? Sollte die Sowjetregierung vorher informiert werden? Damit hing die ganze Problematik der künftigen atomaren Beziehungen zur Sowjetunion zusammen, die seit Frühjahr 1944 in London und Washington umstritten war.

Am 6. Juni empfahl das Komitee, das am 9. Mai zum ersten Mal zusammengetreten war, dem Präsidenten, die Atombombe sollte gegen eine japanische »Rüstungsfabrik, umgeben von Arbeiterwohnungen« ohne Vorwarnung eingesetzt werden, sobald die Vorbereitungen dies gestatteten. Die Sowjetregierung sollte nicht vor dem Einsatz von der Existenz der Waffe in Kenntnis gesetzt werden. In einem Memorandum, das Stimson dem Präsidenten übergab, fügte er seine eigene Überlegung hinzu, daß die Voraussetzung dafür, die Geheimnisse der Bombe mit der Sowjetunion zu teilen, entweder eine sowjetische Teilnahme an einer internationalen Kommission zur Kontrolle der Atomenergie nach dem Kriege oder ein politisches Entgegenkommen in Osteuropa sein müsse. Am 19. Juni erklärte Stimson, die Überlegungen des Zeitweiligen Komitees bewegten sich »in einem Vakuum«, solange die Frage einer Verständigung mit der Sowjetunion nicht geklärt sei. Ende Juni änderten die Mitglieder des Komitees dann ihre Meinung, die Sowjetunion über die Existenz der Bombe in Kenntnis zu setzen. Sie empfahlen nun dem Präsidenten, er solle mit der Mitteilung nicht warten, bis die Bombe zum Einsatz gekommen sei. Stimson konferierte mit dem Präsidenten am 2. und 3. Juli. Wie aus den Akten hervorgeht, führte er auf einer Sitzung des anglo-amerikanischen Gemeinsamen Politischen Komitees am 4. Juli folgendes aus:

»...Wenn wir auf dieser (der Berliner) Konferenz nichts von der Waffe *Tube Alloys* sagen würden, könnte deren Einsatz kurz danach schwerwiegende Auswirkungen auf die Atmosphäre zwischen den drei Alliierten haben. Er habe deshalb dem Präsidenten empfohlen, die Atmosphäre der Konferenz gut zu beobachten. Wenn sich in anderen Fragen wirkliche und befriedigende Offenheit einstelle, sollte der Präsident erklären, man arbeite an der Entwicklung der Kernspaltung für militärische Zwecke. Dabei seien gute Fortschritte gemacht worden, und in Kürze werde versucht werden, die Waffe einzusetzen. Es sei allerdings noch nicht sicher, ob dies gelinge. Wenn der Einsatz erfolgreich sei, hielte er eine Diskussion darüber für notwendig, wie man die Entwicklung im Interesse des Weltfriedens und nicht seiner Zerstörung am besten lenken sollte. Falls Stalin auf sofortige Offenlegung drängte, sollte der Präsident sagen, er sei nicht bereit, gegenwärtig in dieser Frage weiterzugehen... «[18]

Im Gegensatz dazu wurde diese Frage in der Londoner Regierung nur »oberflächlich« erörtert, wie es der offizielle Historiker der Atomenergiebehörde des Vereinigten Königreichs beschrieb, als die entsprechenden Dokumente fast zwanzig Jahre nach dem Kriege durchgesehen wurden.[19] John Anderson sandte am 29. Juni 1945 dem Premierminister die folgende Notiz:

»Lord Cherwell wird Ihnen von dem privaten handschriftlichen Brief berichtet haben, den ich von Feldmarschall Wilson erhielt. Darin teilte er einige Details mit, die er vertraulich und inoffiziell über Pläne des Ersteinsatzes der Waffe gegen die Japaner erhalten hat.

Feldmarschall Wilson hat nun berichtet, daß Mr. Stimson vorschlägt, diese Frage auf einer Beratung des Gemeinsamen Politischen Komitees am 4. Juli zu behandeln, damit die beiden Regierungen entsprechend dem Abkommen von Quebec ihre Entscheidung über den Einsatz der Waffe kundtun können.

Die Amerikaner sind gerade dabei, die endgültigen Pläne für den Einsatz der Waffe auszuarbeiten und entsprechende Vorkehrungen zu treffen. Kann ich Ihre Genehmigung erhalten, unsere Vertreter im Gemeinsamen Politischen Komitee zu instruieren, ihre Zustimmung zur Entscheidung über den Einsatz der Waffe zu geben?«[20]

Diese Notiz zeichnete Churchill einfach ab. Danach erklärte Feldmarschall Wilson (Dills Nachfolger in Washington) auf der Sitzung des Gemeinsamen Politischen Komitees die Zustimmung Großbritanniens zum Einsatz der Atombombe. Er fügte lediglich hinzu, der Premierminister »könnte es wünschen, diese Frage auf der bevorstehenden Konferenz in Berlin mit dem Präsidenten zu erörtern.«

Die Potsdamer Konferenz war das letzte und längste Gipfeltreffen der Großen Allianz (und der letzte Ost-West-Gipfel für die nächsten zehn Jahre). Sie unterschied sich in zwei wichtigen Aspekten von den früheren Begegnungen der Großen Drei. Erstens übernahm der neuernannte amerikanische Außenminister, James Byrnes, die Rolle des Chefunterhändlers. Zweitens war Churchill nur in der ersten Woche auf der Konferenz anwesend. Er verließ sie am 25. Juli und sollte nicht wieder zurückkehren. (Seinen Platz als britischer Premierminister nahm Attlee, der Führer der siegreichen Labour Party, ein). Das in Potsdam unterzeichnete Protokoll war das Ergebnis von dreizehn Plenarsitzungen in Cecilienhof, einem Schloß im Neotudorstil, der früheren Residenz des Kronprinzen Wilhelm von Preußen. Nach der Mitteilung vom 2. August 1945 verließen die drei Führer an diesem Tag die Konferenz, »welche die Verbindungen zwischen den drei Regierungen gefestigt« hatte, »mit der Überzeugung, daß ihre Regierungen und Völker, zusammen mit den Vereinten Nationen, die Errichtung eines gerechten und dauerhaften Friedens sichern werden«. Diese Worte triumphierender Übereinstimmung waren nicht nur für die Öffentlichkeit bestimmt. Attlee schrieb in einem Brief an Churchill aus Potsdam, die drei Führer seien »in einer guten Atmosphäre« auseinandergegangen.[21] Und als Truman auf der abschließenden Plenarsitzung am späten Abend des 1. August sagte, er hoffe, die nächste Begegnung der drei Führer werde bald stattfinden, antwortete Stalin (nach der sowjetischen Mitschrift): »Geb's Gott«.[22]

Zwischen den Plenarsitzungen, denen Beratungen der drei Außenminister vorausgingen, fanden von Anfang bis Ende der Konferenz die verschiedensten Zusammenkünfte statt - interne, zweiseitige und an einem Tag sogar eine vierseitige Beratung, an der Minister der polnischen Regierung teilnahmen. Die Hauptfragen, die die drei Führer und ihre Außenminister in Potsdam gemeinsam erörterten, waren dieselben wie in Jalta - Mitteleuropa (wo Deutschland endgültig zur Hauptfrage wurde), der Ferne Osten und die Errichtung von Gremien zur Friedensregelung und Beratung. Außerdem erörterte man einen weiten Kreis anderer Themen: Iran, die Türkei, Italien, Rumänien, Bulgarien, Ungarn und Finnland. Alle diese Fragen waren zwar wichtig, aber im Grunde genommen zweitrangiger Natur.

Die Mitteilung, die die drei Führer veröffentlichten, und ihr Lächeln auf dem gemeinsamen Foto vermittelten das irreführende Bild von Einmütigkeit unter den Alliierten. Zwischen Schein und Wirklichkeit von Potsdam gab es vier grundlegende Unterschiede: Erstens verhüllte der Anschein einer Solidarität zu dritt die Tatsache, wie sehr die Ergebnisse der Konferenz von einer Verständigung zwischen den USA und der Sowjetunion abhängig waren. Diese wurde von Byrnes und Molotow in bilateralen Verhandlungen in den kritischen Fragen Polens und Deutschlands erreicht, die Byrnes absichtlich eng miteinander verband. Zweitens ließ der Kompromiß in diesen beiden Fragen, den man erst kurz vor Abschluß der Konferenz erzielte (die letzte Plenarsitzung ging erst nach Mitternacht zu Ende), die Zukunft Deutschlands zwar formal offen, schränkte aber in Wirklichkeit die Optionen weiter ein. Drittens trug selbst die Einrichtung des Rates der Außenminister der fünf Mächte, die sich auf dem Papier so beruhigend vernünftig ausnahm, den Keim künftigen Streits in sich. Und schließlich wurde nur vier Tage nach der Konferenz ein völlig neuer Faktor in das weltweite Kräfteverhältnis eingebracht.

Im ersten dieser Hauptpunkte - Mitteleuropa - fiel es den drei Alliierten nicht schwer, dem Anspruch der Sowjetunion auf ihren Teil Ostpreußens stattzugeben (den Rest erhielt Polen). Was die polnische Westgrenze betraf, so nahmen sie ihren Streit an dem Punkt wieder auf, wo sie ihn in Jalta unterbrochen hatten, allerdings mit zwei Unterschieden: Es gab nun eine polnische Regierung, die alle anerkannten und deren Führer nach Berlin kamen, um die Festlegung der Grenze Polens an der westlichen Neiße durchzusetzen. Zum zweiten war die deutsche Bevölkerung der westlichen Territorien, die Polen beanspruchte, nun mit sowjetischer Unterstützung vertrieben und weitgehend durch polnische Bevölkerung ersetzt worden. Der Streit begann in der Plenarsitzung vom 21. Juli. Bevor Churchill Berlin vier Tage später verließ (um die Ergebnisse der britischen Parlamentswahlen zu erfahren), erklärte er bei seiner letzten Begegnung mit Truman und Stalin, wenn die Konferenz ohne eine Entscheidung über die gegenwärtigen Zustände in Polen zu Ende gehe, wo die Polen praktisch als fünfte Besatzungsmacht (Deutschlands) agierten, dann bedeutete dies »zweifellos einen Zusammenbruch der Konferenz«. In der britischen und der sowjetischen Mitschrift wurde in dieser Bemerkung allerdings das Wort »Zusammenbruch« durch das schwächere »Mißerfolg« ersetzt.

Diese verfahrene Situation hielt an, bis sie Byrnes bei seinem bilateralen Treffen mit Molotow am 30. Juli löste, der als Antwort sofort seine »Dankbarkeit« zum Ausdruck brachte. Während dieser kritischen Unterredung gestand die US-Regierung die polnische Verwaltung des

Auf der Potsdamer Konferenz, die eine Zusammenkunft der drei Sieger war, trat neben die Großen Drei auch Frankreich, das im Jahr zuvor durch die Invasion befreit worden war. So präsentierte sich neben dem britischen Feldmarschall Montgomery, dem amerikanischen Oberkommandierenden Eisenhower und dem sowjetischen Marschall Schukow auch der französische General de Lattre de Tassigny, der eigentlich kein Befreier, sondern ein Befreiter war. – Die sowjetischen Stabschefs waren in den Villen von Babelsberg untergebracht, wo auch Stalin, Churchill und Truman wohnten. In der Veranda ihres Quartiers hielten Marschall Schukow und Flottenadmiral Kusnezow ihre Beratungen ab.

deutschen Territoriums bis zur westlichen Neiße zu - »in Erwartung einer endgültigen Festlegung der Westgrenze Polens... bei einer Friedensregelung«. Byrnes band dieses wichtige amerikanische Zugeständnis ausdrücklich daran, daß die Sowjetunion die amerikanischen Vorschläge zu den Reparationen Deutschlands annahm, die am Tag vorher bei einer anderen bilateralen amerikanisch-sowjetischen Begegnung (wo Truman anwesend war) vorgelegt worden waren. Byrnes' Vorschlag zur Frage der Reparationen lief darauf hinaus, das in Jalta erwogene Konzept festgelegter Reparationszahlungen aufzugeben und statt dessen zu vereinbaren, daß jede Besatzungsmacht ihre Reparationsansprüche aus ihrer eigenen Besatzungszone befriedigen werde. Die Sowjetunion sollte allerdings einen bestimmten Prozentsatz der Industrieausrüstungen aus dem Ruhrgebiet oder allen drei westlichen Besatzungszonen als zusätzliche Reparationen erhalten. Der Umfang der aus den westlichen Zonen zu entnehmenden Ausrüstungen sollte spätestens innerhalb von sechs Monaten bestimmt werden. Die Entnahme sollte zwei Jahre nach diesem Zeitpunkt abgeschlossen sein. »Die Bestimmung des Umfanges und der Art der Industrieausrüstungen, die für die deutsche Friedenswirtschaft unnötig sind und deshalb der Reparation unterliegen, soll durch den Kontrollrat... unter Beteiligung Frankreichs (erfolgen), wobei die endgültige Entscheidung durch den Befehlshaber der Zone getroffen wird, aus der die Ausrüstung entnommen werden soll.« (Österreich wurde dabei audrücklich ausgenommen.)[23]

Die beiden genannten bilateralen amerikanisch-sowjetischen Beratungen am 29. und 30. Juli waren entscheidend für die Ergebnisse der Konferenz. Beide kamen auf Byrnes' Initiative zustande. Stalin hatte guten Grund, Byrnes am Ende der Konferenz ausdrücklich zu danken, »der offenbar härter gearbeitet hat als alle anderen«. Stalin fügte hinzu: »Diese Gefühle, Minister Byrnes, kommen aus meinem Herzen.« Nachdem Bevin (nun als Außenminister) die britische Delegation am 28. Juli übernahm - Attlee selbst sagte kaum ein Wort -, beharrte er bis zum Nachmittag des 31. Juli auf der östlichen Neiße als Polens Westgrenze, akzeptierte jedoch letztendlich die amerikanisch-sowjetischen Abmachungen in beiden Fragen.[24] Churchill behauptet in seinen Memoiren, wenn er als Premierminister nach Potsdam zurückgekehrt wäre, hätte weder er noch Eden die westliche Neiße als Grenze akzeptiert. Dadurch seien nicht nur weitere drei Millionen deutsche Flüchtlinge in die westlichen Besatzungszonen getrieben worden, sondern diese Zonen hätten auch die schlesische Kohle verloren.[25] Es ist schwer zu sagen, was er hätte tun können, außer vielleicht darauf zu bestehen, daß die britischen

Stalin, der die Haupstädte seiner Alliierten – Washington, London oder Paris – nie betreten hatte, zog in der zweiten Residenz der Preußenkönige Potsdam als Triumphator ein; sein Land hatte die Hauptlast des Krieges getragen und die feindliche Hauptstadt erobert, in der seine Partner nun mehr oder weniger als seine Gäste erschienen. Angesichts der Zerstörungen Berlins und Potsdams hatten die Sowjets den Landsitz des letzten deutschen Kronprinzen, Cecilienhof, als Konferenzort ausgewählt. Auf dem Photo betritt die sowjetische Delegation mit Stalin und Molotow an der Spitze den Konferenzsaal von der Seeseite her. – Wechselseitig machten sich die vier Delegationen in ihren Unterkünften Besuch; so statteten Stalin und Molotow dem amerikanischen Präsidenten Truman und seinem Außenminister Byrnes in dessen Villa in Babelsberg eine Visite ab. Im Hintergrund hinter Truman der junge und damals noch völlig unbekannte Gromyko.

Einwände in behutsamer Form ins Protokoll aufgenommen worden wären, ohne die ganze Konferenz zum Scheitern zu bringen. Man kann durchaus auch die Frage stellen, warum er sich nicht mit derselben Konsequenz gegen die Vertreibung von fast ebenso vielen Deutschen aus der Tschechoslowakei wandte, die zur selben Zeit stattfand.

In Potsdam wurde die politische Karte Mitteleuropas in der Tat neu gestaltet. Was sich auf dem Papier noch provisorisch ausnahm, wurde in der Praxis zu einer dauerhaften Lösung. Aus dem Potsdamer Abkommen über die deutschen Reparationen erwuchs unbeabsichtigt die territoriale Neugestaltung Deutschlands. Molotow konterte Byrnes' Vorschlag zur Frage der Reparationen sofort mit den Worten: »Wenn die Reparationen nicht als Ganzes behandelt werden, was geschieht dann mit der Gesamtheit aller wirtschaftlichen Fragen?« Byrnes behauptete, dieser Vorschlag betreffe nicht die Behandlung Deutschlands als administrative und wirtschaftliche Einheit, und in den »wirtschaftlichen Grundsätzen« des Protokolls vom 2. August 1945 hieß es ausdrücklich, der Alliierte Kontrollrat werde Deutschland als Ganzes verwalten. Molotows Frage aber traf durchaus den Nagel auf den Kopf. Das Memorandum, das der oberste Vertreter des britischen Schatzamtes, David Waley[26], am Ende der Konferenz schrieb, ist ein schlüssiger Beweis dafür, daß die britische Delegation und auch einige Amerikaner in Potsdam sich durchaus bewußt waren, daß die abstruse Formel, die man schließlich in der Frage der Reparationen fand, nicht einigend, sondern teilend wirkte. Wie die nachfolgende Entwicklung beweisen sollte, verbarg sich in Teil III des Potsdamer Abkommens der Kern der langen Kontroverse, die schließlich zur Teilung Deutschlands führte. Wie viele Probleme dieser Teil des Protokolls für die Zukunft bereithielt, wird deutlich, wenn man sich an drei grundlegende politische und ökonomische Tatsachen in Europa in der unmittelbaren Nachkriegszeit erinnert: Das war zum einen die Entschlossenheit der Sowjetunion, Deutschland bis zum letzten Tropfen auszumelken, das Beharren Frankreichs darauf, analog zur Amputation Ostdeutschlands eine Operation im Westen als »eine wesentliche Bedingung für die Sicherheit Europas und der Welt« vorzunehmen[27], und als Gegenstück dazu die Weigerung der USA und Großbritanniens, zuzulassen, daß die Reparationen auf Kosten der Ernährung der deutschen Bevölkerung in ihren Besatzungszonen eingetrieben werden sollten. Sie sahen voraus, daß dies auf sie selbst zurückfallen würde, denn ihre Besatzungszonen waren historisch abhängig von Nahrungsmitteln aus dem östlichen Teil Deutschlands.

Als das solideste Ergebnis der Großen Allianz in Potsdam nahm sich die Gründung des Rates der Außenminister aus, eine Erweiterung des Konsultationsmechanismus, der in Jalta eingerichtet worden war. Der Kompromiß, den man in Potsdam in dieser Frage schließlich erzielte, sah die Mitgliedschaft von fünf Staaten (einschließlich Chinas und Frankreichs) vor. London wurde zum »ständigen Sitz des vereinigten Sekretariats« bestimmt, »das durch den Rat zu schaffen« war. Die erste Sitzung sollte dort nicht später als am 1. September 1945 stattfinden. Als eine unverzügliche Aufgabe wurde dem Rat aufgetragen, Friedensverträge mit Italien, Rumänien, Bulgarien, Ungarn und Finnland aufzusetzen. Der Rat sollte »zur Vorbereitung einer Friedensregelung für Deutschland benutzt werden, damit das entsprechende Dokument durch eine für diesen Zweck geeignete Regierung Deutschlands angenommen werden kann, nachdem eine solche Regierung gebildet sein wird.«

Die atomaren Angriffe

Lange bevor der Rat sich versammeln konnte, traten dramatische Entwicklungen ein, die in den Abkommen der drei Regierungschefs in Potsdam nicht vorgesehen waren. Am 16. Juli erhielt Stimson den ersten kurzen Bericht über die Atomexplosion in Alamogordo, New Mexico, die am selben Morgen um 5.30 Uhr stattgefunden hatte. Nach dem Essen mit Churchill am nächsten Tag berichtete Stimson ihm von dem erfolgreichen Versuch. Churchill war »strikt gegen jede Mitteilung« an Stalin, worüber Stimson mit ihm »ziemlich ausführlich« debattierte. Churchill berichtet in seinen Memoiren, daß Truman ihn am nächsten Tag fragte, »wie ich mir die Mitteilung an die Russen denke. Eine solche zu machen, schien er fest entschlossen; er war sich nur über den Zeitpunkt im unklaren und meinte, es wäre am besten, bis zum Konferenzende zu warten.« Churchills Antwort bestand aus zwei Teilen: »Es wäre besser, den Test zum Anlaß zu nehmen, denn dieser stelle einen neuen Faktor dar, der auch uns eben erst zur Kenntnis gekommen sei... Im Namen der Regierung Seiner Majestät habe ich keinen Einspruch gegen eine allgemein gehaltene Mitteilung an die Russen erhoben«, daß man im Besitz dieser Waffe sei.[28] Vier Tage später schrieb Stimson in sein Tagebuch, Churchill »ist jetzt nicht mehr darüber besorgt, die Russen von der Sache zu informieren, sondern... neigt sogar dazu, dies als Argument in den Verhandlungen zu nutzen«. Was die anglo-amerikanische Übereinkunft über einen atomaren Angriff auf Japan betrifft, die nach den Absprachen zwischen Churchill und Roosevelt erforderlich war, so wurde diese bei Trumans Begegnung mit Churchill (der inzwischen Groves' schriftlichen Bericht über den Atomtest gelesen hatte) am 22. Juli erreicht. Zwei Tage später erhielt General Carl Spaatz in einer von Stimson, dem Kommandeur der strategischen Luftwaffe der Vereinigten Staaten, bestätigten Direktive die Instruktion, die erste Atombombe abzuwerfen, »so wie das Wetter nach dem 3. August 1945 die Bombardierung bei guter Sicht gestattet«.[29]

Am selben Tag nach Abschluß der Plenarsitzung sagte Truman »ganz beiläufig zu Stalin, daß wir jetzt über ein neues Kampfmittel von außerordentlicher Zerstörungskraft verfügen. Er zeigte kein besonderes Interesse, sondern bemerkte lediglich, er hoffe, wir würden es mit gutem Nutzen gegen Japan einsetzen.« Churchill, der das »Gespräch dieser beiden Potentaten« aus ungefähr fünf Meter Entfernung beobachtete, schrieb zehn Jahre später in seinen Memoiren, er sei »ganz sicher« gewesen, »daß Stalin keine Kenntnis von dem ungeheuren Forschungsprozeß« Großbritanniens und der USA sowie von dem »heroischen Hasardspiel« zur Herstellung der Bombe hatte.[30] Wie wir heute wissen, waren sowohl Churchill als auch Truman im Irrtum. Aber selbst wenn sie recht gehabt hätten, wäre weder für die britischen noch für die amerikanischen Interessen Schaden entstanden, wenn Truman Stalin ein Exemplar des Smyth-Reports[31] übergeben hätte, der ohnehin im August veröffentlicht werden sollte. (Bei einer früheren Beratung des Zeitweiligen Komitees in Washington hatte Marshall sogar vorgeschlagen, einen sowjetischen Beobachter zur Atomexplosion nach Alamogordo einzuladen.) Statt dessen wurde am 26. Juli das Ultimatum an

Der Krieg in Europa war im wesentlichen ein Landkrieg; die Entscheidung im Fernen Osten fiel auf dem Wasser und in der Luft. Bis zur Kapitulation betrat kein einziger alliierter Soldat den Boden Japans, aber die japanischen Großstädte waren schon vor dem Abwurf der Atombomben auf Hiroshima und Nagasaki verwüstet. So wurden die Industrieviertel von Tokio bis auf wenige Gebäude von amerikanischen Bombern zerstört; von den bald sieben Millionen lebten bei Kriegsende noch nicht einmal mehr zweieinhalb Millionen in der Stadt, und eine halbe Million Einwohner war Opfer der Bomben geworden. – Erst der Abwurf der ersten Atombombe auf Hiroshima am 6. 8. 1945 brachte eine neue Dimension in die Kriegsgeschichte. Eine einzige Bombe kostete 300 000 Menschen das Leben und löschte praktisch eine ganze Großstadt im Bruchteil einer Sekunde aus. – Eine zufällig erhaltene Armbanduhr, in die der Atomblitz die Zeit des Abwurfs eingebrannt hat, ist das einzige, was von ihrem Träger übriggeblieben ist.

In Nagasaki fiel nur drei Tage später die zweite Atombombe der Menschheitsgeschichte. Die zufällige Aufnahme eines Photoamateurs hat die Explosion aus großer Entfernung vom Boden aus festgehalten.

Die Kriege in Europa und in Fernost endeten mit dem gleichen Ergebnis, aber auf verschiedene Weise. Das Deutsche Reich war bis auf kleine Reste besetzt, Hitler, Goebbels und Himmler hatten sich das Leben genommen, die Reichshauptstadt war erobert worden, und nur im äußersten Norden und im tiefsten Süden waren noch kleine Landstriche in deutscher Hand; da kapitulierte die deutsche Armee. In Japan wurde ein intakter Staat zur Kapitulation gezwungen, bevor ein englischer oder amerikanischer Soldat seinen Fuß auf Japans Boden gesetzt hatte. Aber der amerikanische Oberbefehlshaber MacArthur nahm demonstrativ die Übergabe an Bord des Schlachtschiffes Missouri in der Bucht von Tokio entgegen, wo der japanische Außenminister Schigemitsu (mit Stock) mit seiner Delegation erscheinen mußte.

Japan veröffentlicht. Am 30. Juli informierte Stimson (der nun zurück in Washington war) den Präsidenten davon, der »Zeitplan für Groves' Projekt« mache so rasche Fortschritte, daß es unbedingt notwendig sei, die Erklärung des Präsidenten, die nach dem ersten Atombombenabwurf veröffentlicht werden sollte, spätestens bis Mittwoch, den 1. August bereit zu haben. Truman, der voraussah, daß der Abschluß der Konferenz sich verzögern würde, antwortete: »Nicht früher als am 2. August.«

An diesem Tag ging die Potsdamer Konferenz zu Ende. Danach scheinen nur noch das Tempo des bürokratischen Apparates und die Launen des Wetters die Dinge bestimmt zu haben. (Das Flugzeug, das die Atombombe über Hiroshima abwarf, wurde allerdings von einem Kaplan der US Air Force gesegnet, bevor es vom Flugplatz Tinian auf den Marianen startete.)[32] Nach dem Abwurf der ersten Bombe am 6. August war die Bestimmung des Zeitpunktes für den zweiten Atomangriff auf Nagasaki eine rein militärische Entscheidung. In den 72 Stunden zwischen dem ersten und dem zweiten Angriff wurde diese Aktion weder in Washington noch in London, noch zwischen beiden Hauptstädten auf politischer Ebene erörtert. Japan kapitulierte am 14. August 1945. Wie mit der amerikanischen Regierung vorher vereinbart, erklärte die Sowjetunion am 8. August Japan den Krieg. Die Rote Armee marschierte in der Mandschurei ein.

So endete der zweite Weltkrieg ohne Erörterung der Tatsache, daß die Welt, deren Schicksal die drei Führer der Großen Allianz in Potsdam zu bestimmen versucht hatten, in diesem Augenblick ins Nuklearzeitalter eintrat. Die Verfügungen über Deutschland, die auf der Berliner Konferenz getroffen wurden, machten es möglich, daß Deutschland, von den Territorialverlusten an Polen abgesehen, geteilt wurde. Eine Friedenskonferenz mit Deutschland kam nicht zustande. Statt dessen vertiefte sich die De-facto-Teilung Deutschlands in den Jahren nach Potsdam immer mehr. Aus der sowjetischen Besatzungszone - dem preußischen Kernland mit einigen Teilen Sachsens - wurde die Deutsche Demokratische Republik. Die drei westlichen Besatzungszonen schlossen sich zur Bundesrepublik Deutschland zusammen. Die Grenzen dieses geteilten Deutschlands wurden erst in den siebziger Jahren international anerkannt - beginnend mit dem Vertrag von Moskau, den die Regierungen der Bundesrepublik Deutschland und der Sowjetunion im August 1970 abschlossen, sowie in weiteren Verträgen, vor allem dem Vierseitigen Abkommen über Berlin vom Jahre 1971 und der Schlußakte von Helsinki aus dem Jahre 1975. Alle diese Verträge und die deutsche Frage insgesamt erhielten durch die revolutionären Ereignisse der letzten Monate des Jahres 1989 in Mittel- und Osteuropa eine völlig neue politische Dimension, die im folgenden Kapitel behandelt werden wird.

Teil IV

Der letzte Akt

19
DIE GROSSEN DREI: Blick in die Zukunft

Es sind schlechte Entdecker, die glauben, da sei kein Land, wenn sie um sich her nur Wasser sehen.
– Francis Bacon (1605) –

Dreifacher Tod

Churchill, Roosevelt und Stalin starben in der umgekehrten Reihenfolge ihrer Geburt. Von den drei Mitgliedern dieses Triumvirats des 20. Jahrhunderts verschied Roosevelt als erster drei Monate nach Antritt seiner vierten Amtsperiode und unmittelbar vor dem Ende des Krieges in Europa. Nur Stalin blieb noch siebeneinhalb Jahre nach dem zweiten Weltkrieg an der Macht. Als Churchill, der über sechs Jahre nicht im Amte war, erneut Premierminister wurde, erlebte Stalin bereits seine letzten Tage. In zwei der drei Länder wurde das Drama der Großen Allianz deshalb von Zweitbesetzungen – Truman und Attlee – zu Ende gespielt.

Als der jüngste der Großen Drei starb, waren zwölf Jahre vergangen, seit Roosevelt in seiner ersten Amtseinführungsrede auf dem Capitol Hill seinen von der Großen Depression gelähmten Landsleuten versichert hatte, das einzige, was sie zu fürchten hätten, sei die Furcht selbst. Eine der wichtigsten Folgen des zweiten Weltkrieges bestand darin, daß das amerikanische Volk »in der glücklichen Lage war, lernen zu müssen, wie man fünfzig Prozent besser lebt als jemals zuvor«. Diese Erklärung (des amerikanischen Finanzministers[1] kurz nach Roosevelts Tod) spiegelte die Tatsache wider, daß sich das amerikanische Bruttosozialprodukt während des Krieges real verdoppelt hatte. Das Territorium der Vereinigten Staaten war (im Unterschied zu dem seiner beiden Partner in der Großen Allianz) vom Feind unberührt geblieben. Unter den 300 000 toten Amerikanern waren keine Zivilisten. Roosevelt war der Oberkommandierende der amerikanischen Truppen, aber in den USA selbst blieb er bis zum Ende eine umstrittene politische Figur. Für die Welt starb Roosevelt auf dem Gipfel seines Ruhmes und seiner Macht. In seiner Präsidentenbotschaft vom 8. Dezember 1941, in der er den amerikanischen Kongreß um die Kriegserklärung gegen Japan ersuchte, hatte Roosevelt versprochen, den Krieg »bis zum absoluten Sieg« zu führen. Vier Monate nach seinem Tode wurde dieses Versprechen in Hiroshima und Nagasaki auf dramatische Weise eingelöst. Aber es war bereits im April 1945 bei seinem Tode erfüllt. Berlin und Tokio lagen in Trümmern, der Sieg in Europa stand unmittelbar bevor, und der Sieg im Pazifik war klar in Sicht. Nunmehr liefen alle Hauptfäden der internationalen Macht - auf finanziellem, nuklearem und strategischem Gebiet - in einer einzigen Hand, der des Präsidenten der Vereinigten Staaten von Amerika, zusammen.

Als die erste Blitzmeldung der Nachrichtenagenturen - »WASHN-FDR-DEAD« - London erreichte, erlebten es Amerikaner auf der Straße oder im Bus, daß ihnen völlig fremde Menschen spontan ihr Mitgefühl aussprachen. In Moskau wurden die Fahnen auf halbmast gesetzt. In seiner Würdigung vor dem Unterhaus nannte Churchill Roosevelt »Englands größten Freund in Amerika«.[2] Nach Stalins Worten (in einer Botschaft an Truman) hatten »das amerikanische Volk und die Vereinten Nationen einen hervorragenden Weltpolitiker, den Verkünder der Organisation des Friedens und der Sicherheit nach dem Kriege verloren«.[3] Mehr als alle diese Ehrungen aber hätte den Mann, dem man nach dem ersten Weltkrieg einen Platz in der Ehrenliste der Groton School verweigert hatte, die Gefallenenliste der amerikanischen Navy und Army vom 13. April 1945 bewegt. Als erster der »jüngsten Gefallenen der Streitkräfte einschließlich ihrer nächsten Anverwandten« war hier aufgeführt: ROOSEVELT, Franklin D., Oberkommandierender, Ehefrau, Mrs. Eleanor Roosevelt, Weißes Haus«.[4] Roosevelt wurde in Washington als Soldat und nicht nur als Präsident geehrt. Der Trauerzug, in dem alle Waffengattungen (Frauen und Männer) vertreten waren, nahm am Morgen des 14. April am Bahnhof Union Street seinen Ausgang und endete am Weißen Haus, wo der Sarg im East Room aufgebahrt wurde, demselben Saal, in dem man Abraham Lincoln vor genau achtzig Jahren die letzte Ehre erwiesen hatte. Am Abend dieses Tages wurde der Sarg zum Präsidentenzug zurückgebracht, der Hyde Park am nächsten Tag, einem Sonntag, erreichte. Die drei Ehrensalven über dem Grab wurden von einem Ehrenbataillon von 600 West-Point-Kadetten abgefeuert. Man begrub Roosevelt im Rosengarten des Hauses, in dem er geboren war.

Stalin, der zweitjüngste der Triumvirn, überlebte Roosevelt um fast acht Jahre. Er stand über ein Vierteljahrhundert an der Spitze der

Sowjetunion und drückte der sowjetischen Gesellschaft seinen Stempel auf, der historisch unauslöschlich bleiben wird, ob man ihn nun an den Millionen seiner Landsleute mißt, für deren Tod oder Verlust naher Angehöriger er verantwortlich war, oder an den militärischen, industriellen und wissenschaftlichen Errungenschaften, die die Sowjetunion während seiner Herrschaft im Kreml erreichte. Zwar startete der sowjetische Sputnik erst vier Jahre nach Stalins Tod ins Weltall, aber sein Land war bereits vor seinem Tode auf dem besten Wege, eine Supermacht zu werden. Die erste sowjetische Atomexplosion, die viele in Großbritannien und den Vereinigten Staaten wochenlang gar nicht glauben wollten, fand im August 1949 statt.[5] Nach dem zweiten Weltkrieg hielt das Dreiecksverhältnis der Siegermächte noch zweieinhalb Jahre, wurde jedoch immer unpersönlicher und brüchiger. Im Juli 1947 traf Stalin eine der wichtigsten Entscheidungen, die zur Teilung Europas führte: Die Sowjetunion lehnte es ab, am Marshallplan teilzunehmen, und dehnte diese Weigerung auch auf ihre Verbündeten aus.[6] Stalin konnte während der sowjetischen Blockade Westberlins im Sommer 1948 Großbritannien, die Sowjetunion und die Vereinigten Staaten immer noch »Alliierte« nennen, 1950 jedoch, im entscheidenden Jahr der Nachkriegsperiode, wurde die Welt bereits vom großen Schisma zwischen Ost und West beherrscht.[7]

Nachdem der Große Vaterländische Krieg (wie er in der Sowjetunion offiziell bezeichnet wird) siegreich beendet war, warfen die Soldaten bei der großen Siegesparade auf dem Roten Platz die erbeuteten Banner im Vorbeimarsch zu Stalins Füßen nieder, wie es die Kaiserliche Armee nach dem russischen Sieg über Napoleon vor Zar Alexander I. getan hatte. Die Fenster nach Westen aber, die während des Krieges mit Stalins Erlaubnis halb geöffnet worden waren, wurden eines nach dem anderen bald wieder geschlossen. Kaum ein Jahr nachdem die Rote Armee in Berlin eingezogen war, forderte Stalin vom Sowjetvolk die nächste gigantische Anstrengung zum Wiederaufbau und zur Erweiterung der industriellen Basis der Sowjetunion, was für die Menschen bedeutete, den Gürtel wieder enger zu schnallen. Das Aufblühen der sowjetischen Künste, das man während des Krieges gestattet hatte, wurde abrupt beendet. Schdanow führte erneut ein Regime des grauen Konformismus ein. Er brachte neben anderen sowjetischen Schriftstellern auch die größte russische Dichterin des 20. Jahrhunderts, Anna Achmatowa, mit einer niederträchtigen Bemerkung zum Schweigen.[8] Die Leiden, die das Sowjetvolk in den letzten Jahren der Herrschaft Stalins erdulden mußte, waren in mancher Hinsicht noch sinnloser als die der dreißiger Jahre. Für die schrecklichen Vorgänge jener Zeit sind in der Regel gewisse Motive, wie niedrig auch immer, zu erkennen. Für die Nachkriegszeit wurde das jedoch immer schwieriger. Tausende Sowjetsoldaten, die die deutsche Gefangenschaft mit Mühe überlebt hatten, fanden sich nach der Rückkehr in ihre Heimat im *Gulag* wieder. Die politischen Säuberungen wurden wiederaufgenommen, es gab z. B. eine neue Leningrader Affäre. Kurz vor Stalins Tod wurde gar noch eine »Ärzteverschwörung« im Kreml entdeckt. Wäre er nicht gestorben, hätten sicher mehrere dieser Ärzte, die größtenteils Juden waren und die Mitglieder des Politbüros behandelten, nach inszenierten Prozessen mit Tod oder Lagerhaft rechnen müssen.[9] Das Stalinsche Herrschaftssystem war so tief in die Gesellschaft eingedrungen, daß der Chef seiner Geheimpolizei, Beria, zwar bald nach Stalins Tod hingerichtet wurde, Chruschtschow es aber im Februar 1956 wagen konnte, den Schleier über dem »Personenkult« Stalins (wie er euphemistisch genannt wurde) in seinem Bericht an den XX. Parteitag der Kommunistischen Partei der Sowjetunion zu lüften – und auch dann nur auf einer Geheimsitzung.

Auf dem letzten Parteitag zu Stalins Lebzeiten, der am 5. Oktober 1952 eröffnet wurde, war er selbst nicht mehr in der Lage, den wie gewöhnlich sehr langen Rechenschaftsbericht zu verlesen, was er auf allen Parteitagen seit 1924 getan hatte. (Der Bericht wurde statt dessen von Georgi Malenkow vorgetragen, der damals als Stalins wahrscheinlichster Nachfolger galt und nach seinem Tode tatsächlich sowjetischer Premierminister war, bis ihn Chruschtschow im Jahre 1955 absetzte.) Fünf Monate später starb Stalin an einer Gehirnblutung auf seiner Datsche in Kunzewo, wo er 1941 die Nachricht von dem deutschen Überfall auf sein Land erhalten hatte. Nach einem Schlaganfall lag er dort vier Tage lang, ohne noch einmal ein Wort sprechen zu können. Beria soll in den ersten sechs Stunden den Zutritt der Ärzte zu ihm verhindert haben.[10] Die Trauerfeier für Stalin fand am 9. März 1953 mit großem Pomp statt. Stalins balsamierter Leichnam wurde an Lenins Seite im Mausoleum am Roten Platz beigesetzt. Er blieb dort aber nur acht Jahre. Dann wurde er auf Chruschtschows Anordnung entfernt und in einer Reihe mit den weniger bedeutenden Führern der KPdSU hinter dem Mausoleum begraben.

Churchill erwachte am Morgen des 26. Juli 1945 »mit einem Ruck und von einem beinahe körperlichen Schmerzgefühl durchzuckt«. Ihn ergriff »die bisher unterbewußte Überzeugung«, daß er die Wahlen verlieren und »keine Macht zur Gestaltung der Zukunft« mehr haben werde.[11] Nachdem er die düstere Schwermut über seine Wahlniederlage einmal überwunden hatte, mißachtete Churchill den Rat seiner Frau, sich nach fast einem halben Jahrhundert im Parlament aus der Politik zurückzuziehen, und war zunächst wiederum sechseinhalb Jahre lang Oppositionsführer, bis er im Oktober 1951 noch einmal für dreieinhalb Jahre das Amt des Premierministers übernahm. Erst dann setzte er sich im Alter von achtzig Jahren zur Ruhe.

In den ersten Nachkriegsjahren zeigte sich erneut, wie unverwüstlich Churchill geblieben war. Er begann wieder zu malen. Erneut bezog er sein geliebtes Chartwell, das während des Krieges geschlossen und verlassen dagelegen hatte. Zwar blieb ihm die Enttäuschung erspart, nach Kriegsende Großbritanniens »finanzielles Dünkirchen« überstehen zu müssen, andererseits mußte er zu seinem Ärger von der vordersten Oppositionsbank zusehen, wie die Labour-Regierung das Verhältnis zu den Vereinigten Staaten, an dem er während des ganzen Krieges gearbeitet hatte, allmählich umgestaltete.[12] Es gelang ihm, seine Verärgerung zurückzuhalten. Zu einer bemerkenswerten Ausnahme kam es im Dezember 1950, als er zum ersten Mal erfuhr, daß das Abkommen von Quebec über die Atombombe, das er und Roosevelt sieben Jahre zuvor so mühsam erzielt hatten, nicht mehr galt. Seine Wirkung als Redner war ungebrochen. Davon zeugen z. B. seine berühmte Rede über den »Eisernen Vorhang« vor dem Westminster College in Fulton, Missouri, im März 1946 und seine (viel kürzere und prägnantere) Rede über die Einheit Europas in Zürich im September desselben Jahres.[13]

Als Churchill nach seinem knappen Sieg bei den Parlamentswahlen 1951 endlich ins Amt zurückkehrte, erinnerten sich seine Mitarbeiter in der Downing Street Nr. 10 an sein Arbeitstempo der Kriegszeit und stellten die Stempel für den Aufdruck »Noch heute zu erledigen« wieder auf den Schreibtisch des Premierministers. Im Alter von fast 77 Jahren benutzte Churchill sie jedoch nicht mehr. Der Stil, mit dem er in den fünfziger Jahren seine Regierung führte, war nun abgeklärt. Seine schwindende Energie reichte noch aus, um sich auf einige Fragen, insbesondere der internationalen Politik, zu konzentrieren. Dort, wo er wirklich interessiert war, zeigte er nach wie vor größere Weisheit als viele andere Politiker seiner Zeit. So machte er am 11. Mai 1953, zwei Monate nach Stalins Tod, ohne Eisenhower (damals Präsident der Vereinigten Staaten) zu konsultieren, folgenden Vorschlag:

»Es sollte unverzüglich eine Konferenz der führenden Mächte auf höchster Ebene einberufen werden. Man sollte sie nicht mit einer umfangreichen oder starren Tagesordnung belasten und auch nicht in das Labyrinth technischer Details führen. Die Konferenz sollte auf die kleinstmögliche Zahl von Staaten und Personen beschränkt werden und in gewisser Weise informellen, ja sogar privaten und abgeschiedenen Charakter tragen. Es könnte sein, daß sie nicht zu bindenden Abkommen führt, aber unter den Versammelten könnte das Gefühl entstehen, daß sie in der Lage sind, etwas Besseres zu vollbringen, als das Menschengeschlecht, sich selbst eingeschlossen, in Stücke zu reißen.«[14]

Aus Churchills Initiative wurde nichts, weil sie in Washington nicht willkommen war und auch sein eigener Außenminister nichts davon hielt. Sechs Wochen später erlitt er einen Schlaganfall, der eine zeitweilige linksseitige Lähmung verursachte. Nach erstaunlich schneller Genesung hielt Churchill im März 1954 seine letzte große Rede im Unterhaus, die er (wie alle seine Reden) selbst geschrieben hatte. Eine dreiviertel Stunde lang gab er einen Überblick über die Weltpolitik und schloß darin eine wesentlich anspruchsvollere Definition der strategischen nuklearen Abschreckung ein als die Doktrin der »massiven Vergeltung«, die John Foster Dulles bald berühmt machen sollte. Dies sind Churchills Worte: »Wir haben es nun offenbar soweit gebracht – und das ist höhere Ironie –, daß die Sicherheit das stramme Kind des Schrekkens und das Überleben der Zwillingsbruder der Vernichtung ist.«[15]

Er konnte jedoch nicht mehr weitermachen. »Mehr und mehr Zeit wurde dem *Besique* (Churchills Lieblingskartenspiel) gewidmet und immer weniger den öffentlichen Angelegenheiten.«[16] Eden, der mit zunehmender Ungeduld darauf wartete, vom Außenministerium auf der Südseite der Downing Street nach Nr. 10 umziehen zu können, löste ihn schließlich als Premierminister ab. Am 4. April 1955, dem Vorabend seines Rücktritts, gab Churchill ein Abendessen, bei dem die Königin sein Gast war. Danach begleitete Churchills Privatsekretär den Premierminister auf sein Zimmer, wo dieser mehrere Minuten lang schweigend auf seinem Bett saß – in vollem Abendanzug, in Kniehosen, den Hosenbandorden und den Verdienstorden noch angelegt. Dann rief er aus: »Ich glaube nicht, daß Anthony es schaffen kann.« Die Suezkrise von 1956 sollte beweisen, wie recht er hatte.[17]

Bis gegen Ende 1957 konnte Churchill seine außerordentliche Vitalität aufrechterhalten.[18] Danach setzte ein trauriger Verfall ein. Er wurde zwar 90 Jahre alt, ertaubte jedoch allmählich, wurde schweigsam und verschlossen. Er hätte sicher von sich sagen können, was ein viel jüngerer Militär und Staatsmann vor seinem Tode sprach: *»Sembré el mar«* (»Ich habe auf dem Meer ausgesät«.)[19] Lange vor dieser Zeit, im Jahre 1947 hatte Churchill in einem Tagtraum-Gespräch mit seinem Vater, von dem er eine bemerkenswerte Aufzeichnung hinterließ[20] – es offenbar nicht über sich gebracht, diesem zu sagen, daß er Premierminister oder auch nur Parlamentsmitglied geworden sei. Gerade in dem Augenblick, als sein Vater ihm im Traum das Stichwort gab (»Ich frage mich wirklich, ob du nicht in die Politik gegangen bist«), brach das Gespräch ab.

Churchill starb friedlich in seinem Haus in London am 24. Januar 1965. Sein prächtiges Begräbnis kann nur mit dem des großen Duke of Wellington ein Jahrhundert früher verglichen werden. Vor der Beisetzung war Churchill in Westminster Hall aufgebahrt, wo über 300 000 Menschen am Sarge eines Mannes vorüberzogen, der nun als Nationalheld galt. Unter den 3000 Teilnehmern der Trauerfeier in der St. Paul's Cathedral war als Privatmann auch Eisenhower.[21] Der höchste ausländische Trauergast war jedoch de Gaulle, inzwischen Präsident Frankreichs. An die Queen schrieb er über Churchill den Satz: »Dans ce grand drame, il fut le plus grand.« (In diesem großen Drama war er der größte.)[22] Churchill wurde in Bladon, Grafschaft Oxfordshire, kaum eine Meile von seinem Geburtsort Blenheim Palace begraben.

Probleme der Neueinschätzung

Nach dem 12. April 1945 kommt dem Historiker, der das Verhältnis der Großen Drei untersucht, sein Gegenstand mehr und mehr aus dem Auge. An diesem Tage raffte der Tod einen der Triumvirn der Großen Allianz hinweg. Dreieinhalb Monate später und eine Woche vor Abschluß der Potsdamer Konferenz vertrieb die Wahlurne den zweiten von der politischen Bühne. Ende Juli 1945 blieb Stalin als einziges Mitglied des Triumvirats der Kriegszeit übrig, das noch im Amte war. Heute kann eine Neueinschätzung der drei Führer und ihres Verhältnisses zueinander sicherlich manche Frage beantworten, die früher im dunkeln lag, aber auch mit dem Abstand von fast fünfzig Jahren sind manche Fragen nur bedingt oder gar nicht zu beantworten.

Unmittelbar nach Roosevelts Tod beschrieb ihn das höchste und erfahrenste Mitglied seiner Administration der Kriegszeit, Henry Stimson, als »einen idealen Oberkommandierenden... und unseren größten Kriegspräsidenten. Sein Mut... in Zeiten höchster Not gewann ihm die Treue und Zuneigung aller, die unter ihm dienten.« Zu Roosevelts Lebzeiten aber ist Stimsons Tagebuch voller Klagen über die »Einmannregierung« oder »dieses Irrenhaus Washington«.[23] Solange Roosevelt lebte, funktionierte das ganz auf seine Person zugeschnittene System.

Dreieinhalb Jahre lang war das Kartenzimmer im Weißen Haus (mit einigen wenigen Ausnahmen)[24] das Nervenzentrum, wo die Entscheidungen getroffen wurden. In Kriegs- und Friedenszeiten war Roosevelt stets unübertroffener Meister der Kunst mehrerer Optionen. Er konnte zwei gegensätzliche politische Linien verfolgen und zwei Männer mit verschiedenen Auffassungen ernennen, deren Funktionen sich überlagerten. Wenn er dann zu dem Schluß kam, daß eine Option die andere (oder die anderen) ausschloß, hielt er seine Entscheidung nicht unbedingt schriftlich fest. Häufig folgte dann lediglich ein »OK, FDR«. In den ersten drei Monaten des Jahres 1945 änderte er seine Meinung zu einigen Fragen, z. B. seine Haltung gegenüber Frankreich und Indochina. Wie er die globalen Probleme des zweiten Halbjahres 1945 gemeistert hätte, wenn ihm dafür noch Leben und Gesundheit vergönnt gewesen wären, ist, wie er selbst gesagt hätte, eine »Preisfrage«. Was die internationalen Beziehungen betrifft, so hinterließ Roosevelt kein politisches Testament.

Bei Churchill dagegen schließt sich nahezu der Kreis. Von seinen Entscheidungen der Kriegszeit existieren zahlreiche dokumentarische Belege. Im letzten Band seiner Memoiren unter dem Titel *Triumph und Tragödie*, den er lange Zeit nach dem Kriege schrieb, als allerdings noch wenige offizielle Dokumente zugänglich waren, verlockt Churchill die Historiker, eine Interpretation der letzten Monate des zweiten Weltkrieges zu akzeptieren, die mit ihren politischen Zusätzen und Auslassungen vom Denken des kalten Krieges geprägt war (wie aus seinem bereits erwähnten Brief an Präsident Eisenhower deutlich wird).[25]

Was Stalin betrifft, so erhalten sowjetische Forscher heute zwar nach und nach Zugang zu den Moskauer Archiven[26], und doch sind noch viele *belye pjatna* (weiße Flecken) vorhanden. Durch das Sammeln und Zusammensetzen von Belegen aus einem weiten Spektrum von Quellen kann der Historiker ein mosaikartiges Bild Stalins herstellen, das auf den ersten Blick zusammenhängend wirkt. Ist er ehrlich, muß er jedoch hinzufügen, daß vieles an diesem außerordentlich widersprüchlichen Mann nach wie vor im dunkeln bleibt.

Haltungen

Churchill, Roosevelt und Stalin waren in politischer Hinsicht nicht nur durch die offensichtliche Kluft der marxistischen Ideologie getrennt. Hätte Roosevelt länger gelebt, wären er und Churchill sich kaum über die Rolle des britischen Empire einig geworden. Auf der Pressekonferenz, die Roosevelt an Bord des amerikanischen Schlachtschiffes *Quincy* auf dem Rückweg von Jalta gab, tat er Churchills Auffassungen zu kolonialen Fragen als »echt viktorianisch« ab.[27] Zudem konnte während des Krieges keiner der drei Männer die nationalen Interessen seines Landes hintanstellen. Sie begannen die territorialen Regelungen zu diskutieren, die jeder in unterschiedlichen Teilen der Welt anstrebte, lange bevor das Kriegsglück sich der Großen Allianz zuneigte. Wären Churchill, Roosevelt und Stalin Männer anderer Art gewesen, dann wäre ihr Verhältnis möglicherweise einfach das geblieben, was es anfangs war: das von »Verbündeten«, die »zusammengefaßt« werden mußten, weil alle drei »von vielen Feinden angebellt« wurden. Sie begannen jedoch bald Gedanken über eine internationale Struktur der Nachkriegswelt auszutauschen, um - vor allem durch die Verhinderung künftiger Aggressionen Deutschlands und Japans - den Weltfrieden zu erhalten und den Wiederaufbau der Weltwirtschaft zu ermöglichen.

Das Gewicht, das jeder der Führer den verschiedenen Aspekten der neuen Weltordnung beimaß, war veränderlich, aber alle drei waren sich einig in einer Prämisse: Wenn es den drei Mitgliedern der Großen Allianz - den »Großmächten«, wie sie bei Kriegsende noch genannt wurden - nicht gelang, nach dem Kriege zusammenzuarbeiten, dann konnte keine von ihnen vereinbarte internationale Struktur in der Praxis funktionieren. Diese Lehre und Erfahrung von Versailles war Churchill, Roosevelt und Stalin noch sehr frisch im Gedächtnis[28], wie übrigens jedem, der die tragischen Folgen erlebt hatte. So steckten die Großen Drei in dem Maße, wie ihr Verhältnis persönlicher wurde, immer weiter reichende Ziele für die Nachkriegszeit ab. Da das Dreiecksverhältnis nicht statischer, sondern dynamischer Natur war, wechselte auch das Kräfteverhältnis im Verlaufe des Krieges. Die viertägige Konferenz der Großen Drei in Teheran war der Wendepunkt. Als sie sich in Jalta wiedertrafen, war Churchill bereits zum Juniorpartner geworden. Und die Potsdamer Konferenz beschrieb ein hochrangiger britischer Teilnehmer treffend als eine Begegnung der »Großen Zweieinhalb«.[29]

Roosevelts Haltung zu Stalin war wie seine gesamte Innen- und Außenpolitik stets pragmatisch, beruhte aber konzeptionell auf seiner »Grundvorstellung« von den amerikanisch-sowjetischen Beziehungen. Seine Haltung zu Churchill wandelte sich im Laufe des Krieges. 1940 tastete er ihn noch ab. Ihr Verhältnis war am intimsten in den zwei Jahren, die auf die erste Begegnung bei der Atlantikkonferenz im August 1941 folgten. Nach der Teheraner Konferenz setzte eine allmähliche Verschlechterung ein, wenn es auch weiterhin gelegentlich gute Augenblicke gab.

Im Gegensatz dazu war Churchills Haltung zu Stalin ständigen Schwankungen unterworfen. Einerseits war Churchill von Stalins hervorragenden Eigenschaften beeindruckt - seinem ausgezeichneten Gedächtnis (er machte während der Gipfelkonferenzen niemals Notizen), seiner klaren Argumentation und seiner Fähigkeit, in Stimmung und Verhandlungston unvermittelt von Grobheit auf Charme umzuschalten (um Lenins berühmte Beschreibung Stalins zu verwenden).[30] Er war ein guter Gastgeber, was Churchill stets imponierte. So bemerkte er Anfang 1944 im Zusammenhang mit dem sowjetisch-polnischen Streit, wenn er mit Stalin einmal wöchentlich essen könnte, »dann würde es überhaupt keinen Ärger geben«. Selbst in Potsdam rief er mehrfach aus: »Ich mag diesen Mann.«[31] Andererseits war für Churchill als Engländer das Kräfteverhältnis auf dem europäischen Kontinent nach dem Kriege von allergrößter Bedeutung. Als der zweite Weltkrieg zu Ende ging, wurde Churchill ungeachtet des britisch-sowjetischen Bündnisvertrages zunehmend von der beängstigenden Vision geplagt, Großbritannien könnte in Europa »mit dem Bär alleingelassen werden«. Etwas von diesem widersprüchlichen Verhältnis zu Stalin mag sich auch in Churchills - beinahe persönlicher - Abschiedsgeste in Potsdam widergespiegelt haben, die er selbst mit den Worten beschrieb: »Ich füllte zwei kleine Rotweingläser mit Brandy und sah ihn voll an. Beide leerten wir unsere Gläser in einem Zug und blickten uns anerkennend in die Augen.«[32]

Churchill selbst bemerkte, er habe Stalin so umworben, wie nur ein junger Mann ein Mädchen umwerben könne; aber kein Verliebter habe die Launen seiner Geliebten genauer studiert als er diejenigen Roosevelts.[33] Sein Umgang mit Stalin war in der Tat überhaupt nicht vergleichbar mit der Hochachtung, die er in nahezu allen Kontakten mit Roosevelt spüren ließ. Dies ist oft damit erklärt worden, Churchill sei sich stets bewußt gewesen, daß Roosevelt im Unterschied zu ihm selbst ein Staatsoberhaupt war. Der Unterschied im Status der beiden Führer ist unbestritten (was übrigens auch der Grund dafür war, weshalb der amerikanische Präsident bei allen drei Gipfelbegegnungen stets den Vorsitz führte). Ein gewichtigerer Unterschied zwischen Churchill und Roosevelt bestand aber darin, daß Churchill, anders als Roosevelt, in den vierziger Jahren nicht direkt in sein Amt gewählt wurde. Möglicherweise war es dieser Wunsch, direkt vom Volke gewählt zu werden, der mehr als andere Faktoren Churchills Entscheidung beeinflußte, sich nach

Kriegsende nicht aus dem politischen Leben zurückzuziehen, was er, beladen mit den höchsten Ehren, zweifellos hätte tun können. Wie dem auch sei, Churchill schmeichelte Roosevelt absichtlich; wie Eden schrieb, mußte er den Höfling spielen und die Gelegenheiten nutzen, wie sie gerade kamen.[34] Es gab jedoch auch Augenblicke, da Churchill mitten in seinen Bemühungen um gute persönliche Beziehungen zu Roosevelt plötzlich auf eine Art explodierte, die zwar die britischen Berater des Premierministers kannten, nicht aber der Präsident der Vereinigten Staaten. Ein gutes Beispiel ist die zweite Quebec-Konferenz, wo er Roosevelt einmal anbrüllte: »Was wollen Sie denn von mir? Soll ich mich auf die Hinterpfoten setzen und Männchen machen wie Fala?« (Fala war Roosevelts Scotchterrier.)[35]

Um den Unterschied zu illustrieren, den Stalin zwischen seinen beiden Partnern in der Großen Allianz machte, wird oft die ironische Bemerkung zitiert, daß man auf beide sehr gut achtgeben müsse: Roosevelt könnte einem sonst einen Rubel aus der Tasche ziehen, Churchill hingegen würde sich mit einer Kopeke begnügen. Dieser angebliche Vergleich sagt manches aus, aber es finden sich noch andere, aussagekräftigere Erinnerungen, so z. B. in den Memoiren von Andrej Gromyko und Stanislaw Mikolajczyk, die letzterer schrieb, nachdem er Polen verlassen hatte.[36] So soll Stalin Gromyko während einer Pause auf der Jaltaer Konferenz unvermittelt über Roosevelt gefragt haben: »Ist er schlau?« Gromykos Antwort, wenn nicht, hätte sich Roosevelt sicherlich nicht viermal zum amerikanischen Präsidenten wählen lassen können, die Stalin damals bereitwillig akzeptierte, soll uns nicht weiter beschäftigen.[37] Interessant ist, daß ein Mann von Stalins Intelligenz, der inzwischen reiche persönliche Erfahrungen mit Roosevelt gemacht hatte, es für notwendig hielt, im Februar 1945 trotz allem diese Frage zu stellen. Mikolajczyk erinnert sich an eine Bemerkung Stalins über Churchill an einem späten Abend in Potsdam: »Churchill vertraute uns nicht, und deshalb konnten auch wir ihm nicht voll vertrauen.« Wie viele Bemerkungen, die spät abends gemacht werden, sollte auch diese im kalten Licht des Morgens betrachtet werden. In seinem frühen Stadium war das Verhältnis zwischen Stalin und Churchill anders, erst in den letzten Kriegsmonaten trafen beide Teile dieser Bemerkung zu.[38]

Motivationen

Wenn die Mitglieder des Triumvirats ihr Verhältnis zueinander auf diese Weise betrachteten, wie sahen sie sich dann selbst? Roosevelt ist von allen dreien derjenige, der sich heute wie zu seinen Lebzeiten einer präzisen Charakterisierung entzieht. Obwohl die Historiker heute alle Bestände der Präsidentenbibliothek in Hyde Park zur Verfügung haben, tun sie sich noch genauso schwer, in das »schwer verhangene Dunkel seines Inneren« vorzudringen, wie seine Zeitgenossen. Was immer Roosevelts innere Triebkraft auch gewesen sein mag, sie befähigte ihn, andere davon zu überzeugen, das Unmögliche zu tun. Ein Beispiel ist seine vielzitierte Aufforderung an seine beiden Berater zum New Deal, die gegensätzlicher Meinung waren, sie sollten ihre Positionen »miteinander verweben«. Mit Selbstvertrauen und einer Art intuitiver Sicherheit blickte Roosevelt auf die zweite Hälfte des 20. Jahrhunderts. Manchmal führte ihn diese Intuition in die Irre, weil sie nicht immer auf soliden Tatsachen beruhte. Dies war z. B. in seiner Politik gegenüber Frankreich der Fall. Und obwohl sich viele Jahre nach Roosevelts Tod sein Glaube bestätigte, daß China schließlich zu einer Weltmacht aufsteigen werde, brauchte er unglaublich lange, um zu begreifen, was Tschiang Kai-schek und die *Guomindang* wirklich darstellten. Vielleicht konnte nur ein Amerikaner, der in den dreißiger Jahren die Rolle des Präsidenten des ganzen Volkes erfolgreich gespielt hatte, glauben, er werde bei der Versöhnung unversöhnlicher Kräfte auf der Bühne der Weltpolitik ebenso erfolgreich sein.

Churchill bezog seine stärksten Antriebe aus der Vergangenheit. Als Sohn eines Mannes, der im 19. Jahrhundert seine eigene politische Partei herausgefordert hatte, und als Nachkomme eines großen Militärs und Staatsmannes des 18. Jahrhundets war er von Geschichte durchtränkt – der Geschichte seiner Familie, seines Landes und dessen Rolle in der Geschichte der Nationen. Wo es um Europa ging, waren ihm seine Geschichtskenntnisse oft ein sicherer Führer. Denken wir nur daran, wie stark er selbst im Augenblick der tiefsten Erniedrigung Frankreichs an dessen schließlichen Wiederaufstieg glaubte, denken wir an seine prophetische Vision einer französisch-deutschen Aussöhnung, die er in seiner dramatischen Rede in Zürich nur ein Jahr nach Ende des zweiten Weltkrieges vorzeichnete. Außerhalb Europas und Amerikas waren seine Kenntnisse beschränkter, und im Hinblick auf »jene wilden Länder«[39], wie er den Fernen Osten nannte, unterliefen ihm schmerzliche Fehleinschätzungen. Aber wie de Gaulle *une certaine idée de la France* hatte, so hatte auch Churchill eine Vorstellung von Großbritannien, die ihm und der Welt im Sommer 1940 gut zustatten kam.

Stalin als Staatsmann zu betrachten, losgelöst von den Schrecken seines Systems und seiner persönlichen Herrschaft, ist nicht leicht; gleichwohl muß der Versuch unternommen werden. Die dialektische Methode der marxistischen Theorie bestimmte Stalins Sicht auf die Geschichte. Aber er war zugleich Georgier, geboren in einem Grenzland und deshalb an die Grausamkeit lokaler Unterwerfung und den raschen Wechsel der Bündnisse gewöhnt, die für kämpfende Völker an den Grenzen großer Reiche charakteristisch sind. Dieses nationale Erbe überlagerte die Tatsache, daß Stalin ein zum Russen bekehrter Georgier war, der sich selbst in der Tradition der größten Erneuerer in der Geschichte seiner Wahlheimat sah: Katharina der Großen (von deutscher Nationalität), Peters des Großen und, nicht zu vergessen, Iwans des Schrecklichen. Das gut belegte Interesse, das Stalin an Eisensteins Drehbuch für den Film über Iwans Leben zeigte, ist kein Zufall. Stalin war mit wachsendem Alter zunehmend um seinen Platz in der Geschichte besorgt.[40]

Bilanz

Vieles vom Tonfall des kalten Krieges lebt weiter, obwohl der kalte Krieg inzwischen längst vorüber ist.[41] Wenn wir heute eine Einschätzung der Großen Drei vornehmen, ist es historisch jedoch völlig unzulässig, das politische Modell als Maßstab zu nehmen, das während des kalten Krieges in West und Ost allgemein gültig war, und von hier aus rückblickend frühere Ereignisse ins Auge zu fassen und zu fragen, was Churchill, Roosevelt und Stalin gemeinsam erreichten und was nicht. Für eine Neueinschätzung des Verhältnisses der Großen Drei müssen wir mit Hilfe der heute zugänglichen Dokumente versuchen, zu rekonstruieren, wie die Welt und die schrecklichen Ereignisse in der ersten Hälfte der vierziger Jahre sich damals den drei Hauptakteuren und den Völkern der Länder darstellten, die sie in das gemeinsame Bündnis führten.

In diesem Licht zeigt die Bilanz der Zeit der Großen Drei, daß zwei große Ziele erreicht wurden, zugleich aber zwei große Fragen ungelöst blieben. Zuallererst: Hitler gewann den Krieg nicht. Wir neigen dazu, diese Tatsache für selbstverständlich zu halten, je mehr unser Jahrhundert zur Neige geht. Man braucht jedoch kein Experte in der Militärgeschichte des zweiten Weltkrieges zu sein, um zu verstehen, wie nahe das

Dritte Reich mit seinen Verbündeten, vor allem Japan, daran war, diesen Krieg zu gewinnen. Die Gemetzel, die unter den Menschen angerichtet wurden, und die materiellen Zerstörungen der Jahre 1939-1945 waren derart, daß ihre Dimensionen aus der großen geschichtlichen Entfernung schwer zu erfassen sind. Dies gilt insbesondere für die jüngeren Generationen, die sich an die Schrecken späterer Kriege auf dem Bildschirm gewöhnt haben. Die immensen Verluste, die diese sechs Jahre des zweiten Weltkrieges für die menschliche Zivilisation mit sich gebracht haben, sind groß genug. Sie schrumpfen jedoch zur Bedeutungslosigkeit im Vergleich mit den Leiden, die die Welt und vor allem Europa hätten erdulden müssen, wäre Hitler am Ende des Krieges der Sieger gewesen. Jeder Glaube daran, daß Hitlers Gegner - ganz zu schweigen von den Millionen, die er als Untermenschen klassifizierte - in diesem Fall relativ großzügige Friedensbedingungen hätten erwarten können, wird durch Beweise nicht nur aus dem zweiten, sondern auch aus dem ersten Weltkrieg schlagend widerlegt.[42]

Die erste Voraussetzung des Sieges der Großen Allianz bestand darin, daß die Großen Drei einig bleiben mußten. Das blieben sie. Separate Verhandlungen wurden zeitweilig sondiert, gingen aber niemals sehr weit. Wenn einer aus der gemeinsamen Front ausgebrochen wäre, hätte dies zu einer Art bewaffnetem Waffenstillstand geführt. Ein dritter Weltkrieg wäre später gefolgt, auf jeden Fall wäre das Problem nicht gelöst, sondern lediglich aufgeschoben worden. Denn Europa stand vor einem zweifachen Problem (auch deshalb kann der Konflikt in Europa nicht einfach mit dem im Pazifik und in Südostasien verglichen werden). Einerseits kann der zweite Weltkrieg als die zweite Phase des dreißigjährigen Kampfes um die Kontrolle über Mitteleuropa und damit um die Hegemonie in Europa betrachtet und in diesem Sinne als ein Konflikt traditioneller Machtpolitik gedeutet werden - selbst wenn sich der zweite Weltkrieg vom ersten Weltkrieg durch seine globalen Dimensionen und seine Grausamkeit unterschied. Andererseits sahen die Männer und Frauen, die ihn erlebten, den Krieg auch als Krieg der Ideen. Der Historiker darf sich nicht von den unterschiedlichen Gründen irreführen lassen, die die Großmächte eine nach der anderen in diesen Krieg führten. Als die Großen Drei sich im Kriege befanden, waren sie aneinander gebunden, nicht nur, weil sie »umstellt« waren, sondern auch, weil sie die Überzeugung einte, daß der Hitlersche Typ des Faschismus - der Nazismus - ausgerottet werden mußte.

Diese Überzeugung war von Land zu Land unterschiedlich stark - am stärksten wohl in der Sowjetunion, die am allermeisten unter der deutschen Invasion und Okkupation litt. Sie war aber in allen drei Ländern der Großen Allianz verbreitet. Unter Faschismus verstanden die meisten Menschen - welche politische Überzeugung sie auch selbst vertraten - nicht das politische System des Faschismus in seiner ursprünglichen Form, das Mussolini unmittelbar nach dem ersten Weltkrieg in Italien eingeführt hatte. Was sie verabscheuten, war der Nazismus, das System der persönlichen Macht, das Hitler ein Jahrzehnt nach Mussolinis Machtergreifung zunächst in Deutschland und Österreich rücksichtslos durchsetzte und dann ausdehnte, als die rassistische Herrschaft des Herrenvolkes ab 1939 im Rahmen der »Neuordnung Europas« über immer größere Territorien des Kontinents ausgeweitet wurde. Dies also war der erste und größte Erfolg der Großen Drei - der Sieg in Europa, der nicht nur Hitler persönlich vernichtete, sondern den Nazismus, die ideologische Basis des Dritten Reiches und seiner Herrschaft über den gequälten europäischen Kontinent hinwegfegte.[43]

Der zweite Erfolg Churchills, Roosevelts und Stalins erhält erst über vierzig Jahre später allgemeine Anerkennung. Bis vor kurzer Zeit war die Meinung verbreitet, die Organisation der Vereinten Nationen sei auf einen Punkt gesunken, da ihre Gründungsväter sie kaum wiedererkennen würden. Dank der Veränderung des Klimas in den Beziehungen zwischen den Supermächten beginnen heute die UNO und insbesondere ihr Sicherheitsrat[44] endlich die Rolle in der Weltordnung zu spielen, die ihr Churchill, Roosevelt und Stalin vor fast fünfzig Jahren zugedacht hatten. Während man sich kaum eine Reform vorstellen kann, die den Völkerbund zu einem überzeugenden internationalen Instrument hätte machen können, war im Vergleich dazu der Mechanismus der UNO, den die Großen Drei errichteten, gut konstruiert. Dieser Organisation fehlte es vierzig Jahre lang nicht an einem funktionierenden Mechanismus, sondern am politischen Willen der Hauptmächte, die Organisation für jene internationalen Ziele zu nutzen, die Churchill, Roosevelt und Stalin ursprünglich für sie vorgesehen hatten. Ein solcher Wille entwickelt sich nun, insbesondere seit Michail Gorbatschow am 7. Dezember 1988 die sowjetische Haltung zur »Interdependenz der gegenwärtigen Welt« neu definierte und u. a. den Vereinten Nationen bestätigte, »die Interessen verschiedener Staaten zu verschmelzen« und »die einzige Organisation« zu sein, die »in der Lage ist, bilaterale, regionale und globale Anstrengungen zu einem einzigen Strom zu vereinigen.«[45]

Diesen beiden grundlegenden Erfolgen müssen in der Bilanz zwei bedeutsame Fragen gegenübergestellt werden, die die Großen Drei ungelöst ließen. Das war zum einen die künftige Bedeutung der Nuklearwaffen für die Weltstrategie und -politik, zum anderen die zentrale geopolitische Frage: die Frage nach der Zukunft Mitteleuropas, insbesondere Deutschlands. Über Deutschland, das alte Herz Europas, schloß James Byrnes in Potsdam seinen zweifelhaften Handel ab, während das geopolitische Kernproblem weder in Jalta noch in Potsdam auch nur angesprochen wurde.

Wir können heute deutlich sehen, daß die lächelnden Gesichter der drei Führer am Ende der Berliner Konferenz etwas mit den rätselhaften Worten gemeinsam haben, die Shakespeare in *Julius Caesar* einem der römischen Triumvirn in den Mund legte:

> »Und manche, die lächeln, hegen im Herzen, fürchte ich,
> Eine Unmenge unheilvoller Pläne.«

Was Stalin dachte, als er in Potsdam fotografiert wurde, ist noch weithin ein Rätsel. Aus den amerikanischen Archiven können über Trumans Gedanken Schlüsse gezogen werden (sie gingen zu jener Zeit nicht sehr tief, seine Höhepunkte als Präsident hatte er viel später). Der anfängliche Schock, mit dem Attlee reagierte, als man ihn in das atomare Geheimnis einweihte - obwohl Vizepremier in der Koalitionsregierung, war er in den inneren atomaren Kreis der Minister nicht aufgenommen worden -, ist ausführlich festgehalten. Unmittelbar nach Ende der Potsdamer Konferenz schrieb er mit eigener Hand ein Memorandum, das mit den Worten schließt: »Ich sehe keine andere Möglichkeit, als im Auftrage der Regierung den ganzen Fall Präsident Truman vorzulegen und ihm vorzuschlagen, daß er, ich und Stalin unverzüglich miteinander beraten... Ich glaube, nur ein kühner Kurs kann... die Zivilisation retten.«[46]

Der Historiker kann nur vermuten, wie die Potsdamer Konferenz verlaufen wäre, wenn sie von den ursprünglichen Großen Drei abgehalten worden wäre, insbesondere, wenn Roosevelt lebend und gesund teilgenommen hätte. Niemand kann einigermaßen glaubwürdig erklären: »Hätte Roosevelt gelebt, wären die Dinge besser geordnet worden«, oder »Roosevelt hätte es nicht besser gemacht als Truman, vielleicht auch schlechter.« Wahrscheinlich ist, daß es anders gewesen wäre. Roosevelt hätte durchaus einen weiteren Versuch machen können, vorher mit Stalin allein, ohne Churchill zu konferieren. Aber selbst wenn ihm dies gelungen wäre, hätte ihn Churchill sicher noch einmal dazu gebracht, vor dem Dreiertreffen in Potsdam Rücksprache mit ihm zu halten, was Roosevelt nicht hätte umgehen können. In Potsdam wäre es

Roosevelt sicher in den Sinn gekommen (nicht aber Byrnes und Truman), in den Verhandlungen um eine Lösung in Mitteleuropa Stalins Bitte um eine amerikanische Anleihe für den Wiederaufbau seines zerstörten Landes auszunutzen. Man kann sich auch schwer vorstellen, daß Roosevelt die wenigen lakonischen Worte gebraucht hätte, mit denen Truman Stalin beim Verlassen der Plenarsitzung am 24. Juli 1945 die Existenz einer neuen Welt andeutete[47], und er hätte aus Stalins rätselhafter Antwort nicht dieselbe leichtfertige Schlußfolgerung über die sowjetische Ahnungslosigkeit auf atomarem Gebiet gezogen. Ob nun Gromykos Erinnerung zutrifft oder nicht, daß Stalin zu jener Zeit in Potsdam seine Überzeugung ausdrückte, es müsse ein internationales Abkommen darüber geschlossen werden, daß »die Kernenergie nur friedlichen Zwecken dienen« dürfe[48] - zumindest hätte ein gewisser nuklearer Dialog begonnen, als die Führer der drei Siegermächte zum letzten Mal persönlich miteinander konferierten. So nährte die Geheimnistuerei auf beiden Seiten das Mißtrauen noch mehr: *Unwissenheit verstärkt stets die Scheu*, wie Tacitus sagt. Dies sind allerdings spekulative Fragen, und die einzige Quelle, die uns die Antwort darauf geben kann, sind die sowjetischen, nicht die amerikanischen Archive.

Die beiden Erfolge der ursprünglichen Großen Drei werden kaum durch neue Tatsachen, aus welcher Quelle auch immer, in Frage gestellt werden können. Was ihre beiden Versäumnisse betrifft, so erstaunt - aus dem Abstand von fast einem halben Jahrhundert gesehen - vor allem die Mißachtung der Nuklearfrage. Der nukleare Geist war lange vor Potsdam längst unwiderruflich aus der Flasche.[49] Selbst in dem offiziellen amerikanischen Bericht über die Atomenergie, der nur sechs Tage nach Hiroshima in den USA veröffentlicht wurde, bemerkte Henry Smyth, daß die Fragen, die die künftige atomare Entwicklung aufwirft, »vom Volke erörtert und entsprechende Entscheidungen vom Volke durch dessen Repräsentanten getroffen werden sollten«. Statt dessen kam es dazu, daß in dem Jahrzehnt, das den Atomangriffen auf Japan im Jahre 1945 folgte, »die relativ wenigen... Privilegierten hinter der atomaren Sicherheitsbarriere ihre Arbeit fortsetzten... und sich in einer Welt... isolierten, die ihre Mitbürger niemals zu Gesicht bekamen«.[50] Diese Sicherheitsbarriere ist heute nicht mehr so hoch, wie sie in den ersten zehn Jahren nach Hiroshima und Nagasaki war. Aber wir alle leben mit den geopolitischen Folgen davon, daß es im Sommer 1945 versäumt wurde, die großen politischen und strategischen Fragen, die die Entwicklung der Nuklearwaffen aufwarf, wenigstens intern zu erörtern, von einer öffentlichen Debatte darüber ganz zu schweigen.

Was Mitteleuropa betrifft, so fand Harold Nicolsons Warnung - auf einen langen Krieg könne unmöglich ein schneller Frieden folgen - in den nachfolgenden Ereignissen ihre Bestätigung. Der Haß, den der zweite Weltkrieg in den Gebieten hinterließ, in denen er 1939 begonnen hatte, wog schwer. Es wäre ein außerordentlicher Erfolg gewesen, wenn es den Großen Drei in Jalta oder denjenigen, die in Potsdam entschieden, gelungen wäre, diese Probleme zu lösen. Das aber haben Staatsmänner früherer Zeiten vergeblich versucht, die viel längere Zeit an Konferenztischen verbracht haben, etwa in Wien 1814/15 oder in Versailles 1919. (Es gab einige verblüffende Ähnlichkeiten zwischen Potsdam und den Konferenzen der Vergangenheit: Was man 1815 »Seelenaustausch« nannte[51], waren 1945 die Massenumsiedlungen.) Die Tinte unter den Potsdamer Abkommen war noch nicht trocken, als der neue britische Außenminister Ernest Bevin folgende zutreffende Prophezeiung niederschrieb:

»Auch die Zukunft des deutschen Volkes wird eine ständige Quelle der Unsicherheit sein, und man wird alle politischen Tricks anwenden, um dieses potentielle Machtreservoir zu kontrollieren oder zu eliminieren. Die französischen Forderungen nach der Ruhr und dem Rhein sowie die russischen Unternehmungen zur Übergabe Ostdeutschlands an Polen sind erste Beispiele dafür, und wenn das deutsche Volk wieder zu Bewußtsein kommt, können wir sicher sein, daß es selbst bei diesen hochgefährlichen Manövern eine aktive Rolle spielen wird.«[52]

Die De-facto-Lösung für Europa, die sich, ausgehend von Potsdam, allmählich herausbildete, hatte Bestand, obwohl sie die mörderischen nationalistischen Streitigkeiten nicht gänzlich beseitigen konnte, die Mittel- und Osteuropa bereits über hundert Jahre vor dem zweiten Weltkrieg plagten. (Nahezu alle nationalistischen und irredentistischen Probleme, die Europa Anfang des 20. Jahrhunderts kannte, tauchen jetzt auf der internationalen Bühne wieder auf.) So brachte Potsdam dem europäischen Kontinent schließlich doch eine gewisse Ordnung. Westeuropa konnte diese ungewöhnliche Stabilität nutzen, um in seiner ökonomischen Entwicklung vorwärtszustürmen, wie es sich Churchill, Roosevelt oder Stalin niemals hätten vorstellen können. Osteuropa aber mußte für diese Stabilität einen Preis zahlen, der im Laufe der Jahre immer schwerer auf ihm lastete.

Eine zweite Chance

Am 9. November 1989 kehrte die deutsche Frage endlich auf die internationale Tagesordnung zurück. Dies geschah im Herzen Europas, in Berlin. Die Öffnung der Berliner Mauer und die darauf folgende Entscheidung, sie völlig niederzureißen, ist nur die dramatischste Folge der revolutionären Veränderungen, die im Jahre 1989 die europäische Nachkriegsregelung in Frage gestellt haben. Wie diese dramatischen Ereignisse, die die Vereinigung Deutschlands einschließen, letztendlich ausgehen, ist in dem Augenblick, da diese Sätze niedergeschrieben werden, noch nicht abzusehen. Wiederum steigen die Hoffnungen so hoch wie vor 45 Jahren. Walter Lippmanns damalige Worte von der »Aussicht auf einen geregelten Frieden« finden ihren Widerhall in der bemerkenswerten Rede Václav Havels »Worte über Worte« vom 15. Oktober 1989, die er bezeichnenderweise vor einem deutschen Publikum hielt, zwei Monate bevor er Präsident der Tschechoslowakei wurde. Er sagte: »Lange gab es nicht so viele Gründe für die Hoffnung, daß alles gut ausgeht.«[53]

Einige Jahre nach Lippmanns Vorhersage war man in Ost und West, wenn auch aus verschiedenen Gründen, zu der Auffassung gelangt, der kalte Krieg sei von Anfang an unvermeidlich gewesen. Auch im nachhinein zeigt sich, daß dies angesichts der Ergebnisse des zweiten Weltkrieges eine wahrscheinliche Entwicklung war. Aber in den Beziehungen der Menschen dürfen, wie Francis Bacon bereits wußte, Wahrscheinlichkeit und Unvermeidlichkeit nicht miteinander verwechselt werden. Wie im Vorwort gesagt, kommen die großen Entscheidungen der Geschichte häufig um Haaresbreite zustande. Im Jahre 1945 gab es eine, wenn auch geringe, Chance für ein anderes Ergebnis als den kalten Krieg, der dann folgte. In der grimmigen Nachkriegszeit wurde die Chance vertan, durch »Einigkeit« der Großen Drei »die Weltfamilie der demokratischen Länder zu dauerhaftem Frieden« zu führen – wie es die Vision der Deklaration der drei Mächte war, die Churchill, Roosevelt und Stalin am 1. Dezember 1943 am Ende ihrer ersten Begegnung verlautbarten.

Heute, nach dem weltpolitischen Umbruch, zeigt sich eine zweite Chance der »Einigkeit«. Seiner Hoffnung auf die Zukunft fügte Präsident Havel 1989 den wichtigen Satz hinzu:

»Und niemals gab es so viele Gründe für die Befürchtung, daß, wenn alles schlecht ausgehen sollte, dies die endgültige Katastrophe wäre.«

Eine Katastrophe in einem Jahrhundert, in dem der europäische Kontinent bereits einen dreißigjährigen Krieg zu überstehen hatte, ist genug.

Anhang

Anmerkungen

Vorwort

1 Das Wort »politisch« muß hervorgehoben werden. Die internationale wirtschaftliche Struktur der modernen Welt ist eine andere Sache.

2 Dieses Wort prägte Lord Carrington (ehemaliger britischer Außenminister und späterer NATO-Generalsekretär) in seiner Rede zum Gedenken an Alastair Buchan im Internationalen Institut für Strategische Studien in London am 21. April 1983.

3 Z. B. W. H. McNeill, *America, Britain and Russia: their co-operation and conflict 1941-46*, London & New York, Oxford University Press, 1953; reprinted, New York, Johnson Reprint Corporation, 1970, und Herbert Feis, *Churchill Roosevelt Stalin: the war they waged and the peace they sought*, Princeton, N. J., Princeton University Press, 1957.

4 In den 21 Seiten Schlußfolgerungen zu McNeills Arbeit *America, Britain and Russia* wird die Atombombe nirgendwo erwähnt.

5 Nachdem die Amerikaner mit der Öffnung der Archive der Kriegszeit den Weg gewiesen hatten, folgten die Briten im Jahre 1972 mit der Freigabe der Dokumente für den Zeitraum 1941-1945 in einer einzigen Aktion (der Zeitraum 1939 bis1940 war bereits vorher zugänglich).

6 Deshalb habe ich viele sowjetische Dokumente (aus der Kriegs- und Vorkriegszeit), die im Text zitiert werden, selbst übersetzt.

7 Siehe z. B. die Bemerkung (noch aus dem Jahre 1984), daß die »Große Allianz in erster Linie eine anglo-amerikanische Partnerschaft war, in die die Sowjets.. nur solange einbezogen wurden, wie es einen gemeinsamen Feind gab. In: Warren F. Kimball, ed., *Churchill and Roosevelt: the complete correspondence* (fortan Kimball), 3 vols., Princeton, N. J., Princeton University Press, 1984, Bd. 1, S. 5.

8 Diese werden in der kürzlich erschienenen Arbeit von Donald Cameron Watt *How War Came: the immediate origins of the Second World War 1938-1939* sehr lebendig beschrieben.

9 »Du gehst gut mit dem Zaumzeug um,
Aber wo ist das verdammte Pferd?«
In: Roy Campbell, *Oxford Book of Twentieth Century English Verse*, Oxford, Oxford University Press, 1973, S. 338.

10 Siehe Paul Kennedy, *Aufstieg und Fall der großen Mächte*, Frankfurt/Main, Fischer, 1989, S. 789. Kennedy spricht auch von der »Dynamik technologischen Wandels und militärischer Konkurrenz« - S. 13.

11 John F. Kennedy in seinem Vorwort zu: Theodore C. Sorensens, *Decision-making in the White House*, New York, Columbia University Press, 1963, S. XI.

12 »Gelehrte Männer, die Geschichte geschrieben haben, ohne am öffentlichen

Leben teilzunehmen.. sind immer geneigt, allgemeine Ursachen zu finden... Politiker, die damit befaßt sind, Ereignisse herbeizuführen, ohne darüber nachzudenken..., stellen sich vor, daß alles auf besondere Anlässe zurückzuführen ist und daß die Fäden, die sie ziehen, dieselben seien, die die Welt bewegen. Es ist anzunehmen, daß beide gleichermaßen irren.« Dieses Zitat verdanke ich Graham Allison. Es findet sich auf dem Umschlag seines Buches *Essence of Decision: explaining the Cuban Missile Crisis*, Boston, Little Brown, 1971.

13 Leopold von Ranke in *Geschichte und Geschichtsschreibung*, München 1966, S. 62-63.

14 Es versteht sich von selbst, daß sie nicht die Auffassung der britischen Regierung wiedergibt. Für meine ausländischen Leser: Die britischen Gesetze fordern von mir diese Erklärung, da ich im Sommer 1945 (als ich noch in der Armee diente) in Wien für den britischen Auswärtigen Dienst tätig wurde.

Kapitel 1

1 *FRUS, the Conferences at Cairo and Teheran, 1943*, S. 585. Hier findet sich auch Roosevelts Ausspruch über den Regenbogen, der diesem Kapitel als Epigraph vorangestellt ist.

2 Nach Aussage von Stalins Dolmetscher Valentin Bereschkow ließ Stalin das Schwert fallen, Woroschilow hob es wieder auf. Den Toast siehe ebenda, S. 583.

3 *Teheran, Jalta, Potsdam. Dokumentensammlung*, Moskau, Progress, 1978, S. 107.

4 Auf dem Wege zur Konferenz reiste Stalin zunächst bis Baku mit der Eisenbahn. Dann wählte er von zwei Flugzeugen, die bereitstanden, um ihn nach Teheran zu bringen, das aus, das von einem jüngeren Offizier, einem Obersten, geführt wurde. Er begründete dies damit, dieser habe frischere Flugerfahrung. Beide Flugzeuge landeten sicher.

5 John Atkins, der Kriegskorrespondent des *Manchester Guardian* in Südafrika. Seine Beschreibung Churchills aus dem Jahre 1899 siehe *Incidents and Reflections*, London, Christopher, 1947, S. 122.

6 Churchill rauchte weder Zigaretten noch Pfeife. Seine Trinkgewohnheiten und sein Zigarrerauchen beschrieb Generalleutnant Sir Ian Jacob in: Lord Normanbrook und andere, *Action This Day: working with Churchill*, London, Macmillan, 1968, S. 182-183. Das Foto Churchills, von dem hier die Rede ist, stammt aus dem Imperial War Museum in London und wurde während seiner Siegesrede am 8. Mai 1945 aufgenommen. Es ist im Fototeil dieses Buches enthalten.

7 Während der Kriegszeit trug Churchill ganz verschiedene Kleidung – vom offiziellen Parlamentsanzug (kurzes schwarzes Jackett, Weste und Fliege) über mehrere Uniformen bis hin zur Luftschutzkleidung, wovon ein Exemplar im Kellergeschoß von Turnbull & Asser, in der Jermyn Street in London aufbewahrt wird.

8 McIntire untersuchte Roosevelt regelmäßig zweimal wöchentlich. Seine Diagnose vom März 1944 siehe Kapitel 15.

9 Die Londoner Firma Alfred Dunhill (die auch Churchills Zigarren lieferte) versorgte Stalin von 1942 an mit Pfeifen, einem der wenigen Luxusgegenstände, die er sich gönnte. Der Archivar von Dunhill hat bestätigt, daß Churchill vor seinem ersten Besuch in Moskau im August 1942 Ismay zu Dunhill schickte, um Pfeifen als Geschenk für Stalin zu kaufen.

10 Milovan Djilas, *Gespräche mit Stalin*, Frankfurt/Main, Fischer, 1962, S. 82-83.

11 John Erickson, *The Road to Stalingrad: Stalin's war with Germany*, London, Weidenfels & Nicolson, 1975, Bd. 1, S. 403. Stalin war auch kurz nach Kriegsende »einige Monate sehr krank«. Siehe Swetlana Allilujewa, *Zwanzig Briefe an einen Freund*, Wien, Berlin, New York, 1967, S. 267.

12 Auf der Eröffnungssitzung der Teheraner Konferenz am 28. November 1943. Siehe Teheran, Jalta, Potsdam, S. 40.

13 Dieses Wort prägte G. W. Kaye in seinem Werk *History of the War in Afghanistan* im Jahre 1843. Es wurde zur Kurzbezeichnung für die britisch-russische Rivalität in Asien.

14 Britische Truppen wurden zunächst nach Archangelsk und Murmansk entsandt, um nach der Oktoberrevolution in Rußland Versorgungsdepots der Alliierten gegen deutsche Truppen zu verteidigen. In der Folgezeit erhielten jedoch die weißen (antisowjetischen) Kommandeure in Südrußland und Sibirien bedeutende britische Unterstützung. Eine britische Einheit besetzte Baku.

15 Als neueres Beispiel dafür siehe Hugh Thomas, *Armed Truce: the beginning of the Cold War, 1945-46*, London, Hamish Hamilton, 1986.

16 Walter Lippmann, *U. S. War Aims*, Boston, Little, Brown, 1944, S. 132.

Kapitel 2

1 Thukydides, Werke, Leipzig, Reclam, o. J., S. 178.

2 Reden aller drei können auf der von Edward R. Murrow und Fred W. Friendly herausgegebenen Langspielplatte unter dem Titel *I Can Hear It Now, 1933-1945* gehört werden, Columbia Masterworks record, ML4095, Produzent J. G. Gude.

3 Zwischen den Worten »ist« und »die Furcht selbst« machte Roosevelt eine Pause – ein brillanter rhetorischer Einfall. Dieser Satz wurde erst in die letzte Fassung der Rede eingefügt. Die Worte »ein Tag der nationalen Weihe« schrieb Roosevelt mit eigener Hand hinein, als er auf seinen Auftritt wartete.

4 Die verschiedenen Entwürfe dieser Rede siehe Speech File Nr. 610-14, Roosevelt-Bibliothek, Hyde Park, N. Y.

5 A. J. P. Taylor, et al., *Churchill Revised: a critical assessment*, New York, Dial Press, 1969, S. 122. Als Churchill den Saal verließ, soll er zu seinem Freund Desmond Morton gesagt haben: »Den Schweinen hab' ich's aber gegeben, was?« Die Geschichte wird in diesem Buch von Robert Rhodes James berichtet. Wie de Gaulle beherrschte Churchill sowohl den Kasernenjargon als auch die Sprache des 18. Jahrhunderts.

6 J. W. Stalin, *Über den Großen Vaterländischen Krieg der Sowjetunion*, Berlin, Dietz, 1952, S. 12-13. Die Tatsache, daß die Rede schlecht vorgetragen wurde (siehe Iwan Maiski in Nowy mir, 1964, Nr. 12, S. 165) ändert nichts daran, daß sie in Form und Inhalt bemerkenswert war.

7 Zitiert nach E. T. Williams in seinem Artikel über Churchill im *Dictionary of National Biography Supplement, 1961-1970*, Oxford, Oxford University Press, 1981, S. 214. Churchills Mutter war die schöne, aber verschwenderische Jennie Jerome.

8 »Angemietet..wie ein Zauberkünstler« - siehe Churchills Briefe an seine Mutter von Dezember 1900 bis Januar 1901. Zitiert nach Randolph S. Churchill, *Winston S. Churchill*, London, Heinemann, 1966, Bd. 1, S. 543-545. Der Bericht über das erste Vierteljahrhundert von Churchills Leben wurde diesem Band entnommen.

9 Winston Churchill, *The World Crisis: the Eastern Front*, London, Thornton Butterworth, 1931, S. 7 und 343 ff.

10 Winston Churchill, *Der zweite Weltkrieg* (fortan Churchill), 6 Bände, Bern, Scherz, 1948-1952, Bd. I, 2, S. 63.

11 Winston Churchill an seine Mutter, 6. April 1897. Zitiert nach Randolph S. Churchill, *Winston S. Churchill*, Bd. I, S. 317.

12 Churchills eigener Bericht findet sich in *Weltabenteuer im Dienst*, Leipzig 1931. Eine spätere Übersetzung erschien unter dem Titel *Meine frühen Jahre*, München 1965.

13 Zu jener Zeit war der intellektuell anspruchsvollere Weg in die Armee die Royal Military Academy in Woolwich, wo künftige Artillerie- und Pionieroffiziere ausgebildet wurden, weniger Sandhurst, woher die Infanterie- und Kavallerieoffiziere kamen. Die beiden Militärschulen wurden erst ein halbes Jahrhundert später zusammengelegt.

14 In diesem Feldzug eroberte eine britisch-ägyptische Armee unter General Kitchener Khartum zurück (das 1885 von den Rebellentruppen des Mahdi eingenommen worden war, die den britischen Kommandeur, General Gordon, auf den Stufen des Gouverneurspalastes getötet hatten). Über Gordons Tod existieren verschiedene Berichte. Siehe Charles Chenevix Trench, *Charley Gordon: an eminent Victorian reassessed*, London, Allen Lane, 1978, S. 290-291.

15 Churchill an seinen Bruder Jack, 2. Dezember 1897, zitiert nach Randolph S. Churchill, *Winston S. Churchill*, Bd. I, S. 363.

16 Zitiert nach Williams,*Dictionary of National Biography (DNB) Supplement*, S. 194

17 Der Dardanellenfeldzug wurde vom Britischen Kriegsrat im Januar 1915 als Flankenoperation beschlossen. Die Halbinsel Gallipoli war das unmittelbare und Konstantinopel das Endziel. Der Plan, den Churchill entschieden unterstützte, war gut, seine Ausführung aber schlecht. Er endete ein Jahr später mit einem Rückzug. Churchill nahm mehr Verantwortung für diesen kostspieligen Fehlschlag auf sich, als notwendig gewesen wäre.

18 Das Gesetz über die Regierung Indiens aus dem Jahre 1935 beließ die Zentralmacht weiterhin in der Kontrolle des britischen Vizekönigs, gestand

jedoch den Provinzen eine mehr oder weniger demokratische Verwaltung zu. Churchills Rolle in der Abdankungskrise von 1936 siehe Kapitel 4.

19 Von August 1931 bis Mai 1940 hatte Großbritannien sechs verschiedene Kabinette und vier Premierminister, was für das Land völlig untypisch war.

20 Siehe Churchill, Bd. I, 1, S. 251. Seine Worte beziehen sich auf eine Serie von Rückschlägen, diesmal jedoch konkret auf die Entscheidung der Regierung, ihn im Jahre 1936 nicht zum Minister für die Koordinierung der Verteidigung zu ernennen.

21 Clementine Churchill im Mai 1915 zu H. H. Asquith, dem damaligen Premierminister. Zitiert nach Roy Jenkins, *Asquith*, London, Collins, 1964, S. 361.

22 Als Churchills politischer Stern nach dem Fiasko an den Dardanellen sank, kehrte er mit 41 Jahren zu seinem ursprünglichen Beruf zurück.

23 Zu Churchills Identifikation mit seinem Vorfahren siehe Winston S. Churchill, *Marlborough: Der Weg zum Feldherrn*, München 1968-1969. Sein Glaube an »eine bestimmte Weltordnung« ist in Isaiah Berlins Essay über Churchill in seinen *Personal Impressions*, London, Hogarth Press, 1981, S. 7 sehr gut begründet. Zum Konzept der »natürlichen Vernunft« siehe Taylor, et al., *Churchill Revised: a critical assessment*, S. 136-137.

24 Zitiert nach Arthur M. Schlesinger, Jr., *The Age of Roosevelt*, Bd. 1, *The Crisis of the Old Order, 1919-1933*, Boston, Houghton Mifflin, 1957, S. 350.

25 Im ersten Weltkrieg übte in den USA Josephus Daniels, der Marineminister, eine der Churchills vergleichbare Funktion aus, der einzige Mann, unter dem Roosevelt jemals diente. Ein anderes Beispiel für Roosevelts Hang zur Übertreibung war seine unglückselige Behauptung in einer Rede im Jahre 1920, er habe die Verfassung von Haiti geschrieben.

26 Kimball, Bd. I, S. 23.

27 In diesen Jahren begegnete Roosevelt auch zum ersten Mal der schönen Lucy Mercer, die seine Frau als Sekretärin eingestellt hatte, und verliebte sich in sie. Sie war eine Katholikin aus dem Süden und heiratete später Winthrop Rutherfurd. Zu dieser Beziehung und ihren Folgen für die Ehe der Roosevelts siehe Joseph Alsop, *FDR, 1882-1945: a centenary remembrance*, New York, Viking Press, 1982, S. 67 ff.

28 So beschrieb ihn Oliver Wendell Holmes in einem Brief an Harold Laski vom 23. November 1932. Zitiert nach James MacGregor Burns, *Roosevelt: the Lion and the Fox*, New York, Harcourt Brace, 1956, Bd. I, S. 507.

29 Dr. George Draper, zitiert ebenda, S. 88.

30 Viel Zeit verbrachte er in Warm Springs, Georgia, das unter seiner Schirmherrschaft ein Behandlungsort für Polioopfer wie er selbst wurde.

31 Zu Edward Flynn in der Gouverneursbibliothek in Albany. Siehe E. J. Flynn, *You're the Boss*, Westport, Conn., Greenwood Press, 1983, S. 84. Roosevelts Bemerkung im Jahre 1928 siehe Schlesinger, *The Age of Roosevelt*, Bd. I, S. 355.

32 Winston S. Churchill, *Great Contemporaries*, London, Collins, Fontana, 1965, S. 303. (Dieser Essay wurde erstmals als Artikel in *Collier's* am 29. Dezember 1934 veröffentlicht.) Als sich die Delegation aus Texas für Roosevelt entschied, wurde die Lawine ausgelöst, die schließlich zu seiner Nominierung führte.

33 Walter Lippmann, *Interpretations, 1933-1935*, ed. Allan Nevins, New York, Macmillan, 1936, S. 261-262. Siehe auch *New York Herald Tribune*, 28. April 1932.

34 Zitiert nach Burns, *Roosevelt*, Bd. I, S. 157.

35 Kimball, Bd. I, S. 23.

36 Eleanor Roosevelt, *Wie ich es sah*, Stuttgart, Humboldt, 1951, S.74.

37 Zu den »schwarzen Hunden« siehe z. B. Anthony Storr in A. J. P. Taylor, et al., *Churchill Revised*, S. 229 ff. und *Action This Day: working with Churchill*, memoirs by Lord Normanbrook and others, Einführung von John Wheeler-Bennet, S. 7. Das Buch von Charles Moran *Winston Churchill: the struggle for survival, 1940-1965*, London, Constable, 1966 löste einen Proteststurm unter den Medizinern aus, weil er damit den Eid des Hippokrates gebrochen hatte. Mehrere Beamte und ein Offizier, die mit Churchill als Premierminister eng zusammengearbeitet hatten, schrieben daraufhin gemeinsam das Buch *Action This Day*.
Den Bericht über die Zerstörung des Churchillporträts von Sutherland siehe Roger Berthoud, *Graham Sutherland*, London, Faber & Faber, 1982, Kapitel 9. Das hier angeführte Zitat siehe Mary Soames, *Clementine Churchill: the biography of a marriage*, Harmondsworth, Middlesex, Penguin Books, 1981, S. 713.

38 Dmitri Wolkogonow, *Stalin. Triumph und Tragödie. Ein politisches Porträt*, Düsseldorf 1989.

39 Die Partei hieß damals Kommunistische Partei Rußlands (Bolschewiki). Im Jahre 1925 wurde sie in KPdSU (B) umbenannt. In diesem Buch wird der heutige Name Kommunistische Partei der Sowjetunion (KPdSU) verwandt, den die Partei erst seit 1952 trägt.

40 W. I. Lenin, Werke, Bd. 36, Berlin, Dietz, 1962, S. 579, 580.

41 J. W. Stalin, Werke, Bd. 1, Berlin, Dietz, 1950, S. 275.

42 Nach neuesten sowjetischen Informationen starb Stalins Vater wahrscheinlich wesentlich später, als bisher angenommen, im Jahre 1909 und nicht bereits 1890. Dieses neue Datum stellte Robert H. McNeal in Georgien fest. Siehe *Stalin: man and ruler*, London, Macmillan, 1988, S. 336.

43 Siehe Leonard Shapiro, *Die Geschichte der Kommunistischen Partei der Sowjetunion*, Frankfurt/Main 1961, Kapitel 2.

44 Viele der frühen Bolschewiki legten sich Namen zu, die sie zeitlebens behielten. So wurde aus Lew Bronstein Lew Trotzki, Uljanow wurde Lenin, Skrjabin wurde Molotow und Dschugaschwili wurde Stalin (*molot* bedeutet im Russischen »Hammer«, und *stal* ist das russische Wort für »Stahl«).

45 Einen Bericht darüber siehe z. B. Hugh Seton-Watson, *The Russian Empire, 1801-1917*, Oxford, Clarendon Press, 1967, Kapitel XVII und XVIII.

46 In einem Brief an Maxim Gorki vom Februar 1913. W. I. Lenin, Werke, Bd. 35, Berlin, Dietz, 1962, S. 66.

47 In der Zeit, die dieses Buch beschreibt, wurden die Mitglieder des Ministerrates der Sowjetunion »Volkskommissare« genannt. Ich möchte jedoch der westlichen Terminologie den Vorzug geben. Hier sei auch darauf hingewiesen, daß bis zur Revolution vom 25. Oktober 1917 der alte russische Kalender

gültig war (er lag im 19. Jahrhundert 12 Tage und im 20. Jahrhundert 13 Tage hinter dem westlichen Kalender zurück).

48 Swetlana Allilujewas Bericht über die Familie Swanidse siehe *Zwanzig Briefe*, Kapitel 3-8. Das Sterbedatum Jekaterina Swanidses, 22. Oktober 1907, wurde von McNeal nach georgischen Quellen festgestellt. Siehe *Stalin*, S. 339.

49 Auf die Revolution von 1917 folgte 1918 ein blutiger Bürgerkrieg, den die Bolschewiki erst Ende 1920 siegreich beendeten.

50 Zu Michail Tuchatschewski siehe Kapitel 4 dieses Buches.

51 Über die Zwischenstationen Türkei und Norwegen fand Trotzki schließlich 1937 Zuflucht in Mexico. Er wurde dort im August 1940 von einem Agenten des NKWD ermordet.

52 Churchill, Bd. IV, 2, S. 103. Zahlenangaben über die Opfer der Kollektivierung und der Säuberungen in den dreißiger Jahren siehe in Kapitel 4.

53 Swetlana Allilujewa, *Zwanzig Briefe*, S. 161.

54 Siehe Adam Ulam, *Stalin - Koloß der Macht*, Esslingen, Bechtle, 1977, S. 330.

55 Swetlana Allilujewa, *Zwanzig Briefe*, S. 98-99.

56 Ebenda, S. 200.

Kapitel 3

1 Sowohl das Abkommen als auch der Vertrag, die »Frankreich Beistand im Falle eines nicht herausgeforderten Angriffs Deutschlands« zusichern, sind Teil des *Friedensvertrages zwischen den alliierten und assoziierten Mächten und Deutschland*. Siehe Handbuch der Verträge 1871-1964, Berlin, Deutscher Verlag der Wissenschaften, 1968, S. 182-203.

2 Eine Bemerkung Salvador de Madariagas in seiner Autobiographie. Zitiert nach Duncan Wilson, *Gilbert Murray OM: 1866-1957*, Oxford, Clarendon Press, 1987, S. 293.

3 118 House of Commons Debates (fortan H. C. Debs.), col. 992, 21. Juli 1919.

4 *League of Nations Official Journal*, Special Supplement 93, Genf, 1931, S. 59-60.

5 Private Aufzeichnungen Edouard Herriots, zitiert nach M. Soulié, *La vie politique d'Edouard Herriot*, Paris, Armand Colin, 1962, S. 377. Ich bin Christopher Thorne für dieses Zitat und die beiden zitierten Auszüge aus den Reden Cecils zu Dank verpflichtet. Siehe *The Limits of Foreign Policy: the West, the League and the Far Eastern Crisis of 1931-1933*, London, Hamish Hamilton, 1972.

6 Dieser Krieg kostete von 1914 bis 1918 zwischen zwanzig und vierundzwanzig Millionen Opfer, einschließlich nicht geborener Kinder. Die Grippeepidemie, die danach folgte, soll ebenso viele Menschen das Leben gekostet haben wie der Krieg selbst.

7 Offiziere und Soldaten der Kwantung-Armee zerstörten mit Sprengstoff ohne Wissen ihres Oberkommandierenden (der diese Aktion im nachhinein jedoch eilig billigte) einen Meter Gleise der Südmandschurischen Eisenbahn etwa acht Kilometer nördlich von Mukden. Daraufhin griffen die Japaner die chinesischen Truppen in Mukden an.

8 Robert Cecil, *A Great Experiment: an autobiography*, London, Cape, 1941, S. 235-236 und H. L. Stimson and M. Bundy, *On Active Service in Peace and War*, New York, Harper Brothers, 1948, S. 221. Auch diese Zitate entnahm ich Thornes *Limits of Foreign Policy*.

9 Stimson and Bundy, *On Active Service*, S. 262.

10 Siehe z. B. den prägnanten Bericht Akira Iriyes in *The Origins of the Second World War: Asia and the Pacific*, London & New York, Longmans, 1987.

11 Ihre transatlantischen Nachwirkungen waren jedoch auch weiterhin zu spüren. Bereits während der Krise schwelten Vorwürfe zwischen Großbritannien und den USA permanent unter der Oberfläche. 1936 explodierte schließlich Stimson (der damals nicht im Amt war) und klagte die britische Regierung öffentlich an, sie habe seinen Plan zunichte gemacht, die japanische Aggression aufzuhalten. Wie wir heute wissen, wurden auf beiden Seiten des Atlantiks während der Krise in der Mandschurei nicht wenige Winkelzüge gemacht. Stimsons Anklage siehe H. L. Stimson, *The Far Eastern Crisis: recollections and observations*, New York, Harper, for the Council on Foreign Relations, 1936, S. 155 und 164.

12 Der eigentliche chinesisch-japanische Krieg brach erst über vier Jahre später aus; siehe Kapitel 4.

13 Die japanische Enttäuschung nach dem ersten Weltkrieg (in dem Japan Verbündeter Großbritanniens, Frankreichs und der Vereinigten Staaten war) wird in der zweiten Hälfte des nächsten Kapitels weiter erörtert.

14 Zitiert nach Alan Bullock, *Hitler. Eine Studie über Tyrannei*, Düsseldorf 1959, S. 169.

15 Selbst bei den Reichstagswahlen vom März 1933 erhielt die NSDAP weniger als die Hälfte der abgegebenen Stimmen.

16 Zur internationalen Verschuldung in der Zwischenkriegsperiode siehe George C. Abbott, *International Indebtedness and the Developing Countries*, London, Croom Helm, 1979, S. 16 ff.

17 Der Zehnjahresbeschluß (für dessen Annahme vor allem Churchill als Finanzminister 1928 verantwortlich war) ging von der britischen Annahme aus, daß in den nächsten zehn Jahren kein großer Krieg zu erwarten sei. Die Stabschefs brauchten allerdings auch fast zwei Jahre, um ihre Empfehlungen vorzulegen.

18 Diese Botschaft sowie die Haltung Churchills und Roosevelts zu diesen beiden Weltkonferenzen werden in Kapitel 4 behandelt.

19 Bullock, *Hitler*, S. 456.

20 Ebenda, S. 658.

21 Es war »unglückselig« im politischen Sinne. Auf anderen Gebieten, vor allem in der Kunst, war es eine Zeit großer Meisterwerke.

22 Adolf Hitler, *Mein Kampf*, München 1940, S. 742-743.

23 Mussolini sprach von einer »Achse, die alle diejenigen europäischen Staaten in Zusammenarbeit verbindet, die vom Wunsche nach Kollaboration und Frieden beseelt sind.« Daraus wurde schließlich die »Achse Rom-Berlin-Tokio«.

24 A. Hitler, *Monologe im Führerhauptquartier. Die Aufzeichnungen von Heinrich Heims*, hrsg. von Werner Jochmann, Hamburg, Knaus, 1980, S. 40.

25 500 britische Mitglieder der Internationalen Brigaden ließen in Spanien ihr Leben. 120 Amerikaner vom Bataillon Abraham Lincoln wurden getötet.

26 Ein wichtiges Zeitdokument zu dieser tragischen Episode ist der Brief, den der britische Konsul in Bilbao unmittelbar nach dem Bombardement an den britischen Botschafter in Madrid schrieb. Er ist im vollen Wortlaut als Anhang 8 in das Buch von Hugh Thomas *Der Spanische Bürgerkrieg*, Berlin 1961, aufgenommen worden. Eine detaillierte Untersuchung dazu legte der Militärhistoriker und frühere Luftwaffenoffizier der Nationalisten, Ramon Salas Larrazábal vor. Siehe *Historia del Ejército Popular de la República*, Bd. II, Madrid, Editora Nacional, 1973, S. 1384-1392. Niemand kann genau sagen, wie viele Menschen in Guernica starben. Die Zahl wird auf etwa eintausend geschätzt.

27 Siehe z. B. *The Republic and the Civil War in Spain*, ed. Raymond Carr, London, Macmillan, 1971. Im Vorwort zu diesen Essays erklärt Carr, er habe die Widersprüche zwischen ihnen nicht ausgemerzt.

28 Eine erschöpfende Analyse findet sich bei Angel Vinnas, *La Alemania y el 18 de julio*, Madrid, Alianza Editorial, 1974.

29 Die erste Arbeit, in der umfangreiche italienische Dokumente ausgewertet wurden, stammt von John F. Coverdale. Siehe *Italian Intervention in the Spanish Civil War*, Princeton, N. J., Princeton University Press, 1975.

30 Siehe Jonathan Haslam, *The Soviet Union and the Struggle for Collective Security in Europe 1933-1939*, London, Macmillan, 1984, S. 107 ff. Die sowjetischen Lieferungen wurden mit den Goldreserven der Spanischen Zentralbank bezahlt, die man schrittweise nach Moskau transferierte.

31 In Anhang 7 zu Thomas' *Der Spanische Bürgerkrieg* sind die Tatsachen zusammengefaßt, die zugänglich waren, als das Buch geschrieben wurde. Eine Analyse aus heutiger Sicht findet sich bei Larrazábal, *Historia*, Bd. II, S. 2368 ff., im Beitrag von Angel Vinnas, S. 123 ff. sowie bei Manuel Tunon de Lara u. a., *La Guerra Civil Española, 50 años después*, 2nd edn, Barcelona, Editorial Labor, 1986.

32 Zitiert nach Alan Bullock, *Hitler und Stalin. Parallele Leben*, Berlin, Siedler, 1991, S. 899.

33 Möglicherweise täuschte er auch die meisten Menschen über das Wesen des modernen Krieges. Militärisch gesehen war der spanische Bürgerkrieg eher der letzte Akt des ersten Weltkrieges als der erste Akt des zweiten.

34 *Akten zur deutschen Auswärtigen Politik 1918-1945*, (fortan ADAP), Serie D, Bd. 1, Dokument 34, Serie C, Bd.5, Dokument 625.

35 Halifax' linker Arm war von Geburt an verkrüppelt und ohne Hand.

36 Halifax' eigenen Bericht siehe *DBFB, 1919-1939*, Second Series, Vol XIX, 1937 bis 1938, S. 543-548, FO file reference C 8161/270/18. Seinen Bericht an das Kabinett siehe S. 572-575. Auch Hitlers Dolmetscher Paul Schmidt übergab seine Mitschrift dem Außenministerium. Den deutschen Bericht siehe *ADAP*, Serie D, Bd. 1, Dokument 31, S. 52, 49.

37 Keith Feiling, *The Life of Neville Chamberlain*, Hamden, Conn., Shoe String Press, 1970, S. 332.

38 Mussolini »nahm die ganze Sache sehr freundlich auf«. Hitler antwortete

telefonisch und bestätigte noch einmal telegrafisch, daß er »ihm das nie vergessen« werde. Diese Dankbarkeit zeigte den Unterschied zwischen Mussolinis Einwilligung 1938 und seiner Reaktion auf die Ermordung von Dollfuß vier Jahre zuvor, als er Truppen zum Brennerpaß in Marsch gesetzt hatte. Siehe *Der Prozeß gegen die Hauptkriegsverbrecher vor dem Internationalen Militärgerichtshof, Nürnberg 14. November 1945 bis 1. Oktober 1946*, Nürnberg 1947-49 (fortan NP), Bd. XXXI, Dokument 2929-PS, S. 310.

39 Diese Begründung gab Chamberlain vor dem Unterhaus. In der britischen Note, die Cadogan am 24. März 1938 Maiski überreichte, teilte die britische Regierung mit, sie sei zwar bereit, an einer Konferenz aller europäischen Mächte teilzunehmen, meine jedoch, es sei unmöglich, eine solche Konferenz gegenwärtig zu arrangieren. Siehe *Dokumenty wneschnej politiki SSSR*, Moskau, Politisdat, 1970-1972, (fortan DWPS), Bd. XXI, Dokument 102. Den Vorschlag der Sowjetregierung hatte Litwinow auf einer Pressekonferenz am 17. März bekanntgegeben. Siehe ebenda, Dokument 82 und *Iswestija*, 18. März 1938.

40 Walter Runciman, der nach Halifax Präsident des Geheimen Staatsrates wurde.

41 Eine gute Beschreibung dieser Szene siehe Harold Nicolson, *Tagebücher und Briefe 1930-1939*, Frankfurt/Main 1969-1971, S. 304 ff.

42 Wilson wurde 1939 zusätzlich Ständiger Sekretär des Schatzamtes und Chef des Civil Service. Auch in diesen Funktionen war er kein Berater für auswärtige Angelegenheiten. 1938 hatte Chamberlain jedoch bereits Robert Vansittart, der als deutschfeindlich galt, durch Alexander Cadogan als Ständigen stellvertretenden Minister im Außenministerium abgelöst. Vansittart erhielt statt dessen den im wesentlichen nominellen Titel eines diplomatischen Chefberaters. Wilson wurde sehr rasch Chamberlains graue Eminenz bei der Durchsetzung seiner Appeasement-Politik. Wie grau er dabei war, sollte nach den in den Dirksen-Papieren gesammelten Dokumenten beurteilt werden (Herbert von Dirksen war deutscher Botschafter in London vom April 1938 bis zum Kriegsausbruch. Sein Archiv wurde 1945 erbeutet). Um nur ein Beispiel für Wilsons schändliches Verhalten zu zitieren, sei auf den Brief des deutschen Geschäftsträgers in London an Dirksen vom 1. September 1938 verwiesen. Siehe das Archiv Dirksens. In: *Dokumente und Materialien aus der Vorgeschichte des zweiten Weltkrieges, 1937-1939*, Moskau 1948, Bd. 2, Dokument 7.

43 Zum Münchener Abkommen, das das offizielle Datum vom 29. September 1938 trägt, siehe Handbuch der Verträge, S. 292-294. Die »Vorschläge« Großbritanniens und Frankreichs an die Tschechoslowakei (in Wirklichkeit ein Ultimatum) siehe ebenda, S. 289-291.

44 Den Bericht über diesen Besuch des Generalsekretärs des Außenministeriums der Tschechoslowakei siehe *Dokumente und Materialien aus der Vorgeschichte des zweiten Weltkrieges*, Bd. 1, Dokument 38.

45 *Documents on British Foreign Policy, 1919-1939, Second and Third Series*, ed. E. L. Woodward and Rohan Butler, assisted by Margaret Lambert, HMSO, London, 1949-50 (fortan DBFP), Serie 3, Bd. 2, S. 627.

46 Siehe ebenda, S. 630 ff.
47 *DWPS*, Bd. XXI, Dokument 40 und *SSSR w borbe sa mir nakanune wtoroi mirowoi woiny 1938-1939: dokumenty i materialy* (fortan Borba sa mir), Moskau, Politisdat, 1971, Dokument 10.
48 Wie Disraeli sechzig Jahre zuvor sprach Chamberlain zu der Menge, die ihn in der Downing Street willkommen hieß.
49 *The Times*, 3. Oktober 1938.

Kapitel 4

1 Hitler bezog sich auf die Worte Bismarcks in einer Rede vor dem Reichstag im Jahre 1872 »Nach Canossa werden wir nicht gehen«. Max Domarus (Hrsg.), *Hitler: Reden und Proklamationen 1932-1945*, Würzburg 1962, Bd. 1, S. 968.
2 In seinen Memoiren bekannte Churchill, er habe irrtümlicherweise geglaubt, daß »ein Luftangriff auf britische Kriegsschiffe, bewaffnet und beschützt, wie sie jetzt sind, sie nicht an der vollen Ausnutzung ihrer überlegenen Macht zur See hindern könne«. Churchill, Bd. I, 2, S. 21.
3 Siehe Anmerkung 35.
4 Ein Beispiel aus der jüngsten Zeit und sicherlich nicht das letzte findet sich bei John Charmley, *Chamberlain and the Lost Peace*, London, Hodder & Stoughton, Heinemann, 1989.
5 Churchill, Bd. I, 1, S. 106.
6 Ebenda, S. 105
7 Edens Bemerkung wurde zitiert nach Martin Gilbert, *Winston S. Churchill*, (fortan Gilbert, *Churchill*), 8 vols., London, Heinemann, 1966-1968, Bd. 5, 1922 bis 1939, S. 461. Churchills Worte siehe Churchill, Bd. I, 1, S. 101, 103.
8 Ebenda S. 101-103.
9 Ebenda, S. 153-154.
10 Siehe Hinsley, *British Intelligence*, Bd. 1, S. 298-302.
11 Die Debatte im März 1936 siehe *Churchill*, Bd. I, 1, S. 254. Was die Bewegung »Waffen- und Völkerbundpakt« sowie die Auswirkungen von Churchills Eintreten für den König am 7. Dezember 1936 auf diese Bewegung und auf Churchills politische Stellung betrifft, siehe ebenda, S. 269-270.
12 Churchills Brief vom 2. Februar 1937 wird zitiert bei Mary Soames, *Clementine Churchill*, S. 396. Dort findet sich auch die Beschreibung seiner Depression Anfang 1937 durch seine Tochter.
13 Siehe seinen Artikel im *Evening Standard*, 17. September 1937.
14 Churchill, Bd. I, 1, S. 317. Die Ursachen seines Streits mit Eden werden an anderer Stelle in diesem Kapitel dargestellt.
15 Nach der amerikanischen Rezession von 1937/38 hatte Churchill über 18 000 Pfund Schulden bei seinen Börsenmaklern. Chartwell wurde nur kurze Zeit zum Kauf angeboten (in der *Times* vom 2. April 1938), da Churchills Schulden am 22. März von Sir Henry Strakosch beglichen wurden. Zum Vergleich: Disraelis Schulden von über 60 000 Pfund übernahm Andrew Montagu im Jahre 1862 für eine Hypothek auf Hughenden Manor zu minimalen Zinsen. Siehe Robert Blake, *Disraeli*, London, Methuen, 1969, S. 424.

16 Feiling, *The Life of Neville Chamberlain*, S. 367.
Natürlich spiegelte das Appeasement die Stimmung im Parlament im Jahre 1938 wider. Während der chaotischen Szene im Unterhaus am Nachmittag des 28. September, die Chamberlains Ankündigung folgte, er werde nach München fahren, waren es nur Churchill, Eden, Leopold Amery, Harold Nicolson und der kommunistische Abgeordnete William Gallacher, die nicht von ihren Plätzen aufsprangen. Selbst nach der Debatte, die auf die Unterzeichnung des Münchener Abkommens folgte, enthielten sich nur 30 Mitglieder der Konservativen Partei der Stimme. Keiner von ihnen stimmte gegen die Regierung.
17 Churchill, Bd. I, 1, S. 334-335.
18 *DWPS*, Bd. XXI, Dokument 103. Fünf Monate später soll Churchill auf einem Abendessen mit Maiski, wie dieser berichtete, eine neue Losung geprägt haben: »Proletarier und Freidenker aller Länder, vereinigt euch gegen die faschistischen Tyrannen«. Ebenda, Dokument 321.
19 Churchills Brief an Halifax vom 3. September 1938 siehe Churchill, Bd. I, 1, S. 360-361. Litwinows Telegramm an den sowjetischen Botschafter in Prag siehe *DWPS*, Bd. XXI, Dokument 324. Die Debatte im Oktober 1938 über das Münchener Abkommen siehe Churchill, Bd. I, 1, S. 396 ff.
20 In den Parlamentswahlen von 1935 hatte die Konservative Partei einen überwältigenden Sieg errungen. Sie nahm im Unterhaus 432 Sitze ein und reduzierte den Anteil der Labour Party auf 154 Sitze. Deshalb lag Churchill in den dreißiger Jahren vor allem mit seiner eigenen Partei im Streit über Fragen der Außen- und Verteidigungspolitik. Die Labour Party widersetzte sich der Aufrüstung bis Mitte 1937; danach wurde ihre Haltung unklar.
21 *DWPS*, Bd. XXI, Dokument 111.
22 »Winston ist zurück« - dieses Signal sandte die Admiralität aus, als er zum zweiten Mal in seiner Laufbahn nach Kriegsausbruch im September 1939 zum Marineminister ernannt wurde.
23 29,9 Prozent war das genaue Ergebnis der Roper-Umfrage vom September 1939. Zu Roosevelt und Hearst im Februar 1932 siehe Schlesinger, *The Age of Roosevelt*, Bd. 1, S. 297.
24 Frederick Jackson Turner, *Die Grenze. Ihre Bedeutung in der amerikanischen Geschichte*, Bremen, Dorn, 1947, S. 301.
25 Ebenda, S. 283.
26 Ich bin einem britischen Banker, dem leider bereits verstorbenen Ivo Forde, für seine persönlichen Erinnerungen dankbar. Aus seinem Büro auf der anderen Straßenseite sah Forde mit eigenen Augen, wie sich mehrere Opfer des Börsenkrachs von 1929 vom Dach des Equitable Building in den Tod stürzten.
27 »Während die Welt zusieht«, siehe *Collier's*, 29. Dezember 1934.
28 Speech File 610-614 in der Roosevelt-Bibliothek Hyde Park.
29 Raymond Moley, *After Seven Years*, Lincoln, Nebr., University of Nebraska Press, 1971, S. 47-52.
30 Speech File 627 in der Roosevelt-Bibliothek Hyde Park.
31 Das Morgenthau-Tagebuch, zitiert nach Robert Dallek, *Franklin D. Roosevelt*

and American Foreign Policy 1932-1945, New York, Oxford University Press, 1981, S. 58.

32 Schlesinger, Bd. II, 1959, S. 209.

33 Speech File 627 in der Roosevelt-Bibliothek Hyde Park.

34 Frankreich war das Hauptland des sogenannten Gold-Blocks.

35 *Daily Mail*, 4. Juli 1933 und 280 H. C. Debs., cols. 787-788, 10. Juli 1933.

36 Zitiert nach Schlesinger, Bd. II, S. 232.

37 Diese Entscheidung führte zum Rücktritt von Dean Acheson, einem der fähigsten jüngeren Mitglieder der Administration, der damals stellvertretender Finanzminister war. Er kehrte erst 1941 in die Regierung zurück.

38 Siehe *Foreign Relations of the United States, Diplomatic Papers*, (fortan FRUS), U. S. Government Printing Office, Washington, D. C., 1934, Bd. 1, S. 525-527.

39 Auch Charles Bohlen und Llewellyn Thompson waren Kenner der russischen Sprache, die im Foreign Service der USA Karriere machten. Die britische Diplomatie war in dieser Hinsicht viel weniger vorausschauend.

40 Hier sollen nur einige Dämme erwähnt werden: Das Amt für öffentliche Arbeiten förderte neben der Behörde des Tennessee Valley den Bau der Dämme bei Grand Coulee, Bonneville, Fort Peck und Boulder.

41 William Allan White nannte Roosevelt den »ewig Lächelnden«, siehe *Time*, 22. Februar 1943, S. 53, zitiert nach *Emporia Gazette*. De Gaulles Beschreibung siehe Charles de Gaulle, *Memoiren 1942-1946*, Düsseldorf 1961, Bd. 2, S. 223. Einen Künstler im Regieren nannte Roosevelt Harold Smith, Budgetdirektor von 1939 bis 1946, in einem Interview mit Robert Sherwood nach dem Kriege. Siehe Robert Sherwood, *Roosevelt und Hopkins. Ein Augenzeuge berichtet*, Hamburg 1950, S. 51. (Bei den deutschen Fassungen der Memoiren de Gaulles und des Buchs von Robert Sherwood über Roosevelt handelt es sich um gekürzte Übersetzungen. Deshalb muß bei bestimmten Passagen, die in der deutschen Ausgabe fehlen, auf das jeweilige Original zurückgegriffen werden. - der Übers.)

42 »Es geht um mich« ist zitiert nach Schlesinger, Bd. III, *The Politics of Upheaval*, 1960, S. 578. Die Bemerkung Whites siehe *Time*, 19. November 1934.

43 Diese Rede (in der ein vages Interesse der USA an der Zusammenarbeit mit anderen Ländern angedeutet wurde, um diejenigen unter »Quarantäne« zu stellen, die »internationale Anarchie und Instabilität verursachen«) siehe The Public Papers and Addresses of Franklin D. Roosevelt (fortan PPA), ed. Samuel I. Rosenman, 13 vols., Harper, New York, 1938-50, 1937, S. 406-411. Roosevelt deutete an: »Wem die Jacke paßt..«, äußerte sich aber nicht genauer.

44 Churchill, Bd. I, 1, S. 314.

45 Diese Initiative wird deshalb ausführlich in den folgenden vier Absätzen beschrieben, wobei alle Zitate (wenn nicht anders angegeben) aus derselben Quelle stammen: *DBFP, 1919-1939*, Serie 2, Bd. XIX, *1937-1938*, S. 726 ff. (beginnend mit dem Telegramm Nr. 38 aus Washington an das Foreign Office, Dokument 422) und Anhang 1 (Auszüge aus dem Tagebuch Chamberlains). Cadogans Beschreibung »erstaunlich« stammt aus einem Brief an

Eden vom 13. Januar 1938, der ebenfalls in diese Dokumentensammlung aufgenommen wurde.

46 Sie umfaßten die wichtigsten grundlegenden Prinzipien, die in den internationalen Beziehungen beachtet werden sollten - die wirksamsten Methoden für die Rüstungsbegrenzung, Zugang aller Völker zu Rohstoffen sowie die Rechte und Pflichten der Regierungen »im Unglücksfall eines Krieges«.

47 Feiling, *The Life of Neville Chamberlain*, S. 325.

48 *FRUS, 1938, General*, Bd. 1, Sumner Welles' Memorandum an den Präsidenten vom 10. Januar 1938.

49 Ich bin dem Direktor der Harry-S.-Truman-Bibliothek dankbar dafür, daß er mir Kopien der Papiere aus den Geheimakten Trumans überließ, die sich auf die hier beschriebene Geschichte von Roosevelts Telegramm an Chamberlain beziehen. Chamberlains Witwe ließ als erste im März 1948 über die amerikanische Botschaft in London Nachforschungen nach diesem Telegramm anstellen. Truman weigerte sich damals, es herauszugeben, da »es in diesem kommenden Jahr sehr fehlinterpretiert werden könnte«. Im Dezember 1950 bat Halifax darum, das Telegramm zu veröffentlichen. Auf Dean Achesons Memorandum, in dem dieser von Halifax' Bitte berichtete, schrieb Truman: »Ich glaube nicht, daß wir es veröffentlichen sollten.« Das handschriftliche Original befindet sich in PSF Diplomatic Papers, Box 46, *Great Britain 1937-1938*, in der Roosevelt-Bibliothek Hyde Park.

50 Nach dem Kriege beschloß der Kongreß eine Verfassungsergänzung, mit der eine dritte Amtsperiode unmöglich gemacht wurde (was alle amerikanischen Leser, aber vielleicht nicht alle britischen wissen).

51 Siehe Presse- und Rundfunkkonferenz, 28. Dezember 1943, Speech File 1499, Roosevelt-Bibliothek Hyde Park.

52 »Halte deine Karten dicht vor deinen Bauch. Lege sie niemals auf den Tisch« - H. L. Ickes, *The Secret Diary of Harold L. Ickes*, 3 Bände, New York, Simon & Schuster, 1953-1954, Bd. III, S. 659.

53 Vielleicht ein etwas seltsamer Vergleich. Grey war von 1905 bis 1916 britischer Außenminister. Er wurde bekannt durch seine Worte vom August 1914: »Die Lichter gehen überall aus in Europa und werden zu unseren Lebzeiten nicht wieder angehen.«

54 Die Quellen dieser drei Einschätzungen aus Europa sind in der Reihenfolge Trotzki, »Wenn Amerika kommunistisch werden sollte«, *Liberty*, 23. März 1935; Keynes nach einem nicht sehr erfolgreichen Teenachmittag im Weißen Haus, zitiert nach Schlesinger, Bd. 3, S. 405-406; und Jung, *The Observer*, 18. Oktober 1936.

55 John Rickman veröffentlichte 1919 in *The Nation* (London) zwei Artikel über die russische Haltung zu »Wahrheit und Schuld«, deren Inhalt dreißig Jahre später als Anhang 3 von *The People of Greater Russia* wiedergegeben wurde. London, The Cresset Press, 1949, S. 235.

56 *Prawda*, 7. Februar 1964 und 19. April 1988.

57 Zitiert nach *Die Geheimrede Chruschtschows*, Berlin 1990, S. 28-29. Die Geheimrede Chruschtschows auf dem XX. Parteitag der KPdSU im Februar 1956 war im Westen weithin bekannt, wurde in der Sowjetunion jedoch erst

1989 veröffentlicht. OGPU ist ein früherer Name des NKWD, heute des KGB.

58 Am 4. Februar 1988 entschied das Oberste Gericht der Sowjetunion, daß 20 der 21 im letzten großen Schauprozeß in Moskau im März 1938 Verurteilten, einschließlich Bucharin, Opfer falscher Zeugenaussagen waren, die mit »ungesetzlichen Mitteln« und bei grober Verletzung der sozialistischen Gesetzlichkeit erlangt wurden. Ihre Geständnisse seien »unfreiwillig« abgegeben worden. Die Urteile wurden kassiert (*Prawda*, 5. Februar 1988). Die Aufhebung der Urteile gegen Sinowjew und Kamenew siehe *Iswestija*, 13. Juni 1988. Am 27. März 1988 verkündete die *Prawda* Tuchatschewskis Rehabilitierung und die Wiederherstellung seiner Mitgliedschaft in der Partei.

59 Sie stammt vom 12. Dezember 1938. Siehe Dmitri Wolkogonow, *Stalin. Triumph und Tragödie. Ein politisches Porträt*, Düsseldorf 1989, Bd. I, 2, S. 451-452. Schätzungen über Zahlen der Opfer der Säuberungen siehe Roy A. Medwedew, *Let History Judge: the origins and consequences of Stalinism*, New York, Knopf, 1971, S. 239 und Robert Conquest, *Am Anfang starb Genosse Kirow. Säuberungen unter Stalin*, Düsseldorf, Droste, 1970, Anhang A. Tuchatschewski, ein ehemaliger zaristischer Offizier, war Stabschef der Roten Armee von 1925 bis1928, stellvertretender Verteidigungsminister von 1934 bis 1936, Marschall der Sowjetunion seit 1935 und Erster stellvertretender Minister für Verteidigung von 1936. Von 1934 bis 1937 war er außerdem auch Kandidat des Zentralkomitees der KPdSU. Zu dem Verfahren gegen Tuchatschewski siehe *Prawda*, 29. April 1988 und »O dele Tuchatschewskowo«, *Politischeskoje obrasowanie*, Moskau 1989, Nr. 5.

60 Schätzungen der Zahl der Hungeropfer schwankten 1988 zwischen drei Millionen (offizielle sowjetische Historiker) und sechs Millionen (Medwedew). Die riesigen Dimensionen dieser Tragödie werden heute von der KPdSU allerdings offiziell anerkannt.

61 Artikel von Mark Tolz in *Ogonjok*, zitiert nach Rupert Cornwell in *The Independent*, 22. Dezember 1987.

62 Ein Georgier, der einzige aus Stalins Mannschaft, den Chruschtschow und seine Kollegen 1953 hinzurichten für notwendig hielten.

63 Stalin, *Sotschinenija*, Stanford edition, Bd. 1, S. 373-374.

64 Auch ausländische kommunistische Parteien wurden, sofern dies möglich war, intensiv gesäubert, vor allem die polnische Partei.

65 Die Ausnahme war Wlas Tschubar, der 1941 erschossen worden sein soll.

66 Lionel Trilling, *The Middle of the Journey*, New York, Harcourt Brace Jovanovich, 1980; London, Secker & Warburg, 1947 und 1975, S. XIX-XXI (der Einführung zur Ausgabe 1975).

67 Lincoln Steffens, zitiert nach Schlesinger, Bd. 1, S. 146-147.

68 Anna Semeonoff, *Brush Up Your Russian*, London, Dent, 1933, S. 64. Dieses Lehrbuch wurde 1940 in der London School of Slavonic Studies benutzt.

69 Siehe Churchill, Bd. I, 1, S. 448. Djilas' scharfe Beobachtung siehe Milovan Djilas, *Gespräche mit Stalin*, Frankfurt/Main 1962, S. 83.

70 Zum Rapallo-Vertrag siehe Stephen White, *The Origins of Détente: the Genoa Conference and Soviet-Western relations, 1921-1922*, Cambridge, University Press, 1985, S. 158 ff.

71 *DWPS*, Bd. XVI, Dokument 266. Die Aussage Stalins siehe Werke, Bd. 13, Berlin 1955, S. 269.

72 Attolicos Bericht vom 12. Juli 1934 wird zitiert nach Jonathan Haslam, *The Soviet Union and the Struggle for Collective Security in Europe, 1933-1939*, S. 40.

73 Hier sollte hinzugefügt werden, daß diese lange Verzögerung zum Teil auch an der Krankheit des wichtigsten Kongreßteilnehmers, des bulgarischen Kommunisten Georgi Dimitroff, gelegen haben kann, der erst im Februar 1934 nach seinem Sieg über die Nazis im Reichstagsbrandprozeß im Jahre zuvor im Triumph nach Moskau zurückgekehrt war.

74 Jonathan Haslam, S. 35 und 58. Die sowjetische Entscheidung vom 19. Dezember 1933, dem Völkerbund beizutreten, siehe *DWPS*, Bd. XVI, S. 876-877.

75 Ein verhängnisvollerer sowjetischer Export - von Mitarbeitern des NKWD - führte zur Liquidierung der antistalinistisch eingestellten Kommunistischen Partei Spaniens, der POUM in Barcelona. George Orwell, der in einer Einheit der POUM kämpfte, ist ein Zeuge dieses Vorgangs. Seine späteren Romane zeigen, wie tief ihn dieses Erlebnis beeindruckte.

76 *Prawda*, 28. November 1937.

77 *Iswestija*, 18. März 1938. Siehe auch *Istorija wneschnej politiki SSSR*, Bd. 1, S. 341-342.

78 Siehe *DWPS*, Bd. XXI, Dokumente 354 ff.

79 Siehe ebenda, Dokumente 197, 275 und 324.

80 Ebenda, Dokument 338.

81 Am 25. September 1938 beauftragte der sowjetische Verteidigungsminister seinen Militärattaché in Paris, General Gamelin über diese Vorkehrungen zu informieren. Siehe ebenda, Dokument 378.

82 Diese Auffassung wiederholte Maiski ausführlich in einem formalen Protest an Halifax am 11. Oktober 1938. Siehe ebenda, Dokumente 396 und 414.

83 *DBFP, 1919-1939*, Serie 2, Bd. XII, S. 766 ff. und *DWPS*, Bd. XVIII, Dokument 178.

84 *DWPS*, Bd. XVIII, Dokument 215.

85 Über diese frühen Sondierungen in Berlin liegen zahlreiche Quellen vor: Siehe *ADAP*, Serie C, Bd. 4, Dokument 211, mehrere Dokumente in *DWPS* und - möglicherweise die wichtigste Quelle - Jewgeni Gnedin, *Is istorii otnoschenii meshdu SSSR i faschistskoj Germaniej*, New York, Chronika, 1977, S. 34-35. Gnedin war zu jener Zeit Presseattaché an der sowjetischen Botschaft.

86 Im Band 1939 der *DWPS* finden sich zahlreiche Beiträge aus dem Fernen Osten, darunter die Berichte von Richard Sorge. Das letzte Dokument, Nr. 449, in diesem Band ist die Siegesmeldung von TASS »Über die Liquidierung der verbliebenen japanisch/mandschurischen Truppen« vom 1. September 1939, die auch die *Prawda* an diesem Tag druckte. Siehe auch Vilnis J. Sipols, *Wneschnaja politika Sowjetskowo Sojusa, 1936-1939 gg.*, Moskau, Nauka, 1987, S. 301 ff.

87 Dies ist die Kurzbezeichnung für die Verträge, die Japan nach dem ersten Weltkrieg unterzeichnete, insbesondere der Vertrag über die Abrüstung der Marine von 1922. Siehe Akira Iriye, *The Origins of the Second World War: Asia and the Pacific*, S. 2 ff.

88 Aber selbst seine Bemühungen, die Weltöffentlichkeit gegen Japan zu mobilisieren, lösten in den USA Befürchtungen aus, sie könnten in internationale Entwicklungen hineingezogen werden.

89 Diese Tagebuchnotiz Grews aus der Zeit vom 27. Januar bis zum 10. Februar 1933 wurde wie auch MacArthurs Einschätzung zitiert nach Thorne, *The Limits of Foreign Policy*, S. 349. Zu MacArthurs Auffassung über den Platz des Fernen Ostens in der amerikanischen Politik siehe seine *Reminiscences*, London, Heinemann, 1964, S. 32.

90 Die komplizierte Geschichte von Sorges Karriere wird von F. W. Deakin und G. R. Storry enthüllt. Siehe *Richard Sorge. Die Geschichte eines großen Doppelspiels*, München 1965. Das Zitat siehe S. 310.

91 Eine Aufzählung dieser Forderungen siehe Helen Foster Snow, *My China Years*, London, Harrap, 1984, S. 208.

92 Dort besaßen die Westmächte seit dem 19. Jahrhundert exterritoriale Rechte.

93 Im Unterschied dazu war die japanische Ausgangsbasis nur 1318 Seemeilen von Manila und weniger als 3000 Seemeilen von Singapur entfernt.

94 Siehe Cabinets Papers, Minutes, Conclusions and Confidential Annexes, (fortan CAB), in the Public Record Office (PRO), Kew, Richmond, Surrey, 24/229, CP 104 (32).

95 Ein Plan, nach dem die US-Navy im Kriegsfalle den Pazifik westwärts überqueren sollte.

96 Siehe *FRUS, Japan, 1931-1941*, Bd. I, S. 523 ff. Das Craigie-Arita-Abkommen siehe *DBFP*, Serie 3, Bd. IX, S. 313.

97 Die Entwicklung der kommunistischen Bewegung in China in den dreißiger Jahren siehe Edgar Snow, *So fing es an*, Stuttgart 1977 und Stanley Karnow, *Mao and China: from Revolution to Revolution*, New York, Viking Press, 1972.

98 Papers of the Prime Minister's Office, in the Public Record Office (fortan PREM) 1/345.

99 Zitiert nach Thorne, *Limits of Foreign Policy*, S. 3.

100 Georgi Schukow, *Erinnerungen und Gedanken*, Berlin Militärverlag, 1969, Bd. I, S. 206. In Kapitel 5 dieses Bandes ist die Schlacht am Chalchin Gol beschrieben.

Kapitel 5

1 Dies zeigte sich in einer hart umkämpften Nachwahl in Oxford unmittelbar nach dem Münchener Abkommen, wo dieses zur Hauptfrage im Wahlkampf wurde. Zwei künftige Premierminister der Konservativen, Edward Heath und Harold Macmillan, unterstützten in dieser Wahl den gegen Chamberlain auftretenden Kandidaten (den Direktor des Balliol College).

2 Die Rede Hoares und die »Welle des Optimismus« in Großbritannien Anfang März 1939 siehe Churchill, Bd. I, 1, S. 415.

3 Evelyn Waugh, *Wiedersehen mit Brideshead*, Hamburg 1955, S. 263-264.

4 Fast fünf Monate lang nach diesem denkwürdigen Ereignis prangte z. B. auf der ersten Seite des *Daily Express* Tag für Tag der Satz: »Es wird in diesem Jahr oder im nächsten Jahr keinen großen Krieg in Europa geben.«

5 Von dem angeblichen Ultimatum Deutschlands an Rumänien berichtete dessen Geschäftsträger in London, Viorel Tilea, Halifax am 17. März. Siehe *DBFP*, Serie 3, Bd. IV, Dokument 389.

6 Den Wortlaut dieser Deklaration siehe 345 H. C. Debs., col. 2415, 31. März 1939. Chamberlains frühere Erklärung im Unterhaus und seine Rede in Birmingham siehe Churchill, Bd. I, 1, S. 418-420.

7 »Gott stehe uns bei, wir können nicht anders.« Churchill, Bd. I, 1, S. 421.

8 CAB 53/11, COS 288, 30. März 1939 und CAB 53/47, COS 872 (JP), Februar und April 1939.

9 Das Archiv Dirksens siehe *Dokumente und Materialien aus der Vorgeschichte des zweiten Weltkrieges 1937-1939*, Moskau 1948-1949, Bd. II.

10 Donald Cameron Watt, *How War Came: the immediate origins of the Second World War, 1938-1939*, London, Heinemann, 1989, S. 610.

11 Die Türkei wurde von Litwinow drei Tage später mit der Begründung hinzugefügt, sie sei in der Erklärung vom 18. März versehentlich ausgelassen worden.

12 Den sowjetischen Vorschlag vom 18. März siehe *Borba sa mir*, Dokument 162; den britischen Gegenvorschlag vom 20. März siehe *DBFP*, Serie 3, Bd. IV, Dokument 446; die sowjetische Antwort darauf siehe *Borba sa mir*, Dokument 178. Beispiele für die Skepsis der Sowjetunion finden sich in den Dokumenten 170 und 171 (letzter Satz).

13 CAB 29/160, 12. Beratung, 26. April 1939.

14 Bereits im Oktober 1938 hatte Ribbentrop Beck um die Rückgabe der Freien Stadt Danzig an das Reich ersucht, die nach dem Versailler Vertrag durch den sogenannten Polnischen Korridor mit Polen verbunden war, einen Landstreifen, der Ostpreußen von Deutschland trennte. Bei Ribbentrops Besuch in Warschau im Januar 1939 wies Beck dieses Ansinnen brüsk zurück. Seit Ende März 1939 (nachdem Deutschland Memel von Litauen annektiert hatte) wurde aus diesem Ersuchen Deutschlands eine Forderung, die zunehmend wie ein Ultimatum klang.

15 Der polnische Botschafter stellte diesen Punkt im Foreign Office bereits am 24. März klar. Siehe *DBFP*, Serie 3, Bd. IV, Dokument 518. Der polnische Außenminister bekräftigte dies nachdrücklich, als er London besuchte. Siehe ebenda, Bd. V, Dokument 1, in dem Becks Gespräch mit Halifax vom 4. April wiedergegeben wird, aus dem dieser Satz zitiert ist.

16 345 H. C. Debs., col. 2415, 31. März 1939.

17 Die wichtigsten sowjetischen Dokumente über diese Episode siehe *Borba sa mir*, S. 284 ff. Der sowjetische Bericht über Maiskis Gespräch mit Halifax, Dokument 200, stimmt mit dem britischen Bericht nicht überein. Siehe *DBFP*, Serie 3, Bd. IV, Dokument 589. Selbst die Tageszeit, zu der das Gespräch stattfand, ist verschieden - nach Maiski 13.00 Uhr. Eines ist allerdings aus beiden Dokumenten zu spüren - der kalte Wind, der aus dem Kreml blies, nachdem Chamberlain am 31. März ohne vorherige Konsultation mit Moskau gesprochen hatte. Siehe *Borba sa mir*, Dokument 203 (letzter Satz) und den Bericht des britischen Botschafters über sein Gespräch mit Litwinow in *DBFP*, Serie 3, Bd. IV, Dokument 597.

18 Aus dem britischen Bericht über Becks Gespräche in London in der ersten Aprilwoche (siehe die ersten Dokumente in *DBFP*, Serie 3, Bd. V) geht hervor, wie weit er sich von der Realität entfernt hatte, obwohl oder gerade weil er seit 1932 polnischer Außenminister war.

19 Siehe z. B. Churchill, Bd. I, 1, S. 451.

20 Chamberlains Brief vom 21. Mai 1939 an seine Schwester Ida siehe NC 18/1/1100 und CAB 23/100, 38/39 vom 19. Juli 1939. Beide Dokumente werden zitiert bei Anita Prazmowska, *Britain, Poland and the Eastern Front*, Cambridge, Cambridge University Press, 1987. Aus dieser Arbeit geht hervor, daß die britisch-polnischen Mißverständnisse in diesen Monaten kaum geringer waren als die zwischen der britischen und der sowjetischen Regierung, die in diesem Kapitel beschrieben werden.

21 *DBFP*, Serie 3, Bd. V, Dokument 52.

22 Am 16. August 1939 erklärten die Stabschefs, daß ohne wirksame Unterstützung der Sowjetunion aus der Luft und zu Lande »die Chance weit geringer wäre, daß Polen oder Rumänien am Ende (des Krieges) als unabhängige Staaten etwa in ihrer ursprünglichen Form wiedererstehen«. Siehe CAB 54/11, DCOS 179, 16. August 1939.

23 J. W. Stalin, *Fragen des Leninismus*, Moskau 1947, S. 691, 692.

24 Sie wurde in einer »ziemlich anstrengenden« Unterredung mit Molotow gegeben, siehe *DBFP*, Serie 3, Bd. V, Dokument 421. Molotows Bericht siehe *Borba sa mir*, Dokument 278.

25 347 H. C. Debs., col. 1848, 19. Mai 1939.

26 *DBFP*, Serie 3, Bd. V, Dokument 533.

27 Siehe *ADAP*, Serie D, Bd. VI, Dokumente 215 und 332.

28 Im Unterschied zu den Militärverhandlungen, die im August 1939 nach der Ankunft der britischen und der französischen Militärmission in Moskau folgten.

29 Der Begriff der »indirekten« Aggression wurde in diesen Verhandlungen angewandt, wenn ein Nachbarland seine Neutralität oder Unabhängigkeit aufgab. Dies bezog sich hier insbesondere auf die baltischen Staaten.

30 Zwar waren die Briten die Verhandlungsführer, aber die konkreten Schritte mußten jeweils zwischen dem Foreign Office und dem Quai d'Orsay abgestimmt werden.

31 William Strang (der nach dem Kriege an die Spitze des Britischen Foreign Service trat) in Absatz 2 und 3 seines Briefes an Orme Sargent, Deputy Undersecretary im Foreign Office, vom 20. Juli 1939. Siehe *DBFP*, Serie 3, Bd. V, Dokument 376. Dieser Band der *DBFP* enthält die britischen Berichte über die »Strang-Runde« der britisch-sowjetischen politischen Verhandlungen sowie die Vorbereitung zu den Militärverhandlungen einschließlich der Instruktionen für die britische Militärmission, die in Anhang V zu finden sind.

32 *Prawda*, 29. Juni 1939.

33 *DBFP*, Serie 3, Bd. V, Dokument 281.

34 Ebenda, Dokumente 357 und 473.

35 Als Persönlichkeit wurde er offenbar unterschiedlich gesehen. Ein Zeitge-

nosse des Autors hatte einen angenehmen Eindruck von ihm, andererseits erschien er Konteradmiral Sir Edmund Irving als »trübe«. Er diente unter Drax 1929-1930 als Seeoffiziersanwärter. (Ich bin Sir Edmund Irving für diese Erinnerung an Drax zehn Jahre vor seiner Moskauer Mission dankbar.) Drax - mit vollem Namen der Ehrenwerte Sir Reginald A. R. Plunkett-Ernle-Erle-Drax - konnte seine russischen Gesprächspartner sicher nicht beeindrucken.

36 Den britischen Bericht von den »britisch-französisch-russischen Militärgesprächen« siehe *DBFP*, Serie 3, Bd. VII, Anhang II. Den sowjetischen Bericht siehe *Borba sa mir*, S. 543 ff. Die Anweisung »langsam voraus« ist in Absatz 8 der Instruktionen der Britischen Mission zu finden (siehe Anmerkung 31). In diesem Kapitel stütze ich mich auf beide Berichte.

37 *DBFP*, Serie 3, Bd. VI, Dokument 467.

38 Der sowjetische Historiker ist Vilnis J. Sipols. Siehe *Wneschnaja politika Sowjetskowo Sojusa, 1936-1939 gg.*, S. 321 ff. Die westliche Arbeit stammt von Anthony Read und David Fisher. Siehe *The Deadly Embrace: Hitler, Stalin and the Nazi-Soviet Pact, 1939-1941*, New York, W. W. Norton, 1988. Bei der Bestimmung des Zeitpunktes von Stalins endgültiger Entscheidung stützen sich die Autoren der letzteren Arbeit aber lediglich auf Indizien (S. 218).

39 Abgesehen davon, daß sich Neville Henderson in der Berliner Botschaft um Beschwichtigung bemühte, waren Höhepunkte der britisch-deutschen Diskussion in diesen letzten Wochen die Gespräche von Wohltat und Dahlerus. Es bestand sogar die Absicht, daß Göring in letzter Minute nach Großbritannien fliegen sollte.

40 Die sowjetisch-japanischen Feindseligkeiten endeten schließlich mit einem Abkommen am 15. September 1939.

41 Wolkogonow, *Stalin*, Bd. II, 1, S. 475.

42 *ADAP*, Serie D, Bd. VI, Dokumente 883 und 884. Das Angebot eine Woche früher war bei einem Essen in einem Berliner Restaurant gemacht worden. Ebenda, Dokument 847 sowie Read and Fisher, *The Deadly Embrace*, S. 121-122.

43 Siehe *ADAP*, Serie D, Bd. VII, Dokumente 56, 142 und 159.

44 Den Vertrag und das Geheimprotokoll siehe ebenda, Dokumente 228 und 229.

45 A. S. Jakuschewski, Sowjetsko-Germanski Dogowor o Nenapadenii: wsgljad tscheres gody, *Woprossy istorii KPSS*, Moskau 1988, Nr. 8; *Sowjetskaja Rossija*, 24. August 1988 sowie *Prawda*, 25. Mai und 28. Dezember 1989.

46 Churchill, Bd. I, 1, S. 475.

47 Robert Coulondres Bericht vom 4. Oktober 1938 ist zusammengefaßt in *Von Moskau nach Berlin, 1936-1939*, Bonn 1950, S. 247-248. Sein Telegramm vom 7. Mai 1939 siehe *Gelbbuch der Französischen Regierung, Diplomatische Urkunden 1938-1939*, Basel 1940, S. 158 ff.

48 Ich bin Christopher Andrew für dieses Zitat aus Orme Sargents Notiz vom 3. September 1939 dankbar. Siehe FO 371/23686, N 4146. Zitiert nach Christopher Andrew, *Secret Service: the making of the British Intelligence community*, London, Heinemann, 1985, S. 426. Dieses Buch wirft auch ein Schlaglicht auf die unzulänglichen Quellen des britischen Geheimdienstes im Jahre 1939.

49 Selbst das Telegramm aus der Washingtoner Botschaft an das Foreign Office, in dem das State Department über den bevorstehenden deutsch-sowjetischen Pakt informierte, wurde von einem prosowjetischen »Maulwurf« in der Fernmeldezentrale des Foreign Office verzögert und kam erst vier Tage, nachdem es abgesandt worden war, auf den Tisch des Central Department. Siehe ebenda, S. 427. Was den sowjetischen »Maulwurf« im Foreign Office betrifft, siehe Donald Cameron Watt, »John Herbert King, eine sowjetische Quelle im Foreign Office«, in *Intelligence and National Security*, Bd. 3, Nr. 4, London, Frank Cass, 1988.

50 *Borba sa mir*, S. 5.

51 Ebenda, Dokument 56 (sowie *DWPS*, Bd. XXI, Dokument 474).

52 J. W. Stalin, *Fragen des Leninismus*, Moskau, Verlag für fremdsprachige Literatur, 1947, S. 689-690.

53 J. W. Stalin, *Über den Großen Vaterländischen Krieg der Sowjetunion*, Berlin, Dietz, 1952, S. 7. Molotows Bemerkung wird auch von Medwedew anerkannt. Siehe *Let History Judge*, S. 452, zitiert nach Gustav Hilger und Alfred G. Mayer in *Wir und der Kreml*, Frankfurt/Main 1955, S. 313.

54 Anita Prazmowska erklärt die Gründe für diese Verzögerung (das britisch-polnische Finanzabkommen wurde sogar noch später unterzeichnet, als die Invasion gegen Polen bereits begonnen hatte) in ihrem Buch *Britain, Poland and the Eastern Front*. Anhang 4 dieses Buches enthält den Wortlaut des Politischen Abkommens vom 25. August 1939 und des Geheimprotokolls.

55 Aus dieser Abneigung machte Chamberlain kein Hehl. Schließlich stand er vor der Wahl, entweder Hitler ein Ultimatum zu stellen oder sich auf eine Revolte nicht nur im Parlament gefaßt zu machen, wo es am 2. September einen erregten Auftritt gab, sondern auch im Kabinett selbst, wo er nach Rückkehr aus dem Unterhaus feststellte, daß er isoliert war.

56 *ADAP*, Serie D, Bd. VII, Dokument 213.

57 *Prawda*, 1. September 1939. Eine deutsche Übersetzung siehe Gerhard Hass, *23. August 1939. Der Hitler-Stalin-Pakt. Dokumentation*, Berlin, Dietz, 1990, S. 211.

58 Churchill, Bd. I, 2, S. 12.

59 Garners und Roosevelts Bemerkungen siehe Robert Dallek, *Franklin D. Roosevelt and American Foreign Policy, 1932-1945*, S. 192.

60 Kennedy war ein Antisemit bis auf die Knochen. Anfang 1941 mußte Roosevelt Hopkins (damals auf seiner ersten Reise nach London) bitten, Behauptungen nachzugehen, Kennedy habe durch Finanzspekulationen während der Tschechenkrise eine halbe Million Dollar oder sogar Pfund verdient. Siehe Roosevelts Brief an Hopkins vom 15. Januar 1941, Hopkins Papers, Sherwood Collection, Box 304 in der Roosevelt-Bibliothek in Hyde Park (freigegeben im Jahre 1972).

61 Zitiert nach Alan Bullock, *Hitler. Eine Studie über Tyrannei*, Düsseldorf 1959, S. 487. Den Wortlaut von Roosevelts Appell vom 15. April (der sich zweifellos vor allem an die öffentliche Meinung in den USA richtete) siehe in *DBFP*, Serie 3, Bd. V, Dokument 180 und in *PPA: 1939*, S. 201-215.

62 Kimball, Bd. I, R-1x.

Kapitel 6

1 Mit einem ganz untypischen Mangel an Großzügigkeit wählte Churchill in Band I seiner Memoiren als Zeitpunkt für den Ausbruch des zweiten Weltkrieges den 3. September 1939, den Tag, an dem zunächst die britische Regierung und dann die französische der deutschen Regierung widerwillig ein Ultimatum stellten. Formal gesehen, war dies der Zeitpunkt, an dem der Krieg für Großbritannien und Frankreich begann, im Unterschied zum 1. September, an dem die Deutschen in Polen einmarschierten.

2 Diese Vorstellung, die durch Filme wie *The Shape of Things to Come* von H. G. Wells genährt wurde, war nicht populär. Britische Experten glaubten, der zutreffende »Muliplikator« sei 50: jede abgeworfene Tonne Bomben fordere fünfzig Opfer. Die von den deutschen Luftangriffen verursachten britischen Verluste betrugen im ganzen Krieg etwa 60 000 (die Zahl der aus der Luft getöteten deutschen Zivilisten überstieg jedoch eine halbe Million).

3 »Wir haben keine Eile, denn die Zeit arbeitet für uns« - Tagung des Britisch-Französischen Obersten Kriegsrates, 13. September - CAB 65/1, War Cabinet 39/38, 20. September 1939.

4 »Blitzkrieg« bedeutet im weiteren Sinne den kombinierten Einsatz motorisierter Kräfte, besonders Panzer mit starker Luftunterstützung, um einen raschen Sieg zu erringen.

5 Den Wortlaut des Geheimprotokolls siehe *ADAP*, Serie D, Bd. VII, Dokument 229.

6 *ADAP*, Serie D, Bd. VIII, Dokument 193.

7 Die Curzon-Linie, benannt nach dem britischen Außenminister im Jahre 1920, war die Linie, die damals auf der Pariser Friedenskonferenz als Ostgrenze Polens vorgeschlagen wurde. Nach dem Sieg der Polen über die Armee Tuchatschewskis (siehe Kapitel 2) war die polnische Regierung in der Lage, im Vertrag von Riga 1921 eine polnisch-sowjetische Grenze durchzusetzen, die viel weiter östlich verlief, wodurch bedeutende Minderheiten in den neugeschaffenen polnischen Staat eingegliedert wurden, vor allem Ukrainer (etwa fünf Millionen) und Belorussen, die sich ethnisch weiterhin der Bevölkerung der Ukrainischen und Belorussischen Sowjetrepublik zugehörig fühlten. Bei der Festlegung der Curzon-Linie wurde - mit Absicht oder auf Grund eines Irrtums - die überwiegend polnische Stadt Lwow der östlichen Seite zugeschlagen. Diese Linie spielte in den Debatten über Polen auf der Jaltaer Konferenz eine wichtige Rolle, die nicht verstanden werden können, wenn man den historischen Hintergrund von 1920/21 und 1939 außer acht läßt.

8 *NP*, Bd. XXXVII, Dok. 052-L, S. 468. Hitlers Friedensangebot an England und Frankreich siehe *Der großdeutsche Friedenskampf. Reden Adolf Hitlers*, München, Eher, 1940, Bd. I, Rede Hitlers vor dem Reichstag am 6. 10. 1939, S. 88-89.

9 Wortlaut der Dekrete des Obersten Sowjets zur juristischen Eingliederung dieser Gebiete vom 1. und 2. November 1939 siehe *Documents on Soviet-Polish Relations, 1939-1945*, The General Sikorsky Historical Institute, London Heinemann, 1961, Bd. I, S. 69-70.

10 Tacitus, *Agricola, 30: ubi solitudinem faciunt pacem appellant.*

11 *NP*, Bd. XXVI, Dok. 864-PS, S. 379.

12 Die Gesamtverluste Finnlands im Winterkrieg lagen etwas unter 80 000. Chruschtschows Schätzung der sowjetischen Verluste auf etwa eine Million ist absurd. Siehe Nikita Chruschtschow, *Chruschtschow erinnert sich*, Reinbek, Rowohlt, 1971, S. 166. Sie könnten jedoch 200 000 betragen haben.

13 Finnland, ehemals Teil Schwedens, kam erst 1809 zum Russischen Reich und erhielt als Großherzogtum eine gewisse Lokalautonomie. Nach der Russischen Revolution von 1917 wurde es zum ersten Mal ein unabhängiger Staat.

14 Es war im Grunde genommen eine Rückkehr zur Grenze zwischen Rußland und Schweden im 18. Jahrhundert. Die Finnen verloren Viipuri, ihre zweitgrößte Stadt, die Halbinsel Petsamo, die Karelische Landenge und den Hafen Hanko.

15 Ein sowjetischer General, der aus eigenem Erleben wußte, wie unzureichend damals die Kenntnis der organisatorischen Besonderheiten, der Ausrüstung und taktischen Methoden der finnischen Armee war, hat diesen Feldzug eingehend beschrieben, der ein vollkommener Fehlschlag der sowjetischen Militäraufklärung und -planung war. Siehe Alexander Wassilewski, *Sache des ganzen Lebens*, Berlin, Militärverlag, 1977, S. 85-86.

16 General Nikolaus von Falkenhorst, der Finnland aus dem Jahre 1918 kannte.

17 Dieser Beitrag war so katastrophal, daß die Flotte am Abend des 7. April die Marinebasis Scapa Flow in der falschen Richtung verließ und die einzige korrekte Information (aus der Kopenhagener Botschaft) ignorierte. So fanden sich die Kräfte, die die deutsche Landung verhindern sollten, am nächsten Tag auf der falschen Seite der Nordsee wieder. Eine Analyse dieser Niederlage des britischen Geheimdienstes siehe Patrick Beesly, *Very Special Admiral: the life of Admiral J. H. Godfrey, CB*, London, Hamish Hamilton, 1980, S. 149 ff. und Hinsley, *British Intelligence*, Bd. I, S. 121 ff.

18 Siehe seine Notiz vom 10. April 1940 in Churchill, Bd. I, 2, S. 252, 263.

19 Drei Kreuzer und vier Zerstörer. Die Verluste der Alliierten im Norwegenfeldzug waren ebenfalls schwer - ein Flugzeugträger, zwei Kreuzer, neun Zerstörer und ein Kanonenboot.

20 Eine prägnante Darstellung dieses Feldzuges und Churchills Rolle darin siehe David Fraser, *And we shall shock them: the British Army in the Second World War*, London, Sceptre edition, 1988; zuerst veröffentlicht bei Hodder & Stoughton, 1983, S. 52-53.

21 Churchill nahm im Februar 1940 auf Chamberlains Einladung zum ersten Mal an einer Sitzung des Obersten Kriegsrates der Alliierten teil.

22 Siehe John Colville, *The Fringes of Power: Downing Street Diaries, 1933-1935*, Bd. I, London, Hodder & Stoughton, 1985, S. 39.

23 Dieses Bombardement setzte fast sofort ein. Frühe Beispiele siehe Churchill, Bd. I, 2, S. 66-76.

24 Ebenda, Bd. IV, 1, S. 112.

25 Es sollte in Friedenszeiten die Funktionen ausführen, die später das Kriegskabinett übernahm.

26 Churchill, Bd. I, 2, S. 304.

27 Ebenda, S. 305. (Ismay wurde jedoch von allen »Pug« und niemals Hastings genannt).
28 Ebenda, S. 228.
29 Kimball, Bd. I, S. 5.
30 Churchill, Bd. I, 2, S. 190.
31 Dieses Mißtrauen wird analysiert in David Reynolds, *The Creation of the Anglo-American Alliance, 1937-1941: a study in competitive co-operation*, London, Europa Publications, 1981, S. 63-92; siehe auch Kapitel 7 dieses Buches.
32 Zitiert bei Churchill, Bd. I, 2, S. 63.
33 Die Tagesordnung siehe Foreign Office General Political Papers, in the Public Record Office, (fortan FO) 371/24298, Dokument 9/17.
34 Als Chamberlain seine Regierung im September 1939 umbildete, waren dabei keine Mitglieder der Labour Party und der Liberalen beteiligt, die damals in der Opposition standen.
35 Nur wenige Premierminister haben so effektvoll ihr eigenes Todesurteil unterschrieben, wie es Chamberlain in dieser Rede tat (die bei Churchill ausführlich zitiert wird; siehe Bd. I, 2, S. 233).
36 Leopold Amery, ein früherer Minister der Konservativen, kam unter Churchill als Minister für Indienangelegenheiten erneut in die Regierung. Er und Churchill waren Schulkameraden in Harrow gewesen. Lloyd George war Premierminister von 1917 bis 1922.
37 Dies ist eine Untertreibung. Im Jahre 1939 war es bereits 38 Jahre her, daß ein britischer Premierminister auch im Oberhaus gesessen hatte.
38 Über die emotionsgeladene Debatte im Unterhaus und das konfuse Hin und Her in den darauffolgenden 48 Stunden gibt es zahlreiche Berichte. Churchill selbst (siehe Bd. I, Kapitel XXXVIII) irrt, wenn er das entscheidende Gespräch mit Chamberlain auf den 10. Mai datiert, während es in Wirklichkeit am 9. Mai stattfand. Er erwähnt auch nicht, daß David Margesson, der Fraktionschef der Konservativen im Unterhaus, daran teilnahm. Siehe A. J. P. Taylor, *English History, 1914-1945*, Oxford, Clarendon Press, 1965, S. 473. Eines kann jedoch nicht bestritten werden: Bei dieser Zusammenkunft schwieg Churchill, was sonst selten vorkam.
39 Deutsch-Sowjetisches Kommuniqué, Moskau, 22. September 1939. Siehe Gerhard Hass, *Der Hitler-Stalin-Pakt*, S. 234.
40 *ADAP*, Serie D, Bd. VIII, Dokument 131.
41 Ebenda, Dokument 104.
42 Siehe Gerhard Hass, *Der Hitler-Stalin-Pakt*, S. 218.
43 Diese Karte siehe *ADAP*, Serie D, Bd. VIII, Anhang VI.
44 Die Deklaration siehe ebenda, Dokument 161.
45 Ebenda, Dokument 160.
46 Dies erfuhr der Verfasser aus einer vertraulichen polnischen Quelle.
47 *Chruschtschow erinnert sich*, S. 165.
48 Woroschilow blieb jedoch Mitglied des Politbüros und stellvertretender Vorsitzender des Nationalen Verteidigungskomitees. Er lebte bis 1970.
49 Siehe Wassilewski, *Sache des ganzen Lebens*, S. 91.
50 Der spätere Marschall Konstantin Rokossowski. Der Chef der sowjetischen Militäraufklärung wurde dagegen hingerichtet.

51 Speech File 1240, Roosevelt-Bibliothek Hyde Park.

52 Das abgeänderte Gesetz verpflichtete den Präsidenten, »Kampfgebiete« festzulegen, wodurch acht Schiffswege im Atlantik und in der Ostsee für amerikanische Schiffe gesperrt wurden. Ein zeitgenössischer Kommentator kleidete dies in die Worte, daß die deutsche Blockade dadurch so unterstützt werde, als ob sie alle unsere Schiffe mit Torpedos getroffen hätten. Siehe Dallek, *Franklin Roosevelt and American Foreign Policy, 1932-1934*, S. 212.

53 Kimball, Bd. I, S. 25-35 und 37-38.

54 Was die apokalyptischen Berichte (vor allem Kennedys) betrifft, siehe Dallek, *Franklin Roosevelt*, S. 213 ff.

55 *PPA: 1940*, S. 1-6.

56 *Manhattan* war das amerikanische Codewort, das man später dem Projekt zum Bau der Atombombe gab. Das britische Codewort für die Atomforschung war *Tube Alloys*. Die Anfangsetappe im Jahr 1939 siehe Atomic Energy File, Mappe 2 in den Hopkins-Papieren über *Tube Alloys*, Roosevelt-Bibliothek Hyde Park; des weiteren die Darstellung von Richard Hewlett und Oscar Anderson Jr., *A History of the United States Atomic Energy Commission, Bd. I, The New World: 1939/1946*, University Park, Pa., Pennsylvania State University Press, 1962, S. 11 ff.

Kapitel 7

1 In diesem Ausspruch wandte Churchill die Worte »das britische Volk« im alten imperialen Sinne an. 1940 standen sowohl die britische Regierung als auch die Regierungen von Australien, Kanada, Indien, Neuseeland und Südafrika im Krieg mit Deutschland und ab Juni 1940 auch mit Italien.

2 Nach der am Ende des Kapitels 2 beschriebenen Rede.

3 Der Kongreß beschloß das Leih- und Pachtgesetz am 8. März 1941. Robert Sherwoods Definition des »ungeschriebenen Bündnisses« zwischen Großbritannien und den USA nach diesem Wendepunkt des Krieges stammt aus *Roosevelt und Hopkins,* Bd. I, S. 207-209.

4 John Jellicoe, Oberkommandierender der Großen Britischen Flotte von 1914 bis 1916.

5 136 deutsche Divisionen gegen 94 französische und 10 britische; außerdem hoffte man noch auf insgesamt 32 belgische und niederländische Divisionen.

6 Zum moralischen Zustand der französischen Armee im November 1939 siehe Alanbrookes *»Notizen für meine Memoiren«*, zitiert bei David Fraser, *Alanbrooke*, Feltham, Middlesex, Hamlyn Paperbacks, 1983, Erstveröffentlichung bei William Collins, London, 1982, S. 137-138. Diese genaue Einschätzung des demoralisierten Zustandes der französischen Neunten Armee (die später der Hauptschlag des deutschen Panzerangriffs traf) stammt aus der Feder eines frankophilen britischen Generals, dessen Muttersprache Französisch war.

7 Die deutsche Militärdoktrin von 1940 stand der französischen Orientierung auf eine lineare Verteidigung (die sich noch auf die überholten Erfahrungen von 1918 gründete) diametral entgegen. Das Ziel eines deutschen Angriffs,

der auf einen Schwerpunkt konzentriert wurde, bestand darin, einen Einbruch zu erzielen, der dann in einen Durchbruch umgewandelt werden sollte.

8 Weygand war im ersten Weltkrieg Stabschef bei Foch gewesen. Zugleich beging Reynaud den verhängnisvollen Fehler, Philippe Pétain, den berühmten Verteidiger von Verdun aus dem Jahre 1917, als stellvertretenden Ministerpräsidenten ins Kabinett zu holen.

9 Zum Beginn dieses Feldzuges bestand das BEF aus dem I., II., und III. Korps. Die abgeschnittenen französischen Truppen waren die Hauptkräfte der Ersten Armee.

10 Charles de Gaulle, *Mémoires de Guerre*, Paris, Plon, 1954-1959, Bd. 1, S. 276.

11 Siehe Churchill, Bd. II, 1, S. 287. Die drei Alternativen waren: den Krieg fortsetzen, britische Häfen anlaufen oder sich nach Französisch-Westindien begeben.

12 Ein gemeinsamer Versuch der Briten und der Freien Franzosen, Dakar einzunehmen, endete im August 1940 erfolglos.

13 Siehe Churchill, Bd. II, 1, S. 279-281. Einen Brief Admiral Darlans an Churchill vom Dezember 1942, in dem dieser sein Verhalten verteidigte, nahm Churchill in vollem Wortlaut in seine Memoiren auf.

14 Die täglichen Ergebnisse von GCCS waren nur Dowding und dem ihm unmittelbar unterstellten Vize-Luftmarschall Keith Park zugänglich, sie spielten jedoch beim Sieg in der Schlacht um England eine unschätzbare Rolle. In bestimmten Kämpfen konnten britische Piloten, die den Deutschen manchmal zwanzig zu eins gegenüberstanden, doppelt so viele deutsche Flugzeuge abschießen, wie eigene verlorengingen.

15 Sein Spitzname war »Stuffy«. Nach dem Sieg in dieser Schlacht übernahm er keinen weiteren Kommandoposten. Als er nach diesem Sieg als Großkomtur des Bathordens geehrt wurde, schrieb er, er wünschte, er könnte den Orden »in tausend Stücke zerschneiden und an die Boys in den Jagdflugzeugen verteilen, die ihn wirklich verdient haben«. Siehe den Antwortbrief Dowdings auf sein Glückwunschschreiben. Letzteres hängt im Original und eingerahmt in Dowdings Kommandostützpunkt der Kriegszeit in Bentley Priory.

16 Für die nachfolgende Einschätzung dieser Schlacht bin ich vor allem Air Chief Marshal Sir John Aiken verpflichtet.

17 Allein am 15. August griffen 520 Bomber und 1270 Jagdflugzeuge Großbritannien an. Deutschland verlor an diesem Tag, dem entscheidenden im August, 76 Flugzeuge, über doppelt soviel wie die RAF.

18 Im Sommer 1940 begannen die Bombardements großer Städte im zweiten Weltkrieg, die später ungeheure Dimensionen erreichten, in gewisser Weise zufällig. Ein Navigationsfehler löste einen deutschen Bombenangriff auf das East End von London aus. Die RAF schlug mit einem Angriff auf Berlin am 25. August zurück. Darauf folgte am 7. September der erste massive Angriff der Luftwaffe auf London.

19 Die Briten waren bereits seit dem 19. Jahrhundert in Ägypten präsent. Die Militärbasis in der Suezkanalzone ging jedoch auf den britisch-ägyptischen Vertrag von 1936 zurück. Der anglo-ägyptische Sudan, nominell ein Kondominium, war im Grunde genommen seit 1924 eine britische Kolonie.

20 Churchill wollte die Verstärkung durch das Mittelmeer schicken, mußte jedoch der Admiralität zustimmen, daß statt dessen die längere, aber sicherere Route um das Kap der Guten Hoffnung benutzt werden sollte.

21 Im britischen Soldatenjargon bedeutete »im Sack«, in Gefangenschaft zu sein. Diese Geschichte mag erfunden sein, enthält jedoch ein Körnchen Wahrheit.

22 The Marquess of Londonderry, *England blickt auf Deutschland*, Essen, Essener Verlagsanstalt,1938, S. 4.

23 Londonderry House in der Park Lane in London war das Stadthaus der Londonderrys. Die Stammgäste von Cliveden (in der Grafschaft Buckinghamshire) zur Zeit des Münchener Abkommens waren bekannt als »the Cliveden Set«.

24 »Auch wenn das britische Empire und das Commonwealth tausend Jahre überdauern, werden die Menschen immer sagen: ›Das war ihre größte Stunde‹.« - Churchill im Unterhaus am 18. Juni 1940.

25 Dieses wichtige Telegramm siehe PREM 3/47610. Den Wortlaut siehe auch Churchill, Bd. II, 1, S. 276. Philip Kerr war von 1917 bis 1922 Lloyd Georges Privatsekretär.

26 Kennedy trat in Wirklichkeit bereits einen Monat früher zurück. Siehe PSF, Box 53, *Great Britain - Joseph Kennedy*, Roosevelt-Bibliothek, Hyde Park. »Münchener« war zu jener Zeit ein geläufiges Wort.

27 Murrow besuchte Großbritannien zum ersten Mal im Jahre 1930. Er wurde 1937 von CBS in London stationiert. Großbritannien erschien ihm damals als eine »kleine, angenehme, historische, aber ziemlich unwichtige Insel vor Europas Küste«, deren Geschichte er bewunderte, an deren Zukunft er aber Zweifel hegte. Siehe Edward R. Murrow, *A Reporter Remembers*. Bd. I, *The War Years* wurde im Februar 1956 bei Columbia auf Platte aufgenommen. Siehe Columbia 0.ZL 332 OL 6187, S. 1.

28 Richard Austen Butler wurde bereits in seiner Jugendzeit »Rab« genannt.

29 Simon war Lordkanzler von 1940 bis 1945. Lloyd George bemerkte einmal über ihn, er habe so lange »auf dem Zaun gesessen« (sich aus allem herausgehalten), daß das Eisen ihm in die Seele gedrungen sei. Hoare wurde rechtzeitig geadelt und nannte sich nun Lord Templewood.

30 Attlee, der Führer der Labour Party, wurde 1942 stellvertretender Premierminister. Von 1945 bis 1951 war er selbst Premierminister.

31 Bevin, der Führer der größten Gewerkschaft in Großbritannien, hatte zunächst keinen Sitz im Unterhaus. Er war Außenminister von 1945 bis 1951.

32 Chamberlain war seit Juli (als er wegen Krebs operiert wurde) dem Tode geweiht.

33 Diese Geschichte wurde dem Verfasser von einem Augenzeugen berichtet.

34 Selbst als nach den Parlamentswahlen vom Juli 1945 eine Labourregierung gebildet wurde, blieb er bis 1946 Botschafter. Zu seinen frühen Geschmacklosigkeiten in Washington gehörte z. B. eine Jagd in Virginia im roten Rock zu einer Zeit, als seine Landsleute in Großbritannien ganz andere Sorgen hatten.

35 Siehe Reynolds, *Creation of the Anglo-American Alliance*, S. 105-106. Zu sei-

nem Glück rieten Lloyd Georges Ärzte diesem, den Posten eines Botschafters in Washington nicht zu akzeptieren, den ihm Churchill Ende 1940 als erstem anbot.

36 Churchills größte Stützen waren von Anfang an Ismay und der Sekretär des Kriegskabinetts, Edward Bridges, die während seiner gesamten Amtszeit an seiner Seite blieben. Das Komitee der Stabschefs erhielt erst im September 1943 seine endgültige Zusammensetzung (als Admiral Dudley Pound als Marineminister zurücktrat). Der entscheidende Augenblick war die Ernennung von General Alan Brooke als Generalstabschef des Empire (CIGS) an der Jahreswende 1941/42.

37 Dieses Zitat entstammt dem Kapitel, das Colville zu *Action This Day* beisteuerte. Siehe S. 49.

38 Ein typisches Beispiel für einen Menschen, dessen Naturell mit dem Churchills überhaupt nicht harmonierte, war General Wavell, der erste Oberkommandierende für den Nahen Osten. Er übte diese Funktion bis Juni 1941 aus. Danach war er Oberkommandierender in Indien und wurde dort später Vizekönig. Wavells introvertierte, lakonische Art stand in totalem Gegensatz zu Churchills überschäumender Persönlichkeit.

39 »Ein guter beidhändiger Trinker« - eine solche Beschreibung Churchills übermittelte Kennedy Roosevelt am 10. Juli 1939. Siehe PSF, Box 53, *Great Britain - Joseph Kennedy*, in der Roosevelt-Bibliothek in Hyde Park. Kennedy war bei weitem nicht der einzige Amerikaner, der Churchill als Trinker beschrieb (siehe z. B. Reynolds, *Creation of the Anglo-American Alliance*, S. 144). Roosevelt schien zunächst geneigt zu sein, diesem Urteil Glauben zu schenken.

40 Den Wortlaut dieses Briefes siehe Soames, *Clementine Churchill*, S. 419-420.

41 Reynauds Bericht über seine Reise nach London, wo er diesen Vorschlag vortrug, siehe *La France a sauvé l'Europe*, Paris, Flammarion, 1947, Bd. II, S. 200 ff.

42 Archibald Sinclair, den Luftfahrtminister. Im ersten Weltkrieg hatte er an der Westfront als stellvertretender Regimentskommandeur unter Churchill gedient.

43 Seine nächsten Mitarbeiter (z.B. Cadogan und Colville) waren sich damals durchaus bewußt, was vorging. In die Öffentlichkeit gelangten diese Dinge jedoch erst, als Halifax' Tagebuch zitiert wurde. Siehe Earl of Birkenhead, *Halifax: the Life of Lord Halifax*, London, Hamish Hamilton, 1965, S. 45.

44 Wenn nicht anders angegeben, stützen sich die folgenden vier Absätze auf die Mitschriften der Sitzungen des Kriegskabinetts vom 26.-28. Mai 1940. Siehe CAB 65/13, beginnend mit WM (40), 139., Schlußfolgerungen, vertraulicher Anhang, 16. Mai.

45 Dokument der Stabschefs Nr. 168 vom 27. Mai 1940. Dieses dreizehn Punkte umfassende Memorandum ist in den Churchill-Memoiren im vollen Wortlaut wiedergegeben. Siehe Bd. II, 1, S. 113-115.

46 Churchill, Bd. II, 1, S. 126.

47 Gilbert, *Churchill*, Bd. VI, S. 419.

48 Telegramm des Foreign Office Nr. 235 nach Paris vom 28. Mai 1940. Den

Wortlaut siehe CAB 65/13. Den letzten Absatz hatte Churchill offenbar selbst formuliert: »Wenn wir beide durchhalten, könnten wir uns das Schicksal Dänemarks oder Polens noch ersparen. Unser Erfolg muß sich in erster Linie auf unsere Einheit, aber auch auf unseren Mut und unsere Standhaftigkeit gründen!«

49 Eine Zusammenfassung dieser Tagebücher siehe Reynolds, *Creation of the Anglo-American Alliance*, S. 324-325.

50 Bis dieses Buch erscheint, könnten weitere Dokumente über die gesamte schwedische Episode vom PRO herausgegeben werden. In seiner Autobiographie *The Art of the Possible: the memoirs of Lord Butler*, London, Hamish Hamilton, 1971, S. 81 bestreitet Butler, daß er dem schwedischen Gesandten Grund gegeben habe zu glauben, »irgendeiner von uns sei weniger kampfentschlossen«. Er zitiert einen Brief Halifax' an Churchill (FO 800/322) vom 27. Juni 1940 als Beweis für seine Treue. 1941 wurden Butler jedoch alle Aktivitäten auf dem Gebiet der internationalen Beziehungen untersagt. Obwohl er auch nach dem Kriege hohe Ämter bekleidete, wurde er nicht Premierminister.

51 Churchill, Bd. II, 2, S. 211.

52 Vor der Französischen Nationalversammlung erklärte Reynaud später: »Nur ein Wunder kann Frankreich retten. Ich glaube an Wunder.«

53 Churchill, Bd. II, 1, S. 65.

54 Telegramm des Außenministeriums Nr. 198 nach Paris vom 24. Mai 1940. Siehe CAB 65/13.

55 Diese »Moskito-Armada« umfaßte neben Kriegsschiffen 372 kleine Boote aller nur denkbaren Formen und Größen, die ab 27. Mai in Dienst gestellt wurden.

56 Die britisch-französische Verständigung (oder die »Mißverständnisse« zwischen ihnen, ein Wort, das besser beschreibt, was geschah) siehe Churchill, Bd. II, 1, S. 139-140.

57 Diese Warnung siehe ebenda, Bd. II, 1, S. 145.

58 Darunter sind Historiker, die selbst am Krieg teilnahmen und hohe militärische Dienstgrade erreichten, z. B. Feldmarschall Lord Carver, siehe *Twentieth-Century Warriors: the development of the armed forces of the major military nations in the twentieth century*, London, Weidenfeld & Nicolson, 1987, S. 29, und General Sir David Fraser, *And we shall shock them*, S. 72, 79-80.

59 In der Tat wäre ohne Dünkirchen der Aufbau einer glaubhaften Verteidigung Großbritanniens zu Lande viel schwieriger gewesen. Es wäre komplizierter geworden, die von der britischen Regierung beschlossenen 55 Divisionen aufzustellen, wenn der Kern der britischen Armee bereits 1940 verlorengegangen wäre. Im zweiten Weltkrieg stellte Großbritannien dann schließlich 48 Divisionen auf, weniger als von 1914 bis 1918. Die Ursachen waren vor allem die Größe der Royal Air Force (über eine Million Mann) und der Umfang der Luftabwehrkräfte.

60 Diese Verpflichtung wurde am 29. März 1940 unterzeichnet. Den Wortlaut siehe FO 371/24298.

61 Siehe Fraser, *Alanbrooke*, S. 167-168 und Churchill, Bd. II, 1, S. 233. Churchill

hatte den Eindruck, sie hätten nur zehn Minuten miteinander gesprochen. Brooke hatte vorher als Korpskommandeur unter Gort gedient.

62 Den vollen Wortlaut siehe Churchill, Bd. II, 1 S. 251-252.

63 Sein voller Name ist Henri Philippe, aber er zog seinen zweiten Vornamen vor.

64 Notiz von Sargent am 28. Februar 1940, siehe FO 371/24298, C 4444/9/17 und die nachfolgenden Dokumente in dieser Akte.

65 Ich bin John Pinder zu Dank verpflichtet, der mich auf Sargents Notiz aufmerksam machte und den Hintergrund der Deklaration über die Union beleuchtet hat. Siehe Pinder, *The Federal Idea: a British Contribution, Lord Lothian, New Europe Papers, Round Table issue Nr. 286,* London, Butterworth, 1983 S. 10 ff.

66 Vansittart siehe Anmerkung 42 in Kapitel 3. Monnet wurde nach dem Kriege der Architekt der Gemeinschaft für Eisen und Stahl, aus der später die Europäische Wirtschaftsgemeinschaft (EWG) entstand.

67 An dieser Idee hielt auch Lothian bis zum Ende seines Lebens fest, obwohl er Anhänger einer Föderation war. Siehe Lothians letzte Rede, die am 11. Dezember 1940 in Baltimore für ihn verlesen wurde, als er bereits mit dem Tode rang - Pinder, *The Federal Idea*, S. 12. Auf die meisten britischen Politiker der Nachkriegszeit hatten die Ereignisse von 1940 prägenden Einfluß.

68 Kimball, Bd. I, C-9x, R-4x, C-17x and C-19x. Der Auftrag an Lothian ist in dem bereits früher zitierten Telegramm enthalten (siehe Anmerkung 25).

69 Churchill, Bd. II, 2, S. 106.

70 Kimball, Bd. I, R-8x.

71 364 H. C. Debs, col. 1171, 20. August 1940.

72 Hitler, *Mein Kampf*, München 1940, S. 153.

73 Eine Kreatur in den Händen des amerikanischen Judentums - so beschrieb Hitler Roosevelt z. B. in seiner Rede, in der er den Vereinigten Staaten im Dezember 1941 den Krieg erklärte. Siehe Rede Hitlers am 11. 12. 1941 vor dem Reichstag, in Domarus, Bd. II, S. 1794-1811.

74 Willkie, ein Liberaler und international orientierter republikanischer Geschäftsmann, der sich bis 1938 einen Demokraten genannt hatte, ging mit den Grundprinzipien des New Deal konform, griff jedoch Roosevelt als einen Präsidenten an, der nach diktatorischer Macht strebte, es aber nicht fertigbrachte, die Wirtschaft voll wiederherzustellen oder die USA schnell genug aufzurüsten.

75 Kimball, Bd. I, C-18x.

76 Telegramm Nr. 834 aus Washington an das Foreign Office, 26. Mai 1940. Siehe CAB 65/13.

77 *PPA: 1940*, S. 517.

78 Henry Stimson, Außenminister unter Hoover und Kriegsminister unter Theodore Roosevelt, hatte im ersten Weltkrieg ein Artillerieregiment kommandiert und wurde deshalb oft »Oberst« genannt. (Zur Entschlüsselungspraxis bemerkte er einmal: »Gentlemen lesen nicht anderer Leute Post.«) Knox, ein Zeitungsverleger aus Chicago, war 1936 Kandidat der Republikaner für den Vizepräsidenten gewesen. Ickes war Innenminister und hieß nur »der alte Brummbär«.

79 Kimball, Bd. I, C-37x.
80 Ebenda, Bd. I, C-43x und PREM 3/486/1, hier mit dem Datum 8. Dezember 1949.
81 *PPA: 1940*, S. 607.
82 *ADAP*, Serie D, Bd. IX, Dokumente 469 und 471.
83 Siehe Churchill, Bd. II, 1, S. 167-168.
84 Mit einer Ausnahme - dem sogenannten Suwalki-Dreieck in Südwestlitauen, das die Sowjetunion am 1. Januar 1941 Deutschland für 7,5 Millionen US-Dollar in Gold abkaufte.
85 *ADAP*, Serie D, Bd. X, Dokumente 13 und 20.
86 Ebenda, Dokument 413.
87 Ebenda, Bd. XI, Dokumente 65, 142 und 148.
88 Ebenda, Dokumente 118 (Wortlaut des Pakts) und 109.
89 Ebenda, Dokument 176, S. 252-253.
90 Ebenda, Dokument 211.
91 Churchill, Bd. II, 2, S. 318.
92 *ADAP*, Serie D, Bd. XI, Dokument 309. Den Bericht über die Schlußrunde der Gespräche im Luftschutzraum siehe Dokument 329.
93 Molotow forderte deutsche Garantien hinsichtlich Finnlands, der Seegrenzen der Sowjetunion am Schwarzen Meer und eine sowjetische Militärbasis im Bereich des Bosporus oder der Dardanellen.
94 Nach Molotows Dolmetscher, Walentin Bereschkow, im sowjetischen Fernsehen am 12. Mai 1989 in der Premiere der Sendung »Augenzeuge« produziert vom Studio »Ekran«.
95 Siehe *ADAP*, Serie D, Bd. XI, Dokument 404.
96 Siehe ebenda, Dokument 669.
97 Siehe z. B. Konstantin Simonow, »Sametki k biografii G. K. Schukowa« in *Woenno-istoritscheski schurnal*, Moskau 1987, und A. S. Jakuschewski »Sowjetsko-Germanski dogowor o nenapadenii: wsgljad tscheres gody« in *Woprosy istorii KPSS*, Moskau 1988, Nr. 8.
98 *ADAP*, Serie D, Bd. XI, Dokument 532. Am 10. Januar 1941 verschob Hitler Operation *Seelöwe* zum letzten Mal, abgesehen von einigen Aktionen, die als Ablenkungsmanöver für Operation *Barbarossa* dienen sollten.

Kapitel 8

1 AB 80/17, COS(40)683, 4. September 1940 - »Künftige Strategie«. Diese Einschätzung - wie auch der Plan *ABC-1* - beruhte auf dem unrealistischen Glauben, Deutschland könne durch eine Kombination von Blockade, Luftangriffen und Subversion in den okkupierten Ländern Europas so weit zermürbt werden, daß »an Zahl unterlegene Kräfte mit guten Erfolgschancen eingesetzt werden können«. Die Dokumente zum Plan *ABC* siehe CAB 99/5.
2 Sie war ursprünglich als Deklaration der »Alliierten und Assoziierten Mächte« entworfen worden. Roosevelt schlug vor, daß statt dessen der Begriff »Vereinte Nationen« verwandt werden sollte, der aus Byrons *Ritter*

Harolds Pilgerfahrt stammt, worauf Churchill ihn hinwies. Siehe Gilbert, *Churchill*, Bd. III, S. 35.

3 J. W. Stalin, *Über den Großen Vaterländischen Krieg, S. 13.*

4 Siehe Burns, *Roosevelt*, Bd. II, Teil 1.

5 Zitiert nach Robert Conquest, S. 580.

6 Keine dieser wichtigen Debatten war bis 1943 abgeschlossen, was Sherwood nicht wissen konnte, als er diese Liste aufstellte.

7 Siehe dazu u. a. Robin Edmonds, *Setting the Mould: the United States and Britain, 1945-1950*, New York, W. W. Norton, und Oxford, Clarendon Press, 1986, Kapitel 2.

8 Sherwoods Liste von neun »Entwicklungen, die im Frühjahr 1941 im Gange waren«, siehe Bd. I, S. 207-209.

9 Siehe Robert Sherwood, *The White House Papers of Harry L. Hopkins: an intimate history*, 2 vols., London: Eyre & Spottiswoode, 1948-1949, Bd. I, S. 235.

10 »Segle, Staatsschiff, segle los!
Segle, Union, stark und groß!
Sieh, von Not und Furcht bedrängt,
Aller Menschheit Hoffnung hängt
An Deinem Schicksal atemlos.«
Zitiert nach Churchill, Bd. VI, 2, S. 154. Churchill antwortete mit einer Rundfunkrede am 9. Februar 1941.

11 Sherwood, *The White House Papers*, Bd. I, S. 237.

12 Sherwood, S. 184-185. Eine Fotokopie der ersten Seiten dieses Briefes, der am 14. Januar 1941 in Claridges geschrieben wurde, befindet sich auf S. 184.

13 Kimball, Bd. I, C-58x. Was die Lücke im Jahre 1944 betrifft, die teils wegen Hopkins' schwerer Krankheit und teils wegen der zeitweiligen Veränderung in seinem Verhältnis zu Roosevelt entstand, siehe Sherwood, S. 662-663. Hopkins wurde von Roosevelt zum ersten Mal vor der Atlantikkonferenz (an der er teilnahm) nach London gesandt. Nach Roosevelts Tod unternahm er eine letzte Reise nach Moskau, die sehr bedeutungsvoll war.

14 Siehe Sherwood, S. 2.

15 Zitiert nach Burns, *Roosevelt*, Bd. II, S. 45.

16 Die Komitees, die sich für und wider den Kriegseintritt einsetzten, siehe ebenda, S. 40 ff. Senator Wheelers Behauptung, das Leih- und Pachtgesetz werde »jeden vierten amerikanischen Jungen unterpflügen«, veranlaßte Roosevelt zu der öffentlichen Antwort: »Das sind wirklich die niederträchtigsten Worte, die in meiner Generation öffentlich gesagt wurden.« *PPA: 1940*, S. 711-712.

17 David Waley in seiner umfassenden Darstellung des Leih- und Pachtverfahrens. Siehe William McNeill, *America, Britain and Russia*, Anhang 2, Fußnote auf S. 773.

18 Siehe z. B. Edmonds, *Setting the Mould*, Kapitel 8.

19 Rede im Unterhaus am 12. März 1941 und Dankschreiben an Roosevelt drei Tage früher. Siehe Kimball, Bd. I, C-65x.

20 PREM 4/17/2. Dieses Zitat verdanke ich Gilbert. Siehe *Churchill*, Bd. III, S. 1035.

21 *Agreement between the Governments of the United Kingdom and the United States of America on the Principles applying to Mutual Aid*, Cmd. 6341, London, HMSO, 1942.
22 Kimball, Bd. I, R-105 und Reynolds *Creation of the Anglo-American Alliance*, S.278 und 369-370. Hulls Beschreibung der Abkommen von Ottawa, mit denen das Präferenzsystem 1932 eingeführt worden war, siehe U.S. Congress, House Committee on Ways and Means, *Extension of Reciprocal Trade Agreements Act*, 76. Kongreß, erste Sitzung, 1940, Bd. I, S. 38.
23 Siehe Kimball, Bd. I, R-54x, Entwürfe A und B.
24 Siehe *Correspondence respecting the Policy of His Majesty's Government in the United Kingdom in Connexion with the Use of Materials received under the Lend-Lease Act*, Cmd. 6311, London, HMSO, 1941. Formal war es eine einseitige Erklärung der britischen Regierung, wurde jedoch von der US-Administration als vertragliche Verpflichtung behandelt.
25 Siehe *Documents on British Policy Overseas, First Series*, (fortan DBPO), 1954, ed. Rohan Butler, et al., HMSO, London, 1954, Bd. I, S. 350-351. Das britische Schatzamt wies dies nachdrücklich zurück.
26 Churchill, Bd. II, 2, S. 288-297.
27 Siehe Ickes, *The Secret Diary of Harold L. Ickes*, Bd. II, S. 469.
28 Admiral Alfred T. Mahan ist der Verfasser von *The Influence of Sea Power on History* und *Die weiße Rasse und die Seeherrschaft*.
29 *PPA: 1941*, Bd. X, S. 181-194.
30 Siehe Kimball, Bd. I, C-93x.
31 Wahrscheinlich am 1. Juli 1941. Siehe Waldo Heinrichs, *Threshold of War: Franklin D. Roosevelt and American entry into World War II*, New York, Oxford University Press, 1988, S. 241.
32 Siehe *PPA: 1941*, S. 272-277. Dieses Gesetz war 1940 im Kongreß eingebracht worden, als die französische Regierung gerade den Waffenstillstand mit Deutschland unterzeichnete. Trotzdem wurde es erst Mitte September 1940 verabschiedet.
33 Winant, ein ehemaliger Gouverneur des Staates New Hampshire, war Botschafter in London bis Kriegsende. Harriman, ein Millionärserbe und selbst erfolgreicher Banker, blieb bis 1943 in London und wurde dann zum Botschafter in Moskau ernannt. Winant und Harriman wurden gute Freunde von Churchills Familie.
34 Sherwood, S. 273. Einen Bericht über Hopkins' Gespräche mit Stalin siehe ebenda sowie in *Sowjetsko-Amerikanskie Otnoschenia wo wremja welikoi otetschestwennoi woiny, 1941-1945*, 2 Bände, Politisdat, Moskau, 1983, Bd. I, S. 80 ff.
35 Siehe Sherwood, S. 240-241.
36 Es bezog sich auf die Überlappung der Verantwortung Winants und Harrimans in London.
37 *Sowjetsko-Angliskie otnoschenia wo wremja welikoi otetschestwennoi woiny, 1941-1945.*, 2 Bände, Politisdat, Moskau, 1983, Bd. I, Dokument 21.
38 Kimball, Bd. I, R-50x.
39 In diesem besonderen Falle vor allem Adolf Berle. Siehe Heinrichs *Threshold of War*, S. 106 ff.

40 General Freyberg, im ersten Weltkrieg mit dem Viktoria-Kreuz dekoriert, befehligte die Neuseeländische Division im ganzen Verlauf des zweiten Weltkrieges. Bald nachdem er dieses Signal an Churchill gesandt hatte (zitiert bei Gilbert, *Churchill*, Bd. VI, S. 1076 aus den Churchill Papers 4/217), wurde er zum Kommandeur aller Truppen auf Kreta ernannt. Die Neuseeländische Division, eine Eliteeinheit, bildete das Rückgrat der Truppen, die Kreta verteidigten.

41 John Colville, *The Fringes of Power*, S. 381-382. Dort findet sich auch die Beschreibung von Churchills Stimmung im nächsten Absatz.

42 Kimball, Bd. I, R-38x.

43 In einem ersten Entwurf hatte man statt »ernst« »tödlich(überwältigend)« formuliert.

44 Kimball, Bd. I, C-84x.

45 Ebenda, R-39x.

46 Diese Meinung wurde u. a. genährt durch die Berichte des amerikanischen Militärattachés in Kairo, Colonel Bonner Fellers, von Oktober 1940 bis Juli 1942. Als er später zur Auszeichnung mit der Distinguished Service Medal vorgeschlagen wurde, beschrieb man seinen Bericht als »ein Muster an Klarheit und Akkuratesse«. Fellers besuchte häufig das Hauptquartier des XIII. Korps in der Westwüste und erfuhr dort von den Briten fast alles, was vorging, häufig im voraus. Zumindest seit Januar 1942 gelangten seine umfangreichen Berichte aus Kairo, die er mit dem »schwarzen« Code der Washingtoner Militäraufklärung verschlüsselte, in Rommels Hände. Nur Stunden, nachdem sie über Funk nach Washington abgesetzt worden waren, hatte man sie entschlüsselt und übersetzt. In einem seiner letzten Berichte kurz vor seiner Abberufung aus Kairo schrieb er am 26. Juni 1942, die Achte Armee sei »entscheidend geschlagen«, und dies sei »der rechte Moment für Rommel, das Nildelta einzunehmen«.
Fellers Abzug aus Kairo, bevor er noch mehr Schaden anrichten konnte (einiges, was er getan hatte, war wirklich tödlich), scheint das Ergebnis britischer Entschlüsselungserfolge zu sein. Siehe David Kahn, *The Codebreakers*, London, Weidenfeld & Nicolson, 1974, S. 250 ff. und (etwas feiner formuliert) Hinsley, *British Intelligence*, Bd. II, S. 331 und 389.

47 Dill versuchte auch Wavell vor Churchills wachsendem Unmut zu schützen, wofür dieser im Jahre 1941 zunehmend Grund hatte.

48 Er wurde allerdings von den amerikanischen und britischen Stabschefs auf der Konferenz erörtert. Siehe den Bericht in PREM 3/485/7, Blatt 74-80. Die wichtigere Diskussion in London wird detailliert beschrieben bei Sherwood, S. 243ff.

49 Eine exotische, der Marine nachempfundene Uniform.

50 Auf dem Frontispiz von Bd. I der Roosevelt-Biographie von Burns.

51 Den endgültigen Wortlaut der Atlantikcharta siehe »Gemeinsame Proklamation des Präsidenten und des Premierministers« vom 12. August 1941 in PREM 3/485/7. Der erste Entwurf stammte von Cadogan. Churchills Ergänzungen sind auf der Fotokopie zu erkennen, die sich in Bd. III, 2 seiner Memoiren befindet, siehe S. 71-72. Siehe auch Gilbert, *Churchill*, Bd. VI, S. 1163 und Kimball, Bd. I, C-128.

52 Siehe *Asahi*, 16. August 1941.

53 Allerdings bestand Roosevelt darauf, daß nach dem Kriege zunächst eine Übergangsperiode anglo-amerikanischer Kontrolle folgen sollte. Ein internationaler Sicherheitsmechanismus sollte erst nach dieser Probezeit errichtet werden. Sherwood, S. 282-283 und Churchill, Bd. III, 2, S. 81-82.

54 Generalleutnant Sir Ian Jacob, Tagebuch, 19. August 1941 in den Jacob Papers in Woodbridge, Suffolk.

55 Die *Prince of Wales* wurde vier Monate später von japanischen Flugzeugen versenkt.

56 Kimball, Bd. I, C-111x.

57 CAB 65/19, 19. und 25. August 1941 sowie Sherwood, S. 294.

58 Eric Larrabee, *Commander in Chief: Franklin Delano Roosevelt, his lieutenants and their war*, New York, Simon & Schuster, 1987, S. 13.

59 Siehe Speech File 1377, Botschaft an den Kongreß vom 21. August 1941, Roosevelt-Bibliothek Hyde Park.

60 Speech File 1381, Rede vom 11. September 1941, Roosevelt-Bibliothek Hyde Park.

61 PREM 3/485/1, Nr. 22.

62 Max Aitken, Lord Beaverbrook, ein gebürtiger Kanadier, hatte in der Zwischenkriegszeit den *Daily Express* zur auflagenstärksten Tageszeitung Großbritanniens aufgebaut. Er war ein Mann von dämonischer Energie und einer der ältesten Freunde Churchills, gab ihm allerdings falsche politische Ratschläge.

63 PREM 3/485/7.

Kapitel 9

1 Die Rote Armee schicke sich an, Deutschland anzugreifen (was, wie der deutsche Botschafter in Moskau Hitler versicherte, nicht zutraf) und – schon glaubhafter – es wäre schwieriger für die Briten, die amerikanische Hilfe militärisch wirksam einzusetzen, wenn die Sowjetunion eliminiert sei.

2 Zitiert nach Alan Bullock, *Hitler und Stalin. Parallele Leben*, Berlin, Siedler, 1991, S. 911.

3 Selbst auf das Risiko, die Sache zu vereinfachen, sehen wir folgende zwei Standpunkte: Die Generale waren insgesamt der Meinung, man müsse Moskau einnehmen und so die Rote Armee zwingen, sich auf die Verteidigung der Hauptstadt zu konzentrieren und sich sobald wie möglich einer Vernichtungsschlacht zu stellen. Hitler meinte, man müsse bereits in den ersten Wochen des Feldzuges durch Einkesselungsmanöver im Nord- und Südteil der Front so viele sowjetische Soldaten wie möglich gefangennehmen. Letzten Endes wollte er alle drei Ziele erreichen.

4 Dadurch sollte der Eindruck hervorgerufen werden, die strategischen Ziele Deutschlands im Jahre 1941 seien zunächst der Balkan und dann Großbritannien.

5 Zitiert nach Bullock, *Hitler*, S. 624.

6 Die Geschichte dieses Dokuments, das Wavell im Juni 1940 zunächst selbst entwarf, siehe Connell, *Wavell*, S. 421-422. Unklugerweise sandte Wavell ein Exemplar der überarbeiteten Fassung im April 1941 nach Hause, wo es Churchill unter die Augen kam. Er war empört über den Gedanken, daß der Oberkommandierende im Mittleren Osten auch nur daran denken könnte, sich aus Ägypten zurückzuziehen, eine Aussicht, die im Juli/August 1942 dann tatsächlich akut wurde.

7 Das Italien im April 1939 besetzt hatte.

8 Auf Griechisch »Nein«. (Der Weigerung der griechischen Regierung, das italienische Ultimatum zu akzeptieren, wird alljährlich am 28. Oktober, dem *Ochi*-Tag, gedacht.) Die griechische Armee schlug im Jahre 1940 nicht nur die italienische Invasion zurück, sondern rückte sogar selbst nach Albanien vor.

9 Dieses Korps, ursprünglich eine kleine Einheit, wurde später zur Stärke von vier Divisionen ausgebaut. Zwei davon waren Panzerdivisionen, die den Kern der italienisch-deutschen Panzerarmee darstellten.

10 Siehe Gilbert, *Churchill*, Bd. VI, S. 1012 ff.

11 Eden, der von Dill begleitet wurde, war seit Dezember 1940 Kriegsminister. Beide hätten dem Rat folgen sollen, den Amery in einem persönlichen Brief an Dill vor ihrer Abreise gegeben hatte. Dieser war zwar nicht Mitglied des Kriegskabinetts, beobachtete die Geschehnisse aber sehr aufmerksam. Dieser Brief wird ausführlich zitiert bei Connell, *Wavell*, S. 321-324. Wavell erkannte seinen Fehler zu spät. Siehe ebenda, S. 388, und Hinsley, *British Intelligence*, Bd. I, S. 362.

12 *NP*, Bd. XXVIII, Dok. 1746-PS.

13 Die deutsche Bedrohung wurde in Kairo derart unterschätzt, daß Wavell diese Truppen auf ein weitgehend ortsfestes Kommando reduziert hatte, das nur noch aus zwei Brigaden bestand. Dies war völlig unzureichend, um den Angriff eines Kommandeurs von Rommels Kaliber aufzuhalten.

14 Der Fehlschlag einer von Wavell kommandierten Konterattacke gegen Rommel, zu der Churchill gedrängt hatte, veranlaßte diesen im Juni 1941, Wavell gegen General Claude Auchinleck auszutauschen.

15 Zitiert bei Hinsley, *British Intelligence*, Bd. I, S. 432.

16 Siehe PREM 3/170/1, Nr. 1.

17 Entweder aus einer entschlüsselten japanischen Nachricht oder direkt von einer Quelle, die im Kontakt zur amerikanischen Botschaft in Berlin stand.

18 Churchill, Bd. III, 1, S.426.

19 Diese werden in Kapitel 14 von Hinsley, *British Intelligence*, Bd. I ausführlich und überzeugend dargelegt. Die Zitate in diesem und den nachfolgenden sechs Absätzen über diese Seite der offiziellen britischen Auffassungen im Vorfeld von Operation *Barbarossa* wurden, wenn nicht anderweitig ausgewiesen, dieser Quelle entnommen.

20 Siehe Colville, *The Fringes of Power*, S. 404.

21 Eine wichtige zusätzliche Quelle waren Informationen polnischer Agenten. Siehe den Brief General Sikorskis vom 23. Mai 1941 an Churchill in *Documents on Soviet-Polish Relations, 1939-1945*, Bd. I, Dokument 86.

22 Ich bin dem genannten Korrespondenten, Mr. Joseph C. Harsch, für sein gutes Gedächtnis und diese persönliche Erinnerung zu Dank verpflichtet.

23 Mehr über diese Mission siehe in Kapitel 5.

24 *DBFP*, Serie 3, 1938-1939, Bd. VI, Anhang V, S. 766, C 10801/3356/18. Dabei handelt es sich um ein Dokument der Grundsatzabteilung des Foreign Office, das mit »voller Zustimmung der Stabschefs« ausgearbeitet wurde.

25 Kaum etwas in diesem riesigen Gebiet war britisches Territorium, aber Großbritannien war die vorherrschende Macht. Siehe William Roger Louis, *The British Empire in the Middle East, 1945-1951: Arab nationalism, the United States, and post-war imperialism*, Oxford, Clarendon Press, 1984, Teil I-III.

26 Zitiert bei Hinsley, *British Intelligence*, Bd. I, S. 482.

27 Cripps (ein Rechtsanwalt), ein fähiger, reicher, aber asketischer Einzelgänger, wurde 1931 für die Labour Party ins Parlament gewählt. Als Radikaler wurde er 1939 aus der Partei ausgeschlossen und trat ihr erst im März 1945 wieder offiziell bei. Seine Mission in Moskau war ein Fehlschlag, und er wurde Anfang 1942 auf eigene Bitte abgelöst. In der Labourregierung der Nachkriegszeit wurde er ein geachteter Handels- und Finanzminister.

28 Zitiert nach den Churchill Papers, 23/9 in Gilbert, *Churchill*, Bd. VI, S. 1050 bis 1051.

29 Andrej Wyschinski. Cripps hatte Glück, daß ihm dieses unprofessionelle Verhalten nachgesehen wurde. Als er am 16. Juni zu Konsultationen nach London gerufen wurde, sprach er vor dem Kabinett noch von einem deutschen »Ultimatum«. Siehe CAB 65/22.

30 Churchill, Bd. III, 1, S. 440.

31 Siehe *Churchill*, Bd. III, S. 440.

32 Zitiert nach Dallek, *Franklin D. Roosevelt and American Foreign Policy*, S. 278.

33 Das Vereinigte Komitee der britischen Aufklärung rechnete Mitte Juni 1941 damit, daß höchstens vier bis sechs Wochen danach die Invasion Großbritanniens folgen werde.

34 Siehe Kapitel 2. Churchills Skepsis gegenüber den Ratschlägen, die er zur Frage der Sowjetunion 1941 erhielt, siehe Churchill, Bd. III, 2, S. 25-26.

35 Churchill, Bd. III, 1, S. 444. In Nicolson, *Tagebücher und Briefe 1930-1939*, Frankfurt/Main 1969-1971, S. 451 wird Churchills Rundfunkrede vom 22. Juni 1941 als »Meisterstück« beschrieben. Die Mehrheit seiner Kabinettskollegen, einschließlich Eden, sahen die Sowjetunion damals jedoch anders. Siehe Colville, *Fringes of Power*, S. 405-406.

36 Schukow, *Erinnerungen und Gedanken*, Bd. I, S. 286.

37 Siehe Sowjetsko-Angliskie otnoschenia, Bd. I, Dokument 1.

38 Damals gebrauchten viele im Westen, auch Churchill, das Wort »russisch«, wenn sie in Wirklichkeit »sowjetisch« meinten. Stalin (selbst Georgier) war sich jedoch bei dieser Gelegenheit der imperialen Geschichte der Russen voll bewußt und sprach deshalb bewußt deren Nationalstolz an.

39 J. W. Stalin, *Über den Großen Vaterländischen Krieg der Sowjetunion*, S. 227.

40 Diese Version stammt von Chruschtschow, der selbst 1941 nicht in Moskau war und dessen Bericht von einigen westlichen Historikern unkritisch übernommen wurde. Siehe auch Medwedew, *Let History Judge*, S. 458. Dieser gibt an, Stalin sei ab 23. Juni »von seinem Posten abwesend« gewesen. Siehe auch Wolkogonow, *Stalin*, Bd. II, 1, S. 553.

41 Siehe Schukow, *Erinnerungen und Gedanken*, Bd. I, S. 313. Er beschreibt Stalins »heftige« Reaktion auf den Fall von Minsk während der zwei Besuche im Volkskommissariat für Verteidigung und im Hauptquartier am 29. Juni. Stalins Entscheidung, in Moskau zu bleiben, siehe Anastas Mikojan, »W sowete po ewakuazii«, aus unveröffentlichten Manuskripten, *Woenno-istoritscheski schurnal*, Moskau 1980, Nr. 3, S. 33 ff.

42 Selbst Wassilewski, der in seinen Memoiren aus der TASS-Erklärung das Beste machte, räumte ein, die TASS-Erklärung vom 14. Juni 1941 habe »in der operativen Verwaltung im ersten Moment Verwunderung ausgelöst«. Siehe Alexander Wassilewski, *Sache des ganzen Lebens*, S. 102.

43 Den deutschen Wortlaut der TASS-Meldung vom 14. 6. 1941 siehe *ADAP*, Serie D, Bd. XII, Dokument 628.

44 Siehe *Prawda*, 8. Mai 1989, S. 4.

45 Siehe Schukow, *Erinnerungen und Gedanken*, Bd. I, S. 282.

46 Churchill, Bd. III, 1, S. 421.

47 Konstantin Simonow, »Sametki k biografii G. K. Schukowa« in *Woenno-istoritscheski schurnal*, Moskau 1987. Dies ist eine Artikelserie »aus unveröffentlichten Manuskripten«, der die Information und die Zitate in diesem Absatz entnommen sind.

48 Nach Schukows Tod schrieb seine Tochter, Maria Schukowa, einen Bericht über die Umstände, unter denen Schukow als Kommandeur des Militärbezirks nach Odessa abkommandiert wurde. Siehe »Korotko o Staline«, *Prawda*, 20. Januar 1989. Schukows Ansicht über Tuchatschewski siehe F. Sergejew, »O dele Tuchatschewskowo« in *Polititscheskoje obrasowanie*, Moskau 1989, S. 55-56.

49 Siehe Churchill, Bd. IV, 2, S. 98 und *Sowjetsko-Angliskie Otnoschenia*, Bd. I, S. 283.

50 Danach waren allen Kommandeuren Politkommissare beigeordnet, die selbst militärische Dienstgrade hatten. Das Prinzip der Einzelleitung wurde erst im Oktober 1942, zur Zeit der Schlacht von Stalingrad, wieder eingeführt.

51 Siehe CAB 27/627, FP (36) 57, COS 698.

52 Siehe J. W. Stalin, *Über den Großen Vaterländischen Krieg*, S. 5-15.

53 Siehe *Sowjetsko-Angliskie Otnoschenia*, Bd. I, Dokument 3.

54 Siehe *Sowjetsko-Amerikanskie Otnoschenia*, Bd. I, Dokument 13.

55 Dieses Dokument hat als Nr. 1 in Bd I von *Sowjetsko-Angliskie Otnoschenia* einen Ehrenplatz erhalten.

56 Ebenda, Dokument 15.

57 Ebenda, Dokument 21.

58 Der Begriff »zweite Front« tauchte erstmals in Stalins Botschaft vom 3. September 1941 an Churchill auf.

59 *Briefwechsel*, Bd. I, Dokumente 3 und 12. Ein ähnlicher Vorschlag wurde auch den Vereinigten Staaten unterbreitet.

60 Siehe *Sowjetsko-Angliskie Otnoschenia*, Bd. I, Dokumente 47-49.

61 Siehe ebenda, Dokument 46.

62 Für den Inhalt dieses Abschnitts bin ich Christopher Thorne und seiner Arbeit *Allies of a Kind* zu Dank verpflichtet.

63 Diese Tradition, wie sie das State Department im Rückblick über das ganze Jahrzehnt sah, wurde im »China-Weißbuch« ausführlich beschrieben, das Dean Acheson Präsident Truman am 30. Juli 1949 offiziell übersandte.

64 Einige Briten, die es hätten besser wissen müssen, mit Ausnahme Churchills, waren von Tschiang Kai-schek ebenfalls hingerissen, kamen jedoch wesentlich früher zur Besinnung als die Amerikaner.

65 *Christian Science Monitor*, 25. Juli 1942.

66 Admiral Dudley Pound, dessen Posten in den USA dem des Chefs der Marineoperationen entspricht. Churchills Direktive vom 28. April 1941 siehe PREM 3/156/6.

67 In dem hier folgenden Bericht können diese Verhandlungen nur in groben Zügen dargestellt werden. Was neuere Arbeiten über die amerikanisch-japanischen Verhandlungen im Jahre 1941 betrifft, so bieten Reynolds, *Creation of the Anglo-American Alliance*, Kapitel 9, und Waldo Heinrichs *Threshold of War* zum einen eine vorwiegend britische und zum anderen eine vorwiegend amerikanische Sicht. Siehe auch Eric Larrabee, *Commander in Chief*, S. 1-95. In diesem Kapitel wurden alle drei Arbeiten benutzt, vor allem aber die dort angeführten Primärquellen.

68 Siehe Grews Telegramm an Hull vom 3. November 1941 in *FRUS, Japan*, Bd. II, S. 701-704 und Craigies Telgramm Nr. 2186 an das Foreign Office vom 1. November 1941 in PREM 3/158/4.

69 Kimball, Bd. I, R-63x.

70 Siehe CAB 69/2 und 69/8, DC(0) (41), 65/1, 17. und 20. Oktober 1941.

71 Der einzige Grund, weshalb es Hull für nötig hielt, in diesem Stadium Halifax überhaupt etwas zu sagen, war die Tatsache, daß diese Gespräche in Berichten der amerikanischen Armeeaufklärung erwähnt wurden, die die Briten erhielten. Und er sagte Halifax bei weitem nicht die ganze Wahrheit.

72 Anfangs waren sie dies zweifellos auch, denn die beiden Verhandlungsführer waren James Drought, Generalvikar der (katholischen) Mary-Knoll-Missionarsgesellschaft, und Ikawa Tadao, ein (christlicher) japanischer Banker, der Konoye nahestand.

73 Siehe Eric Larrabee, *Commander in Chief*, S. 63-66. Darin wird diese »einseitige« Kriegserklärung Ickes' an Japan beschrieben.

74 Sowohl das Weiße Haus als auch das State Department wiesen in einer Presseverlautbarung vom 1. August nachdrücklich darauf hin, daß das Embargo zu diesem Zeitpunkt flexibel gedacht war, siehe *FRUS, 1941, The Far East*, Bd. IV, S. 836 ff.

75 Konteradmiral Turner, Direktor der Planungsabteilung, schätzte am 19. Juli 1941 ein, daß ein Öl-»Embargo möglicherweise die USA ... in einen frühen Krieg im Pazifik hineinziehen könnte«. Stark sprach sich gegen ein Embargo »zu diesem Zeitpunkt« aus.

76 Siehe Cordell Hull, *The Memoirs of Cordell Hull*, Bd. II, New York, Macmillan, 1948, S. 1014.

77 Siehe den Vermerk von Ashley Clarke, Leiter der Fernostabteilung des Foreign Office, vom 10. Juli 1941 (FO 371/27663), in dem er den Nagel auf den Kopf traf, und den Abschlußbericht Sir Robert Craigies, Absatz 32-33 in PREM 3/158/4.

78 Siehe Hull, *Memoirs*, S. 1018.
79 Siehe PFS Diplomatic File, Box Nr. 59, Roosevelt-Bibliothek in Hyde Park.
80 Kimball, Bd. I, R-69x, C-133x und C-135x.
81 Zitiert nach Deakin, *Richard Sorge*, S. 213.
82 Davon gibt es mehrere Versionen. Zitiert z. B. bei Ike Nobutka, Hrsg., *Japan's Decision for War*, Stanford, California, Stanford University Press, 1967, S. 133 ff.
83 Siehe z. B. seine Botschaft an Churchill vom 24. November 1941 in Kimball, Bd. I, R-69x.
84 Grew an Roosevelt, 22. September 1941, Original in PSF Diplomatic File, Box Nr. 59, Roosevelt-Bibliothek Hyde Park.
85 Einen Bericht über das Für und Wider auf dieser schicksalhaften Sitzung der kaiserlichen Verbindungskonferenz siehe Akira Iriye, *Origins of the Second World War: Asia and the Pacific*, S. 172 ff.
86 George Kennan, »World War II: 30 years after« in *Survey*, Bd. 21 (Winter-Spring 1975), S. 30.
87 Siehe Larrabee, *Commander in Chief*, S. 213.

Kapitel 10

1 Als im Jahre 1950 Band III von Churchills Memoiren erschien, wollten sich die meisten Menschen in Großbritannien und den USA kaum noch daran erinnern, daß die Sowjetunion einige Jahre früher ihr Verbündeter gewesen war. Churchill stellte diesen Band trotzdem unter den Titel *Die Große Allianz*.
2 Siehe den Zweijahresbericht des Stabschefs der U.S. Army an den Kriegsminister vom 1. Juli 1943 bis 30. Juni 1945.
3 Churchill, Bd. III, 2, S. 359.
4 Zu den Unterzeichnerstaaten gehörten selbst Regierungen wie die von Haiti.
5 Durch den Kriegseintritt der USA wurden die Bedingungen für den Schiffstransport der Alliierten im Atlantik zunächst nicht besser, sondern viel schlechter. So wurden im ersten Halbjahr 1942 Schiffe mit einer Kapazität von drei Millionen Tonnen im Atlantik versenkt. Dagegen verloren die Deutschen lediglich vierzehn U-Boote (von über 100, die sie gleichzeitig im Einsatz hatten).
6 Das Kommando Südostasien, das 1943 mit Admiral Louis Mountbatten als Oberkommandierendem eingerichtet wurde, lag zwar nominell in britischer Verantwortung, wurde jedoch in der Praxis von den Briten und Amerikanern wahrgenommen. Bis kurz vor Kriegsende hatte es nur geringen Einfluß auf die Gesamtstrategie.
7 Zitiert nach Wassilewski, *Sache des ganzen Lebens*, S. 133.
8 Matsuokas Außenpolitik (die westliche Quellen nicht immer exakt beschreiben) wird analysiert bei Akira Iriye, *Origins of the Second World War: Asia and the Pacific*, Kapitel 4 und 5.
9 Siehe Deakin, *Richard Sorge*, S. 264 ff.

10 Die Schlacht um Moskau hielt bis Anfang 1942 an. Die deutschen Armeen wurden entgegen Hitlers Direktive mancherorts über 300 km zurückgeworfen.

11 Zitiert nach Schukow, *Erinnerungen und Gedanken*, Bd. I, S. 424.

12 Das Versprechen der USA, das Roosevelt Halifax am 1. Dezember 1941 gab, siehe Geheimtagebuch von Lord Halifax, 2. Dezember 1941, S. 28, Borthwick Institute of Historical Research, University of York. (Die Eintragung vom vorangegangenen Tag, die sich auf derselben Seite befindet, zeigt, wie unsicher Halifax damals war, ob dieses Versprechen gegeben würde.) Halifax berichtete über sein Gespräch mit dem Präsidenten in dem Telegramm Nr. 5519 aus Washington an das Foreign Office. Siehe auch die Diskussion im Kriegskabinett über die Fernostpolitik, 2. Dezember 1941, WP (41) 296, CAB 66/20 sowie auf der Sitzung des Verteidigungskomitees (Operationen) am nächsten Tag, DO (41), 71. Sitzung , CAB 69/2.

13 Die amerikanische Regierung hatte eigentlich genügend Warnungen aus entschlüsselten Nachrichten erhalten. Jedoch das lange japanische Telegramm an die Botschaft in Washington, das die Kriegserklärung enthielt, erreichte Hull erst eine Stunde nach Beginn des Angriffs auf Pearl Harbor.

14 Obwohl der japanische Luftangriff erst viele Stunden nach dem Überfall auf Pearl Harbor erfolgte, stellten sich den japanischen Bombern nur vier amerikanische Jagdflugzeuge entgegen. So wurden die amerikanischen Fliegerkräfte auf den Philippinen ebenso wirkungsvoll vernichtet wie die Schiffe in Hawaii. Eine öffentliche Untersuchung erfolgte jedoch nicht.

15 Die amerikanische Pazifikflotte zog sich auf ihre Basis in San Diego zurück.

16 Churchill, Bd. III, 2, S. 285.

17 Diesen Satz fügte er im letzten Augenblick vor Beginn der Rede mit eigener Hand hinzu. Speech File 1400 vom 8. Dezember 1941, Roosevelt-Bibliothek Hyde Park.

18 Die Gegenstimme kam von Jeanette Rankin (Wyoming), die bereits gegen die Kriegserklärung von 1917 gestimmt hatte.

19 Siehe Kimball, Bd. I, C-138 und 139x.

20 Eleanor Roosevelt, *Wie ich es sah*, S. 243; Kimball, Bd. I, C-1412x; und letzter Teil des Memorandums der Fernostabteilung des Foreign Office vom 23. April 1943, siehe PREM 3/158/4.

21 Dieses Zitat und alle anderen Bezüge auf Craigies Abschlußbericht siehe »Documents relating to the outbreak of war with Japan«, PREM 3/158/4. Normalerweise hätte ein Dokument wie Craigies Bericht in der Serie der vom Foreign Office und von Whitehall herausgegebenen Dokumente verbreitet werden müssen, die auch Auslandsvertretungen und die Regierungen der Dominien erhielten. Craigie scheint seinen Bericht im wesentlichen aus dem Gedächtnis niedergeschrieben zu haben. Er hatte offenbar auch keinen Zugang zu entschlüsseltem Geheimmaterial. Z. B. erwähnt er die entscheidende Beratung der Kaiserlichen Verbindungskonferenz vom 2. November 1941 nicht.

22 Die bittere amerikanische Reaktion auf Pearl Harbor siehe Gordon W. Prange, *At Dawn We Slept*, New York, McGraw-Hill, 1981.

23 CAB 65/24, WM 112 (41), Vertraulicher Anhang vom 12. November 1941.

24 *Briefwechsel Stalins mit Churchill, Attlee, Roosevelt und Truman 1941 – 1945*, Berlin 1961, S. 41, 44.

25 Stalin sah nüchtern, daß Japan nicht in der Lage war, einen langen Krieg im Pazifik durchzustehen. Er wollte jedoch auch die Möglichkeit eines japanischen Angriffs auf die Sowjetunion nicht ausschließen. Siehe *Sowjetsko-Angliskie Otnoschenia*, Bd. I, Dokument 76. Churchills Sinneswandel zu dieser Frage während der Überfahrt siehe Churchill, Bd. III, 2, S. 293.

26 Siehe Churchill, Bd. III, 2, S. 296-297.

27 Siehe *Sowjetsko-Angliskie Otnoschenia*, Bd. I, Dokument 78. Die sowjetischen Niederschriften über die Verhandlungen zwischen Eden und Stalin sind in demselben Band veröffentlicht. Siehe S. 184 ff. Die Zitate in diesem und im nächsten Abschnitt sind, wenn nicht anders angegeben, diesen Dokumenten entnommen.

28 Wladyslaw Sikorski, bedeutendes Mitglied der polnischen Exilregierung, kam im Juni 1943 bei einem Flugzeugabsturz ums Leben.

29 Dieser ist vom 5. Januar 1942 datiert und wird in Churchills Memoiren ausführlich zitiert. Siehe Bd. III, 2, S. 294-295.

30 Diese formierte sich damals aus Polen, die 1939 aus den östlichen Gebieten Polens in die Sowjetunion deportiert worden waren.

31 Siehe *Soviet-Polish Relations, 1939-1945*, Bd. I, Dokument 160.

32 Max Domarus (Hrsg.), *Hitler: Reden und Proklamationen 1932-1945*, Würzburg 1962, Bd. II, S. 1794.

Kapitel 11

1 Churchill blieb nicht die ganze Zeit in Washington. Er besuchte Ottawa, wo er vor dem kanadischen Parlament sprach, und erholte sich fünf Tage in Florida. Während seines Aufenthaltes im Weißen Haus hatte er seinen ersten (leichten) Anfall von Angina pectoris, der erst ein Vierteljahrhundert später bekannt wurde.

2 Bei ihrer Begegnung auf dem Berghof im Januar 1941 dauerte eine von Hitlers Reden zwei Stunden lang. Als er Mussolini am 2. Juni 1941 (weniger als drei Wochen vor Beginn von Operation *Barbarossa*) am Brennerpaß traf, erwähnte Hitler die Sowjetunion nur nebenbei.

3 Im April 1945 gab die Sowjetregierung nach den Bestimmungen des Vertrages die Beendigung des sowjetisch-japanischen Nichtangriffspaktes bekannt, der eine Laufzeit von fünf Jahren hatte.

4 Bei der Invasion der Sowjetunion im Jahre 1941 waren Finnland und Rumänien ursprünglich die Verbündeten Deutschlands. Später kamen Divisionen hinzu, die Ungarn, Italien und Spanien entsandten.

5 Siehe Churchill, Bd. III, 2, S. 311-312.

6 Sherwood, S. 7.

7 Maurice Matloff, *Mr. Roosevelt's Three Wars: FDR as War Leader*, Harmon-Gedächtnisvorlesung Nr. 6, U.S. Air Force Academy, S. 3.

8 Sherwood, S. 355.
9 W. Averell Harriman und Elie Abel, *In geheimer Mission. Als Sonderbeauftragter Roosevelts bei Churchill und Stalin, 1941-1946*, Stuttgart 1979, S. 411.
10 Churchill behauptete später (gegenüber Sherwood, *The White House Papers*, Bd. I, S. 446), er habe Roosevelt niemals in weniger als einem Badetuch empfangen; siehe aber Gilbert, *Churchill*, Bd. VII, S. 28, Anmerkung 2.
11 Drei Monate später folgte allerdings aus dem Weißen Haus ein »OK, FDR«. Siehe Larrabee, *Commander in Chief*, S. 19.
12 Dieser lapidare Ausspruch über Alanbrooke stammt aus Frasers *Alanbrooke*, S. 538. Ismays Ernennung siehe Kapitel 6.
13 Die Vertreter der Marine und der Luftwaffe in diesem Gremium waren Admiral Dudley Pound (er mußte 1943 aus Krankheitsgründen schließlich zurücktreten und wurde von Admiral Andrew Cunningham abgelöst) und Air Chief Marshal Charles Portal.
14 Zitiert bei Thomas Parrish, *Roosevelt and Marshall: partners in policies and war - the personal story*, New York, William Morrow, 1989, S. 470.
15 Fraser, *Alanbrooke*, Alanbrookes Notizen, S. 229-230.
16 Siehe Dean Acheson, *Present at the Creation: my years at the State Department*, New York, W. W. Norton, 1969, S. 323.
17 Brookes Argumentation zeichnete eine starke Logik und die Geschwindigkeit eines Maschinengewehrs aus. Seine Ausführungen begann er häufig mit den Worten: »Dem muß ich glatt widersprechen.«
18 Alanbrooke Papers, zitiert nach Fraser, *Alanbrooke*, S.295.
19 Marshall war zwar in Pennsylvania geboren, seine Familie stammte jedoch aus dem Süden, und er hatte das Virginia Military Institute absolviert.
20 Marshalls Bericht darüber, was Roosevelt ihm am 5. Dezember 1943 sagte, siehe Sherwood, S. 654. Die anderen beiden Mitglieder der Vereinten Stabschefs – Admiral Ernest King und General Henry (»Hap«) Arnold (USAAF) blieben bis Kriegsende auf ihren Posten.
21 Pershing hatte im ersten Weltkrieg das amerikanische Expeditionskorps in Frankreich kommandiert.
22 Obwohl von niedrigerem Dienstrang als die drei Britischen Stabschefs, nahm Ismay als Oberster Stabsoffizier des Verteidigungsministers an allen Beratungen des Komitees der Stabschefs teil. Die Hauptfunktion sowohl Ismays als auch Leahys bestand darin, schwierige Wege zu ebnen.
23 Bis August 1941 hatte Stalin die drei wichtigsten militärischen Funktionen des Sowjetstaates einschließlich der des Oberkommandierenden auf sich vereinigt. Das Staatliche Verteidigungskomitee (GKO) bestand ausschließlich aus Zivilisten, während die Mitglieder des Hauptquartiers vor allem Militärs waren.
24 Als Stalin das Hauptquartier im Februar 1945 reduzierte, wurde Wassilewski eines der Mitglieder, danach übernahm er das Kommando der Fernostfront. Später wurde er zum Marschall der Sowjetunion befördert und zum Verteidigungsminister ernannt.
25 Wassilewski, *Sache des ganzen Lebens*, S. 494.
26 Wassilewskis Vater war Kantor in einer Dorfkirche, siehe ebenda, S. 93, 493.

27 Konstantin Simonow, »Sametki k biografii G. K. Shukowa«, S. 60.

28 Zitiert nach Larrabee, *Commander in Chief*, S. 25.

29 General Joseph Stilwell, den Roosevelt schäbig behandelte, war auf der amerikanischen Seite eine bemerkenswerte Ausnahme. Churchill konnte sich auf die militärische Führung in Südostasien erst im Herbst 1943 verlassen, als Mountbatten zum Oberkommandierenden des Kommandos Südostasien ernannt wurde und Slim die Führung der Vierzehnten Armee übernahm.

30 Es wurde als Anhang 1 in Michael Howards *Grand Strategy* aufgenommen. Siehe Bd. IV, *April 1942 - September 1943*, London, HMSO, 1970, S. 597 ff. (woraus die nachfolgenden Zitate entnommen sind).

31 Am 18. Dezember 1941 wurden die letzten beiden Schlachtschiffe der britischen Mittelmeerflotte im Hafen von Alexandria von italienischen Froschmännern außer Gefecht gesetzt.

32 Obwohl MacArthurs theatralisches Versprechen an das Volk der Philippinen, er werde »zurückkehren«, in die Geschichte einging, war das letzte Signal General Jonathan Wainwrights an Roosevelt von Corregidor am 5. Mai 1942, er werde sich nun »mit gesenktem Haupt« ergeben, eines der bewegendsten des ganzen Krieges. Zitiert bei Burns, *Roosevelt*, Bd. II, S. 227.

33 Eine Definition des Begriffs »britisch« in diesem Kontext siehe S. 436.

34 Churchill, Bd. IV, 1, S. 115.

35 Zitiert nach Gilbert, *Churchill*, Bd. VII, S. 61.

36 Ebenda, S. 34.

37 CAB 65/14, Schlußfolgerungen des Kabinetts, Vertraulicher Anhang, 8. August 1940 und *Documents on Australian Foreign Policy, 1927-1949*, herausgegeben von R. G. Neale u. a., Canberra 1975-1983, Bd. IV, Dokument 64. Beide zitiert nach David Day, *The Great Betrayal: Britain, Australia and the onset of the Pacific War, 1939-1942*, New York, W. W. Norton, 1989, S. 72-73. Days Buch beleuchtet die innenpolitische Dimension der australischen Politik jener Zeit und die Verbitterung der australischen Regierung. Sie hatte sich 1941 mit der britischen Regierung überworfen, weil sie den Abzug der australischen Division aus dem belagerten Tobruk forderte.

38 Gilbert, *Churchill*, Bd. VII, S. 49-50. Dort werden die Churchill Papers, 20/69, zitiert.

39 Kimball, Bd. I, R-78x und R-106.

40 Siehe Gilbert, *Churchill*, Bd. VII, S. 53 ff.

41 Burns, *Roosevelt*, Bd. II, S. 210.

42 Dies um so mehr, als MacArthurs Forderungen nach Verstärkung ihn, einen erklärten Republikaner, zum Anziehungspunkt für die früheren Isolationisten machten, die nun verlangten, dem Kriegsschauplatz im Pazifik Vorrang zu geben.

43 Howard, *Grand Strategy*, Bd. IV, S. 20 ff.

44 Harris ist der einzige hohe britische Kommandeur, der nach dem Kriege keinen Adelstitel erhielt.

45 Siehe R-115, R-123/1 (Brief), R-129 und C-63 in Kimball, Bd. I. Siehe auch *Sowjetsko-Amerikanskie Otnoschenia*, Bd. I, Dokumente 77 und 82; *Sowjetsko-Angliskie Otnoschenia*, Bd. I, Dokument 40.

46 In den folgenden zwei Jahren war Churchill im Grunde genommen der einzige Befürworter dieser Operation, die seine eigenen Stabschefs aus gutem Grund immer wieder ablehnten.
47 Kimball, Bd. I, C-70.
48 Die Bedrohung Indiens und die politische Krise, die daraus entstand, wird im weiteren dargelegt.
49 Zitiert nach Forrest C. Pogue, *George C. Marshall*, 4 Bände, New York, Viking Press, 1963-1987, Bd. II, S. 318-319.
50 Kimball, Bd. I, C-40.
51 Siehe *Sowjetsko-Angliskie Otnoschenia*, Bd. I, Dokument 110.
52 Einen vollen Bericht über seine Begegnung mit Molotow am 22. Mai telegrafierte Churchill am 28. Mai 1942 an Roosevelt. Siehe Kimball, Bd. I, C-92.
53 Ebenda, R-131/1.
54 Ausführlich siehe *Sowjetsko-Amerikanskie Otnoschenia,* Bd. I, Dokumente 96 ff. Die beiden Gespräche Molotows mit Hopkins unter vier Augen siehe Dokumente 98 und 101.
55 CAB 120/684 vom 10. Juni 1942 und *Sowjetsko-Angliskie Otnoschenia*, Bd. I, Dokument 113.
56 *Sowjetsko-Angliskie Otnoschenia*, Bd. I, Dokument 112.
57 In Pearl Harbor ging kein amerikanischer Flugzeugträger verloren. Glücklicherweise befanden sie sich zur Zeit des japanischen Angriffs alle auf See.
58 Churchill an Marshall, Telegramm vom 16. April 1944 in Churchill Papers 20/162. Zitiert nach Gilbert, *Churchill*, Bd. VII, S. 741. Eine Zusammenfassung der Debatte um die Landungsschiffe siehe Larrabee, *Commander in Chief*, S. 444 ff. Der Vergleich der Stärke der amerikanischen Armee auf dem pazifischen und dem europäischen Kriegsschauplatz ist zitiert nach Maurice Matloff und Edwin Snell, *Strategic Planning for Coalition Warfare, 1941-1942*, Washington, D. C., Office of the Chief of Military History, Department of the Army, 1953, S. 359-361.
59 Die britische Flotte, die man nach dem Zusammenbruch in Südostasien zusammengekratzt hatte und zu der auch einige altertümliche Schlachtschiffe gehörten, wurde deshalb nach Kalindi an der Küste Kenias zurückgezogen.
60 Dieser Druck kam vor allem von Attlee, der Indien kannte, und von Bevin, der sich für Indien (wie für internationale Angelegenheiten überhaupt) stark interessierte.
61 Siehe Welles an Roosevelt, 29. Juli 1942, zitiert nach Thorne, *Allies of a Kind*, S. 241. Die amerikanischen Sorgen über Indien im Jahre 1942 siehe William Roger Louis, *India, Africa and the Second World War: ethnic and racial studies*, London, Routledge & Kegan Paul, 1986, S. 306 ff.
62 Ein früherer stellvertretender Kriegsminister, der nach den Worten eines amerikanischen Diplomaten in Indien zu jener Zeit »absolut ungeeignet war, mit den Briten und den Indern umzugehen«. Zitiert nach ebenda, S. 242.
63 Siehe Kimball, Bd. I, C-68.
64 Bei einem Essen im Mansion House in der City von London am 10. November 1942.

65 Siehe Kimball, Bd. I, R-116 und 132.

66 Als er z. B. einmal über die religiöse Zusammensetzung der indischen Armee diskutierte, scheint er die Sikhs (ihren wichtigsten Bestandteil) als Moslems betrachtet zu haben.

67 Siehe Kimball, Bd. I, C-68, Entwurf A, nicht abgesandt.

68 Das war Marshalls feste Position. In diesem Falle stimmte Brooke ihm zu, vor allem wegen der Katastrophe, die sich in der Westwüste bereits abzeichnete. Siehe Fraser, *Alanbrooke*, S. 257 ff.

69 Der Duke of Gloucester war einer der jüngeren Brüder des Königs. Die Praxis, daß ein Mitglied der Königlichen Familie den Oberkommandierenden der britischen Armee stellte, war bereits im 19. Jahrhundert eingestellt worden.

70 Kimball, Bd. I, R-160.

71 Hinsley, *British Intelligence*, Bd. II, S. 380 und Anhang 16. Die Quellen der Aufklärung der Achten Armee waren durchaus nicht nur auf *Ultra* beschränkt.

72 Diese gab Hindenburg damals die Möglichkeit (die er sofort ergriff), die anstürmende russische Armee in der Schlacht von Tannenberg zu besiegen. Seit dem Erscheinen von Alexander Solschenizyns Roman *August 1914* ist keine militärhistorische Arbeit mehr vonnöten, um diese Tatsache zu bestätigen.

73 Die *Stoßlinie* ist die Hauptachse eines deutschen Angriffs, die von der deutschen Armee als Kartenzeichen benutzt wurde, um den Vorausabteilungen die Möglichkeit zu geben, ihre jeweilige Position auf einfache Weise zu melden.

74 Den vollen Wortlaut dieses Tagesbefehls siehe Wassilewski, *Sache des ganzen Lebens*, S. 205-206.

75 Wie 1941 wurde wieder um das Ziel gestritten, das man anstrebte, diesmal Stalingrad oder der Kaukasus. Hitler wollte beide. Er erreichte deshalb keines von beiden.

76 Kimball, Bd. I, C-107 und Larrabee, *Commander in Chief*, S. 136-137.

77 Kimball, Bd. I, C-123 und R-170.

78 *Sowjetsko-Angliskie Otnoschenia*, Bd. I, Dokument 123.

79 Siehe ebenda, Dokument 126.

Kapitel 12

1 Einen Auszug aus dem französischen Bericht über de Gaulles Begegnung mit Churchill und Eden am 16. November 1942 siehe Charles de Gaulle, *Mémoires de Guerre*, Bd. II, S. 404.

2 Auf Churchills Bitte, die von Roosevelt sofort gewährt wurde, begleitete ihn allerdings Harriman nach Moskau.

3 Kimball, Bd. I, C-126a. Churchills Bitte an Roosevelt, die er diesem am 4. August aus Kairo telegrafierte, ist in zweierlei Hinsicht interessant: Sie gab den Ausschlag zu Roosevelts Entscheidung, Harriman ebenfalls nach Mos-

kau zu senden. Diesen Vorschlag Harrimans hatte Roosevelt vorher abgelehnt. Zugleich ist dies auch eines der ersten Dokumente der Korrespondenz zwischen Churchill und Roosevelt, in dem Stalin »Joe« oder »Onkel Joe« (U. J.) genannt wird.

4 Siehe Fraser, *Alanbrooke*, S. 280 ff. Dort findet sich ein lebendiger Bericht über Churchills ersten Besuch in Kairo (auf der Grundlage der Papiere von Alanbrooke), der diesem Abschnitt zugrunde liegt.

5 Churchills Bemerkung über Alexander siehe *General Eisenhower on the Military Churchill: a conversation with Alistair Cooke*, herausgegeben von James Nelson, New York, W. W. Norton, 1970, S. 79. Was Brookes Meinung über Alexanders Fähigkeiten betrifft, siehe Fraser, *Alanbrooke*, S. 334, 381, 390 und 429 ff.

6 Auchinleck lehnte, bitter enttäuscht, den unbedeutenderen Posten ab, den Churchill ihm anbot (Persien und Irak). Später wurde er jedoch Oberkommandierender in Indien.

7 Aneurin Bevan am 2. Juli 1942.

8 *Sowjetsko-Angliskie Otnoschenia*, Bd. I, Dok. 151.

9 Zu drei Verhandlungen und einem Staatsbankett. Die britischen Berichte über die Moskauer Verhandlungen siehe PREM 3/76A/9 ff. Die sowjetischen Berichte siehe *Sowjetsko-Angliskie Otnoschenia*, Bd. I, S. 265 ff.

10 Kimball, Bd. I, C-134. Dies ist die Kopie eines Berichtes, den Churchill bereits an das Kabinett gesandt hatte.

11 Nach britischen und amerikanischen Augenzeugenberichten vom zweiten Gespräch war Churchill über Stalins spöttische Bemerkung, die Briten wollten nicht gegen die Deutschen kämpfen, so verletzt, daß er eine wütende Gegenrede startete. Stalin soll bemerkt haben, was Churchill sage, sei unwichtig, »wichtig ist sein Geist«. Gilbert zitiert in *Churchill,* Bd. VII, S. 186 Generalleutnant Sir Ian Jacob und Averell Harriman, die beide anwesend waren. Im sowjetischen Bericht ist diese Bemerkung nicht enthalten.

12 Churchill, Bd. IV, 2, S. 86.

13 *Sowjetsko-Angliskie Otnoschenia*, Bd. I, S. 273.

14 Siehe ebenda, Dokumente 132 und 133.

15 Der Hinweis auf Churchills Entscheidung bereits am Morgen des 15. August ist in Jacobs Tagebuch enthalten. (Oberst Jacob wählte als neuen Dolmetscher für den Premierminister auch den zweisprachigen Major A. H. Birse aus.) Der dramatische Bericht über Botschafter Clark Kerrs Diskussion mit Churchill während des Spaziergangs ist Teil von dessen handschriftlichem Bericht über Churchills Besuch (Aktenzeichen FO 800/300. Dieser Bericht wurde nicht verbreitet. Er enthielt eine Zeichnung des völlig nackten Churchill). Clark Kerr, der für seine Eitelkeit bekannt war, traf mit dem Premierminister während dieses Besuches nur selten zusammen.

16 Dieser Wechsel guter und schlechter Stimmung bei Stalin wurde damals zum Teil als Verhandlungstaktik betrachtet und zum anderen damit begründet, er müsse auf Kollegen Rücksicht nehmen, die noch starrköpfiger seien als er, eine Ansicht, die die Amerikaner später auch übernahmen. Der Mythos von »Stalin, dem Gefangenen des Politbüros«, hielt sich viele Jahre lang.

17 Siehe *Sowjetsko-Angliskie Otnoschenia*, Bd. I, S.279.

18 Sir Ian Jacobs Tagebuch in den Jacob Papers in Woodbridge, Suffolk, S. 105 ff.

19 Siehe *Sowjetsko-Angliskie Otnoschenia*, Bd. V, Dokument 244. Herbert Feis betrachtet in seinem Buch *Churchill-Roosevelt-Stalin*, S. 614, Churchills Reaktion darauf in seinen Memoiren als »ironisch«. Diese Auffassung teile ich nicht unbedingt.

20 Die Öffnung der Verbindungswege durch das Mittelmeer, Stützpunkte für Luftangriffe gegen Italien, die Bedrohung von Rommels Hinterland und die Sperrung des Weges nach Dakar für die Achse – *Sowjetsko-Angliskie Otnoschenia*, Bd. I, Dokument 130.

21 Siehe ebenda, Bd. I, S. 270.

22 Im Herbst 1942 wurde allerdings viel über die Möglichkeit debattiert, eine anglo-amerikanische Luftstreitmacht zur Unterstützung der sowjetischen Verteidigung in den Kaukasus zu entsenden. Dies erübrigte sich dann, und der Plan wurde fallengelassen.

23 Siehe *Sowjetsko-Angliskie Otnoschenia*, Bd. I, Dokument 147.

24 Ebenda, Dokumente 161 und 163.

25 Ebenda, S. 299.

26 Siehe Churchill Papers, zitiert nach Gilbert, *Churchill*, Bd. VII, S. 160.

27 Der Unterpunkt (c) (IV) dieses Memorandums *CCS 94* wird im vollen Wortlaut zitiert bei Howard, *Grand Strategy*, Bd. IV, S. XXIII.

28 Das Memorandum, in dem auf der *Arcadia*-Konferenz die Strategie mit der vorrangigen Orientierung auf Europa festgelegt wurde.

29 Zitiert nach Howard, *Grand Strategy*, Bd. IV, S.192.

30 Siehe ebenda, Kapitel XI, »Die Herbstdebatten«.

31 Siehe ebenda und Fraser, *Alanbrooke*, S. 263 ff.

32 Kimball, Bd. I, R-189.

33 Ebenda, R-185 und C-145.

34 Die französischen Truppen in Nordafrika waren zwar schlecht ausgerüstet, aber sehr zahlreich – über 100 000 Mann.

35 Das waren drei Divisionen und eine Luftflotte. Hitler antwortete außerdem mit der Besetzung ganz Frankreichs.

36 Algier, die Hauptstadt Algeriens – eines französischen Übersee-Departements –, war das politische Zentrum Französisch-Nordafrikas. Die beiden anderen Territorien, die außerdem dazugehörten, Tunesien und Marokko, hatten einen ganz anderen Status.

37 Siehe Frances Perkins, *Roosevelt, wie ich ihn kannte*, Berlin/München 1949, S.86. Roosevelts spöttischer Vergleich de Gaulles mit Jeanne d'Arc resultierte aus einem falsch verstandenen Gespräch zwischen de Gaulle und Admiral King.

38 Churchill, Bd. II, 1, S. 222.

39 Churchills Geheimrede siehe Gilbert, *Churchill*, Bd. II, S. 272 ff.

40 Siehe Kimball, Bd. I, R-186/1. Die Botschaft wurde zwar nicht abgesandt, aber der erste Satz ihres zweiten Absatzes entspricht exakt Roosevelts Meinung, die anderweitig belegt ist.

41 Ebenda, C-148.

42 Siehe ebenda, R-180 und C-142.

43 Siehe David Kahn, *The Codebreakers*, S. 221-222.

44 Alfred Duff Cooper, *Das läßt sich nicht vergessen*, München, 1954, S.408-409. Duff Cooper war von 1944 bis 1947 britischer Botschafter in Frankreich.

45 Map Room Files, Box 105, Blatt 3, Roosevelt-Bibliothek in Hyde Park und *FRUS, 1942*, Bd. II, S. 409 und 423.

46 Das einzige wirkliche Zusammentreffen von Umständen bestand darin, daß Darlans Sohn Ende Oktober an Kinderlähmung erkrankte. Dies führte zu einem persönlichen Briefwechsel mit Roosevelt über Warm Springs in Georgia, wo Alain Darlan dann auch behandelt wurde (diese Korrespondenz wird jetzt in der Roosevelt-Bibliothek in Hyde Park aufbewahrt).

47 Siehe *FRUS, 1942*, Bd. II, S. 398 ff. und Map Room Files, Box 105, Blatt 3, Roosevelt-Bibliothek Hyde Park. Churchills Fehlinterpretation siehe Churchill, Bd. IV, 2, S. 228, 239.

48 Zitiert nach Howard, *Grand Strategy*, Bd. IV, S. 174.

49 Siehe *FRUS, 1942*, Bd. II, S. 453 ff.

50 Siehe Kimball, Bd. II, C-190.

51 Ebenda, R-214 und C-198; *FRUS*, Bd. II, S. 445; *Sowjetsko-Angliskie Otnoschenia*, Bd. I, Dokument 161.

52 Siehe *Sowjetsko-Angliskie Otnoschenia*, Bd. I, Dokumente 161, 184 und 199.

53 Bevin wurde zu jener Zeit allgemein als das stärkste Mitglied des Kriegskabinetts angesehen, und dies mit gutem Grund.

54 Erst am Ende dieses Monats ernannte Churchill den (damals) wenig bekannten konservativen Politiker Harold Macmillan zum Ständigen Britischen Vertreter beim Hauptquartier der Alliierten Streitkräfte.

55 CAB 66/WP42/565 vom 7. Dezember 1942.

56 Henry (»Hal«) Mack, der 1940 in der britischen Botschaft in Paris tätig war, wurde später Leiter der Frankreich-Abteilung im Foreign Office. Nach seinem Einsatz in Algier hatte er eine ganze Reihe leitender Positionen inne, so z. B. die des Missionschefs in Wien (1945-1948), wo der Autor einer seiner Mitarbeiter war.

57 Siehe Kimball, Bd. II, C-227. Roosevelt zweifelte die Exaktheit der darin enthaltenen Informationen an.

58 Siehe Anthony Verrier, *Assassination in Algiers*, New York, W. W. Norton, 1990. Ich bin Anthony Verrier dankbar, daß er mich auf Macks Einschätzung aufmerksam machte, die im vorangegangenen Abschnitt zitiert ist.

59 Die SOE (Special Operations Executive - Einheit für Sonderoperationen) war die britische Geheimorganisation, die 1940 gebildet wurde, um nach Churchills Worten »Europa in Flammen zu setzen«. Die entsprechende amerikanische Organisation war Teil des OSS (Office of Strategic Services - Büro für Strategische Dienste) unter Colonel William Donovan. Vor der Invasion wurden die Operationen der SOE in Nordafrika von Gibraltar und die der OSS von Tanger aus geleitet.

60 *Briefwechsel*, Dokument 93.

61 Eine Anspielung auf das historische Treffen Napoleons und Zar Alexander I. am Fluß Njemen, Kimball, Bd. II, R-224.

Kapitel 13

1 Diese Bezeichnung für die Gegenoffensive von zwei Seiten zugleich – über den mittleren Pazifik (Nimitz) sowie über Neuguinea und die Philippinen (MacArthur) wurde von King im Februar 1943 vorgeschlagen. Um diese Strategie gab es viel Rivalität und viele Kontroversen in den USA; letzten Endes erwies sie sich aber als sehr wirkungsvoll.

2 Siehe z.B. Brookes Tagebuchnotiz vom 1. Januar 1943: »Wir beginnen das Jahr 1943 unter Bedingungen, die ich niemals zu erhoffen gewagt hätte.« Diese Worte treffen noch mehr auf den Januar 1944 zu. Siehe Fraser, *Alanbrooke*, S. 309-310.

3 Es ist eine Ironie, daß die Soldaten der britischen Armee in Afrika, gelangweilt von den meist faden englischen Liedern des zweiten Weltkrieges, diese melancholische Melodie oft hörten. Schließlich mußte sogar eine muntere englische Version produziert werden, die dann in einer Form in den Repertoires der Tanzkapellen auftauchte, die den Fatalismus des deutschen Originals vergessen ließ.

4 Ismay erinnerte sich später an das Jahr 1943 als »das Jahr der Konferenzen«. Churchill und Roosevelt nahmen insgesamt an sechs solcher Begegnungen teil: in Casablanca, in Washington (*Trident*) und Hyde Park, in Quebec (*Quadrant*) und Hyde Park sowie in Teheran (*Heureka*). Vor und nach *Heureka* fand jeweils eine Konferenz in Kairo statt. Obwohl Churchill im Februar und März an Lungenentzündung erkrankte, unternahm er noch einige weitere Reisen. So traf er z. B. im Januar mit dem türkischen Präsidenten in Adana und im Juni (in Begleitung Marshalls) mit Eisenhower in Algier zusammen.

5 Siehe John Ehrman, *Grand Strategy*, Bd. V, S. 133-135.

6 Kimball, Bd. I, R-210.

7 Vermerk des Verteidigungsministers vom 3. Dezember 1942, Wortlaut siehe Gilbert, *Churchill*, Bd. VII, S. 270-271.

8 *Sowjetsko-Amerikanskie Otnoschenia*, Bd. I, Dokument 153. Drei Tage später sandte Roosevelt die Übersetzung an Churchill, siehe Kimball, Bd. II, R-238.

9 Vermerk des Verteidigungsministers vom 29. Dezember 1942, zitiert nach Gilbert, *Churchill*, Bd. VII, S. 285.

10 Ebenda, S. 271.

11 Die Bedeutung dieser Straße war Gegenstand heftiger Debatten zwischen den britischen und amerikanischen Militärs in Südostasien.

12 Howard, *Grand Strategy*, Bd. IV, Anhang III (E) – CCS 166/1/I vom 21. Januar 1943.

13 Als Ablenkungsmanöver für Operation *Husky* wurde eine Invasion auf Sardinien vorgetäuscht.

14 Memorandum des Gemeinsamen Komitees der Stabschefs »Kriegführung im Jahre 1943« vom 19. Januar 1943. Siehe Howard, *Grand Strategy*, Bd. IV, Anhang IV (D). Anhang IV (F) dieses Bandes bildet der Bericht des Gemeinsamen Komitees der Stabschefs vom 23. Januar, den der Präsident und der Premierminister bestätigten.

15 Den endgültigen Wortlaut der gemeinsamen Botschaft Churchills und Roo-

sevelts an Stalin, den sie am 9. Februar abstimmten und übermittelten, siehe Kimball, Bd. II, C-263. Den russischen Text siehe *Sowjetsko-Angliskie Otnoschenia*, Bd. I, Dokument 181. Stalins Bitte um konkrete Informationen siehe ebenda, Dokument 177.

16 Kimball, Bd. II, C-263, eine Botschaft, die Churchill in seinem und Roosevelts Namen an Stalin sandte.

17 *Sowjetsko-Angliskie Otnoschenia*, Bd. I, Dokument 184. Churchills Botschaft, auf die hier geantwortet wurde, siehe ebenda, Dokument 196 und Kimball, Bd. II, C-271.

18 Ab Mitte Februar 1943 war Churchill vier Wochen lang wegen einer Lungenentzündung weitgehend handlungsunfähig.

19 *Sowjetsko-Angliskie Otnoschenia*, Bd. I, Dokument 199.

20 Am 13. August 1943 gab Churchill Roosevelt ein Exemplar des »grimmigen, gut geschriebenen« Berichts Owen O'Malleys vom 24. Mai über das Massaker. Siehe Kimball, Bd. II, C-412/2 ff. Siehe auch *Iswestija*, 14. April 1990.

21 Churchill an Stalin, 24. April 1943. Stalins Telegramm vom 21. April, in dem er Churchill über den Abbruch der sowjetisch-polnischen Beziehungen informierte, siehe *Sowjetsko-Angliskie Otnoschenia*, Bd. I, Dokument 210. Sikorski kam im Juni 1943 bei einem Flugzeugabsturz ums Leben.

22 Siehe Howard, *Grand Strategy* , Bd. IV, S. 281.

23 Siehe Kimball, Bd. II, C-298, R-278, C-299, C-300 und C-325.

24 Roosevelt war besonders an Dakar als Marinebasis interessiert. Er wollte, daß die Franzosen auch ihre Marinebasis in Biserta räumten.

25 Kimball, Bd. II, S. 254 und R-288.

26 Ebenda, C-373.

27 Roosevelt lehnte eine Teilnahme de Gaulles an der Jaltaer Konferenz im Februar 1945 ab und schlug diesem statt dessen vor, ihn auf dem Rückweg in Algier zu treffen. De Gaulle machte seinem Ärger öffentlich Luft und lehnte ab, bot allerdings an, Roosevelt in Paris zu empfangen. Dies wies Roosevelt zurück.

28 Siehe Kimball, Bd. VIII, R-648 (den letzten Satz).

29 Siehe Churchill, Bd. IV, 2, S. 313.

30 CAB 65/37 und 120/79 vom 20. bzw. 21. Januar 1943.

31 Diese war vom SOE arrangiert worden und scheiterte, weil Eden es ablehnte, einen Empfang La Malfas im Foreign Office zu erlauben. Er gestattete dies nur im Kriegsministerium, als ob es sich nicht um einen politischen Führer, sondern um einen Agenten handelte. La Malfa lehnte ab. Siehe Richard Lamb, *The Ghosts of Peace, 1935-1945*, Salisbury, Wilts, Michael Russell, 1987, S. 181-182.

32 Zitiert nach Howard, *Grand Strategy*, Bd. IV, S. 341.

33 Bei einer letzten Begegnung in Feltre in Italien Mitte Juli wurde noch weniger erreicht.

34 Zitiert nach Paolo Monelli, *Roma 1943*, Mailand, Mondadori, 1945, S. 111. Bonomis Gespräche im Jahr 1943 mit dem König siehe Maurice Vaussard, *Histoire de l'Italie contemporaine, 1870-1946*, Paris, Hachette, 1950, S. 282 ff.

35 Zitiert nach Howard, *Grand Strategy*, Bd. IV, S. 465.

36 Im allgemeinen gab es zwischen den Alliierten in Moskau nur einen begrenzten Austausch von Geheiminformationen, die deutschen Vorbereitungen auf die Kursker Schlacht waren jedoch eine bemerkenswerte Ausnahme. Siehe Hinsley, *British Intelligence*, Bd. III, S. 624 und Anhang 22. Es kann nur darüber spekuliert werden, ob alle deutschen Chiffriermaschinen und deren Bedienungspersonal bei Stalingrad der Gefangenschaft entgingen.

37 Churchill an Stalin, 10. Mai 1943. Churchill Papers, zitiert bei Gilbert, *Churchill*, Bd. VII, S. 396. Den vollen russischen Wortlaut siehe *Sowjetsko-Angliskie Otnoschenia*, Bd. I, Dokument 217.

38 Siehe Howard, *Grand Strategy*, Bd. IV, S. 431 ff. Dort wird der entscheidende Absatz des Übereinkommens zitiert.

39 Siehe ebenda, S. 457.

40 Ebenda, S. 431.

41 Den russischen Text siehe *Sowjetsko-Amerikanskie Otnoschenia*, Bd. I, Dokument 196.

42 Ebenda, Dokument 226.

43 Maiski war nach wie vor sowjetischer Botschafter in London, und seit 1942 hatte die sowjetische Botschaft in Washington als Botschaftsrat (und späteren Botschafter) Andrej Gromyko zur Verfügung, einen der fähigsten Vertreter von Molotows Team junger Diplomaten. Ein frühes Beispiel für Gromykos politisches Urteilsvermögen ist ein langer Brief, den er am 14. August 1942 an Molotow schrieb. Darin analysiert er die amerikanische Meinung zur Frage einer zweiten Front. Siehe *Sowjetsko-Amerikanskie Otnoschenia*, Bd. I, Dokument 131.

44 Siehe Kimball, Bd. II, C-309, C-310 und R-289; *Sowjetsko-Amerikanskie Otnoschenia*, Bd. I, Dokument 194; *FRUS, The Teheran Conference*, S. 3-4.

45 Kimball, Bd. II, C-328 und R-297; *Sowjetsko-Angliskie Otnoschenia*, Bd. I, Dokument 224.

46 Siehe das Tagebuch Alanbrookes, Eintragung vom 5. August 1943, zitiert nach Fraser, *Alanbrooke*, S. 357.

47 Persönliche Notiz des Premierministers vom 19. Juli 1943. Siehe Churchill Papers, zitiert nach Gilbert, *Churchill*, S. 444-445.

48 Zitiert nach Howard, *Grand Strategy*, Bd. IV, S. 561.

49 Zitiert nach Fraser, *Alanbrooke*, S. 361.

50 Siehe Howard, *Grand Strategy*, Bd. IV, Anhang VIII, *Final Report to the President and the Prime Minister at Quadrant*, 24. August 1943.

51 Siehe Map Room Files, Box 34, Roosevelt-Bibliothek in Hyde Park, Marshall an Roosevelt, 29. Juli; Roosevelt an Marshall, 30. Juli; und Churchill an Roosevelt, Nr. 339 vom 30. Juli 1943.

52 Der große byzantinische General Belisarius eroberte Rom von den Goten zurück und rückte bis Ravenna vor. Diese historische Parallele schien dem deutschen Generalstab nicht entgangen zu sein: im Jahre 1944 nannten die Deutschen ihre Verteidigungslinie in den nördlichen Apenninen die Gotenlinie.

53 Die einzige Amphibienoperation, die im ganzen Italienfeldzug nach Salerno unternommen wurde, war Operation *Shingle* (siehe Kapitel 15). Im Frühjahr

1944 waren die einzigen Gebirgstruppen der Fünfzehnten Armeegruppe die marokkanischen Regimenter des französischen Korps, die in der Schlacht zur Umgehung von Cassino im Mai/Juni 1944 eine entscheidende Rolle spielten. Nach der Einnahme von Rom wurden jedoch alle französischen Truppen abgezogen. (Die Gurkhas, die in den in Italien kämpfenden indischen Divisionen dienten, kannten zwar die Berge, können aber nicht als Gebirgseinheiten im vollen Sinne des Wortes betrachtet werden.)

54 Den offiziellen britischen militärhistorischen Bericht siehe Howard, *Grand Strategy*, Bd. IV, Kapitel XXVII. Aus italienischer Sicht bietet Monellis Arbeit *Roma 1943* eine lebendige Darstellung, obwohl sie zu kurz nach dem Kriege geschrieben wurde, um offizielle Quellen benutzen zu können. Seitdem sind viele weitere Arbeiten erschienen, die sich auf die jetzt zugänglichen dokumentarischen Quellen stützen, so z. B. Giuseppe Castellano, *La guerra continua*.

55 Siehe Kimball, Bd. II, C-R/Telefon 4.

56 Ebenda, R-324 und C-383.

57 Schließlich setzte er nach der Einnahme Roms seinen Sohn, Kronprinz Umberto, als Statthalter ein. Dieser dankte am 9. August 1946 ab, nachdem sich die Mehrheit in einem Referendum für die Republik ausgesprochen hatte.

58 Zitiert nach Howard, *Grand Strategy*, Bd. IV, S. 517.

59 Siehe Map Room Papers, Box 34, CCS Telegramm Nr. 50 an Eisenhower vom 17. August 1943, Roosevelt-Bibliothek Hyde Park. Diese Instruktionen stellten das britische Kriegskabinett vor eine vollendete Tatsache (insbesondere Eden meldete Vorbehalte an). Siehe Howard, *Grand Strategy*, Bd. IV, S. 524.

60 Die *Long Terms* waren jedoch nicht vergessen. Nachdem die Worte »bedingungslose Kapitulation« eingefügt worden waren, erhielten sie Ende August in Washington ihre endgültige Bestätigung. Badoglio persönlich unterzeichnete sie einen Monat später unter Protest an Bord des britischen Kriegsschiffes *Nelson* im Hafen von Valletta. Am 13. Oktober 1943 erklärte die italienische Regierung Deutschland den Krieg.

61 Dies waren der Amerikaner General Walter Bedell Smith und der Brite Brigadier Kenneth Strong.

62 Es war der 12. September 1943.

63 Von ihren Stützpunkten in Genua und La Spezia erreichte die italienische Flotte zusammen mit einem Geschwader aus Taranto schließlich Malta. Unterwegs wurde das Schlachtschiff *Roma* von deutschen Flugzeugen versenkt, wobei es zahlreiche Opfer gab.

64 Fünf Tage bevor Clarks Fünfte Armee bei Salerno landete, stieß die Achte Armee unter Montgomery über die Straße von Messina nach Kalabrien vor. Ihr mühsamer und langsamer Vormarsch ist eher auf die gesprengten Brükken zurückzuführen als auf direkte Feindeinwirkung. Als sie Salerno erreichte, war die erbitterte Schlacht um den dortigen Brückenkopf bereits gewonnen.

65 Siehe *Sowjetsko-Amerikanskie Otnoschenia*, Bd. I, Dokumente 219 und 220.

66 Auf dem Moskauer Treffen der Außenminister wurde vereinbart, ein Bera-

terkomitee für Italien zu bilden, in dem die Sowjetregierung (aber auch die Regierungen Frankreichs, Griechenlands und Jugoslawiens) vertreten sein sollten.

67 Siehe *Briefwechsel*, Bd. I, Dokument III.

68 Siehe Kimball,Bd. II, R-418.

69 Die Deutschen versenkten 67 Schiffe der Alliierten und verloren dabei 64 U-Boote.

70 Persönlicher Vermerk des Premierministers vom 19. Oktober 1943. Siehe Churchill Papers, zitiert bei Gilbert, *Churchill*, Bd. VII, S. 533.

71 *Alanbrooke Diary*, 19. Oktober 1943, zitiert ebenda, S. 532.

72 Churchill, Bd. V, 1, S. 286, 294.

73 Kimball, Bd. II, R-379.

74 Ebenda, C-471.

75 Siehe *Sowjetsko-Angliskie Otnoschenia*, Dokumente 294 und 295.

Kapitel 14

1 Alanbrooke, Aufzeichnungen, zitiert nach Fraser, *Alanbrooke*, S. 385.

2 *Teheran, Jalta, Potsdam*, S. 50. Welche militärischen Entscheidungen in Teheran auch immer gefaßt werden sollten, Stalin war sichtlich entschlossen, dies selbst zu tun.

3 Nach der Entdeckung des Massakers von Katyn.

4 Da es für diese Untersuchung wichtig ist, genau zu wissen, wie Roosevelts Bemerkungen Stalin übermittelt wurden, fußen die Zitate und die gesamte Darlegung der nächsten beiden Abschnitte auf dem sowjetischen Bericht. Siehe *Sowjetsko-Amerikanskie Otnoschenia*, Bd. I, Dokument 96.

5 »Morgengedanken, Aufzeichnungen des Premierministers über die Sicherheit in der Nachkriegszeit«, 1. Februar 1943. Den vollen Wortlaut siehe Howard, *Grand Strategy*, Bd. IV, Anhang V. Diese Aufzeichnungen entstanden an einem ungewöhnlichen Ort: in dem Eisenbahnabteil in Adana, wo Churchill im Januar 1943 mit dem türkischen Präsidenten zusammentraf.

6 Siehe Kimball, Bd. II, C-297/1, Memorandum.

7 Im September 1943 war Welles, mit dem Roosevelt stets sehr gern persönlich zusammengearbeitet hatte, gezwungen, das State Department zu verlassen. William Bullitt (der unbedingt Welles' Posten haben wollte) legte Roosevelt die eidesstattliche Erklärung eines Schlafwagenschaffners der Southern Railway vor, in der Welles der Homosexualität bezichtigt wurde. Roosevelt vergaß dies Bullitt niemals. Siehe Will Brownell und Richard N. Billings, *So Close to Greatness: the first biography of William C. Bullitt*, New York, Macmillan, 1987, S. 293 ff. Bullitt ging noch weiter, um Welles zu diskreditieren.

8 Den russischen Wortlaut siehe *Sowjetsko-Angliskie Otnoschenia*, Bd. I, Dokument 297.

9 Der Stab des Hauptquartiers der Alliierten Streitkräfte setzte sich aus Briten und Amerikanern zusammen. Von dem Rhodos-Projekt hielten auch die britischen Stabschefs nicht viel und sahen es im Zusammenhang mit Churchills

Fixierung auf die Ägäis. Die Inseln Kos und Leros waren nach der Kapitulation Italiens von britischen Truppen eingenommen worden; zur Zeit der Teheraner Konferenz hatten die Deutschen sie jedoch zurückerobert.

10 Im Januar 1945 widersetzte sich Roosevelt, solange er konnte, Churchills Vorschlag, auf dem Wege nach Jalta zu einer anglo-amerikanischen Beratung auf Malta zusammenzutreffen. Truman benutzte am 11. Mai 1945 in einer Botschaft an Churchill dasselbe Wort: »Verschwörung«.

11 Siehe *Sowjetsko-Angliskie Otnoschenia*, Bd. I, Dokument 301.

12 Zitiert nach McNeill, *America, Britain and Russia*, S. 347-348.

13 *FRUS, the Teheran Conference*, S. 463.

14 *Sowjetski Sojus na meschdunarodnych konferenziach perioda Welikoi Otetschestwennoi woiny 1941-1945 gg., sbornik dokumentow* (fortan SSNMK), Moskau, Politisdat, 1978-79, Bd. II, Dokument 47.

15 Auf diesen Fakt wies Valentin Bereschkow 1989 in der bereits erwähnten Fernsehsendung hin; siehe Kapitel 7, Anmerkung 94.

16 Die Bezüge auf die Teheraner Konferenz in diesem Kapitel sowie auf die Konferenzen von Jalta und Potsdam in Kapitel 17 und 18 beruhen in der Hauptsache auf den Mitschriften Bohlens, siehe Serie *Foreign Relations of the United States*. Sie werden von Zeit zu Zeit durch Auszüge aus den sowjetischen und britischen Mitschriften ergänzt. Die Aufzeichnungen Bohlens von der Teheraner Konferenz siehe *FRUS, the Teheran Conference*. Die sowjetischen Berichte siehe *Teheran, Jalta, Potsdam*, S. 35-108. Weder von der Teheraner noch der Jaltaer Konferenz existieren veröffentlichte britische Niederschriften. Was Teheran betrifft, so sind die wichtigsten Akten des Public Record Office unter den Aktenzeichen CAB 80/77, CAB 120/113 und PREM 3/136/10 zu finden.

17 Durch die Öffnung des Seeweges im Mittelmeer als Folge der Invasion Italiens wurden jährlich Schiffstransporte von einer Million Tonnen eingespart. Ein weiterer wichtiger strategischer Gewinn, der Stalin bewußt war, den er aber nicht erwähnte, war die Gewinnung von Luftstützpunkten in Süditalien.

18 *Sowjetsko-Angliskie Otnoschenia*, Bd. I, S. 487.

19 CAB 120/113. Siehe auch Charles E. Bohlen und Robert M. Phelps, *Witness to History, 1929-1969*, New York, W. W. Norton, 1973, S. 144 ff.

20 Churchill, Bd. V. 2, S. 63-64.

21 Aufzeichnungen des Gemeinsamen Komitees der Stabschefs, JCS files, Zusammenkunft in der Britischen Vertretung, *FRUS, the Teheran Conference*, S. 555 ff.

22 *Teheran, Jalta, Potsdam*, S. 86-87. Die sowjetische Mitschrift ist in indirekter Rede abgefaßt. Die britischen Aufzeichnungen - CAB 120/113 - stimmen damit überein, enthalten jedoch zusätzlich eine Bemerkung Stalins, die Russen seien »kriegsmüde«, und deshalb werde es für sie sehr schwierig werden, den Krieg fortzusetzen, wenn »1944 keine große Veränderung« eintrete.

23 Dabei machte er seine Haltung davon abhängig, mit wie vielen deutschen Divisionen man es bei *Overlord* zu tun haben werde.

24 Zur Curzon-Linie siehe Anmerkung 7 in Kapitel 6.

25 In der sowjetischen Mitschrift (*SSNMK*, Bd. II, S. 150) taucht dieselbe Formulierung auf, wird jedoch hier Churchill zugeschrieben, dem Stalin zustimmte.
26 Diese beiden Gebiete waren zum einen der »Nord-Ostsee-Kanal und die Stadt Hamburg«, zum anderen »das Ruhr- und Saargebiet, die ganz Europa zugute kommen« sollten.
27 *Teheran, Jalta, Potsdam*, S. 106-107.
28 Siehe Kimball, Bd. II, C-521 und R-427.
29 Dill an Brooke am 16. Oktober 1943, zitiert nach Fraser, *Alanbrooke*, S. 374.

Kapitel 15

1 *Sowjetsko-Angliskie Otnoschenia*, Bd. II, Dok. 1.
2 Die Internationale Bank für Wiederaufbau und Entwicklung (IBRD) ist heute allgemein als Weltbank bekannt.
3 Im Abkommen von Hyde Park, September 1944.
4 Churchill instruierte zumindest Eden, »aus der Air Force herauszuholen, was Sie können«, jedoch ohne Ergebnis. Siehe Gilbert, *Churchill*, Bd. VII, S. 846 bis 847.
5 Siehe Vorwort, S. 13.
6 Siehe Charles Moran, *Winston Churchill: The struggle for survival*, Vorwort, S. 36.
7 Lord Normanbrook u. a., *Action This Day: working with Churchill*, S. 10-11. Der hier zitierte ironische Kommentar über Moran stammt aus dem Kapitel John Colvilles in dem Buch – siehe S. 110. Die sechs Autoren übergaben alle Honorare dem Churchill College in Cambridge.
8 Neben Djilas (*Gespräche mit Stalin*) äußerte sich auch Stalins Tochter (*Zwanzig Briefe an einen Freund*) dazu. Im Jahre 1944 klagte Stalin bei Begegnungen mit seinen Verbündeten mehrmals über seinen Gesundheitszustand.
9 Churchills Auftreten im Unterhaus und die Episode im Buckingham Palace werden in einem Brief Harold Nicolsons an seine Söhne beschrieben, zitiert bei Gilbert, *Churchill*, Bd. VII, S. 655-656.
10 Siehe ebenda, Kapitel 38-50.
11 Siehe *Alanbrooke Diary*, Eintragung vom 7. Mai 1944, zitiert ebenda, S. 759.
12 Persönliche Notiz des Premierministers für General Ismay und das Komitee der Stabschefs vom 8. September 1944. Siehe Churchill Papers 20/153; zitiert nach Gilbert, *Churchill*, S. 942-943.
13 Zahlreiche derartige Beispiele werden bei Fraser beschrieben – *Alanbrooke*, S. 396 ff.
14 Dies war Arthur Rosenman. Siehe Burns, *Roosevelt*, Bd. II, S. 416.
15 *PPA: 1943*, S. 553-562.
16 Korvettenkapitän Howard G. Bruenn.
17 Ein Finanzier, Philanthrop und persönlicher Freund Churchills und Roosevelts; letzterer nannte Baruch allerdings einen »alten Wichtigtuer«.
18 Dazu gehörten weniger Zigaretten und Alkohol, eine Stunde Ruhe nach den

Mahlzeiten, mindestens zehn Stunden Schlaf, Schwimmverbot und eine Diät von 2600 Kalorien.

19 Roosevelt siegte mit 3,6 Millionen Stimmen Mehrheit von insgesamt 48 Millionen abgegebenen Stimmen.

20 Churchill Papers 4/361, zitiert nach Gilbert, *Churchill*, Bd. VII, S. 1223.

21 Siehe Paul Kennedy, *Aufstieg und Fall der großen Mächte*, Tabelle 34 – »Flugzeugproduktion der Mächte, 1939-1945«.

22 Eine Zusammenfassung der vorliegenden Informationen siehe Larrabee, *Commander in Chief*, S. 342 ff.

23 *FRUS: the Conference of Berlin (the Potsdam Conference), 1945*, Bd. I, S. 27.

24 *FRUS: the Conferences at Malta and Yalta, 1945*, S. 209-210.

25 Eine objektive Einschätzung siehe Fraser, *Alanbrooke*, S. 399 ff.

26 *Alanbrooke Diary*, Eintragung vom 29. Februar 1944, zitiert ebenda, S. 403.

27 Diese Operation war wirkungslos, weil die Schuttberge, die das Bombardement hinterließ, den Vormarsch der britischen Truppen behinderten. Sie war auch nicht sehr akkurat ausgeführt. Eine Bombenserie landete östlich der Apenninen auf dem taktischen Hauptquartier der Achten Armee.

28 Clarks persönliche Eitelkeit war bekannt, aber auch hier lag letztendlich die Verantwortung bei Alexander. Als Eisenhower im Januar 1944 das Hauptquartier der Alliierten Truppen verließ, um das Kommando über Operation *Overlord* zu übernehmen, wurde General Henry Maitland Wilson als Oberkommandierender für den Mittelmeerraum eingesetzt. General Alexander wurde daraufhin Kommandeur der Alliierten Truppen in Italien, die aus der Achten (britischen) Armee und der Fünften (amerikanischen) Armee bestanden. Beide Führungsoffiziere waren nun Briten. Von diesem Zeitpunkt an lag der Mittelmeerraum vorwiegend in britischer Verantwortung.

29 Kimball, Bd. III, C-721.

30 *Alanbrooke Diary*, Eintragungen vom 22. und 23. Juni 1944, zitiert nach Fraser, *Alanbrooke*, S. 429.

31 Am 28. Juni entschlüsselte man in Bletchley Park Hitlers Befehl, die Apenninenstellung müsse die letzte Auffanglinie sein, um die Alliierten daran zu hindern, in die Poebene vorzudringen, was unabsehbare Folgen hätte – Special Intelligence Summary vom 28. Juni 1944, zitiert bei Gilbert, *Churchill*, Bd. VII, S. 822.

32 Siehe Kimball, Bd. III, C-717 und 718.

33 Ebenda, R-573.

34 Ebenda, R-574.

35 Ebenda, C-721 (nicht abgesandt) und C-721 (abgesandt). Roosevelts definitive Antwort siehe R-577.

36 Churchill, Bd. VI, 1, S. 148.

37 Persönliches Telegramm des Premierministers vom 31. August 1944, zitiert nach Gilbert, *Churchill*, Bd. VII, S. 931. Smuts, der im Burenkrieg gegen die Briten gekämpft hatte, wurde später Premierminister Südafrikas und im ersten Weltkrieg Mitglied des Kriegskabinetts des Empire. Er war einer der ältesten Freunde Churchills.

38 Persönliche Notiz des Premierministers vom 10. Juni 1944, zitiert ebenda, S. 803.

39 Dort war er unter dem Parteinamen Ercole fast zwanzig Jahre für die Komintern tätig gewesen. Er hatte auch am spanischen Bürgerkrieg teilgenommen.

40 Auf der Grundlage eines Briefes, den Sforza am 23. September 1943 dem stellvertretenden amerikanischen Außenminister Adolf Berle geschrieben hatte (Wortlaut siehe Kimball, Bd. III, S. 439-440), behauptete Churchill, dieser habe sein Versprechen gebrochen, König Victor Emmanuel zu unterstützen. Auch Sforza und Eden hatten nichts füreinander übrig.

41 Siehe Erklärung des State Department vom 5. Dezember 1944 (die auch einen Seitenhieb gegen die britische Aktion in Griechenland enthält), *FRUS, the Conferences at Malta and Yalta, 1945*, S. 266-267.

42 Siehe Map Room Files, Box 31, Roosevelt-Bibliothek Hyde Park, Roosevelt an Churchill, 31. Mai, 4. Juni und 9. Juni 1944.

43 Siehe Kimball, Bd. III, C-804.

44 Über das Öl aus dem Mittleren Osten wurde eine Übereinkunft erreicht, aber niemals vom Kongreß ratifiziert. Den Disput zwischen Churchill und Roosevelt über die Zivilluftfahrt siehe Kimball, Bd. VIII, C-836 und R-661.

45 Siehe das Telegramm »Gunfire« Nr. 112, vom Premierminister in Quebec an das Kriegskabinett, 13. September 1944 - CAB 120/152.

46 In einem Brief vom 17. August 1944 an seine Frau aus Italien (wo Churchill Truppen inspizierte). Siehe Spencer-Churchill Papers, zitiert nach Gilbert, *Churchill*, Bd. VII, S 936.

47 Siehe Fraser, *Alanbrooke*, S. 446.

48 Eine Analyse dieses neuen Arrangements siehe Mc Neill, *America, Britain and Russia*, S. 551 ff.

49 Professor Lindemann erhielt den Rang eines Peer und wurde Lord Cherwell.

50 Den vollen Wortlaut des Memorandums siehe Mc Neill, *America, Britain and Russia*, S. 489-490. Der Plan wurde in der amerikanischen Presse breit kritisiert, siehe *New York Herald Tribune, The New York Times* und *Chicago Daily News* vom 27. September, 29. September bzw. 2. Oktober 1944. Siehe auch John Morton Blum, *From the Morgenthau Diaries*, Bd. III, *Years of War, 1941-1945*, Boston, Houghton Mifflin, 1967, S. 369 ff.

51 Alexanders vielsprachiger Armeegruppe fehlte es nun an ausgebildeten Soldaten, außerdem mußten drei Divisionen nach Griechenland abkommandiert werden.

52 Diese und die anderen Atomabkommen, die Churchill und Roosevelt während des Krieges schlossen, werden im nächsten Kapitel erörtert.

53 Telegramm »Gunfire« Nr. 293 aus Quebec. Siehe PREM 3/139/8A; siehe auch Churchills (undatierten) Brief vom September 1945 an Attlee (inzwischen Premierminister) in PREM 8/117, GEN 75/3, Anhang II.

54 Telegramm Harrimans an Roosevelt vom 11. Juni 1944, Map Room Files, Korrespondenz zwischen Harriman und Roosevelt, Box 11, Roosevelt-Bibliothek Hyde Park; siehe auch *FRUS, 1944*, Bd. VI, S. 97 und 799-800.

55 So wurde das polnische Regime der dreißiger Jahre im Umgangston genannt. Außenminister Beck war einer von ihnen.

56 Eine der besten Darstellungen der ethnischen Verhältnisse in diesem Teil Europas zwischen den Kriegen siehe Czeslaw Milosz, *Native Realm: A search for self-definition*, Harmondsworth , Middlesex, Penguin Books, 1988.

57 Persönliches Telegramm des Premierministers Nr. 227 nach Moskau vom 28. Januar 1944. Siehe Churchill Papers 20/183, zitiert nach Gilbert, *Churchill*, Bd. VII, S. 665.
58 Kimball, Bd. II, C-566.
59 *Briefwechsel*, Bd. I, Dokument 257.
60 Siehe Kimball, Bd. III, C-737 und R-592.
61 Ebenda, C-740.
62 Siehe ebenda, S. 282 ff. und *Die unheilige Allianz. Stalins Briefwechsel mit Churchill 1941-1945*, Reinbek, Rowohlt, 1964, S. 301-303.
63 John Ehrman, *Grand Strategy*, Bd. V, S. 376.
64 Churchill, Bd. VI, 1, S- 273.
65 Telegramm Nr. 2819 der britischen Botschaft in Moskau an das Foreign Office vom 12. Oktober 1944, siehe Gilbert *Churchill*, Bd. VII, S. 1002.
66 Die fünf Ziele von Operation *Burza* siehe Jan Ciechanowski, *The Warsaw Rising of 1944*, Cambridge, University Press, 1974, S. 217-218. Dies ist der beste Bericht über den Warschauer Aufstand, der sich vor allem auf polnische Quellen stützt.
67 Stalin an Churchill und Roosevelt, 22. August 1944, *Briefwechsel*, Bd. I, Dokument 323.
68 Siehe z. B. John Erickson, *The Road to Berlin*, S. 269 ff.
69 Siehe Kimball, Bd. III, R-684.
70 Ebenda, C-789. Edward Stettinius Jr. wurde nach Hulls Rücktritt zum Außenminister ernannt.
71 Siehe ebenda, R-625 und 626. Hopkins' Gespräch beim Essen mit Gromyko am 13. Oktober 1944 siehe *Sowjetsko-Angliskie Otnoschenia*, Bd. II, Dokument 135.
72 Map Room Files, Box 31, Roosevelt-Bibliothek Hyde Park, Botschaften, die Churchill und Roosevelt vom 31. Mai bis 23. Juni 1944 austauschten.
73 Telegramm Nr. 2935 der britischen Botschaft in Moskau an das Foreign Office, 15. Oktober 1944. Siehe Gilbert, *Churchill*, Bd. VII, S. 1010.
74 Siehe FO 800/302/227-35; CAB 120/158 und Churchill, Bd. VI, S. 269-170.
75 W. Averell Harriman und Elie Abel, *In geheimer Mission*, S. 285.
76 Stalins Bemerkung über Togliatti ist zitiert nach Gilbert, *Churchill*, Bd. VII, S. 994 und 998.
77 PREM 3/434/4.
78 Morans Erinnerung an Churchills Depression am Abend des 29. November 1943 siehe Gilbert, *Churchill*, Bd. VII, S. 581.
79 CAB 120/158 und Churchill, Bd. VI, 1, S. 271.
80 Churchill Papers, 2/497, zitiert nach Gilbert, *Churchill*, Bd. VII, S. 1031.
81 Das sogenannte Caserta-Abkommen, das am 26. September 1944 in Caserta (dem Sitz des Hauptquartiers der Alliierten Truppen) geschlossen wurde. Den Wortlaut siehe C. M. Woodhouse, *Apple of Discord: a survey of recent Greek politics in their international setting*, London, Hutchinson, 1948, Anhang H. Die Verlautbarung des griechischen Königs vom 30. Dezember 1944 siehe ebenda, S. 224.
82 Erst 1989 nahm das griechische Parlament ein Gesetz an, nach dem früheren

Mitgliedern der Widerstandsbewegung, die sich gegen die deutsche Okkupation Griechenlands zur Wehr setzten, Kriegsrenten gezahlt werden dürfen.
83 Kimball, Bd. III, R-608 und R-673.

Kapitel 16

1 Keine dieser Bemerkungen muß exakt so gefallen sein, wie sie andere später wiedergegeben haben, aber alle drei sind vorstellbar.
Roosevelts Bemerkung zu seinem militärischen Mitarbeiter General Edwin (»Pa«) Watson siehe Kapitel 6, S. 169. Stalins Weisung an Kurtschatow siehe A. Lawrentjewa, »Stroiteli nowowo mira«, *W mire knig*, Moskau 1970, Nr. 9, S. 4-5. Churchills Bemerkung wird diesem von Harvey H. Bundy zugeschrieben. Siehe »Remembered Words«, *The Atlantic*, März 1957, S. 57.
2 Das Archiv der OSS im Nationalarchiv in Washington ist Forschern zugänglich, das Archiv der SOE nicht.
3 Dieser Abschnitt und der unmittelbar darauf folgende beruhen auf Hinsley, *British Intelligence*, Bd. I, S. 313 ff. und Bd. II, S. 55 ff.
4 *FRUS, the Conference of Berlin*, Bd. I, S. 383.
5 Siehe Atomic Bomb File, Blatt 2, Roosevelt-Bibliothek in Hyde Park. Nicht besonders belegte Bezüge auf das Projekt *Manhattan* in diesem Kapitel beruhen meist auf der Atomic Bomb file in der Roosevelt-Bibliothek sowie auf den entsprechenden Bänden der beiden offiziellen historischen Darstellungen: Margaret Gowing, *Britain and Atomic Energy, 1939-1945*, London, Macmillan, 1964 und Hewlett and Anderson,*History of the United States Atomic Energy Commission*, Bd. I (siehe Kapitel 6, Anmerkung 56).
6 Den Wortlaut des *Maud*-Reports und des Papiers von Frisch und Peierls siehe die entsprechenden Anhänge bei Margaret Gowing, *Britain and Atomic Energy*.
7 Eine Zusammenfassung dieser traurigen Geschichte in der Nachkriegszeit siehe Edmonds, *Setting the Mould*, Kapitel 5. Der Austausch in der Atomforschung wurde schließlich mit dem anglo-amerikanischen *Abkommen über Zusammenarbeit bei der Nutzung der Atomenergie für die beiderseitige Verteidigung, 3.Juli 1958* wiederaufgenommen. Siehe Cmd. 537, London, HMSO, 1958.
8 Frederick Lindemann (»der Professor«), späterer Lord Cherwell, war Churchills persönlicher Berater in Wissenschaftsfragen.
9 Vizepräsident der Vereinigten Staaten, aber auch ein Mann mit Sinn für die Wissenschaft.
10 Siehe McGeorge Bundy, *Danger and Survival: choices about the bombs in the first fifty years*, New York, Random House, 1988, S. 46.
11 Kimball, Bd. I, R-62x.
12 Siehe ebenda, C-136x.
13 Mitglied des Kriegskabinetts, der in seiner Jugend Wissenschaftler gewesen war und vor dem Kriege lange Jahre als Staatsbeamter gedient hatte. Er war ein fähiger, skeptischer Schotte.

14 Der Entdecker des Neutrons und Nobelpreisträger.

15 Die auf der britischen Seite von William Akers, Direktor von Imperial Chemical Industries, schlecht geführt wurden. Eine Zusammenfassung dieser Verhandlungen siehe Bundy, *Danger and Survival*, S. 101-102.

16 Ob Churchill die Durchführung dieses Projekts in diesem späten Stadium und mit unausbleiblichen Auswirkungen auf andere Projekte in Großbritannien sanktioniert hätte, ist jedoch umstritten.

17 Dieser Zeitraum schwankt von zwei oder drei Monaten bis zu einem ganzen Jahr. Bundy (*Danger and Survival*) bemerkt, selbst wenn der britische Beitrag zum Projekt *Manhattan* dieses nur um fünf Monate verkürzt hätte, dann »hätte es 1945 ohne die Briten keine Bombe gegeben« (S. 107).

18 Mitteilung des Premierministers an den Generalzahlmeister (Cherwell) vom 27. Mai 1944 in PREM 3/139/11A.

19 Siehe PREM 3/139/11A (mit dem Titel »1945 - Sprengstoffe«). Dies ist die wichtigste Akte im Public Record Office zur Atomenergie, die Fotokopien der Originale aller drei Abkommen aus der Kriegszeit enthält.

20 Dean Acheson, der mit den britischen Ressentiments nach dem Kriege in gewisser Weise sympathisierte: »Eine Regierung (der USA), die ein Abkommen schloß, aus dem sie unermeßlichen Nutzen gezogen hat, hält ihr Wort und ihre Verpflichtungen nicht ein«. Siehe Dean Acheson, *Present at the Creation*, S. 164.

21 Die britische Regierung veröffentlichte das Abkommen von Quebec erst 1954 als Weißbuch (Cmd. 9123), nachdem Churchill, nun erneut Premierminister, seinen Inhalt im Parlament bekanntgegeben hatte.

22 Roger Makins (Lord Sherfield), »Britain's Nuclear Story, 1945-1952: politics and technology«, Übersichtsartikel in *Round Table*, 1975, Nr. 65, S. 194.

23 Die kanadische Beteiligung ist teils auf die kanadischen Uranvorkommen und teils auf die gemeinsame britisch-kanadische Anlage zur Gewinnung von schwerem Wasser am Chalk River zurückzuführen.

24 Ungeachtet des Wortlauts sowohl des Aide-mémoire von Hyde Park als auch des Schlußabsatzes der Vertrauenserklärung.

25 Am 18. Juli 1945; siehe PREM 3/139/9. Der Codename »Tube Alloys« hatte denjenigen, der Roosevelts Exemplar ablegte, auf den falschen Gedanken gebracht, dieses Projekt hätte etwas mit Torpedos zu tun.

26 In erster Linie durch Klaus Fuchs, was die wissenschaftlichen, und Donald Maclean, was die politischen Aspekte betrifft. Fuchs arbeitete in Los Alamos, und Maclean wurde Mitte 1945 Sekretär des (anglo-amerikanischen) Gemeinsamen Politischen Komitees. Allerdings hatte er sich bereits seit seinem Eintreffen in der britischen Botschaft in Washington im April 1944 mit den Fragen der Atomforschung befaßt.

27 Siehe z. B. den Bericht »Kak delali bombu«, in *Prawda* vom 22. Juli 1988.

28 Siehe A. I. Jorisch, I. D. Morochow und S. A. Iwanow, *A-Bomba*, Moskau, Nauka, 1980, S. 390-391. Fljorow, damals Leutnant in den sowjetischen Luftstreitkräften, fiel auf, daß in westlichen wissenschaftlichen Zeitschriften, die er in der Bibliothek von Woronesch las, die Atomforschung nicht mehr erwähnt wurde. Diese scharfe Beobachtung veranlaßte ihn, Stalin seinen Brief zu schreiben.

29 »Kak delali bombu«, *Prawda*, 22. Juli 1988.
30 Stimson, Diary, Eintragung vom 15. März 1945, S. 2. In Stimson Papers, Sterling-Gedächtnisbibliothek, Yale University, New Haven.
31 PREM 3/139/11A.
32 Beisitzender Richter am Obersten Gericht der USA und ein enger Freund Roosevelts.
33 Der gemeinsam mit Rutherford in dessen Laboratorium in Cambridge in der Zwischenkriegszeit gearbeitet hatte.
34 Die Originale der Briefe Frankfurters, die in diesem und dem nächsten Abschnitt zitiert werden, siehe Atomic Bomb File, Blatt 3, Roosevelt-Bibliothek in Hyde Park.
35 Telegramm des Premierministers an Halifax (für Cherwell) vom 20. September 1944, das mit Kurier nach Washington gebracht wurde; siehe PREM 3/139/8A-6698.
36 *PPA: 1944-45*, nicht gehaltene Ansprache zum Geburtstag Jeffersons, 13. April 1945, S. 615.

Kapitel 17

1 Kimball, Bd. III, C-894/1.
2 Ebenda, C-732 und 733 sowie R-585.
3 Ebenda, C-825.
4 Siehe ebenda, C-801, R-635, 641, 648, 650 und 676; C-861.
5 *Iswestija*, 13. Februar 1945.
6 *The Economist*, 30. Dezember 1945; Memorandum für den Präsidenten von Edward R. Stettinius, 2. Januar 1945, *DSDF*, 711.41/1-245, Nationalarchiv.
7 Der Streit der Militärs betraf Eisenhowers Plan für die bevorstehende Offensive im Rheinland und den britischen Vorschlag (der abgelehnt wurde), Alexander zu seinem Stellvertreter zu ernennen. Siehe Sherwood, S. 625.
8 Diese Aufnahme ist im Fototeil enthalten.
9 Air Chief Marshal Tedder, Eisenhowers Stellvertreter, war im Januar 1945 im Gefolge von Telegrammen Churchills und Roosevelts an Stalin nach Moskau gesandt worden, um die zeitliche Planung der Operationen an der West- und Ostfront zu erörtern. Bei einem Gespräch mit Stalin am 15. Januar teilte dieser Tedder mit, die Offensive der Roten Armee sei »ungeachtet der klimatischen Bedingungen« gestartet worden, und er werde »alles in seiner Macht Stehende tun, um sie (die deutsche Armee) an der Ostfront zu beschäftigen«. Telegramm der amerikanischen Militärmission vom 16. Januar 1945 aus Moskau, Map Room File, Box 34, Roosevelt-Bibliothek Hyde Park.
10 Siehe John Erickson, *The Road to Berlin*, S. 473 ff. und 741 ff.
11 Kimball, Bd. III, C-880.
12 Ebenda, R-684 (Telegramm an Stalin vom 30. Dezember 1944).
13 *SSNMK*, Bd. IV, S. 100-101.
14 Memorandum Stimsons an den Präsidenten vom 23. Januar 1945 in *FRUS, 1945: the Conferences at Malta and Yalta*, S. 80. Stalins Bemerkung zu Bevin

am Weihnachtsabend 1945 siehe Allan Bullock, *The Life and Times of Ernest Bevin: Foreign Secretary 1945-1951*, New York, W. W. Norton, 1984, S. 210.

15 Kimball, Bd. III, R-696 und C-884.

16 Wenn nicht anders ausgewiesen, sind Zitate von der Jaltaer Konferenz zitiert nach *FRUS, 1945: the Conferences at Malta and Yalta.* Die sowjetische Mitschrift siehe *Teheran, Jalta, Potsdam*, S. 109-214. Die britischen Papiere siehe CAB 120/170 und PREM 4/78/1.

17 Eine Fotokopie dieser Liste siehe *FRUS, 1945*, S. 941.

18 Den Wortlaut siehe das amerikanische *China White Paper* (für die Library of Congress im Oktober 1949 zusammengefaßt von Francis Valeo), S. 113 ff.

19 Churchill, Bd. VI, 2, S. 58.

20 Obwohl es aus polnischen Quellen einige Hinweise darauf gibt, daß Stalin anfangs selbst die westliche und die östliche Neiße durcheinanderbrachte, folgt die Territoriallösung für Polen, die er schließlich erreichte, erkennbar den Vorschlägen des russischen Außenministers Sasonow von 1914. Siehe *The Memoirs of Wanda Wassilewska*, Warszawa, Archivum Ruchu Robotnichnego, 1982, Bd. VIII, S. 394. Dort wird eine Diskussion über die Grenze mit Stalin »im Spätfrühling oder Frühsommer 1943« wiedergegeben. Eine Zusammenfassung der Vorschläge Sasonows siehe Norman Davies, *God's Playground: A history of Poland*, New York, Columbia University Press, 1982, Bd. II, S. 510.

21 Verständigung zwischen dem Polnischen Komitee der Nationalen Befreiung und der Regierung der UdSSR über die polnisch-sowjetische Staatsgrenze, unterzeichnet von Molotow und Osobka-Morawski, Moskau, 27. Juli 1944. Den polnischen Text siehe *Dokumenty i materialy do historii stosunkow polsko-radzieckich*, Warszawa 1974, Bd. VIII.

22 Die Beschreibung der Grenzlinie in diesem Dokument ist identisch mit der in dem »Vorschlag der Sowjetregierung zur Westgrenze Polens«, der in Potsdam am 20. Juli 1945 vorgelegt wurde. Siehe *SSNMK*, Bd. IV, S. 459.

23 Arthur M. Schlesinger, Jr., »Roosevelt's Diplomacy at Yalta«, *Yalta un mito che resiste*, Rome, Edizioni dell' Ateneo, 1989, S. 152. Das Original der Deklaration in Washington und die britische offizielle Reaktion darauf siehe *FRUS, 1945: the Conferences at Malta and Yalta*, S. 93 ff., insbesondere John Hickersons Memorandum vom 8. Januar 1945. Siehe auch Lord Gladwyn, *The Memoirs of Lord Gladwyn*, London, Weidenfeld & Nicolson, 1972, S. 156: »Allgemeine Übereinstimmung bestand (in London) darin«, daß die Deklaration »niemanden zu sehr viel verpflichtete«.

24 PREM 3/139/11A.

25 408 H. C. Debs., col. 1284, 27. Februar 1945.

26 *PPA: 1944-45*, S. 570-586.

27 Kimball, Bd. III, S. 741. Zu dieser ganzen Episode siehe auch ebenda, S. 609 ff. und Charles Bohlen, *Witness to History*, S. 209.

28 Kimball, Bd. III, C-905.

29 Siehe z. B. ebenda, C-932.

30 Ebenda, C-910 und R-730.

31 *Briefwechsel*, Bd. II, Dokument 289.

32 Kimball, Bd. III, R-742.

Kapitel 18

1 Die Zahl der Opfer der Bombenangriffe auf Dresden (die Briten bombardierten bei Nacht, die Amerikaner am Tage) ist immer noch umstritten, aber bei dem Angriff auf Tokio vom 9./10. März 1945 wurden über 84 000 Menschen getötet.

2 Wallenberg starb in sowjetischer Haft. Dieses Verbrechen gab die Sowjetregierung im Jahre 1989 offiziell zu. Siehe den Artikel des sowjetischen Botschafters in Stockholm, Boris Pankin, in *Moscow News* vom 27. August 1989.

3 *The Economist* vom 24. März 1945.

4 Churchills groteske Erklärung wurde jedoch von gemäßigten Vertretern der öffentlichen Meinung zu jener Zeit verurteilt. So nannte sie *The Economist* am 9. Juni 1945 »bösartigen Unsinn«.

5 Siehe Stimson Diary, Eintragung vom 25. April 1945, Sterling-Gedächtnisbibliothek, Yale University, New Haven.

6 Siehe Harry S. Truman, *Memoiren* Bd. I, S. 112-115. Dieser Eindruck ergibt sich jedoch nicht aus *Sowjetsko-Amerikanskie Otnoschenia*, Bd. II, Dokument 225.

7 *FRUS, 1945: the Conference of Berlin (the Potsdam Conference)*, Bd. I, S. 24 ff.

8 Churchill, Bd. VI, 2, S. 272.

9 Harriman an den Außenminister, 23. Juni 1945. Siehe *FRUS, 1945: the Conference of Berlin*, Bd. I, S. 728.

10 Kimball, Bd. III, C-931.

11 Churchill, Bd. VI, 2, S. 136-148, 186-199, 297.

12 *St. Louis Post-Dispatch*, 6. März 1946.

13 Churchill an Truman, 10. Mai 1945, *FRUS, 1945: the Conference of Berlin*, Bd. I, S. 8-9.

14 Churchill an Truman, 6. und 11. Mai, und Truman an Churchill, 11. Mai, ebenda, S. 3-8.

15 Ebenda, S. 64 ff. und 76, Anmerkung 22. Siehe auch Churchill, Bd. VI, 2, S. 266 bis 271.

16 Siehe *FRUS, 1945: the Conference of Berlin*, Bd. I, S. 53 und 89.

17 Siehe Richard Hewlett und Oscar Anderson, *History of the United States Atomic Energy Commission*, Bd. I, S. 351 ff. Nicht belegte Bezüge auf die Atombombe in diesem Kapitel sind entweder dieser Quelle oder den *Stimson Papers*, Sterling-Gedächtnisbibliothek, Yale University, New Haven entnommen.

18 Einen Teil des Wortlauts der Mitschrift von der Sitzung des Gemeinsamen Politischen Komitees am 4. Juli 1945 siehe *FRUS: 1945, the Conference of Berlin*, Bd. I, S. 221.

19 Margaret Gowing, *Britain and Atomic Energy*, Bd. I, S. 363.

20 Mitteilung John Andersons an den Premierminister, 29. Juni 1945, PREM 3/139/11A.

21 *DBPO*, Bd. I, S. 1143. Dieser Band der *DBPO* enthält die britischen Protokolle der Potsdamer Konferenz. Die sowjetischen Dokumente siehe *Teheran, Jalta, Potsdam*, S. 215-439.

22 *Teheran, Jalta, Potsdam*, S. 410. Die Darstellung der Potsdamer Konferenz in diesem Kapitel weicht nicht wesentlich von der des Autors in dem Buch *Setting the Mould* ab. Nicht anderweitig belegte Quellen beziehen sich auf *FRUS, The Conference of Berlin (Die Potsdamer Konferenz).*
23 Aber die Festlegung, daß »deutsche Auslandsguthaben« in Österreich ebenfalls Quelle deutscher Reparationen für die Sowjetunion seien, sollte die österreichische Frage noch auf Jahre hinaus belasten.
24 Die Mitschrift der britischen »Stabskonferenz« vom 31. Juli in *DBPO*, Bd. I, S. 1052 ff., wo Bevin sich dazu entschloß, ist ein Musterbeispiel für resignierenden Realismus. Allerdings gelang es Bevin, bevor er endgültig der westlichen Neiße zustimmte, der polnischen Delegation Zusicherungen über Wahlen in Polen abzuringen.
25 Churchill, Bd. VI, 2, S. 373.
26 Siehe *DBPO*, Bd. i, S. 1257 ff.
27 Memorandum der französischen Delegation an den Rat der Außenminister vom 13. September 1945. Siehe ebenda, S. 150.
28 Siehe PREM 3/139/11A und Churchill, Bd. VI, 2, S. 337.
29 Truman, *Memoiren*, Bd. I, S. 431-432 enthält den vollen Wortlaut der Direktive an Spaatz.
30 Ebenda, S. 426 und Churchill, Bd. VI, 2, S. 370. Einen kurzen sowjetischen Bericht dazu siehe *SSNMK*, Bd. VI, S. 15.
31 *Atomic Energy: general account of the development of methods of using atomic energy for military purposes under the auspices of the United States Government, 1940-1945*, verfaßt von H. D. Smyth auf Anforderung von Generalmajor L. R. Groves, Washington D. C., Government Printing Office, 1945; nachgedruckt in London, HMSO, 1945, S. 135-136 sowie Hewlett and Anderson, *History of the United States Atomic Energy Commission*, Bd. I, S. XI-XII.
32 William Downey; sein Gebet ist aufgezeichnet auf der Columbia-Schallplatte mit dem Titel *I Can Hear It Now*, Columbia Masterworks, ML 4095, S. 2.

Kapitel 19

1 Fred Vinson, zitiert nach *The Times*, 2. Juli 1945.
2 Churchill, Bd. VI, 2, S. 156.
3 *Briefwechsel*, Bd. II, Dokument 291.
4 *The New York Post*, 13. April 1945.
5 Truman gab die Nachricht von der sowjetischen Atombombenexplosion erst einen Monat später frei. Der Chefberater des britischen Verteidigungsministers für Wissenschaftsfragen glaubte sogar, es sei »durchaus möglich«, daß die Russen »Plutonium in den Vereinigten Staaten gestohlen« hätten. Siehe PREM 8/1101, Notiz von Henry Tizard, 26. November 1949.
6 Eine Zusammenfassung der kritischen Ereignisse, die im Juli 1947 einsetzten, siehe Edmonds, *Setting the Mould*, S. 168-169.
7 Stalins Bemerkung siehe *FRUS, 1948*, Bd. II, S. 999-1006. Churchills Warnung siehe 408 H. C. Debs., col. 1284, 27. Februar 1945.

8 Anna Achmatowa lehnte das Wort »Dichterin« ab. Faktisch konnte keines ihrer Werke von 1923 bis 1940 veröffentlicht werden. In der auf diesem Gebiet entspannteren Kriegszeit gaben Sowjetbürger aller Schichten, darunter auch Armeeangehörige, ihre Gedichte von Hand zu Hand weiter. Nach dem Kriege wurde sie von Schdanow öffentlich als »halb Nonne, halb Hure« diffamiert. Als sie 1966 starb, nahmen 5000 Menschen, darunter sehr viele junge, an ihrer Totenmesse in einer Leningrader Kirche teil.

9 In der zwielichtigen Periode zwischen Stalins Tod und Chruschtschows berühmter Geheimrede wurde Maiski (ein Jude und ehemaliger Menschewik), der das Pech hatte, einige Tage vor Stalins Tod des Hochverrats beschuldigt und verhaftet zu werden, vor Gericht gestellt. Zu dieser Zeit war die Anklage gegen ihn jedoch auf einige Trivialitäten aus seinen Jahren als sowjetischer Botschafter in London zusammengeschrumpft. Das Urteil gegen ihn wurde bei der Berufung annulliert, und man nahm ihn sogar vor der Berufungsverhandlung wieder in die Kommunistische Partei der Sowjetunion auf. Als Mitglied der Akademie der Wissenschaften starb er 1975 im Alter von über neunzig Jahren als gutsituierter Pensionär. Siehe Alexander Nekrich, »The Arrest and Trial of I. M. Maisky«, in *Survey*, Jahrgang XXII (1976) Nr. 3-4.

10 Siehe Wolkogonow, *Stalin*, Bd. II, 2, S. 771.

11 Churchill, Bd. VI, 2, S. 375-376.

12 Von einem »finanziellen Dünkirchen« sprach Keynes in seinem Memorandum »Einschätzung unserer finanziellen Aussichten in Übersee« vom 13. August 1945, siehe CAB 129/1. Dies geschah, acht Tage bevor Truman das Ende des Leih- und Pachtverfahrens ankündigte, was Churchill damals als eine »schlimme und harte Entscheidung« bezeichnete – siehe 410 H. C. Debs., cols. 955-958, 29. August 1945.

13 Die Rede in Fulton, die über 4000 Worte umfaßte, wurde von der *St. Louis Post-Dispatch* am 6. März 1946 in vollem Wortlaut abgedruckt. Die Rede an der Züricher Universität siehe *The Times*, 20. September 1946.

14 515 H. C. Debs., col. 897, 11. Mai 1953.

15 Zitiert nach Gilbert, *Churchill*, Bd. VIII, S. 1100. Dulles, der von Präsident Eisenhower zum Außenminister ernannt worden war, verwandte den Ausdruck »massive Vergeltung« in einer Rede am 12. Juni 1954.

16 Colville, *Fringes of Power*, S. 704-707.

17 Ebenda, S. 708.

18 Siehe Mary Soames, *Clementine Churchill*, S. 659.

19 »Der Befreier«, der Nationalheld Venezuelas, der im Jahre 1830 nur halb so alt wie Churchill als enttäuschter Mann starb.

20 Den vollen Wortlaut, den Churchill in einem verschlossenen Kästchen hinterließ, entdeckte sein Sohn zwanzig Jahre später. Er wurde erstmalig im *Sunday Telegraph* am 30. Januar 1966 veröffentlicht. Hier zitiert nach Gilbert, *Churchill*, Bd. VIII, Kapitel 20.

21 Präsident Lyndon Johnson wurde vom Obersten Richter der USA vertreten.

22 *The Times*, 25. Januar 1965.

23 Stimson Diary, Eintragungen vom 15. März und 23. Mai 1944. Seine Würdi-

gung Roosevelts ist in einem Brief an dessen Witwe vom 16. April 1945 enthalten. Siehe Stimson Papers, Sterling-Gedächtnisbibliothek, Yale University, New Haven.

24 Eine solche Ausnahme war Bretton Woods. Die Schlußakte, die auf der Währungs- und Finanzkonferenz 1944 angenommen wurde, war das gemeinsame Werk von John Maynard Keynes und Harry Dexter White. Siehe *United Nations Monetary and Financial Conference,* Bretton Woods, New Hampshire, USA, 1.-22. Juli 1944, Schlußakte, Cmd. 6546, London, HMSO, 1944, nachgedruckt 1945.

25 Siehe S. 157.

26 Wolkogonows vierteilige Untersuchung über Stalin ist eines der jüngsten Beispiele. Aber auch er nennt seine Arbeit »Skizze« eines politischen Porträts. Siehe Wolkogonow, *Stalin*, Bd. I, 1, S. 15.

27 *PPA: 1944-45*, Pressekonferenz, 23. Februar 1945, S. 563.

28 Siehe *FRUS, 1945: the Conference of Berlin*, Bd. I, S. 28-30.

29 *The Diaries of Sir Alexander Cadogan*, David Dilks (Hsgr.), London, Cassell, 1971, S. 776-778.

30 Siehe S. 43.

31 Memorandum von Colin Coote, 27. Januar 1944, zitiert nach Gilbert, *Churchill*, Bd. VII, S. 664. Siehe auch Eden Diary, Eintragung vom 17. Juli 1945, zitiert nach Robert Rhodes James, *Anthony Eden*, London 1986, S. 307.

32 Churchill, Bd. VI, 2, S. 370.

33 Siehe Colville, *Fringes of Power*, S. 624.

34 Eden Diary, Eintragung vom 25. November 1943, in Anthony Eden, *The Memoirs of Anthony Eden*, Bd. II, S.424.

35 Zitiert nach Dallek, *Franklin D. Roosevelt and American Foreign Policy*, S. 470.

36 Mikolajczyk kehrte nach Polen zurück, als er 1945 in der polnischen Regierung in Warschau stellvertretender Ministerpräsident und Minister für Landwirtschaft wurde. Zwei Jahre später floh er erneut aus dem Lande.

37 Siehe Andrej Gromyko, *Erinnerungen*, Düsseldorf, Wien, New York, Econ, 1989, S. 132.

38 Siehe Notizen Mikolajczyks von einem Empfang Stalins für die polnische Regierung am 27. Juli 1945 in *FRUS, 1945: the Conference of Berlin*, Bd. II, 2, S. 153 sowie Anhang A.

39 Churchill zu Eden am 21. Oktober 1942. Zitiert nach Christopher Thorne, *Allies of a Kind*, S. 117.

40 Siehe Wolkogonow, *Stalin*. Beide Teile von Sergej Eisensteins Drehbuch für den Film *Iwan der Schreckliche* wurden im Jahre 1944 von Gospolisdat in Moskau veröffentlicht. Der zweite Teil wurde jedoch bald darauf verboten. Einen Bericht über Stalins Ansichten dazu, die Eisenstein und Nikolai Tscherkassow nach einer Begegnung mit ihm am 25. Februar 1947 notierten, siehe *Moscow News*, 1988, Nr. 32, »Formidable Shadows of 1947: Stalin and the Tsar«.

41 Über die Zeitpunkte, wann der kalte Krieg begann und wann er endete, gibt es verschiedene Meinungen. Breschnew glaubte, er sei mit seinem Besuch in Washington im Jahre 1973 zu Ende gegangen. Als die Treffen zwischen Reagan und Gorbatschow Mitte der achtziger Jahre begannen, wurde dies eine

offene Frage, die schließlich bei dem Gipfeltreffen Bushs und Gorbatschows auf Malta im Dezember 1989 eine endgültige Antwort gefunden hat.

42 Siehe z. B. die Friedensbedingungen, die Deutschland 1918 Rußland im Vertrag von Brest-Litowsk aufzwang.

43 Ihr paralleler Sieg in Asien führte zu einer politischen Lösung auf dem indischen Subkontinent und zur Geburt eines neuen Japans. Dies war zwar in den kollektiven Plänen der Großen Drei nicht vorgesehen, ergab sich aber als indirekte Folge (von weitreichender Bedeutung für Asien und die Welt) aus der Niederwerfung Japans durch die Alliierten Mächte.

44 Dies betrifft nicht allein den Sicherheitsrat. Zu den Instrumenten einer internationalen Nachkriegsordnung, die die Große Allianz der Welt hinterlassen hat, gehören auch der Internationale Währungsfonds und die Weltbank. Obwohl sie sich selbst noch in einem Übergangsstadium befinden, haben sie bereits heute beim Wiederaufbau der Wirtschaften der Länder Mittel- und Osteuropas eine wichtige Rolle zu spielen.

45 Rede Michail Gorbatschows vor der 43. UNO-Vollversammlung, 7. Dezember 1989, Presseverlautbarung der Agentur »Nowosti« vom 8. 12. 1988.

46 »The Atomic Bomb«, Memorandum des Premierministers vom 28. August 1945. Siehe CAB 130/3, GEN 75/1.

47 Siehe S. 418.

48 Andrej Gromyko, *Erinnerungen*, S. 158.

49 Als sich der Rat der Außenminister in Moskau Ende 1945 zum ersten Mal mit der Nuklearfrage befaßte, war es bereits zu spät.

50 H. D. Smyth, *Atomic Energy*, Kap. 18, Anmerkung 31 sowie S. 135-136 und Hewlett and Anderson, *History of the United States Atomic Energy Commission*, Bd. I, S. XI-XII.

51 Das vergleichbare Konzept von Wien siehe z. B. Harold Nicolson, *Friedensmacher 1919*, Berlin, Fischer, 1933, S. 35.

52 Streng geheimes Memorandum des Außenministers (Ernest Bevin, der das Dokument ganz sicher selbst entwarf), 8. November 1945, siehe FO 800/478/MIS/45/14.

53 *Frankfurter Allgemeine Zeitung*, 16. Oktober 1989, S. 14. Lippmanns Voraussage siehe Kapitel 1, letzter Satz.

Dokumente

Zusatzprotokoll zum Nichtangriffspakt zwischen Deutschland und der UdSSR vom 23. August 1939

Geheimes Zusatzprotokoll

Aus Anlaß der Unterzeichnung des Nichtangriffsvertrages zwischen dem Deutschen Reich und der Union der Sozialistischen Sowjetrepubliken haben die unterzeichneten Bevollmächtigten der beiden Teile in streng vertraulicher Aussprache die Frage der Abgrenzung der beiderseitigen Interessensphären in Osteuropa erörtet. Diese Aussprache hat zu folgendm Ergebnis geführt:

1. Für den Fall einer territorial-politischen Umgestaltung in den zu den baltischen Staaten (Finnland, Estland, Lettland, Litauen) gehörenden Gebieten bildet die nördliche Grenze Litauens zugleich die Grenze der Interessensphären Deutschlands und der UdSSR. Hierbei wird das Interesse Litauens am Wilnaer Gebiet beiderseits anerkannt.

2. Für den Fall einer territorial-politischen Umgestaltung der zum polnischen Staate gehörenden Gebiete werden die Interessensphären Deutschlands und der UdSSR ungefähr durch die Linie der Flüsse Narew, Weichsel und San abgegrenzt.

Die Frage, ob die beiderseitigen Interessen die Erhaltung eines unabhängigen polnischen Staates erwünscht erscheinen lassen und wie dieser Staat abzugrenzen wäre, kann endgültig erst im Laufe der weiteren politischen Entwicklung geklärt werden.

In jedem Falle werden beide Regierungen diese Frage im Wege einer freundschaftlichen Verständigung lösen.

3. Hinsichtlich des Südostens Europas wird von sowjetischer Seite das Interesse an Bessarabien betont. Von deutscher Seite wird das völlige politische Desinteressement an diesen Gebieten erkärt.

4. Dieses Protokoll wird von beiden Seiten streng geheim behandelt werden.

Moskau, den 23. August 1939.

Für die Deutsche Reichsregierung:
v. Ribbentrop

In Vollmacht
der Regierung der UdSSR:
W. Molotow

Das Abkommen von Quebec
19. August 1943

Punkte der Übereinstimmung zwischen den Behörden der USA und des Vereinigten Königreichs über die Zusammenarbeit am Projekt Tube Alloys

In Erwägung, daß es für die gemeinsame Sicherheit im gegenwärtigen Krieg lebenswichtig ist, das Projekt Tube Alloys so rasch wie möglich zum Erfolg zu führen; in Erwägung, daß dies schneller erreicht werden kann, wenn alle britischen und amerikanischen Köpfe und Ressourcen vereinigt werden; in Erwägung, daß es unter Kriegsbedingungen eine Verschwendung von Ressourcen bedeutete, beiderseits des Atlantiks umfangreiche Anlagen zu errichten, und die Vereinigten Staaten deshalb bereits weit größere Ausgaben zu tragen haben,
kommen wir überein,
erstens, dieses Objekt niemals gegeneinander zu benutzen,
zweitens, es ohne die Zustimmung der anderen Seite niemals gegen Dritte einzusetzen,
drittens, keine dritte Seite über Tube Alloys zu informieren, es sei denn, in gegenseitiger Übereinstimmung,
viertens, daß die britische Regierung zustimmt, angesichts der schweren Belastung durch die Produktion von Tube Alloys, die die Vereinigten Staaten auf Grund einer klugen Teilung der Kriegsanstrengungen auf sich nehmen, jegliche industrielle oder kommerzielle Nutzung des Projektes nach dem Kriege zwischen den Vereinigten Staaten und Großbritannien zu den Bedingungen zu vereinbaren, die der Präsident der Vereinigten Staaten und der Premierminister Großbritanniens festlegen. Der Premierminister verzichtet ausdrücklich auf jegliches Interesse an den genannten industriellen und kommerziellen Aspekten, das darüber hinausgeht, was der Präsident der Vereinigten Staaten als fair, gerecht und in Übereinstimmung mit der wirtschaftlichen Wohlfahrt der Welt betrachtet,
fünftens, daß folgende Maßnahmen getroffen werden, um eine umfassende und wirksame Zusammenarbeit der beiden Länder für den Erfolg des Projektes zu sichern:
(a) In Washington wird ein Gemeinsames Politisches Komitee gebildet, dem angehören:

der Kriegsminister (Vereinigte Staaten)
Dr. Vannevar Bush (Vereinigte Staaten)
Dr. James B. Conant . . . . (Vereinigte Staaten)
Feldmarschall Sir John Dill,
Ritter des Großkreuzes des Bath-Ordens,
Träger des St.-Michaels-und-St.-Georgs-Ordens sowie des
Ordens für hervorragenden Militärdienst (Vereinigtes Königreich)

Der Sehr Ehrenwerte Oberst J. J. Llewellin,
Mitglied des Parlaments, Träger des
Bath-Ordens und des Militärkreuzes (Vereinigtes Königreich)
Der Ehrenwerte C. D. Bowe .... (Kanada).

Dieses Komitee soll unter Kontrolle der jeweiligen Regierungen folgende Funktionen ausüben:

(1) Es vereinbart von Zeit zu Zeit die in beiden Ländern zu erfüllenden Arbeitsprogramme.

(2) Ihm obliegt die ständige Überwachung des Projektes in allen seinen Teilen.

(3) Es verteilt die in begrenztem Maße verfügbaren Materialien, Geräte und Anlagen nach den Erfordernissen des vom Komitee vereinbarten Programms.

(4) Es behandelt alle Fragen, die bei der Auslegung oder Anwendung dieses Abkommens auftreten können.

(b) Zwischen den Mitgliedern des Politischen Komitees und ihren persönlichen technischen Beratern ist ein umfassender Informations- und Gedankenaustausch über alle Teile des Projektes zu gewährleisten.

(c) In der wissenschaftlichen Forschung und Entwicklung ist ein umfassender und wirksamer Informations- und Gedankenaustausch zwischen allen Beteiligten zu gewährleisten, die auf demselben Arbeitsfeld tätig sind.

(d) Der Informations- und Gedankenaustausch auf dem Gebiet von Entwicklung, Konstruktion und der Leitung großer Produktionsanlagen wird durch Ad-hoc-Maßnahmen geregelt, die als notwendig oder wünschenswert erscheinen, um das Projekt so rasch wie möglich zum Erfolg zu führen. Derartige Ad-hoc-Maßnahmen bedürfen der Zustimmung des Politischen Komitees.

19. August 1943

Bestätigt
Franklin D. Roosevelt
Winston Churchill

Aide-mémoire der Gespräche zwischen dem Präsidenten und dem Premierminister in Hyde Park vom 19. September 1944

Die Auffassung, daß die Welt über Tube Alloys informiert werden sollte, um ein internationales Abkommen über dessen Kontrolle und Einsatz zu erreichen, wird nicht akzeptiert. Die Sache sollte weiterhin äußerster Geheimhaltung unterliegen. Wenn jedoch schließlich eine »Bombe« zur Verfügung steht, könnte sie vielleicht nach reiflicher Überlegung gegen die Japaner eingesetzt werden, die man warnen sollte, daß ein solcher Bombenabwurf wiederholt wird, wenn sie nicht kapitulieren.

2. Die umfassende Zusammenarbeit zwischen den Regierungen der Vereinigten Staaten und Großbritanniens bei der Entwicklung von Tube Alloys für militärische und kommerzielle Zwecke sollte nach der Niederwerfung Japans fortgesetzt werden, bis sie durch eine gemeinsame Übereinkunft beendet wird.

3. Über die Aktivitäten von Professor Bohr sollten Erkundigungen eingezogen und Schritte unternommen werden, um sicherzustellen, daß über ihn keinerlei Informationen – insbesondere an die Russen – abfließen.

Bibliographie

Acheson, Dean: *Present at the Creation: My years at the State Department*, New York 1969

Akten zur Deutschen Auswärtigen Politik (ADAP), 1918-1945

Alanbrooke, Field-Marshal Lord: The Alanbrooke Papers, deposited at King's College, London, including both his wartime diaries and his subsequent »Notes on my Life«

Allilujewa, Swetlana: *Zwanzig Briefe an einen Freund*, Wien-Berlin-New York 1967

Das Archiv Dirksens. In: *Dokumente und Materialien aus der Vorgeschichte des zweiten Weltkrieges* Bd. 2, Moskau 1949

Blake, Robert: *Disraeli*, London 1966

Blum, John Morton: *Deutschland ein Ackerland? Morgenthau und die amerikanische Kriegspolitik 1941-1945.* Aus den Morgenthau-Tagebüchern, Düsseldorf 1968

Bohlen, Charles E. und Phelps, Robert H.: *Witness to History 1929-1969*, New York 1973

Bullock, Alan: *Hitler: eine Studie über Tyrannei*, Düsseldorf 1959

Bullock, Alan: *Hitler und Stalin. Parallele Leben*, Berlin 1991

Bullock, Alan: *The Life and Times of Ernest Bevin*, 3 Bände, London 1967-1983

Bundy, McGeorge: *Danger and Survival: choices about the bomb in the first fifty years*, New York 1988

Burns, James MacGregor: *Roosevelt:* 2 Bände, *The Lion and the Fox*, New York 1956 und *The Soldier of Freedom*, New York 1970

Butler, Lord: *The Art of the Possible: the memoirs of Lord Butler, K. G., C. H.*, London 1971

Butler, J. R. M. (Hrsg.): *Grand Strategy*, 6 Bände, London, HMSO (His or Her Majesty's Stationery Office – britische Staatsdruckerei), 1956-1976

Cabinet Papers, Minutes, Conclusions and Confidential Annexes (CAB) in the Public Record Office (PRO), Kew, Richmond, Surrey

Chruschtschow, Nikita: *Chruschtschow erinnert sich*, Reinbek 1971

Churchill, Randolph: *Winston S. Churchill*, Bd. 1, London 1966

Churchill, Winston S.: *Marlborough: Der Weg zum Feldherrn*, 2 Bände, München 1968-1969

Churchill, Winston S.: *Meine frühen Jahre*, München 1965

Churchill, Winston S.: Reden, 7 Bände, Zürich 1946-1956

Churchill, Winston S. *Der zweite Weltkrieg*, 6 Bände, Bern 1948-1952

Churchill, Winston S.: *Weltkrisis*, 6 Bände, Berlin 1924-1930

Churchill, Winston S.: *Große Zeitgenossen*, Amsterdam 1938

Ciechanowski, J. M.: *The Warsaw Rising of 1944*, Cambridge-New York 1974

Colville, John: *The Fringes of Power: Downing Street Diaries, 1939-1955*, London 1985

Conquest, Robert: *Am Anfang starb Genosse Kirow. Säuberungen unter Stalin*, Düsseldorf 1970
Cooper, Alfred Duff: *Das läßt sich nicht vergessen*, Bern 1946
Coulondre, Robert: *Von Moskau nach Berlin, 1936-1939*, Bonn 1950
Dallek, Robert: *Franklin D. Roosevelt and American Foreign Policy 1932-1945*, New York 1979
Davies, Norman: *God's Playground: a history of Poland*, 2 Bände, Oxford 1981
Day, David: *The Great Betrayal: Britain, Australia and the onset of the Pacific War, 1939- 1942*, New York 1989
Deakin, F. W. und Storry, G. R.: *Richard Sorge. Die Geschichte eines großen Doppelspiels*, München 1965
Deutscher, Isaac: *Stalin. Eine politische Biographie*, Berlin 1989
Djilas, Milovan: *Gespräche mit Stalin*, Frankfurt/Main 1962
Documents on British Foreign Policy, 1919-1939, Second and Third Series (DBFP), ed. E. L. Woodward and Rohan Butler, assisted by Margaret Lambert, HMSO, London 1949-1950
Documents on British Policy Overseas, First Series, ed. Rohan Butler, et al., Vol. 1, 1945, HMSO, London 1954
Documents on Soviet-Polish Relations, 1939-45, 2 Bände, The General Sikorsky Historical Institute, London 1961
Dokumente und Materialien aus der Vorgeschichte des zweiten Weltkrieges 1937 bis 1939, 2 Bände, Moskau 1948-1949
Dokumenty wneschnej politiki SSSR (DWPS), Bd. XVI-XXI, Moskau 1970-1972
Domarus, Max (Hrsg.): *Hitler: Reden und Proklamationen 1932-1945*, Würzburg 1962
Donovan, Robert J.: *Conflict and Crisis: the presidency of Harry S. Truman, 1945-48*, New York 1977
Eden, Anthony: *The Memoirs of Anthony Eden*, 3 Bände, London 1960-65
Edmonds, Robin: *Setting the Mould: the United States and Britain, 1945-1950*, Oxford 1986
Eisenhower, Dwight D.: *Kreuzzug in Europa*, Amsterdam 1948
Feiling, Keith: *The Life of Neville Chamberlain*, London 1946
Feis, Herbert: *Churchill Roosevelt Stalin: the war they waged and the peace they sought*, London 1957
Foreign Office General Political Papers, in the Public Record Office (FO)
Sowjetsko-amerikanskie otnoschenia wo wremja welikoi otetschestwennoi woiny, 1941-1945, 2 Bände, Moskau 1983
Sowjetsko-angliskie otnoschenia wo wremja welikoi otetschestwennoi woiny, 1941-1945, 2 Bände, Moskau 1983
Foreign Relations of the United States, Diplomatic Papers, (FRUS), U. S. Government Printing Office, Washington, D. C.
Fraser, David: *Alanbrooke*, London 1982
Gafencu, Grigore: *Vorspiel zum Krieg im Osten*, Zürich 1944
Gaulle, Charles de: *Memoiren 1942-1946*, Düsseldorf 1961
Gelbbuch der französischen Regierung, diplomatische Urkunden 1938-1939, Basel 1940

Geschichte der sowjetischen Außenpolitik, 2 Bände, Berlin-Frankfurt/Main 1969 bis 1971
Gilbert, Martin: *Winston S. Churchill*, Bd. III-VIII, London 1966-1988
Gowing, Margaret: *Britain and Atomic Energy, 1939-1945* (Bd. 1 der offiziellen Geschichte der britischen Atomenergiebehörde), London 1964
Gnedin, Jewgeni: *Is istorii otnoschenii meschdu SSSR i faschistskoi Germaniei*, New York 1977
Gromyko, Andrej: *Erinnerungen*, Düsseldorf-Wien-New York 1989
Grossman, Wassili: *Leben und Schicksal*, Frankfurt/Main 1987
Halifax, the Earl of: Lord Halifax's Secret Diary, at the Borthwick Institute of Historical Research, University of York
Harbutt, Frazer J.: *The Iron Curtain: Churchill, America and the Origins of the Cold War*, New York und Oxford 1986
Harriman, W. Averell und Abel, Elie: *In geheimer Mission. Als Sonderbeauftragter Roosevelts bei Churchill und Stalin, 1941-1946*, Stuttgart 1979
Haslam, Jonathan: *The Soviet Union and the Struggle for Collective Security in Europe, 1933-1939*, London 1984
Hinsley, F. H. et al.: *British Intelligence in the Second World War: its influence on strategy and operations*, 4 Bände, HMSO, London 1979-90
Heinrichs, Waldo: *Threshold of War: Franklin D. Roosevelt and American entry into World War II*, New York 1988
Hewlett, Richard and Anderson, Oscar: *A History of the United States Atomic Energy Commission*, Bd. 1, *The New World 1939/1946*, University Park, Pennsylvania 1962
Hilger, Gustav und Mayer, Alfred G.: *Wir und der Kreml*, Frankfurt/Main 1955
Hitler, Adolf: *Mein Kampf*, 2 Bände in einem Band, München 1933
Hitler, Adolf: *Monologe im Führerhauptquartier 1941-44. Die Aufzeichnungen Heinrich Heims*, Hamburg 1980
Hitlers Tischgespräche im Führerhauptquartier, herausgegeben von Henry Picker, Stuttgart 1976
Hull, Cordell: *The Memoirs of Cordell Hull*, 2 Bände, New York 1948
Internationaler Militärgerichtshof Nürnberg: Der Nürnberger Prozeß gegen die Hauptkriegsverbrecher, München-Zürich 1948
Iriye, Akira: *The Origins of the Second World War: Asia and the Pacific*, New York-London 1987
Irving, David: *Churchill's War: the struggle for power*, Australia 1987
Jacob, Sir Ian: The Jacob Diary , with the Jacob Papers at Woodbridge, Suffolk
Jorisch, A. I., Morochow, I. D. und Iwanow, S. A.: *A-Bomba*, Moskau 1980
Kahn, David: *The Codebreakers: the story of secret writing*, New York 1967
Keeble, Curtis: *Britain and the Soviet Union, 1917-1989*, London 1990
Kennan, George F.: *Memoiren eines Diplomaten*, Stuttgart 1969
Kennedy, Paul: *Aufstieg und Fall der großen Mächte*, Frankfurt/Main 1989
Kimball, Warren F. (Hrsg.): *Churchill and Roosevelt: the complete correspondence*, 3 Bände, Princeton, N. J. 1984
Kissinger, Henry A.: *Großmachtdiplomatie*, Düsseldorf 1962
Larrabee, Eric: *Commander in Chief: Franklin Delano Roosevelt, his lieutenants and their war*, New York 1987

Lenin, W. I.: *Werke*, 40 Bände, Berlin 1961-1966
Londonderry, the Marquess of: *England blickt auf Deutschland*, Essen 1938
Mahan, Alfred T.: *Die weiße Rasse und die Seeherrschaft*, Leipzig 1909
McNeill, Robert H.: *Stalin: man and ruler*, New York 1988
Medvedev, Roy A.: *Let History Judge: the origins and consequences of Stalinism*, New York 1989
Monnet, Jean: *Erinnerungen eines Europäers*, Wien-München 1967
Montgomery of Alamein, Viscount: *Memoiren*, München 1958
Moran, Charles: *Winston Churchill: the struggle for survival 1940-1965*, London 1966
Murphy, Robert: *Diplomat unter Kriegern*, Berlin 1965
Nicolson, Harold: *Friedensmacher 1919*, Berlin 1933
Nicolson, Harold: *Tagebücher und Briefe 1930-1939*, Frankfurt/Main 1969-1971
Normanbrook, Lord, u. a.: *Action This Day: working with Churchill*, London 1968
Papers of the Prime Minister's Office, in the Public Record Office (PREM)
Perkins, Frances: *Roosevelt, wie ich ihn kannte*, Berlin-München 1949
Prazmowska, Anita: *Britain, Poland and the Eastern Front, 1939*, Cambridge 1987
The Public Papers and Addresses of Franklin D. Roosevelt (PPA), ed. Samuel I. Rosenman, 13 Bände, New York 1938-50
Read, Anthony und Fisher, David: *The Deadly Embrace: Hitler, Stalin and the Nazi-Soviet Pact, 1939-1941*, New York 1988
Reynolds, David: *The Creation of the Anglo-American Alliance, 1937-41: a study in competitive cooperation*, London 1981
Roosevelt, Eleanor: *Wie ich es sah*, Stuttgart 1951
The Roosevelt Papers , in the Franklin D. Roosevelt Library, Hyde Park, N. Y.
Rscheschewski, Oleg: *Istoria wtorogo fronta: woina i diplomatia* , Moskau 1988
Rybakow, Anatoli: *Die Kinder vom Arbat*, Köln 1988
Schapiro, Leonard: *Die Geschichte der KPdSU*, Frankfurt/Main 1961
Schlesinger, Arthur M., Jr.: *The Age of Roosevelt* , 3 Bände, Boston 1957-1960
Schmidt, Paul: *Statist auf diplomatischer Bühne 1923-1945. Erlebnisse des Chefdolmetschers im Auswärtigen Amt mit den Staatsmännern Europas*, Bonn 1949
Schtemenko, Sergej M.: *Im Generalstab*, 2 Bände, Berlin 1969
Seton-Watson, Hugh: *Osteuropa zwischen den Kriegen (1918-1941)*, Paderborn 1948
Sherwood, Robert: *Roosevelt und Hopkins. Ein Augenzeuge berichtet*, Hamburg 1950
Schukow, Georgi K.: *Erinnerungen und Gedanken*, 2 Bände, Berlin 1969
Simonow, Konstantin M.: *Sametki k biografii G. K. Shukowa*, Fortsetzungsserie in: Woenno-istoritscheski schurnal, Moskau 1987
Sipols, Vilnis J.: *Die Vorgeschichte des deutsch-sowjetischen Nichtangriffspaktes*, Köln 1981
Sipols, Vilnis J.: *Na puti k welikoi pobede: sowjetskaja diplomatia w 1941-1945 gg*, Moskau 1985
Sipols, Vilnis J.: *Wneschnjaja politika Sowjetskogo Sojusa, 1936-1939 gg*, Moskau 1987
Smyth, H. D.: *Atomenergie und ihre Verwertung im Kriege*, Basel 1947

Snow, Edgar: *So fing es an*, Stuttgart 1977
Snow, Helen Foster: *My China Years*, London 1984
Soames, Mary: *Clementine Churchill: the biography of a marriage*, London 1979
Solschenizyn, Alexander: *Der Archipel Gulag*, Reinbek 1988
Sowjetski Sojus na meschdunarodnych konferenziach perioda welikoi otetschestwennoi woiny, 1941-1945 gg., sbornik dokumentow (SSNMK), 6 Bände, Moskau 1978 bis 1979
SSSR w borbe sa mir nakanune wtoroi mirowoi woiny 1938-1939: dokumenty i materialy, Moskau 1971
Stalin, J. W.: *Briefwechsel Stalins mit Churchill, Attlee, Roosevelt und Truman 1941-45*, Berlin 1961
Stalin, J. W.: *Die unheilige Allianz. Stalins Briefwechsel mit Churchill 1941-1945*, Reinbek 1964
Stalin, J. W.: *Fragen des Leninismus*, Moskau 1947
Stalin, J. W.: *Über den Großen Vaterländischen Krieg der Sowjetunion*, Berlin 1952
Stalin, J. W.: *Dialektischer und historischer Materialismus*, Moskau 1951
Stalin, J. W.: *Werke*, 13 Bände, Berlin 1950-1955
Stern, Fritz R.: *Geschichte und Geschichtsschreibung*, München 1966
Stimson, Henry L.: The Stimson Diary and Papers, at the Sterling Memorial Library, Yale University, New Haven
Suvorov, Viktor: *Der Eisbrecher: Hitler in Stalins Kalkül*, Stuttgart 1989
Teheran, Jalta, Potsdam, Dokumentensammlung, Moskau 1978
Thomas, Hugh: *Der Spanische Bürgerkrieg*, Berlin 1961
Thorne, Christopher: *Allies of a Kind: the United States, Britain and the war against Japan*, New York 1978
Thukydides: *Werke*, Leipzig 1897
Tolstoi, Nikolai: *Die Verratenen von Jalta*, München 1978
Truchanowski, W. G.: *Winston Churchill*, Berlin 1972
Truman, Harry S.: *Memoiren*, Stuttgart 1955
Tucker, Robert C.: *Stalin as Revolutionary, 1879-1929: a study in history and personality*, New York 1974
Tucker, Robert C.: *Stalin in Power: The Revolution from above 1928-1941*, New York 1991
Turner, Frederick J.: *Die Grenze in der amerikanischen Geschichte*, Bremen 1947
Ulam, Adam B.: *Stalin – Koloß der Macht*, Esslingen 1977
Wassilewski, Alexander M.: *Sache des ganzen Lebens*, Berlin 1977
Watt, Donald Cameron: *How War Came: the immediate origins of the Second World War, 1938-1939*, London 1989
Waugh, Evelyn: *Wiedersehen mit Brideshead*, Hamburg 1955
Wilmot, Chester: *Der Kampf um Europa*, Frankfurt/Main 1954
Wolkogonow, Dmitri A.: *Stalin.Triumph und Tragödie. Ein politisches Porträt*, Düsseldorf 1989
Woodward, E. L.: *British Foreign Policy in the Second World War*, 5 Bände, London 1970-1976

Register

von (1867–1951), finnischer Marschall und Staatsmann 156
Manstein, Erich von (1887–1973), Generalfeldmarschall 328
Mao Zedong (1893–1976), Führer der chin. Kommunisten 125f., 371, 419
Marlborough, John Churchill, Earl of (1650–1722) 34f., 38, 42, 254
Marshall, George (1880–1959), US-General 162, 252f., 275, 284ff., 293, 297, 305, 317, 330, 332, 335, 356, 374, 392, 399, 401, 442
Masaryk, Jan (1886–1948), tschechosl. Botschafter in London 82
Matsuoka, Yosuka (1880–1946), japan. Außenminister 249, 256
McKinley, William (1843–1901), 1896–1901 US-Präsident 34
Mikojan, Anastas (1895–1978), bolschewist. Politiker, 1964/65, sowjet. Staatsoberhaupt 170
Mikolaijczyk, Stanislaw (1901–1966), poln. Ministerpräsident im Exil 372, 385f., 388, 392f., 421, 430, 461
Moley, Raymond (1888–1975), stellv. US-Außenminister 99f.
Molotow, Wjatscheslaw Michajlowitsch (1890–1986), bolschewist. Parteifunktionär und sowj. Staatsmann 114f., 118, 139–44, 135f., 139, 144, 153, 155, 168–71, 203ff., 236, 238, 240, 242f., 269, 284†87, 298–301, 344f., 348, 394, 418, 421ff., 430, 436, 440
Monnet, Jean (1888–1979), franz. Politiker 195
Montgomery, Sir Bernard (1887–1976), brit. Feldmarschall 300, 307, 313, 333, 376
Moran, Charles (1882–1977), Churchills Leibarzt 366f.
Morgenthau, Henry, Jr. (1891–1967), 1934–1945 US-Finanzminister 100, 201, 213, 382f.
Morton, Desmond, Berater Churchills in Geheimdienstanlegenheiten 86
Mountbatten, Louis (1900–1979), engl. Marineoffizier 247, 333
Murphy, Robert (1894–1978), US-Diplomat 311ff.
Murray, Gilbert (1866–1957), engl. Schriftsteller 55
Murrow, Edward (1908–1965), US-Rundfunkjournalist 144, 186
Mussolini, Benito (1883–1945), ital. Regierungschef und Duce des Faschismus 70f, 76, 79ff., 105, 144, 172, 182, 189f., 227, 229, 269, 307, 316, 325, 335, 337, 339, 465

Napoleon I. (1769–1821), Herrscher der Franzosen 24, 218, 237f., 453
Nehring, Walther (1892–1983), General 307, 314
Neurath, Konstantin Freiherr von (1873–1956), Reichsaußenminister 185
Nicolson, Harold (1886–1968), brit. Diplomat und Schriftsteller 426, 468
Nikolaus II. (1868–1918), 1894–1917 russ. Zar 48f.
Nimitz, Chester (1885–1966), US-Admiral 274, 287, 371
Nomura, Kichisaburo (1887–1964), jap. Admiral, Botschafter in Washington 246, 249f.

O'Connor, Richard (geb. 1889), brit. General 184

Paasikivi, Juho Kusti (1870–1956), finn. Politiker 155, 169
Papen, Franz von (1879–1969), dt. Politiker und Diplomat 115
Paulus, Friedrich (1890–1956), Feldmarschall 307, 315
Pawlow, Wladimir, Dolmetscher Stalins 351
Peabody, Endicott (1857–1944), US-Pädagoge 38
Peierls, Rudolph (geb. 1907), Physiker 399f.
Perkins, Frances (1882–1965), Arbeitsministerin unter Roosevelt 310

Bildverzeichnis

Archiv für Kunst und Geschichte: 33, 45, 51, 53, 59, 65, 67, 69, 72, 73, 75, 81, 83, 91, 93, 99, 110, 121, 123, 150, 151, 178, 179, 183, 189, 218, 219, 223, 231, 263, 294, 295, 308, 320, 327u., 334, 349, 364, 365, 381, 387, 390, 428, 429, 437, 439, 443

Süddeutscher Verlag: 33, 45, 47, 61, 65, 73, 98, 111, 157, 159, 230, 241, 258, 259, 267, 288, 309, 327 oben, 340, 365, 380, 390, 415, 444

Ullstein-Bilderdienst: 41, 61, 68, 77, 91, 93, 99, 111, 175, 209, 218, 263, 289, 334, 340, 375, 390, 443